선우현, 김화순 편저

한반도시민론 발간위원회

한반도시민론

Discourses on "Korean Peninsula Citizen"

진인진

한반도시민론

초판 1쇄 발행 | 2022년 12월 25일

지은이 | 선우현, 권수현, 노현종, 이지연, 박영자, 김윤희, 남경우, 김화순, 이민영, 이수정, 최선경, 박재인, 안지영
편　집 | 선우현, 김화순
디자인 | 배원일
발행인 | 김태진
발행처 | 진인진
등　록 | 제25100-2005-000003호
주　소 | 경기도 과천시 별양상가 1로 18 614호(별양동 과천오피스텔)
전　화 | 02-507-3077-8
팩　스 | 02-507-3079
홈페이지 | http://www.zininzin.co.kr
이메일 | pub@zininzin.co.kr

ⓒ 한반도시민론 발간위원회　2022
ISBN 978-89-6347-531-8 93340

* 책값은 표지 뒤에 있습니다.

들어가는 말

이 책은 '한반도의 종전과 평화'라는 희망이 크게 부풀어 올랐다가 꺼져가기 시작한 2020년도 겨울 11월 26~27일 양일간 국회 의원회관에서 열렸던 《분단체제 담론의 해체와 한반도시민의 등장: '먼저 온 통일'에서 '시민'으로》 정책연합 학술대회에서 발표되었던 글들을 논문으로 정리하는 과정에서 '한반도시민론'이라는 새로운 담론으로 발전시킨 것이다. 본 연구서의 기획 및 출간에 참여한 집필자들은 《한반도시민의 등장》 학술대회에서 철학, 문학, 사회학, 정치학, 여성학, 문화인류학, 역사학, 사회복지학, 북한학 등 다양한 학문적 배경과 전문성을 바탕으로, 분단체제의 해체와 한반도 평화체제의 구축, 나아가 민족통일의 구현에 대해 논의를 한 이후, 새로운 실천 주체로서의 한반도 시민 개념을 염두에 두고 연구해 왔다. 그리고 그 일차적인 성과물을 세상에 내놓게 되었다. 특히 통일에 대한 회의적인 비관적 전망이 난무하는 가운데, 한반도 평화체제의 구축 과업에서 한발 더 나아가 민족통일론을 기반으로 시민성과의 융합을 다시금 정면으로 내세운 데에는, 현시기야말로 '사회적 연대와 시민성에 입각한 (민족)통일론의 재구성이 필요한 시점'이라는 인식에 의거하고 있다.

당시만 해도 불과 2년 후인 2022년에 한반도의 국내외정세가 이토록 엄중해지리라고 상상하지 못하였다. 북한은 화성-17호를 발사하여 하노이회담 불발 및 코로나 펜데믹 이후 지리멸렬하게 이어졌던 대화 국면에 종지부를 찍었으며, 미중 갈등과 우크라이나 전쟁 발발로 신냉전

중심의 세계구도가 더욱 굳어졌다. 2018년부터 한반도에서 시작되었던 평화의 구상은 물거품이 되었으며 한국은 한-미-일 군사동맹이 만들어낸 동북아시아 최전선의 맨 앞에 서 있다. 이같은 위중한 국제정세에서 '민족공동체'의 구상은 요원해졌을 뿐 아니라 한민족을 바라보는 우리 자신의 시각도 부정적으로 바뀌었다. 과거에도 존재했던 '민족공동체'에 대한 비판이나 '민족'에 대한 회의적인 시각이 이제 학계의 울타리를 넘어 젊은 세대들을 중심으로 시민사회 내부에서 빠르게 번져나가고 있다.

우리는 이같은 상황을 우려하여 '한반도시민론'이라는 새로운 민족통일담론을 공론의 장에 내놓고자 한다. '한반도시민론'의 핵심 논의들 - 개념의 착상 배경, 한반도시민론의 성격, 한반도시민의 정체성을 본 저술의 각 장과 연계하여 간략히 소개하면 다음과 같다.

첫째, 처음에 '한반도시민'이라는 개념의 착상은 탈북민으로부터 비롯되었다. 제3장 '사라진 '먼저 온 통일'의 신화'에서는 그동안 탈북민에게 주어졌던 타자화된 호명을 비판한다. 한국에 온 탈북민은 '먼저 온 통일'이라고 불리워졌으나, 실상 이는 정치공학적 구호에 지나지 않았다. 그들을 어떻게 불러야 할 지 오랜 고민 끝에 내놓은 답이 바로 '한반도시민'이었다. 이는 탈북민이 민족공동체의 일원인 '민족적 동료'이자, 민주주의의 원리와 헌법적 가치를 존중하는 '민주적 시민'의 한 사람임을 선언한다. 그러나, 어디 탈북민만이랴. 동일한 역사와 문화, 언어와 삶의 양식을 공유한다는 점에서 남한 시민은 물론 북한 인민까지 모두가 한반도시민임을 깨닫는다. 제3장은 분단체제에서 탈북민 정책의 본질이 '배제적 통합'이었음을 비판하고 이에 대한 대안을 보편적 복지에서 찾아야 함을 대한민국과 영국의 사회복지 현장과 연계하여 구체적으로 제시하였다.

둘째, '한반도시민론'은 유행 지난 민족주의를 소환하여 새롭게 제기한다. 근대적 '민족국가 건설'이라는 미완의 과제와 새롭게 태동하는 아시아의 '세계시민주의' 사이에는 '비동시성의 동시성'이 초래하는 첨예한 긴장이 존재한다. 1989년과 1994년도 당시 '민족'이라는 용어에 담겼던 '민주', '평화', '공동체'라는 가치들이 퇴색해버린 현재, '시민'이란 관습과 법률에 의해 자유가 침해당하지 않는 독립적인 인간이며 동시에 공동체의 법률 및 규범을 존중하는 능동적인 인간이 중심이 된 새로운 민족통일 담론을 다시 제기하지 않을 수 없다. 물론 이 책의 저자들의 견해가 모두 일치하는 것은 아니다. '민족'이라는 기존의 토대 위에 '시민적 가치'를 세우는 것이 '한반도시민'을 태동시킬 수 있는 현실적인 전략이라는 주장이 있는가 하면 '민족'을 앞에 내세우지 말고 역동적인 한반도를 디자인해야 한다는 주장이 평행선을 달리고 있다. 이 점에서 한반도시민론은 완결된 논쟁이 아니라 현재 진행 중인 미완의 담론이다. 제1장 한반도시민론은 왜 지금 민족주의를 소환해야 하는가의 논리를 철학적으로 전개하는 대표논문을 수록한 장으로 한국사람들의 정체성 관련 경험연구와 신진학자들의 통일독일 경험과 난민사례 연구를 함께 제시하였다.

셋째, '한반도시민론'은 한 사람의 '시민'이 통일논의의 기저에 있음을 선언한다. 그간 분단과 한국전쟁의 역사 속에서 국가가 통일논의를 독점적으로 주도하고 민간의 통일논의를 불온시해 온 불행한 역사가 있었으며, 국가가 주도하는 평화통일논의는 늘 체제와 제도의 문제로 수렴되는 경향이 있었다. 이 저술은 분단국가에서 살아온 '사람과 사람의 만남'이라는 현상에 주목하여 한반도의 평화와 통일을 조명한다. 분단사의 여정에서 한반도 사람들은 서로 만나 열광하기도 하고 혐오하기도 했다. 임수경 방북시 보여준 북한사람들의 열광을 당시 내부자의 시각에서 기록한 논문을 비롯하여 남과 북이 만나는 실천적 역사적 경험논문들을 제 2장 '열광과 혐오: 한국의 '시민'과 조선의 '인민'의 조우'에서 제시하였다. 동시에 오늘도 남북사람들이 남북 경계선을 넘어 이동하고 낯선 장소를 익숙하게 만들며 새로운 변화를 창조해가는 사례들을 제 4장 '분단경계를 넘는 행위자의 이동과 변화하는 남과 북의 공간들'에서 제시하였다.

넷째, 그렇다면 한반도시민이란 어떤 지향성을 지닌 사람들이어야 할 것인가? 한반도시민이란 민족애와 민족적 연대의식을 바탕으로 한 '민족 정체성'을 함유해야 하며, 민족적 기반 위에서 민주적 가치와 이념에 대한 충심(忠心)과 헌신을 핵으로 하는 민주적이며 비판적인 '시민 정체성' 또한 내장하여야 한다. 이러한 기본적 자격요건 외에도 한반도 분단체제의 '반민주성'과 '반평화성' 그리고 '반민족성'을 제대로 인식하고 이를 극복 해결하려는 실천적 문제의식 또한 지녀야 한다. 한반도 시민은 분단 현실을 타파하고 남북한 간 평화체제 구축 및 통일 국민(민족)국가의 수립이라는, 현실적으로 대단히 어려운 미완의 과제를 수행해나갈 실천 주체이기 때문이다. 제 5장은 한반도의 미래주체인 남북청년들과 함께 써내려간 연구자들의 치유의 기록이자 수업 일지이며 이들과 우리가 어디쯤 서 있는지를 보여준다.

끝으로, 평화가 먼저냐? 통일이 먼저냐? 한반도 미래상에 대한 논의를 본서에 포함하고 싶었으나 다음 과제로 넘기기로 하였다. 평화체제 구축과정에서 무엇을 우선시할 것인가에 따라 한반도의 미래상은 두 가지로 나눌 수 있다. 첫 번째 한반도 미래상은 남북이 상호 분리되어 독립적인 개별 정치체(政治體)로 존립하는 가운데 구축되는 '양국체제적 평화공존체제'이다. 두 번째 미래상은 남북한간 평화적 민주 통일이 이루어짐으로써 구현되는 '반(半)영구적 평화체제'이다. 이 책의 공동 집필자들이 지향하는 평화체제는 하나의 선택지는 아니다. 그러나, 우리는 제 1장 저자들을 중심으로 모였던 한반도시민론 세미나에서 집필자들이 남북한 사이의 '민족적(국민적) 통일체'가 아닌, '1민족 2국가' 혹은 '2민족 2국가' 체제로 완전 분리 독립된 두 국민(민족) 공동체가 한반도에 공존하는 평화체제의 방식에는 원칙적으로 반대한다는 것을 확인할 수 있었다. '1민족 2국가' 혹은 '2민족 2국가' 방식은 원리상 한반도의 분단체제를 근본적으로 혁파 극복하는 방식이 아닌, 분단체제를 제도적·행정적·법률적·문화적·정서적으로 완전히 승인하여 공고화 및 항구화해 버릴 위험성을 지닌다. 그렇지만, 통일이 현실적으로 어렵고 불가능하며 이로 인해 초래되는 남북 및 남남갈등과 충돌이 크다고 한들, 통일이 가져다 줄 축복과 혜택을 포기할 수는 없다. 앞으로 우리는 이 문제를 두고 보다 구체적인 한반도 미래상에 대한 진지한 논의들을 이어 나가고자 한다.

'한반도시민론'은 이론적인 정치함과 완성도가 떨어지고 미진한 점이 많지만, 이후 지속적인 후속 작업을 통해, 보다 완결적인 개념으로 정립해 나갈 것이다. 아울러 이 개념을 이론적 발판으로 삼아 분단체제의 극복과 통일 민족 공동체의 수립 및 한반도 평화체제 구축에 관해 보다 심도깊은 학제간 연구 및 논의의 진전을 이루도록 앞으로도 최선의 노력을 기울일 것임을 감히 약속드린다. 아무쪼록 본 연구서가 해당 주제 및 분야의 연구자들과 실천적 운동가들, 정책 입안자들, 나아가 관심 있는 일반 독자분들께 유의미한 관점과 시사점, 정보와 지식 등을 제공해 주는 작은 역할이라도 할 수 있다면 더할 나위 없을 것이다. 많은 애정 어린 질책과 조언 그리고 비판을 부탁드린다.

본 연구서가 출간되는 과정에는 많은 분들의 노고와 도움이 있었다. 일차적으로 집필에 참여한, 다양한 학문 분야에서 학술적 권위와 역량을 발휘하고 있는, 촉망받는 소장 학자들과 중견 연구자들의 분투적 노력이 이 책의 바탕을 이루고 있다. 또한 초고 상태의 글을 하나하나 교정 교열하는 작업을 기꺼이 맡아 검토해 준 박재인 교수의 노고를 또한 언급하지 않을 수 없다. 끝으로 여러모로 어려운 출판 시장의 여건에도 불구하고, 기꺼이 본 연구서의 출간을 수용해 준 진인진 김태진 대표님께 깊은 감사의 말씀을 전하고자 한다.

2022년 12월 25일 필자들을 대표하여
편자 선우현·김화순

목차

들어가는 말   3

I. 한반도시민: 분단현실 극복을 위한 새로운 주체   11

제1장   한반도 시민론(論): 분단극복 및 남북통합의 구현을
위한 새로운 실천 주체의 모색   선우현   13

제2장   민족국가 정체성의 역학:
북한이탈주민과 남한주민 비교   권수현   57

제3장   독일의 통일담론에서 '민족주의'와 '세계시민주의'의
긴장: 한반도 통일론에 주는 함의를 중심으로   노현종   89

제4장   북한 난민들의 초국적 이동성과 인권 및 시민권   이지연   135

II. 열광과 혐오: 한국의 '시민'과 조선의 '인민'의 조우   173

제5장   분단 70년, 북한이탈주민과 남북관계:
역사적 추이와 교훈   박영자   175

제6장   북한 주민과 임수경, 그 열광의 도가니:
'집단주의 인간'과 '자본주의 개인'의 뜻밖의 조우   김윤희   231

제7장   탈북민을 보는 한국 사람의 사회적 감정:
분단적대성과 혐오   남경우   287

III. 허상과 실제: 사라진 '먼저 온 통일'의 신화   325

제8장   '배제적 통합'의 영속화에 대한 비판:
탈북모자 사망사건을 둘러싼 행위자간 갈등과 전말   김화순   327

제9장   탈북민 정착지원제도의 실제:
사회복지 시각에서의 검토   이민영   375

제10장 보편적 인권/복지 정책을 향해:
　　　　재영 북한이주민의 난민정책 경험과 그 함의　　**이수정**　405

IV. 분단경계를 넘는 행위자의 이동과 변화하는 남과 북의 공간들　453
제11장 남한에서 북한이탈주민의 장소 만들기:
　　　　바다 일 경험과 노동 적소의 탄생　　**최선경**　455
제12장 탈북자 송금은 북한사람들을 어떻게 변화시켰는가?　**김화순**　483

V. '한반도시민'의 일상적 평화실천과 치유　529
제13장 (탈)경계인의 자기서사: 김정은 시대에 탈북한
　　　　청년들의 문학치료 활동을 중심으로　　**박재인**　531
제14장 나의 수업일지: 평화가 삶인 한반도시민의 탄생　**안지영**　575

저자 소개　609

I

한반도시민:
분단현실 극복을 위한 새로운 주체

제1장

한반도 시민론(論):
분단극복 및 남북통합의 구현을 위한 새로운 실천 주체의 모색[1]

선우현(청주교대 윤리교육과)

I. 들어가는 말

민족을 기반으로 한 '근대 국민국가'의 등장과 함께 전개된 근대화의 긴 척은, 오늘날 탈(脫)민족주의 및 다(多)문화주의적 시대흐름, 신자유주의적 세계화 물결의 전(全)지구적 확산과 맞물려, 국가 내지 민족 간 경계가 흐려지고 허물어지면서 급기야 국민(민족)국가들[2] 간에 '탈영역화'와

---

[1] 이 글은 대한철학회에서 발간하는 『철학연구』161집(2022)에 게재되었던 논문 「한반도 시민론」을 부분적으로 수정·보완한 것이다.

[2] 이 글에서 사용된 용어 '민족'과 '국민'은 둘 다 'nation'의 번역어이다. nation에 대한 번역어로서 상호 경쟁 관계에 있는 민족과 국민 가운데 어느 것이 보다 적절한 것인가에 관해서는 여전히 논란거리이다. 일단 이 글에서는 민족과 국민은 모두 '동일한 지시체'를 가리키는 것임을 밝히면서, 두 용어를 병기하거나 혼용하여 사용하고자 한다.

'탈경계화'가 주조(鑄造)되는 지점에 이르고 있다.

한국 사회 역시 이와 같은 급격한 탈(脫)근대적·반(反)민족주의적 사상의 흐름에 편승하여, 분단현실을 극복하고 남북한 간 '민족통합'을 구현하려는 실천적 당면 과제와 연결된 '(민족)통일 논의'나 '민족(주의) 담론'에 관해 다분히 부정적이며 비판적인 의혹의 시선이 광범위하게 퍼져나가고 있다. 가령 남북한 '한민족 공동체' 구성원들에게는 분열된 민족을 하나로 재통합시켜야'만' 하는 민족사적 과제가 주어져 있다는 기존의 '민족통일 입론'은 더 이상 견지되기 어려운, 시효성이 만료된 낡은 논변체계로 전락해 버리고 있는 실정이다. 아울러 우리 민족은 단일 혈통으로 이루어진 '단군의 자손'이라는 인위적으로 만들어진 신념에 기대어 한민족 공동체에 대한 맹목적인 충성과 헌신을 불러일으키는, 통합의 구심적으로 작용하는 '(종족적) 민족'[3] 개념 또한 한갓 허구적인 '상상의 공동체'[4]에 불과하다는 논변이 우리 사회에서도 상식화되어 버린 지는 이미 오래이다.

이에 더해 근자에 이르러는 다문화주의가 새로운 시대정신으로 한국 사회에 안착하게 되면서, 민족과 민족주의에 대한 부정적 거부감과 정서적 반감이 일상적 삶 곳곳에 팽배해 있는 것처럼 보인다. 강한 혈통

---

[3] '종족적 민족'(혹은 '문화민족')은 전통적으로 같은 혈통에 대한 믿음이나 상호 분유하고 있는 공동의 문화적 습속이나 관습, 언어적 동일성과 같은 '강한' 문화적·역사적 동질성에 의거해 형성된 민족 개념이다. 그에 비해 구성원들 사이에 서로 공유하고 있는 이념이나 가치, 정치적 신념의 동일성에 의거해 구축된 민족 개념이 '시민적 민족'(혹은 '국가민족')이다. 이에 대해서는 박찬승, 『민족·민족주의』(2011), 33쪽 참조.

[4] B. Anderson, *Imagined Communities: Reflections on the Origin and Spread of Nationalism*(2016) 참조.

적 종족주의에 매몰되어 있는 민족주의는, '차이의 존중'과 '다양성의 인정'을 모토로 삼는 다문화주의적 시대상황을 거스르면서,[5] 인종적 소수자 등에 가해지는 차별적 배제를 용인하는 폐쇄적·배타적 사상의 원천으로 작용하고 있다는 이유에서이다.

이처럼 한국사회 전반에 퍼져 있는, 민족 및 민족주의 담론에 대한 부정적이며 비판적인 시각과 반응은 한반도 분단체제의 극복과 남북한 간 민족통일에 관한 여러 학술적·정책적 논의 과정으로까지 이어지고 있다. 곧 민족(주의)와 그것에 입각한 (민족)통일 방식 등에 대해서도 상당 정도 회의적이며 부정적인 입장이 대세를 형성하고 있다. 좀 더 거칠게 표현하면, 민족주의는 '민족지상주의'와 다를 바 없으며 민족통일 또한 '(민족)통일지상주의'에 다름 아닌 것으로 간주하는 경향이 빠르게 퍼져 나가고 있다. 실제로 기존의 민족통일 입론에 따르면, 남북으로 갈린 두 민족 공동체를 하나로 합쳐 손상된 민족적 동질성을 온전하게 회복하기 위한 남북통일은 그 어떤 형태이든 '최고선'으로 간주되었다.[6] 그런 만큼, 민족통일이라는 중차대한 민족사적 목표의 달성을 위해서라면, 민주적 절차를 훼손하는 경우도 마다치 않으며 용납될 수 있었다. 이러한 연유로 우리 사회의 일각, 특히 진보 진영 내부에서 민족주의와 그에 기반 한 민족통일 담론은, 민주주의의 근본 원칙을 훼손·파괴시킬 만큼의 '반민주성'과 '전체주의적 폭력성'을 내장하고 있는, 대단히 불순하고 위

---

5 선우현, 「다문화주의: 이념의 정당성과 사회통합의 현실성」(2017), 31-32쪽.

6 가령 『사상계』 발행인이었던 장준하는 통일의 의미에 대해 "모든 통일은 좋은가? 그렇다. 통일 이상의 지상목표는 없다"고 단언하고 있다. 김병오, 『민족분단과 통일문제』(1992), 368쪽.

험한 이념이자 입론으로 간주되고 있기조차 하다.[7] 요컨대 일상적 삶의 현장에서 뿐 아니라 공적인 정치 사회적 논의의 장(場)에서조차 민족주의와 민족통일에 관한 논변은 어느덧 '공공의 적'으로 공공연하게 낙인찍히고 있는 것이다.

이러한 작금의 실태를 고려하면서, 이 글은 현 분단체제를 '해체'하고 남북통합을 구현하려는 실천 과제와 관련하여, 그 궁극적인 해결 방안을 '민족'을 단위로 한 '통일 국민(민족)국가'의 수립으로 설정하여 현실화하고자 시도하는 '민족통일' 담론은, 그것이 내장한 수다한 한계와 난점에도 불구하고, 새로운 실천 주체 개념을 중심으로 재해석·재구조화될 경우, 반민족주의적 시대 상황 하에서도 여전히 옹호될 수 있는 '유효한' 통일담론 체계라는 점을 설득력 있게 보여주고자 한다. 그런 만큼, 분단구도의 고착화에 따른 남북한 사이의 적대적 대결 상황을 종식하고 통일 국민(민족)국가를 구현함에 있어서 그 핵심 주체는 '민족 정체성을 지닌 민족 구성원', 그리고 '시민 정체성을 겸비한 민주 시민', 양자가 내적으로 결합된 '한반도 시민'이 떠맡아야 한다는 논지의 제시와 함께 그 본질과 특성을 드러내 보여주는 데 주력할 것이다. 아울러 그 과정에서, 반(反)민족주의적 시대 흐름에 편승하여 기존의 민족통일 담론을 신랄히 공격하면서, 분단구도를 유지한 상태에서 남북한 간 평화체제를 구축하려는 '평화 공존' 담론이나, 민족적 정체성을 탈각하고 '탈(脫)민족(주의)적 시민' 개념을 새로운 실천 주체로 삼아 통일 및 분단 문제를 다루고자 시도하는 '반민족주의적' 담론들[8]과 그 토대를 이루는 이론 구성적 입론

---

7   이에 관한 대표적인 입론으로는 진태원, 「국민이라는 노예? 전체주의적 국민국가론에 대한 비판적 고찰」(2009), 657-664쪽 참조.

8   가령 김진수·송성민, 「통일담론으로서 헌법 애국주의의 제안과 검증」(2019) 참조.

―가령 '헌법 애국주의'[9]―들이 내장한 난점과 한계를 비판적으로 드러내 보여주고자 한다.

II. 민족주의 및 '민족통일' 담론에 관한 부정적 시선 및 거부감의 팽배

1. 탈(脫)민족주의적 시대 흐름의 광범위한 확산 및 그 주된 요인

민족주의를 기반으로 한 '(민족)통일론'을 바라보는 한국사회 내부의 우려와 의구심은, 빠르게 이를 통일에 관한 논의의 장(場)에서 퇴출시키려는 움직임으로 이어지고 있다. 대신 그 자리에는, 전 지구적 차원에서 광범위한 영향력을 발휘하고 있는 탈(脫)민족주의나 세계시민주의와 같은 '반(反)민족(주의)적' 사상적 조류들을 축으로 삼아, 분단체제를 둘러싼 난제들을 규명·해결하기 위한 새로운 '이론 틀' 혹은 '실천 대안'을 모색

---

[9] 헌법 애국주의의 경우, 민주주의 원리와 보편적 정의 원칙들은 특정 공동체 구성원들이 겪은 역사적 체험을 통해 획득된 집단적 공유 의식에 뿌리를 둔 특수한 국민 정체성을 기반으로 작동하고 있다고 강변한다. 하지만 그러한 특수한 정체성에서 '민족적 정체성'을 배제하고 그로부터 벗어나고자 하며 궁극적으로 그것을 '(민주적) 시민 정체성'으로 대체하고자 시도한다는 점에서, 탈 및 반 민족주의 담론의 선도적 형태라 할 수 있다. 이와 관련하여, 하버마스(J. Habermas)의 헌법 애국주의에 관한 보다 치밀하고 상세한 논의로는 나종석, 『대동민주 유학과 21세기 실학』(2017)의 16장 「한국사회에서 헌법 애국주의 및 공화주의적 애국심 논쟁에 대하여」, 939 - 998쪽 참조. 아울러 하버마스 본인에 의해 개진된 헌법 애국주의에 대한 해명으로는 J. Habermas, *Die nachholende Revolution*(1990), 147 - 224쪽; J. Habermas, *Die Einbeziehung des Anderen*(1996), 128 - 153쪽; J. 하버마스, 『이질성의 포용』(2000), 133 - 157쪽 참조.

하는 담론들이 차지하고 있다.

그렇다면 이렇게 된 데에는 대체 어떤 주된 요인들이 핵심적으로 작용하고 있는가? 이를 알기 위해서는, 먼저 민족 및 민족주의에 대한 상한 반감 및 거부감이 광범위하게 번져나가고 있는 작금의 사태가 어디로부터 야기된 것인가를 살펴보는 데서 출발할 필요가 있다.

주지하다시피, 민족을 공동체의 기본적 구성 요소로 삼아 형성된 근대 국민(민족)국가는 '근대화' 및 '산업화'를 추진하는 도정에서 그것의 성공적 완수를 위해 구성원들의 연대와 자발적 참여를 독려키 위해, '민족적 동질성'을 핵으로 한 민족주의 이념을 지속적으로 주입·유포시켰다. 동시에 그러한 동원에 적극적으로 응하지 않거나 저항·거부하는 개별 구성원들에 대해서는 매국노 등으로 규정하여 무자비한 응징이 가해지는 등 반민주적 '전체주의 국가'로서의 면모를 유감없이 보여주었다. 그런 탓에, 근대 국민(민족)국가의 이념적 지반으로 기능한 민족주의는 억압적이며 폭력적인 반민주적 이념체계로서 깊게 각인되었다. 그 결과, 해당 공동체에는 그에 대한 반감과 거부감, 두려움이 여전히 강하게 잔존해 있는 실정이다.

다른 한편, 국민 국가적 경계의 외부에서도 민족주의는 아시아·아프리카 제국(諸國)을 비롯한 타 종족 및 민족(국가)에 대한 '식민화' 침탈 과정에서 무차별적인 살육과 탄압을 거리낌 없이 자행하도록 유인하는 등, 제국주의적 침략과 수탈적 식민화를 옹호하는 이념체계로서의 역할과 기능을 수행해 왔다. 그에 따라 민족주의는 오늘날 격렬한 반감과 거부감, 비판적 해체의 최우선적인 이념적 대상으로 자리하고 있는 상황이다.

근자에 이르러서는, 다문화주의가 새로운 시대정신으로 우리 사회에 자리하게 되면서, 피부색이나 외모와 같은 생득적 요소가 주류 다수자와 다르다는 이유로, 인종적 소수자 등에 행해지는 차별적 배제를 당연한 것인 양 오인시키는 논리로서 (종족) 민족주의가 또한 기능하고 있기도 하다. 이로 인해 민족(주의)에 대한 부정적 정서와 거부적 시선 또한 널리 확산되어 나가고 있다. 소위 '순수 단일 핏줄'에 대한 믿음[10]에 기초한 혈통 종족주의에 여전히 함몰되어 있는 그 같은 '폐쇄적 인종적 민족주의'는, 다양성의 인정 및 차이의 존중을 모토로 삼고 있는 오늘의 '다문화주의적 시대정신'을 거스르면서 소수자 및 사회적 약자에 대한 무차별적인 폭력적 탄압을 용인해 버리는 사상적 원천으로 작용하고 있는 셈이다. 말할 것도 없이 그처럼 강고한 혈통적 동질성과 언어적 동일성을 앞세운 기존의 '종족 민족주의'가 내장하고 있는, 이질적 타자에 대한 차별성과 배타적 폭력성은, 확실히 다양성과 차이성을 존중하는 다문화주의에 비해 수다한 규범적·현실적 한계를 드러내 보이고 있다.

이와 같이, 적어도 현 시점에서 민족 및 민족주의에 대해 거세게 일고 있는 정서적 반발 및 거부감은 우리 사회의 일상적 삶 곳곳에 만연되어 있는 것처럼 보인다. 그에 따라 현대의 탈민족주의적·탈근대(론)적 시대 상황 하에서 민족과 민족국가는 조만간 사라지고, 이어 하나의 통합된 '세계국가'가 출현할 것이라는 '민족(국민)국가 종언(終焉)론'[11]이 공공연히 운위되고 있기조차 하다.

그에 더해 '민족통일 (지상주의) 입론'은, 두 이질적인 이념 체제로 고착화된 남북을 하나의 통합체로 재구축하는 과정에서 직면하게 될 현

---

10 '단일민족'론의 대두에 관한 유의미한 논의로는 박찬승, 『민족·민족주의』(2011), 103-115쪽 참조.

11 이와 관련해 홉스봄은 '헤겔이 말하듯, 미네르바의 올빼미는 해가 져야 나는 바, 그것이 현재 민족과 민족주의 주위를 나는 것은 좋은 징후'라고 생각하면서 민족주의의 종언을 주창하였다. 또한 독일의 역사가 벨러(H-U. Wehler)도 '민족국가의 유효 기간이 지났음을 공지'하였다. 장문석, 『민족주의』(2011), 136-137쪽 참조.

실적 난관 및 실천적 문제들을 제대로 고려하지 못하고 있다는 점에서도 비판의 대상이 되고 있다. 곧 남북한 두 체제의 '평화적 공존'을 도모코자 시도하는 다양한 형태의 '평화담론'에 비해, 다분히 비현실적인 낭만주의적 논변체계로 해석될 여지 또한 적지 않아 보인다. 가령 전쟁을 비롯한 무력적 방식마저 허용할 여지가 많은 '민족통일 (지상주의)' 담론은, 통일이 아무리 중차대한 목표라 해도 그 방식은 '민주적 합의 절차'를 통해 이루어져야만 하며 통일 국가의 형태 역시 민주주의 원리를 구현한 정치체제이어야 한다는 민주통일 입론에 비추어 볼 때, 윤리적·정치철학적 정당성을 상당 정도 결여하고 있다. 설령 전쟁을 통해 민족통합이 이루어진다고 해도, 남북한 모두가 폐허가 된 그러한 상황 하에서 (민족)통일은 과연 어떤 의미를 지닐 수 있겠는가? 이런 사항들을 고려할 때, 남북한 간 정치적 이념적 체제의 이질성을 무리하게 하나로 통합하여 통일 국민국가로 만들기보다는, 차이의 인정을 바탕으로 두 상이한 정치체가 공존하는 방식을 궁구하는 평화체제 구축 입론이 보다 현실성 있는 대안 담론으로 부각되고 있는 것이 현실이다.

2. 탈(脫) 및 반(反)민족주의적 시대 상황 하에서의 급격한 패러다임 전환: '민족주의/민족'에서 '민주주의/시민'으로의 범주적 전환

앞서 살펴본 바와 같이, 민족 및 민족주의에 관한 격렬한 이데올로기적 반발 및 반감이 빠르게 확산되어 나가는 상황에는 몇 가지 주목할 만한 '변화적 사태'가 자리하고 있다.

무엇보다 '특수주의'로서의 민족주의, 그리고 세계시민주의와 헌법애국주의를 망라한 '보편주의'로서의 민주주의,[12] 양자 사이의 분절적인

---

[12] 여기서 말하는 '민주주의'는 '민족주의'라는 개념과 대립되는 켤레 개념으로—탈민족주의 담론의 시각에서—'잠정' 차용된 것이다. 그런 만큼 민족

구분, 그와 동시에 '민족'이라는 실천 주체와 탈민족적 '시민'이라는 주체 간의 범주적 구별이 이루어지고, 후자에로의 패러다임 전환이 급속히 진행되고 있다. 아울러 그러한 전환과 맞물려, 민족이나 민족주의, 민족통일 같은 개념들은 '전적으로' 낡고 시대착오적이고 규범적으로 정당화되기 어려우며, 현실적으로 중대한 난점들을 야기할 위험성이 매우 큰 것인 양 치부되고 있는 실정이다. 매우 거칠게 표현해서, 민족(주의)이나 그것에 터한 민족 정체성과 민족적 동질성 나아가 민족통합 등을 운위하는 것 자체가 이미 타자에 대한 차별과 배제, 전체주의나 반(反)평화(주의)적 패권주의 등을 옹호하거나 주장하는 것에 다름 아닌 것으로 간주되기 십상이다.

이처럼 민족주의를 반민주적인 '유사(類似) 전체주의' 혹은 '매우 위험한 민족적 집단주의'[13]의 한 형태로 간주하는, 다양한 반민족(주의) 입론들은 민족주의의 대립 항으로서 민주주의를 설정하여 양자 간의 범주적 구분을 시도하고 있으며, 이는 이론적 차원을 넘어 실제 정치 사회적 현장에서도 현실화되어 가고 있는 추세이다. 가령 민족적 동질성에 함몰되어 타 인종과 민족에 대한 배척으로 그 외양을 드러내는 '(종족적) 민족 공동체'로부터 차이의 존중과 인간 존엄성에 대한 인정, 보편적 정의 원

주의와 범주적으로 구분되는 민주주의는 구체적인 정치 사상적 이념 체계를 가리키기 보다는, '폐쇄적이며 전체주의적 성향을 드러내며 반(反)민주주의적 속성을 내장한' 민족주의 개념과 서로 대비되는 '개방적이며 개인주의적(자유주의적) 특성을 드러내며 반(反)민족주의적 성격을 지닌' 민주주의 개념으로 그 대응적 의미를 드러내고자 사용된 것이다. 그런 만큼, 이후 보다 적절하고 합당한 개념과 범주적 구분 방식이 있으면 적극 수용하여 새롭게 비판적으로 재구성해볼 예정이다.

[13] 이에 관해서는 권혁범, 『민족주의는 죄악인가』(2009), 85-86쪽 참조.

칙에 대한 공감과 헌신이 중심적 원리로 작동하는 '민주적 정치 공동체'로의 '사회 구성체적 전환'이, 유럽 등을 중심으로 빠르게 진척되어 나가고 있다.14 그에 따라 한편으로는, 반민주적인 침탈적 집단주의의 형태로 민족주의를 바라보는 민주주의 관점에 부응하여, (탈민족적) 민주적 시민사회 체제로 전환되어 나가고 있다. 또 다른 한편으로는, 타자에 대해 폐쇄적이며 공격적인 민족(국민)국가 형태로부터 민족적·국가적 경계를 허물어뜨리는—가령 헌법 애국주의를 토대로 한—이(異)민족 국가들 간 연합체 및 세계시민주의 체제로 이행해 가고 있다.

이러한 전(全)지구적인 흐름은, '민족주의'와 '탈민족주의'가 공존하고 있는 한반도의 분단 상황에도 그대로 이어져 전개되어 나가고 있다. 그 중에서도, 분열된 민족 공동체의 복원을 거의 '무조건적으로' 주창하던 기존 '민족통일' 담론의 경우, 민족(주의)적 요소들이 상당 정도 탈각되고 대신 민주주의 원리와 보편적 정의 원칙의 구현을 중시하는 통일을 내세우는, 요컨대 탈민족주의적 '민주' 통일 담론으로의 이행이 빠르게 이루어져 나가고 있다. 다른 한편, 한국사회의 '일각'에서는 통일담론 자체가 탈민족주의적 시대정신의 대세를 거스르는 민족(주의)에 여전히 방점이 주어져 있다는 점을 들어, 아예 (민족)통일 범주와 단절하고 급기야 '탈(민족)통일적 평화체제'의 구축 내지 '평화공존' 지향 담론으로 논의의 방향을 급선회하는 움직임도 발 빠르게 이루어지고 있는 실정이다.15

---

14 이용일, 「중심을 향한 독일의 근대적 열정과 그 통합이념체계들」(2008), 564쪽 참조.
15 가령 최장집은 '통일인가 평화공존인가'라는 물음에 대해 다음과 같이 답하고 있다. "오직 평화를 제도화함으로써 평화를 안정적으로 관리하는 것 이외에 다른 가치, 다른 목표는 있기 어렵다. 이를 위해 우리가 필요로 하는 것은 '더 많은 민족주의'가 아니라, 민족주의를 상대화하는 일이다. 민

그런데 이러한 '통일 입론에서 평화 담론'으로의 방향 전환은, 민족주의를 중심축으로 하여 민족통합을 추구하는 통일 방식은 분단구도의 극복을 비롯하여 여러 '민족모순'의 문제들을 해결해 나가는 데 오히려 '심각한' 저해 요인이 될 수 있다는 비관적·회의적 인식에서 비롯된다. 가령 민족통일 입론이 실천적으로 극단화되어 야기될 수 있는 사태, 곧 '우리민족 제일주의'를 내세우며 강한 (혈통적) 종족 민족주의를 여전히 고수하고 있는 북한 체제에 의해, 한반도 내 여러 상황적 변수에 따라 필요하다면 '무력적 방식을 통한 민족통일' 방안이 감행될 수 있는 경우도 완전히 배제할 수 없다는 부정적 상황 인식이 그에 해당된다.

또한 남북 간 체제 경쟁에서 압도적 우위를 점하게 된 남한사회 내부에서, 민족통일의 당위성을 주창하는 특정 통치 세력에 의해 통일 과업이 주도될 경우, 남한식 자본주의 체제에 북한 사회가 일방적으로 흡수·통합되는 방식이 우선적으로 채택·추구될 가능성이 매우 높은 것도 중요한 걸림돌이 될 수 있다는 지적이다. 이는 북한 체제에 의해 결코 수용될 수 없는 방식이며, 그에 따라 남북한 간 대결 구도가 한층 첨예화되면서 분단체제를 보다 더 고착화시킬 수 있다는 이유에서이다. 이러한 난관들로 인해, 남한 사회 내 진보 진영의 일부 지식인들 및 정책 입안자들의 주도로, 두 이질적인 남북한 체제를 하나로 통합하는 '지난한' 통일 방안 대신 남북한 사이의 평화체제를 구축하는 방식으로의 전환이 강력히 모색·추진되고 있다.

이렇듯 '평화체제 구축(構築)론' 역시 민족주의와 그에 기초한 통일 방안을 매우 위험하고 경계해야 할 대상으로 바라보고 있다. 훼손된 민족적 동질성의 원상복구를 위해, 본래 하나였지만 둘로 쪼개진 민족 공

족주의보다 더 우선하고 높은 가치는 평화이다", 최장집, 『정치의 공간』 (2018), 25-26쪽.

동체를 다시금 하나로 합치는 것을 '민족사적 정언명령'으로 간주하는 민족통일 담론은 종족 중심의 폐쇄적이며 배타적인 동시에 반민주적이며 평화 파괴적인 특성을 내장하고 있다는 이유에서이다.

이상에서 대략 살펴본 오늘의 한국적 상황, 무엇보다 통일에 관한 공적 논의와 관련해서는, 민족(주의)를 지양하고 민족주의의 원리를 탈민족(주의)적 민주주의의 원리로 대체한 바탕에서 논의가 이루어져 나가고 있다. 그런 만큼, 이 같은 변화된 시대 상황에 부합하는 사회 구성원의 자격 조건을 충족할 '주체' 또한 민족(구성원)에서 벗어난 탈민족(주의)적 민주 '시민'이 급부상하고 있다. 요컨대 차이의 존중과 다양성의 인정을 개인적 덕목으로 체화해 나가면서, 인권과 민주주의 원칙, 헌법적 가치에 대한 헌신을 사회 구성원의 일차적 책무로 인식하고 실천해 나가는, 합리적 판단 능력을 지닌 비판적 '민주 시민'이 개별 민족 구성원의 자리를 대신하기에 이른 것이다. 당연히 이러한 시민 개념은 작금의 남한 사회 뿐 아니라 북한의 주민들—아울러 남한 내 '탈북민'까지 포함하여—또한 추구해야 될 새로운 '시민상(像)'이며, 향후 '민주적 통일 국민국가'를 형성할 개별 사회 구성원들의 자격 조건이기도 하다.

III. 탈(脫)·반(反)민족주의 (통일) 담론의 한계와 난점

1. 민족주의의 부정적 측면과 폐해에 대한 몰입 및 과도한 편향적 시각의 문제

이미 살펴본 바와 같이, 분단 극복 및 남북 간 민족통합에 관한 논의와 관련하여, '민족/민족주의/(민족)통일'로부터 반(反)민족(주의)적 혹은 탈(脫)민족주의적 '시민/민주주의/평화공존(체제)'로의 '패러다임 전환'은, 이론적 차원 뿐 아니라 실천적 지평에서도 광범위하게 이루어져 나가고 있다. 그리고 그 지향점은, 전근대적인 '종족적 민족 공동체'에서 벗어나 타인의 다름과 인격적 존엄성에 대한 존중과 인정, 민주주의적 원리와 헌법적 가치에 대한 헌신과 충성이 사회 구성체의 중심적 구성 원리로 작동하는 '민주주의적 정치 공동체'로의 급속한 이행으로 설정되고 있다.

이와 맞물려, 독일의 통일 과정을 직접 목도한 하버마스(J. Habermas) 같은 이는 현 한국적 상황에서 벌어지고 있는, 강한 존속력 및 영향력을 지닌 민족주의에 기초한 민족통일 논의와 관련하여 지속적으로 비판적 조언과 경고의 메시지를 던지고 있다. 그 골자는 '통일이라는 목표는 구성원 각자의 자유 실현의 이상과 반드시 결합되어야 하는 바, 그럴 경우에라야 후자를 희생하고라도 민족통일을 달성하고자 시도하는 민족주의의 위험성에서 벗어날 수 있다'[16]는 것이다. 이 대목에서 알 수 있듯이, 하버마스는 민족주의에 대해 상당한 의구심과 우려감을 표출하고 있다. 아울러 이러한 입장은 대체로 우리 사회의 진보적 지식인 집단에서도 적지 않은 공감대를 형성하고 있으며, 이러한 방향으로의 실천적 활동이 시민사회에서 활발히 전개되어 나가고 있다.

한데 이렇게 된 데에는, 민족주의가 지닌 '긍정적' 특성과 '부정적' 측면 중 후자에 과도할 정도로 몰입하여 부각시키는 가운데 민족통일에 관한 논의를 비판적으로 규명해 내려는 의도가 상당히 영향을 미쳤다는 점만큼은 확실히 지적해 둘 필요가 있다. 왜냐하면 그러한 시도를 통해 민족통일 입론에 잠재되어 있는 위험 요소들, 곧 배타적 폭력성이나 전체주의적 횡포성, 반(反)평화(주의)적 공격성 등을 전면적으로 폭로해 보임으로써, 민족주의와 그에 기초한 통일 논의는 본성상 오늘의 '변화된' 시대적 상황에 더 이상 부합하지 않는, 지양 내지 극복되어야 할 이념체

---

16 J. 하버마스, 『현대성의 새로운 지평』(1996), 186쪽.

계이자 반민주적인 통일 방식으로 낙인찍어 버리는 '잠정' 결론에 이르게 되었기 때문이다.[17]

하지만 민족 및 민족주의에 대한 유사 '해체론적인 근본적 비판'론[18]을 비롯한 다양한 유형의 '탈민족주의' 논변들은, 근대 국민(민족)국가의 '구성적 토대'를 이루는 민족(주의)가 내장하고 있는 '본원적·규범적' 특성과 논리, 기능과 역할을 온전히 파악하지 못하고 있다. 그러면서 민족과 민족주의가 지닌 부정적 측면과 속성, 역사적·경험적 폐해들에'만' 과도하게 초점을 맞추어 과장된 수준에서 부정적 평가를 내리는 한계를 드러내 보이고 있다. 같은 맥락에서, 민족주의를 기반으로 삼아 한반도의 분단 사태를 넘어 남북한 통합을 이루어내려는 과제와 관련하여, 민족주의와 그것이 지닌 유의미한 긍정적·생산적 요소들 그리고 그것들이 지닌 실천적 역할과 기능, 의미 등을 제대로 간취하지 못하는 우(愚)를 범하고 있다.

---

17 예컨대 최장집은 한국인들 사이에 널리 퍼져 있는 '강력한 국가주의'의 근원이 일제 치하에서 이루어진 독립운동과 그 이념으로서의 민족주의에 깊이 관련되어 있다고 비판적으로 지적한다. 최장집,『한국 민주주의 무엇이 문제인가』(2008), 85쪽.

18 탈민족주의 담론들 가운데 적지 않은 수가 민족 및 민족주의를 해체하거나 배제하려는 수준에서 민족(주의)에 대한 근원적 비판이 행해지고 있다. 국내에서도 가령 임지현의 경우, 민족국가는 역사적 한계에 도달했다고 진단하면서 근대적 민족국가의 틀을 해체하고 새로운 연대방식에 기초한 질서체제를 구축하고자 시도한다. 이에 대해서는 임지현·사카이 나오키,『오만과 편견』(2005), 186-188쪽; 460-462쪽 참조.

2. 민주주의 이념 및 가치의 구현 단위로서 '민족(국민)국가'의 기능과 역할에 대한 인식의 부족

알다시피, 민족을 구성적 토대로 삼아 형성된 근대 국민(민족)국가는, 개별 구성원들이 기본적 자유와 권리를 온전히 향유하기 위한 '최소한의 보장 및 보호 장치'로서 그 역할과 기능을 수행해 왔다.[19] 이는 근대 국민(민족)국가가 사라진다면, '현실적으로' 개인의 인권이나 자유로운 삶 또한 제대로 보전될 수 없다는 것을 의미한다. 하지만 반(反) 및 탈(脫)민족주의 담론들은 이러한 기본적 사실마저 간과하거나 소홀이 처리하고 있다.

또한 인권이나 평등과 같은 보편적 정의 원칙을 제도화하거나 주요 민주주의적 가치들을 삶의 현장에 구현하는 경우에도, 현재로서는 '영토적 경계'를 기준으로 획정(劃定)된 국민(민족) 국가 내에서만 이루어질 수 있다는 점에서,[20] 민족 단위의 국민(민족)국가 형태에 대한 요청은 현실적으로 불가피하다. 더욱이 전 세계적으로 보편화되어 있는 '대의제 민주주의'는 상호 분리 독립된 개별 국가 내에서 시행되는 제도라는 점을 고려할 때, 국경을 경계로 하여 구획된 민족(국가)는 아직은 불가피한 선택이 아닐 수 없다.[21] 이는, 민족국가는 적어도 현 시점에서 아울러 가까

---

19 이에 관해서는 한승완, 「한국 국민정체성의 '민주적 반추'와 통일 문제」 (2011), 38–39쪽; 박찬승, 「민족·민족주의」, (2011), 39–40쪽 참조.

20 W. 킴리카, 『현대 정치철학의 이해』(2010), 434쪽.

21 이 점에 관한 보다 상세한 논의는 S. 벤하비브, 『타자의 권리—외국인, 거류민, 그리고 시민』(2008), 42쪽, 251쪽; S. Benhabib, *Transformations of citizenship*(2000), 36–41쪽; 한승완, 「한국 국민정체성의 '민주적 반추'와 통일 문제」(2011), 42쪽 참조.

운 미래에 여전히 존재하며 소멸되지 않을 것이라는 것을 말해준다.[22]

동시에 이는, 한반도의 분단체제를 해체하고 남북한이 하나의 정치적 공동체로 통합해 나가는 도정에서 지향해야 할 국가 공동체는 민족통합을 통해 재구축된 민족국가의 형태를 취할 수밖에 없다는 점을 또한 말해준다. 곧 남북통합은 기본적으로 민족통일의 방식을 통해 이루어진다는 것을 의미한다. 물론 이 경우에 민족통일의 과정은 시종일관 민주적 이념과 가치, 원리에 의해 조정·제어·통어되는 절차를 통해 이루어지는 그야말로 개방적이며 포용적인 '민주적인 민족통합'의 과정이어야만 한다.

이런 점들을 감안할 때, 민족과 민족주의는 최소한 현 단계에서 여전히 유효하다 하지 않을 수 없다. 나아가 대체할 '현실적 대안'이 아직 확보되지 않은 상황에서, 그것이 지닌 부정적 측면들을 제거·제어하고 강점과 긍정적 차원들을 적절히 활용하는 한에서, 민족(주의)는 여전히 이론적·실천적 차원에서 유의미하며 현재적 효용성을 지니고 있다고 판단된다.

하지만 어찌된 일인지, 민족(주의)에 대한 근본적 비판과 폐기를 주창하는 (유사) 해체론적·반민족(주의)적 논변들은 이러한 점들을 제대로 고려하고 있지 않다. 뒤에서 좀 더 자세히 살펴보겠지만, 이러한 근대 국민국가의 형태의 출현을 가능하게끔 유인한 촉진제이자, 지금과 같은 민족 단위의 개별적 독립 국가 유형의 존속을 통해 민주주의 원리가 구현되게끔 인도한 매개체가 다름 아닌 민족주의였다는 사실, 나아가 이러한

---

[22] 이와 관련하여, 적지 않은 학자들은, 민족국가의 소멸은 아주 과장되어 있으며 신화에 지나지 않는 바, 비록 민족국가가 그 기능적 역할을 바꾸기는 하겠지만 사라지지는 않을 것이라고 주장하고 있다. 이에 관한 상세한 논의는 신기욱, 『한국 민족주의의 계보와 정치』(2009), 316-317쪽 참조.

근대 국민국가가 안정적으로 존립하기 위한 토대적 기반이 다름 아닌 민족 정체성이라는 실체적 진실을 반 및 탈민족주의 담론들을 제대로 못 보거나 정당하게 평가하고 있지 않다.

그런 탓에, 남북통합에 관한 논의에서도 민족통일은 마치 무조건적인 민족통일지상주의 입론에 다름 아니거나, 반민주적인 전체주의적 방식을 통한 통일 방안 혹은 타 민족이나 다른 국가에 대해 침략적 야욕과 만행을 야기할 수 있는, 배타적이며 공격적인 '편협한 종족 민족주의'가 확대·강화되는 통일 방식인 양 바라보는 시각이 적지 않은 것이 작금의 현실이다.

3. 민주주의 원리의 온전한 구현과 작동을 위한 '전제적·구성적' 토대로서 민족주의 및 민족 정체성의 본원적 특성에 관한 인식의 결여

이제껏 우리는 탈민족주의 담론들이 드러내는 몇 가지 난점에 대해 살펴보았다. 하지만 문제는 여기서 그치지 않으며, 보다 주목해 봐야할 사항이 존재한다. 곧 오늘날 보편적인 국가 유형인 '근대 국민국가'는 민족적 정체성에 기초한 사회적 동질성과 연대성을 바탕으로 안정적인 통합적 존립 기반이 구축된 상태에서라야, 비로소 민주주의의 원칙과 그에 기초한 헌법적 가치와 정의의 원칙 등이 제대로 제도화되어 작동될 수 있다는 사실이다. 사정이 이런 만큼, 민주주의의 이념과 원리 등이 제대로 공동체에 안착하여 성공적으로 구현되기 위해서는, 자유와 평등 같은 보편적 정의원칙에 대한 상호 공감과 동의를 넘어서는, 보다 더 강력한 구성원들 간의 '끈끈한 정서적 응집력'과 '강고한 연대의식'이 필요하다.[23]

그런데 탈 및 반민족주의 담론들이 일차적으로 중시하는 보편적 정

---

[23] 나종석, 「민족주의와 세계 시민주의」(2009), 181쪽 참조.

의 원칙이나 헌법적 가치 등은, '내가 속한 특정 공동체의 구성원들을 동료 시민들로 간주하고 그들과 함께 공유하고 있는 삶의 방식을 견지하기 위해 부단히 애쓰고 노력하며, 상황에 따라서는 목숨까지 바쳐가며 내가 속한 공동체를 위해 희생 헌신하려는 마음가짐이 왜 요구되는가?'에 대해 제대로 된 답변을 제시해 주고 있지 못하다.[24] 대신 이 점에 대해 킴리카(W. Kymlicka)는 다음과 같은 답변을 내놓고 있다.

"이것은 사회적 통합이[25] 정치 원칙들의 공유보다 훨씬 깊게 들어가는 공동체 대한 감각을 필요로 한다는 것을 암시한다. 시민들은 자신들이 같은 공동체에 속해 있다고 느껴야만 한다. 그들은 자신들만의 분리된 국가를 형성하기를 바라거나 다른 외국에 합병되기를 바라기보다, 함께 생활하고 통치하며 같은 운명을 공유하기를 지속하려는 욕구를 가지고 있어야만 한다."[26]

이로부터 알 수 있듯이, 결국 정의의 원칙에 대한 사회 구성원들의 이성적 동의를 통한 자발적 수용과 헌신은—다소 과장되게 말해서—'정치적 통합'만을 가능케 할 뿐, 보다 완결적인 형태의 사회적 통합을 이루

---

24 나종석, 「민족주의와 세계 시민주의」(2009), 181쪽.
25 보다 엄밀한 의미에서 '사회 통합(gesellschaftliche Integration)'은 사회와 사회성원이 존립하고 발전하기 위해 요구되는 물질적 재생산의 원활한 전개와 관련된 '체계적 통합'과 문화의 전승이나 사회성원의 교육 등 상징적 재생산의 전개를 통해 이루어지는 '사회적 통합(soziale Integration)'으로 구성되어 있다. 이에 관해서는 선우현, 『사회비판과 정치적 실천』(1998), 120쪽; J. Habermas, *Vorstudien und Ergänzungen zur Theorie des kommunikativen Handelns*(1989), 602쪽 참조.
26 킴리카, 『현대 정치철학의 이해』(2010), 358쪽.

기에는 역부족이다.[27] 그런 한에서, 이 빈 틈을 메우기 위한 통합적 연대의 힘은 또 다른 통합의 원천을 불가피하게 끌어들인다. 동일한 공동체에 속하고자 하는 뜨거운 욕구와 바람이 실현됨으로써 특정 공동체의 일원이 되었다는 자긍심과 견결한 소속감 그리고 끈끈한 연대의식을 느끼고 자각하도록 유인하는 집단적 정체성으로서의 '민족적 정체성'이 바로 또 다른 통합적 힘의 원천이다.

요컨대 이러한 민족 정체성은, 근대 국민(민족)국가가 존립하기 위해서는 필수적으로 요청되는 사회적 통합을 구현해 나가는 과정에서, 그 기본적인 바탕이 되는 사회·문화적 통합을 형성하는 데 주동적인 '동력원'으로 작용하는 '구성적 요소'이다. 곧 특정 공동체의 성원들이 자발적으로 해당 공동체에 소속되어 그 일원이 되고자 하는 열망에 뿌리를 둔, 사회문화적 공유의식이라고 할 '민족적 정체성'[28]을 핵심 축으로 삼아 구성원들 사이의 민족(국민)적 결속력과 연대성이 산출됨으로써 '일차적 사회적 통합'[29]이 이루어진다. 이어 그러한 기반 위에서 '이차적 사회적

---

27 이 점을 킴리카는 다음과 같이 언급하고 있다. "진실로 공유된 정치적 원칙들은 정치적 통합을 위한 필수적 조건일지도 모른다. 하지만 공유된 정치적 원칙들은 통합을 위해 충분치 않다. 정의에 대한 비슷한 믿음을 사람들이 공유한다는 단순한 사실만으로는 연대성, 사회적 통합 또는 정치적 정당성을 유지하기에 충분치 않다", 윌 킴리카, 『현대 정치철학의 이해』(2010), 354쪽.

28 이에 관한 상세한 논의로는 나종석, 「민족주의와 세계시민주의」(2009), 181 – 185쪽 참조.

29 이 글에서는 사회적 통합을 '분석적' 아울러 '발생론적' 차원에서 보다 세분하여 살펴보고자, '일차적 사회적 통합'과 '이차적 사회적 통합'으로 잠정 구분하여 논의를 전개해 나가고 있다. 곧 일차적 통합은 민족적 정체성에 의거한 '(종족) 민족적 통합'을, 아울러 이차적 통합은 민주적 시민 정

통합'이라고 할 정치적 통합이 비로소 이루어진다. 이렇듯 일차적 통합과 이차적 통합이 순차적으로 결합·합치되어 온전한 형태의 사회적 통합이 형성됨으로써 마침내 근대 국민국가가 구축되어 존립하게 되는 것이다.

이상의 논의에서 드러나듯이, 모든 구성원들을 동등하게 존중하고 대우하라는 보편적 정의의 원칙과 그에 의거하여 개인적 권리와 자유, 평등을 실현하려는 민주주의 원리는, 본질상 사회문화적·역사적 차원에서 획득된 구성원들의 집단적 정체성과 연대성에 기초한 사회적 통합력이 문제없이 작동되는 공동체적 지반 위에서만 제대로 구현될 수 있다. 이 때 집단적 정체성과 연대성, 통합성을 담보해주는 가장 현실적인 근본적 요소가 다름 아닌 민족의식과 민족 정체성 그리고 그에 따른 민족적 결속력이다. 이 점을 킴리카의 진술을 통해 정리하면 다음과 같다.

"사회적 통합은 시민들이 서로를 동일시하며 자신들의 동료 시민들을 '우리들' 중의 하나로 바라봐야만 한다. 이처럼 공유된 소속감과 공유된 일체감은 시민들이 (…) 민주적인 결정들의 결과들을 수용하는 데 요구되는 신뢰관계와 연대성, 그리고 자유주의적 정의 의무들을 유지하는 데 도움을 준다."[30]

이처럼 사회적 통합을 이룸에 있어 그 근본적 토대로서 민족적 동질성과 민족 정체성 아울러 그에 기초한 구성원들 간의 긴밀한 연대적 결합의 형성이 지닌 사회 통합적 긴요성은, '궁극적으로' 탈민족주의를 지향하는 하버마스에 의해서도 확인되고 있다.

"공통의 혈통과 언어, 그리고 공동의 역사적 경험을 중심으로 자각

체성에 기초한 '정치적 통합'을 가리킨다. 사정이 이런 만큼 사회적 통합은 양자로 구성되어 있다고 볼 수 있다.

30   윌 킴리카, 『현대 정치철학의 이해』(2010), 358쪽.

되어진 국민의식, 곧 '같은' 인민에 속한다는 의식이 비로소 신민들을 유일한 정치적 공동체의 시민으로, 아울러 서로에 대해 책임감을 가질 수 있는 사회 구성원으로 만든다. 국민 또는 민족정신—집단적 정체성의 최초의 근대적 형태 일반—은 법적으로 구성된 국가형태에 문화적 기체를 제공한다[번역문 부분 수정]."[31]

이러한 언급에서 알 수 있듯이, 구성원들 사이에 느끼는 민족적 동질성과 공유된 민족의식을 기반으로 하여 추출된 민족 정체성을 핵심으로 한 민족주의 및 민족(국민)국가의 출현에 힘입어, 근대의 민주적 입헌 국가가 정립되었음을 하버마스도 인정하고 있다. "국민의 발명은 근대 국민(민족)국가가 민주공화국으로 탈바꿈하는 데 촉매제 역할을 했다."[32]

이러한 실체적 진실을 온전히 직시할 경우, 민족과 민족주의에 대해 과도할 정도의 부정적 거부감과 우려를 표방하는—가령 '시민적 민족주의'[33]나 헌법 애국주의를 비롯한—'탈민족(주의)적' 입론들은 근대 국민(민족)국가의 근본적 토대를 이루고 있는 민족 정체성의 본성과 실체 그리고 그 동학(動學)을 적확히 포착하지 못하는 결정적 한계를 노정하고 있음이 다시 한 번 확인된다. 더욱이 남북한이 통일된 이후 민주주의의 이념과 가치, 절차적 원칙들을 구현하고 제도화한 그야말로 '민주적인 국가 공동체'를 구성하기 위해서도 민족(주의)는 필수적이며 불가피하게 요청된다는 점을 진지하게 고려해 볼 때, 그러한 한계의 '문제성(問題

---

31 위르겐 하버마스, 『이질성의 포용』(2000), 143쪽.

32 위르겐 하버마스, 『이질성의 포용』(2000), 141-142쪽.

33 시민적 민족주의에 관한 보다 자세한 해명이나 논의는 민경우, 『민족주의 그리고 우리들의 대한민국』(2007), 57-61쪽; 장문석, 『민족주의』(2011), 71-79쪽; 최장집, 『한국 민주주의의 조건과 전망』(2001), 199-201쪽; 나종석, 『대동민주 유학과 21세기 실학』(2017), 597-612쪽 참조.

性)'을 제대로 간취할 수 있다.

4. 민족 정체성을 탈민족(주의)적 '시민 정체성'으로 대체하려는 '헌법 애국주의'에 관한 정치철학적 입론의 한계와 난점

이제껏 살펴본 논의와 관련하여, 하버마스의 '헌법 애국주의'에 관한 정치철학적 입론은 현 시점에서 초미의 관심 대상이 된다.[34] 무엇보다 정치적 공동체의 사회 통합적 기반은 '민족적 정체성'에 의거한 구성원들 간에 체화된 민족적 동질성과 연대의식이 아니라, 입헌적 민주주의 원칙과 헌법적 가치에 대한 일관된 충성과 헌신, 애국심을 바탕으로 구축된 집단적 '(민주) 시민 정체성'에서, 완성적 형태의 사회적 통합을 구축할 수 있는 '동력원'이 마련될 수 있다는 주장을 강력히 제기하고 있기 때문이다. 한 마디로 '헌법적 애국심'에 의거한 '민주적 정체성'이 우연적이며 자의적인, 게다가 무수히 많은 역사적·경험적 폐해와 비극적 사태를 야기한 요체로서 민족적 동질성과 일체성에 기초한 '민족적 정체성'을 대체할 수 있다는 것이다.[35]

하지만 민족 정체성을 '탈민족(주의)적' 시민 정체성으로 대체함으로써 사회 통합적 힘의 원천이 온전히 확보될 수 있는지는 지극히 회의적이다. 앞서 본 바와 같이, 민주주의 원리에 대한 구성원들 사이에 공유된 정치 시민적 의식이나 헌법적 가치에 대한 헌신과 충성만으로는 완

---

[34] 하버마스의 헌법 애국주의를 비롯하여, 독일 사회에서 헌법 애국주의가 등장하게 된 정치적·사회적·역사적 배경과 요인 등에 관해서는 이용일, 「중심을 향한 독일의 근대적 열정과 그 통합이념체계들」(2008), 558 – 566쪽 참조.

[35] 이동기, 「독일 분단과 통일과정에서의 '탈민족' 담론과 정치」(2009), 181쪽 참조.

결적 수준의 사회적 연대성과 통합적 동력원을 확보하는 데 충분치 않기 때문이다.

이에 대한 결정적인 이유는, 사회적 통합을 성공적으로 구성하기 위한 동력원의 원천은 상호 이질적인 '두 차원'으로 나뉘어 존재하기 때문이다. 다시 말해 인권이나 평등과 같은 보편적 정의 원칙에 근거해 형성되는 민주 시민적 연대성과는 그 기원을 달리하는, 사회문화적 차원에서 강력한 사회적 연대와 통합력을 제공하는 또 다른 '규범적·도덕적' 토대이자 원천으로서의 민족 정체성이 또한 자리하고 있다.

이와 관련해—이러한 비판적 지적을 염두에 두고 있는지의 여부는 알 수 없지만—하버마스는 또 다른 견해를 통해, 보편적 헌법 원칙들에 대한 경의와 헌신에 기초한 행위들에 뿌리를 둔 정치적 통합력은 개별 국민(민족)국가들에 내재되어 있는—헌법 원칙을 저마다의 역사적 맥락에서 해석하는 틀로서—특정한 '정치문화'의 토대 위에서 창출될 수 있다고 본다.[36]

이러한 해석에 따르면, 하버마스가 개진하고 있는 헌법 애국주의는 적어도 이론적 차원에서는 민족주의나 민족 정체성 등을 완전히 배격하거나 배제하고 있지 않다. 헌법 애국주의는, 국가적·민족적 경계를 넘어서는 보편적 정의의 원칙이나 민주주의 원리, 헌법적 가치 등이 구현될 현실적 터전으로서 개별 국민(민족)국가가 지닌 '정치문화'의 특수성과 고유성을 기반으로 해서 작동될 수 있다는 점을 밝히고 있기 때문이다.[37]

---

[36] 한승완,「자유주의적 민족주의와 헌법 애국주의」(2010), 296쪽; 이동기,「독일분단과 통일과정에서의 '탈민족' 담론과 정치」(2009), 182쪽; J. Habermas, *Die nachholende Revolution*(1990), 149–156쪽 참조.

[37] 이러한 하버마스의 입장은, 보편적 정의의 원칙은 구성원들 사이의 연대

하지만 본질적 문제는 그러한 '정치문화'의 토대라는 것이 명확히 무엇을 구체적으로 가리키는지가 대단히 모호하다는 점이다. 왜냐하면 민족 정체성이라는 사회문화적 통합의 원천에 대응하면서 그것을 대체하는 새로운 원천을 명확하게 적시하지 못하고 있기 때문이다. 그런 만큼 무엇보다, 모든 구성원을 동등하게 대우·존중하라는 보편적 정의원칙이 갖는 도덕성 못지않게, 민족적 정체성이 지닌 주요 특성들이 민주주의 사회의 구성과 존립을 위한 필수적인 '도덕적 원천'으로서 작용하고 있다는 사실을 동등하게 인식하고 있지 못한 것으로 보인다.[38] 다음으로, 사회적 통합의 두 원천 가운데 보다 근원적인 것으로서의 민족 정체성의 도덕적 본성과 사회 통합적 기능에 대해서도 제대로 간파하지 못하고 있는 것처럼 보인다.

이러한 연유로 하버마스는 헌법 애국주의가 내세우는 정치문화의 특수성 가운데 최우선적인 배제 및 탈각의 대상으로, 민족주의 그리고 그것과 관련된 본원적 구성 요소들을 설정하고 있다. 민주주의 헌법에 내재되어 있는 원칙들에 '만' 기초한 시민적 정체성만으로도 민주적 사회질서가 정립·작동되는 데에는 충분한 사회적 통합력을 창출해낼 수 있다는 이유에서이다.[39]

성을 통해 보완되어야 한다고 피력하는 대목에서도 일정 정도 확인된다. "개인들의 평등한 권리와 자유는 그들이 속해 있는 공동체와 이웃의 복지 없이는 보호될 수 없다", J. 하버마스, 『담론윤리의 해명』(1997), 88쪽.

[38] 이에 관한 적확한 비판적 지적에 대해서는 나종석, 「민주주의, 민족주의 그리고 한반도에서의 국민국가의 미래」(2011), 23 – 26쪽 참조.

[39] 힌승원, 「자유주의적 민족주의와 헌법 애국주의」(2010), 294쪽. 한데 한승완은 이와 관련하여 곧바로 '사태는 그렇게 단순치 않다'는 비판적 언급을 덧붙이고 있다.

이와 동시에 하버마스가 발 딛고 살아가는 독일을 위시한 유럽 대륙에서 벌어진 역사적·경험적 참극—가령 2차 세계대전이나 600만의 유태인 대학살 등—들이 민족주의로부터 야기되었다는 뼈저린 자기성찰과 자기 비판적 인식도 한 몫 거들고 있다. 그로 인해 하버마스는 민족주의가 지닌 강점과 한계 중, 부정적 속성과 측면들에 과도할 정도로 주안점을 두어, 지속적으로 민족주의와 민족적 정체성의 비극적 폐해에서 벗어나고자 그것을 다른 것, 즉 민주적 정체성으로 대체하고자 시도해왔다. 그리고 마침내 그러한 철학적 시도의 일환으로 내놓게 된 잠정적 결과물이 다름 아닌 헌법적 애국주의 입론이다.[40] 비록 민족주의와 민족국가를 통해 근대의 입헌적 민주주의와 헌법적 원리들이 현실화될 수 있었지만, 그것들이 지닌 부정적 속성들의 과도화 및 극단화는 언제든지 타민족 및 종족에 대한 야만적인 침탈과 살육을 감행할 위험성이 크다는 점에서, 새롭게 구성하여 제시한 탈민족주의적 대안적 입론이 바로 헌법 애국주의였던 것이다.

이처럼 헌법 애국주의나 그와 유사한 논리를 개진하는 탈 및 반민족주의 논변들은 주로 민족주의에 대한 역사적·체험적 반감과 거부감에 의거하여 개진되고 있다. 그런 탓에 하나 같이 민족적 정체성이나 연대성이 공동체의 구성과 존립을 위한 필수적인 '규범적·도덕적 원천'으로

---

[40] 민족의식 및 민족적 정체성의 극단적 강조와 확대로 인해 유럽 대륙에서, 민족 혹은 국가 간 폭력적 충돌과 비극적 참상이 빚어졌는 바, 이를 극복할 방안의 하나로 유럽 통합을 위한 규범적 토대로서 탈(脫)민족주의적 헌법 애국주의를 개진하였다고 볼 수 있다. 이와 관련해서는 김진수·송성민, 「통일담론으로서 헌법 애국주의의 제안과 검증」(2019), 175쪽; 홍태영, 「국민국가의 민족주의에서 '민족'없는 민족주의로」(2017), 14-19쪽 참조.

기능하고 있다는 사실을 '충분히' 파악하지 못하고 있다.[41] 그런 한에서, 입헌 민주주의적 이념 및 원리에 대한 애국심과 충성심으로 무장된 구성원들의 정치적 공유 의식만으로, 사회가 안정적으로 유지되어 나가는 데 필요한 '사회적 연대성'을 충분히 창출해 낼 수 있다는 '헌법 애국주의적 믿음'은 그 자체 논증되거나 입증되지 못한 희망적 바람에 그치고 있다. 이는 다양한 현실적·경험적 사례들을 통해 확인해 볼 수 있다.[42]

결국 이상의 비판적 논의에서 드러나듯, 헌법 애국주의 입론과 그에 기초한 통일담론은 민족주의의 토대 구성적 요소와 특성, 특히 민족 정체성과 민족의식을 바탕으로 한 민족적 통합의 이론적·실천적 불가피성과 필연적·현실적 요청에 대해 적확히 포착하지 못하는 한계를 노정하고 있다. 그런 탓에 남북한 간 통일의 문제도 전적으로 민족정체성과 민족의식이 탈각된, 전적으로 민주적 정체성과 헌법적 애국심, 비판적 시민의식을 지닌 (탈민족적) 시민 주체만을 통해 민주적 방식으로 이루어질 수 있는 것 인양 다루고 있다. 하지만 이는, 그러한 민주적 통합의 기초와 토대를 이루는 민족적 통합의 '전제적 조건성'을 간과하고 있는 것이다.

---

41 이 점에 대해 킴리카는 다음과 같이 언급하고 있다. "자유주의적 정의는 경계 지어진 공동체들 안에서 작동하고, 시민들이 이러한 경계들을 도덕적으로 의미 있다고 바라보도록 요구한다", W. 킴리카, 『현대 정치철학의 이해』(2010), 355쪽. 또한 동일한 민족의식이나 정체성을 통해 사회 구성원들이 내적으로 연결되는, 곧 '정서적 결속'이 갖는 도덕적 특성과 내용에 관해서는 A. Honneth, *Das Andere der Gerechtigkeit*(2000), 216–236쪽; 악셀 호네트, 『정의의 타자』(2009), 267–290쪽 참조.

42 이에 관한 설득력 있는 사례에 관해서는 W. 킴리카, 『현대 정치철학의 이해』(2010), 355–358쪽; 나종석, 「민주주의, 민족주의 그리고 한반도에서의 국민국가의 미래」(2011), 17–18쪽 참조.

IV. 분단극복을 위한 실천주체로서 '민족적 정체성이 탈각된 시민'의 한계 및 제약점

과거 1970년대 박정희 유신 독재 정권 하에서 반포된 〈국민교육헌장〉에 나오는 "우리는 민족중흥의 역사적 사명을 띠고 이 땅에 태어났다"라는 구절에서 극명하게 드러나듯이, 민족과 민족주의는 수시로 남한 사회 구성원들을 정치적으로 탄압하는 비민주적인 강압적 지배 기제 및 수단으로 사용된 경우가 비일비재하였다.[43] 그런 만큼 민족(주의)에 대한 거부감과 우려의 시선은, 분단현실을 극복하고 민주적 절차를 통해 남북 통합을 이루어 나갈 실천적 주체로, 탈민족주의적·다원주의적 시대흐름에 합치하는, 성찰적 사유와 비판적 통찰의 능력을 갖춘 민주적 시민 개념을 선택하게끔 강력 유인하고 있다. 물론 이러한 시민은 무엇보다 자유와 인권 같은 보편적 정의원칙과 민주주의의 원칙에 대한 확고한 신념을 갖고 그것들에 헌신하고 충성을 다하며, 이를 개별 구성원이 마땅한 수행해야 할 '도덕적' 책무이자 덕목으로 인식하는 주체이다.

최근 들어 정치·사회철학 분야에서 주목의 대상이 되고 있는 '시민적 민족주의'나 '헌법 애국주의'가 내세우는 주체가 크게 보아 바로 이러한 시민 개념에 해당된다고 할 수 있다. 이러한 정치철학적 입론들은 민족(주의)에 대한 '강한 부정적 인식'과 '격렬한 단절적 거부감'을 표출하는 가운데, '근대 국민(민족) 국가'의 구성원 자격을 '탈민족(주의)적 의식을 지닌 정치적 시민'으로 한정짓고자 한다. 그에 따라 구성원들 간에 공

---

[43] 이처럼 민족주의 이념이 통치 이데올로기로 변질되어 수행하는 왜곡된 역할 및 부정적 기능과 관련하여, 이를 '반공민족주의'와 '분단민족주의'로 규정하여 비판적 논의를 개진하고 있는 입론으로는 김정훈, 『한국인의 에너지. 민족주의』(2020), 144-158쪽 참조.

유된 민족의식이나 민족 정체성을 탈각하고 배격함으로써 그로부터 벗어나 민주주의 원칙과 헌법적 가치를 열렬히 숭앙하고 헌신하는 헌법적 애국심과 그에 기초한 '탈민족적·시민적 국민 정체성'을 지닌 민주적 시민'만'이 오늘의 변화된 상황 하에서 근대적 국민 국가의 구성원 자격을 지니고 있다고 강변한다.

그에 따라 '여전히' 그 이론적·실천적 시효성이 남아 있는 국민(민족)국가의 구성원 자격을, 전적으로 (종족) 민족적 동질성과 정체성이 제거된 순전히 헌법적 애국심과 민주주의 원리에 대한 충성심만으로 구성된 (탈민족적) 시민적 정체성을 지닌 민주적 '시민'에게 국한하여 부여하고자 한다. 하지만 이는 민주주의와 인권의 보편성에 과도하게 편향된—특정한 공동체 구성원들이 대면하고 있는 역사적·사회적·문화적 특수 상황과 맥락을 초월한—'세계시민주의적·보편주의적 세계관'을 표출한 것에 다름 아니다. 동시에 그로 인해 한반도의 현실과 관련하여, 민족적 동질성과 정체성을 바탕으로, '한민족 공동체'를 오랜 기간 유지해 온 한반도의 '역사적·사회문화적 특수성'을 배제해 버리는 결정적 잘못을 범하는 것이다. 요컨대, 한 사회체제는 보편적인 '민주적 정치공동체'와 특수한 '역사적 문화공동체' 간의 상호 내적 결합을 통해 구성되어 있다는 사실을 놓쳐버리고 있는 것이다. 그럼으로써 구체적인 사회를 형성하는 개별 사회 구성원들이 지닌 공동체에 대한 '특수한' 소속감 내지 소속의식에 대한 갈망과 애착의 기제를 적확히 포착하여 설명해 내지 못하고 있다. 뿐만 아니라 인권이나 보편적 정의 원칙에 뿌리를 둔 '시민적 연대성'과는 그 '기원'을 달리하는, 사회문화적 차원에서 강력한 사회 통합력을 제공하는 또 다른 규범적·도덕적 토대로서 민족 정체성에 대한 논구 또한 결여되어 있다.

이러한 제한성과 결정적 한계로 인해, 헌법 애국주의를 필두로 한 탈민족(주의) 담론들은 헌법 원리나 정의원칙에 대한 무한 충성과 (헌법적) 애국심을 통해 사회적 연대의식의 창출이 가능하며 이를 기반으로 한 강력한 사회적 통합력이 마련되어 공동체가 존립 유지될 수 있다는 주장을 '거리낌 없이' 펼치고 있다. 그렇지만 이는 절반만 맞는 그야말로 '반편적(半偏的)' 주장에 불과하다. 왜냐하면 민주적 원리에 대한 구성원들의 애국적 충성을 통해, 국민국가의 구축과 존립을 보장하는 '완결적 형태'의 사회적 통합력이 자동적으로 형성되는 것은 '결코' 아니기 때문이다.

언뜻 보아 하버마스가 주창하고 있듯이, 입헌주의적 민주주의 정치 공동체의 수립은 민주적 원리와 가치를 전적으로 수용하며 그에 부합하는 행위를 수행하는, 탈민족(주의)적 민주적 정체성을 지닌 '시민적 구성원'들에 의해 전적으로 가능한 것처럼 비친다. 하지만 실상은 그렇지 않다. 민주적 시민 의식과 덕목을 갖춘 '시민적 구성원'들은, 시민이기 이전에 언어와 습속 등을 공유하며 사회문화적·역사적 체험을 통해 체화된 고유한 민족의식과 동질성에 기인한 민족 정체성을 지닌, 아울러 민족 공동체에 속해 있다는 소속감과 자긍심, 연대의식을 지닌 '민족적 구성원'의 자격을 갖추고 있어야'만'하기 때문이다. 적어도 현 사회발전 단계에서는 민족 단위의 국민국가의 틀 내에서만 '입헌 민주주의 정치체제'가 구현 작동된다는 점에서, 시민은 그 이전에 같은 민족의식을 지닌 민족의 한 성원일 수밖에 없는 셈이다. 요컨대 그러한 전제조건이 충족된 이후에라야, 민족적 정체성을 내장한 구성원들의 연대의식을 바탕으로 기본적인 사회적 통합이 마련되며, 그 토대 위에서 헌법적 가치 및 이념에 대한 지지와 헌신을 통해 형성된 시민적 정체성을 획득한 시민 구성원들 사이의 정치적 통합이 이루어진다. 그 때서야 비로소 입헌주의적 민주주의 원리가 안착하여 제도화됨으로써 하나의 입헌 민주주의 정치적 공동체가 정립되어 나가게 되는 것이다.

V. 남북통합을 구현하기 위한 '새로운' 실천주체 : 민족과 시민의 내적 결합체로서 '한반도 시민'

이제까지의 논의를 통해 짐작할 수 있듯이, 시대 흐름의 급격한 변화와 맞물려 있는 한반도 상황에서, 남한 사회의 '실질적 민주화'의 진척을 통해 공정하고 정의로운 민주사회를 구현할 사회 변혁적 주체는 단연 '비판적 민주 시민'이라 할 수 있다. 나아가 범위를 한반도 전체로 확장할 경우에도, 현 분단체제를 극복하고 '민주적이며 평화적인' 방식으로 남북한 간 통합을 이뤄내야 할 실천 주체 역시 이러한 시민이어야 할 것이다.

하지만 유럽을 중심으로 확산되어 나가고 있는 주도적인 보편적 흐름, 곧 탈민족주의적 시대사조와는 다른, '특수한' 한반도의 분단현실에서 우리가 모색하는 실천 주체로서의 시민은 단순히 서구 사회에서 통용되는 시민 개념과 동일한 것일 수는 없다. 주지하다시피 민주주의 원칙과 헌법적 가치에로의 무한 신뢰와 헌신, 충성심을 바탕으로 형성되고 공유된 된 민주 시민적 정체성을 지닌, 다분히 반(反)민족주의적이며 세계시민(주의)적인 세계관을 지닌 존재가 서구 사회가 최근 내세운 주된 시민 개념이다.

하지만 그와 달리 우리가 지향하는 '시민' 개념은, 남북한 구성원들이 공유하고 있는 민족적 동질성과 정체성을 토대로 성립되었던 민족공동체의 '분열'이라는 분단현실이 함의하는 역사 문화적·정치 사회적 차원의 '비극적 특수성'을 고려 감안하는 섬세한 '민족(주의)적 감수성'을 지닌 그러한 시민이어야'만' 한다. 보다 구체적으로, 우리가 모색하려는 시민은, 민족적 정체성에 대한 자각과 그에 기초한 연대의식을 공유한 '민족 구성원'이면서, 동시에 민족적 동질성과 정체성, 연대성이 타자에 대한 배타성과 차별성으로 흐르지 않도록—곧 상호 존중에 기초한 포용적이며 자기성찰적인 방식으로 작용하도록—민주적 원리를 통해 제약·

조정할 수 있는 합리적 판단 능력과 시민적 덕성을 갖춘 '비판적·민주적 시민'이다.

사정이 이렇다면 왜 현 시점에서 한반도를 살아가는 시민은, '민주 시민적 정체성' 이외에 필수적으로 '민주적 원리에 따라 조정되고 규제되는 민족적 동질성과 정체성'을 공유한 민족공동체의 일원이야만 하는가?

1) 먼저, 남한이든 북한이든 아니면 남북이 합쳐진 통일 국민(민족) 국가이든, 그 구성원들은 자신이—일본이나 중국 민족이 아닌—한민족 공동체에 속해 있다는 소속감과 소속되고자 하는 갈망, 자긍심과 헌신적 마음가짐 같은 견결한 '사회문화적 공유의식'을 전반적으로 지니고 있다고 보이는 바, 그것이 바로 '민족 정체성'과 '민족 (연대)의식'이다. 한데 이것들이 필수적으로 요청되는 까닭은, 그것들을 바탕으로 해서만 견고한 사회적 통합력과 결속력이 산출되어 사회의 존립을 위한 사회 구성적 토대가 마련될 수 있기 때문이다. 동시에 그렇게 됨으로써'만' 민주주의 원리와 그에 기초한 헌법적 가치와 원칙 등이 '비로소' 온전하게 사회에 안착되어 작동될 수 있다. 그런 만큼 한국 사회의 내부의 민주화 진척이나 북한 체제의 민주화 실현, 나아가 통일 이후의 한반도 국민국가의 민주화 기획 등이 성공적으로 완수되기 위해서는 민족주의의 원리와 구성적 요소들이—다른 현실적 대체물이 아직 존재치 않는 상황에서는—거의 '필수적'으로 요청된다고 하겠다.

특히 남북한이 민주적·평화적 방식으로 통합을 이루어나가는 절차적 과정에서도 민족주의의 구성 요소, 특히—폐쇄성과 배타성에서 벗어난, 개방적이며 상호 존중을 지향하는—'두텁지 않은' 민족적 동질성과 연대 의식, 민족 정체성은 필수불가결한 것들이다. 주지하다시피 전혀 다른 종족(민족)으로 이루어진 두 이질적인 사회 구성체들이 공동의 통치 이념 하에 정치적·사회적으로 통합을 이루어나가는 과정은 그야말로 불가능에 가까운 지난한 여정이 아닐 수 없다. 그에 비해, 동일한 언어와 문화적·역사적으로 오랜 기간에 걸쳐 서로 공유된 문화양식이나 삶의 방식, 가치관 그리고 이런 것들을 기초로 하여 형성된 민족의식과 민족적 정체성 등은 오랜 기간 단절된 채 존립해 온 두 구성체 간에 상호 신뢰와 존중의 바탕을 이루는 가운데, 정치적 통합을 이루어내는 데 '현실적으로' 나름 충분히 기여할 수 있다.[44] 상대방의 견해나 입장을 이해하고 존중하며 상호 합의에 도달하는 과정에서, 상호 동질적이며 공감대를 형성할 수 있는 '같은' 민족으로서 갖는—정서나 감정 등을 포함한—상호 공유적인 측면과 요소들이 존재한다는 것은, 적어도 불신의 골을 메우고 상호 신뢰를 바탕으로 협의해 나감으로써 통합을 이룰 가능성과 여지를 보다 더 많이 확보할 수 있음을 말해주기 때문이다. 나아가 남북한이 하나의 정치 공동체로 통합된 이후에도, 편협하고 폐쇄적인 반민주적 정치체제가 아닌, 개방적이고 포용적인 민주적 사회체제로 형성 발전되어 나가는 도정에서도, 민주주의 원칙의 성공적인 작동과 기능을 위한 토대로서 민족적 정체성과 연대성은 필연적으로 요청될 수밖에 없다.

2) 다음으로, 분단 현실을 살아가는 한반도의 구성원들, 곧 한반도 시민에게는 한민족 공동체 일원의 자격으로, '근대 민족 국가'를 수립해야 할 미완의 과제가 또한 주어져 있다는 점에서 그러하다. 알다시피 전(全)지구적 차원에서는 분명 '탈(脫)민족주의'가 시대적 대세이자 주된 흐름이라고 할 수 있다. 하지만 민족적 동질성을 바탕으로 오랜 기간 존립해 왔던 하나의 (종족) 민족적 공동체가 '근대적' 국민(민족)국가로 정립되지 못한 채, 남북으로 갈라져 두 이질적인 대립적 이념 체제로 남아 있는 한반도에서만큼은 민족주의가 여전히 하나의 '근대적 시대정신'이라고 볼 수 있다.[45]

---

[44] 신기욱, 『한국 민족주의의 계보와 정치』(2009), 344–345쪽 참조.

[45] 이에 관한 보다 세부적인 논변으로는 송두율, 『민족은 사라지지 않는다』

이 점과 관련하여, 현재 한반도에는 근대 민족(국민)국가를 구성할 한민족 자체가 남북으로 쪼개져 있어, 근대 국민국가에 주어진 두 핵심 과제, 곧 산업화(근대화)와 민주화를 수행해야 할 '실천 주체' 자체가 온전히 확보되지 못한 상태이다. 그런 만큼 한반도의 남북을 살아가는 구성원들에게는 우선적으로 통일된 민족(국민)국가를 수립해야만 하는 민족사적 과제가 여전히 주어져 있는 셈이다. 더불어 이런 연유로 한반도의 분단 상황에서 민족주의 이념은 여전히 그 이론적·실천적 유효성이 발휘되고 있다고 말할 수 있다.

이처럼 분단으로 말미암아 근대적 국민국가가 제대로 구축되지 못한 상황이란, 민족(국민)국가를 통해 성취해야 될 산업화와 민주화의 과제 역시 '미완의 상태'에 머물러 있음을 가리킨다. 산업화 과제의 경우, 남한 사회는 상당 정도 성공적으로 진척되고 있지만, 북한 체제는 아직도 요원하다. 더욱이 통일된 민족(국민) 국가 단계에서, 막대한 통일 비용을 감당할 수 있을 정도로 남북한 두 체제가 상호 균형적인 수준에서 경제적 발전이 이루어지게끔 조율하는 등의 과제 또한 주어져 있다. 그런 한에서 민족주의와 그것을 기반으로 한 민족국가, 아울러 산업화의 실천 주체로서의 민족 구성원에 대한 논구는 여전히 긴요한 것이라 할 수 있다.

민주화 과제의 경우, 남한 체제는 형식적 민주화 단계를 거쳐 실질적 민주화의 과정에 진입했지만 그럼에도 여전히 해결하고 극복해야 할 비민주적인 잔재와 요인들이 산적해 있다. 북한 체제의 민주화 작업은 현재로서는 실로 '불가능'에 가까운 과제라고 할 수 있는 바, 이는 통일 국민국가에서 시급히 추진해야할 임무라 할 것이다. 한데 그처럼 남북한 모두에게 대단히 중요한 민주화 과제는, 분단 상황 하에서는 그 구현의

(2000), 90 – 104쪽 참조.

정도가 더욱 더딜 수밖에 없다. 특히 분단 현실 하에서 민주화를 추진해 나가는 과정은, 언제든지 분단 구도를 악용하여 통치권과 기득권을 강화·확장하려는 '민주주의 퇴행적' 혹은 반민주적 통치 세력이 남북한 그 어떤 체제에서든지 출현하거나 존립할 시, 치명적 난관에 봉착할 가능성이 매우 크다. 이런 연유에서도 민주화의 성공적 완수는 필연적으로 분단체제의 해체를 전제하며[46] 통일 국민(민족)국가의 수립을 필요로 한다.

나아가 북한 체제를 민주화하는 작업의 진행과 더불어 남북한 간 통합을 이루는 과정 역시 민주적이고 평화적인 절차적 방식을 통해 이루어져야 하는 바, 여기서도 민족 및 민족주의는 규범적 차원 뿐 아니라 실천적 측면에서도 여전히 그 효용성을 지닌 필수적 요소이자 요인으로 기능한다. 가령 민주적·평화적 통합을 성공적으로 이루어 나가기 위해서는 남북한 간 상호 존중과 신뢰, 서로에 대한 진정성 있는 이해와 이에 기초한 긴밀한 상호 협력 등이 절대적으로 긴요하다. 그런데 언어적 동일성을 비롯한 민족적 동질성과 공유된 민족의식 등은 이를 가능케 해주는 그야말로 소중한 사회문화적 자원이 아닐 수 없다. 이는 민족주의 이념과 논리, 그리고 그 구성적 요소들이 왜 필요한가를 여실히 말해주고 있다.

3) 그렇다면, 남한과 북한 두 이질적인 정치적 이념 체제를 하나의 단일한 '민족(국민)국가' 형태로 통합하려는 시도는 끊임없는 갈등과 대립, 충돌을 유발할 뿐이며 실질적으로 이루어지기 어렵다는 점을 들어, 새롭게 제안된 남북한 간 '평화공존론'은 어떠한가?

---

[46] 이 점과 관련해 백낙청의 다음과 같은 발언은 주목될 가치가 있다. "분단체제론은 태생적으로 반민주적이며 비자주적인 분단체제가 지속되는 한 남북 어느 한쪽에서도 온전한 민주주의가 불가능하다는 입장이다", 백낙청, 『한반도식 통일, 현재 진행형』(2006), 64-65쪽.

이러한 입론과 그에 따른 실천적 방안에서는 폐쇄적이며 배타적인 종족적 민족의식으로 무장된 민족구성원이 아닌, 보다 개방적이며 포용적이며 상호 공존을 도모하는 시민적 정체성과 시민의식으로 체화된 '탈민족적 시민'이 실천주체로서 일순위에 올라야 한다는 견해가 단연 압도적일 것이다. 충분히 그럴 수 있다고 본다. 다른 사회구성체나 정치체제와 상호 평화 공존적인 관계를 구축하기 위해서는, 자민족중심적인 배타적 사고방식 및 태도를 지니기 보다는, 타자에 대한 배려와 존중, 인정을 골자로 한 시민이 보다 가능한 실천적 주체로 평가받기 쉽기 때문이다.

그런데 한반도의 분단 실태와 관련하여, 남북한 간 '평화공존' 혹은 '평화체제' 구축은 '현상적으로는' 남북한 간 민족통합에 비해 훨씬 더 가능성이 높은 것처럼 보인다. 하지만 역설적이게도 '실제로는' 민족 구성원과 민족주의를 중심축으로 삼아 설계된 통일방안에 비해 현실화 가능성이 더 낮다는 한계를 노정한다. 이것이 사실이라면, 실천 주체로서의 민족과 통합의 이념적 지향점으로서의 민족주의는 '분단체제'의 해체를 넘어 통일이라는 보다 완결적 형태의 '한반도 평화체제'를 구축하는 데 핵심적인 이론적 지침 및 실천적 원동력으로 기능할 수 있다는 점을 다시금 일깨워준다.[47]

주지하다시피 평화공존을 주창하는 담론들은 본질상 남북한 간 통일을 '배제'하고 있다는 점에서 '반(反)통일적 분단 유지' 입론에 다름 아니다. 곧 통합이 아닌 분단 상태를 그대로 놔둔 채, 남북한 사이의 '평화

---

[47] 이와 관련해 송두율은 비록 우리의 민족주의가 독일의 민족주의보다 더 건강하고 문제가 없는 것은 아니지만 그럼에도 "민족주의가 우리의 분단 극복에서 강력한 동력이라는 것을 부정할 수는 없다"고 강변하고 있다. 송두율, 『민족은 사라지지 않는다』(2000), 87쪽.

공존 구도'에 관한 정당화 논변 및 방안을 개진하고 있다.[48] 하지만 제아무리 견고한 형태로 평화공존 구도가 구축된다고 해도 그것은 일시적이고 불안정하며, 한반도를 둘러싼 국제 정치학적 요인들을 비롯한 대내외적인 상황적 변수에 따라 언제든 허물어질 수 있다. 그런 연유로, 여러 유형의 평화체제 논변들은 사실상 견지되기가 매우 어렵다. 이와 관련해 백낙청은 한반도의 경우 "평화담론만으로 평화정착이 불가능"하다고 거듭 지적하면서, 통일을 배제한 채 남북 쌍방이 평화를 합의한다고 해서 평화가 정착되는 것은 가능하지 않다고 일갈하고 있다.[49]

이것이 '참된 사실'이라면, 보다 '영구적인' 형태의 평화체제의 구현은 분단현실을 뛰어 넘어 남북한 간 민족통합을 이루는 방식으로만 오직 이루어질 수 있을 것이다. 그런 점에서 '반(半)영구적 평화체제'의 수립을 달성하기 위한 남북통합의 과제는, 남북한 두 대립적 이념 체제의 구성원들의 의식을 공통적으로 꿰고 있는 '한민족'의 일원이라는 민족적 동질성과 민족 정체성을 지닌 '민족 구성원'들이 실천적으로 주도할 수밖에 없는 것이다. 물론 이 때 통합을 이루기 위한 실천주체로서의 민족은, '타자에 대해 배타적이고 공격적인 편협한 닫힌 민족주의적 구성원'들을 가리키지 않는다. 그보다는 타자에 대해 개방적이며 배려와 존중을 덕목으로 갖춘, 더불어 민주주의 원칙을 통해 (종족적) 민족의식의 요소들이 규율되고 제어되는 '자기 비판적·자기 성찰적' 시민의식을 지닌 민족 구

---

[48] 가령 오랜 기간 평화에 대해 인문학적 성찰을 지속해온 이삼열의 경우도 통일과 평화체제의 구축과 관련해 다음과 같은 견해를 피력하고 있다. "평화체제의 실현 없이는 통일이 불가능하며, 바람직하지도 않기 때문에 이제는 무리한 통일논의보다는 평화를 우선에 두는 정책이 남북 양측에 실시되어야 한다", 이삼열, 「평화의 인문학적 성찰」(2019), 59쪽.

[49] 백낙청, 『한반도식 통일, 현재 진행형』(2006), 182쪽.

성원들이다. 보다 정확히 말해서 '민족의식'과 '시민의식'이 변증법적으로 '대립물의 통일'을 이루고 있는 혹은 내적으로 긴밀히 연계되어 있는 '민족적 시민' 또는 '시민적 민족 구성원'을 가리킨다.

 4) 끝으로 짚어볼 사항은, 최근 들어 한반도를 둘러싼 동아시아 정세의 급격한 변화와 맞물린 '팽창적·침탈적 민족주의'의 확산적 흐름과 관련된 것이다. 그 가운데 특히 중국과 일본을 비롯한 주변 열강들의 대단히 호전적이며 패권 추구적인 '강한 종족 민족주의'가 다시금 발흥하고 득세하는 상황은 매우 염려스러운 사태라 하지 않을 수 없다. 그런데 역설적으로 이러한 사태 역시―앞으로도 상당기간 실효적인 정치적 질서체제로 실재할 것으로 예견되는―민족(국민)국가 형태로 민족통합을 이루어 내야할 과제가 필수적으로 수행되어야 한다는 점을 우리에게 다시금 일깨워 준다.

 주지하다시피 근자에 이르러 동아시아 및 동남아 지역을 비롯한 다수의 지역에서 탈민족주의적 시대 흐름을 무색하게 할 만큼, 타 민족(국민)국가의 주권을 침해하거나 존립 그 자체를 위협할만한 수준의 첨예한 긴장 및 충돌 분위기가 급속히 고조되고 있다. 한데 이러한 실상의 배후에는 몇몇 열강들이 '자민족중심주의'를 강화하는 가운데 주변의 타 민족(집단)이나 민족국가에 대해 다분히 공격적이며 침탈적인 성향의 패권주의적 민족주의를 의도적으로 강화·확대하려는 시도 및 움직임이 자리하고 있다. 가령 시진핑이라는 강력한 지도자가 주도하고 있는 중국의 '중화 패권주의'적 민족주의의 최근 동향이나, 헌법 개정을 통해 호시탐탐 군사대국화를 획책하는 일본의 '신민족주의적 팽창주의'의 출현이 그 대표적인 사례라 할 수 있다.[50]

---

50 이 점에 관해서는 박노자, 「신민족주의의 파도, 세계를 삼키다」(《한겨레》 2018년 10월 16일자); 김한권, 「'양날의 칼' 중화민족주의⋯갈등 생긴 공

이처럼 '배타적이고 공격적인 종족 민족주의'를 기반으로 한 중국과 일본과 같은 주변 국민(민족)국가들의 심히 우려스러운 정치적·군사적 패권주의적 행태는, 한반도의 남북한이 주변 열강의 팽창주의적 민족주의의 위협과 영향으로부터 벗어나 자주적이며 독립적인 정치체(政治體)로 강건하게 존립하기 위해서는 민족주의를 토대로 한 통일국가를 시급히 수립할 필요가 있다는 점을 강력히 시사해 준다. 말할 것도 없이, 그렇지 못할 경우 한반도의 분단 구조가 고착화되는 가운데 남북한은 이러한 호전적·침탈적 민족주의 세력들의 군사적·정치적 먹잇감으로 전락하기 쉽기 때문이다.

이상의 논의를 고려할 때, 민족(민족)주의 및 민족(국민)국가는 '여전히' 우리가 껴안고 가야만 될 이념이자 사회 구성적 체제이다. 물론 이때 우리가 견지하고 모색·추구하려는 민족주의 및 통일된 민족(국민)국가는, 타민족이나 다른 국가를 침략하거나 지배하기 위한 것이 아닌, 외세의 부당한 침략과 위협에 맞서 주권과 독립을 지켜내고 규범적으로 정당화될 수 있는 방식으로 맞서 투쟁하고 저항하는, 그러한 반패권주의적·반침탈주의적 민족주의이자 통일 민족(국민)국가이다. 요컨대, 차이의 존중과 보편적 정의원칙에 의거하여, 타자에 대한 차별성과 배타성, 공격성을 제어·배격하면서, 동시에 타자에 의한 부당한 간섭과 지배, 통제에 맞서 도덕적으로 정당화된 거부적 투쟁을 전개하도록 유인하는 민족주의 및 민족국가이다. 이는 달리 말해서, 민주주의 원리를 근간으로 하여 그것에 의해 (종족)민족주의 원리 및 논리가 적절히 제어·조정되는 민족주의이자 그러한 민주적·포용적 민족주의 이념에 터한 통일 민족(국민)국가라 할 수 있다.

간에 묶어 관리해야」(《중앙일보》2017년 2월 15일자) 참조.

그러므로 이로부터 자연스레 도출되는, 분단극복 및 남북통합의 실현을 주도하는 실천 주체는, 한편으로는 분단구도 하에 오랜 기간 겪고 있는 민족 공동체의 비극적 실상을 적확히 인식하고 자각하는 강고한—그럼에도 개방적이며 포용적인—민족의식과 민족적 정체성을 지니고 있는 주체이다. 동시에 다른 한편, 그러한 의식과 정체성이 반민주적 사태를 야기하지 못하도록, 사전에 방지하며 민주적 방식과 방향에 부합하여 기능하도록 제어하는 민주주의 원리와 원칙을 체화한 첨예한 비판적 시민의식을 지닌 주체이기도 하다. 이를 이 글에서는 잠정적으로 '한반도 시민'이라고 일컫고자 한다.

VI. 맺는 말

이제 글을 마무리할 시점이다. 해서 이제껏 이루어진 비판적 논의를 염두에 두면서, 한반도 시민 개념에 초점을 맞추어 그것의 현재적 의의와 의미를 살펴본 후, 그것이 보다 완결적 형태의 개념으로 정립하는 데 필요한 추후 '보완적' 과제를 간략히 언급하면서 글을 맺고자 한다.

이와 관련해, 이미 수차례 밝힌 바 있듯이, '민주적 원리와 방식'에 따라 통일 국민국가를 주도적으로 수립해 나갈 '실천적 주체'이자, 건립될 통일 국민국가의 구성원은 기본적으로 민주적 '시민 정체성'을 체화한 비판적 시민이어야만 한다. 그렇지만 그 전제 조건으로서 시민은, 사회적 통합력을 산출하는 사회문화적·역사적 원천으로서 '민족적 정체성'을 내재한 '민족'의 한 일원이어야만 한다. 요컨대 통일 민족 국가를 형성해 나가야 할 실천 주체는, 한편으로는 민주적 정치 공동체의 한 구성원인 시민이면서, 다른 한편으로는 특수한 문화공동체, 곧 종족적 민족공동체의 일원이기도 한 바, 한반도 분단구조의 본질과 난점을 자각하고 이를 '민주적 절차 방식에 의거한 민족통합'을 통해 극복하고자 시도하는 비판적 통찰력을 지닌 주체, '민족(정체성)과 시민(정체성)의 내적 결합체'로서 새로운 실천주체가 다름 아닌 '한반도 시민'이다.

이러한 새로운 한반도 시민 개념은 대략 다음과 같은 의미와 의의를 지니고 있다고 보인다. 첫째, 민족국가의 형태로 남북한을 통합하는 과업은 불가피하게 타자에 대해 배타적이며 침탈적인 종족 민족주의의 부활, 아울러 반민주적 전체주의 사회로의 부정적 전환을 야기할 것이라는 우려를 불식할 개념적 토대가 마련되었다는 점이다. 특히 강력한 민주적 원리에 의해 통어·조정되는 민족적 정체성 그리고 그에 입각한 개방적·포용적 민족주의를 근본 토대로 삼고 있다는 점에서, 민족(주의)에 대한 두려움이나 불안은 기우에 그칠 가능성이 크기 때문이다.

둘째, 한반도 시민 개념은 적어도 한반도에서만큼은 여전히 민족주의가 중요한 시대정신임을 일깨워주는 계기를 제공해 주고 있다. 곧 민족주의를 낡고 고루하며 시대에 뒤처지는 반동적 시대사조로 간주하는 경향이 있으나, 사회적 통합을 통해 민주주의 원리를 작동시키는 중심적인 사회 구성적 축이라는 점, 아울러 민주주의 원리와 결부된 민족주의는 분단극복이나 통일을 이룸에 크게 기여할 수 있다는 점 등에서, 여전히 그것이 긴요하며 필수부가결한 이념임을 확인시켜 주고 있다.

셋째, 분단 구도 하에 우리가 향유하고 있는 '평화로운 일상의 삶'은 언제든지 한순간 와해되고 허물어질 수 있는 바, 이로부터 벗어날 '반영구적인 평화체제'의 모색은 민족주의를 이념적 토대로 삼아 남북한 간 민족통일을 이루는 경우에 비로소 그 발판을 확보할 수 있다는 점 역시, 한반도 시민 개념으로 인해 자각하게 된다. 민족주의와 그에 터한 민족통일이 지닌 '현실주의적' 아울러 '실존주의적' 의미라 불릴 수 있는 이러한 사실은, 오늘날 한반도를 둘러싼 국제정치학적 급변 상황, 특히 호전적이며 파괴적인 팽창주의적 민족주의 세력들의 급격한 부상 등의 사태를 통해 명확히 인지될 수 있다.

이와 관련해 더 많은 언급이 개진될 수 있겠지만, 지면상의 한계 등 여러 이유로, 이렇듯 이번 글에서는 분단극복 및 남북통합의 새로운 실천주체가 한반도 시민이어야 한다는 이론적·실천적 필요성과 논리적 요청에 대해 다분히 선언적인 주장을 제기하고 그 의미와 의의를 간략히 반추해 보는 데 한정짓고자 한다.

그런 만큼 다음 번 글에서는 민족과 시민의 내적 결합 내지 대립물의 통일이 '어떠한 과정과 방식'으로 이루어지는가의 문제, 아울러 같은 한민족 공동체의 일원인 북한 주민들을 민주적 정체성을 지닌 비판적 민주시민으로 어떻게 교화시켜 나갈 것인가의 문제 등 보완해야 될 '추가적 과제'[51]에 대해, 보다 심도 깊게 논구해 보는 데 주력할 것임을 감히 약속드린다.

---

[51] 여기에는 최근 사회과학 분야에서 제기되고 있는, '1민족 2국가 체제'를 넘어 '2민족 2국가 체제'의 수립을 모색하는 탈민족주의적 논변들에 대한 비판적 검토의 작업도 포함될 것이다. 이러한 논변들의 주요 논지에 관해서는 가령 정한울, 「대한민국 민족정체성의 변화: "Two Nations–Two States" 정체성 부상에 대한 경험적 연구」(2017) 참조.

참고문헌

권혁범,『민족주의는 죄악인가』, 생각의 나무, 2009.
김병오,『민족분단과 통일문제』, 한울, 1992.
김정훈,『한국인의 에너지. 민족주의』, 피어나, 2020.
김진수·송성민,「통일담론으로서 헌법 애국주의의 제안과 검증」,『사회과교육』 58(3), 2019.
김한권,「'양날의 칼' 중화민족주의…갈등 생긴 공간에 묶어 관리해야」,《중앙일보》 (2017년 2월 15일자).
나종석,「민족주의와 세계 시민주의」,『헤겔연구』26, 2009.
나종석,「민주주의, 민족주의 그리고 한반도에서의 국민국가의 미래」,『사회와철학』 22, 2011.
나종석,『대동민주 유학과 21세기 실학』, 도서출판 b, 2017.
민경우,『민족주의 그리고 우리들의 대한민국』, 시대의 창, 2007.
박노자,「신민족주의의 파도, 세계를 삼키다」,《한겨레》(2018년 10월 16일자).
박찬승,『민족·민족주의』, 소화, 2011.
백낙청,『한반도식 통일, 현재 진행형』창비, 2006.
벤하비브, S.『타자의 권리—외국인, 거류민, 그리고 시민』, 철학과현실사, 2008.
사회와철학연구회 지음,『한반도의 분단, 평화, 통일 그리고 민족』, 씨아이알, 2019.
선우현,『사회비판과 정치적 실천』, 백의, 1999.
선우현,「다문화주의: 이념의 정당성과 사회통합의 현실성」, 권금상 외,『다문화사회의 이해』, 태영출판사, 2017.
송두율,『민족은 사라지지 않는다』, 한겨레신문사, 2000.
신기욱,『한국 민족주의의 계보와 정치』, 창비, 2009.
이삼열,「평화의 인문학적 성찰」, 사회와철학연구회 지음,『한반도의 분단, 평화, 통일 그리고 민족』, 씨아이알, 2019.
이동기,「독일분단과 통일과정에서의 '탈민족' 담론과 정치」,『통일과 평화』2, 2009.
이용일,「중심을 향한 독일의 근대적 열정과 그 통합이념체계들」,『역사학보』200, 2008.

임지현, 『민족주의는 반역이다』, 소나무, 1999.
임지현·사카이 나오키, 『오만과 편견』, 휴머니스트, 2003.
장문석, 『민족주의』, 책세상, 2011.
정한울, 「대한민국 민족정체성의 변화: "Two Nations–Two States" 정체성 부상에 대한 경험적 연구」, 『평화연구』 25권 2호, 2017.
진태원, 「국민이라는 노예? 전체주의적 국민국가론에 대한 비판적 고찰」, 『민족문화연구』 51, 2009.
최장집, 『한국 민주주의의 조건과 전망』, 나남, 2001.
최장집, 『한국 민주주의 무엇이 문제인가』, 생각의 나무, 2008.
최장집, 『정치의 공간』, 후마니타스, 2018.
킴리카, W., 『현대 정치철학의 이해』, 동명사, 2010.
하버마스, J., 『현대성의 새로운 지평』, 나남, 1996.
하버마스, J., 『담론윤리의 해명』, 문예출판사, 1997.
하버마스, J., 『이질성의 포용』, 나남, 2000.
한승완, 「자유주의적 민족주의와 헌법 애국주의」, 『사회와 철학』 20, 2010.
한승완, 「한국 국민정체성의 '민주적 반추'와 통일 문제」, 『사회와 철학』 22, 2011.
호네트, A., 『정의의 타자』, 나남, 2009.
홍태영, 「국민국가의 민족주의에서 '민족' 없는 민족주의로」, 『다문화사회연구』 10(1), 2017.

Anderson, B., *Imagined Communities: Reflections on the Origin and Spread of Nationalism,* Verso, 2016.
Benhabib, S., *Transformations of citizenship,* Van Gorcum, 2000.
Benhabib, S., *The Claims of Culture,* Princeton University Press, 2002.
Habermas, J. *Vorstudien und Ergänzungen zur Theorie des kommunikativen Handelns,* Suhrkamp, 1989.
Habermas, J. *Die nachholende Revolution.* Suhrkamp, 1990.
Habermas, J. *Die Einbeziehung des Anderen,* Suhrkamp, 1996.
Honneth, A. *Das Andere der Gerechtigkeit,* Suhrkamp, 2000.

제2장
민족국가 정체성의 역학: 북한이탈주민과 남한주민 비교[1]

권수현 (서강대학교 현대정치연구소 책임연구원)

I. 변화하는 한국사회, 인구학적 구성의 단일성 해체

대한민국(한국)은 '한민족' 또는 '단일민족'이라는 정체성을 강하게 갖고 있는 것으로 인식되거나 상상된다. 그런데 한국의 인구학적 구성을 살펴보면, 2020년 11월 기준으로 한국에 거주 중인 외국인주민은 약 215만 명으로 전체 인구의 4.1%이다.[2] 제주특별자치도 인구(약 67만3천명, 2021

---

[1] 이 글은 다음 논문을 재수정한 것입니다. 권수현, 「남한주민과 북한이탈주민의 국민정체성 비교: 서울·경기·인천지역 거주자를 중심으로」 (북한연구학회보, 22, 북한연구학회, 2018), 109-137쪽.

[2] 행정안전부는 외국인주민을 '한국국적을 가지지 않은 자', '한국국적을 취득한 자', '외국인주민자녀'로 유형화하고 있는데 2020년 기준으로 '한국국적을 가지지 않은 자'는 1,695,643명(외국인 근로자: 455,287명, 결혼이민자: 173,756명, 유학생: 142,569명, 외국국적 동포: 345,110명, 기타: 578,921명)이며, '한국국적을 취득한 자'는 199,128명, '외국인주민 자녀'

년 기준)의 3배이고, 충청남도 인구(약 217만 명)와 거의 비슷해 결코 작지 않은 규모라는 것을 확인할 수 있다. 한국은 한국에서 다른 국가로 이주를 하는 사람이 다른 국가에서 한국으로 이주를 하는 사람보다 많았던 유출국에서 전자보다 후자가 더 많아지는 유입국으로 변화해가는 중이라고 할 수 있다.

또한 2022년 6월 기준으로 그동안 한국에 입국한 북한이탈주민은 33,834명이다.[3] 북한주민의 한국 입국은 2000년대 이후부터 지속적으로 증가해 2003~2011년에는 연간 2,000명에서 3,000명까지 입국했다. 그러나 2012년 이후부터는 연간 평균 1,300명대로 감소했고, 코로나19가 발생한 2020년부터는 229명(2020년), 63명(2021년), 19명(2022년 6월 기준)으로 급속하게 감소한 상황이다. 북한이탈주민의 수는 외국인주민 수와 비교하면 미미한 상황이지만 분단국가라는 남한과 북한의 특수한 관계를 고려할 때 북한이탈주민의 존재는 한국사회에 특별한 의미를 지니며, 그 특수성으로 인해 북한이탈주민과 외국인주민에 대한 정책 또한 다르게 제도화되어 있다.

외국인주민과 북한이탈주민이 한국이라는 새로운 사회에 정착·적응하면서 정체성의 변화를 경험하게 되듯이 남한주민 또한 인구학적 구성의 단일성이 해체되는 과정에서 정체성의 변화를 경험할 수밖에 없다. 그리고 이러한 정체성들의 변화는 정치·사회적으로 새로운 정체성 형성으로 이어질 수 있다. 특히 민족국가 정체성(national identity)은 사회통합의 중요한 근거로 작동한다는 점에서 공동체 내 구성원들이 어떤 민족국

는 251,977명이다. 2019년의 222만 명보다 줄어들기는 했으나 지속적으로 증가하는 추세에 있다(행정안전부, 「2020 지방자치단체 외국인주민 현황」, 2021)

3 통일부, 「북한이탈주민정책 최근현황」, 2022.

가 정체성을 공유하고 있느냐에 따라 공동체는 갈등의 장이 될 수도 있고 화합의 장이 될 수도 있다. 이러한 점에서 한국사회에 존재하는 다양한 집단들이 한국이라는 국가에 대해 어떤 민족국가 정체성을 갖고 있는지를 살펴보는 것은 현재와 미래에 나타날 갈등을 해결·예방하고 현재보다 더 민주적인 공동체를 구상하는 데 있어 중요한 시사점을 제시해줄 수 있다는 점에서 주목할 필요가 있다. 특히 분단국가라는 특수성을 고려할 때 남한주민과 북한이탈주민이 한국(인)에 대해 어떤 내용과 수준의 민족국가 정체성을 갖고 있으며, 이에 어떤 요인들이 영향을 미치는지를 경험적으로 분석하는 것은 향후 통일된 민족국가를 형성하는 데 있어 어떤 방향과 내용의 민족국가 정체성을 가져가야 할 것인지를 예측하고 대비하는 데 도움을 줄 수 있다는 점에서 지속적인 관심과 연구가 필요하다.

II. 민족국가 정체성의 두 가지 성격

영어의 '내셔널 아이덴터티(national identity)'는 한국어로 '국민 정체성', '국가 정체성', '민족 정체성' 등으로 다양하게 번역돼 사용되고 있다. 옥스퍼드 영어사전은 '네이션(nation)'을 "특정 국가 또는 영토에 거주하면서 공통의 혈통, 역사, 문화 또는 언어로 결합된 대규모 사람들의 집합"으로 정의하면서 나라(country), 국가(sovereign state), 민족국가(nation state), 공화국(republic), 연방(federation), 연맹(confederation) 등을 유의어로 제시하고 있다.[4]

---

[4] English Oxford Living Dictionary(https://www.dictionary.com/).

박명규(2008)에 따르면, 한국에서 사용되는 내셔널(national) 담론에는 기본적으로 '국민', '민족', '종족' 담론이 모두 포함되어 있고, 맥락에 따라 사용되는 단어와 그 의미에 차이가 있다. 한국에서 내셔널(national)이 '국민'으로 사용될 때 그 속에는 "대한민국이라는 국가공동체 구성원으로서의 자격, 자의식, 정서적 귀속감 내지 심리적 자부심 등"의 의미가 포함되어 있다고 한다. 반면, '민족'으로 사용될 때는 남한만이 아닌, 남한과 북한을 하나의 범주로 포괄하는 의미로 사용된다고 한다. 마지막으로 외국이주민이 증가하면서 이주민의 모국에 대한 정체성과 이주국(한국)에 대한 정체성을 어떻게 관계맺음을 해야 할 것인지라는 문제가 등장하면서 내셔널에 '종족' 담론도 포함되게 되었다고 밝히고 있다.[5]

영어에서도 다양한 단어로 혼용이 가능하고 한국에서도 맥락에 따라 다른 단어로 호환이 가능한 상황에서 어떤 번역어를 선택할 것인가는 쉬운 일이 아니다. 그럼에도 이 연구에서는 내셔널 아이덴티티를 '민족국가 정체성'으로 번역해 사용하고자 한다. 왜냐하면, 이 연구는 남한주민과 북한이탈주민을 함께 다루고 있고, 두 집단을 연결시키는 기본 관념이자 정서가 한민족이기 때문이다.

한편, 서구에서 사용되는 민족국가 정체성은 두 개의 구분되는 정체성 개념을 내포하고 있다. 하나는 '종족적, 인종적·아시아적 또는 종족-혈통적 정체성(ethnic identity)'이며, 다른 하나는 '시민적, 시민적·서구적, 또는 시민-영토적 정체성(civic identity)'이다. 두 개념은 기본적으로 서구의 역사와 시각에 기초한 구분으로 서구의 근대국가 형성을 기준으로 그 이전에 존재하던 공동체에 대한 정체성과 그 이후에 새로 형성

---

[5] 박명규, 「한국 내셔널 담론의 의미구조와 정치적 지향」(『한국문화』 41, 서울대학교 규장각한국학연구원, 2008), 245-262쪽.

된 공동체의 정체성을 구분한 것이라고 할 수 있다.⁶

종족적 정체성은 공동체를 기반으로 동일 조상의 후손이라는 혈연관계, 전통과 문화적 유산의 공유, 공동의 정치운명에 대한 집단기억 공유 등을 중시하며, 이를 공유한 사람들을 공동체 구성원으로 수용한다. 따라서 특정 공동체의 소속 여부는 개인의 의지와 상관없이 출생에 의해 운명적으로 결정되며, 구성원들의 관계도 언어나 관습과 같은 토착문화를 공유하는 느슨한 가족관계로 이해된다. 반면, 시민적 정체성은 서구의 대의제 민주주의에 기초한 근대국가 모델을 반영하는 개념으로 국가를 법적·제도적 공동체로 이해하며, 법적·제도적 공동체의 구성원이라면 모두 동등한 권리와 의무를 갖고 있다고 본다. 따라서 개인이 공동체의 법과 제도를 존중하고 그 공동체의 시민문화와 이데올로기를 받아들이겠다는 의지만 갖고 있다면, 공동체 구성원으로 수용한다.⁷

그런데 서국 국가들이 대의제 민주주의 체제를 갖추었다고 하더라도 시민적 정체성만 갖고 있는 것은 아니다. 독일과 동유럽과 같이 매우 분절된 사회를 경험했던 국가들에서는 종족적 정체성이 높게 나타나는 것으로 보고된다.⁸ 다른 한편으로 종족적 정체성과 시민적 정체성을 모

6　종족적 정체성에 '아시아적'이라는 표현을 붙이고 시민적 정체성에 '서구적'이라는 표현을 붙인 것은 암묵적으로 종족적 정체성이 시민적 정체성보다 전근대적이며, 이러한 전근대성이 아시아 국가들에 여전히 강하게 존재한다는 것을 전제한다고 할 수 있다.

7　장승진, 「다문화주의에 대한 한국인들의 태도」(『한국정치학회보』 44(3), 한국정치학회, 2010), 107-108쪽; 정기선·이선미, 「한국인의 국민정체성 국제비교연구: 자격요건 평가를 중심으로」(『비교한국학』 19(1), 국제비교한국학회, 2011), 50쪽.

8　Kiss, Zsolt and Park, Alison. National identity Exploring British-

그림 1 민족국가 정체성의 두 차원
* 출처: Kiss and Park(2014, 3).

두 강하게 갖고 있는 경우와 반대로 두 정체성이 모두 낮은 경우도 존재한다. 종족적 정체성과 시민적 정체성이라는 두 차원을 교차할 경우, 민족국가 정체성은 〈그림 1〉과 같이 네 가지로 유형화가 가능하다. 종족적·시민적 정체성이 모두 높은 경우를 '혼합형(mixed)' 또는 '이중정체성(dual identity)'이라고 부르고, 모두 낮은 경우를 '다원형(plural)', '주변화(marginalization)', 또는 '개인화(individualization)' 등으로 부른다.[9]

이러한 개념을 한국에 적용했을 때 남한주민의 민족국가 정체성이

---

ness(*British Social Attitudes* 31, 2014), pp.1 – 17.

[9] 정기선·이선미, 「한국인의 국민정체성 국제비교연구: 자격요건 평가를 중심으로」(『비교한국학』 19(1), 국제비교한국학회, 2011), 51쪽; Fleischmann, Fenella and Verkuyten, Maykkel, Dual Identity Among Immigrant: Comparing Different Conceptualizations, Their Measurements, and Implications(*Cultural Diversity and Ethnic Minority Psychology* 22(2), 2016), p.152.

종족적 특징을 강하게 갖고 있는지, 시민적 특징을 강하게 갖고 있는지와 관련해서는 상반된 결과들이 존재한다. 상대적으로 여러 연구들이 시민적 정체성이 종족적 정체성보다 더 높게 나타난다고 보고하고 있는 반면,[10] 종족적 정체성과 시민적 정체성을 모두 중시하는 혼합형(이중정체성) 비율이 더 높게 나타난다는 연구도 있다.[11]

그런데 남한주민의 민족국가 정체성이 높은지 낮은지, 민족국가 정체성 중에서 종족적 정체성과 시민적 정체성 중 어느 것이 더 강한지 등을 알기 위해서는 다른 국가들과 비교해봐야 알 수 있다. 국가 간 민족국가 정체성 비교를 시도한 연구를 살펴보면, 남한주민 내에서는 시민적 정체성이 종족적 정체성보다 높게 나타나지만 다른 국가들과 비교하면, 상대적으로 종족적 성격이 강한 것으로 나타났다.[12] 한편, 한국과 대만의 민족국가 정체성 변화를 비교한 연구에 따르면, 한국과 대만 모두 국민자격 요건에 대해 점점 더 개방적인 태도를 갖는 방향으로 변화하는 것으로 나타났다.[13] 또 다른 연구에서도 한국과 대만은 국가에 대한

---

[10] 강원택, 「한국인의 국가정체성과 민족정체성: 대한민국 민족주의」(『한국인의 국가정체성과 한국 정치』, 나남, 2007), 15–38쪽; 정한울, 「대한민국 민족정체성의 변화」(『평화연구』 25(2), 고려대학교 평화와민주주의연구소, 2017), 43–86쪽; 최현, 「한국인의 다문화 시티즌십(multicultural citizenship)」(『시민사회와 NGO』 5(2), 한양대학교 제3섹터연구소, 2007), 147–227쪽.

[11] 윤인진·송영호, 「한국인의 국민정체성에 대한 인식과 다문화수용성」(『통일문제연구』 23(1), 평화문제연구소, 2011), 143–192쪽.

[12] 정기선·이선미, 「한국인의 국민정체성 국제비교연구: 자격요건 평가를 중심으로」(『비교한국학』 19(1), 국제비교한국학회, 2011), 45–72쪽.

[13] 서운석, 「한국·대만사회의 국민정체성 인식 변화에 대한 비교」(『공공사

소속감이 일본과 인도, 필리핀보다 상대적으로 낮은 경향을 갖는 것으로 나타났다.[14]

북한이탈주민의 한국사회에 대한 집단 정체성 연구는 2009년부터 조금씩 진행되고 있는 상황이며,[15] 다수의 연구가 면접조사 방식을 통해 북한이탈주민의 정체성을 밝히고 있다.[16] 이들 연구에 따르면, 북한이탈주민은 남한에 대해 양가적(ambivalent) 감정이나 태도를 갖는 것으로 나타난다. 즉 한국사회를 자유롭고 경제적으로 여유 있는 생활을 가능하게 하는 해주는 곳으로 인식하는 동시에 돈만 중시하는 물질만능적 사회로 비판적으로 인식하거나 돈만 있으면 무엇이든 할 수 있는 사회로 인식하고 있다.

한편, 초·중·고등학교와 대안학교에 재학 중인 탈북청소년 287명을 대상으로 한국에 대한 인식을 살펴본 연구에 따르면, 태극기의 소중함(80.5%), 한국정치 체계가 잘 되어 있음(72.5%), 한국이 매우 대단하다고 생각함(84.0%), 한국의 발전과 성취에 대한 자부심(89.2%), 한국에 사

회연구』 7(2), 한국공공사회학회, 2017), 5 – 38쪽.

14 강소연·서운석, 「아시아 주요국가의 국민정체성 인식에 대한 연구」(『아시아연구』 19(4), 한국아시아학회, 2016), 105 – 136쪽.

15 건국대학교 통일인문학연구단, 『코리언의 민족정체성』(서울: 선인, 2012).

16 설진배·송은희, 「위기인가 기회인가?: 양가성 탐색을 통한 북한이탈주민 사회통합 방안」(『Crisisonomy』 13(4), 위기관리 이론과 실천, 2017), 19 – 43쪽; 이희영, 「새로운 시민의 참여와 인정투쟁」(『한국사회학』 44(1), 한국사회학회, 2010) 207 – 241쪽; 전우택·유시은·이연우, 「북한이탈주민의 국가정체성 형성과 유형」(『통일정책연구』 20(2), 통일연구원, 2008), 1 – 35쪽; 이병수, 「탈북자 가치관의 이중성과 정체성의 분화」(『통일인문학』 59, 건국대학교 인문학연구원, 2014), 121 – 150쪽.

는 것의 자부심(83.3%), 한국이 환경을 보호하는 나라다(73.5%), 다른 나라보다 살기 좋은 나라라는 것에 동의(84%)와 같은 질문에 매우 긍정적인 답변을 한 것으로 나타났다. 그러나 응답자의 37%가 '한국을 떠나 다른 나라에 살고 싶다'에 동의하는 것으로 나타나 남한에 대해 충분한 소속감과 정체감을 느끼지 못하는 것으로 분석되었다.[17] 서울·경기 지역에 거주하는 북한이탈주민(10대부터 60대까지)을 대상으로 한 설문조사에서도 대한민국 국적을 가졌다는 것만으로는 남한에 대한 소속감이 강화되는 것은 아니라는 결과가 나왔다.[18] 구체적으로 '살고 싶은 나라'로 64.2%가 남한을 선택했고, 어느 누구도 북한을 선택하지 않아 남한에 대한 선호가 높게 나오기는 했지만 33%는 '통일한반도'를 꼽았고, 이들 중 남한에 대해 호감을 표시하지 않은 비율이 55.5%인 것으로 나타났다. 한편, 대한민국에 대한 귀속 정도는 낮았지만 종족 정체성은 강고한 것으로 나타났다.

이상의 연구들은 남한주민과 북한이탈주민이라는 각 집단의 민족국가 정체성은 알 수 있지만 두 집단을 직접 비교하지 않았기 때문에 두 집단 간 유사성과 차별성을 알기 어렵다. 남한주민과 북한이탈주민의 민족국가 정체성을 직접 비교할 필요가 있는 이유는 다양성이 증가하고 있는 한국사회 내 통합뿐 아니라 향후 남북 교류와 협력 또는 통일을 추진하는 과정에서 남과 북이 어떤 민족국가 정체성을 추구할 것인지와 관련해 사전적 경험으로써 실증적 자료와 정보를 제공해줄 수 있기 때문이다. 이러한 점에서 이 연구는 남한주민과 북한이탈주민 모두를 대상으로

---

[17] 김신희, 「탈북청소년의 국가정체성」(『한국사회교과교육학회 연차학술대회 자료집』, 한국사회교과교육학회, 2014), 189-201쪽.

[18] 이병수·전영선, 「탈북자 정체성의 이해와 민족의 평등한 유대」(『코리언의 민족정체성』, 건국대학교 통일인문학연구단, 2012), 107-152쪽.

실시한 설문조사 자료를 활용해 민족국가 정체성을 비교분석한다.

그런데 이 연구에서 분석하는 민족국가 정체성은 남한과 북한을 포함한 한반도가 아닌, 대한민국만을 포함한다.[19] 민족국가 정체성이라고 쓰고 실제 분석은 (대한민국)국가 정체성일 수밖에 없는 가장 직접적인 이유는 이 연구에서 사용하는 설문조사의 한계로, 설문조사의 항목들이 (대한민국)국가 정체성만을 측정하고 있기 때문이다. 그럼에도 이 설문조사 자료를 사용하는 이유는 남한주민과 북한이탈주민의 (대한민국)국가 정체성을 비교분석할 수 있는 설문조사 자료이기 때문이다. 그보다 더 중요한 이유는 분단이라는 상황을 제외하면, 대한민국은 서구와 유사하게 민족에 기초한 대의제 민주주의 국가를 형성했고, 향후 남북통일 또한 민족에 기초한 민주주의 체제 형성을 추구한다면, 남한주민과 북한이탈주민의 (대한민국)국가 정체성 비교는 한반도를 경계로 하는 민족국가 정체성을 고민하는 데 있어 유의미한 경험적·실증적 자료와 정보를 제공해줄 수 있기 때문이다.

---

[19] 따라서 분석에서 의미하는 민족국가 정체성은 "한 개인이 자신이 태어난 또는 시민권을 부여받은 국가에 대해 갖고 있는 감정(feelings), 즉 국민의 일원으로 속되어 있다는 소속감, 일체감, 동질감, 연대의식, 충성심, 애착 등의 심리적 감정"(김희진·유호열 2014, 47) 또는 "국민들로 하여금 동일한 정치공동체 구성원으로서의 소속감을 불러일으키는 국민성에 대한 자기 인식"(장승진 2010, 107)을 의미한다(김희진·유호열, 「북한이탈주민의 국가정체성 영향 요인」(『유라시아연구』 11(3), 아시아·유럽미래학회, 2014), 47쪽; 장승진, 「다문화주의에 대한 한국인들의 태도」(『한국정치학회보』 44(3), 한국정치학회, 2010), 107쪽.)

III. 남한주민과 북한이탈주민의 민족국가 정체성 비교분석

1. 설문조사 자료와 민족국가 정체성 측정
1) 설문조사 자료

남한주민과 북한이탈주민의 민족국가 정체성을 직접 비교하기 위해 고려대학교 공공정책연구소 북한통일연구센터에서 2014년 4월부터 5월까지 진행한 '북한이탈주민 생활조사'와 '사회통합을 위한 주민생활 및 의식조사' 설문자료를 사용한다. 설문조사는 서울시와 경기도, 인천 지역에 거주하는 20-69세 사이의 북한이탈주민과 남한주민을 대상으로 실시되었고, 총 응답자는 각각 405명과 400명이다. 북한이탈주민은 확률표집을 하기 어렵기 때문에 편의표집 중 눈덩이 표집(snowball sampling) 방법을 사용해 설문을 진행했으며,[20] 남한주민은 연령과 성별 등에 따른 할당방식으로 표본을 추출해 설문을 진행했다.

2016년 말 기준으로 북한이탈주민의 24.8%가 서울, 29.8%가 경기, 9.4%가 인천 등 64%가 수도권에 거주하고 있다.[21] 그리고 2015년 기준으로 남한의 시도별 인구비율은 서울이 19.5%, 경기가 24.4%, 인천이 5.7%로 전체 인구의 49.6%가 서울·경기·인천에 거주하고 있다.[22] 북한이탈주민과 남한주민 모두 전체 인구의 절반(이상)이 서울·경기·인천 지역에 머물러 있다는 점에서 이 연구에서 사용하는 설문조사 자료는 제

---

[20] 김희진·유호열, 「북한이탈주민의 국가정체성 영향 요인」(『유라시아연구』 11(3), 아시아·유럽미래학회, 2014), 54쪽.

[21] 설진배·송은희, 「위기인가 기회인가?: 양가성 탐색을 통한 북한이탈주민 사회통합 방안」(『Crisisonomy』 13(4), 위기관리 이론과 실천, 2017), 25쪽.

[22] 국가통계포털 (http://kosis.kr/index/index.do)

한적임에도 불구하고 어느 정도 대표성을 확보하고 있다고 할 수 있다.

설문조사에 응한 북한이탈주민의 지역별 비율은 서울 73.83%(299명), 경기 19.51%(79명), 인천 6.67%(27명)이며, 남한주민은 서울 49.50%(198명), 경기 50.25%(201명), 인천 0.25%(1명)이다. 설문조사 응답자의 지역 구성에 있어 북한이탈주민과 남한주민 모두 서울 거주민은 과대대표되어 있는 반면, 인천 거주민은 과소대표되어 있다.

2) 민족국가 정체성 측정

민족국가 정체성을 측정하는 방법은 다양한데 이 연구에서 사용된 문항은 국가 간 비교연구가 가능하도록 국제적으로 통용되고 있는 설문모듈이다. 하나는 미국정체성설문지(American Identity Questionnaire)에서 사용하는 모듈이며, 다른 하나는 국제사회조사프로그램(ISSP: International Social Survey Programme)에서 사용하는 모듈이다.

미국정체성설문지 모듈은 국가에 대한 소속감을 묻는 질문으로 총 6개의 문항(① 나 자신을 대한민국 사람으로 생각한다, ② 내가 대한민국 사람이라는 것이 기분 좋다, ③ 내가 대한민국 사람이라는 것이 내 인생에서 중요한 역할을 한다, ④ 나는 대한민국 문화에 속해 있다고 느낀다, ⑤ 나 스스로 대한민국 사람이라는 의식이 강하다, ⑥ 내가 대한민국 사람이라는 것이 자랑스럽다)으로 구성되어 있다. 응답은 1점(거의 그렇지 않다)부터 4점(자주 그렇다)까지 4점 척도로 되어 있다. 각 문항에 대한 응답점수를 합산해 '민족국가 정체성1'이라는 변수를 새로 만들었고, 해석의 편의를 위해 0부터 1까지의 값을 갖도록 재코딩했다. 응답점수가 높을수록 대한민국 국민으로서의 의식과 감정이 높다는 것을 의미한다.

국제사회조사프로그램의 모듈은 국민이 되기 위한 조건을 묻는 질문으로 총 8개 문항(① 대한민국에서 태어나는 것, ② 대한민국 국적을 가지는 것, ③ 생애의 대부분을 대한민국에서 사는 것, ④ 한국어를 말할 수 있는 것, ⑤ 한국인의 혈통을 가지는 것, ⑥ 한국의 전통(유교 등)을 따르는 것, ⑦ 대한민국의 정치제도와 법을 존중하는 것, ⑧ 대한민국 사람이라고 느끼는 것)으로 구성되어 있다. 그런데 북한이탈주민을 대상으로 한 설문조사에는 8개의 항목이 모두 포함되어 있는 반면, 남한주민을 대상으로 한 설문조사에는 ⑧을 제외한 7개 문항만 포함되어 있다. 북한이탈주민과 남한주민의 민족국가 정체성을 비교하기 위해 ⑧번 문항을 제외하고 7개 문항만 사용했다. 각 문항에 대한 응답은 1점(전혀 중요하지 않다)부터 4점(매우 중요하다)까지 4점 척도로 구성되어 있다.

국제사회조사프로그램의 모듈은 민족국가 정체성을 구성하는 두 가지 요인, 즉 종족적 요인과 시민적 요인을 모두 포함하고 있다. 어느 것을 종족적 또는 시민적 요인으로 볼 것인지는 국가에 따라, 학자들에 따라 다소 차이를 보인다. 국제사회조사프로그램(ISSP: International Social Survey Programme)의 1995년과 2003년 자료, 그리고 한국종합사회조사(KGSS: Korean General Social Survey)의 2003년 자료를 사용해 요인분석을 한 결과, 한국을 포함한 9개 국가에서는 모두가 한 요인으로 추출된 반면, 15개 국가에서는 두 개 요인으로 추출이 되었다. 즉 종족적 요인으로 적재된 항목들은 출생, 국적 소지, 장기 거주, 종교, 혈통이었으며, 제도와 법 존중, 소속감과 언어는 시민적 요인으로 적재되었다.[23] 한편, KGSS의 2010년 자료를 사용해 9개 문항에 대한 요인분석을 실시한 결과, 종족적 요인은 출생, 국적 소지, 장기 거주, 혈통, 유창한 언어였으며, 시민적 요인은 제도와 법 존중, 소속감, 전통을 따르는 것, 언어인 것으로 나타났다.[24] 해외사례로 영국의 경우, 종족적 요인은 출생, 장기 거

---

23 정기선·이선미,「한국인의 국민정체성 국제비교연구: 자격요건 평가를 중심으로」(『비교한국학』19(1), 국제비교한국학회, 2011), 55쪽.

24 Kim, Seokho and Park, Eun-Sun, Is National Identity an Obstacle

주, 종교, 전통이었고, 시민적 요인은 국적 소지, 언어, 제도와 법 존중이었다.[25]

이 연구에서는 개인의 자발적 선택이 가능한 요인들, ② 대한민국 국적을 가지는 것, ④ 한국어를 말할 수 있는 것, ⑦ 대한민국의 정치제도와 법을 존중하는 것을 시민적 정체성 모델을 구성하는 항목으로 분류하고, ① 대한민국에서 태어나는 것, ③ 생애의 대부분을 대한민국에서 사는 것, ⑤ 한국인의 혈통을 가지는 것, ⑥ 한국의 전통(유교 등)을 따르는 것은 개인의 선택과 상관없이 주어지는 측면이 강하다는 점에서 종족적 정체성 모델을 구성하는 항목으로 분류했다.[26] 일곱 개 문항의 점수를 모두 합친 것을 '민족국가 정체성'이라는 변수로 만들었고, ②, ④, ⑦ 문항의 점수를 모두 합친 것은 '시민적 정체성' 변수로, ①, ③, ⑤, ⑥ 문항의 점수를 모두 합친 것은 '종족적 정체성' 변수로 만들었다. 점수가 높아질수록 각각의 변수가 의미하는 정체성이 높아지는 것을 의미한다. 해석의 편의를 위해 각 변수들의 점수를 0점부터 1점까지의 값을 갖는 것으로 재코딩했다. 점수가 높아질수록 각각의 정체성이 높아진다는 것을 의미한다.

2. 민족국가 정체성1: 대한민국 사람이라는 정체성

〈표 1〉은 대한민국 국민으로서의 민족국가 정체성에 대한 북한이탈주

---

to the Acceptance of Foreign Immigrants as Kookmin (Korean Citizen)?(『한국인구학』 39(4), 한국인구학회, 2016), 42-43쪽.

25　Kiss, Zsolt and Park, Alison. National identity Exploring Britishness(*British Social Attitudes* 31, 2014), p.5.

26　장승진, 「다문화주의에 대한 한국인들의 태도」(『한국정치학회보』 44(3), 한국정치학회, 2010), 109-110쪽.

민과 남한주민의 평균값을 비교한 결과이다. 6개 항목을 모두 합한 전체 평균값은 0.77점이나 북한이탈주민의 전체 평균값은 0.81점, 남한주민의 전체 평균값은 0.72점이다. 두 집단 간 전체 평균값 차이는 0.09점인데 이 차이는 통계적으로 유의한 것으로 나타났다. 즉 북한이탈주민이 남한주민보다 대한민국 사람이라는 정체성을 더 많이 갖고 있다고 할 수 있다.

6개 항목 각각의 전체 평균값을 살펴보면, '나 자신을 대한민국 사람으로 생각한다'가 0.82점으로 가장 높고, '나 스스로 대학민국 사람이라는 의식이 강하다'가 0.73점으로 가장 낮다. '나 자신을 대한민국 사람으로 생각한다'에 대해 북한이탈주민과 남한주민 모두에서 약 80%가 긍정적인 태도를 갖고 있는 것을 확인할 수 있으며, 이에 대해서는 두 집단의 평균값 간에 통계적 차이가 없는 것으로 나타났다. 나머지 5개 항목들에 대해서는 두 집단 간 차이가 통계적으로 유의하며, 북한이탈주민이 남한주민보다 대한민국 사람이라는 정체성을 상대적으로 더 크게 갖고

표 1 북한이탈주민과 남한주민의 민족국가 정체성1: 평균 비교

문항(단위: 0~1점)	전체	북한이탈주민	남한주민	통계량(t)
나 자신을 대한민국 사람으로 생각한다	0.82	0.83	0.80	1.5659
내가 대한민국 사람이라는 것이 기분 좋다	0.79	0.84	0.74	6.6070***
내가 대한민국 사람이라는 것이 내 인생에서 중요한 역할을 한다	0.75	0.80	0.71	5.3712***
나는 대한민국 문화에 속해 있다고 느낀다	0.76	0.79	0.74	2.9407**
나 스스로 대한민국 사람이라는 의식이 강하다	0.73	0.79	0.68	6.8213***
내가 대한민국 사람이라는 것이 자랑스럽다	0.74	0.82	0.65	11.3658***
합계	0.77	0.81	0.72	7.2380***

* $p < .05$, ** $p < .01$, *** $p < .001$

있는 것을 확인할 수 있다.

북한이탈주민 내에서 가장 높은 점수를 받은 항목은 '내가 대한민국 사람이라는 것이 기분이 좋다'로 0.84점인 반면, 남한주민 내에서는 '나 자신을 대한민국 사람으로 생각한다'가 0.80점으로 가장 높다. 한편, 북한이탈주민 내에서 가장 낮은 점수를 받은 항목은 '나는 대한민국 문화에 속해 있다고 느낀다'와 '나 스스로 대한민국 사람이라는 의식이 강하다'로 각각 평균 0.79점이다. 반면, 남한주민 내에서 가장 낮은 점수를 받은 항목은 '내가 대한민국 사람이라는 것이 자랑스럽다'로 평균 0.65점이다. 이는 북한이탈주민과 남한주민이 대한민국 사람으로서 갖는 정체성 요소들에 있어 다소 차이가 있다는 것을 보여준다.

3. 민족국가 정체성2: 대한민국 사람의 조건

민족국가 정체성2는 어떤 조건을 충족해야 개개인들이 공동의 민족국가 정체성을 가지고 있다고 생각하는지를 파악하기 위한 모듈이며, 민족의 구성 범주를 크게 시민적 차원과 종족적 차원으로 나누고 있다. 이 연구에서는 국적, 언어, 정치제도와 법에 대한 존중을 시민적 정체성 요소로, 출생·거주·혈통·전통을 종족적 정체성 요소로 포함시켰다. 〈표 2〉는 민족국가 정체성2의 각 항목에 대한 전체와 집단별 평균점수이다.

우선, 시민적 정체성에 포함되는 3개 항목 전체에 대한 평균값은 0.74점으로 10명 중 7명이 시민적 정체성을 중요시하고 있다는 것을 확인할 수 있다. 그리고 북한이탈주민의 전체 평균은 0.78점, 남한시민의 전체 평균은 0.70점으로 두 집단 간 평균값은 통계적으로 유의한 차이가 있는 것으로 나타났다. 즉 북한이탈주민의 시민적 정체성이 남한시민보다 상대적으로 높은 경향을 갖고 있다.

시민적 정체성의 세부 항목들의 점수를 살펴보면, 북한이탈주민은 대한민국 국적, 한국어 사용, 대한민국의 정치제도와 법 존중 각각에 대

표 2 북한이탈주민과 남한주민의 시민적·종족적 정체성: 평균비교

구분	문항(단위: 0~1점)	전체	북한이탈주민	남한주민	통계량(t)
시민적	대한민국 국적을 가지는 것	0.76	0.79	0.72	4.0082***
	한국어를 말할 수 있는 것	0.75	0.78	0.73	3.1141***
	대한민국의 정치제도와 법을 존중하는 것	0.72	0.78	0.66	7.1277***
	합계	0.74	0.78	0.70	5.7733***
종족적	대한민국에서 태어나는 것	0.66	0.65	0.68	-1.64
	생애의 대부분을 대한민국에서 사는 것	0.72	0.74	0.69	2.8845**
	한국인의 혈통을 가지는 것	0.70	0.76	0.64	6.5174***
	한국의 전통(유교)을 따르는 것	0.64	0.72	0.56	8.6658***
	합계	0.68	0.72	0.64	5.2192***
	전체 합계	0.71	0.74	0.67	5.7796***

* p < .05, ** p < .01, *** p < .001

해 0.79점, 0.78점, 0.78점으로 거의 비슷한 수준의 점수를 보이고 있다. 반면, 남한주민은 대한민국 국적과 한국어 사용에 대해서는 0.72점과 0.73점으로 비슷한 수준의 점수를 보이나 정치제도와 법 존중에 대해서는 0.66점으로 상대적으로 낮은 점수를 보인다.

종족적 정체성과 관련된 평균점수를 살펴보면, 4개 항목을 모두 합한 전체 평균값은 0.68점이며, 북한이탈주민은 0.72점, 남한주민은 0.64점이다. 종족적 정체성에 대한 북한이탈주민의 전체 평균값이 남한주민보다 높으며, 두 집단 간 차이는 통계적으로 유의하다. 시민적 정체성과 유사하게 북한이탈주민의 종족적 정체성이 남한주민보다 높은 경향을 보인다.

종족적 정체성을 구성하는 세부항목별 평균점수를 살펴보면, 4개 항목 중 평균값이 가장 높은 것은 '생애의 대부분을 대한민국에서 사는 것'으로 0.72점이다. 반면, '한국의 전통(유교)을 따르는 것'은 0.64점으로 가장 낮다. 이는 남한시민의 상대적으로 낮은 선호가 영향을 미친 것으로 남한시민 중 56%만이 '한국의 전통(유교)을 따르는 것'이 중요하다고

응답했다. 남한주민 내에서는 '한국의 전통(유교)을 따르는 것'은 대한민국 사람이 되는 데 있어 중요한 요인으로 보는 인식이 상대적으로 낮다는 것을 확인해준다.

반면, 북한이탈주민 내에서는 '대한민국에서 태어나는 것'이 대한민국 사람이 되는 데 있어 중요하다고 생각하는 경향이 다른 요인들보다 상대적으로 낮다. 그리고 7개의 문항 중 유일하게 남한주민의 평균값이 북한이탈주민 평균값보다 높다. 그러나 두 집단 간 평균값 차이는 통계적으로 유의하지 않다. 대한민국 헌법의 영토 규정이 북한까지 포함하고 있기 때문에 북한이탈주민 또한 대한민국에서 태어났다고 할 수 있고, 북한이탈주민 응답자 중 66%는 그렇게 생각한다고 할 수 있다. 그런데 헌법의 영토 규정이 북한을 포함한다고 하더라도 현재 남한과 북한은 서로 다른 국가로 존재하고, 응답자 중 상당수가 북한에서 태어났다는 것을 고려하면, 과반 이상이 국가의 영토 내에서 출생하는 것을 민족국가 정체성의 중요한 요인으로 생각한다는 것은 낮은 비율이라고 하기 어려운 측면이 있다.

북한이탈주민과 남한주민 각 집단 내에서는 시민적 정체성이 종족적 정체성보다 높게 나타난다. 그리고 북한이탈주민의 시민적 정체성과 종족적 정체성 평균값이 남한주민보다 모두 높다. 이러한 결과는 시민적 정체성의 경우는 남한주민이 더 높고, 종족적 정체성은 북한이탈주민이 더 높을 것이라는 예상과는 다른 결과이다. 이러한 결과의 원인을 이 연구에서는 밝힐 수 없지만 확실한 것은 남한주민이 북한이탈주민보다 시민적 정체성이 높고, 종족적 정체성은 낮을 것이라는 가정 자체가 편견에 기초한 것일 수도 있다는 것이다. 다른 한편으로는 북한이탈주민이 남한주민과 한민족이기는 하나 북한이라는 다른 체제 하에서 대한민국으로 이주를 해왔다는 점에서 종족적 정체성이든 시민적 정체성이든 국가 정체성에 대해 원주민이라고 할 수 있는 남한주민보다 더 높은 민감성 또는 예민함을 갖고 있다고 할 수 있다. 즉 대한민국 국민이 되고자 하는 욕구 또는 인정받고자 하는 욕구가 남한주민보다 북한이탈주민에게 더 크게 존재하고 그것이 설문조사에 반영된 것이라고 할 수 있다.

4. 민족국가 정체성의 역학

민족국가 정체성 내 종족적 정체성과 시민적 정체성이 북한이탈주민과 남한주민 각 집단에 어떻게 분포되어 있는지를 살펴보기 위해 각 정체성의 평균값을 기준으로 평균값 이상과 미만을 교차해 2×2 테이블(〈표 3〉 참조)을 만들었다. 각 정체성의 높고 낮음은 각 정체성 평균값을 기준으로 평균값 이상이면 '높음'으로, 평균값 미만이면 '낮음'으로 정의했다.

응답자 중 종족적·시민적 정체성이 모두 높은 그룹에 속한 비율을 살펴보면, 북한이탈주민이 45.93%, 남한주민이 30.75%이며, 종족적·시민적 정체성이 모두 낮은 그룹에 속한 비율을 살펴보면, 북한이탈주민이 39.75%, 남한주민이 38.25%이다. 북한이탈주민과 남한주민 모두 종족적·시민적 정체성이 모두 높거나 낮은 그룹에 상대적으로 많이 포진되어 있다. 그럼에도 북한이탈주민 내에서는 종족적·시민적 정체성이 모두 높은 '이중정체성' 비율이 더 높고, 남한주민 내에서는 종족적·시민적 정체성이 모두 낮은 '다원형' 비율이 더 높다.

이러한 결과는 종족적 정체성과 시민적 정체성이 한쪽이 높아지면

표 3 북한이탈주민과 남한주민의 시민적·종족적 정체성 분포 비교

단위: 명 (%)

		종족적	
		높음	낮음
시민적	높음	북한이탈주민: 186 (45.93) 남한주민: 123 (30.75)	북한이탈주민: 47 (11.60) 남한주민: 88 (22.00)
	낮음	북한이탈주민: 11 (2.72) 남한주민: 36 (9.00)	북한이탈주민: 161 (39.75) 남한주민: 153 (38.25)

한쪽이 낮아지는 상충관계(trade off)이기보다는 한쪽이 높아지면(낮아지면) 다른 한쪽도 높아지는(낮아지는) 상관관계 경향이 더 크다는 것을 보여준다. 따라시 민족국가 징체성 형성에 있어 종족직 정체싱과 시민적 정체성을 대립적인 관계로 보고 한 쪽은 선한 것으로 다른 쪽은 악한 것으로 접근하기보다는 두 정체성 간에 조화와 균형을 맞추고, 두 정체성을 함께 향상시키는 접근법을 시도할 필요가 있다.

한편, 종족적 정체성이고 상대적으로 낮고, 시민적 정체성이 상대적으로 높은 경향을 보이는 그룹에 속한 비율을 살펴보면, 북한이탈주민이 11.6%, 남한주민이 22.0%이다. 반면, 종족적 정체성이 상대적으로 높고, 시민적 정체성이 상대적으로 낮은 비율을 살펴보면, 북한이탈주민이 2.72%, 남한주민이 9.0%이다. 남한주민은 시민적 정체성이 높은 그룹과 종족적 정체성이 높은 그룹에 북한이탈주민보다 상대적으로 더 많이 포진되어 있는 경향을 확인할 수 있다. 이는 북한이탈주민보다 남한주민이 종족적 정체성과 시민적 정체성을 갈등이나 대립 관계로 인식하고 있을 가능성이 상대적으로 높다는 것을 보여준다.

IV. 북한이탈주민과 남한주민의 민족국가 정체성 결정요인 비교분석

1. 독립·통제 변수의 측정

시론적 차원에서 북한이탈주민과 남한주민의 민족국가 정체성에 어떤 요인들이 영향을 미치는지를 통계분석방법을 사용해 검증해본다. 종속변수는 앞서 설명했던 민족국가 정체성1, 민족국가 정체성2, 시민적 정체성, 종족적 정체성이다. 독립변수는 사회과학 통계분석에서 기본적으로 사용되는 경제적·정치적 요인들이며, 통제변수는 인구학적 요인들이다.

개인의 인식과 태도가 경제적 요인에 의해서만 결정되는 것은 아니지만 그 영향력을 무시할 수 없는 것이 현실이다. 따라서 이 연구에서는 경제적 요인 변수들로 소득, 고용형태, 복지서비스 경험, 남한 내 사회적 지위를 선택했다. 소득 변수는 월 평균 총소득이며, 만원 단위의 연속변수로 측정되었는데 로그변환값으로 전환했다. 고용형태는 무직, 임시근로자, 일용근로자, 사업주/자영업, 상용근로자 등으로 구분되어 있는데 사업주/자영업자와 사용근로자를 정규직 그룹으로, 임시근로자와 일용근로자를 비정규직 그룹으로 나누었다. 그리고는 무직을 0, 비정규직을 1, 정규직을 2로 하는 순서척도로 재코딩했다. 숫자가 커질수록 고용형태가 안정적이라는 것을 의미한다. 복지서비스 경험은 총 16개의 복지서비스[27]를 경험한 적이 있는지 여부를 묻는 문항을 사용했다. 16개의 문항에 응답한 수를 모두 더했고 숫자가 많을수록 복지경험이 많은 것으로 코딩했다. 남한 내 사회적 지위는 "남한에서 본인이 생각하는 사회적 위치는 어떻습니까?"라는 문항을 사용했으며, 1점(하)부터 5점(상)까지 점수가 높아질수록 본인의 사회적 지위를 높게 생각하는 것으로 역코딩했다.

정치적 요인으로는 개인의 정치적 성향을 묻는 문항을 선택했다. 정치적 성향은 '매우 진보적'(1점)에서 '매우 보수적'(5점)까지 5점 척도로 구성되어 있는데 해석의 편의를 위해 점수가 높아질수록 진보적인 성향이 강한 것으로 역코딩했다.

한편, 북한이탈주민과 남한주민 간에 엄연한 차이가 존재하며, 그

---

[27] ① 경제적 지원(생계비, 교육비, 의료비), ② 물품지원, ③ 가정봉사 서비스, ④ 식사배달 서비스, ⑤ 주택 관련 서비스, ⑥ 직업훈련·취업상담·취업알선, ⑦ 가족문제 상담, ⑧ 약물(알코올) 상담, ⑨ 자녀양육 기술과 교육, ⑩ 금전(재정)관리 교육, ⑪ 법률상담, ⑫ 남한사회와 자본주의 경제에 대한 교육, ⑬ 심리적 고통에 대한 치료, ⑭ 개인관리(사례관리) 서비스, ⑮ 대인관계 기술(의사소통방법과 예절 등), ⑯ 일상생활 언어교육.

러한 차이가 북한이탈주민의 남한에 대한 민족국가 정체성에 영향을 미칠 수 있기 때문에 북한이탈주민의 민족국가 정체성에 영향을 미칠 것으로 예상되는 변수를 추가했다. 기존 연구를 살펴보면, 북한이탈주민의 정체성에 영향을 미치는 요인들로 제3국에서의 체류 경험과 기간, 남한에서 겪은 차별의 경험, 남한에서의 거주기간 등이 제시되고 있다.[28] 이 중 제3국에서의 체류기간, 남한사회에서의 차별 경험, 남한에서의 거주기간을 추가 독립변수로 설정했다.

제3국에서의 체류기간은 개월 단위로 측정된 연속변수이며, 숫자가 높아질수록 제3국에서의 체류기간이 길다는 것을 의미한다. 남한에서의 거주기간은 연구가 종료된 시점(2014년)에서 입국시점을 빼고 개월 단위로 계산했다. 숫자가 높아질수록 남한에서의 거주기간이 길다는 것을 의미한다. 남한에서의 차별 경험은 Day-to-Day Perceived Discrimination 척도를 활용해 작성된 10개 문항을 모두 더한 값으로 재코딩했으며,[29] 점수가 높을수록 차별경험이 많다는 것을 의미한다.

---

[28] 전우택·유시은·이연우, 「북한이탈주민의 국가정체성 형성과 유형: 근거이론에 의한 분석」(『통일정책연구』 20(2), 통일연구원, 2008), 29쪽; 이병수, 「탈북자 가치관의 이중성과 정체성의 분화」(『통일인문학』 59, 건국대학교 인문학연구원, 2014), 138-141쪽; 김희진·유호열, 「북한이탈주민의 국가정체성 영향 요인」(『유라시아연구』 11(3), 아시아·유럽미래학회, 2014) 63쪽.

[29] 원척도는 9문항이나 한국 상황에 맞지 않는 한 문항을 제외하고 두 문항을 보정하였으며 두 문항을 추가하여 10문항으로 구성하였다(김희진·유호열, 「북한이탈주민의 국가정체성 영향 요인」(『유라시아연구』 11(3), 아시아·유럽미래학회, 2014) 56쪽). 10문항의 내용은 다음과 같다. ① 학교나 직장에서 사람들이 나를 남한의 사회적 활동에서 제외시킨다, ② 사람들이 내 발음/억양을 가지고 놀린다, ③ 사람들은 내가 열등한 것처럼 대

통제변수로는 성별, 혼인 여부, 연령, 교육 수준을 선택했다. 성별은 남성을 0으로 여성을 1로 하는 이항변수로 코딩했으며, 혼인 여부도 결혼한 사람을 1로 하고, 그렇지 않은 사람을 0으로 하는 이항변수로 코딩했다. 연령은 연속변수로 코딩했다. 교육 수준은 중학교 이하는 1, 고등학교는 2, 대학교 이상은 3으로 코딩했다. 단, 북한이탈주민은 북한에서의 최종학력을 학력 수준으로 코딩했다.[30]

2. 회귀분석 결과

민족국가 정체성1과 민족국가 정체성2, 시민적 정체성, 종족적 정체성에 영향을 미치는 요인들을 분석하기 위해 회귀분석을 실시했고, 결과는 〈표 4〉와 같다. 북한이탈주민의 경우, 제3국에서의 체류기간, 남한에서의 차별경험, 남한 거주기간 변수를 추가했는데 이 변수들을 빼고 회귀분석을 실시해도 거의 유사한 결과가 나왔다.

분석결과 중에서 북한이탈주민에게만 적용된 독립변수들의 영향력을 살펴보면, 통계적 유의성이 있는 변수는 남한에서의 차별경험 뿐이며, 이 변수는 민족국가 정체성1, 즉 대한민국 국민이라는 정체성에만 영향을 미치는 것으로 나타났다. 즉 남한에서의 차별경험이 많을수록 대

한다, ④ 사람들은 내가 똑똑하지 않은 것처럼 대한다, ⑤ 사람들은 나를 무서워하는 것처럼 대한다, ⑥ 사람들은 남들보다 내게 덜 정중하게 대한다, ⑦ 나는 병원·은행·가게 등에서 질이 낮은 대우를 받는다, ⑧ 사람들은 내가 부정직한 것처럼 대한다, ⑨ 나는 모욕을 당한다, ⑩ 나는 협박이나 희롱을 당한다.

[30] 북한이탈주민을 대상으로 한 설문조사에는 북한에서의 학력과 남한에서의 학력을 모두 표시하도록 되어 있는데 설문 응답자 중 약 70%가 남한에서 추가 교육을 받지 않은 것으로 나타났다.

표 4 북한이탈주민과 남한주민의 민족국가 정체성 결정요인: 회귀분석

독립변수	모델1 민족국가 정체성1		모델2 민족국가 정체성2		모델3 시민적 정체성		모델4 종족적 정체성	
	북한이탈주민	남한주민	북한이탈주민	남한주민	북한이탈주민	남한주민	북한이탈주민	남한주민
제3국 체류기간	0.000084 (0.00027)		0.00022 (0.00025)		0.00044 (0.00025)		0.000057 (0.00028)	
남한에서의 차별경험	−0.0085*** (0.0017)		−0.0018 (0.0016)		−0.0024 (0.0017)		−0.0014 (0.0017)	
남한 거주기간	−0.00034 (0.00027)		−0.00013 (0.00023)		−0.00033 (0.00023)		0.000023 (0.00025)	
정치적 성향	−0.011 (0.0084)	0.0091 (0.012)	−0.0092 (0.0085)	−0.013 (0.011)	−0.0070 (0.0084)	−0.011 (0.013)	−0.011 (0.0092)	−0.015 (0.012)
소득	0.037 (0.022)	0.0044 (0.025)	0.023 (0.020)	0.020 (0.030)	0.022 (0.020)	0.034 (0.032)	0.023 (0.022)	0.0092 (0.032)
고용 형태	−0.028 (0.017)	0.0032 (0.010)	−0.030 (0.017)	0.0099 (0.012)	−0.026 (0.017)	0.018 (0.013)	−0.033 (0.018)	0.0041 (0.012)
복지 서비스 경험	0.0067* (0.0027)	−0.0087 (0.0100)	0.0026 (0.0025)	−0.016 (0.010)	0.0037 (0.0025)	−0.0024 (0.012)	0.0018 (0.0027)	−0.026* (0.011)
(남한 내) 사회적 지위	0.0038 (0.0090)	0.028 (0.016)	−0.0089 (0.0093)	−0.0055 (0.017)	−0.010 (0.0089)	0.0014 (0.019)	−0.0080 (0.010)	−0.011 (0.018)
성별	−0.0022 (0.025)	−0.013 (0.017)	0.030 (0.024)	−0.031 (0.018)	0.010 (0.024)	−0.018 (0.020)	0.045 (0.026)	−0.041* (0.020)
연령	0.0040*** (0.00088)	0.00051 (0.00079)	0.0044*** (0.00091)	0.0015 (0.00078)	0.0037*** (0.00090)	0.0013 (0.00088)	0.0049*** (0.00099)	0.0016 (0.00085)
혼인 여부	0.013 (0.032)	0.045* (0.019)	0.058 (0.030)	0.035 (0.019)	0.045 (0.029)	0.035 (0.023)	0.068* (0.032)	0.035 (0.021)
교육 수준	−0.011 (0.015)	−0.032 (0.019)	−0.022 (0.015)	−0.024 (0.019)	−0.016 (0.014)	−0.032 (0.021)	−0.027 (0.017)	−0.018 (0.020)
상수	0.67*** (0.14)	0.62*** (0.15)	0.54*** (0.12)	0.58*** (0.16)	0.62*** (0.12)	0.50** (0.18)	0.48*** (0.12)	0.64*** (0.17)
관찰값	405	399	405	399	405	399	405	399
R−squared	0.140	0.058	0.147	0.076	0.117	0.055	0.155	0.084
Adj.R−squared	0.11	0.036	0.12	0.055	0.090	0.033	0.13	0.063

* p < .05, ** p < .01, *** p < 0.001, 괄호안의 값은 강건표준오차(Robust standard errors)

한민국 국민이라는 정체성을 감소시키는 데 영향을 미치는 것으로 나타났다. 민족국가 정체성2와 시민적·종족적 정체성에서도 부의 영향력을 갖는 것으로 나타나기는 했으나 통계적 유의성은 없었다. 그럼에도 불구하고 이러한 결과는 남한사회가 북한이탈주민을 한민족이라고 말하지만 실제로는 북한이탈주민에 대한 차별이 존재한다는 것을 간접적으로 말해주며, 이러한 차별의 경험이 북한이탈주민의 대한민국 사람이라는 소속감을 낮추는 데 영향을 미칠 수 있다는 것을 말해준다. 따라서 북한이탈주민과 남한주민이 공존하기 위해서는 북한이탈주민에 대한 유·무형의 차별을 금지하는 정책과 제도가 마련될 필요가 있다.

북한이탈주민과 남한주민 모두에 적용된 독립변수들의 영향력을 살펴보면, 연령 변수가 북한이탈주민에 한해서 모든 정체성에 통계적으로 유의한 영향을 미치고 있는 것으로 나타났다. 즉 북한이탈주민의 경우, 연령이 높아질수록 민족국가 정체성이 증가하는 경향을 보이고 있고, 이는 99.9% 신뢰수준에서 통계적으로 유의하다. 연령이 높아질수록 보수적이 될 가능성이 높고, 보수성과 민족국가 정체성이 높은 상관관계를 갖는다는 기존 연구들을 고려할 때 이는 예상과 일치하는 결과라고 할 수 있다. 오히려 남한주민 내에서 연령이 민족국가 정체성에 어떤 영향도 미치지 않는 것으로 나왔다는 점이 예상 밖의 결과라고 할 수 있다.

네 개 유형(실제로는 세 개 유형)의 민족국가 정체성에 영향을 미치는 또 다른 변수들로는 복지서비스 경험, 성별, 결혼 유무 변수가 있다. 복지서비스 경험은 북한이탈주민과 남한주민에게 서로 다른 방향으로 영향을 미치는 것으로 나타났는데 북한이탈주민에게는 긍정적인 영향을, 남한주민에게는 부정적인 영향을 미치고 있다. 북한이탈주민의 경우, 복지서비스 경험이 많으면 많을수록 대한민국 사람으로서의 민족국가 정체성1이 높아지는 경향을 보이며, 이는 95% 신뢰수준에서 유의했다. 이러한 결과는 복지 서비스가 북한이탈주민을 비롯해 다른 국가에서 온 이주민 집단에 대해서는 대한민국 사람이라는 소속감을 강화하는 데 중요한 역할을 한다는 것을 말해준다. 반면, 남한주민의 경우, 복지서비스 경험이 많으면 많을수록 종족적 정체성이 낮아지며, 이는 95% 신뢰수준에서 유의했다. 이는 복지서비스 경험의 확대가 원주민인 남한주민에게는 자신과는 다른 집단에 대한 포용성을 높이는 데 기여할 수 있다는 측면으로 해석해볼 수 있다.

성별 또한 종족적 정체성에서 남한주민에 대해서만 통계적으로 유의한 영향력이 있는 것으로 나타났다. 즉 남성보다 여성이 종족적 정체성이 더 낮은 경향을 보이며, 이는 95% 신뢰수준에서 통계적으로 유의했다. 한편, 혼인 유무는 민족국가 정체성1과 종족적 정체성에 대해 통계적으로 유의한 영향력을 갖는 것으로 나타났다. 민족국가 정체성1의 경우는 남한주민에서만 혼인한 사람이 비혼인 사람보다 대한민국 사람이라는 정체성이 더 높은 경향을 가지며, 종족적 정체성의 경우는 북한이탈주민에서만 혼인한 사람이 비혼인 사람보다 종족적 정체성이 더 높은 경향을 갖는 경향을 보인다.

집단별로 다시 정리하면, 북한이탈주민의 경우, 연령이 민족국가 정체성1과 정체성2(시민적·종족적 정체성) 모두에 영향을 미치는 중요 변수이며, 남한에서의 차별경험은 민족국가 정체성1에서만 유의한 변수로 나타났다. 반면, 남한주민의 경우는 민족국가 정체성1에서는 혼인 유무만이, 민족국가 정체성2에서는 이 연구에서 설정한 변수들 중에는 어떤 것도 영향을 미치지 않는 것으로 나타났다.

제한된 자료와 특정 시점에 국한된 연구이기 때문에 이 연구의 회귀분석을 통해 나타난 결과는 제한적이며, 언제든 다른 설문조사 자료를 사용한 분석을 통해 반박될 수 있다. 그럼에도 불구하고 남한주민과 북한이탈주민의 민족국가 정체성을 비교하고, 이에 영향을 미치는 요인들에 대한 분석을 시도했다는 점에서 어느 정도는 유의미성을 갖고 있다고 할 수 있다.

V. 종합과 함의

이 연구는 대한민국에 대한 민족국가 정체성에 있어 북한이탈주민과 남한주민 간에 어떤 유사성과 차별성이 존재하는지 그리고 어떤 요인들이 두 집단의 민족국가 정체성에 영향을 미치는지를 경험적으로 검증하고자 했다. 이 연구의 분석결과와 함의는 다음과 같다.

우선, 북한이탈주민의 민족국가 정체성 평균값은 남한주민보다 통계적으로 유의미하게 높은 것으로 나타났다. 이러한 결과는 북한이탈주민과 남한주민의 서로 다른 조건과 위치에서 기인한 측면이 있다고 할 수 있다. 즉 북한이탈주민은 한민족이라는 이름으로 남한주민과 동일한 집단으로 묶일 수 있지만 그럼에도 불구하고 북한이라는 외부에서 남한으로 진입했으며, 이로 인해 남한사회에서 자신의 존재를 인정받고 싶은 욕구가 남한주민보다 강할 수 있다. 그리고 이러한 욕구가 높은 민족국가 정체성으로 나타난 것으로 보인다.

다음으로 민족국가 정체성 평균값의 차이에도 불구하고 시민적 정체성과 종족적 정체성의 분포를 살펴보면, 북한이탈주민과 남한주민 모두 시민적·종족적 정체성이 모두 높은 경우(이중 정체성)나 모두 낮은 경우(다원형)가 각각 30~40%를 차지하고 있다. 북한이탈주민 내에서는 이중정체성을 가진 사람의 비율이 가장 많은 반면, 남한주민 내에서는 다원형을 가진 사람의 비율이 가장 많다. 시민적 정체성만 높거나 종족적 정체성만 높은 경우는 상당히 낮은 편이다. 그럼에도 불구하고 남한주민이 북한이탈주민보다 시민적 정체성만 높거나 종족적 정체성만 높은 경우가 더 높은 비율을 보이고 있다.

'이중정체성'과 '다원형' 유형이 많다는 것은 시민적 정체성과 종족적 정체성이 대립관계가 아닌 상관관계를 갖고 있다는 것을 말해준다. 즉 시민적 정체성과 종족적 정체성이 분리돼 서로 다른 방향으로 움직이는 것이 아니라 함께 같은 방향으로 움직인다는 것이다. 이는 현재에도 그리고 미래의 통일과정에서도 시민적 정체성과 종족적 정체성 중 어느 하나만을 선하거나 옳은 것으로 강조해서는 안 되며, 두 개의 정체성을 함께 가져가는 것이 필요하고 중요하다는 것을 말해준다. 무엇보다 이중

정체성을 높이는 것이 중요한데 이중정체성이 높을수록 새로운 환경에 대한 적응력이 높아지기 때문이다. 따라서 새로운 민족국가 정체성을 형성하는 데 있어 시민적·종족적 정체성을 어떻게 하면 긍정적인 방향으로 높일 수 있는지를 구체적으로 고민하는 것이 필요하다.

세 번째로 민족국가 정체성에 영향을 미치는 요인들은 남한주민과 북한이탈주민 간에 다르게 나타났다. 북한이탈주민의 경우, 연령이 민족국가 정체성1과 정체성2(시민적·종족적 정체성) 모두에 영향을 미치는 변수이며, 남한에서의 차별경험은 민족국가 정체성1에서만 유의한 변수로 나타났다. 즉 연령이 높아질수록 민족국가 정체성1과 정체성2가 증가하는 경향을 보이며, 차별경험이 많을수록 민족국가 정체성1이 낮아지는 경향을 보였다. 한편, 남한주민의 경우는 민족국가 정체성1에서는 혼인 유무만이, 종족적 정체성에서는 복지서비스 경험과 성별이 영향을 미치는 것으로 나타났다. 즉 결혼한 사람이 그렇지 않은 사람보다 민족국가 정체성1이 높아지는 경향을 보였고, 복지서비스 경험이 많을수록 그리고 여성이 남성보다 종족적 정체성이 낮은 경향을 보였다.

이러한 결과는 북한이탈주민과 남한주민의 민족국가 정체성에 영향을 미치는 요인과 영향의 방향이 다를 수 있다는 것을 말해준다. 이는 정책적 차원에서 중요한 함의를 제시하는데 공동의 민족국가 정체성을 형성한다고 할 때 이를 형성하는 방식은 다각적으로 이뤄질 필요가 있다. 북한이탈주민과 남한주민 간의 차이뿐 아니라 북한이탈주민 내 그리고 남한주민 내 차이도 존재하기 때문에 천편일률적이고 일방적인 방식의 민족국가 정체성 형성은 오히려 부정적인 결과를 가져올 수 있다. 민족국가 정체성을 구성하는 요소들이 다양하고, 개개인들이 그 요소들에 긍정적 또는 부정적으로 반응하는 수준 또한 다르기 때문에 특정 요소만을 강조하는 것보다는 다양한 요소들을 균형 있게 가져가는 것이 필요하다.

한 연구에 따르면, 민족 정체성(한민족 구성원으로서의 소속감)과 관련해 남한주민이 북한주민을 한민족의 구성원으로 보는 비율이 1996년에 90.5%에서 2016년에 68.9%로 크게 감소하는 것으로 나타났고, 이러한 변화가 이념적·정치적 동원이 아닌 사회·경제적 변화에 의해 추동되고 있다고 밝혔다.[31] 한편, 이 연구뿐 아니라 다른 연구에서 북한이탈주민과 같이 내부인이자 외부인의 특성을 동시에 갖는 집단에게 사회지원은 국가 정체성에 긍정적인 영향을, 차별경험은 부정적인 영향을 미치는 것으로 나타났다.[32] 이러한 상황에서 현재 한국은 플랫폼 경제의 확산, 4차 산업으로의 전환, 팬데믹과 기후위기, 초고령 사회, 지방소멸 등으로 삶의 불안정성이 커져가고 있으며, 이로 인해 자신과 다른 집단에 대한 차별과 혐오를 강화하는 경향이 확산되고 있다. 이는 폐쇄적이고 배타적인 민족국가 정체성을 확산시켜 남북관계 개선이나 통일된 한반도 구성에도 부정적인 영향을 미칠 수밖에 없다. 이러한 점에서 민족국가 정체성 논의와 실천은 정치적 측면에서만이 아니라 사회·경제적 측면을 함께 고려하는 속에서 이뤄질 필요가 있다.

---

[31] 정한울, 「대한민국 민족정체성의 변화」(『평화연구』 25(2), 고려대학교 평화와민주주의연구소, 2017), 43-86쪽.

[32] Heo, Nayoung and Kim, Doo-Sub, 「Am I "Korean"? Effects of Social Support Network and Experience of Discrimination on National Identity and Dual Identity among Children from Multicultural Families」(『한국인구학』 44(1), 한국인구학회, 2021), 83-108쪽.

참고문헌

강소연·서운석, 「아시아 주요국가의 국민정체성 인식에 대한 연구」, 『아시아연구』 19(4), 한국아시아학회, 2016.

강원택, 「한국인의 국가정체성과 민족정체성: 대한민국 민족주의」, 강원택 편. 『한국인의 국가정체성과 한국 정치』, 서울: 나남, 2007.

건국대학교 통일인문학연구단, 『코리언의 민족정체성』, 서울: 선인, 2012.

김신희, 「탈북청소년의 국가정체성」, 한국사회과교육학회 편, 『한국사회과교육학회 연차학술대회 자료집』, 서울: 한국사회과교육학회, 2014.

김희진·유호열, 「북한이탈주민의 국가정체성 영향 요인」, 『유라시아연구』 11(3), 아시아·유럽미래학회, 2014.

박명규, 「한국 내셔널 담론의 의미구조와 정치적 지향」, 『한국문화』 41, 서울대학교 규장각한국학연구원, 2008.

서운석, 「한국·대만사회의 국민정체성 인식 변화에 대한 비교」, 『공공사회연구』 7(2), 한국공공사회학회, 2017.

설진배·송은희, 「위기인가 기회인가?: 양가성 탐색을 통한 북한이탈주민 사회통합 방안」, 『Crisisonomy』 13(4), 위기관리 이론과 실천, 2017.

윤인진·송영호, 「한국인의 국민정체성에 대한 인식과 다문화수용성」, 『통일문제연구』 23(1), 평화문제연구소, 2011.

이병수, 「탈북자 가치관의 이중성과 정체성의 분화」, 『통일인문학』 59, 건국대학교 인문학연구원, 2014.

이병수·전영선, 「탈북자 정체성의 이해와 민족의 평등한 유대」, 『코리언의 민족정체성』, 건국대학교 통일인문학연구단, 2012.

이희영, 「새로운 시민의 참여와 인정투쟁」, 『한국사회학』 44(1), 한국사회학회, 2010.

장승진, 「다문화주의에 대한 한국인들의 태도」, 『한국정치학회보』 44(3), 한국정치학회, 2010.

전우택·유시은·이연우, 「북한이탈주민의 국가정체성 형성과 유형: 근거 이론에 의한 분석」, 『통일정책연구』 20(2), 통일연구원, 2008.

정기선·이선미, 「한국인의 국민정체성 국제비교연구: 자격요건 평가를 중심으로」, 『비교한국학』 19(1), 국제비교한국학회, 2011.

정한울, 「대한민국 민족정체성의 변화: "Two Nations – Two States" 정체성 부상에 대한 경험적 연구」, 『평화연구』 25(2), 고려대학교 평화와민주주의연구소, 2017.

최현, 「한국인의 다문화 시티즌십(multicultural citizenship): 다문화 의식을 중심으로」, 『시민사회와 NGO』 5(2), 한양대학교 제3섹터연구소, 2007.

통일부, 「북한이탈주민정책 최근현황」, 2022, https://www.unikorea.go.kr/unikorea/business/NKDefectorsPolicy/status/lately/

행정안전부, 「2020 지방자치단체 외국인주민 현황」, 2021, https://www.mois.go.kr/frt/bbs/type001/commonSelectBoardArticle.do?bbsId=BBSMSTR_000000000014&nttId=88648

Fleischmann, Fenella and Verkuyten, Maykkel, Dual Identity Among Immigrant: Comparing Different Conceptualizations, Their Measurements, and Implications, *Cultural Diversity and Ethnic Minority Psychology* 22(2), 2016.

Heo, Nayoung and Kim, Doo – Sub, 「Am I "Korean"? Effects of Social Support Network and Experience of Discrimination on National Identity and Dual Identity among Children from Multicultural Families」, 『한국인구학』 44(1), 한국인구학회, 2021.

Kim, Seokho and Park, Eun – Sun, 「Is National Identity an Obstacle to the Acceptance of Foreign Immigrants as Kookmin (Korean Citizen)?」, 『한국인구학』 39(4), 한국인구학회, 2016.

Kiss, Zsolt and Park, Alison. National identity Exploring Britishness, *British Social Attitudes* 31, 2014. http://www.bsa.natcen.ac.uk/media/38984/bsa31_national_identity.pdf

홈페이지

English Oxford Living Dictionary (https://www.dictionary.com/)

국가통계포털 (http://kosis.kr/index/index.do)

제3장

독일의 통일담론에서 '민족주의'와 '세계시민주의'의 긴장:
한반도 통일론에 주는 함의를 중심으로[1]

노현종 (서울대학교 사회학과/ 서울대학교 아시아연구소)

I. 들어가며

베를린 장벽이 무너진 다음 날인 1989년 11월 10일 기독교민주연합(CDU)의 당수이자 수상이었던 헬무트 콜은 폴란드에서의 정상회담을 취소하고 미군의 전용기를 빌려 베를린에 도착하였다. 새로운 열기로 가득 찼던 그날 밤 헬무트 콜은 자신의 오랜 정치적 라이벌이자 동방정책의 설계자인 사회민주당(SPD)의 전임 수상 빌리 브란트와 함께 서독의 국가(國歌)를 합창하였다. 새로운 단계에 막 진입한 독일민족과 국가의 운명을 위해서 두 지도자가 과거의 갈등을 잠시 뒤로하고 초당적으로 협력하는 이러한 모습은 모범적인 독일의 정치를 상징한다.

---

[1] 이 글은 노현종. 2022 "독일의 통일담론에서 '민족주의'와 '세계시민주의'의 긴장?: 한반도 통일론에 주는 함의를 중심으로" 『민족연구』 79호, 138-174에 개재된 내용을 수정·보완하였다.

위의 사항은 비교적 잘 알려져 있다. 하지만 이에 못지않게 중요한 사실은 빌리 브란트가 당시 사회민주당의 젊은 당수였던 오스카 라퐁텐(Oskar Lafontaine)과 매우 심각한 갈등을 겪었고 그와 결별했다는 사실이다. 1943년생인 오스카 라퐁텐은 68혁명 세대의 정치인이며, 빌리 브란트가 사회민주당의 외연을 넓히기 위해서 새롭게 수혈한 인사였다. 이 두 인사는 독일의 통일을 추진하는 과정에서 이견을 노출하였다. 빌리 브란트는 독일의 통일을 적극적으로 지지하였던 반면 라퐁텐을 비롯한 사회민주당의 젊은 인사들 그리고 서독의 대표적인 진보 지식인인 귄터 그라스, 위르겐 하버마스는 독일의 통일과 방식에 대하여 문제를 제기하였고 사회학자 클라우스 오페는 회의적인 모습을 보였다.

통일에 대한 다소 소극적인 입장은 정치인들과 지식인들의 개인적인 차원에서 이루어진 것이 아니었으며 냉전적, 반평화적 혹은 적대적인 반공산주의적인 입장에서 비롯된 것은 더더욱 아니었다. 이는 민족주의 그 자체에 회의적이었던 독일 진보진영 입장이 일정 수준 반영된 것이라고 할 수 있다. 이들은 평화의 중요성을 명확하게 인식하고 민족을 뛰어넘는 보편적인 '세계시민주의'[2] 적 가치관을 고수하고 있었기 때문에

---

[2] 마사 누스바움(Martha Nussbaum)은 철학적 관점에서 '세계시민주의'는 기존 사회질서와 정면적으로 대립하였던 그리스 철학자 디오게네스에게서 기원한다고 주장하였다. 실제로 그는 자신의 출신지를 묻는 질문에 '세계의 시민'이라고 답했다. 또한 자신을 혈통, 출신도시, 사회계급, 자유민이라는 신분과 성별로 규정하지 않았다. 그녀는 이러한 사상적 조류를 긍정하고 있지만 도덕적, 이성적 행위자에 대한 과도한 강조가 동물과 다른 생명체를 배격할 수 있다는 점도 지적하고 있다(누스바움, 2020: 16-32). 세계시민주의를 현대의 제도권 정치와 연결하기 위해서는 정치학자 데이비드 헬드의 개념이 보다 유용하다. 헬드는 세계시민주의의 지향점을 1) 동등한 가치와 품위 2) 활발한 행위자 3) 개인적인 책임 4) 합의 5) 공공부문에서 투표

'민족'에 기반한 통일국가의 재건을 환영하지 않았던 것이다. 엄밀하게 말하자면 '탈(脫)민족주의'적인 입장이었지 '반(反) 민족주의'적인 입장은 아니었다. 즉 통일과정에서 독일 진보진영 내의 이견(異見)은 사회발전과 성숙한 민주주의가 시민들로 하여금 냉엄한 분단질서를 극복하게 하는 원동력이 될 수도 있지만 동시에 민족주의에 기반한 통일담론과 충돌하여 오히려 이를 약화시킬 수도 있다는 점을 보여준다. 현재 대한민국은 성숙한 민주주의 체제와 다원화된 사회를 향유하고 있다. 하지만 과거 진보진영의 영향력 확대가 남북관계 개선과 통일 분위기 조성에 긍정적인 역할을 하였던 것과는 달리 향후 평화확립의 필요성과는 별개로 민주주의 발전과 민족정책이 분리될 가능성도 존재한다.

위와 같은 문제의식에 따라 본 연구는 크게 세 가지 사항을 다루도록 하겠다. 첫째, 1960년대 말부터 본격화된 서독사회의 변화와 1970년대 초의 동방정책의 핵심쟁점에 대하여 논의해보도록 하겠다. 이 시기 사회의 급진화를 통한 민주주의의 새로운 지평이 열렸으며 동시에 '신동방정책'으로 말미암아 민족관계는 새로운 단계에 접어들었다. 비록 이 기간에 양자간의 가시적인 충돌은 발생하지 않았지만 이미 향후 갈등의 씨앗을 내포하고 있었다. 둘째, 1989년 베를린 장벽 붕괴 이후부터 통일을 이룩할 시점까지 본격적으로 전개된 진보진영 내부의 논쟁에 대해서 살펴보도록 하겠다. 동서독 모두 민족을 대대적으로 강조하지는 않았

를 통한 집단적인 의사결정 6) 포용성과 보완성 7) 심각한 위험에 대한 극복 8) 지속가능성으로 제시하였다(Held, 2005: 12). 68혁명 이후부터 통일 이전까지 사회민주당의 당원들 및 서독의 진보진영이 이 가치를 완전하게 수용하는 것은 아니었지만 전반적으로 이러한 노선에 가까웠다. 따라서 이들은 보다 전통적이고 때로는 보수적인 면모를 보였던 같은 당의 헬무트 슈미트 수상과도 갈등을 빚었다.

지만 결정적인 순간에 '민족'은 분명 동서독 주민을 결속시키는 핵심적인 역할을 하였다. 물론 이러한 낭만적 결속은 통일 이후 신기루처럼 사라졌다. 한편 급변하는 상황 속에서 사회민주당과 진보지식인들은 국가연합안을 비롯한 나름의 비전을 제시하였지만 헬무트 콜의 강령에 비해 선명하지 못했을 뿐만 아니라 단결된 모습을 보여주지도 못했다. 이처럼 통일에 대한 소극적인 입장으로 말미암아 서독과 독일 전역에서 진보진영의 입지가 약화되었다. 셋째, 독일의 사례가 한반도에 주는 시사점을 조명해보도록 하겠다. 1990년대까지만 하더라도 보수와 진보를 막론하고 '민족'은 매우 강력하고 절대적인 위치를 점하고 있었다. 하지만 민주주의가 성숙하고 발전하였던 것에 반하여 민족주의는 도전받고 있는 것이 현재 대한민국의 현실이다. 따라서 민족주의와 세계시민주의의 긴장 속에서도 사회적 연대에 기초하여 새로운 질서를 확립한 독일의 사례는 우리에게 시사점을 제공해 줄 수 있을 것이다.

II. 탈민족주의적인 '신좌파'의 등장과 동방정책을 통한 '민족'의 고수

1960년대 말과 1970년대 초 서독은 매우 큰 변화를 경험하였다. 양대 기성정당(기독교 민주연합과 사회민주당)의 통치구조에 반대하는 다양한 사회운동이 분출하였다. 이들은 자신들의 독자적인 진보적 아젠다에 기초하여 기존 정치권과 갈등하였으며 동시에 새로운 사회적 규범을 창출하였다. 정치영역을 살펴보자면 빌리 브란트의 사회민주당이 정권을 장악하면서 서독 정치사에서 유의미한 정권교체가 이루어졌다. 브란트는 노동계급의 요구들을 최대한 수용하고 기존의 적대적이고 대결적인 대동독정책을 수정한 '신동방정책'을 추진하면서 데탕트를 구축하였다. 또한 과거보다는 훨씬 유연한 '문화민족'을 제시하면서 '1 민족'에 기반한 동서독관계의 발전을 도모하였다. 이처럼 브란트의 '신동방정책'이 성과를 거두었기 때문에 사회의 급진화 혹은 민주주의의 성숙이 민족정책과 파열음을 내지는 않았지만 양자 사이의 긴장은 이미 시작되고 있었다.

1. 전후 서독의 제도적 민주주의 확립과 대동독 인식

먼저 전후 서독의 사회적 특징과 대동독 인식을 간략하게 살펴보겠다. 콘라드 아데나워 서독 수상은 전후의 혼란한 안보, 국내정치 상황을 수습하고 라인강의 기적을 이룩한 훌륭한 정치인으로 평가받는다. 비록 히틀러 치하의 국가기관에서 활동한 전력이 있었던 인물들을 완전히 숙청하지는 못하였지만, 진실한 반성에 입각한 '탈-나치화'는 순조롭게 진행되었다. 이러한 노력으로 1933년에 파괴된 제도적 민주주의가 다시 안정적으로 자리 잡을 수 있었다. 그리고 서방통합정책과 마셜플랜의 참여를 통해서 신속한 전후복구를 달성하였다. 하지만 아데나워 수상은 냉전구조를 탈피하고자 하는 대담한 시도를 한 것은 아니었다. 그는 전독일인의 민주적 선거원칙을 이유로 소련의 중립화 통일방안을 사실상 거절하고 나토에 가입하였다. 서방진영 즉 미국, 영국, 프랑스와 제도적·이념적 결속이 가장 시급한 사항이라고 판단하였던 것이다. 사실 이 시기 독일에서 민족문제와 통일문제는 부차적인 것이었다. 왜냐하면 이 시기 공산진영 뿐만 아니라 자유진영인 프랑스와 영국도 전범국가 독일에게 여전히 적대적이었기 때문이다(Mommsen, 1983: 561). 즉 패전 이후부터 베를린 장벽 붕괴 이전까지 서독의 보수진영과 진보진영 모두 '민족주의'와 '민족통일'을 전면적으로 내세우기 어려웠다.

    물론 아데나워의 입장과 반대되는 의견도 존재하였다. 전후 사회민주당을 재건하였던 쿠르트 슈마허는 아데나워의 서방 통합정책과 대동독정책에 동의하지 않았다. 그는 집권당에 비해 분단상태를 훨씬 임시적인 상태로 간주하였으며 동시에 민족자결권을 내세웠다. 그리고 이러한 원칙에 의거하여 '중립화된 통일 독일'을 주장하기도 하였다. 실제로 1952년 쿠르트 슈마허 사후에 통일을 주장하였던 전독일민족당의 구스타프 하이네만(이후 서독의 대통령에 오름)과 헬레네 베셀 등이 사회민주당에 입당하여 의회에 진출하였다(파울렌바흐, 2017: 109-117). 그럼에도 야당인 사회민주당은 자신들만의 독자적인 비전으로 새로운 동서독관계를 확립할 수 없었다.

동서독은 남북한처럼 전쟁을 치루지 않았기 때문에 보다 수월하게 화해가 이루어졌다는 평가가 있다. 이는 전반적으로 사실이다. 하지만 소련의 압박에 의해 동독지역의 사회민주당이 공산당과 강제적으로 합병된 사건으로 인해 진보적인 사회민주당조차도 동독의 사회주의 체제에 매우 비판적이었다. 당시 동독지역 사회민주당에 가장 큰 영향력을 행사하던 오토 그로토블은 명분 없는 합당에 앞장섰으며 그 공로로 사망 직전까지 동독의 수상자리를 지키며 편안한 삶을 향유하였다. 하지만 서독지역의 사회민주당을 대표하고 있었던 쿠르트 슈마허와 동독에 있었던 그의 지지자들은 양당 합당을 격렬하게 반대하였다. 서독의 사회민주당 당원들은 자신의 동료들이 '쿠르트 슈마허의 첩자'라고 부당하게 박해를 받았던 사건에 대한 앙금을 가지고 있었다. 동독에 대한 비판적인 면모는 서독의 전국 노동조합인 DGB(Deutscher Gewerkschaftsbund)에게서도 찾아 볼 수 있다. 서독의 노동계급 역시 민족문제에 대한 일정한 입장을 제시하였지만 전반적인 기조는 부정적이었다. 1956년 DGB 총회에서 제정한 '독일통일헌장'에서는 "동독에 대한 비판이 서독의 사회, 민주정책의 약화와 연결되어서는 안 될 것"이라고 주장하면서 민족문제와 민주적 투쟁을 구별하였다(이진모, 2004: 28). DGB가 동독에 대하여 비판적인 태도를 보였던 것은 공산당을 탄압하는 아데나워 정부에게 불필요한 비판을 받지 않기 위함만은 아니었다. 서독의 노동계급은 소련과 동독의 사회주의 통합당이 1953년 노동자들이 중심이 된 '베를린 봉기'를 폭력적으로 진압한 것에 대한 분노가 남아 있었다. 실제로 베를린 장벽이 건설되기 이전이었기 때문에 서베를린의 노동자들은 동독의 노동자들과 연대하기 위하여 직접 동베를린으로 넘어가 연대하였고 시위에 함께 참여하였다. 즉 서독의 보수와 진보진영은 기본적으로 동독의 스탈린적 사회주의 체제에 대해 비판적이었다.

2. 서독에서의 민주주의의 심화와 탈민족주의의 대두

동독에 대한 서독 국민들의 부정적인 인식과 별개로 서독 사회는 엄청난 변화를 경험하였다. 특히 1960년대 후반부터 민주주의와 다양성을 갈망하는 목소리가 내외부에서 급격하게 등장하기 시작하였다. 이는 전쟁의 영향을 상대적으로 덜 받았던 즉 1940년대에 태어난 세대들이 청년으로 성장하여 대학생이 되고 사회에 진출한 시기였다. 정치학자 로날드 잉글하트의 주장처럼 선진민주주의 국가의 사회경제적 수준이 향상하여 산업화 시기의 위계적인 생산조직이 조금 더 수평적인 형태로 변모함에 따라 '자기 표현적(self-expression)' 가치가 증가한 것도 원인이라고 할 수 있다.[3] 이들이 소위 말하는 '68혁명' 세대이다. 이들의 특징은 크게 세 가지로 정리할 수 있다.

첫째, 68혁명 세대는 기존의 물질주의 중심의 변혁운동에서 벗어나 다양한 문화운동을 전개하였으며 이로 말미암아 진보진영내의 주류 노동운동 세력과 갈등하였다. 이들 세대는 '노동계급'이 역사변혁의 주체라는 마르크스의 기본적인 명제를 부정하였다. 왜냐하면 이들은 서독의 노동계급은 이미 '부르주아화'되었으며, 이로 말미암아 노동운동은 급

---

[3] 실제 잉글하트의 1981년 조사자료를 살펴보면 68혁명세대에 해당하는 서독의 35-44세(1937-1946년생)는 기성세대 보다 자기표현 가치와 세속적·합리적 가치가 강하게 나타낸다(잉글하트, 2011: 204).

진적인 정치를 위한 사회기반을 완전하게 상실했다고 판단하였기 때문이다(Markovits et al., 1993: 50–51). 이들은 한편으로 사회주의에 친화적인 입장을 보이면서도 사회주의가 단순하게 정치권력과 생산수단의 국유화에 한정되어서는 안 되며 사회의 모든 권력관계와 권위구조를 평등하게 재편해야 한다고 주장하였다(길혀홀타이, 2009: 252). 사실 서독의 노동계급은 경제성장으로 인한 열매를 누리고 있었기 때문에 급진적인 투쟁을 통해서 체제를 전복하기보다는 시장경제와 민주주의 속에서 자신들의 권리를 찾는 방편을 모색하고 있었다. 게다가 1960년대 야당인 사회민주당은 노동조합과 진보진영의 지지를 받고 있었지만 기독교민주연합과 질적으로 다른 모습을 보여주지는 못했다. 특히 사회민주당은 1966년 기독교민주연합과의 대연정에 참여하면서부터 정부노선과 다른 획기적인 대안을 제시하지 못하고 있던 상황이었다. 이러한 상황 속에서 젊은 청년층으로 대표되는 '신좌파'는 기존의 사회민주주의자들과 본격적으로 갈등하기 시작하였다. 사회민주당의 하부조직이었던 '사회주의 독일 학생 연합 (Sozailstische Deutcher Studentenbund, SDS)'은 1959년 고데스베르크 사회민주당 전당대회에서 국민정당으로 변모한 것을 문제삼아 1961년 사실상 관계를 청산하였다. 이들은 자신들의 비전을 담은 혁명운동을 의회 밖에서 본격적으로 전개하기 시작하였다.

둘째, 68혁명 세대는 민족을 넘어서 초국가적인 연대와 변혁을 모색하였다. 1954년도부터 SDS에 가입하여 활동한 클라우스 메쉬카트는 "신좌파의 형성에는 국제적 맥락이 그 시초에 놓여 있었다"면서 이 운동의 초국가적 성격이 충분히 조명받지 못했다는 점을 지적하였다(메쉬카트, 2008: 97). 실제로 68혁명은 독일, 프랑스, 영국을 비롯한 유럽국가들뿐만 아니라 미국, 일본, 사회주의 체코에서도 발생한 전지구적인 운동이었다. 이 운동은 '반제국주의', '베트남전쟁 반대', '권위주의 타파', '대학개혁', '일상에서의 혁명'과 같은 공통점을 공유하고 있었다. 특히 과거에 비해 자유로운 해외여행, 전 세계적으로 통합되기 시작한 미디어 덕분에 초국가적인 연대를 구축할 수 있었다. 역사학자 마틴 클림케가 "서독의 68혁명 세대들은 반미주의자는 아니었다. 왜냐하면 서독의 반항적인 청년문화는 미국의 청년문화에 뿌리를 두고 있었기 때문이었다. 즉 미국인들과 함께하였던 반미운동이었다"라고 위트있게 지적하였듯이 국내의 사회이슈를 뛰어넘은 보편적인 이슈를 위해 연대하였다(Klimke, 2010: 7). 실제로 독일의 SDS는 미국의 '민주사회학생회(Students for a Democratic Society, SDS)'와 연대하면서 반전운동, 반제국주의 운동, 인종차별 철폐운동을 전개하였다. 그리고 기존의 노동운동과는 다른 새로운 연대가 실제로 이루어졌다. 특히 1960년대 미국에서는 흑인민권운동이 진행되고 있었으며 흑인뿐만 아니라 진보적인 백인 청년들도 흑인들의 권리 증진을 위해 이들과 연대하여 적극적인 투쟁을 벌이고 있었다. 가령 사회운동단체인 '프리덤 서머(Freedom Summer)'에는 약 700여 명의 백인 명문대 재학생들이 자원봉사자로 나서 미시시피 주의 흑인 유권자 등록 확대를 위해 분주하게 활동하였고 소기의 성과를 거두었다. 이를 지켜본 서독의 신좌파 학생들은 인종을 넘어선 초국가적인 연대에 감동을 받고 적극적으로 투신하였다. 즉 이들은 반(反)민족주의가 아니라 탈(脫)민족적인 지향점을 지니고 있었으며 그것이 민족보다 더 중요하고 보편적인 가치가 있다고 확신하였다.

셋째, 68혁명으로 대표되는 독일의 '신좌파'들은 자본주의뿐만 아니라 스탈린주의에 입각한 사회주의 체제에 매우 비판적이었다. 68혁명 세대가 탈민족주의적 성향을 지닌 것이 일반적인 평가이지만 SDS는 1950년대부터 민족문제에 많은 관심을 두고 있었으며 자신들의 아젠다에 따라 동독 측과 적극적으로 교류를 실시하였다. 이를 위해 동독의 공식 국가기구인 '자유독일청년단(Freie Deutsche Jugend)'과 협상을 벌이기도 하였다. 다만 교류가 진행될수록 동독 측 인사들의 기계적인 언사와 행동에 실망하였으며 매력없는 동독이 서독체제에 대한 대안이 될 수 없다는 회의적인 시각이 확산되었다. 이들은 동독의 '국가연합'이 아니라 동서독 내부의 동시적인 변혁을 통한 민주적인 사회주의 건설을 독일문제의 근본적인 해결책으로 보았다. 1960년대 중반부터 베트남 전쟁과 같은 보다 시급한 문제가 발생하면서 탈민족적인 지향이 강화됨과 동시에 독일문제의 중요성은 후순위로 밀렸다(이동기, 2009). 이 뿐만 아니라 1968년 바르샤바 조약기구가 '인간의 얼굴을 한 사회주의 건설'을 슬로건으로 내세웠던 체코의 개혁운동을 무력으로 진압한 것은 이들의 도덕적 정당성의 완전한 파산을 가져왔다. 이 당시 서유럽의 사회주의 정당은 둡체크와 체코공산당의 개혁노선에 심적으로 동조하고 있었으며 소련의 강압적인 행위에 불만을 가지고 있었다. 하지만 서독의 공산당(아데나워에 의해 금지되었지만 새롭게 재건되었음)은 공개적으로 소련을 지지하면서 유혈진압을 정당화하였다(Pelz, 2016: 195). 이는 서독의 청년세대와 기성세대 모두에게 현실 사회주의에 대한 강렬한 반발감을 불러일으켰다. 실제로 '신좌파' 산하의 여러 조직은 독일공산당과 연계된 인물들을 모두 제명시켰다.

68혁명의 대표적인 지도자인 루디 두치케와 베른트 라벨 같은 인사들은 경직된 동독의 사회주의 체제에 매우 비판적이었다. 이들이 민족문제를 완전히 도외시한 것은 아니었지만 기본적으로 이들은 억압적인 동독을 피해 서독으로 이주하였던 인사들이었기 때문에 동독에 대한 환상을 가지고 있지 않았다. 심지어 루디 두치케는 동독의 사회주의통합당의 서기장인 발터 울브리히트의 사진을 불태웠다. 또한 베트남전 반대시위에서도 동독에 대한 반감을 노골적으로 드러내기도 하였다(정대성, 2019: 233-234). 68혁명의 열기가 사라진 1970년에는 '탈핵' 및 '환경운동'이 본격적으로 전개되었는데 이 운동 역시 사회주의 동독에 대해서는 매우 비판적이었다. 1975년 와인생산지로 유명하였던 '빌(Wyhl)'지역의 원자력 발전소 건설에 반대하는 환경운동가들과 주민들은 바덴뷔르텐베르크 주정부가 마치 '나치 정부' 혹은 '동독의 사회주의'와 비슷하다면서 주정부의 관료적이고 일방적인 행정을 비판하였다(Milder, 2017: 3-6). 즉 '신좌파'들은 사회의 다양한 목소리를 억압하는 '반공주의'에 반대하였지만 그렇다고 현실 사회주의와 동독에 우호적인 것은 결코 아니었다.

위와 같은 변혁운동은 사회를 혼란스럽게 한 것처럼 보이며, 혁명도 정권교체도 이룩하지 못했지만 장기적으로는 민주주의의 심화에 기여하였다. 여기서 '신좌파' 운동과 이들의 탈민족적인 성향을 기술한 것은 단순히 역사적인 사실들을 전달하고자 함이 아니다. 이 시기부터 독일 사회에 본격화된 '탈민족적' 지향은 향후 독일통일과정에서 진보진영의 분열을 야기하였다. 독일에서는 '민족주의'를 맹목적으로 추종하다가 '평화', '민주', '헌법'이라는 가치를 완벽하게 무력화시켰고 수많은 사람들의 목숨을 앗아갔었던 뼈아픈 경험이 있었기 때문에 시간이 지난 후에도 이를 쉽사리 부활시키기 어려웠다. 반제국주의적이며 동시에 현실사회주의 체제에 대해 비판적이었던 신좌파 운동은 민족운동과 통일운동으로 발전하지는 않았다. 그리고 1960년대 중반 극우정당인 '독일 국민민주당(Nationaldemokratische Partei Deutschlands, NPD)'이 조직되었음에도 불구하고 이들은 5%의 득표율을 얻지 못해서 제도권 정치에 진입하지 못했다. 사실 온건한 보수적인 지식인들 역시 섣불리 '민족주의'를 강조할 수 없었다. 게다가 동서독 모두 연합국의 통제를 받고 있었으며, 나토와 바르샤바 조약기구의 군대들이 주둔하고 있었다. 이러한 상황 속에서 민족의 회복은 과거를 부정하는 행태로 간주되었으며 동시에 유럽의 '세력균형'을 파괴할 수 있는 논쟁적인 사안이었다. 따라서 서독의 좌우 정치세력들은 동방정책 수립과는 별개로 민족을 특별히 강조하지 않았으며 양측 모두 동독과 사회주의 체제에 매우 비판적인 입장을 견지하고 있었다.

3. 동서독 기본조약: 1 민족의 고수, 2 국가의 사실상 인정

위에서 언급한 것처럼 '탈민족적'지향을 지닌 서독의 젊은 세대들이 다양한 상상력에 기반한 문화운동과 정치운동을 전개하고 있을 시점에 동서독을 둘러싼 국제관계는 새롭게 변모하고 있었다. 베트남전에 개입하여 엄청난 국력을 낭비하였던 미국은 공산권과의 대결보다는 평화적으로 현상을 유지하는 전략을 채택하였다. 그리고 이러한 정책 방향은 1969년 '닉슨독트린'으로 구체화되었다. 같은 해 집권한 사회민주당의 빌리 브란트 수상은 이 기회를 적극적으로 활용하였다. 빌리 브란트는 1969년 10월 28일 수상 취임연설에서 기존의 동서독 관계의 획기적인 전환을 천명하였다. 빌리 브란트는 동서독을 둘러싼 현실적인 제약을 충분하게 인식하고 있었음에도 "연방정부(서독)는 동독을 국제법에 따라 승인하는 것은 고려하지 않는다. 독일에 두 개의 국가가 존재하고 있지만 이 두 나라는 외국은 아니며 양국은 특별한 관계이다"라고 선언하였다. 또한 같은 연설에서 UN 헌장에 기초한 민족자결주의 원칙을 모든 독일에 적용할 수 있다고 선포하였다(Brandt, 1969). 민족자결주의 원칙은 당연한 것이었지만, 전범국가인 독일에게까지 당연하게 해당되는 사항은 아니었다. 브란트와 그의 특별보좌관 에곤 바르(Egon Karl – Heinz Bahr)는 민족관계를 개선하기 위해서는 모스크바의 승낙이 필수적이라고 판단하였고 효과적인 외교를 통해 이를 달성하였다.

물론 모든 과정이 순탄하지는 않았다. 가까스로 서독과 소련 사이의 모스크바 협정[4]이 체결되었지만 동독과의 관계가 급격하게 개선되

---

[4] 비록 동독과의 관계 개선은 이루어지지 못했지만, 서독과 소련의 관계에는 의미 있는 진전이 있었다. 1970년 8월 12일 모스크바 협정이 체결된 것이다. 총 5개 조항으로 구성된 이 조약은 1) 양국이 국제적 평화와 데탕트를 유지하며 유럽의 발전을 도모할 것 2) UN 헌장에 따라 무력사용을 지양할

었던 것은 아니었다. 동독은 빌리 브란트가 새로운 독일관계를 확립하고자 한다는 점을 인정하였지만 이에 적극적으로 호응하지 않았다. 빌리 브란트와 빌리 슈토프 수상(사회주의 통합당의 서기장이 아님)의 정상회담이 이루어졌지만 별다른 성과를 거두지 못했다. 다소 실망스러운 조우에도 불구하고 소련을 통한 압박, 동독에 대한 지원을 당근 삼아 가까스로 동서독관계를 발전시켰다. 1971년 9월 승전국은 동서독 정부의 동서베를린 및 양국의 교통·인적교류에 대한 협상을 승인하였다. 그리고 마침내 1972년 향후 두 독일 사이의 관계 개선의 가이드라인이라고 할 수 있는 '동서독 기본조약(Grundlagenvertrag)'이 체결될 수 있었다. 이 조약은 동서독 사이에 체결되었지만, 소련이 조약의 세부적인 사항의 작성과 검토에 매우 깊숙하게 개입하였다(Sarotte, 2001).

동독이 1970년대 서독의 동방정책에 응했던 까닭은 그들의 선의에 기대거나 소련의 압박에 일방적으로 굴복한 것만은 아니었다. 대독관계 개선을 통한 내부의 침체를 극복하는 것이 주요한 요인이었다. 호네커와 동독 지도부는 브란트의 동방정책 즉 '접근을 통한 변화'라는 슬로건에 숨겨져 있던 사회적 위험에 대해서 충분히 인식하고 있었다. 이들은 서독이 내세우는 화해와 평화라는 것이 사실 슬로건뿐이며 실질적으로는 동독이 서독에 의존하는 구조를 형성시키고자 한다는 것을 잘 알고 있었다. 동독 지도부는 경제 협력을 통해 소비재 공급을 개선하여 체제를 단기적으로 안정화시키는 길과 교류의 확산으로 체제가 근본적으로 약화될 수 있는 위험성 사이에서 고민하였다(Thomas, 2009: 42-43). 하지만

것 3) 현재의 국경선이 유지되어야만 평화가 지속될 수 있다는 점(오데르-나이세 선을 유지) 4) 본 조약은 다른 양자/다자간의 조약에 영향을 받지 않는다는 점 5) 현재의 조약은 승인의 대상이며 본에서의 승인이 이루어지면 발효된다는 등의 내용을 담고 있었다.

이러한 위험성을 인지하고도 서독의 손을 잡았던 것은 다음과 같은 두 가지 중요한 이유가 있었기 때문이었다. 첫째, 서독과의 관계 개선이 동독의 국내정책을 일부 제한할 수는 있겠지만 실질적인 안보를 위협하지는 못할 것으로 판단하였다. 당시 동독에는 소련군이 주둔하고 있었으며 다수의 핵무기가 이미 배치된 상황이었다. 서독에 배치된 NATO군의 무기 체계보다는 약할지 모르지만, 기본적으로 공포의 균형이 달성되어 있던 상황이었다.[5] 둘째, 앞 절에서 언급한 것처럼 장단기적으로 경제적인 이익을 얻을 수 있었다. 단기적으로는 소비품을 수입하여 주민들을 달래는 효과를 거둘 수 있었다. 장기적으로는 서구의 차관을 통해 선진기술을 도입하고 개혁을 통해 생산성을 증진시킨다는 전략이 있었다. 당시 동독 지도부는 서독의 손을 잡은 결과물로 사회주의 틀을 유지하며 여러 서방세계와 교류할 수 있었고 국제적인 승인을 얻을 수 있었다. 1973년 기본조약이 서독의 의회에서 승인된 이후부터 동독은 세계 여러 나라와 수교를 맺을 수 있었다. 이것은 서독의 브란트 정부가 '할슈타인 원칙'을

---

5   소련의 SS-20의 미사일 배치와 미국의 퍼싱-2 미사일 배치로 말미암아 유럽의 국가들은 매우 큰 갈등을 빚었다. 또한 1979년 소련의 아프가니스탄 침공으로 말미암아 데탕트 국면을 얼어붙었다. 하지만 일련의 군사적인 갈등은 두 제국인 미국과 소련의 문제였지 동서독의 직접적인 위기는 아니었다. 마치 북한이 주한미군의 사드 배치에는 형식적으로 반발하였지만, 실제로는 중국이 반발한 것과 동일한 이치였다. 그리고 1953년 베를린, 1956년 헝가리, 1968년 체코 프라하의 사례에서 볼 수 있었던 바와 같이 소련은 무력을 통해 시위를 진압하였고 이를 계기로 '브레즈네프 독트린'을 선언한 상태였다. 그리고 국가기관을 강화하면 서구의 문화적 파급효과를 최소화할 수 있다고 판단했다. 헬싱키 선언과 문화적 자율화는 서독과의 관계 개선에서 피할 수 없었던 사항이었다. 그럼에도 슈타지와 경찰 병력을 활용하여 사회의 이탈을 충분히 막아낼 수 있다고 보았다.

사실상 폐지하였기 때문에 가능한 것이었다. 이러한 정책의 수용은 해외의 차관 및 지원을 통해 단기적으로 동독경제를 안정시키는 데 기여하였다.

기본조약 체결 당시 '양 독일 사이의 관계를 어떻게 정의할 것인가?'가 가장 핵심적인 쟁점이었다. 동독의 최초 헌법은 공산당 주도의 독일통일을 명시해 놓았지만 이미 1955년도부터 '두 국가론(Zwei-Staaten-Theorie)'을 주창하였다. 이 시기에는 아직 하나의 민족이라는 개념을 완전히 버리지 않았기 때문에 1968년 헌법에서는 스스로를 '독일 민족의 사회주의 국가'로 규정하였다. 하지만 1970년대 동서독 관계가 본격적으로 개선되고 있었던 상황에서도 양 독일의 분립을 의미하는 '경계설정(Abgrenzung)'원칙을 오히려 강화하고 있었다. 이러한 정책의 연장선에서 동독 측은 향후 서독 주도의 통일논의를 완전히 물리치기 위하여 자신들을 서독과 관계없는 독립된 주권국가로 승인할 것을 요구하였다. 하지만 이러한 주장은 서독 측이 결코 받아들일 수 없는 사항이었다. 양측의 입장이 좁혀지지 못하는 상황 가운데 소련이 개입하여 동독의 양보를 얻어냈다. 이에 따라 "독일연방공화국(서독)과 독일민주공화국(동독)은 양국의 어느 일방이 상대방을 국제적으로 대표하거나 또는 자국의 명의로 상대방을 대신하여 행동할 수 없다는 데 의견을 같이 한다"는 4조와 "독일연방공화국과 독일민주공화국은 각국의 국가권력이 각자의 영토 내에서만 행사될 수 있다는 원칙을 고수한다. 양국은 국내 및 대외 문제에 있어서 상대방 국가의 독립과 자주성을 존중한다"라는 6조의 절충안으로 타협이 이루어졌다.

이처럼 기본조약을 통해서 동서독관계가 비약적으로 발전되었던 것은 사실이었지만, 동독은 기존의 '2 국가론'을 넘어서 사실상 '2 민족 2 국가' 체제를 형성하고자 하였다. 동독은 1973년 UN가입과 미국과의 수교를 통해 동독이 서독과 관계없는 독자적인 국가임을 지속적으로 강조하였다. 1974년 헌법에서는 동독을 '노동자, 농민의 사회주의 국가

(Sozialistischer Arbeiter – und Bauernstaat)'로 규정하고 민족과 관련된 부분을 삭제하였다(진종덕 외, 2018: 271). 이는 서독이 결코 원했던 바는 아니었지만 현실적으로 동독을 개별적인 주권을 지닌 국가로 대우할 수밖에 없었다.⁶ 서독은 당장의 비현실적인 통일은 내려놓고 '1 민족'유지를 통하여 동서독간의 공통분모를 마련하는 것으로 대응하였다. 다만 '어떠한 1 민족을 형성해야 하는가?'라는 질문에 대하여 나름의 대안을 제시해야만 했다. 사실 이 시기 분단 독일은 과거의 만행으로 말미암아 '인종민족'을 사용할 수도 없었고, 그렇다고 해서 양국의 정치제도의 차이가 심하여 오히려 민주와 반(反)민주의 대결을 부각시킬 수 있는 '시민민족'을 내세울 수도 없는 어려운 입장에 서 있었다.⁷ 이에 빌리 브란트는 언어,

---

6 1987년 9월 에리히 호네커 서기장이 최초로 본을 방문할 당시 동독 국가를 연주 (가사를 생략하였지만)하여 사실상 타국의 정상수준으로 의전을 실시하였다.

7 독일의 사회학자 마리오 라이너 렙시우스는 민족주의가 기본적으로 집단을 분류하는 속성, 분류된 집단이 추구하는 가치, 이 가치를 수용하는 행위자들의 구체적인 행동 규범으로 구성되어 있다고 평가하였다. 그리고 독일의 민족주의를 구성하는 민족의 4 가지 이념형을 제시하였다. '인종민족(Volksnation)'은 인종, 언어, 종교 등에 기반하며 주권은 개인에게 있는 것이 아니라 '인종집단'에게 있는 것으로 간주한다. 따라서 개인의 권리를 보장하지 못하며 다른 인종을 열등하게 간주할 수 있는 위험성이 있다. '문화민족(Kulturnation)'은 문화를 공유하는 초정치적인 민족이며, 문화적으로는 평등하고 동질적이지만 정치적으로 일치되지 못한 민족을 지칭한다. '계급민족(Klassennation)'은 동독이 강조하는 것이기는 하지만 계급의 대표자가 정치엘리트라는 구조적인 문제점을 가지고 있다. 그리고 법률과 주권에 의해 작동하는 '시민민족(Staatsbürgernation)'은 민주주의 발전과 함께 서독에서만 형성되었다고 평가하였다. 즉 바이마르 공화국도 '시민민족'을 형성하지 못했다(Lepsius, 1985: 43 – 64).

문화, 역사, 인적 유대를 강조하는 '문화민족'과 '의식민족'이라는 개념을 내세웠다(최영태, 2012: 305). '문화민족'은 학술적으로 훌륭한 개념이라고 보기는 어렵지만 그럼에도 독일의 분단상황을 완화하고 관리하는 데는 충분히 유용한 개념이었다. 빌리 브란트, 헬무트 슈미트, 헬무트 콜 정부는 위와 같은 성격의 '1 민족' 원칙을 유지하였다. 만일 동독의 '2 민족 2국가'를 완전하게 승인하였더라면 베를린 장벽 붕괴 이후 서독의 움직임이 유무형적인 제약을 받았을 것이다.

서독은 냉엄한 현실 때문에 '민족'과 '통일'에 대해 공개적으로 논의하지는 못했지만 동방정책을 이어나가면서 접촉의 면적을 확대해갔다. 보수적인 기독교민주연합의 헬무트 콜이 집권했음에도 불구하고 전임 정부의 성과를 성실하게 이어받아 교류협력을 지속하였다. 이는 서독 내에서 대동독 정책과 관련한 합의가 이루어져 있었기에 가능한 것이었다. 동방정책은 단순한 경제교류를 넘어섰다. 가령 동독의 사회주의 통합당은 헬무트 슈미트의 사임 이후 야당으로 전락한 사회민주당과의 정치적 교류를 본격화하였다. 이는 전임 수상인 빌리 브란트가 과거 동독 측에 제안한 것이었지만 수용되지 못했던 정책이었다. 동독이 입장을 변경한 가장 핵심적인 이유는 야당과의 접촉을 확대하여 보수적인 기독교민주연합의 적대적 대동독 정책의 등장을 방지하고자 하였다. 정권을 잃었던 서독의 사회민주당 역시 '동방정책'을 지속시키고 여당을 압박할 카드를 확보하기 위해서 동독과의 채널을 유지할 필요가 있었다. 물론 공산당 특유의 경직성으로 말미암아 자유로운 교류가 이루어진 것은 아니었지만 나름의 성과는 있었다. 당시 동독의 사회주의 통합당은 '사회 민주주의'를 '반-사회주의'로 간주하였던 기존의 입장에서 벗어나 이들을 '비-사회주의적'인 정치세력으로 변경하였다(Ash, 1994: 313-322). 또한 1985년에는 사회민주당의 기본가치위원회와 사회주의 통합당 중앙위원회 산하의 사회과학아카데미와 함께 '이데올로기 갈등과 공동의 안보'라는 공동 선언문을 작성하였고 사회주의 통합당 정치국이 이를 수용하였다. 하지만 공동선언문이 동독 내부 재야세력의 반정부 투쟁의 도구로 활용될 것을 우려한 당 지도부는 이 문서를 철회하였다(파울렌바흐, 2017: 158-159). 정리하자면 1989년 이전까지 교류협력정책은 민족적인 열정을 불러일으킨 것도 아니었으며 통일 또한 가시적이지 않았다. 다만 서독은 '2 국가'의 현실은 수용하되 '1 민족'의 보루는 지키면서 양국 사이의 당면한 과제들을 차분하게 해결하고 있었다.**8**

III. 민족의 부활에 대한 비판 및 사회적 연대에 기반한 돌파

1. 민족주의의 급작스러운 부활과 이에 대한 반발

서독의 민주주의가 공고화되고 동시에 국제적인 위상이 높아지면서 과거사에 대한 새로운 해석이 에른스트 놀테와 일부 역사가들에 의해 시도되었지만, 지식인들 차원에서는 과거사에 대한 철저한 반성 그리고 민족주의에 대한 반발감이 주를 이루었다. 독일의 민족주의를 연구한 한스 몸젠은 언스트 겔너의 '근대화 테제'에 동의하면서 전후 서독에서는 더 이상 민족적인 상징과 의식이 강조되지 않았다는 점을 지적하였

---

8 실제 1984년과 1987년의 서독인을 대상으로 한 설문조사에 따르면 전체 응답자의 73%와 78%가 독일인은 1민족이라고 또한 '동서독이 두 국가인가?'라는 질문에 83%와 79%가 두 국가라고 응답하였다. 이처럼 '1민족 2국가'는 서독에 안정적으로 확립된 것으로 여겨진다. 그런데 흥미로운 것은 2 국가로 응답한 비율이 80%를 상회하였음에도 '동독이 외국이 아니다'라고 응답한 비율이 66%와 67%에 달한다는 사실이다. 이는 2 국가의 사실상 승인에도 불구하고 여전히 양국의 관계가 외국은 아닌 특수한 관계라는 것이라는 것을 보여준다(한운석, 2003: 85).

고 오히려 전독일적인 감정은 동독 측에서 더 강력했다고 평가한바 있다(Mommsen 1995). 이처럼 민족주의는 1990년까지 좌우 양측의 지식인에게 환영받지 못했으며 재통일은 금기사항이 었지만 심층적 차원에서는 국가와 민족으로 되돌아 가야한다는 생각은 남아 있었다(박용희, 2016: 13-15).

이러한 상황 가운데 1989년 동독에서 베를린 장벽이 무너지는 급변사태가 발생하였다. 장벽의 붕괴 소식을 접한 헬무트 콜은 폴란드의 일정을 모두 취소하고 베를린으로 달려갔다. 동독의 변화를 포착한 헬무트 콜은 이를 변화의 기회로 삼았으며 11월 10일 베를린 쇠네베르크 시청 앞에서 다음과 같은 내용의 연설을 하였다.

> "당신들은 혼자가 아닙니다. 당신들 편엔 우리들이 서 있습니다. 우리들은 한 민족이고 앞으로도 계속 한 민족으로 머물러 있을 것이며 모두 함께 속해 하나를 이루고 있습니다. 내가 이 순간 모든 동포들에게 호소하고 싶은 것은 이제 우리는 마음 깊은 곳에서 하나이고자 하며, 서로 연대해 미래를 만들어나가고, 도움을 필요로 하는 사람들에게 다 함께 도움을 주도록 노력하자는 것입니다. 여기서 중요한 것은 독일이고, 통일이고, 권리이며 자유입니다(콜, 1998: 100)."

메리 풀브룩이 지적하였듯이 1990년 독일의 통일은 '민족주의'에서 기원하는 것이 아니라 '동독의 몰락'에서 시작되었다(Fullbrook, 2005: 253). 이와 관련된 연구는 많기 때문에 자세한 사항을 다루지는 않겠다. 동독 사회주의 체제 내부의 개혁으로 시작된 이 운동은 갑작스럽게 민족주의를 창출하였으며 동독의 국경을 넘어 전 독일의 민족적 감정을 고조시키기 시작하였다. 콜의 공세와 동독 내부의 어수선한 상황 속에서 드레스덴 시의 서기장을 담당하였고 호네커에 비판적이었던 한스 모드로가 동독 수상에 취임하였다. 이는 기존의 서기장과 정치국 위주의 국가 운영방식에 변화가 발생한 것이라고 할 수 있다. 자력으로 동독의 상황을 수습하기 어렵다고 판단한 모드로는 11월 17일 서독 측에 조약공동체를 제안하였다. 동독의 상황을 지켜보았던 헬무트 콜은 동독의 사회적인 움직임을 활용하고자 11월 28일 곧 바로 독일통일을 위한 10개 조항을 발표하면서 주변국들과 동독사회를 자극하였다.

당시 헬무트 콜이 추진했던 급진적인 통일정책은 서독의 진보진영과 사회민주주의자들의 원칙과 배치되는 부분이 있었다. 첫째, 진보진영은 전환의 국면에서 새롭게 등장하는 '민족주의'를 매우 우려스럽게 바라보았다. 68혁명 이후 의회 밖 운동에 한계를 느낀 이들이 정당과의 연대를 모색하였고 사회민주당이 청년세대에게 문호를 개방하면서 정치무대에 데뷔하였다. 1970년대 약 30만 명의 당원이 가입하면서 사회민주당은 보다 젊어졌으며 노동계급 색채에서 벗어나 보다 지식인화되었다. 또한 1960년대부터 본격화된 사회적 변혁운동은 1980년대 녹색당 출현의 동인이 되기도 하였다(송충기, 2008: 52). 이들 세대는 제도권 정당에 유입된 만큼 급진적인 색채는 약화되었지만 '민족'이 아니라 보편적인 가치에 기반을 둔 '세계시민주의' 가치에 더욱 방점을 두었다고 평가할 수 있다. 그리고 무엇보다 '2 국가'에 기반을 둔 기존의 동방정책이 충분한 효과를 거두고 있는 상황에서 민족국가로 되돌아간다는 것을 상당히 불편하게 받아들였다.[9] 실제로 헬무트 콜 정부의 통일추진을 지지하

---

9 1959년 〈양철북〉을 통해서 나치를 열렬하게 추종하였던 독일 소시민의 무비판적인 정신세계를 비판하였던 귄터 그라스에게도 독일의 재통일은 분명 위협적인 사건이었을 것이다. 한 가지 덧붙이자면 독일 학계의 경직성도 부분적인 원인이었다. 독일 출신으로 미국 컬럼비아 대학교에서 교편을 잡고 있었던 안드레아스 후이센에 따르면 1980년대에 이미 미국, 영국, 프랑스

였던 빌리 브란트와는 달리 사회민주당 당수 오스카 라퐁텐을 비롯한 당내 좌파 주류계열은 민족통일에 미온적이었다. 1980년대 말 이들은 동독을 국제법적으로 승인하며 동독의 독자적인 시민권을 인정하는 입장도 보이고 있었다(이동기, 2009: 186).

경쟁자인 헬무트 콜이 통일에 대한 원칙과 각론을 제시하여 정국을 주도하고 있는 상황 에서 개최된 1989년 12월 사회민주당 당 대회를 통해 선포된 베를린 강령은 통일의 가능성을 완전하게 부인하지는 않았지만 그렇다고 이를 열정적으로 지지하지도 않았다.

> "3장 사민당은 과거 민족국가로의 회귀를 바라지 않는다. … 독일의 새로운 민족주의는 동독의 경제문제, 두 개 국가의 현실적 과제 어느 것도 해결하지 못할 것이다. 사민당은 통일된 유럽을 원한다. 헬싱키에서 시작된 유럽안보협력 과정이 미래의 길을 제시하고 있다. 1925년 이후 사민당 강령에 제시된 유럽합중국은 지금도 실행될 수 있다. 4장. 유럽과 독일 통합의 길에서 유효한 것은 두 개의 독일 국가간의 협력을 더욱 긴밀하고 포용성 있게 형성하여 지체 없이 새로운 성격을 부여하는 것이다. 이는 기본조약의 기초에서 개별적 합의, 조약공동체, 국가 연합 궁극적으로는 연방국가적 통일의 형태로 나타날 것이다(진종덕 외, 2018: 367)."

기본조약에 기초한 '국가연방'은 분명 통일의 가능성을 분명 열어둔 것이었다. 또한 성급하게 통일을 추진할 경우에 감내해야할 경제사회

등지에서는 민족주의를 거부하는 전통적인 좌파적 입장을 극복하려는 새로운 여러 지적인 활동이 있었지만 보수적인 독일의 학계는 민족과 탈민족이라는 이분법을 여전히 고수하고 있었다(Huyssen, 1992: 70).

적 문제도 어느 정도 인식하고 있었다. 그럼에도 불구하고 민족국가의 회귀에 대한 과도한 비판은 여전히 국민들로부터 의구심을 자아낼 위험성이 있었으며, 특히 콜 수상이 주도권을 확보한 상황에서 '평화', '유럽', '연대'와 같은 구호들만으로는 급변하는 상황을 돌파하기에는 역부족이었다. 같은 시기 녹색당에서도 당내 좌파들은 '2 국가' 원칙을 여전히 고수하고 있었다. 당내에서 보다 현실주의적인 집단은 '2 국가' 원칙을 수정할 것을 제의하였고 이를 관철하였다. 특히 대표적으로 안체 볼머(Antje Vollmer)는 환경보전뿐만 아니라 양 독일의 다양성을 보존하는 '생태적 연방'을 제안하면서 성급한 통일과 '2 국가' 사이의 새로운 경로를 모색하였다(이동기 2010, 172-175). 사회민주당과 녹색당의 이러한 지적인 시도에도 불구하고 이들의 행동은 민첩하지 못했다. 게다가 여러 고민을 담고 있었던 사회민주당과 녹색당의 정책은 자칫 동독의 유지를 가정하는 모드로의 조약공동체와 유사하게 간주될 가능성도 있었다.

둘째, 진보진영의 인사들은 시장과 자본주의에 대한 열망에 빠진 동독주민들을 한편으로는 비판적으로 다른 한편으로는 우려스럽게 바라보았다. 서독의 진보적 지식인들에게 동독주민들은 새로운 체제를 고민하는 시민이 아니라 자본주의 유혹에 휩쓸린 소비자로 비추어졌다. 사실 베를린 장벽이 무너진 이후 동독의 많은 사람들은 100 마르크의 방문환영 지원금을 받고 유럽 최고의 백화점으로 명성이 자자하였던 '카푸하우스 데스 베스텐스(Kaufhaus des Westens)'로 달려가 과일과 음식 등을 구매하였다(Deutsche Welle, 2019/11/07). 동독 사회주의 체제 내에서 주민들은 오로지 외화로만 구매 가능한 '인터샵(intershop)'의 품질 좋은 수입제품들을 선망하고 있었다. 학식이 풍부한 지식인들, 부르디외의 용어를 빌리자면 '상징적 자본'을 보유한 이들의 눈에는 상품에 열광하는 동독의 주민들의 모습은 천박해 보였을 것이다. 가령 제 2세대 프랑크푸르트 학파와 68혁명 세대를 대표하는 지식인인 클라우스 오페는 1991년의 논문에서 통일된 독일이 헌법에 기초한 국가를 형성해야 한다는 점을 강조하였다. 동시에 이 글에는 성찰적이지 못한 '민족주의 열정'과 '시장경제'에 대한 저자의 지나치게 냉소적인 입장 또한 그대로 나타나 있다(Offe, 1991). 진보진영은 나치즘의 태동을 자본주의와 민족주의의 기묘한 결합으로 간주하였는데 통일과정에서 이 두 사항이 당시 독일 땅에서 새롭게 등장하고 있었다. 이들은 이 시기 독일의 사회적 변화가 나치즘을 곧바로 태동시키지는 않더라도 민주주의를 퇴보시킬 수도 있을 것이라고 우려하였던 것이다.

하지만 이는 분명 소수 정치인들과 지식인들의 의견이었지 독일 주민들이 공유하던 생각은 아니었다. 1989년 크리스마스 즈음에 귄터 그라스는 함부르크 중앙역에서 한 청년으로부터 통일국가를 거부한다는 이유로 '조국의 배반자'라는 모욕을 들었다(그라스, 1990: 99). 1990년 4월 만하임대학교의 설문조사에 따르면 사회민주당 지지자의 72%(적극지지 16%, 지지 56%)가 통일을 지지하고 있었다. 이는 기독교민주연합과 자유민주당 지지자들의 81%에 비하면 낮지만 여전히 상당히 높은 수치이며 68세대의 당 지도부의 노선에 동의하지 않는 지지자들이 많았음을 반증한다. '세계시민주의' 색채가 더욱 강했던 녹색당의 지지자들 가운데 약 51%만이 통일을 지지하였고 49%는 통일을 선호하지 않았다.[10] 정리하자면 전환적 국면에서 탈민족주의적 지향의 정치세력은 통일에 반대하지는 않았지만 민족의 회복을 적극적으로 환영하는 모습을 보여주지도 못하였다.

---

10 1990년 3월 동독 총선거에서 통일을 지지하는 연합정당 '독일을 위한 동맹'이 승리하면서 통일이 현실화되었다. 따라서 1989년 말과 1990년 초의 사회민주당 지지자들의 통일에 대한 지지도는 위의 수치보다 낮았을 가능성도 있다(Kuechler, 1992: 60).

2. '사회적 연대'에 기반한 정면돌파

통일과 이를 향한 민족주의적인 열망이 등장하는 상황 속에서 헬무트 콜은 서독의 경제적 번영을 보다 적극적으로 선전하면서 동독 주민들의 지지를 얻고자 하였다. 실제로 헬무트 콜은 서독의 '마르크'가 세계에서 가장 안정된 화폐이며 서독과의 경제 통합은 동독지역의 번영을 가져올 것이라고 홍보하였다(Kohl, 1994: 123). 그리고 동독주민들도 이에 호응하며 "서독 마르크가 오지 않는다면, 우리가 가겠다!"라는 구호를 외치며 통일을 열망하였다. 오랜 시간이 지나지 않아 헬무트 콜 수상의 허장성세가 얼마나 무책임한 일이었는지 만천하에 밝혀졌다. 가령 헬무트 콜이 무리하게 추진한 1:1 비율의 '화폐통합'은 동독 경제뿐만 아니라 서독 경제에도 악영향을 끼쳤다.

그럼에도 불구하고 서독의 주민들마저도 '전환기'에 콜 수상을 지지했다는 점은 중요하다. 특히 동독으로부터 많은 인구가 유입되자 민족문제가 사회문제로 변질될 것이라는 우려가 빗발쳤다. 이러한 상황 속에서 헬무트 콜은 "만약 우리들이 이 운명적인 순간에 재정적인 이유로 통일을 회피한다면 독일연방공화국은 역사 앞에서 의무를 포기하는 것이나 마찬가지다"라며 비용문제를 정면으로 돌파하였다(콜, 1998: 200). 이를 긍정적으로 평가하면 헬무트 콜의 리더십이 반향을 일으킨 것이고, 부정적으로 평가하자면 '선전'에 의해 당원과 주민들이 선동당한 것이었다. 그러나 기본적인 사회적 연대와 신뢰가 뒷받침되지 못했더라면 콜의 언설은 아무런 반향을 일으키지 못했을 것이다. 당시 진보진영의 비판과는 달리 서독의 자본주의 체제는 완전히 신자유주의적이지는 않았다. 즉 독일의 자본주의는 대처리즘과 레이거노믹스의 하위유형은 아니었던 것이다. 게다가 서독은 강력한 노동운동의 전통을 공유하고 있었으며 국가가 상당한 복지와 실업급여를 제공하고 있었다. 즉 '사회적 연대'에 기초하여 시장은 '조정'되고 있었다. 물론 이 '사회적 연대'라는 것이 통일 이후에도 잘 작동한 것은 아니었으며 동독출신과 서독출신 사이의 마음의 장벽은 사라지지 않았다. 그럼에도 일정 수준의 사회적 연대와 자신감이 구비되어 있었기 때문에 적어도 무모해 보이는 통일에 도전해 볼 수는 있었던 것이다.

역사가 증명하듯이 헬무트 콜이 독일통일의 주인공으로 등극하였고 사회민주당의 진보세력과 녹색당은 민족과 통일을 경시하는 것에 대한 혹독한 대가를 치렀다. 특히 1990년 12월의 통일독일 연방의회 선거에서 사회민주당은 참패하였고 녹색당은 정당의 존폐를 걱정할 만큼 괴멸적인 타격을 입었다. 종합해보자면 독일의 사례는 일반적으로 우리가 알고 있었던 사실과는 조금 달랐다. 동방정책으로 비롯된 교류협력정책은 진정한 상호이해와 상호존중을 현실화시키지는 못했다. 문화민족을 통해 '1 민족'을 강조하면서 시작된 교류협력이 이들을 심리적으로 가깝게 연결시켰던 것은 아니었다. 물론 동독사람들은 서독의 발전과 문화에 호의적이었다. 서독의 주민들은 동독에 대해 알아갈수록 현실 사회주의에 대한 반감이 증가하고 있었다. 다만 화해와 협력을 마음이 통하는 집단들 사이의 행복한 교제가 아니라 관계가 나쁜 양측이 더 큰 갈등을 방지하고자 인내심을 가지고 접점을 넓혀가는 것으로 정의한다면, 서독은 분단과 냉전상황을 지혜롭게 관리하고 향후 통일 기반 마련에 성공하였다고 평가할 수 있을 것이다. 또한 동독 당국이 '하나의 독일'이라는 원칙을 공개적으로 그리고 지속적으로 부정하였음에도, 결정적인 순간에 '민족'이 부활하여 양국의 국민들을 결합시키고 독일 통일의 원동력이 되었다. 동독을 대상으로 하였기에 불가피하게 인종·종족적인 면모를 보였지만 민주주의에 입각한 '사회적 연대'를 통해 빌리 브란트의 주장과 같이 '재통일 (Wiedervereinigung)'이 아닌 '새로운 통일 (Neuvereinigung)'을 이룩하였다.

IV. 한반도에서의 함의

독일의 사례로부터 우리는 다음과 같은 함의를 얻을 수 있다. '1 민족'의 원칙을 우리의 상황에 알맞게 고수할 것'과 '사회적 연대를 확립하여 통일의 역량을 확보할 것', 그리고 '화해 및 교류협력이 만병통치약은 아니며 그 한계점을 냉철하게 인식할 것'이다.

1. '1 민족' + '1 국가'의 원칙유지

서독의 정치지도자들이 여러 사회적인 변화와 국제적인 제약 속에서도 '1 민족'의 원칙은 고수하면서 '2 국가'의 현실을 유연하게 수용하여 교류협력을 증진시키고 향후 통일의 문을 마련했다는 것은 매우 큰 시사점을 준다. 앞서 서술하였던 것처럼 동독의 반대에도 불구하고 사회민주당의 빌리 브란트는 '1 민족 2 국가'의 원칙을 사수하였다. 또한 기독교민주연합의 헬무트 콜 수상 역시 1983년 6월 "현재 두 개의 독일이 있지만 독일 민족은 하나다. 민족의 존재는 정부와 다수결의 결정에 의거하지 않는다. 이는 역사의 결과물이며, 유럽의 한 복판에 위치한 기독교 유럽 문명의 한 부분이다. 독일민족은 민족국가의 형성 이전부터 존재하였고 보다 오랫동안 지속되고 있다. 이는 우리의 미래를 위해 중요한 사항이다"라며 이 원칙을 재확인하였다(Asmus, 1984: 403). 당시의 현실은 '1 민족 2 국가'였으며 동독의 반발에도 불구하고 '1 민족'을 고수하여 현실의 2 국가가 향후 1 국가로 전환될 수 있는 최소한의 기반을 유지하였다. 다만 실질적인 정책의 내용에서는 유연한 태도를 보이면서 동서독 관계개선과 유럽의 평화확립에 기여하였다.

한반도에서는 독일과는 상이한 상황이 전개되었다. 민족과 국가의 단위가 사실상 일치하였던 한반도에서는 남북 모두 '2 국가'의 승인을 용납하지 않았고 모두 '1 국가'를 지향하였다. 자신의 체제에 확고한 자신감을 보였던 북한은 1970년대 남북한 조절위원회를 통하여 '1 국가' 수립을 위한 평화공세를 실시하였다. 반면 힘의 관계가 역전된 탈냉전기에는 남한 역시 북한을 '2 국가'로 승인하지 않았다. 1991년 기본합의서는 남북관계를 국가와 국가의 관계가 아닌 '통일을 지향하는 특수관계'로 정의하여 '1 국가'의 원칙을 재확인하였다. 그러면서도 정작 평화로운 한반도를 건설하기 위한 구체적인 행동에는 이르지 못하면서 갈등만을 반복해왔다. 이처럼 남북관계가 여전히 갈등구조에서 벗어나지 못하고 있는 암울한 현 상황을 타파하기 위해서 기존의 '1 민족 1 국가'론에 의문을 제기하는 목소리들이 학계를 중심으로 등장하고 있다. 가령 박명림은 '대한'과 '조선'이라는 명칭을 둘러싼 갈등은 식민지 시기부터 시작되었으며, 양국이 모두 경직적인 각자의 헌법에 기초하여 상대방의 존재를 인정하지 않기에 오히려 평화가 확립되지 못하고 있다고 판단하였다. 따라서 기존의 남한-북한, 북조선-남조선의 관계가 아니라 '한국'과 '조선'의 관계로 새롭게 정립할 것을 제안하였다(박명림, 2020). 김상준 역시 남북한이 분단을 부정하고 있기에 오히려 적대적인 관계가 강화되었으며 이것이 분단의 독재체제를 강화하는 악순환을 초래하였다고 본다. 따라서 1 국가 수립에 매진하기보다 상대방을 인정하는 '코리아 양국체제' 형성을 통하여 평화를 확립하는 것이 역설적으로 통일의 가능성을 높일 수 있다고 보았다(김상준 2018, 44).[11] 정치학자 정한울은 여론조사에 근거하여 한국사회에서 '1 민족 1 국가'의 정체성이 약화되고 사실상 '2 민족 2 국가'의 정체성이 확립되고 있기에 기존 '민족공동체통일방안'의 재검토가 필요한 시점이라고 주장하였다(정한울, 2017: 77-79). 이러한 논의

---

11 다만 김상준의 양국체제는 그 자체가 목표가 아니라 통일을 위한 일종의 우회전략에 가깝다.

들을 편의상 '2 국가론'이라고 명명하도록 하겠다.[12]

기존의 통일론과 다른 비전을 제시하여 한반도의 평화를 확립하기 위한 학자들의 아이디어에 일정 부분 공감한다. 하지만 우리가 당면한 문제가 진정 '1 민족 1 국가'에서 비롯되었는지 그리고 이것의 전환이 현 상황에서 진정으로 한반도의 평화를 가져올지는 조금 더 논의해보아야 한다. '2 국가론'은 세 가지 문제점을 지니고 있다(물론 '2 국가론'의 이론적 내적구조의 문제가 아니라 남북의 사회적 차원의 문제라고 할 수 있다).

첫째, 대한민국에서 통일과 민족에 대한 영향력이 심각하게 약화되고 있다는 점을 고려해야 한다. 김상준은 양국체제를 '한 민족 두 국가의 특수한 관계'로 정의하고 있으며 '1 민족'이라는 사항은 변함이 없기 때문에 양국간의 유대와 연대가 이루어질 수 있는 공통분모는 존재한다는 점을 일정 부분 전제하고 있다. 후술하겠지만 여러 가지 사회 및 세대적인 요인으로 말미암아 통일과 민족에 대한 지지도가 약화된 상황이다. 따라서 '2 국가론'의 확산에 따라 젊은 세대들이 북한과 단절적인 입장을 보이며, 한국의 점증하는 국방력을 통한 '소극적 평화'를 지지할 가능성도 배제할 수 없다. 또한 민족과 국가의 단위가 사실상 동일하게 인식되

---

12 북한을 독립적인 국가로 승인하는 작업은 민족주의와 민주주의 정신의 단기적인 손실을 가져오는 가슴 아픈 일이다. 왜냐하면 이는 사실상의 민족 분단을 제도적 차원에서 인정하는 작업이며 동시에 한반도의 특수한 상황으로 말미암아 민주주의 확산이라는 보편적인 가치를 일시적으로 후퇴시켜야만 하기 때문이다. 또한 한국정치의 균열축의 한 부분이 새롭게 변모함에 따라 진보진영과 보수진영 자신들의 사상적 지지기반을 재구축해야만 하는 복잡한 정치적 작업이 될 것이다. '1민족'+'1국가'의 원칙은 명칭은 다르지만 위에서 언급한 현실은 동일하게 인식하고 있다. 다만 조금 덜 급진적인 방식으로 민족문제의 해결을 모색하는 것이 차이점이다.

어왔던 점을 살펴본다면 '2 국가'의 확립이 '2 민족'의 확립으로 변질될 위험성도 있다. 이 경우 우회를 통한 평화확립이라는 본래의 취지는 약화될 수 있으며, 젊은 세대에 의한 한반도 냉전구조가 새롭게 확립될 가능성도 완전히 배제할 수 없다.

둘째, 향후 비핵화와 그 후 한반도의 새로운 질서 확립을 제약할 수 있다. 한반도에서 평화가 확립되기 위해서는 북한의 비핵화 프로세스와 같은 군사·외교 영역뿐만 아니라 북한의 안정적인 경제성장이 담보되어야 한다. 미국은 비핵화 청사진(CVID, 동결, 굿 이너프 딜)을 마련하는 데는 협조하겠지만, 1994년 제네바 협약 이후 KEDO 건설과정에서 알 수 있듯이 북한 핵의 포기에 대한 실질적 보상은 하지 않을 가능성이 높다. 현실적으로 비핵화에 대한 보상 및 향후 북한의 부분적인 개방정책이 이루어질 경우 대한민국은 단순하게 경제적인 이해타산을 넘어서 여기에 적극적으로 관여할 수밖에 없을 것이다. 대한민국이 섣부르게 '2 국가론'을 승인한다면 전환적 국면의 순간에 우리의 국내 및 국제적인 행동의 정당성에 부정적인 영향을 끼칠 수 있다.

셋째, 우리가 정치적인 영역에서 '2 국가론'을 확립하여도 '1 민족'이라는 사실은 북한 정권의 정당성을 제약하는 요인으로 남아있을 수 있다.[13] 드라마 '사랑의 불시착'에 대한 북한 측의 반발에서 살펴볼 수 있듯이 우리는 다른 국가와는 달리 북한 주민과 직접적으로 공감할 수 있는 능력을 지니고 있다. 현 시점에서 '1 민족'은 사회적 연대를 구성하기

---

13 박명림은 한반도에서 '국가'가 '민족'을 호명하였다면서 양자를 이분법적으로 구분하였다. 특정시점에서는 국가가 다양한 이데올로기적 국가장치를 통해서 민족을 형성시킬 수 있겠지만, 그 이후에 국가는 그들이 형성시킨 '민족' 속에 놓여있다. 즉 민족의 호명에 성공한 국가는 '민족 속의 국가'가 된 것이다.

에는 부족하지만 그렇다고 해서 완전히 사멸하지도 않을 '사회적 사실'이다. 어쩌면 '1 민족'이라는 사실 그 자체가 문제라기보다는 '1 민족을 기반으로 어떠한 관계를 맺을 것인가?'가 보다 더 중요한 관건일 것이다. 즉 현재의 한반도 상황에서 '1 민족'을 기반으로 성급하게 통일을 추진하자는 것이 아니라[14], 남북의 공통분모인 '1 민족'을 통해서 평화의 문을 열 수 있다는 것이다. 민족을 매개로 하여 화해와 회복의 가능성이 남아있는 상황에서 불확실성이 높은 '2 국가론'을 공식화하는 것은 다소 성급하다. 양국체제에 대한 논의가 타당하더라도 이것을 공식화할 시점에 대한 논의가 필요하다. 즉 평화 프로세스가 진행되고 있는 중간지점에서 실시되어야 그 효력을 발휘할 수 있을 것이다. 경제적 교류협력이 일정수준에 도달하며 현재의 안보와 세력균형에 의한 수동적 평화구조의 변화가 가시화되는 시점에서 함께 논의할 수는 있을 것이다. 다만 박명림이 제안하였듯이 "통일을 이룰 때까지는 잠정적으로 1953년 7월·27일 체결된 정전협정에서 허용된 관할구역으로 한한다"라는 단서조항의 신설은 유익할 것이다. 또한 행정부에 의하여 자의적으로 철회될 수 있는 남북한 사이의 '합의서'를 국가와 국가 사이의 '조약'에 준하는 형태로 확

---

[14] 2021년 9월 29일 발표된 민주평통의 설문조사에 따르면 가장 바람직한 한반도의 미래상에 대한 응답은 유럽연합처럼 경제교류협력이 자유로운 상태 (34.8%), 동서독처럼 통일된 상태 (33.6%), 미국과 캐나다처럼 좋은 이웃 상태 (28.3%) 모름/무응답 (3.3%)의 순으로 나타났다. 즉 63% 가량의 응답자가 기존의 통일국가와 다른 방향을 선호하고 있다는 점을 알 수 있다. "제 때를 만난 사상처럼 강력한 것은 없다"라는 빅토르 위고의 격언처럼 과거와 같이 민족이 집합적인 열광을 불러일키는 시대는 지나갔다. 따라서 국민들의 이러한 응답을 일종의 '병리적 형태'로 간주하여 계몽하기보다는 '민족'을 보다 유연하고 새롭게 재해석하여 평화의 질서를 유지하는 것이 현명하다.

립시켜 국내법적 지위를 얻어 교류협력을 제도화하는 작업 역시 매우 유용할 것이다(정일영 외, 2017).

　마지막으로 한 가지 덧붙이자면, 북한이 완화된 형태로 '2 국가 2 민족'론을 제시할 가능성도 고려해야 한다.[15] '우리국가제일주의'에 대한 구체적인 내용이 조금 더 나타나야 알 수 있겠지만 남한이라는 존재로 말미암아 '민족'이 북한체제의 정당성을 약화시킬 것을 우려할 수도 있다. 따라서 향후 북한이 교류협력의 가능성과는 별개로 '민족'을 의도적으로 약화시킬 수도 있다. 서독이 인내심을 가지고 '1 민족'을 강조하면서 1 국가로 갈 수 있는 문을 닫지 않았다는 점, 동독의 '2 민족 2 국가'는 물리쳤던 점, 그리고 사실상의 (de facto) '1 민족 2 국가' 틀 안에서 교류협력을 증진하고 1974년 동독과 미국의 수교를 매개하여 냉전구조 하에서의 평화를 극대화한 서독의 전략은 여전히 우리에게 좋은 시사점을 제공해 준다.

2. 사회적 연대에 입각한 통일론의 재구성

앞에서 살펴보았듯이 베를린 장벽이 무너진 이후에 독일에서는 '민족'을 호명하고 재통합하는 과정에서 다양한 논의가 이루어졌다. 그럼에도 당시 서독에서는 동독의 주민과의 연대를 통하여 새로운 정치체제를 건설할 수 있을 것이라는 자신감이 있었다. 1989-1990년이라는 시간에만 초점을 맞출 경우 민족주의와 탈민족적 세계시민주의가 경합한 것처럼

---

15 북한은 1990년대 초반에는 '우리민족제일주의'를 제시하였다. 이 시기 '민족'은 정치 상황에 따라 김일성의 민족으로 악용될 가능성과 남한과의 협력 및 부분적 시장수용을 통한 경제발전전략을 '민족'으로 정당화할 수 있는 가능성 모두 열려있었다. 북한 역시 어느 한 방향을 고수하지 않고 국내외 상황에 맞게 국가전략을 수정할 수 있다.

보인다. 하지만 긴 역사적 흐름에서 살펴본다면 세계시민주의적 가치가 민주주의를 보다 성숙시켰으며 새 시대의 '사회적 연대' 확립에 일정 기여를 했다는 점을 알 수 있다. 2000년대에 들어서 한국에서도 민족주의와 세계시민주의적 입장에서 학술적인 논쟁이 전개되었다. 주로 역사학자 및 정치사회학자 사이의 논쟁이었지만 이러한 논의가 통일정책 혹은 대북정책에 실질적인 영향을 미쳤다고 보기는 어렵다. 그럼에도 불구하고 대한민국에서 진행되고 있는 민주주의의 심화 및 일련의 다문화 현상으로 말미암아 향후 '민족'과 '세계시민주의(혹은 탈민족)' 간의 긴장이 발생할 수 있을 것이라는 우려도 있었다. 하지만 현 시점에서 살펴보면 독일의 모습과는 상당히 다른 상황이 전개되고 있다. 민족의 영향력은 감소하고 있으나 세계시민주의도 아직 자리 잡지 못하고 있는 상황이다. 게다가 한국사회에서 '사회적 연대'가 약화되고 있는 상황이다. 따라서 통일론 역시 이러한 사회적 변화를 반영해야만 그 생명력을 유지해 나갈 수 있을 것이다.

① 민족주의의 쇠퇴와 세계시민주의의 미확립: 먼저 통일의 필요성에 대한 지지도와 '민족 회복'의 당위성은 지속적으로 감소하고 있다. 서울대 통일평화연구원의 2020년도 설문조사에 따르면, 통일이 필요하다는 응답이 52.3% 필요하지 않다는 의견이 25%로 집계되었다. 하지만 젊은 청년층(19~29세)에서는 통일이 필요하다는 응답이 33.9%에 불과하였고 이는 통일이 필요하지 않다는 응답인 36.7%보다 적은 수치였다. 또한 통일을 해야 하는 이유는 '남북간의 전쟁 위협을 없애기 위하여'라는 응답이 37.9%로 '같은 민족이니까'의 37.3%의 응답을 최초로 넘어섰다.[16] 사실 두 선택지에는 다른 철학적 윤리적 바탕에 근거하고 있다

---

[16] 같은 조사에서 '같은 민족이니까'를 답한 비율은 20대에서 28% 30대에서 34.1%로 나타났다. 반면 '남북간의 전쟁의 위협을 없애기 위하여'에 대한

고 해석할 수 있다. '전쟁방지'는 매우 중요한 사항임에는 틀림없으나, 실용적이고 생존적인 이유에 가까우며 이는 또한 평화학자 갈퉁이 제시한 '소극적 평화'에 가깝다. '같은 민족이니까'라는 응답은 비록 일정 부분 종족과 혈족의 개념에 근거하고 있지만 공동체와 연대의 요소를 포함하고 있는 보다 적극적이고 가치 지향적인 응답이라고 할 수 있다. 이는 과거의 여론조사와 대비된다. 1994년 통일연구원이 실시한 여론조사에 따르면 91.4%의 응답자가 통일에 찬성하였고, 통일에 반대하는 응답은 8.6%에 불과하였다. 이러한 민족통일론의 쇠퇴 원인이 단순하게 '시간'의 탓이라고만 보기는 어렵다. 분단 이후 45년이 경과된 1990년경에는 재야와 청년운동을 중심으로 통일운동이 강력하게 고조되던 시기였다. 분단 49년인 1994년과 분단 75년인 2020년의 대비는 단순히 물리적인 '시간'에서 비롯한 것이 아니라 이 기간 동안 겪었던 사회 변동에서 기인한다고 평가할 수 있다.

그렇다면 민족에 기반한 통일론이 약화된 원인이 민족주의가 인종주의적인 방향으로 타락하여 적실성을 상실한 것인가? 사실 1990년대와 2000년대 초반 많은 학자들은 기존 한국의 민족주의에 대한 기여를 인정하면서도 동시에 그 폐쇄성과 배타성을 지적하였다. 하지만 모든 민족주의를 인종주의의 하위유형으로 간주해서는 안 된다. 최장집의 지적처럼 대체적으로 민족주의는 '접두사'를 취하고 있으며 각국의 역사적 경험과 범주에 따라 그 내용이 다양해질 수 있다(최장집, 2007: 22). 한반도에서는 일찍부터 민족국가를 형성한 까닭에 민족주의는 사실상 '텅빈 기표(empty signifier)'이며 동시에 '상수'였으며 정치사회적 상황에 따라서 '저항', '발전'과 연결될 수 있었다. 그리고 한국의 민족주의가 표면적으로는

응답은 20대 48.6%, 30대 34%로 나타났다. 즉 청년세대들에게서 민족주의 성향은 약화되고 있다(서울대학교 통일평화연구원, 2021: 300-314).

매우 강력한 종족성을 지니고 있었다 할지라도 그 내용은 시민적일 수 있다.[17] 실제로 2000년대 이후 한국의 민주주의는 여러 부침을 겪었지만 보다 성숙해지고 다채로워졌다.

민족주의가 통일론의 쇠퇴 원인이 아니라면 이와 대비되는 '세계시민주의(경우에 따라서는 다문화주의)'가 확립된 것이 쇠퇴의 이유라고 할 수 있을까? 결론부터 이야기하자면 이 또한 모범적으로 확립되지 못하고 있다. 그 이유는 첫째, 세계시민주의가 주창했던 가치들을 한국 정치가 부정하지는 않았으며 부분적으로 수용했다는 점이다. 민주주의의 '퍼스트 무버(First Mover)'격인 독일의 시민들은 기존의 '국가'와 부침을 겪으면서 탈민족적 '세계시민주의'를 창조하였고 그 덕분에 민주적인 가치를 자국과 세계에 확산시킬 수 있었다. 가령 페미니즘, 생태주의, 다문화주의, 성적소수자의 권리 향상 등은 해외에서 먼저 시작된 논의였고 한국은 이미 형성된 세계시민주의적인 가치와 요소들을 한국 실정에 맞게 수용하는 경우가 대부분이었다. 둘째, 외국인의 수와 사회적 영향력이

---

[17] 이스라엘의 이민통합부 장관을 지낸 야엘 타미르는 시민적 민족주의 역시 어떠한 단일적인 지향을 지니기 때문에 상당히 배타적일 수 있다고 주장하였다. 다만 그녀는 현대 민주주의 국가에서는 '시민적 민족주의'라는 틀 안에서 '종족적 민족주의'가 발현된다고 보았다(Tamir, 2019). 또 다른 이스라엘의 민족주의 연구자인 아자 가트 역시 유럽연합은 순수하게 시민적인 측면에 형성된 것이 아니라 유럽인들이 공유하는 인종적 친밀감과 연대에 기초하고 있다고 보았다(가트 외 2020: 374). 이러한 의견을 종합해 보면 '종족적 민족주의' 역시 '시민적 민족주의'와 공존할 수 있음을 의미한다. 가령 정의당의 노선을 살펴보면 '종족적 민족주의'와 '세계시민주의' 및 '소수자 권리'를 동시에 추구하고 있다. 이러한 측면에서 한국의 '저항적 민족주의'가 내포하고 있었던 평화, 평등, 자유의 요소들을 탈근대 진영에서 지나치게 평가절하했다는 홍석률의 주장은 타당하다(홍석률, 2006).

여전히 제한적이다. 2019년 기준으로 252만 명의 외국인이 한국에 거주 중이며 이는 전체인구의 6.6%에 해당한다. 하지만 이 가운데 중국인이 110만 명이고 그 중 70만은 조선족이다. 그리고 유교권 국가인 베트남, 태국, 일본인들을 합하면 50만 가량이 된다. 즉 소수민족이 다수를 이루는 영국의 런던과 비교했을 때는 여전히 적은 수치라고 할 수 있다. 셋째, 한국의 경제 구조가 미국이나 EU만큼 개방적이지 못하며, 대기업 주도의 경제 구조 속에서 일부 기획자를 제외하고는 외국인 노동력의 충원은 원활하게 이루어지지 못하고 있는 실정이다. 주로 지방 소재 중소기업이 저숙련 이주노동자를 고용하고 있다. 2008년도 다문화 가정지원법을 시작으로 몇 가지 법안이 통과되었지만 주변화된 이들의 목소리는 제도권에 들어오기 어려운 구조이다. 세계시민주의는 아직까지 한국 정치사회의 하나의 균열 축으로까지는 작동하지 못하고 있다. 정리하자면 민족주의는 쇠퇴하고 세계시민주의는 자리 잡지 못한 상황이다.

② 사회적 연대의 약화: 사실 민족주의와 세계시민주의는 내용상 충돌하는 부분이 있지만 양자 모두 사회적 연대를 이룩하는 각각의 방편이다. 베네딕트 앤더슨이 '상상된 공동체'라 지칭하였듯이 민족주의는 공동체의 구성원들을 정서적, 문화적으로 단결시켜 연대를 창출해내야만 유지가능하다. 세계시민주의는 기존의 민족단위의 연대를 보편적으로 확장시키는 것을 목표로 한다. 정치단위와 민족단위가 일치하였던 한국에서 '민족'은 그 자체로 '일반의지'를 담고 연대를 이룩할 수 있는 그릇이었다. 또한 1990년대 중반까지의 고도성장기에도 양극화의 조짐은 발생하였지만 민족은 분명 사회구성원을 연결시킬 수 있는 훌륭한 개념이었다. 하지만 공동체와 연대가 급격하게 해체되는 상황 속에서는 '민족'을 호명하는 것이 훨씬 더 어려워 질 수밖에 없다. 민족주의가 또 다른 도덕 혹은 사상으로 대체되지 않는 상황에서 민족감정의 약화는 환영할 일이 결코 아니며 사회적 연대가 약화되고 있음을 보여주는 우울한

징표이다.

지금의 시점에서 1994년의 통일연구원의 설문조사를 다시 살펴보면 매우 흥미로운 점을 발견할 수 있다. 당시에는 '통일비용을 부담하더라도 통일은 빠를수록 좋다'라는 의견에 62.28%(전적으로 동의 21.73%, 동의하는 편 40.53%)가 동의하였고, 반대의견은 18.07%(대체로 반대하는 편 14.6%, 적극반대 3.47%)였다. 게다가 빈부격차, 실업문제, 지역격차가 악화될 것이라는 응답이 각각 60%를 넘었다. 즉 많은 응답자들이 통일 이후 치러야 할 비용과 사회문제에 대한 위험성을 어느 정도 인식하고 있었음에도 불구하고 통일을 지지하였다.[18] 물론 통일이 이루어지지 않았기 때문에 응답자들이 실제로 얼마만큼의 희생을 감수할 수 있었을지는 정확히 예측하기 어렵다. 하지만 몇 년 후에 발생한 IMF 위기 가운데에서 국민들이 자발적으로 금 모으기 운동에 동참하여 국가의 위기를 극복하고자 했다는 점을 상기해본다면, 충분히 개인적인 이해관계를 일부분 희생할 수 있었을 것이다. 1990년대 한국사회는 자본주의적 욕망과 고귀한 희생 사이에서 균형점을 잘 잡고 있었다. 빈곤 탈피가 지상과제였던 시기에 잘 살고자 하는 욕망이 극대화되면서 진취적이고 성실한 노동관이 형성되었다. 동시에 소비에 대한 욕망을 통제할 수 있는 다소 전근대적이고 비물질적인 진정성도 남아있었던 시기였다. 하지만 다른 한편으로는 가족 밖의 타인을 존중하거나 수평적인 문화를 창출하지 못했으며 금전과 권력 이외의 다른 가치들을 성찰하지 못했던 시기이기도 하였다. 현 시점의 대한민국 사회에는 고도성장기의 규범은 남아있는 가운데 경제구조가 급격하게 변화하면서 발생한 아노미에 신음하고 있다고 진단할 수 있을 것이다. 물론 젊은 층을 포함한 대다수의 국민들은 대한민국

---

18 다만 응답자들은 통일 이후 경제성장이 개선될 것이라는 응답은 49.27%, 악화될 것이라는 응답은 41.67%를 차지하여 양분된 모습을 보여주었다.

이 이룩한 경제발전과 민주주의에 대해서는 큰 자부심을 가지고 있지만 '헬조선'이라는 용어가 지칭하듯이 기존의 성취만으로 당면한 문제를 풀어나갈 수 있는 것에 대해서는 회의적이다.[19]

다행스럽게도 1989년 당시 서독은 경제력뿐만 아니라 강력한 사회적 연대를 구축하고 있었으며 건강한 시민사회를 형성하고 있었다. 이러한 사회적 조건이 동독의 변화와 국제적 환경과 맞물려 통일을 이룩할 수 있었다. 하지만 대한민국의 경우 집단주의적인 성격을 지닌 민족의 회복과 통일이라는 미해결의 과제를 부여받음과 동시에 실제 생활과 산업구조는 개인주의적이고 탈집단적으로 변모하였다. 그리고 이러한 사회변동은 극심한 양극화를 초래하고 사회적 연대를 약화시키고 있으며 이는 불가피하게 집단주의적인 통일담론과 긴장관계에 놓이게 되었다. 또한 민족과 통일이라는 용어만으로도 국민들에게 에너지를 공급할 수 있었고 고도성장이 주는 희망, 민주화운동을 통해서 정의로운 사회가 구현 가능하다는 믿음이 있던 시기에 확립된 통일론은 사회적 연대의 존재를 이미 전제한 것이었다. 대한민국 현실은 남북관계가 동서독관계의 수준에 미치지 못할 뿐만 아니라 사회 역시 서독의 사회보다 훨씬 분열적인 모습을 보이고 있다.

이와 같은 문제는 단기간에 해결되기 어렵다. 따라서 향후의 통일론에서는 사회적 연대를 강화시킬 수 있는 사항들이 보다 더 반영되어야 할 것이다. 이를 위해서는 '남측의 우수한 기술과 자본, 북측의 풍부한(혹

---

19 권수현의 경험적인 연구에 따르면 혼인여부는 국민정체성 형성에 긍정적인 영향을 주었다 (권수현, 2018: 128). 즉 혼인은 국가에 대한 개인의 소속감과 유대감을 강화시킨다. 하지만 최근 한국사회에서 경제적 이유로 혼인건수 감소와 저출생 현상이 발생하고 있는데 이는 국내의 사회적 문제가 통일과 민족문제에도 부정적인 영향을 끼칠 수 있다는 것을 시사한다.

은 값싼) 노동력'이라는 기존의 신자유주의적인 슬로건을 과감하게 재고해야만 한다. 이 슬로건은 심오한 철학을 담고 있지는 못하지만 성장과 분배가 균형을 이루었던 시절에는 분명 나름대로의 희망을 제시하고 사회적 연대를 창출할 수 있었다. 하지만 사회 양극화가 임계점을 돌파한 현 시점에서 이 슬로건은 사회적 연대를 창출하지 못하며 오히려 국민들에게 상처를 줄 수 있다. 왜냐하면 우수한 기술과 자본을 지닌 집단은 풍족하고 행복한 삶을 살 수 있지만 '풍부한 노동력'만을 지닌 존재들은 주변적인 위치에 머물러 있기 때문이다. 그리고 경제성장의 과실은 특정계층에게 집중되어 있는 반면 세계화와 노동유연성에 대한 사회적 비용은 일부계층이 떠맡는 틀 속에서는 교류협력과 통일론에 필요한 사회적 연대가 약화된다. 민족화해협력 정책 그리고 나아가서 통일정책에 대한 지지를 높이기 위해서는 물론 교육, 홍보와 같은 정책이 요구된다. 하지만 '한 판에 묘수가 세 번 나오면 그 판은 진다'라는 바둑계의 격언처럼 단기적인 정책을 통해서 지지를 높이려는 태도는 지양해야 하며 비용의 문제를 정면으로 돌파할 수 있을 만큼의 사회적 연대와 도덕적 역량을 확보하는 것이 중요하다.

3. 교류협력의 탈신화화

스티븐 핑커에 따르면 인간의 역사란 이성을 통해 내면의 폭력성을 억제하여 보다 안전한 사회를 구축해간 시간이다. 비록 불행한 전쟁은 발생하였으나 인류는 이성과 합리성에 기초하여 폭력의 억제에 성공하였다. 그리고 이에 그치지 않고 20세기 중반부터 미국사회를 선두로 '권리 혁명'이 이루어졌다(핑커, 2014: 649-813). 대한민국은 이 대열에 조금 늦게 참가하였지만 현 시점에서 국민의 인권은 물론 여성의 권리, 아동의 권리, 다양한 소수자의 권리, 동물의 권리 증진 계획이 포괄적으로 논의되고 있다. 이는 여러 활동가와 민주주의적인 신념을 지닌 국민들의 노력으로 쟁취한 성과물이다. 안타깝게도 이러한 성취는 남한에 국한되어 있는 실정이다. 이러한 민주주의의 성취는 역설적으로 남북을 보다 멀어지게 하였으며 동시에 북한에 대한 새로운 반북정서를 불러일으키고 있다. 가령 과거의 반공주의는 한국전쟁의 트라우마와 정당성이 부족한 권위주의 정권에 의해 인위적으로 재생산된 결과물이었다. 하지만 최근의 젊은 세대의 반공주의 혹은 반북주의 정서는 '대한민국의 성공'에서 비롯된다고 할 수 있다(노현종, 2018: 20). 마치 독일의 68혁명 세대들이 자신들의 성취로 말미암아 동독과 멀어진 것과 유사하다.[20]

이러한 간극을 교류협력을 통해서 좁히는 것이 논리적으로 가능하겠지만, 실제로 통합의 효과가 나타날 수 있을 것인가에 대해서는 조금 더 고민해 보아야 한다. 사실 독일에서도 사회적 측면에서 교류협력이 성공했다고 보기는 어렵다. 동독의 여러 작가들 가령 분단을 주제로 다룬 크리스타 볼프의 『나누어진 하늘』 그리고 울리히 플렌츠도르프의 『젊은 W의 새로운 슬픔』은 서독에서도 큰 주목을 받기도 하였다. 하지만 이동기의 지적과 같이 서독인들은 동독주민들과 만나면 만날수록 민족동질성을 회복하기보다는 서로가 얼마나 달랐는지를 더욱 확인했다. 서독의 좌파들은 '하나의 민족에 두 개의 분단국가'가 존재하는 분단 민족이 아니라 두 개의 새로운 민족 즉 '2 민족'이 형성되어 있음을 깨달았다(이동기, 2020: 209). 가령 서독 DGB의 초청으로 방문한 볼프 비어만이 추방당한 사건, 베를린 봉기를 다룬 슈테판 하임의 부당한 제명, 고전적 마르크스주의에 비판적인 입장을 보인 루돌프 바로(Rudolf Bahro)의 투옥사건 등으로 말미암아 서독의 진보적 지식인들은 동독의 사회주의 체제에 격

---

[20] 또한 대한민국에서 다른 선진국과 마찬가지로 자기표현의 가치와 긍정적인 의미의 개인주의가 증대되는 상황은 불가피하게 집단주의적인 성격을 지닌 통일론과 대치된다.

분하였다. 이처럼 동서독 기본조약 체결 이후 이루어진 교류협력 정책이 즉각적으로 심리적 통합을 이룩한 것은 아니었다.

서독의 정치인들은 교류협력으로 인해 반감과 괴리감이 사라지지 않았음에도 동서독 관계가 파열되지 않도록 현명하게 관리하였다. 그리고 당면한 상황에 좌절하지 않고 미래의 화해와 협력 가능성을 포기하지 않았다는 점 역시 긍정적으로 평가할 만한 대목이다. 사실 진보진영과 통일 운동진영에서는 남북한의 화해와 교류협력을 낭만적으로 서술하는 경향이 있다. 엄밀하게 말해서 화해는 사이가 나쁜 두 사람이 과거의 갈등을 뒤로하고 새로운 관계를 맺는 첫 단계에 불과하다. 또한 대만과 중국의 관계에서도 살펴볼 수 있듯이 경제 교류와 인적 교류가 활발하게 이루어진다고 해서 심리적 통합이 자동적으로 이루어지는 것도 아니다. 화해와 교류협력에 대한 탈신화화(demystification)를 통하여 현 분단상황과 단기간 동안 우리가 해결할 수 있는 문제와 해결하기 어려운 문제를 구분하여 국민들에게 잘 설명하여 실질적인 교류협력을 제도화시키는 것이 오히려 더 효과적일 것이다.

V. 나가며

본 연구는 독일의 통일담론 내에서 민족주의와 탈민족주의적 세계시민주의 사이의 긴장을 사회적 측면에서 조명하였다. 안정적인 교류협력을 통해 통일의 기초를 확립한 독일의 사례는 모범답안으로 간주되지만 실제로는 서독 내에서도 다양한 논쟁과 갈등을 겪었다. 특히 서독의 민주주의가 발전하고 성숙화 되는 과정에서 신좌파인 68혁명 세대가 부상하면서 보수적인 서독의 기독교민주연합, 이제는 기성세대로 간주되는 노동운동 중심의 사회민주당과 갈등하였다. 특히 이들은 독일국민들이 보인 민족국가에 대한 집착이 독재체제를 불러일으켰으며, 이러한 감정이 독일의 민주주의를 저해하고 세계적인 수준의 자본주의에 대한 저항을 약화시킨다고 판단하였다. 또한 자신들 세대의 새로운 이념인 탈민족적인 '세계시민주의' 관점을 제시하였으며 이에 따라 억압적인 동독의 사회주의 체제에 대해서도 비판적이었다. 다만 이 시기 민족관계가 개선되고 교류협력이 진행되고 있었고 여전히 민족통일은 요원한 사항이었기 때문에 민족주의와 세계시민주의의 갈등은 나타나지 않았다.

베를린 장벽이 무너졌던 1989년 68혁명 세대들은 사회민주당의 주류세력으로 성장하였다. 이들은 여전히 '세계시민주의'를 고수하고 있었기에 논리적으로는 타당하지만 정치적으로는 타당하다고 보기 어려운 '국가 연합안'을 고수하였다. 또한 단결된 모습도 보여주지 못했다. 이에 직접적으로 '독일통일'을 내세운 헬무트 콜에게 주도권을 내주었다.

사회민주당의 68혁명 세대와 환경운동가들은 분명 통일에 소극적이었지만 독일의 민주주의를 풍성하게 만드는 데 기여하였다. 물론 갈등 그 자체에 시선을 고정하면 논쟁적이고 심지어는 자기파괴적이었지만 큰 틀에서 보면 기독교민주연합의 완고한 보수성을 변화시키는데 일조하였다. 그리고 독일에서 '민족'이라는 용어가 터부시되었으며 동독 역시 '2 민족 2 국가'를 주장함에도 '1 민족'의 원칙을 유연하게 고수하고 '2 국가'를 묵인하며 협력과 평화를 구축한 것은 긍정적으로 평가 할 수 있는 부분이다. 또한 과거사 반성을 통해 '종족적 민족주의'를 청산하고 '시민적 민족주의'를 발현시킨 점, '조정적 시장경제'를 통해 노동자에게 부분적인 경영참여를 제도화하고 복지제도를 구축한 것은 통일을 위한 실질적인 준비과정이었다. 그리고 이를 통해 구축한 '사회적 연대'는 통일의 동력이었다.

한국의 경우 민족주의는 민주주의와의 친화성이 매우 높으며 '민족'은 민주주의의 발전과 함께하였지 이를 퇴보시키지는 않았다. 현재 한국에서 '민족주의'는 쇠퇴하고 있는 상황이지만 그렇다고 '세계시민주의' 역시 안정적으로 확립되지 못하고 있는 실정이다. 두 입장의 공통분모를 이루는 '사회적 연대'가 약화되어 민족주의와 세계시민주의 모두 사회를 통합할 수 있는 담론으로 여겨지지 않는 것으로 사료된다. 최근 학계의 일각에서는 교착국면의 남북관계를 타계하고자 다양한 '2국가론'을 제시하고 있다. 분명 '1 민족 1 국가'론이 남북관계와 한반도의 평화와 교류협력을 제약하는 측면이 있다. 하지만 현재의 교착국면이 전부 '1 민족 1 국가론'에서 비롯되었다고 보기는 어려우며 섣불리 '2 국가론'을 도입할 경우 평화마저도 확립되기 어려울 수 있다. 새로운 세대의 등장에 발맞추어 향후 남북관계와 통일론을 재구축하는 작업이 시작된다면 '1 민족 1 국가'의 원칙은 유지하되, 기존의 일방향적이고 발전론적인 측면을 지양하고 '사회적 연대'의 중요성을 보다 실질적으로 강조하는 것이 필요하다. 또한 화해 및 교류협력의 실시는 분단을 완화하고 통일을 위한 작은 문을 여는 것이라는 현실적인 비전을 국민들에게 제시하는 것이 바람직할 것이다.

참고문헌

권수현. 2018. "남한주민과 북한이탈주민의 국민정체성 비교: 서울·경기·인천지역 거주자를 중심으로." 『북한연구학회보』제22권 1호, 109-136.

김상준. 2018. "코리아 양국체제: 한 민족 두 나라 공존을 통해 평화적 통일로 가는 길." 『한국사회학』52권 4호, 39-75.

노현종. 2018. "민족통일론에서 시민통일론으로: 민족주의 통일론의 위기와 대안." 『사회사상과 문화』21권 3호, 1-42.

박명림. 2020. "한국과 조선: 한조관계의 역사·이론·방향 – 남북관계의 종식을 위하여." 『東方學志』190 집, 25-65.

민주평통. 2021. 3분기 국민 평화·통일여론조사.

박용희. 2016. "전후 독일사회와 민족담론 변천사 – 평범한 민족을 향한 길?" 『경주사학』제41집, 1-29.

서울대 통일평화연구원. 2021. 『2020 통일의식조사』. 서울대학교 통일평화연구원.

송충기. 2008. 68운동과 녹색당의 형성: 제도권을 향한 대장정. 『독일연구』16권, 51-75.

이동기. 2010. "1989/90년 독일통일 과정 시 서독 좌파의 비판과 대안들." 『서양사연구』43권, 157-188.

이동기. 2009. "독일 분단과 통일과정에서의 '탈민족' 담론과 정치." 『통일과 평화』1권 2호, 162-198.

이동기. 2009. "서독 68운동과 독일정책: 민족좌파로서의 신좌파?" 『독일연구』17권, 65-109.

이동기. 2020. 『비밀과 역설 : 10개의 키워드로 읽는 독일통일과 평화』, 아카넷.

이진모. 2004. "배제에서 통일까지:동·서독 노동조합(DGB – FDGB)교류의 성과와 한계." 『독일연구』8권, 21-55.

전종덕·김정로. 2018. 『독일 사회민주당의 역사』. 백산서당.

정대성. 2019. 『68혁명 상상력이 빚은 저항의 역사』. 당대.

정일영·정대진. 2017. "남북합의서 이행의 한계와 대안의 모색." 『통일연구』21권 1호, 151-177.

정한울. 2017. "대한민국 민족정체성의 변화:'Two Nations – Two States' 정체성 부상에 대한 경험적 연구." 『평화연구』 25권 2호. 43 – 86.

최영태. 2012. "W. 브란트의 '문화민족' 개념과 동방정책." 『역사학연구』 45호, 291 – 316.

최장집. 2007. "한국 민족주의의 특성." 최상용 외 편. 민족주의, 평화, 중용, 17 – 62. 까치.

한운석. 2003. 『하나의 민족, 두 개의 과거』. 신서원.

홍석률. 2006. "민족주의의 경합과 탈민족주의 담론." 국사편찬위원회 편. 광복 60년: 한국의 변화와 성장 그리고 희망, 101 – 122. 국사편찬위원회.

Faulenbach Bernd 저. 이진모 역. 2017. 『독일 사회민주당 150년의 역사』. 한울아카데미.

Gat, Azar · Alexander Yakobson 저. 유나영 역. 2020. 『민족 : 정치적 종족성과 민족주의, 그 오랜 역사와 뿌리』. 교유서가.

Gilcher – Holtey Ingrid 저. 정대성 역. 2009. 『68혁명 세계를 뒤흔든 상상력』. 창작과 비평.

Grass Günter. 1990. "조국을 모르는 어떤 녀석의 짧은 연설." 프리데만 슈피커 · 임정택 저. 논쟁 – 독일 통일의 과정과 결과, 99 – 103. 창작과 비평.

Inglehart Ronald · Christian Welzel 저. 지은주 역. 2011. 『민주주의는 어떻게 오는가:근대화, 문화적 이동, 가치관의 변화로 읽는 민주주의의 발전지도』. 김영사.

Kohl Helmut 저. 김주일 역. 1998. 『나는 조국의 통일을 원했다』. 해냄.

Meschkat Klaus. 2008. "68학생운동의 국제적 확산과 트랜스내셔널한 성격." 『독일연구』 16권, 95 – 109.

Mommsen, Hans. 김학이 역. 1995. 독일사에서 민족과 민족주의. 『서양사론』 47권, 203 – 212.

Nussbaum Martha 저. 강동혁 역. 2020. 『세계시민주의 전통: 고귀하지만 결함 있는 이상』. 뿌리와 이파리.

Pinker Steven 저. 김명남 역. 2014. 『우리 본성의 선한 천사 : 인간은 폭력성과 어떻게 싸워 왔는가』. 사이언스 북스.

Ash Timothy Garton. 1994. *In Europe's Name: Germany and the Divided Continent*. Vintage Book.

Asmus, Ronald. 1984. "The GDR and German Nation: Sole Heir or Socialist Sibling?" *International Affairs* 60(3), 403-418.

Brandt, Willy. 1969."Regierungserklärung vor dem Deutschen Bundestag in Bonn, 28. Oktober 1969" https://www.willy-brandt-biografie.de/quellen/bedeutende-reden/regierungserklaerung-vor-dem-bundestag-in-bonn-28-oktober-1969/ (검색일: 2022.08.15).

Mary Fulbrook. 2005. "Nationalism in the Second German Unification." in R.Speirs and J.Breuilly. *Germany's Two Unifications: Anticipations, Experiences, Responses*. Palgrave Macmillan.

Held David. 2005. "Principles of cosmopolitan order." in G.Brock and H.Brighouse ed. *The Political Philosophy of Cosmopolitanism*. Cambridge University Press.

Huyssen, Andreas. 1992. The Inevitability of Nation: German Intellectuals after Unification. *The Identity in Question* 61, 65-73.

Klimke, Martin. 2010. *The Other Alliance: Student Protest in West Germany & The United States in the Global Sixties*. Princeton University Press.

Kohl, Helmut. 1994. "Kohl's Campaign Promises March, 1990." in Konrad Jarausch and Volker Gransow ed. *Uniting Germany: Documents and Debates, 1944-1993*. Berghahn Books.

Kuechler, Manfred. 1992. "The Road to German Unity: Mass Sentiment in East and West Germany." *The Public Opinion Quarterly* 56(1), 53-76.

Lepsius M.Rainer and Jean A.Campbell. 1985. "Nation and Nationalism in Germany." *Social Research* 52(1), 43-64.

Markovits, Andrei and, Philip Gorski. 1993. *The German Left: Red, green and beyond*. Polity Press.

Mergenthaler Tabea. 2019. "East Germans storm KaDeWe after Berlin Wall falls" Deutsche Welle(11월 9일).

Milder, Stephen 2017. *Greening Democracy: The Anti-Nuclear Movement and*

Political Environmentalism in West Germany and beyond, 1968–1983. Cambridge University Press.

Mommsen, Hans. 1983. "History and National Identity:The Case of Germany." *German Studies Review* 6(3), 559–582.

Müller, Jan-Werner. 2000. *Another Country: German Intellectuals, Unification and National Identity*. Yale University Press.

Offe, Claus. 1991. "Prosperity, Nation, Republic: Aspects of the Unique German Journey from Socialism to Capitalism."*German Politics & Society* 22, 18–32.

Pelz, William. 2016. *A People's History of Modern Europe*. Pluto Press.

Sarotte, M.E. 2001. *Dealing with the devil: East Germany Detente, and Ostpolitik, 1969–1973*. The University of North Carolina Press.

Tamir, Yael. 2019. "Not So Civic: Is There a Difference Between Ethnic and Civic Nationalism?" *Annual Review of Political Science* 22, 419–434.

Thomas, Merrylin. 2009. "Aggression in Felt Slippers: Normalisation and the Ideological Struggle in the Context of Detente and Ostpolitik." in Mary Fulbrook ed. *Power and Society in the GDR 1961–1979: The Normalisation of Rule?* Berghahn Books.

제4장
북한 난민들의 초국적 이동성과 인권 및 시민권[1]

이지연(이화여대 아시아여성학센터)

I. 들어가며

2000년대 중반부터 서구 국가들에서 탈북민은 '난민 신청자'로 등장하기 시작했다. 2004년 미국에서 북한인권법이 통과되고 유엔에서 매년 북한인권 결의안이 채택되면서 북미와 유럽에서 북한 사람들이 난민 지위를 획득할 수 있는 제도적 절차들이 마련된 것이다. 2007년부터 영국에서 난민 신청한 탈북민이 급증하였으며, 순차적으로 벨기에, 네덜란드, 독일 등에서 난민 지위를 인정받아 거주하는 탈북민들이 생겨났다.[2] 아이

---

1   이 글은 이지연, 「탈북 여성들의 초국적 이동과 유연한 시민권의 명암: 서구 국가에서 난민 경험을 하고 남한에 재입국한 사례들을 중심으로」, 『한국여성학』 36-4, 한국여성학회, 2020, 33-69쪽에 수록한 논문을 수정·보완한 것이다.
2   유엔난민기구(UNHCR) 통계에 따르면, 2005년부터 2018년까지 국가별로 조사하여 합친 북한 출신의 난민(refugees)과 난민 신청자(asylum-seek-

러니하게도 이런 상황은 북한 사람들이 서구에서 '난민' 자격을 받아 살 수 있는 이동성의 유인을 제공했다. 북미와 유럽의 북한인권법 제정은 탈북민들에게 전지구적 차원에서 시민권을 획득할 수 있는 새로운 기회구조를 형성하는 것이었다. 이제 탈북민들의 이동은 한반도, 아시아를 넘어서 서구로 확산되었다.

난민 지위 신청자들 중 상당수는 난민 지위를 획득하여 서구 국가들에서 살아가고 있다. 그러나 2010년대부터 북한 출신의 난민신청자이 남한에서 국적을 취득한 경우가 많다는 사실이 알려지면서 점차 유럽 국가들에서 북한 사람들에 대한 난민 허가를 보류하거나 추방 명령을 하는 등 상황이 벌어졌다.[3] 캐나다에서도 2010년 중반부터 대한민국 정부의 협조를 받아 지문 조회를 하는 등 난민 심사를 강화하거나 일부 퇴거 명령을 내리고 있다.[4] 이러한 상황에 직면한 탈북민들 중 일부는 난민 지위를 얻지 못해 다시 남한으로 돌아오고 있다.[5] 국제인권레짐 하에서 탈북민에 대한 시민권의 기회구조가 서구 사회까지 확산되면서 전지구적 차원에서 이주의 기회가 열리는 것처럼 보였다. 그러나 현실에서는 개별

er)의 누적 인구 수는 18,441명이다.
http://popstats.unhcr.org/en/persons_of_concern

[3] "美이어 英도 탈북자 지문 조회 후 망명허용", 『연합뉴스』 2008년 12월 10일자.

[4] "캐나다, 탈북자 위장 난민 심사강화.."올해 1명도 허용안해"", 『노컷뉴스』 2014년 10월 16일자.

[5] 남한으로 '귀환'하기 어려운 사람들 즉, 남한을 떠나기 전 거액의 대출을 받는 등 법적으로 문제가 될 이력이 있는 사람들은 남한으로 돌아오지 못하고 또 다른 국가로 가서 난민 신청을 하거나 미등록 체류를 지속하는 등 불안정한 상황에 놓이게 된다.

국민국가 권력에 의해 그 시민권의 장벽이 상황적으로 높아지거나 닫혀 버리는 상황에 부딪히게 된다.

탈북 여성들에게 '난민'의 삶은 북한을 떠나자마자 중국에서부터 시작된다. 중국에서 북한 사람들은 '난민의 지위조차 인정받지 못하는' 난민들로, 아렌트가 말한 '권리를 가질 권리(right to have rights)'조차 없는 (Arendt, 1973: 296) 인권 부재의 상황에 놓여 있다. 특히 탈북 여성들이 중국에서 경험하는 난민으로서의 삶이란 중국의 가정, 비공식 노동 영역에서 성적 폭력과 노동 착취를 경험하면서 생존과 자기 정체성을 유지해야 하는 치열한 사투로 점철된다. 중국에서 남한으로 이동하는 탈북 여성들은 다시 분단국가 영토 안으로 편입되고 이젠 북한이 아닌 남한의 국민이 된다. 북한 인민에서 중국 난민으로, 그리고 난민에서 남한 국민이 되면서 겪는 신분과 정체성의 변화는 초국적 차원의 젠더화된 생존 회로를 보여준다. 이들이 시민(citizen)과 비시민(non‐citizen)을 오가며 북한에서 중국, 중국에서 남한으로 연쇄적인 패턴은 결혼과 재생산 노동 이주를 특징으로 하는 '이주의 여성화'를 추동하는 전지구적 거시적 구조와도 맞물려 있다. 남한의 시민에서 다시 서구의 '난민의 지위'를 향해 새로운 이동을 감행하는 탈북 여성들의 기획은 단순히 탈남이라는 단절적 사건이 아니다. 이들의 기획은 북한을 떠나서 중국, 남한, 그리고 서구로 이어지는 초국적인 이주와 정주의 연속성 위에 놓여 있다.

남한의 시민으로 살던 탈북여성들이 왜 서구 국가의 난민으로 이주하는가. 이 질문은 단순히 '한국을 벗어나는' 소위 탈남의 단편적 원인을 찾고자 함이 아니다. 남한 시민으로서의 삶과 서구 난민으로서의 삶의 요소들을 찾아 비교하고자 함도 아니다. 이 질문에 답하기 위해서는 '북한에서 중국(제3국), 남한, 그리고 이제는 아시아를 넘어 서구 국가들(제4국)로' 확산되는 젠더화된 이주의 생존 회로에서 탈북 여성의 이동과 정주의 의미들을 해석하는 작업이 필요하다. 탈북민들의 이동이 서구 국가들에까지 확산될 수 있었던 제도적 유인은 국제인권레짐에 따른 북미와 유럽의 북한인권법 제정이었지만, 실제로 탈북민들의 서구로의 이동은 젠더, 계급, 세대, 거주국 등 특정 물적 조건과 정체성에 따라 다양하게 패턴화되고 있다.

  이 글에서는 탈북 여성들이 겪는 시민과 난민의 신분, 체류 상태와 지위변화, 재입국 등 일련의 사건들을 단절적인 것이 아니라 연속선상의 주체 형성의 과정 속에서 해석한다. 초국적 이동을 하면서 탈북 여성들이 계급과 젠더가 교차하면서 주변화된 위치에 봉착할 때, 자신의 인권과 시민권을 어떻게 활용하면서 새로운 삶의 가능성과 한계를 경험하는지 살펴보고자 한다. 그럴 때 난민과 국민, 인권과 시민권은 선언되는 가치로서만이 아니라 복수의 행위자들에 경험 속에서 다양하게 의미화된다. 그리고 이 다양한 의미와 내러티브들은 젠더, 계급, 국적 및 다른 이력들과 결합하는 생성되는 것으로, 정치적으로 다양한 현실들 속에서 주변화되고 비가시화된 주체들의 삶이 실로 작금의 역사들을 구성하고 있음을 보여주는 것이다.

II. 이론적 논의 및 연구 방법

1. 기존 연구 검토

2000년대 후반 서구 국가들에 거주하고 있는 탈북 난민들이 증가하면서 이들의 삶을 '디아스포라'로 접근하여 각 국가에서 어떻게 적응하는지 밝히는 사례 연구들이 수행되기 시작했다(박명규 외, 2011). 서구 국가들에 거주하고 있는 탈북 난민들의 사례 연구들은 탈북 난민들의 이주 동기를 밝히고 해당 국가에서 난민으로 생활하면서 적응하기 위해 문제를 해결해나가는 과정을 분석했다(전명희, 2012; 엄태완, 2012; 손명희, 2018; 김성남 외, 2019). 이 연구들은 서구로 간 탈북 난민들이 국가별로 어떻게 정착하고 있는지 상황을 파악하고 처해진 조건들과 실태를 알게 해준다는 점에서 의의가 있다. 그러나 대체로 '적응'의 문제에 집중되어 있기 때문에 그 이상의 분석적 수준을 보여주거나 이론적 함의를 제공하기는 어렵다. 다만 영국의 뉴몰든 한인타운에 거주하고 있는 탈북 난민들에 대한 연구는 지역적 분단체제와 전지구적 이주 현상의 맞물려 형성되는 새로운 접촉지대로서 뉴몰든 한인공동체의 종족 경제와 문화적 특성들을 밝혀내거나(이수정·이우영, 2014), 탈북 난민들이 영국 시민, 남한 이주민과의 관계 속에서 상호작용하면서 새로운 북한 정체성의 형성을 '재영토화'한다는 시각으로 해석한 바 있다(신혜란, 2018).

이제는 아시아를 넘어 서구로 초국적 이주를 하고 있는 탈북민들의 전지구적 차원의 이동성에 대해서도 심층적으로 고찰할 수 있는 비판적 접근이 필요하다. 이 연구에서는 탈북민의 전지구적 이동성을 함축하는 탈북 난민 연구에 있어 젠더 관점이 필요함을 주장한다. 국제적 관계 속에서 탈북 난민 지위와 상황의 특수성(송영훈, 2016)을 규명하거나 탈북민들의 이동성을 한반도 냉전 정치에 대한 '초국가적' 침투와 균열의 효과를 내는 행위성(정병호, 2014)으로 접근할 것을 제시한 연구들은 남한과 북한의 이분법, 한반도를 넘어서서 탈북민의 초국적 이동성에 대한 중요한 해석의 틀을 제공했다.

그럼에도 불구하고 기존 연구들은 북한을 떠난 이후 국경들을 넘으며 '난민'과 '시민'으로서 법적 지위와 사회적 위치 변화와 교차되며 겪는 '젠더화된' 경험을 분석하는 데에는 한계를 갖는다. 가령, 중국에서 난민 지위도 받지 못한 채 국가없는 존재(stateless)로 살아가는 여성의 삶은 단순히 경제적 난민으로서의 속성 뿐만 아니라 젠더 박해가 결합된 인권 유린의 상황을 일상적으로 겪는다(민지원, 2003). 중국에서의 '난민'으로 살았던 것과 전혀 다른 양상으로서 서구에서 난민 지위를 얻기 위한 과정, 그리고 난민으로서의 살아가는 과정에서 탈북 여성에게는 젠더화된 서사와 경험들이 중요하다.

　　이 연구에서는 탈북 난민이라는 일반적 논의 속에서 밝혀내지 못하는 젠더화된 권력과 경험들을 밝혀보고자 한다. 우선 이 연구는 현재까지 젠더 관점을 가지고 탈북 여성의 삶을 탐구하던 기존 연구들의 연속선상에 있다고 할 수 있다. 북중 접경지대에서 탈북 여성이 비공식 노동 또는 재생산 노동의 행위자로 편입되면서 겪는 권리들의 침해(이화진, 2011), 젠더화된 장소성과 결부된 정체성의 변화(김성경, 2013)는 심층적으로 다뤄진 바 있다. 또한 남한에서의 탈북 여성들이 겪는 초국적 가족의 관리와 모성의 문제(이지연, 2018; 조영주, 2015; 한미라, 2015), 디아스포라의 관점에서 탈북 여성의 행위성(신난희, 2018)에 대한 연구들도 수행되었다. 북한에서 중국, 남한으로 탈북 여성들이 이동하면서 겪는 정체성의 변화를 '변위'의 개념으로 다룬 이희영은 정주의 장소에 따른 젠더화된 정체성들은 탈북 여성들의 생애에서 이동을 통해 단절되는 것이 아니라 연속적이면서도 증식되는 것임을 해석하였다(이희영, 2012). 이 연구들은 아시아와 한반도라는 지역적 맥락 안에서 탈북여성들의 이주를 구조적인 젠더화된 생존 회로와 이들의 정체성의 변화를 심도 있게 탐구했다.

　　그러나 본 연구는 탈북 여성에 대한 기존 연구들이 아직 수행하지 못한 영역인 '아시아'를 넘어 '서구'로 이동하는 현상까지 포괄해 해석의 외연을 확장한다. 그리고 식민지와 제3세계, 지구화 시대에는 이동하는 남반구/주변부 여성들을 둘러싼 젠더화된 권력 구조와 주체 형성의 문제를 중요하게 다루는 탈식민주의 페미니즘(postcolonial feminism)의 이론적 통찰(스피박, 2013; 모한티, 2005)을 중요하게 받아들인다. 서구로 이주하는 탈북 여성들의 경험은 '서구'의 시선에서 '비서구'이면서 '북한' 출신의 '여성'이라는 어떻게 '젠더화된 난민'으로 주체화되는 것인지 탐구할 때 제대로 해석될 수 있다. 이 연구를 통해서 기존의 제3세계, 아시아, 한국 등 지역적 맥락 속에서 꾸준히 비판적 관점을 제시해온 탈식민주의 페미니즘의 지식 생산(태혜숙, 2016)의 지평도 넓어질 수 있다. 이 연구는 특정한 장소성과 특정 국가의 통치성을 넘어 글로벌 장에서 서구/비서구, 나아가 비서구 내에서도 지역성을 띠고 젠더화된 위계들이 초국적 행위자들을 통해서 어떻게 재구성되고 있는지 경험적으로 해석하고자 한다.

　　탈식민 이방인(postcolonial stranger)으로서 서구 국가로까지 이동하는 탈북여성들의 삶은 동일하지도 단일하지도 않다(Sajed, 2010). 그녀들 안에서도 출신과 계급, 이동의 경로에 따라 서로 이질적이고 다층적인 서사들이 형성되고 있다. 아시아와 분단체제에서 북한 여성으로서 타자화되었던 경험들이 서구 사회에서 비서구, 젠더, 계급, 인종이 교차되며 타자화되는 방식들과 혼재되며 더욱 복잡한 양상을 보인다. 전지구적으로 국경을 넘나들며 시민과 난민의 지위를 위해 교섭하는 탈북 여성들의 삶에서 개별화되고 균질적이지 않은 시민권에 젠더화된 권력 구조가 어떻게 개입되는지를 복합적으로 읽어낼 필요가 있다.

2. 이론적 논의: 유연한 시민권과 초국적 이동성

이 연구는 이미 북한-중국-남한의 초국적 이동을 한 탈북 여성들이 다시금 남한을 떠나 서구 사회에서 겪는 경험들, 그리고 다시 남한으로 돌아와 살아가는 행위성을 전지구적 이주와 난민 레짐의 변화 속에 탈북 여성이 접근할 수 있는 권리들(인권에 기반한 난민 지위, 영주권 및 거주권과 같은 시민권들)의 기회 구조의 열림과 닫힘에 따라 연쇄적으로 일어나는 초국적 행위로 보고자 한다. 그렇게 볼 때 탈북 여성들의 서구 난민 경험과 남한으로 재입국은 일국적 단위를 넘어 초국적으로 자신이 얻을 수 있는 지위와 권리들이 무엇인가에 따라 제약을 받으면서 동시에 협상하는 유연한 시민권(flexible citizenship)의 관점에서 해석될 수 있다. 탈북 여성들의 초국적 행위자성은 남한을 중심에 놓고 적응/부적응, 불법/합법을 규정하는 관점을 넘어서, 지역적 분단과 전지구적 난민레짐 하에서 삶을 기획하는 문화적이고 정치적인 주체-형성(subject-making)의 효과로 바라볼 수 있게 된다.

전지구적 이주와 국제난민레짐의 동학 속에서 시민권 문제는 더 이상 일국적 차원에서의 동일한 법적 지위나 권리들을 보장하는 제도로 설명할 수 없게 되었다. 이에 따라 초국가적 시민권(transnational citizenship)을 제기하는 입장에서는 초국적으로 이동하는 사람들이 국경을 넘어 법적 지위와 시민적 권리들을 복잡하게 만드는 행위성과 이러한 초국적 행위들을 제약·촉진하는 새로운 국가 통치 방식에 주목하고 있다.[6]

아이와 옹(Aihwa Ong)은 유연한 시민권(flexible citizenship)이란 지구화와 초국적 통치성 하에서 이동하는 주체들이 "변화하는 정치-경제적 조건들에 유동적이고 기회주의적으로 대응하도록 하는 자본축적, 여행, 이탈의 문화적 논리"로서(Ong, 1999: 6), 가족, 젠더, 국적, 계급 이동, 사회적 힘이 교차하는 특수한 의미 구조들 내에서 생산된다는 점을 강조

---

[6] 지구화에 따라 국민국가의 국경과 주권을 넘어서는 시민권의 문제를 제기한 또 다른 개념이 탈국가적(postnational) 시민권이다. 탈국가적 시민권의 주창자들은 이제 권리의 배분이 국민국가가 아닌 세계적 차원의 규범(국제인권법)과 개인성(personhood)에 근거한다고 본다(Soysal, 1994). 이러한 탈국가적 시민권은 국민 국가의 통제력이 약화되었다고 본다. 그러나 이와 달리 초국가적 시민권을 주장하는 학자들은 여전히 국가의 통제와 관리가 중요하다고 보고 있고, 지구화와 국가성이 상충된다고 보지 않는다. 오히려 이주국과 모국의 관계 속에서 발현되는 국가 권력과 통치가 초국적 행위자들의 정치적, 경제적, 문화적 차원에서 다층적으로 권리들과 법적 지위를 재구성하는 측면을 분석한다(Bauböck, 1994; Castle and Davidson, 2000; Broemnaad et al, 2008; Sassen, 2005; Bosniak, 2009).

한다. 유연한 시민권은 페미니스트 학자들이 '보편적' 시민권이 전제하고 있는 '가부장성'을 간과하고 시민권 논의를 심화시켰던 젠더 관점에서의 시민권 이론(Orloff, 1993; Lister, 2008)의 연장선상에 있다고도 볼 수 있다. 옹은 이에 더하여 유연한 시민권 논의에서 젠더, 계급, 종교, 인종, 지역 등 여러 가지 권력 구조들의 교차성(intersectionality)을 강조한다.

유연한 시민권은 글로벌 자본주의와 국민국가가 절합되는 지점에서 유목적 주체들의 초국적 이동과 정주를 가능하게 하는 통치성(Foucault, 2007)과 행위자들의 정치적이고 문화적인 전략과 실천들에 의해 '구성되는' 산물로서 인식의 전환을 요청한다(Ong, 1999: 3). 기존의 시민권은 주로 국가의 법과 제도에 의해 '보장되는' 것으로 간주되었다. 즉, 제도와 취득, 국경과 주권과 같은 경계(border)의 문제로 환원되는 경향성이 있었다. 그러나 유연한 시민권은 초국적 이동을 감행하는 행위자들의 권리들과 소속의 다층성을 통해 경계를 넘어 문화적 경계들(boundaries)이 구성되는 과정과 함께 형성된다(Didier, 2011). 유연한 시민권은 국경 관리 뿐만 아니라 정상성을 규율하는 각 국가의 통치와 맞물려 새로운 초국적 주체 형성의 정치적·문화적 양식들을 반영한 산물인 것이다.

본 연구에서는 '유연한'(flexible) 시민권의 개념이 초국적 주체의 상황적(situated)이고 발현적(emergent)인 행위자성의 가능성에 초점을 맞추고 있지만, 초국적 주체의 위치가 전지구적 자본주의와 국가 통치의 규율에 의해 언제든 취약해질 수 있는(vulnerable) 상황에 있음을 간과하여 함께 해석할 것을 제안한다. 전지구적 이주 패턴과 인권 담론에 기반한 난민 레짐에서도, 여전히 각 국가들은 국경을 관리하고 정상적인 시민들을 규율하고 통치하면서 이동하는 주체들의 권리들에 대해 물질적, 담론적으로 조절한다. 이에 대응하여 초국적 주체들이 자신의 특정한 사회적 위치성, 즉 젠더, 계급, 지역, 인종, 민족 등이 '교차'하는 자신의 위치에서 각종 권리들의 결핍, 취득, 상실의 중첩 상황을 경험하고 협상하는 것이다. 그럴 때 유연한 시민권은 '물질적'인 혜택과 박탈의 문제일 뿐만 아니라 행위자의 주체성에 영향을 주는 '담론적'인 가치로서 효과를 갖는 것으로 해석될 수 있는 것이다.

유연한 시민권에 관한 연구는 방법론적으로는 아래로부터의 연구, 즉 이동하는 행위자들(이민자들, 난민들)의 초국적 실천들에 대한 현장연구(ethnography of transnational practice)나 인터뷰 등을 통해서 수행될 수 있다(Ong, 1999: 2003). 탈북 여성들의 삶의 경험들에서는 국민, 이주민, 난민의 상황이 서로 단절되거나 배타적이지 않으며, 그들의 정체성을 구성하는 과정에서는 중첩되고 상보적이다. 마치 탈북민의 국민, 이주민, 난민의 지위는 국경을 이동할 때 '보편적으로 선언'되는 것처럼 보이지만, 탈북 여성들의 일상에서는 아내, 어머니가 되는 경험이나 생계를 유지하는 전략 속에서 '맥락적으로 경험'되는 것들이다.

초국적으로 이동하는 여성의 삶에 대한 해석은 난민인지 국민인지 선고를 내리는 이분법으로 가능하지 않다. 무엇보다 경계를 넘나들며 처한 상황과 맥락의 변화 속에서 시민권의 '비대칭성'과 '파편화'(황정미, 2011: 114-115)의 효과가 무엇인지 해석하는 것이 그들의 일상성과 행위성을 이해하는데 중요하다. 초국적으로 이동하는 여성들의 삶에 대한 연구에서는 복수의 국가들을 경험하면서 그 사회의 규범과 문화의 제약을 받지만 완전히 종속되지만은 않는 그녀들의 행위성을 문화적이고 정치적으로 해석하고 비판적으로 조명(이수자 2004; 정현주 2015)하는 것이 무엇보다 중요한 작업이다.

3. 연구방법

이 논문은 서구 난민 경험을 하고 남한으로 재입국한 탈북 여성들의 구술 생애사 인터뷰를 통해 그들의 삶의 경험과 내러티브들을 해석한다. 탈북여성들의 생애사는 북한을 떠나 중국을 거쳐 남한으로 오기까지의 여정, 그리고 남한을 떠나 서구를 경험하고 다시 남한으로 오기까지 그 이동의 과정을 단절적인 것이 아니라 연쇄적이고 연속적인 것으로 볼 수 있게 한다. 이 연구에서는 탈남과 재입국, 추방과 재정착이라는 남한의 삶을 시작점에 둔 프레임으로 탈북 여성의 생애를 대상화하는 관점을 우선적으로 비판한다. 서구 국가에서의 난민 지위 취득 혹은 박탈의 과정은 그 자체로 그녀들의 일상에서 새로운 서구 국가들의 통치 제도들(인권, 복지 제도들) 하에 놓이는데, '서구' 사회와 규율 체제를 대면하고 경험하면서 새로운 주체로서의 자기는 북한, 중국, 남한에서의 삶의 경험들을 소환하거나 재발견하는 계기가 된다.

본 논문은 2016년 수행한 12명의 탈북 여성들의 생애사 인터뷰 중에서 캐나다와 유럽에 다녀온 경험들을 들었던 4명의 사례(1-4)를 포함하였다. 그리고 이후 2019년 이 중 1명과 연락을 지속하면서 3명의 인터뷰를 추가 착수하였고 그 중 1명의 사례(5)를 본 연구에서 추가하였다. 〈표1〉에는 참여한 탈북 여성들의 북한에서부터 현재까지 초국적 이동의 역사, 즉 중국, 남한, 서구 국가들, 남한에 이르기까지 탈북에서부터 남한에 다시 오기까지 이주의 이력을 중심으로 정리하였다.

여성주의 구술 생애사 연구들은 구술자인 여성들의 젠더 경험의 구체성을 드러내고 해석하는 작업이 구술자와 연구자의 상호작용 속에서 이뤄진다는 점을 강조한다. 특히, 구술자인 여성이 자신의 경험들을 서사화하고 조직하는 방식은 연구자와의 상호작용 속에서 구술자의 감정과 진술 과정 자체가 수행성을 갖는 것이다(이재경·윤택림·이나영 외, 2012).

인터뷰 초반에는 연구자가 그녀들이 서구 국가들을 다녀왔다는 것을 모르고 있는 경우도 있었다. 그럴 때 캐나다, 벨기에, 네덜란드에서 난민 신청 혹은 미등록 체류했던 경험은 면담 중에 자연스럽게 언급되기도 했지만 전혀 예상치 못한 상황에서 갑작스럽게 이야기가 시작되기도 했다. 박지영씨(사례2)는 인터뷰 중 잠깐 쉬면서 연구자가 팥과 치즈들은 빵 중 어떤 것을 드시겠냐며 물었을 때 "치즈. 제가 유럽(네덜란드) 갔다 왔거든요"라면서 불쑥 언급하였다. 그러면서 "그 가다보니까 가서 이 그 빵 음식밖에 없더라구요? 거기서도, 암튼 어디가서도 살 수 있나봐요, 저는…"이라며 자신이 네덜란드에 다녀오게 된 이야기를 시작했다, 김영미(사례1)는 남한에서 키울 자녀 교육비와 왕따를 걱정하면서 "한국에서 살고픈 생각이 하나도 없어, 그래서 저기 유럽(벨기에) 갔을 때 한 1년 또 살았다"며, 자식 교육에 대한 내러티브의 연속선상에서 자연스럽게 벨기에에서의 난민 경험을 이어서 이야기하였다.

　　탈북 여성들의 서구 국가에서의 삶의 경험들은 단지 '과거'의 사건으로서만이 아니라 '현재' 남한에서의 자신의 삶에서 새롭게 재의미화되고 있었다. 그리고 그녀들의 내러티브에는 서구 국가들에 다녀오기 전과 이후의 변화된 물적 조건 뿐 아니라 일상생활에서 남한 사회를 바라보는 인식틀 및 자기 정체성의 변화들이 반영되어 있었다.

표 1　연구참여자 목록

	가명	연령	탈북시기 (중국거주기간)	남한 입국	재이주 시기	재이주 국가	거주 중 지위 상태/ 입국 경위	남한 재입국
1	김영미	30대 후반	2002 (중국7년)	2009	2011	벨기에	난민신청 대기 중/ 추방	2012
2	박지영	40대 초반	2002 (중국8년)	2010	2012	네덜란드	난민지위 획득/ 자발적 남한 재입국	2012
3	김선주	30대 중반	2001 (중국7년)	2008	2013	캐나다	전쟁포로로 난민 신청/ 자발적 남한 재입국	2014
4	이미정	30대 중반	2004 (중국3년)	2007	2012	캐나다	난민신청 대기 중/ 추방	2015
5	박효진	40대 중반	2008 (직행)	2009	2012	캐나다	미등록체류/ 자발적 남한 재입국	2015

III. 서구에서 경험하는 인권과 시민권

1. 젠더화된 생존 회로 속 초국적 자원과 인권의 복합적 의미

김영미씨(사례1)는 남한에 온 지 2년이 되었을 때 벨기에로 가서 살기로 결심했다고 했다. 그녀에게는 중국에 두고 온 딸, 남한에서 낳은 2살배기 아들이 있었다. 벨기에는 아들과 아이의 아버지인 남한 출신의 사실혼 남편 셋이 함께 갔다. 벨기에에 도착한 후 영미씨 자신과 아들 둘만 북한에서 중국을 거쳐 바로 벨기에로 온 것으로 하여 난민 신청을 했다고 했다. 그녀는 난민 신청을 하고 나서 운이 좋게도 '캠프'에 있지 않고 '좋은 집'을 배정받아 가족과 함께 지낼 수 있었다고 강조했다. 그녀는 아들을 "한국애들만큼 교육시키면 돈이 얼마나 들어갈지" 하는 걱정에 "한국에서 살고푼 생각이 하나도 없어"서 떠난 거라고 했다. 영미씨는 난민 신청 후에도 '대한민국 여권'을 버리지 않았다. 가장 큰 이유는 중국에 다녀오기 위해서였다. 남한에 온 이후 중국 시어머니와 동서가 영미씨 딸을 돌보고 있었고 그녀는 정기적으로 양육비를 보내주면서 기회가 될 때마다 중국에 다녀오고 있었다. 영미씨에게는 중국 친척 이름으로 개설된 중국 '은행 계좌'가 있었는데, 중국을 떠난 뒤에도 영미씨는 그 계좌를 계속 사용하고 있었다.

영미씨는 중국의 가족과 남한의 국민을 포기하지 않으면서 벨기에 난민 신청자로 중첩의 상태를 유지했다. 그녀가 세 장소에서 동시적으로 초국적 위치성을 유지하는 것은 그 지위가 서로 모순되기도 하고 법을 초월한 상황을 지속시키는 것이기도 했다. 중국의 은행 계좌, 남한의 여권, 벨기에 난민 신청은 벨기에로 온 이후에 영미씨가 일상적으로 동시에 유지해야 하는 초국적 자원들이었다.[7] 다만 그 자원들을 동시에 유지

---

7   서구 국가들에서 '북한 난민지위 신청'이라는 시민권의 기회구조가 열렸을

하기 위해서는 각각 그 가치들이 생성됐던 장소에 배태된 그녀들의 사회적 위치와 정체성을 원거리에서도 조율하는 노력이 필요했다. 그녀는 벨기에에 도착한지 3개월이 넘기 전에 다시 대한민국 '국민'으로 입국하여 비자를 갱신하였다. 그리고 중국으로 건너가서 딸과 '가족들'과 만나 책임감 있는 어머니로 양육비를 주고 중국 계좌를 관리했다. 다시 벨기에로 돌아와서는 북한 출신의 '난민 신청자'로서 본격적으로 불어 교육을 열심히 받았다. 이처럼 탈북 여성들은 자신이 이동한 국가들에서 형성한 인적·물적 자원들을 최대한 잃어버리지 않고 활용하면서 상황적으로 가족 구성원, 국민, 난민 신청자로서 적합한 행실을 초국적 경계를 넘어서도 수행할 수 있도록 조율했다.

영미씨의 벨기에 생활에 대한 서사는 새로운 국가의 '보호'를 받으면서 새로운 삶을 준비하는 것보다는 신분이 '보류'된 상태에서 기다림을 견디는 지루한 시간으로 서술되었다. 그러면서 유럽에서 원거리로 한국과 중국에 있는 초국적 자원과 가족 관계를 조율해야 하기에 그 어느 때보다 바쁜 상황들이 발생했다. 이러한 대조는 '북한' 출신으로서 자신의 인권과 신분이 어느 국가에서든 '보편적'인 인권이나 정책으로 주어지는 것이 아니라 현실에서는 '조건적'으로 주어진다는 점, 어느 순간 그것들이 철회될 수 있는 취약한(vulnerable) 상황을 그녀 스스로가 일상적으로 인지하고 살아가고 있음을 극적으로 드러내는 것이었다.

영미씨는 '영주권' 허가를 기다리면서 주기적으로 자신을 담당하던 사회복지사를 만났다. 사회복지사는 중동 출신의 중년 여성이었고 평소 서로 언어가 통하지 않아 손짓 발짓을 하고 핸드폰 구글로 번역을 해서 겨우 소통을 했었다. 그러던 어느 날 복지사가 찾아와 심각한 표정으로

때 진입할 수 있었던 대다수 탈북민들은 남한 여권과 더불어 이동의 종자돈을 획득할 수 있었던 행위자였다(이희영, 2016).

"꼬미시얄, 꼬미시얄(브뤼셀의 난민국), 싸우스 코리아"를 반복적으로 언급하였다. 경미씨는 "딱 눈치를 보니까. 그 꼴이야. 막 추방령 내려. 아 그래 추방령 내리기 전, 전에 빨리 뜨는 게 낫겠다"는 결정을 내렸고 "딱 1년만에" 다시 남한에 왔다고 했다. 그녀는 벨기에로 떠날 때 임대아파트를 반납했었기 때문에 급하게 남한으로 들어오고 나니 살 집이 없어서 아는 언니 집을 전전해야 했음을 씁쓸하게 기억했다.

초국적 이동을 하면서 얻게 되거나 활용되는 자원들은 사실상 그녀들이 초국적 이동을 통해 지위가 상승되거나 삶의 안정성이 높아지는 걸 의미하는 것이 아니다. 초국적 이동을 하면서 취약한 경제적 조건과 가족을 비롯한 사회적 관계의 불안정성은 더욱 개인화된다. 탈북 여성들은 이를 감당해가면서 생존을 위해 이동하고 있으며, 이 생존을 위한 이주가 이제는 전지구적으로 확장되고 있는 것이다.

박지영씨(사례2)는 북한과 중국에서는 인권이라는 말을 들어본 적도 없다고 하면서 남한에 와서야 '인권'이라는 단어를 알게 되었다고 했다. 그녀에게 있어서 인권은 자중국에서 겪었던 성적 자기 결정권 상실과 폭력에의 노출(국가인권위원회, 2009; 이화진, 2011)을 스스로 언어화하고 남들에게 설명할 수 있는 용어가 되었다. 지영씨는 북한에서는 아코디언을 할 정도로 어려운 형편은 아니었다. 입당을 하려고 군대에도 갔지만 아버지가 치매에 걸리시면서 결국 군대를 그만두고 집으로 돌아왔다고 했다. 아버지가 돌아가신 이후 공장에서 아코디언 선전활동을 하였으나 공장 내 상급 직원의 성추행으로 고통스러워 그만두었는데, 마침 사촌 형부의 부탁으로 중국에 심부름을 간 것이 사기였고 그곳에서 중국인 가정집으로 가게 되었다. 그녀는 자신이 중국에서 '하바닥'에 내려앉았다고 강조하면서 그 중국에서의 지내던 날들을 고통스럽게 기억했다.

지영씨는 남한에 온지 1년밖에 안되었을 때 "본의 아니게" 탈북민 출신의 남자친구의 제안으로 함께 네덜란드에 가서 난민신청을 했다. 그녀는 네덜란드에서의 난민 심사를 회상하며 1년 전에 받았던 국정원에의 조사와 유사하면서도 다른 것이었다고 했다. 국정원에서는 선생님과 일대일로 독방에서 '조사'를 받지만, 난민 심사에서는 그녀와 함께 변호사와 통역사가 함께 배석했을 뿐만 아니라 "운이 좋게 또 유엔인권위원회에서 나와있었다"고 했다. 그녀는 난민 심사 과정 중에 유엔인권위원회에서 나온 사람이 자신이 북한을 떠난 후 중국인 가정집에서 했던 고생들을 이야기할 때 같이 울어준 것이 신기했다고 했다.

> 국정원에서 할 때는 우리나라 사람들이 메말라요. 말하다가도 재미없고 이럴 때가 많은데, 외국에서 조사를 받을 때는요. 그 사람이 내가 울 때 같이 울어주고. 로얄(변호사)도 그렇고 똑같애요. 국제인권위원회서는 더해요. 음, 그 통역사가 짭짤한 한국여잔데, 그 여자는, 이 사람이 우리를 내보내고는, 둘이 물어보는 거예요. 저 사람이 말투가 북한 사람 말투가 맞냐, 아니면 한국 사람 말투냐, 그걸 물어봐요. 근데 난 한국 온지가 1년밖에 안됐기 때문에, 그냥 북한 말인 거야. 응 그러니까 저 사람은 100프로 북한사람이다, 이래서 나는, 이제까지 망명신청 중에 나처럼 제일 빨리, 그게 나오긴 처음이래요. (사례2, 2016년/녹취록 60쪽)

서구에서 탈북 여성들이 겪는 난민 심사 과정은 그 자체로 서구 국가의 통치성에 놓여지는 것이며 그 규율들을 통해 새로운 문화적, 언어적 인식틀을 습득한다. '북한'이라는 '타자'가 '서구' 사회의 '인권'이라는 담론과 제도에 투영될 때 특수하고 조건적인 의미들을 구성하고 있다는 것을 보면서 인권의 보장도 '조건적'이라는 것을 인식한다. 이로 인해 인권이라는 개념과 단어의 의미를 더욱 복합적으로 전유할 수 있게 된다. 지영씨는 이제 '남한'에서 말하는 '인권'이 상대적일 뿐만 아니라 분단의 특수한 구조에서 탈북민들을 기만하는 방식일 수 있음을 간파하였다. 그녀는 남한의 국정원 조사에서는 자신의 힘든 과거를 이야기해도 감정적으로 공유되지 않았었다는 것을 깨달았다. 더 나아가 국정원 조사는 난민 조사 때와 달리 변호사도 대동할 수 없었다는 점, 취조와 비슷한 신문일 뿐이라는 것을 더 확실히 인지하였다. 그녀는 남한에서 인권이란 단어를 처음 배웠지만, 또 다른 자유주의 국가에서의 인권 담론과 제도들을 복수로 경험한다. 이 경험들을 남한에서의 인권과 환대라는 것도 탈북민에게 조건적이며 때로는 기만적일 수도 있다는 것을 상대적으로 비교하며 인식할 수 있게 된다.

지영씨는 서구의 난민 심사 과정에서도 감정적인 공감으로서 인권이 보장되지 않는다는 것을 기민하게 파악하고 있었다. 난민 신청 과정 속에서 탈북 여성들은 젠더화된 폭력과 고통을 북한 체제의 억압과 연결지어 '서사화'하는 자신을 발견한다. 북한에서 그리고 북한을 떠난 이후 이동의 과정에서 겪은 젠더 폭력들은 북한 체제의 폭압성과 박해의 근거로 인정될 때 비로소 인권 유린이 되고, 그녀는 난민 지위를 얻을 수 있는 자격을 인정받게 되는 것이다. 탈북 여성들은 북한 출신의 젠더화된 타자로서 서구에서 '인권'이라는 소위 보편성의 담론에서 자신들이 어떻게 받아들여지는지 경험한다. 그녀들은 자신들이 겪은 젠더 폭력들이 그 자체로서가 아니라 '북한' 체제의 '피해자'로 인정받을 때 그 해당 국가에서의 난민이 될 수 있다는 점을 인식한다. 이는 한편에서는 서구에서 '인권'의 보편성이 '젠더화'된 관점을 갖지는 못한다는 점(전경옥, 2017: 149-151)을 보여주는 것이다.

2. 젠더화된 난민성과 경험되는 권리들의 명암

만3살 된 아들과 함께 2013년 5월 캐나다로 간 김선주씨(사례3)는 다른 탈북민들처럼 북한 직행으로 난민신청을 하기로 변호사와 말을 맞췄지만, 난민신청 바로 전날 마음을 바꿔 남한에서 온 것으로 말하기로 마음 먹었다고 했다. 그래도 아들은 '한국애'인데 '북한애'가 되는 것도 싫었고, "북한 직행 온다고 하니까 처음부터 애는 어디서 났고 다 거짓말을 써야 되는데" 너무 힘들 것 같아서였다. 결국 그녀는 북한 출신이지만 캐나다에는 '남한'을 거쳐서 온 것을 이실직고 하기로 했다. 그리고 자신이 캐나다로 온 직접적인 이유였던 "한국에서 남편이 너무 때려서 못 산다"는 것을 가지고 캐나다에서 난민 신청을 했다.

선주씨는 남한에 온지 1년이 되었을 때 탈북민 남성을 소개로 만났다. 결혼은 하지 않은 상태에서 아이를 갖게 되었는데, 중국에서 아이를 낙태했던 경험이 죄책감으로 남아 있어서 남한에서 생긴 아이는 낳아야겠다고 결심했다고 했다. 그러나 아들을 출산하고 난 뒤에 산후우울증이 심해지고 아이 아빠의 폭력을 더 이상 견디기 힘들어지면서 아는 언니가 있는 캐나다로 아들과 함께 가기로 했다. 그녀는 캐나다에 가서 살겠다는 생각이 아니라 더 이상은 한국에서 못살겠다는 심정으로 캐나다로 갔다고 했다.

현재 국제난민레짐의 기준이 되고 있는 난민 협약에 의하면 난민을 정의하는 5가지 박해 사유(인종, 국적, 종교, 정치적, 견해, 특정집단 신분)에 '젠더' 박해는 포함되어 있지 않다. 특히 탈북 여성들은 북한을 떠난 이후 중국 현지에서 뿐만 아니라 북송되었을 때 젠더화된 박해와 폭력에 노출되어 있다. 그럼에도 불구하고 젠더 폭력은 그녀들이 난민으로 인정받을 수 있는 사유가 될 수 없을 뿐만 아니라 사적인 것으로 치부되어 왔다(민지원, 2003). 그러나 최근 난민 협약의 성인지적 해석의 필요성이 대두되고 있다. 캐나다는 그래도 현재 난민심사에서의 성인지적 해석을 논의하고 있는 국가 중의 하나로, 난민 신청자들의 젠더 정체성의 문제를 중요한 이슈로 다루면서 젠더화되고 인종화된 난민 결정 담론의 성찰을 촉구하는 담론도 생겨나고 있다(Aberman, 2014); Tastsoglou and Nourpanah 2019). 선주씨는 남한에서 겪은 남편의 성적 폭력에 무력한 위치에 있는 젠더 박해를 근거로 캐나다에서 난민 신청을 시도했다.

그런데 선주씨가 난민 신청하면서 "스토리 같은 것"을 쓰기 시작했는데, '남한 남편'에게 맞은 것과 더불어 "북한에서도 맞았다"고 작성했다. 그녀는 어릴 때 어머니를 여의고 16살 때 심마니였던 아버지가 북한 보위부에 취조를 받고 집에 오다가 사망한 이후 여동생과 단 둘이 남겨졌다. 그녀와 그녀의 동생은 중국으로 넘어가 각자 중국인 가정집으로 갔다. 선주씨는 중국에서 조선족 할머니집에서 돌봄 노동을 하면서 지내다가 2번 북송된 경험이 있었다. 두 번째는 남한에 오던 중에 잡혔기에 소위 '검은 도장'을 받아서 죽기 직전까지 고문과 구타를 받았다. 그녀와 같이 북송된 북한 사람들은 거의 사망했지만 구사일생으로 살아남은 그녀는 고향으로 보내졌다. 다시 극적으로 탈출하여 남한으로 온 것이다.

> 제가 맞았다 하니까 데리고 병원 가서 CT같은 거 찍더라구요. 찍었는데, 저는 몰랐어요, 처음 알았어요. 사진 찍으니까, 여기가 뼈가 다 끊어났던 게 그대로 자리가 다 남아있더라구요. 다리뼈, 손가락 이런데 다... 하더라구요. 하더니 전쟁 포로로 등록해주시더라구요. (사례3)

그녀는 자신이 북한에서 고초를 겪었던 흔적이 자신의 몸에 남아있다는 사실, 그리고 이것을 캐나다라는 이국땅에서 난민 신청을 위한 증거로 확인한 상황에 놀라워했다. 그리고 결국 선주씨는 캐나다 난민 신청에서 "전쟁 포로"로 등록이 됐다. 그녀는 현지 한국인 변호사로부터 "이렇게 등록이 되면 영주권 받는 게 훨씬 수월해진다"는 말을 들었다고 했다. 그리고 실제로 3번을 거쳐야 하는 '청문회'인데 온지 3달 만에 열린 2번째 청문회에서 "당신은 95% 통과된 거라고 걱정하지 말라고" 현지 판사가 말한 것을 변호사가 통역해주었다고 했다.

그녀는 캐나다에서 난민 신청을 하면서 예상치 못하게 북한에서 북송된 후 고문을 받았던 자신의 몸을 서구의 의료적 기술을 통해 새롭게 확인할 수 있었다. 그리고 북한에서 구타받은 몸을 증명할 수 있었기에 캐나다에서 '수월하게' 난민 신청을 할 수 있었다. 남한에서 남편으로부터 받은 젠더화된 폭력으로 난민을 신청했지만, 결과적으로는 '북한'에서 받았던 고문이 그녀의 난민 허가를 가능하게 해주었던 것이다.

선주씨는 난민 신청자로 정부의 보조금을 받아 생계를 유지하고, 주기적으로 영어 교육을 받으면서 지냈다. 그러나 3번째 청문회가 열리기 전, 그녀는 갑자기 자신이 아동 인권을 유린한 '잠재적 범죄자'로 의심받아 3개월가량 자택에서 격리된 채로 지내야 했다. 어느 날 그녀가 잠깐 한눈 판 사이 아들이 주방에서 끓이던 물을 뒤집어써서 온몸에 화상을 입게 되었다. 그녀는 급하게 병원에 전화를 했으나 영어를 하지 못해서 그냥 전화를 끊었다고 했다. 아들을 화장실에 데리고 가서 찬물로 응급처리를 하는 중 병원에서 사람들이 왔고 아들이 우는 걸 보고 경찰에 연락을 했다고 했다.

경찰은 오자마자 선주씨를 "아동학대로 족쇄를 채웠다"고 했다. 그녀는 집에 격리되었고 아들은 병원으로 보내졌다. 경찰은 그녀가 병원에 있는 아들을 만나기 위해서는 경찰과 함께 다녀와야 했고 3달 동안 경찰이 수시로 그녀의 집을 감시하였다고 했다. 그리고 집에는 그녀와 함께 "심리치료 하는 것 같은, 저에 대한 심리를 알아보는 사람"으로 외국 여성과 한국인 통역사가 상주했다고 했다.

> 그 심리치료 같다고 할까, 저에 대한 심리를 알아보는 사람이 24시간 붙어있고, 외국 사람하고 한국 사람 둘이. 한국 사람은 통역을 해주는 거고. 사람이 완전 너무 힘든 거예요. 너가 진짜 고의로 애한테 그랬나 이런 걸 알아보는 거예요. 와서 같이 있으면서 내 생활하는 패턴

에 그 다음에 애하고도 같이 있게 해줘요. 애한테 네가 하는 행동들, 다 지켜보는 거예요. 애를 학대 하냐 안 하냐 그런 걸 보는 거겠죠. 그리고 만약 그게 결정이 되면 그 나라에서 애를 뺏는대요 일단. 애를 뺏고, 그 애가 17살 돼서 한국 가겠다고 하면 보내주고, 아니면 캐나다에 있겠다고 하면 있게 하고. 이런 식으로 애를 뺏는대요. (사례3)

그녀는 아들이 퇴원을 하고 집에 온 다음부터는 그들이 "내가 생활하는 패턴, 애한테 하는 행동들을 다 지켜보고 애를 학대 하냐 안 하냐를 보고 판단하는 사람들"이라는 걸 알았다. 그러던 중 남한에 있던 여동생이 남편과의 불화로 자살 기도를 하면서 그녀는 자신의 처지와 동생에 대한 걱정이 겹쳐 그냥 남한으로 돌아가기로 결심했다고 했다.

그러나 그녀가 이제 남한으로 돌아가겠다고 하자, 이제는 캐나다 정부에서 '아동학대'의 문제가 결론이 나기 전까지는 한국으로 갈 수 없다고 했다. 선주씨는 내가 아들의 '엄마'인데 왜 아동 학대를 하겠느냐고 했지만, 캐나다 정부가 볼 때는 경찰과 '심리치료'하는 사람들이 결론을 내기 전까지는 그녀는 '엄마'가 아닌 '아동 범죄에 연루된' 사람일 뿐이었다. 결국은 선주씨는 심리치료사와 경찰의 조사 끝에 아동학대 혐의를 벗었다. 민주적이고 관료적인 '절차'에 의해 실행된다고 하는 정부의 집행과 선고들은 생명을 보호하고 '살게 하는' 복지 제도들이지만, 그들이 규율하는 시민적 행실로서의 '정상성'을 벗어난다고 판단되는 순간 강력한 통치 역량으로 개인들의 자율성을 무력하게 할 수 있는 것이다.

캐나다에서 경험한 '아동 복지'는 국가가 엄마마저도 '아동 학대'를 할 수 있는 대상으로 간주할 수 있다는 충격적 경험으로 각인되었다. 그녀는 이 경험을 캐나다에서 자신의 '모성권'이 박탈당했던 것으로 해석했다. 언어가 통하지 않고 주위에 아는 사람이 없는 고립된 상황에서, 경찰과 사회복지사들의 취조와 감시 속에서 자신이 엄마임에도 불구하고 아들을 대상으로 한 범죄자가 될 뻔한 상황을 회상하며 또 다시 분노했다. 그녀는 캐나다가 "북한보다도 더하다"고 하면서, 캐나다는 그 어느 나라보다도 그녀에게 철저하게 "모자지간을 떼놓고" 엄마의 지위마저 박탈할 수 있는 가장 무서운 국가로 회상했다.

IV. 귀환? 분단 통치로의 재편입과 전복의 자원들

1. 다시 난민에서 국민으로:
경제적 취약성과 젠더 위계, 문화적 낙인의 교차

캐나다에서 3년을 살다가 결국 추방령을 받았던 이미정씨(사례4)는 캐나다 펀치에서 거주할 때 식당 일을 했었다.[8] 그녀는 탈북민 출신 남편과 4살 아들과 함께 캐나다에 갔다. 아들과 본인만 난민 신청을 하고 사실혼이었던 남편은 영주권이 나오면 그때 결혼 등기를 해서 거주하려고 계획하고 있었다. 미정씨는 난민 '보조금'을 받았지만 알바로 '식당일'을 시작했다. 그러면서 캐나다에서 아들의 양육과 교육을 더 든든히 지원할 수 있었다고 했다. 그녀는 한국인이 운영하는 식당에서 일을 하면서 번 돈으로 아들에게 피아노도 시킬 수 있었다고 하였다. 심지어 일을 하느라 아이를 데리고 와야 할 때는 "사람을 돈 주고 써가지고 애를 픽업하는

---

[8] 캐나다에서 난민신청자들은 워킹 비자가 발급되기 때문에 일을 할 수 있다. 본 연구자가 만난 캐나다 난민신청자 혹은 미등록체류자는 대부분 캐나다에서 일을 한 경험이 있었다. 캐나다에서 일을 하는 탈북민들은 난민신청자로서 정부에서 주는 보조금을 유지하기 위해서 주로 현금을 받으면서 일을 하였다. 이를 현지에서는 캐쉬잡(Cash-job)이라고 한다(손명희 2018: 164).

거"도 할 수 있었다고 했다. 그리고 "운 좋게 영주권 신청까지 떨어져" 3년이라는 기간 동안 아들은 '베네핏'을 받으면서 데이케어에서부터 유치원 높은 반까지 다닐 수 있었다.

　미정씨는 법적 지위가 아직 보장되지 않은 상태였음에도 캐나다에서 노동권과 양육권은 오히려 남한에서보다 안정적인 것으로서 체감했다. 미정씨에게 토론토는 아동 복지가 잘 되어있는 곳일 뿐만 아니라 본인이 아이를 키우면서도 유연하게 일을 할 수 있는 노동의 권리와 환경이 주어진 곳이었다. 그럼에도 불구하고, 결국 추방령이 내려지고 그 과정에서 그녀가 이사를 해서 그 서류를 못받는 바람에 결국 "불법으로 살려고 했다"고 오해를 받는 상황이 왔다. 갑자기 '난민 신청자'에서 추방령과 더불어 토론토 내에서 시민도 난민도 아닌, 벌거벗은 생명과 같은 '호모 사케르'(아감벤, 2008)가 된 것이다.

　남한으로 돌아왔을 때 미정씨는 담당 형사와 구청 직원들을 만나면서 비로소 남한 통치 하에서 다시 일상을 꾸려가야 되는 것을 직시하게 되었다. 미정씨에게는 이제 캐나다에서의 난민국 관계자에서 다시금 남한의 형사와 구청 직원들로 그녀의 거주 상태와 행실에 대해서 개입하는 국가의 얼굴이 변모한 것이다. 그녀는 남한에 와서 형사를 만났을 때 그가 "캐나다 갔다와서 거기가 어디냐고, 대한민국에서 잘 살아야죠"라고 말했을 때 자신이 "말도 안 되는 소리, 내가 뭐 죄 짓고 온 것도 아니고 왜 그러냐고" 응수했다고 했다. 그녀는 형사의 시선과 말들에서 마치 대한민국을 떠나서 다른 곳에서 살고자 한 자신을 '죄짓고' 온 것처럼 대하는 감정을 느꼈다. 그녀는 인터뷰 중에도 자신이 캐나다 다녀온 것에 대해서는 당당하게 말했다.

　이와 대조적으로 남한에 돌아와 다시 생계비를 받아야 하는 상황을 말할 때 미정씨는 다소 의기소침해졌다. 그녀는 생계비를 받기 위해 귀국해서도 남편과 혼인신고를 하지 않은 채 지내기로 결정했다고 했다.

남편은 일을 다시 시작했고 자신은 아들과 한 가구로 하여 한부모가정으로 생계비를 받았다. 그녀는 이 생계비가 큰 도움이 된다고 말하면서도 "떨쳐나지 못하는 거예요. 저는. 떨쳐나지 못하는 거예요"라고 반복하여 말했다. 왜냐하면 실제로 미정씨는 경제 활동도 하고 있었는데 남편의 수입과 생계비를 합쳐도 생활이 어려워 편의점 알바를 하고 있었다. 초등학교에 간 아들을 돌봐줄 사람이 없었기에 풀타임으로 일할 수는 없는 상황에서 그녀가 당장 구할 수 있는 파트타임 일자리가 편의점 알바밖에 없었기 때문이다.

편의점에서 일하면서 그녀는 최저시급으로 일당을 받고 있는데, 이 돈을 받으면서 그녀는 캐나다 식당에서 일할 때 자신이 받았던 돈의 액수를 떠올리지 않을 수 없었다고 했다. 그녀는 한국에서는 "시급이 일단 적고, 일해도 그냥 해주는 느낌? 뭐 봉사하는 느낌이 들어요"라고 말했다. "여기는 여기니까 의식을 많이 버리는데도, 그냥 봉사하는 그런 생각이" 자꾸만 든다고 했다. 그녀는 무엇보다 자신의 '노동 가치'가 격하된 것에 대해서 받아들이기 힘들어 했다. 그녀는 캐나다와 한국을 비교하면서 한국에서의 일이 '봉사'가 아닌가라는 생각이 들 만큼 '노동'의 대가로는 합리적이지 않다고 느끼게 되었다.

이러한 상황 속에서 미정씨가 남한에 다시 온 뒤 일상생활에 대해 풀어내는 서사는 일터에서의 노동자로서보다는 가정 내 아내로서 혹은 어머니로서가 더 많은 비중을 차지했다. 가족 경제는 남편의 수입과 국가로부터의 생계비에 의존하는 대신 자신은 가족 내 가사노동과 돌봄을 전적으로 맡는 성별 분업 구조에 충실한 서사가 강화된 것이다. 캐나다 삶에 대한 서사에서는 난민 신청자이자 스스로 노동자로서 생활을 해나가면서 돌봄의 사적·공적 제도들을 활용할 수 있는 '개인'으로서의 경제적 역량에 대한 자신감이 보였다. 그러나 남한에 온 뒤로는 '가족'의 서사가 강해지면서 자신은 전적으로 돌봄을 맡은 아내이자 어머니로 위치지우고 경제적 어려움을 해결하기 위해 자신도 시장에서 노동을 하면서도 그것을 보조적인 것으로 타자화하고 있었다. 또한 아이러니하게도 이 가족 중심의 서사에서 실제로는 남편과 살지만 아직 자신이 남편과 혼인신고를 하지 않은 채로 한부모가정으로 생계비를 타야만 하는 자신의 가족이 국가의 시선에서는 편법이자 '정상가족'에서 빗겨나 있다는 것을 의식한 우려와 불안감이 포함되어 있었다.

뿐만 아니라 남한의 국민이 다시 된 뒤 아내와 어머니로서 역할이 강화된 젠더화된 그리고 가족 중심의 서사에는 탈북여성들이 남한의 노동시장에서 서비스직 저임금으로 편입되는 '계급적' 위치가 교차하고 있다. 그리고 캐나다의 노동시장과 남한의 노동시장에서 시급 차이도 결부되어 있다. 그녀가 캐나다 식당에서 일할 때는 '팁'을 더하였기 때문에 일당이 적지 않았다. 캐나다에서 받은 급여로는 아들 피아노도 가르칠 수 있었고, 자신이 일하는 동안 아들을 픽업해줄 돌봄 보조 인력을 고용할 수도 있었던 것이다. 반면 남한에서 편의점 일로 받은 수입은 너무 적을 뿐 아니라 정부로부터 생계비를 받고 있었기에, '노동은 하지만 스스로를 노동자로 인정하지 않게 되는' 상황이 되었다. 그리고 아들의 돌보고 교육하는 일을 보조할 자원이나 인적 네트워크가 열악한 상황에서 이 돌봄을 가족 내에서 자신이 전적으로 수행해야 할 일로 아내와 어머니의 정체성을 강화하게 된 것이다.

미정씨는 남한 사회에서 돌아오고 난 이후에는 이전 남한에 왔을 때처럼 임대아파트도 받지 못하고 노동시장에서 계급적 기반이 더 취약해졌을 뿐 아니라, 캐나다에서의 삶과 비교했을 때도 경제적으로 더 열악해졌음을 직시하였다. 이러한 경제적 취약성과 노동시장에서의 주변화된 계급적 위치는 그녀의 글로벌한 이동에 하면서 점차 상향 이동되기보다는 하위 계급으로서의 위치가 재생산 혹은 강등되는 것이었다. 더불어 상대적으로 남편의 경제적 수입이 더 중요해지면서 경제적으로 가족

내에서 성별분업이 강화되는 종속적인 젠더 관계가 더 강화되는 것이다.

이처럼 남한 사회에서의 하위 '계급'으로의 편입과 가족 중심의 '젠더' 위계로의 종속성이 강화되는 것에 더하여, 미정씨는 한반도 밖 '서구' 사회에 있었을 때와 달리 '분단' 사회로 다시 돌아오면서 '북한'이라는 문화적이고 정치적인 기호가 일상생활에서 그녀의 활동에 더욱 직접적인 영향을 주고 있다는 것을 새삼 체감하게 되었다.

미정씨는 캐나다에 있는 동안 북한 억양에 무뎌졌다가 남한 사회에 온 뒤로 북한 사투리가 드러날 때 불쑥 화제의 대상이 되는 걸 새삼 다시 경험했다. 그럴 때 북한 출신 정체성을 감추거나 드러내는 순간들을 의식적으로 판단하게 되는 문화적인 낙인과 일상 속 제약들을 다시 체감하게 된 것이다. 그녀는 캐나다에서 돌아온 뒤로는 아들을 초등학교에 보내면서도 담임 선생님에게 자신이 북한이탈주민임을 밝히지 않았다고 했다. 아들은 남한에서 태어나 북한이탈주민이 아니기에 어머니가 북한이탈주민이라는 게 혹시나 편견으로 작용할 것을 우려한 것이다.

시민권이 없던 난민에서 시민권을 가진 국민이 되었지만, 그녀의 일상에서는 계급적 위치에서 오는 경제적 불안정성, 가족 내 젠더 위계와 돌봄의 문제, 북한 출신으로서 문화적인 낙인이 더 강화되었다. 상대적으로 자유로웠던 '북한 사람'으로서의 생활을 했던 것을 반추하면서 현재 일상적으로는 북한 '사투리'가 두드러지지 않도록 조심한다거나, 어느 순간에 일터, 학교, 이웃가의 관계에서 자신이 '북한이탈주민'임을 감출지 혹은 드러내도 될지 판단하는 것이 그녀의 남한 생활에서 중요한 문제로 다시 부각된 것이다. 캐나다 한인타운에서 일할 때 그녀는 '서구'의 시선에서 북한 '난민'이지만 자신의 출신 지역인 '북한' 억양을 편하게 쓸 수 있었다. 한국에서는 '국민'이지만 '분단'의 시선에서 북한이탈주민은 또 다른 범주로 구별짓기의 대상이 될 수 있는 점, 즉 분단체제의 이분법에서 남한사회를 사는 북한 출신자가 '타자화'되는 위치를 일상생활

속에서 다시금 경험하게 된 것이다.

2. '반복'이 아닌 '전복' 가능성:
주변화된 위치에서 발현되는 새로운 주체성

박효진씨(사례 5)는 북한에서 바로 남한으로 '직행'한 경우로 당시 남편, 첫째 아들과 함께 왔다. 그리고 남한에 온 뒤 둘째 아들을 낳았다. 그녀는 둘째 아들을 낳은 이후 아들들의 교육 때문에 캐나다를 갔다고 말했다. 여행을 하는 것처럼 남한을 떠나 가족 모두 캐나다로 갔지만, 그녀는 그곳에서 난민신청을 하지 않고 무등록 체류자 상태로 약 3년을 지냈고, 남편과 이혼을 하게 되면서 다시 남한으로 귀국했다. 그녀는 "저의 큰아들 영어 진짜 엄청 잘해요. 진짜 대화는, 뭐 이거 뭐, 문법 이걸 지금 맞추는 걸 지금 배워주는 학원 다니긴 다니는데, 그거를 빼놓고는 뭐 일상생활의 이 스피킹은 잘."이라면서 무엇보다도 '영어'를 화두에 올렸다.

북한, 중국, 남한 세 지역 각각에서 다른 출생지에서 태어난 자녀들을 원거리로 혹은 동시에 함께 키우는 탈북 여성들은 자신의 초국적 이동 속에서 자녀의 돌봄과 양육, 교육의 역량이 상황적으로 급변하는 것을 조율하면서 어머니 노릇을 수행한다. 그러면서 남한에서의 자녀 교육이 교육 자본을 축적시킬 수 있는 부모의 계급과 관리 능력에 달려 있다는 것을 인지했을 때, 탈북 여성들은 북한이탈주민'으로서 가지고 있는 경제적·문화적 자본이 부족하다는 것과 남한 부모와 비교했을 때 경쟁력을 갖기 어렵다는 것을 절감한다. 탈북여성들이 남한에서 자녀 키우기가 제일 어려운 이유로 중 하나로 교육 비용을 드는데, '사교육'이 성행한 남한에서 학원비를 마련해야 하는 경제적 부담 때문이다. 특히 남한 사회에서 교육 경쟁은 개인화된 역량으로, 즉 자원을 획득하고 자기 관리를 할 수 있는 주체로 거듭나야 되다는 신자유주의 통치성과 가족주의가 결합된 양상을 띠고 있다. 자녀 교육을 위해 소위 '선진국'을 택한 탈북 여성들은 크게 세 가지 점에서 새로운 경험을 했음을 드러내는데, 아동 복지, 탈북민 정체성으로 차별받지 않는 사회, 그리고 영어이다.

효진씨는 캐나다에서 한 달에 1,200불을 내고 아들을 "사립학교 같은 거"를 보냈다고 했다. 다른 난민 신청자와 달리 그녀는 무등록 체류자였기 때문에 스스로 보낼 수 있는 학교를 찾아서 사비를 들여 아들 교육을 한 것이다. 자신과 남편은 모두 한인타운에서 일을 했고, 충분히 이 수입으로 자녀 교육비를 포함해 생계를 유지할 수 있었다. 미등록 체류 상태에 대한 두려움은 없었냐는 질문에 "뭐 내가 죄만 안 지으면 그거 나는 안 붙잡아가니까"라고 대답하였다. 그녀는 비자가 만료된 자신의 상황을 '불법(illegal)'이라고 생각하지 않았을 뿐 아니라 캐나다에서 자신이 생활하는 것이 '죄를 짓는' 것과는 상관없는 것이라고 선을 그었다. 캐나다에서 이혼을 하고 남한으로 돌아온 뒤, 효진씨는 한부모가정 자녀로 생계비를 받으면서 평일에는 카페에서 시급을 받고 일하는 것으로 생활을 유지했다. 그녀는 "캐나다 생활을 못 느껴봤으면 모르겠는데, 거기 살다가 한국에 다시 오니까 너무 힘든 거 있죠"라고 하였다.

그러나 효진씨는 미정씨처럼 정말 한국에서는 '인건비'가 낮아 일하면서 살기가 캐나다에서보다도 더 '힘들다'는 것을 느낀다고 하면서도, 자녀 교육과 관련해서는 이전보다 더 '수월해졌다'고 했다. 그러면서 효진 씨는 자신이 처음 남한에 왔을 때 서울의 서부지역에 살고 있었는데, 당시 북한에서 데려온 큰 아들을 위해 "인터넷을 좀 찾아봐서" 어린이집을 "좀 교육이 괜찮은데, 목동"으로 보내게 되었다고 했다. 그런데 그녀는 거기서 자신이 '충격적'인 일을 겪었고 한 달을 채 보내지 못하고 그만두게 된 일을 이야기했다.

> 어린이집에 딱 넣었는데, 아이들끼리도 이렇게, 너, 왜 너 이렇게 말투가 이상해? 어디서 왔어? 뭐 이렇게. 걔는 5살에 와가지고 그니까 6

살이 되잖아요. 결국은 하나원 졸업하고 나오니까 해를 넘겼으니까 6살이 되잖아요. 근데 너 어디서 왔어? 너 말투가 이상, 너 말투가 왜 그래? 뭐 이렇게 하면은 막 그러는 거예요. 근데 선생님들 자체도, 교양하는 거 자체가 이렇게, "아무개 무슨 말을 그렇게 해. 친구들끼리 그렇게 얘기하면 안돼. OO도 한국사람이야." 뭐 이렇게, 편을 주지 말아야 되는데, 선생님들 자체가, 얘기를 안 해주는 거예요. (사례5)

그리고 지금 "큰아들 영어 엄청 잘해요"라고 하면서, 다시 남한에 돌아왔을 때 큰 아들이 북한 사투리로 차별받다가 이제는 영어를 유창하게 하면서 학교에서 인정받고 있는 역전된 상황이 되었음을 강조하는 것이다. 그녀의 큰아들이 '영어'를 잘하게 된 것을 기점으로 그녀에게 있어서 아들의 교육은 북한 사투리로 열등감과 소외를 느끼던 입장에서 영어로 우월감을 갖게 되는 입장을 보여주는 현실적이면서도 상징적인 문제로 전환하였다. 효진씨에게 캐나다를 다녀 온 경험은 남한에서 국가가 준 임대아파트도 놓치고 생계비를 받으며 아르바이트를 전전해야 하는 경제적 타격을 입히기도 했지만, 어머니로서 큰아들의 교육에 대해서만큼은 '영어' 덕분에 매우 '좋은' 엄마로서 남한 사회에서 살 수 있는 기반을 마련해주었다고 긍정하고 있었다.

잘 안 나서려고 하는데, 대신 영어에는 자기가 자신감을 가지고 아이들한테 막 이렇게 얘기를 해주고, 선생이 야 OO야, 영국선생이니까, 애는 미국식 캐나다식 발음이잖아요. 미국식 발음이니까 아이들이 못 알아듣는 거예요. 그니까 OO야, 아이들이 못 알아들으니까 너가 좀 통역 좀 해줘 뭐 이런 식으로 하면, 영어 막 이렇게, 애들아 이거는 이런 거야, 영어시간에는 발표를 영어로 얘기를 해야 되잖아요. 그 영어로 해버려요. (사례5)

'서구'에서 자녀를 통해서 획득한 영어라는 언어는 이제 더 이상 북한이라는 기호를 안고 있는 자신이 남한과 북한이라는 이분법적인 틀 안에서 부정(negation)되지 않고 새로운 교섭(negotiation)을 할 수 있는 자원이 되었다. 영어는 같은 민족의 언어이지만 말투로 구별짓기(남한과 북한)를 다투는 지역적 분단의 장 자체를 넘어서 우위를 점하는 '제국'의 언어이다. 이럴 때 영어는 단순히 학습 능력을 증명하는 것을 넘어, 북한 아이가 남한의 다른 아이들보다도 우월해질 수 있는 '정치적'으로 새로운 자원으로 '전복'의 가능성(Bhaba, 1994: 29, 72)을 만들어내는 것이다.

"북한 사투리를 쓰지만 동시에 영어를 유창하게 하는" 존재는 남한 사회에서 작동하는 언어의 위계와 우열 구조에서 '예외'의 상황을 창출하는 것이다. 영어 – 남한표준어 – 북한사투리라는 정상성을 가장한 서열화된 언어적·문화적 위계에서 해석하기 어려운 혼종적인 행위성을 발현시키는 것이기 때문이다. 이 문화적인 혼종성의 발현은 북한의 열등함과 특수성이 제국의 우월함과 보편성이 동시적일 때 현상적으로는 상식과 정상성의 기준에서 해석의 어려움을 느끼게 하며 기존의 정상성이 어떻게 문화적 위계 구조로 재생산되고 있는지 폭로하는 효과를 낳는다.

그러나 효진씨는 영어에 매달리는 남한의 교육에 대해서 냉소하면서도 자신이 그 누구보다 영어에 매달리는 모습을 보였다. 그녀는 "대한민국에 살다보면, 영어를 알아야, 영어를 알아야지, 뭐, 뭘 하든 되는 거예요. 영어를 모르면 전혀 아무것도 안되요. 그니까 내용은 어떻게 되든지 간에."라고 말하는 것이다. 이는 다시 남한에 돌아온 뒤 거의 유일하게 취득한 영어라는 자원 외에 경제 자본과 교육 자본, 그리고 문화 자본은 여전히 소유하지 못한 주변화된 위치로 편입된 것을 상쇄해보려는 것이기도 하다. 그렇기 때문에 전복의 가능성이란 기존의 분단체제, 주변부와 제국의 위계적 구조를 통찰하고 그 해체를 지향하는 새로운 계급이나 개인의 출현을 의미하는 것이 아니다. 이 가능성은 전지구적으로 확장된 경계들을 넘나드는 하위계급들의 삶과 주변화된 위치에서 기존의 위계적 구조에 교란을 낼 수 있는 틈새들이 모순적인 수행성을 띠며 발현되는 것이다.

V. 나가며

남한에 다시 돌아온 탈북여성들에게 캐나다, 벨기에, 네덜란드에서의 삶의 경험들은 일탈도, 예외도, 실패도 아니었다. 오히려 이들에게는 북한과 중국, 남한을 넘어 서구로 전지구적 이동하면서 분단된 한반도라는 지역성을 거리두면서 바라볼 수 있는 시야를 갖는 계기가 되기도 했다. 탈북 여성들은 복수 국가들로 이동하고 정주하면서 각 국가들에서 시민, 비시민, 난민을 규정하는 통치의 방식 하에서 조건적인 권리들의 획득과 상실을 반복했다. 이러한 탈북여성들의 전지구적 이동의 삶은 한반도 분단의 통치의 속성들을 지역화하여 바라볼 수 있게 할 뿐만 아니라, 중국에서의 맥락을 넘어 이제는 국제인권레짐 하 보편적 담론을 강조하는 서구 국가들까지 '북한' 출생의 여성들을 어떻게 특수한 난민으로 대상화하고 있는지 반영되어 있다.

이 논문에서는 서구까지 확장된 북한 난민들의 초국적 이동을 유연한 시민권이라는 개념으로 접근하면서 전지구적으로 이동하는 탈북여성들의 일상성과 정체성에 거시적인 권력 장치들인 국제인권레짐과 분단의 통치성을 함께 해석했다. 그녀들이 정주하는 국가들에서는 각각 사법적이고 규율적인 권력들이 작용하면서 권리와 시민성은 조건적으로 규정되고 탈북여성들의 생존 방식과 정체성은 젠더와 계급, 북한 출생이 교차하면서 상황적으로 재구성되고 있다.

이 연구에서 탈북 여성들의 경험을 통해 해석한 유연한 시민권은 두 가지 측면으로 드러난다. 이들의 시민권은 한 국민 국가의 장소성에 귀속되어 일률적이고 동질적으로 제약되지 않는다. 초국적 이동을 통해 분단 체제와 비서구/서구 국가의 경계를 넘나들며 탈북여성들이 협상하는 시민성과 난민성은 젠더와 계급, 국적 등의 문제가 교차하면서 상황성(situatedness)을 갖는다. 그러나 이러한 상황적으로 구성되는 시민성과 난민성은 끊임없이 법적 불안정성과 같은 경계 넘기의 비용과 위험들이 주변화된 위치에서 초국적으로 이동하는 개인들이 스스로 감당해야 하는 취약성(vulnerablity)을 드러내고 있다.

서구 국가들에서 난민 지위를 심사하고 부여하는 일련의 절차들에서 탈북 여성들은 북한 출생으로서 서구에 난민으로 오기까지 북한과 중국 등지에서 겪었던 젠더화된 폭력 경험들을 북한 인권 탄압의 증거로서 서사화한다. 그녀들은 북한에서 받은 젠더화된 폭력들을 승인받을 때 '난민'으로서 받아들여진다. 그러나 이것은 젠더 박해를 사유로 난민으로 받아들여지기 보다는 '북한'이라는 국가가 '인권'을 보장하지 못한다는 점에 천착하는 서구 국가들의 정치적 기준과 잣대에 의한 것이다. 탈북여성들에게 젠더화된 난민성은 북한에서부터 서구에 온 현재까지 연속성을 가지며 수행된다. 그러나 서구의 시선에서는 그저 북한이라는 국가에서 출생하였기에 과거에 성적 폭력을 동반한 정치적인 탄압을 받아온 비서구의 피해자로 동질화된다(모한티, 2009).

북한 장마당에서 장사했던 일, 중국 가정집에서 신분 없이 출산하고 재생산 노동을 했던 일, 남한에서 생계비를 받으며 알바를 하고 자녀를 돌보던 일, 서구 노동시장에서 난민 지원금을 받으면서 식당일을 하면서 자녀를 픽업해주는 사람도 써보던 일 등 탈북여성들의 생애에서 연속되는 일련의 생산·재생산 노동들은 경제적으로 취약한 젠더화된 하위계급의 삶이 전지구적으로 지속되는 생존 회로를 보여준다.

그러나 탈북여성들에게는 북한을 떠나서 중국, 남한, 서구의 국가들에서 자신의 주권과 권리들을 협상하는 방식은 동질적이지 않을 뿐 아니라 다양하고 때로는 혼종적이다. 가령 중국에서 국가 없는 존재로 난민으로 인정도 받지 못하면서 어떤 가정집에서 출산과 육아를 하면서 돌봄 노동을 하며 살았던 과거의 경험은 서구의 시선에서 북한 출생으로서 겪은 고초이며 피해자화되기 때문에 난민 인정을 받을 수 있는 서사가 된다. 그러나 서구 난민으로서 살아가면서도 그녀의 일상은 중국에서 낳은 자녀와의 관계가 지속되고 중국의 장소성과 단절할 수 없는 초국적 가족을 관리하는 복합적인 위치에 있을 수 있다. 또한 서구 국가에서 난민 생활을 하다가 다시 남한의 국민으로 회귀했을 때, 제국에서 일부 습득한 언어적이고 문화적인 자원을 전유하여 남한에서 북한을 타자화되는 방식과 우열의 기반한 규범성에 틈새를 내기도 한다.

"서발턴은 이동성의 회로 바깥에 있는 사람이라고 못박았던 시대를 넘어 작금의 시대 서발턴은 도처에 스며들고 있다"고 스피박이 언급했듯이(2013: 165), 탈북여성들의 초국적 행위성(agency)은 소위 세계 시민인 코스모폴리탄이 되는 환상이 아닌 난민과 이주민, 시민으로의 위치를 넘나드는 글로벌 서발턴으로서 전지구적 자본주의와 국제인권레짐에 문제를 제기한다. 그들의 초국적 행위야말로 전지구적 자본주의와 국민국가들의 통치 양식들이 맞물려 생산되는 공고한 권력 구조에 아래로부터 새로운 교섭의 지점들을 만드는 문화적이고 정치적인 행위일 수 있다.

참고문헌

국가인권위원회(2009), 『탈북 여성의 탈북 및 정착 과정에서의 인권침해 실태조사』, 국가인권위원회.

김성경(2013), "북한이탈주민의 월경과 북·중 경계지역: '감각'되는 '장소'와 북한이탈여성의 '젠더'화된 장소 감각", 『한국사회학』, 47권 1호, 221-253쪽.

김성남·양옥경·유가환·윤지혜(2019), "재입국 북한이주민의 정착 경험", 『미래사회복지연구』 10권 1호, 39-74쪽.

모한티, 찬드라(2005), 『경계없는 페미니즘: 이론의 탈식민화와 연대를 위한 실천』, 문현아 옮김, 서울: 여이연(Mohanty, Chandra Talpade, *Feminism Without Borders: Decolonizing Theory*, Practicing Solidarity, Duke University Press, 2003).

민지원(2003), "난민자격 결정기준으로서의 젠더 박해: 북한여성의 난민자격 가능성을 중심으로", 『여성학논집』, 20권, 3-37쪽.

바바, 호미(2002), 『문화의 위치』, 나병철 옮김. 소명출판(Bhaba, Homi, *The Location of Culture*, London : Routledge, 1994).

박명규·김병로·김수암·송영훈·양운철(2011), 『노스코리안 디아스포라: 북한주민의 해외탈북이주와 정착실태』, 서울대학교 통일평화연구원.

손명희(2018), "탈남한 탈북 난민들의 사회적응에 대한 연구: 캐나다 토론토 거주자 사례를중심으로", 『북한연구학회보』, 22권 1호, 139-181쪽.

송영훈(2016), "해외체류 탈북자와 북한 인권 개념의 복합구조: 국민, 난민, 이주민." 『다문화사회연구』, 9권 2호, 69-94쪽.

스피박, 갸야트리 차크라보르티(2013), "서발턴은 말할 수 있는가?", 『서발턴은 말할 수 있는가? 서발턴 개념의 역사에 관한 성찰들』, 태혜숙 옮김, 서울: 그린비(Spivak, Gayatri Chakravorty, "Can the Subaltern Speak?", *Can the Subaltern Speak: Reflections on the History of an Idea*, Columbia University Press, 2010).

신혜란(2018), "동화-초국적주의 지정학: 런던 한인타운내 한국인과의 교류 속 탈북민의 일상과 담론에서 나타난 재영토화." 『대한지리학회지』, 53권 1호,

37 - 57쪽.

아감벤, 조르지오(2008), 『호모사케르』, 박진우 옮김, 서울: 새물결(Agamben, Giorgio, *Homo Sacer: il potere sovrano e la nuda vita,* Torino: Giulio Einaudi, 2005).

엄태완 (2012). "탈북난민의 미국 초기 적응에 관한 사례연구", 『한국사회복지질적연구』, 6권 2호, 129 - 157쪽

이수자(2004), "이주여성 디아스포라: 국제성별분업, 문화혼성성, 타자화와 섹슈얼리티", 『한국사회학』, 제38집 2호, 189 - 219쪽.

이수정·이우영(2014). "영국 뉴몰든 코리아 타운 내 남한이주민과 북한난민 간의 관계와 상호인식", 『북한연구학회보』, 18권 1호, 137 - 174쪽.

이재경·윤택림·이나영 외(2012). 『여성주의 역사쓰기: 구술사 연구방법』. 강원도: 아르케.

이지연(2018), "탈북여성의 어머니되기와 소속의 정치학", 『한국여성학』, 34권 4호, 139 - 172쪽.

이화진(2011), "탈북여성의 중국체류 경험을 통해 본 출산과 양육에 관한 권리 침해와 대응 행위", 『법학논총』, 30권 1호, 93 - 110쪽.

이희영(2012), "탈북 - 결혼이주 - 이주노동의 교차적 경험과 정체성의 변위: 북한 여성의 생애사 분석을 중심으로", 『현대사회와다문화』 2권 1호, 1 - 45쪽.

이희영(2016), "국제 인권장치와 비극의 서사 - 탈북 난민들의 독일 이주에 대한 사례 연구를 중심으로." 『경제와사회』 109호. 191 - 228쪽.

전경옥(2017), "국제앰네스티와 젠더화된 인권", 『한국정당학회보』 16권 3호, 143 - 174쪽.

전명희(2012). "미국으로 간 탈북자들의 정착과 적응에 관한 질적 연구", 『한국사회복지학』, 64권 4호, 89 - 111쪽.

정병호(2014), "냉전 정치와 북한 이주민의 침투성 초국가 전략", 『현대북한연구』, 17권 1호, 49 - 100쪽.

정현주(2015), "다문화경계인으로서 이주여성들의 위치성에 대한 이론적 탐색: '경계지대', 억압의 '교차성', '변위' 개념에 대한 검토 및 적용", 『대한지리학회지』, 50권 3호, 289 - 303쪽.

태혜숙(2016), "포스트식민 시대의 로컬 연구로서 '아시아 여성연구'의 연구방법론

을 위하여", 『마르크스주의 연구』, 제13권 제3호, 148-171쪽

한미라(2015), "탈북여성의 초국가적 어머니 경험", 『다문화와평화』, 9권 2호, 160-178쪽.

황정미(2011), "초국적 이주와 여성의 시민권에 대한 새로운 쟁점들", 『한국여성학』 27권 4호, 111-143쪽.

Aberman, Tanya(2014), "Gendered Perspective on Refugee Determination in Canada", *Refugee*, 30(2), pp.57-66.

Arendt, Hannah(1973). *The Origins of Totalitarianism*, New York : Harcourt, Brace & World.

Bauböck, Rainer(1994), *Transnational Citizenship: Membership and Rights in International Migration*, Edward Elgar Publishing.

Bloemraad Irene, Korteweg Anna and Gorkce Yurdakul.(2008), "Citizenship and Immigration: Multiculturalism, Assimilation, and Challenges to the Nation-State", *Annual Review of Sociology*, 34, pp. 153-179.

Bosniak, Linda(2009), "Citizenship, Noncitizenship, and the Transnationalization of Domestic Work", *Migrations and Mobilities: Citizenship, Borders and Gender*, New York and London: New York University Press.

Castle, Stephen and Alastair Davidson(2000), *Citizenship and Migration: Globalization and the Politics of Belonging*, New York: Routledge.

Evangelia, Tastsoglou, and Shiva Nourpanah(2019), "(Re)Producing Gender: Refugee Advocacy and Sexual and Gender-Based Violence in Refugee Narratives", *Canadian Ethnic Studies*, 51(3), pp. 37-56.

Fassin Didier(2011), "Policing Borders, Producing Boundaries. The Governmentality of Immigration in Dark Times", *Annual Review of Anthropology*, 40, pp. 213-226.

Foucault, Michael(2007) *Security, Territory, Population Lectures at the Collège de France, 1977–1978*, New York: Palgrave Macmillan.

Lister, Ruth(2008) "Citizenship and Gender.", In *Blackwell Companion to Political Sociology.*

Ong, Aihwa(1999), *Flexible Citizenship,* Duke University Press.

Ong, Aihwa(2003), *Buddha Is Hiding: Refugees, Citizenship, the New America.* Berkeley: University of California Press.

Orloff, Ann Sholar(1993), "Gender and the Social Rights of Citizenship: The Comparative Analysis of Gender Relations and Welfare States", *American Sociological Review,* 58(3), pp. 303 – 328.

Soysal, Yasmin(1994), *Limits of Citizenship : Migrants and Postnational Membership in Europe,* Chicago : University of Chicago.

Sajed(2006), "Postcolonial Strangers in a Cosmopolitan World: Hybridity and Citizenship in the Franco – Maghrebian Borderland", *Citizenship Studies,* 14(4), pp. 363 – 380.

Sassen, Saskia(2005), "The Repositioning of Citizenship and Alienage: Emergent Subjects and Spaces for Politics", *Globalizations,* 2(1), pp. 79 – 94.

Ⅱ

열광과 혐오:
한국의 '시민'과 조선의 '인민'의 조우

제5장
분단 70년, 북한이탈주민과 남북관계: 역사적 추이와 교훈[1]

박영자(통일연구원)

I. 들어가며

한반도는 2차 세계대전 후 냉전체제와 21세기 현재 미·중 경쟁 하 후기 냉전체제의 압축장이며 강대국 사이에 있는 지정학적 특성이 강하게 작용한다. 이로 인해 지금까지도 남북관계 연구는 대외 변수 및 안보문제가 중시되고 이를 중심으로 진행되었다. 물론 남한정권의 교체에 따른 대북정책 변화와 북한의 시기별 대남정책 변화에 따른 상황변수 및 통일정책의 변화에 따른 남북관계 연구도 진행되었다. 그러나 이들 연구 또한 대부분 대외 변수 및 안보문제와 국제적 상황 변화 등을 중시하며 이루어졌다.

이에 비해 본 연구는 한반도 내부 행위자를 주목한다. 기존 남북관

---

[1] 이 글은 박영자, "분단 60년, 탈북민과 남북관계: 역사적 추이와 변화", 『북한연구학회보』 제9권 제1호(2005년 상반기), pp. 233~258.을 2022년 현재적 시각에서 본 저술의 취지에 맞추어 수정 및 보강한 글이다.

계 연구가 대외변수에 초점을 맞춘 것에 비해, 본 연구는 남북한을 가르며 살아온 한반도의 주요 행위자인 북한이탈주민(이하 탈북민) 변수를 중시한다. 분단 70년 역사 속에 탈북민과 남북관계는 어떠한 상관성이 있는지? 탈북민 문제가 남북관계를 어떻게 변화시켰으며 어떠한 영향을 미치는가를 주목한다. 관련하여 최근 탈북민 관련 언론 보도 빅데이터 분석에 따르면, 남북관계에 중요한 사건(긍정/부정 문제 모두)이 발생하여 북한에 관심이 증가할수록 남한의 탈북민에 대한 사회적 관심은 낮아지는 것으로 드러났다.[2] 남북관계와 탈북민에 대한 관심이 반비례하는 것이다. 왜 그러할까? 앞선 빅데이터 분석은 통계적 팩트를 전달하기는 하나 그 원인은 밝히지 못하고 있다. 이 글에서는 이와 관련하여 역사적 추이 분석을 통해 그 함의를 밝히는 데 기여할 수 있을 것이다.

연구가설은 '분단 70년 이상 북한 주민의 탈북 추이가 남북관계에 영향을 미쳤으며, 탈북민 증대와 함께 남북관계에 미치는 영향은 더욱 커질 것'이라는 것이다. 독일통일 사례를 볼 때 동독인들의 서독으로의 집단이탈은 '서독체제로의 통일'에 결정적인 영향을 미쳤다. 독일과 한반도는 제2차 세계대전 결과로 인한 냉전체제 구축이라는 대외적 상황의 동질성을 공유하였다. 그러나 독일의 분단관리는 한반도 남북한에 비해 지속적이었으며, 상호공존 및 왕래가 상대적으로 자유로웠고 서로에 대한 적대의식도 높지 않았었다.[3] 따라서 그 동질성과 함께 차이를 주목

---

[2] 박종민·주호준·정영주·김현우, "그렇다면 대한민국은 지난 23년간 '북한이탈주민'을 어떻게 보았는가 북한이탈주민, 탈북민, 새터민 관련 언론 보도 빅데이터 분석", 『한국언론학보』 제66권 제1호(2022년 2월), p. 220

[3] 이러한 차이는 무엇보다 남북한 국민의 기억에 뿌리 깊이 잔존해 있고 정치권력에 의해 지속적으로 재생산되었던 한국전쟁의 경험과 또한 동서독은 각 체제에서 중심부 국가였으며 경제적 독립성이나 국가주권의 자율성도

해야 한다. 연구방법은 비교분석과 역사구조적 분석을 동시에 활용한다. 비교분석은 독일 사례를 통해 교훈과 차이를 밝히기 위한 것이고, 역사구조적 분석은 탈북추이 및 남북관계 변화의 역사적 특징을 중시하며 그 지속성과 변화에 주목하는 시각이다.

II. 독일의 경험: 교훈과 차이

탈북민 문제의 남북관계와 통일에 영향을 진단 및 전망하기 위해, 독일 사례를 통해 교훈을 도출하고 독일과의 차이를 인식하여 올바른 예측과 효과적인 대책을 고려할 필요가 있다. 이를 위해 독일과 한반도 분단의 성격 및 이주민 추이와 정책에 대해 간략히 비교해 보자. 먼저 독일과 한반도의 분단은 그 성격이 상당히 다르다. 독일은 제2차 세계대전 발발 책임으로 인한 국제적 분단의 성격이 강했다. 따라서 동서독 분단의 관리와 전개과정도 대개 국제정치와 국제정세 변화에 크게 좌우되었다. 반면 한반도는 제2차 세계대전의 결과라는 면에서 독일과 유사한 국제적 분단의 성격이 컸으나, 한국전쟁으로 드러난 한 민족공동체 내 계급대립이라는 국내적 갈등이 중첩된 것이었다.

따라서 분단의 관리와 전개과정, 그리고 갈등 역시 국제적 측면과 국내적 측면이 동시에 작용하였다. 그러므로 "우리의 소원은 통일"이라

남북한에 비해 월등히 높았다. 그럼에도 불구하고 독일 분단 및 통일 사례는 한반도의 분단 및 통일 연구에 가장 중요한 소재이며 이를 통해 역사의 교훈을 배울 수 있다. 또한 그 차이를 확인함으로서 미래에 대한 예측과 준비도 할 수 있다. 이에 대한 구체적인 연구로는 외교안보연구원, "동독 이주민의 서독 수용과 통일", 『주요국제문제분석』, 1994년 12월 31일 참조.

는 노래가 대중적으로 교육되고 불릴 정도로 각 정권과 사회구성원의 한반도 통일의지가 강했음에도, 한국전쟁의 경험과 냉전체제, 그리고 이를 지배기제로 활용한 남북한 정치권력에 의해 한반도 내부의 갈등과 불안이 오랫동안 지속되었다. 이러한 역사는 독일과는 상당히 다른 특수성이다.

　이와 같은 차이를 전제하고 교훈을 얻기 위해 주목한 점은, 1989년 9월 헝가리와 오스트리아를 경유한 동독 국민들의 서독으로의 대거 이주를 기점으로 독일 통일이 이루어졌다는 점이다. 당시 대규모 동독인 이주는 '사회주의체제 내 개혁'으로 문제를 해결하려 했던 동독당국의 정책을 무력화시켰다. 동독인들의 대규모 이탈과 함께 동독 당국은 동독 주민의 투표를 통한 자유민주적 서독체제로의 통일을 전격적으로 동의하게 되었다. 한편 남북한 주민의 폐쇄적 관계와는 달리 동서독 주민의 왕래는 상당히 자유로웠다. 동독 국민의 서독 이주는 베를린 장벽이 구축되어 동서독 간 자유왕래가 불가능해진 1961년 이전뿐만 아니라 대규모 이주가 발생한 1989년까지 지속적으로 이루어진 현상이었다. 동독 당국은 1961년 베를린 장벽을 구축했음에도 국경봉쇄가 불가능하다는 것을 인정하였다. 이 또한 북한 당국의 태도와는 비교할 수 없을 정도로 유연한 태도였다.

　독일통일에 도화선이 되었던 동독 주민들의 대규모 서독 이주는 1989년 여름부터 시작되었다. 1989년 총 이주민 수는 34만 4천여 명이었으며, 이 중 헝가리가 오스트리아와의 국경을 개방한 9월부터 그 해 12월까지 26만 7천 명에 달했다. 당시 조사된 이주 요인은 ① 서독 경제 발전에 대한 동경과 빈곤탈피, ② 정치체제에 대한 불만족과 정치사상적 자유 추구, ③ 무엇보다 주목할 점은 동독 당국의 이주 묵인이다. 동독 당국은 공산주의 체제에 반대하는 저항세력을 국외로 추방하는 자연스러운 방법으로 이주를 묵인했다. ④ 이주민 특성으로 보면 학자, 문필가, 종교인 등 지식인을 중심으로 한 기성세대는 주로 정치적 이유로, 기

술을 갖고 있는 젊은 층들은 경제적 이유로 이주하였다.[4]

한편 이러한 동독사례와 북한을 비교할 때, 위에서 지적한 세 번째 요인 즉, 동독 당국의 이주 묵인은 북한 당국의 강경 및 봉쇄적 대응과는 상당한 차이가 있다. 한반도 역사를 보면, 1945년 해방 이후 한국전쟁시기까지는 소련군 및 북한 당국도 남한으로의 탈북 또는 이주를 동독과 같은 이유(체제선택의 상대적 자유)로 묵인하였다. 그러나 한국전쟁 이후 남북 간의 적대적 의존관계가 공고화되고 체제경쟁이 본격화되면서 이렇듯 유연한 정책은 찾아 볼 수가 없었다. 1990년대 중반 이후 북한 당국은 식량을 구하기 위한 일시 월경을 암묵적으로 인정하면서도, 탈북을 곧 민족적 배신으로 평가하였다.

전체적으로 독일 분단의 성격과 동독 이주민 증가에 따른 동서독 통일사례를 한반도에 적용해 볼 때 다음과 같은 교훈과 차이점을 확인할 수 있다.

① 체제경쟁 상황에서 경쟁대상 지역으로의 이주는 이주지역의 우월성을 드러내는 것이며, 이로 인해 체제경쟁의 균형이 무너진다는 점이다.

② 이탈이 증가되는 사회는 초기에는 이탈방지 정책으로 강경노선을 활용할 수도 있으나, 그 수가 증대되면 인권과 민주주의 압력으로부터 자유로울 수 없다. 따라서 어떤 형태로든 정책이나 체제 변화를 추구한다는 것이다. 독일의 '자본주의+자유민주 체제'로의 통일은 대표적 사례였다.

③ 그러나 앞서 설명했듯이 독일과 달리 한반도 분단은 국제환경적 요소 뿐 아니라 한국전쟁으로 인한 국내적 요소가 크게 작용하는 차이점을 가지고 있다.

---

4   외교안보연구원, "동독 이주민의 서독 수용과 통일", pp. 1 - 2.

④ 남북한 당국 및 주민들은 독일과 달리 분단 60년 동안 자유왕래 및 의사소통이 거의 이루어지지 않아 상호 간 문화와 인식에 대한 이해가 협소하다.

⑤ 북한 정권은 '통일이전 동독 정권'에 비해 정치사상적 통제가 훨씬 강고하며, 전체주의적인 1인 지배체제가 제도화되어 있는 사회이다. 또한 신민(臣民)형 정치문화가 팽배하여 지배계급 내부에서나 주민들 사이에서 조직적인 저항이 드러나지 않고 있다.

⑥ 남한 정권은 '통일이전 서독 정권'에 비해 사회적 수용성 및 경제력이 훨씬 뒤떨어져 있다. 남한 당국이 독자적으로 북한 주민과 경제의 회생을 책임질 수 있는 경제력 및 제도적 기반을 아직 갖추고 있지 못하다.

⑦ 남북한은 동서독에 비해 냉전체제에서도 반주변부 국가로서 자본주의/사회주의체제의 중심국가로부터 정치경제적 독립성과 자율성이 약했으며, 그 후과로 현재까지도 미국·중국·일본·러시아 등 세계열강의 이해관계가 남북관계에 직간접적으로 영향을 미치고 있다. 이들 국가가 바로 유엔안전보장이사회의 주요 국가들이다.

이와 같은 독일사례의 교훈과 한반도와의 차이를 염두에 두며 분단 70년 동안 탈북민과 남북관계를 그 역사적 추이와 변화를 중심으로 살펴보자.

III. 1945~1980년대: 탈북과 '남북한 대립-경쟁', 그리고 탈북민 우대

이 장에서는 1945년 해방 이후부터 북한의 경제난 수위가 배급제 위기로까지 발전하고, 전 세계적 사회주의권 해체와 개혁·개방, 그리고 탈냉전 흐름이 본격화된 1980년대까지 탈북의 역사적 추이와 남북관계의 성격에 대해 살펴보자. 일제로부터 해방과 함께 남북한 분단체제가 형성된 1945년부터 1953년까지 북한지역에서 남한지역으로 귀환 또는 이주한 탈북민은 약 100만 명 이상인 것으로 추정된다. 한편 1953년 휴전 이후 그 수는 급격히 감소하여 한국에 정착한 탈북민 수는 1989년까지 총 607명에 불과하다.[5] 따라서 이 시기를 크게 둘로 나눌 수 있다. 먼저 1945~1953년까지는 해방 후 미국과 소련의 신탁통치 하 국가수립 과정에서 탈북/탈남이 이루어지며 남북한 간에 대립질서가 형성되었다. 다음으로 한국전쟁 휴전협정이 체결된 1953~1980년대로 이 시기 남북한의 체제 경쟁과 함께, 탈북은 '위험을 무릅쓴 체제 선택'으로 평가되며 탈북민 우대정책이 본격화되었다.

1. 1945~1953년: 탈북과 남북 대립질서 형성

한국전쟁시기까지의 탈북동기에 대한 강정구의 연구에 따르면 다음과 같은 특징을 확인할 수 있다. ① 일제시대 생존을 위해 북한 공업지역으로 이주하였던 남쪽출신이 해방 후 탈북한 것이다. ② 광복 직후 1947년까지 남북한 식량사정은 열악하였다. 특히 북한지역의 식량사정은 해방 이후 자유왕래가 단절되어 남쪽의 식량을 반입할 길이 막혀 급격히 악화되었다. 따라서 식량문제를 해결하기 위한 남하가 있었다. 그러나 이는 지극히 제한적인 숫자였다. ③ 해방 초기에 진주한 소련점령군은 제2차 세계대전 참전군으로 지치고 거칠었으며 규율이 이완된 부대들이었다. 이들은 점령 초기 2-3주 동안 북한 주민들을 대상으로 폭력·강도·절도·성폭행 등을 자행하였다. 이러한 소련군의 만행을 피해서 탈북한 경우이다. ④ 종교적 이유였다. 해방 당시 북한지역에 종교인은 대략 개신교 20만, 천주교 5만 3천, 불교 50만, 천도교 150만 명이었다. 1946년

---

5 통일부, 『북한이탈주민 입국현황』 중 전체 입국자 현황 참조, 2004. 6.

8월 현재 북한 총인구를 950만으로 본다면 개신교가 약 2.2%, 천주교가 약 0.6%였다. 종교적 이유로 월남한 이들은 대부분 개신교와 천주교인들이며, 종교인 대다수인 천도교나 불교인은 극소수에 불과한 것으로 추정된다. ⑤ 토지개혁 등으로 월남한 경우로 계급적, 경제적인 요인에 의한 것이다. ⑥ 한국전쟁 시기 생존 가능성이 상대적으로 높은 남한지역으로 탈북한 이들이다.[6]

탈북동기는 전체적으로 상호 중첩되어 작용하였다. 이를 몇 가지 요인으로 구분하면 전쟁요인, 정치사상적 요인, 계급경제적 요인, 우연적 요인으로 나눌 수 있다. ① 전쟁요인은 한국전쟁 중 생존을 위해 탈북한 경우이다. 탈북에는 자발적인 것 외에 유엔군과 국군에 의한 강제 동원적인 경우가 존재했다. 점령군은 퇴각 시 "원자탄을 쓰겠으니 피난하라", "중공군이 나오면 모조리 죽는다" 등을 선전하여 생존에 위협을 느낀 사람들에게 피난을 선동하였다. 그러나 전세가 불리해지자 이들에 대한 학살이 이루어지기도 하였다고 한다.[7]

② 정치사상적 요인은 계급적 요인과 깊게 중첩되어 있다. 일제시대의 친일행위, 사대주의적 사상, 이데올로기적 지향, 반민중적 성향, 종교적 요인 등이 주 구성요소이다. ③ 계급경제적 요인은 토지개혁 등 북한지역 전반의 사회개혁으로 경제적 침해를 받은 지주, 자본가, 부농, 전문 관료집단, 관리직 직종 등 지배계급 속성이 주요 구성요소이다. ④ 우연적 요인은 식량, 취업, 소련군 만행 등 일시적 요인에 의해 탈북한 경

---

6 강정구, "해방후 월남인의 월남동기와 계급성에 관한 연구," 『한국전쟁과 한국사회변동』(서울: 풀빛, 1992), pp. 100 – 103.

7 고상진, 『조선전쟁시기 감행한 미제의 만행』(평양: 사회과학출판사, 1989), p. 174.

우이다.⁸

박명림의 연구에 따르면, 광복 이후 순수 탈북민은 약 100만 내외로 추정된다. 이 숫자는 최소한 북한 전체인구의 약 10%에 해당한다. 1947년 5~6월 탈북민을 대상으로 한 통계 자료에 의한 탈북사유는 총 31,859명 중, 생활난 20,731명 → 귀향 9,400명 → 구직 897명 → 사상문제 502명 → 상용(商用) 252명 → 향학(向學) 82명 순이다. 생활난과 구직이 가장 많고 귀향 역시 30%에 달했다. 이때 귀향은 남한에 고향을 둔 사람들의 귀환을 말한다. 즉 식민시기 일본의 산업정책으로 농업지역에 있던 남쪽 사람들이 공업지역인 북쪽으로 이주했다가 돌아온 것을 지칭한다. 사상문제는 순전히 반공주의를 이유로 탈북한 사람들이다. 여기서 주목해 볼만한 점으로, 당시 탈북 인구가 탈남 인구보다 많았던 이유로 1947년 10월까지 소련군이 남하를 방임 또는 유도했다는 것이다. 이러한 대규모의 남하가 없었다면, 한국전쟁 이후 체제형성 과정에서 북한도 남한 이상으로 격렬한 사회갈등이 야기되었을 것이다.⁹

당시 탈북의 또 다른 특징은, 북한 사회 전역에서 벌어진 '공동체 내부의 갈등 상황'에서 공적 권력으로부터 보호받지 못했던 이들의 최후 결정이라는 점이다. 이들은 해방이후 위로부터 급격하게 이루어진 계급질서의 전복과 각종 사회개혁 정책 등 거대한 변화를 목격하며 탈북한 이들과, 잔존하다가 한국전쟁을 계기로 탈북한 이들로 나누어 볼 수 있다. 당시 탈북민 또는 인민군 점령 상황을 경험한 사람들이 보이는 공산주의 체제에 대한 증오감은, 이념 그 자체보다는 권력 지향적인 인물들의 비뚤어진 행위에 대한 분노와 거부감에 의한 것이 많았다. 일상생활

---

8 강정구, "해방후 월남인의 월남동기와 계급성에 관한 연구," p. 104.
9 박명림, 『한국전쟁의 발발과 기원Ⅱ』(서울: 나남, 1996), pp. 356-365.

에서 일상인들의 세상에 대한 판단이나 정치적 견해는 최고 권력자의 인물됨과 이력보다는 자신과 인격적 관계를 가졌던 이들과의 생활공동체 내부에서의 권력 체험에 기초하는 경우가 많다. 그러므로 상층부의 권력층이 인정받을 만한 경력과 이념을 가지고 있다고 하여도, 그들의 개혁의지는 "이들 밑바닥 작은 권력자들의 행태에 의해 완전히 부정되기 십상"이었다.[10]

더불어 한국전쟁시기 중국군의 결합으로 유엔군과 국군이 점령지에서 퇴각하던 시기 이들을 지지하거나 동조했던 북한 주민들은 '복수를 피해' 남하하게 된다. 한국전쟁시기 북한지역에서 남한으로 탈북한 인구는 대략 646,000명이다. 그 중 남자가 약 354,000명, 여자가 292,000명이었다.[11] 이렇듯 여러 요인들이 중첩되었음을 고려해도 탈북한 이들이 월북한 사람들 보다 훨씬 많았다. 해방이후 한국전쟁시기까지 진행된 북

---

[10] 월남의 원인을 분석해보면, 광복 당시 생활수준이 상대적으로 비슷했고 내부 계급갈등이 남한에 비해 크지 않았으며 기독교인과 지식인층이 많았던 북한지역에 소련군이 진주하고, 반대로 지주와 소작인 간 갈등이 북한보다 컸던 남한지역에 미군이 진주했다는 사실이 갈등을 훨씬 증폭시키는 구조적 배경이 되었다. 오늘날 북한 체제의 문제점은 이미 한국전쟁 당시 남한지역에 대한 점령정책에서 상당 부분 드러났다. 김동춘, 『전쟁과 사회』(서울: 돌베개, 2000), pp. 189-191. 그러므로 한국전쟁에 대한 집단적 기억을 가지고 있는 우리가 북한 사회를 형상화하는데 한국전쟁은 중요한 재료가 될 수 있다. 그러나 이때 우리는 우리의 집단적 기억에 내재되어 있는 '권력에 의한 조작의 공간'도 사고해야 할 것이다.

[11] 한편 한국전쟁으로 인해 남한에서 북한으로 이동한 인구는 대략 286,000명이었다. 그 중 남자가 264,000명, 여자가 22,000명이었다. 전광희, "한국전쟁과 남북한 인구의 변화," 『한국전쟁과 한국사회변동』(서울: 풀빛, 1992), p. 68.

한인구 약 10%이상의 탈북은 김일성 정권이 사회적 갈등을 최소화 하면서 빠른 속도로 대중을 동원하고 권력을 집중화시킬 수 있는 중요한 요인이 되었다. 역사적으로 탈출의 존재는 저항이 광범하고도 효과적으로 발생할 수 있는 가능성을 현저히 줄이는 기능을 한다.[12]

이 시기 가장 주목해 볼 점은 한국전쟁이 남북관계 성격에 가장 큰 영향을 미친 사건사라는 것이다. ① 북한이 전쟁 결정과정에서 소련의 스탈린에게 허가를 받고 중국의 모택동과 긴밀히 상의하였으며, ② 북한의 선제공격에 대한 남한의 요청으로 미군이 참전 결정을 내리고 유엔의 깃발로 참전한 것, ③ 이어 미군의 약진으로 중국의 인민군이 참전하고 ④ 미군의 참전에 의해 한국전쟁에 개입하게 된 일본의 동북아 내 역할 강화 등은 결국 세계 냉전질서가 그대로 남북 대립질서로 투영되는 과정을 그대로 보여주었다. 그리고 한국전쟁은 남한의 민간인 중 사망 373,599명, 납북 84,532명, 실종과 포로 303,212명, 전상 229,625명으로 총 사상자 990,968 명을, 한편 군인 중 사망 29,294명, 납북 65,601명, 실종과 포로 105,672명, 전상 101,907명으로 총 301,864명이며 전체 합계 사상자 1,292,832명을 낳게 했다. 한편 미군의 무차별적 공중 폭격과 함포 사격 등으로 그 규모가 남한 보다 더 컸던 북한측 사상자 수는 민간인 중 사망 406,000명, 전상 1,594,000명, 실종과 포로 680,000명으로 총 2,680,000명, 군인 중 사망 294,151명, 전상 225,949명, 실종과 포로 91,206명으로 총 611,206명으로 전체 합계 사상자 3,391,200명을 낳았다.[13]

한국전쟁은 남북한 주민 약 450만 명에게 물리적 손상을 주었으며,

12　Albert Hirschman, *Exit, Voice and Royalty* (Cambridge: Harvard University, 1970), p. 4.

13　전광희, "한국전쟁과 남북한 인구의 변화," p. 66.

사상자 가족과 민족 전체에 잊을 수 없는 상처가 되었다. 그리고 남북한 공히 한국전쟁은 정치권력에 의한 민주주의 유예, 국민참여 억압, 국민동원 체제의 강력한 자원이었다. 그리고 반대세력에 대한 가장 효과적 억압 기제였다. 이 과정에서 형성된 남북 대립질서는 민족국가 강화라는 측면에서 상이한 상대 체제와의 대결로 각 사회를 안정화시키고 심각한 체제혼란을 막아주는 역할을 하였다. 이러한 체제 안정화는 빠른 경제성장에 기여하기도 하였다. 또 다른 측면에서 남북 대립질서는 정권의 대국민 통치기제가 되었다. 아래로부터의 수많은 민주주의 요구와 각종 민주화운동은 대립체제의 위협과 안보를 빌미로 탄압 받았고, 전체주의적이고 억압적인 국가기구와 체제 형성에 큰 역할을 하였다.

그러므로 남북 대립질서는 두 가지 방향에서 남북한 정치와 민주주의에 영향을 미치었다. 한편으론 남북 대립과 체제경쟁 논리로 민주주의를 유보하고 일상적인 정치적 억압과 통제가 가능하게 하였다. 반공과 체제대결 논리로 최소한의 인권조차 무시되었으며, 민주주의적 경쟁 역시 쉽게 무시되었다. 그리고 남북한에서 대립질서를 유지하고 체제정당화에 활용하기 위해 각종 억압적이고 통제적인 국가기구와 법령들이 구축되었다.

이러한 대립질서는 남북한 개개인의 삶에 깊숙이 개입하여 지배권력에 충성하는 수동적인 신민(臣民) 문화와 함께 주민들의 정신적 위축을 유도하였다. 남한에서 지배권력과 체제에 대한 비판과 저항흐름은 곧바로 '북의 사주를 받은 공산주의세력', '국가를 위협하는 빨갱이들', '전쟁을 일으키려는 체제전복 세력'으로 지목되어 탄압의 대상이 되었다. 북한에서 지배권력과 체제 비판/저항 흐름은 '사회주의체제를 전복하려는 파괴·암해분자', '인민의 혁명을 뒤엎으려는 반동', '미국이나 남한정부의 사주를 받은 간첩', '부르주아 반혁명 세력' 등이 되었다. 남북한 국민들은 서로를 의심하고 경계하며, 나아가 권력의 요구에 맞춰 자기 자신을 항상 검열해야만 했다.

또 다른 한편 남북 대립질서는 정치권력에 의한 국민동원이 일상화될 수 있도록 했다. 체제 대결과 경쟁논리로 남북 각각은 정치권력의 위로부터의 강제와 동원이 일상화되었으며, 아래로부터는 사회구성원의 운명공동체로서의 집단주의 논리에 의해 단결/일체심을 강화시켰다. 또한 서로간의 침략 위협을 근거로 각각의 정치지도자들은 강력한 리더십을 발휘할 수 있었으며 이러한 리더십이 독재적으로 이루어져도 아래로부터의 상당한 정당성을 확보하였다. 강력한 결속력과 리더십을 위해 남북한 각각은 '한국적 민족주의'와 '사회주의적 민족주의'라는 기치로 강한 민족주의 이데올로기를 활용하였다. 그리고 체제대결에서 승리하기 위한 빠른 속도의 근대적 발전을 추구하게 하였다. 그리하여 남북한은 강력한 민족주의에 기초한 '자본주의적 근대화'와 '사회주의적 근대화'를 추진하였고 세계적으로 보기 드문 성과를 거두기도 하였다.

2. 1953~1980년대: 체제경쟁과 탈북민 우대

1953년 한국전쟁의 휴전 이후 남북은 체제안정화와 함께 본격적인 체제 경쟁시대로 들어선다. 이 시기 본격화된 탈북민 정책과 남북관계는 다음과 같은 시기별 특징을 보여주었다.

① 1단계는 1953~61년까지이다. 남한의 제1~2공화국 시기로 전후 복구사업에 주력하면서 정치사회적 갈등해소와 함께, 경제복구가 가장 시급한 국가과제였기에 탈북민에 대한 구체적인 정책이 전무했다. 민간인 뿐 아니라 군인과 자수간첩일지라도 법제도상 어떠한 정착지원이나 수혜를 받지 못했다. 이 기간 탈북민 수는 256명이었다. 남북한 동시에 복구와 체제건설에 주력했던 시기이기에 이탈자 지원 정책을 실시할 여

력이 없던 시기였다.¹⁴

② 2단계는 1962년~80년대이다. 군사쿠데타를 통해 박정희 정권이 반공을 국시로 62년 제3공화국을 수립한 이후이다. 이 시기부터 북한과의 체제경쟁이 본격화되면서 체제 우월성을 입증하기 위해 북한 주민의 이탈을 촉진하고 탈북민에 대한 지원정책이 실시되었다. 1962년 4월 16일 〈국가유공자 및 월남귀순자 특별 원호법〉 제정 이래 주관부서인 원호처가 국가유공자에 대한 대우 및 관리와 동일한 차원에서 지원하였다. 1972년 12월 현재 탈북민 실태를 보면 군인 2백 10명, 자수간첩 28명, 자수공비 11명, 민간인 1백 26명, 귀환자 55명을 포함하여 총 4백 30명으로 집계되었다.¹⁵

그리고 1970년대 말 베트남의 공산화로 인해 남북간 체제경쟁이 더욱 강해졌다. 이러한 국제환경과 함께 기존 〈국가유공자 및 월남귀순자 특별 원호법〉이 1979년 1월 1일 〈월남귀순용사특별보상법〉으로 전면 개정되었다. 이 법으로 1967년 인상이후 78년까지 100만 원, 70만 원, 50만 원, 30만 원, 20만 원으로 5등급에 따라 지원되던 기존의 정착금을 최고 5천만 원부터 최저 8백만 원까지 5등급으로 구분하여 지급하게 했다. 파격적 지원이었다. 남북한 체제경쟁이 극에 달했던 시기 남북관계를 반영한 조치였다.¹⁶ 이 정책은 탈북민 증대와 남북관계 변화에 따라 1990

---

14 정경화, "북한이주민의 한국사회 동화를 위한 법제도론", 『서경대 통일학술 발표논문집』(1997. 19. 9), p. 7.

15 원호처, 『월남귀순자후원회 설립계획』, 1972년 12월.

16 당시 남한 당국은 국가안보의식과 국민들의 대북한 경각심을 강화시키기 위해 탈북민으로 하여금 북한의 실상을 고발하여 자유민주주의의 이념을 홍보하는 역할을 부여하였다. 손주환, 『북한 이탈주민문제에 관한 연구』, 경남대학교 정치학 박사학위논문, 1999, p. 113.

년대 변화되었다. 이에 대해서는 다음 장에서 살펴보겠다.

전체적으로 북한의 사회주의체제가 형성된 1960년대 이후 80년대까지 탈북민은 ① 소수였으며 ② 2-30대가 전체의 약 80%였고, ③ 탈북지역별 분포를 보면 90년대 이후 함경도에 집중되어 있는 것과는 달리 평양 18%, 황해남도 14%, 평안북도 13%, 함경북도 13%, 함경남도 11%, 강원도 7%, 황해북도-자강도가 각각 4%, 량강도-남포-개성이 각 2%로 조사되었다. ④ 탈북 경로는 90년대 이후 중국 등 제3국을 통한 탈북인 것에 반해 당시는 휴전선과 해상이 주 탈북 경로였다. ⑤ 직업별로 보면 군인이 가장 많고, 다음으로 당원 및 정무원, 학생, 벌목공, 기술자, 선원, 농어민, 노동자, 교원 순이다. ⑥ 또한 탈북 동기는 성분차별, 처우불만, 처벌우려, 체제불만 등 대체로 정치적 이유가 압도적이었다.[17]

이 시기 남북한은 ① 상호간의 적대적 대립관계를 형성했으나, 이를 통해 남북 각각 지배권력의 정당성을 확보했고 권력을 강화시켰다. ② 체제 이질성에도 불구하고 동일한 절대권력체제인 1인 지배체제를 구축하였다. ③ 동시에 강력한 민족주의와 개발주의 전략에 따른 대중동원체제를 구축하였다. 대표적 대중동원 운동으로 우리가 익히 알고 있는 남한의 새마을 운동과 북한의 천리마운동을 비교해보면 그 성격과 본질의 유사성을 확인할 수 있다. ④ 그리고 남북 체제경쟁과 강대국 간 갈등 과정에서 '경제와 국방의 자립의지'를 높이며 중공업 발전을 전략적으로 추진했고 핵무기를 보유하려 하였다. ⑤ 또한 강대국 주도 하에 급변하는 국제정세 속에서 약소국가의 불안을 극복하기 위해 자립과 주체, 사상과 동원을 전 사회에 내면화시켰던 정치사회화 과정을 공유하였다. ⑥

---

17 통일원, 『북한주민의 의식변화와 사회통제』(서울: 통일원, 1994), pp. 1-5.

이렇듯 1960년대 말에서 1970년대 구축된 남북한의 1인 지배체제는 장기지속적 특성 속에서 동질성을 공유하고, 중기지속적인 체제경쟁 속에서 서로 흡사한 정책을 실시하였다. 즉 적대적 상호의존관계에서 거울영상과 같은 대쌍동학적 양상을 보여준 것이다.[18] ⑦ 그리고 이러한 특징들은 남북한 사회와 주민생활에 뿌리깊게 작용하여 민주주의와 사회발전의 장애가 되었다.

이 시기 제도화된 '적대적 상호의존관계'란 남북한이 서로 상대와의 긴장이나 대결분위기를 조성하여 각 사회의 대내적 단결과 사회통합력을 높이고 정권안정과 강화에 이용했던 관계를 지칭한다. 이것은 냉전기 남북관계의 성격을 특징지어온 핵심개념이다. 이 시기 남북한 상호작용의 특징인 적대적 상호의존관계는 지배권력의 정통성이 취약하거나 지배권력에 대한 저항이나 반대, 또한 상층 정치세력 내 권력장악 과정에서 갈등이 나타나고 사회 불안정성이 증대할 때마다 두드러지게 나타났다. 적대적 상호의존관계 하에서 남북한의 경계는 정치·경제·문화·심리 등 거의 모든 분야에서 대칭축으로 작용하였다. 그러나 그 질적인 측면을 면밀히 살펴보면 적대적임에도 불구하고 고도로 상호의존적인 관계를 확인할 수 있다. 따라서 분단과 남북한 체제 경쟁은 두 체제를 분리시키면서 동시에 두 체제를 연결시키는 이중적 기능을 한 것이다. 바로 이 분리와 연결의 이중적 기능이 1970년대 남한의 '유신체제'와 북한의 '유일체제'가 구축되는 핵심적 역할을 하였다. 적대적인 일방의 행위가 상대에게 대칭적인 반작용을 일으키고 또 그것이 상호 상승작용을 일으키는 효과를 낳았던 것이다.[19]

---

18 이에 대한 자세한 논의는 이종석과 박명림의 저작들을 참조하기 바란다.

19 이에 대한 자세한 논의는 이종석과 박명림의 저작들을 참조하기 바란다.

한쪽의 군대확장과 군비증강이 그 반작용으로 다른 한쪽의 군대확장과 군비증강을 작용하여 결국 동일한 운영원리를 갖게 된 것이 대표적인 예이다. 따라서 분단시대 남북한은 '거울영상효과(mirror image effect)'로 상호간 의심과 위협의 상호 상승작용에 의한 적대적 상호의존관계를 형성한 것이다. 이러한 적대적 상호의존관계는 시간이 지날수록 악화되어 결국 전사회의 군사화와 위계적인 명령체계의 기초가 된다. 그리고 대개 '집단적 편집증(collective paranoia)'으로 나타나기도 한다.[20] 1970년대 남한의 유신체제와 북한의 유일체제로 대표되는 권위주의체제와 군사화는 이러한 적대적 상호의존관계에 의해 초래된 것이기도 하다.

한편 한국전쟁으로 고착화된 분단은 한반도 민주주의에 큰 영향을 미쳤다. 남북한의 지배세력은 각각의 사회에서 제기되거나 제기될 수 있는 민주화 요구와 인권문제, 불평등과 억압·통제의 문제를 진보적인 사회개혁이나 사회발전을 위한 저항으로 말하지 않는다. 그들은 이러한 요구와 문제제기로 인해 초래 될 남북 대립질서의 완화가 가지고 올 수 있는 사회불안과 전쟁 위험성, 그리고 대북·대남 경계심의 이완을 지적하며 각각의 사회에서 국내정치의 보수화를 추진하였다. 강력한 반공주의, 반자본주의 논리로 기득권을 유지했던 세력들이 남북관계의 긴장완화와 평화적 관계개선으로 인해 초래될 수 있는 자신의 권력 불안정성과 이익의 축소를 결코 원하지 않았기 때문이다. 따라서 남북관계는 각각의 사회에서 민주주의의 실현 정도와 밀접하게 연결되어 있었다.

여러 요인이 중첩적으로 작용했으나 1980년대 말까지 탈북 추이와 남북관계의 성격을 정리하면 다음과 같다.

---

[20] Stuart A. Bremer, "Dangerous Dyads: Likelihood of Interstate War. 1816-1965", *The Journal of Conflict Resolution*, Vol. 36. No. 2(Jun. 1992), p. 318.

① 가장 중요한 것은 1945~1953년까지 이루어진 약 100만 명 이상의 탈북이 남북 대립질서를 안정화시켰다는 것이다. 약 286,000만 명의 남한 주민의 월북 또한 남북 대립질서 구축에 일조했다. ② 남북 대립질서 구축은 냉전시기 남북한의 정치문화로서 신민(臣民)적 특성이 형성되게 하였다. 특히 이 시기 대규모 탈북은 현재까지도 지속되는 북한 정치문화의 특징이라고 할 수 있는 '군주(君主) - 신민(臣民) 관계' 형성에 기여했다. 따라서 한국전쟁 발발 시 김일성은 "자기 생명을 아끼지 않는 애국적 충성"[21]을 요구할 수 있었고, 선동자들은 "김일성장군이 가리키는 길로…한사람같이 참가하여 빛나는 최후승리를 향해 더욱 용감히 앞으로 나아가자!" 전면적으로 선동할 수 있었다.[22] 그리고 이러한 정치권력의 요구와 선동이 2005년 현재까지도 김정일의 '선군정치'와 '총대정신'으로 지속될 수 있었던 것이다.[23]

냉전시기 남북한 정치문화에서 신민(臣民)적 특징이 남한에 비해 북한이 훨씬 강했으며 현재까지도 지속되고 있는 특성을 분석할 때, 김일성 정권의 53년, 56년, 67년의 정적(政敵) 제거 및 집단주의적 산업화 전략, 그리고 유일지배체제 구축도 중요한 요인이 되었지만 그 역사적 요

---

21 김일성, "전체 조선인민들에게 호소한 조선민주주의 인민공화국 내각수상 김일성장군의 방송연설,"『조선녀성』1950년 7월호, p. 5.

22 『로동신문』, 1951년 10월 6일자.

23 전체 사회에서 중요한 것은 절대지도자의 탄생보다 신민(臣民)의 제조이다. 즉 절대지도자와 인격적 위계관계를 가지는 주체의 형성이다. 이러한 주체는 사회·문화·정치적 지위를 가진 사람들에 의해 복종의 강화와 충성의 맹세가 조작되면서 구성되고 강화된다. Herbert Hirsh, *Genocide and the Political of Memory: Studying Death to Preserve Life*, (Chapel Hill & Lonon: The University of North Carolina Press, 1995), p. 131.

인을 살펴보면 53년까지 이루어진 갈등세력의 대규모 탈북 또한 중요한 요인이 되었다고 볼 수 있다. 남북한 정치권력이 신민형 정치문화를 형성할 수 있었던 정치술로서 일상인을 대상으로 구사한 '기억의 정치'를 주목할 필요가 있다.

히르쉬(H. Hirsh)는 기억의 정치를 정치권력에 의한 기억의 조작과 망각, 그리고 신화창조라고 정의한다. 정치권력이 공장·가정·학교·사회 집단 등에서 집단적 기억을 조작하고 망각시키며 신화를 창조한다는 것이다. 그 목적은 정치권력의 지배와 정책의 정당성 확보이며 방법은 기억을 통제하는 것이다.[24] 이와 같은 '기억의 정치'가 북한지역에서 훨씬 전면적이고 용이하게 활용할 수 있었던 요인 중 하나가 1953년까지 반대세력의 대규모 탈북이었으며, 남한정부가 당시 남하한 탈북민들을 집단화하여 통치제제의 안정화에 활용했던 방법 중 하나였다. 즉 이들은 자의에 의해서건 타의에 의해서건 직간접적으로 '반공의 전사'가 되었다.

③ 이러한 대규모 탈북으로 1953년까지 일단 체제 선택이 이루어진 상태였기에 그 후 탈북 희망자는 소수였으며, 앞서 설명한 신민형 정치문화 형성으로 북한 주민이 탈북을 생각하는 것조차 어려웠으리라 판단된다. 더욱이 1953년까지 구축된 남북대립 질서는 이후 남북이 각기 체제를 형성·발전시키는 과정에서 전 분야에 걸쳐 상호경쟁에 의한 적대적 의존체제를 형성하게 한다. 특히 군사 및 안보 위협으로 인해 1953년 이후 탈북은 절대절명의 목숨을 건 모험이 아니면 이루어지기 어려웠다. 그러므로 1953년 이후 1989년까지 탈북민 수는 607명으로 극소수였다.
④ 한편 남북한 체제형성과 함께 체제경쟁이 본격적으로 전개된 1960년대 이후 남한 당국은 체제경쟁 차원에서 탈북민들에 대한 사상검증 이후

---

[24] Herbert Hirsh, *Genocide and the Political of Memory*, p. 23

대대적인 선전과 함께 포상을 하였다. 이 정책은 북한당국에 의해서도 이루어졌다.

전체적으로 이 시기 탈북민은 북한체제를 비판하고 남한체제의 우월성을 선전하는 선동자 또는 '반공의 전도사'가 되었다. 이러한 양상은 북한에서도 유사하였다. 따라서 이 시기 탈북민 및 월북자는 남북 대립질서와 '적대적 상호의존관계' 유지에 일조 하였다. 이렇듯 1953년~80년대까지는 탈북민 및 월북자가 상호 정권 및 체제 안정화에 기여하는 역할을 하였고, 그 수가 현저히 적었으므로 남북관계 변화에 큰 변수로 작용하지는 못했다.

IV. 1990년대: 남북관계와 탈북민 정책 변화

1980년대 이후 전 세계적으로 냉전질서가 와해되며 세계질서의 극적인 변화가 이루어졌다. 20세기 국제정치를 상징했던 냉전질서가 탈냉전질서로 전환된다. 이러한 세계적 변화는 분단의 성격이 국제변수에 의해 좌우되던 독일의 1989년 통일 흐름으로 나타났다. 동유럽과 소련의 탈사회주의화와 세계수준에서 냉전해체 양상은 북한의 고립을 심화시켰다. 그리고 미국이 세계 초강대국이 된 상황에서 미국의 제재조치와 북미 관계가 더욱 예민한 문제가 되었다.

한편 북한경제는 1970년대 말부터 원료·자재 부족, 80년대 대규모 건축·선전사업 투자 등과 함께 계획경제 시스템 문제로 생산활동이 비정상적으로 운영되고 공장가동률이 저하되었다. 그 후과는 지역별로 차이가 있으나 1990년 경 함경북도 변방지역에서부터 배급에 차질이 생기고 경제난이 점차 일상생활의 변화를 가져오기 시작했다. 또한 1994년 7월 북한체제의 '실체화된 지주'였던 김일성 사망으로 인한 정치적 위협과 사회주의권 해체로 인한 대외무역의 위축으로 지속적으로 위협받던 북한경제는, 1995~97년 국가적 자연재해로 최대의 식량난과 아사에 직면했다. 북한 주민의 약 10%가 죽고 10% 이상이 생존위협에 허덕였다고 평가되던 상황이었다.[25]

    1991-93년 미국 국제개발국(USAID)에서 식량과 인도주의 구호담당 부조정관을 역임하고 1993-98년 미 월드비전(World Vision) 부의장을 역임한 나초스(A. Natsios)의 조사에 따르면, 북한 주민들은 북한당국의 기아대응 능력에 무척 실망하고 좌절하였을 것이라고 한다. 기아가 심해질수록 북한당국은 더욱 강력하게 주민을 압박하였다. 1998년 여름 북-중 접경지역을 순회한 NGO 대표들은 김일성배지가 시장에서 판매되고 있는 것을 목격하였다. 이 배지는 상인들이 식량난민들로부터 구입한 것이었다. 북한에서 북한 주민이 김일성배지를 달고 있다는 것은 종교적인 신앙심에 가까운, 위대한 지도자 김일성에 대한 존경심을 나타내는 것이다. 그리고 배지 형태는 달고 있는 사람의 신분을 나타낸다. 이 배지 거래는 위급한 상황에서 마지막으로 선택한 식량을 얻기 위한 생존책으로 이해할 수도 있으나, 또 한편으로는 체제에 대한 상징적 불복종

---

25 「우리민족서로돕기 불교운동본부」가 북한 식량난 실태를 "북한에선 지난 2년 반 동안 식량난으로 인해 최소한 3백만명이 사망했다"고 발표했다. 이 자료가 기본적으로 절대적 빈곤에서 탈출한 이들을 대상으로 하였다는 것과 해외의 자료를 종합적으로 비교하여 산출하였을 때 일반적인 추정은 150만 명 사망과 100만 명 정도가 기아로 인한 영양실조 등을 앓고 있다고 한다. 또한 흔히 북한 식량난은 95년 대홍수 이후 거듭된 자연재해로 생겨났다고 해석하곤 한다. 하지만 국가배급은 이미 92년 이전에 10%선으로 줄었고 94년엔 36%로 나타난걸 보면 식량난은 그전부터 비롯됐다고 평가된다. 『조선일보』, 1998년 5월 13일자.

으로도 해석될 수 있다.[26]

또한 배급제가 그 기능을 제대로 발휘하지 못하고 국가가 주민생활을 책임지지 못함에 따라 북한 주민의 생존노력과 노동부담은 증대하였고, 사회적으로 생계유지를 위한 다양한 일탈현상이 나타났다. 이와 함께 지속적으로 확대된 장마당과 농민시장 등 비공식 경제활동을 통해 자본주의적 교환시장 질서가 확대되었다. 이 과정에서 북한 주민의 생존을 위한 탈출이 이루어졌다. 이러한 상황에서 북한정권은 생존을 위해 국제구호기구에 도움을 요청할 수밖에 없었으며, 경제와 식량 원조를 위해 남한정부와의 관계 개선을 모색하였다. 한편 남한의 민주화운동의 성장과 함께 출신성분은 군부에 기반하고 있어나 직접 선거라는 민주주의 절차에 의해 집권한 노태우 정부는 군부출신이라는 태생적 한계에도 불구하고 이러한 대내외적 변화를 받아 안았다. 이에 따라 1980년대 말~90년대 들어서며 남북관계는 서서히 변화한다. 남북고위급회담이 증가했으며 남북기본합의서가 채택되었다. 경제·체육·문화·학술분야 등 남북교류가 이전 시대에 비해 놀랍게 증가하였다.

이 시기 남북관계를 세 단계로 구분하면 다음과 같다.[27] 첫 단계는 1988년 7·7선언 이후 남북 간에 〈남북기본합의서〉 및 〈한반도 비핵화 공동선언〉이 채택되고 발효되었던 92년 2월까지이다. 이 기간 남한은 중·소 및 동유럽 사회주의 국가들과 수교했으며, 남북 고위급회담 추진 등 적극적으로 북한과의 대화를 모색했다. 그리고 이에 대해 북한도 호응하여 남북관계에 진전이 있었다. 두 번째 단계는 북핵문제를 둘러싸고 북미 간 갈등이 고조되는 가운데 남북관계 역시 급속히 악화되었던 1992

---

26 나초스 지음, 황재옥 옮김, 『북한의 기아: 기아 정치 그리고 외교정책』, 서울: 다할미디어, 2003, pp. 291-292.

27 정해구, 『탈냉전 10년(1988-1997)의 남북관계』, 세종연구소, 1999, p. 12.

년 2월 이후 북미 제네바합의를 통해 북핵문제 해결의 기틀이 마련되었던 1994년 10월까지의 기간이다. 세 번째 단계는 북미 제네바합의를 계기로 북미관계는 일정 정도 순조롭게 전개되는 가운데 미국의 대북정책이 온건정책으로 바뀌었던 것에 비해, 남북관계는 김일성 사망이후 '조문파동' 등으로 여전히 교착상태를 면치 못했던 1994년 10월 이후로부터 1997년 말까지의 기간이다.

노태우 정부가 전두환 정부에 비해 더 유화적인 대북정책을 취할 수 있었던 주요 요인은 ① 남한 민주화 운동의 성장과 그 결과인 직선제 대통령이라는 위상으로, 아래로부터의 남북관계 개선요구와 급물살을 타던 통일운동 흐름을 외면할 수 없었기 때문이다. ② 남한의 경제호황으로 인한 경제적 자신감이 체제우위의 확신을 주었기 때문이다. ③ 소련·동유럽 사회주의체제 붕괴와 아시아 사회주의권의 개혁·개방, 그리고 독일통일 등 전 세계적 냉전질서의 해체 흐름 때문이다.

한편 김영삼 정부는 정통성으로 보면 군부정권과 대립하였던 상대적 민주세력이었음에도 87년 민주화운동의 결과로 등장한 '여소야대' 국회를 임의로 바꾼 불안정한 민간정부였다. 김영삼 세력이 차기 집권을 약속 받고 '삼당 합당' 후 '여대야소' 국회를 만들어 이후 집권하였다는 사실은 그 자체로 남북관계와 통일정책의 불안정성을 예시한 것이다. 김영삼 정부는 '대북 공존정책'을 제기했음에도 세계적 탈냉전 흐름에 역행하는 '조문파동'과 같은 불필요한 남북갈등을 야기했다. 지배계급 내부 강력한 보수세력의 이해를 대변할 수밖에 없었기 때문이다.

한편 이전 시대에 비해 발전한 노태우 정부의 '북방정책'과 김영삼 정부의 '대북 공존정책'은 서독의 '동방정책'이나 '접근을 통한 변화'에는 미치지 못하는 정책이었다. '접근을 통한 변화'는 서독 사민당 이론가이며 동방정책을 주도했던 에곤 바(Egon Bahr)가 1963년 처음 사용한 용어로서 1969년 브란트(Willy Brandt)의 사민당 정권이 들어선 이후 서독

통일정책의 기초였다. 핵심 내용은 ① 상호인정을 통한 현상타개, ② 동독정권의 안정, ③ 대화를 통한 베를린 문제의 해결, ④ 평화적 방법으로 동독정권에 대한 영향력 행사, ⑤ 경제원조를 통한 동독 주민의 생활수준 향상 등이었다. 이 정책은 동독을 국가로 인정하지 않으면서 자신의 집권기간 내내 서방정책으로 서독의 자유와 안보 확립에 주력했던 아데나워(Konrad Adenauer)의 강경정책을 근본적으로 수정한 것이었다.[28]

남북관계의 질적 변화가 이루어진 것은 김대중 정부 시기이다. 서독의 '접근을 통한 변화'와 유사한 정책이 선거를 통한 야당승리에 의해 수립된 김대중의 '국민의 정부' 시기 실시되었다. 김대중 정부는 목표로서의 '공존공영'을 추구하는 '포용정책'을 추진했다. 과거 통일방안 중심의 법적·형식적 통일 추구가 아니라, 평화적·경제적 공존공영에 바탕을 둔 '사실상의 통일(de fecto unification)'을 실현하겠다는 구상이다. 당시 통일부 장관이었던 임동원은 '사실상의 통일'은 통일이 된 것과 유사한 상황으로 남북이 서로의 정체성을 유지하면서 서로 돕고 교류하며 발전하는 상황으로 법적 통일보다 선행되어야 한다고 하였다.[29] 그리고 김대중 정부는 대북정책 3대 원칙으로 ① 무력도발 불용, ② 흡수통일 배제, ③ 교류협력 활성화를 제기했다. 또한 화해와 협력의 유기적 연계를 제기하며 남북관계에 극적 개선을 추진하였다.

한편 북한의 변화도 주목해 볼 만하다. 북한의 식량난이 체제위기 수준에 도달하면서 북한정권이 생존을 위해 국제·남북 관계 변화를 추진했던 시기는 90년대 중반이후이다. 이 시기부터 생존을 위해 북한정권

---

28 김학성, 『서독의 분단질서관리 외교정책 연구 – 한국통일외교에 대한 시사점 모색』, 서울: 민족통일연구원, 1995, p. 64.

29 임동원, 「한반도 냉전종식의 길」『월간 조선』1999년 6월 호에 실린 한국발전연구회 강연문(1999. 4. 23).

역시 적대적 의존관계보다는 협력적인 상호의존 관계를 중요시했다. 북한의 변화 속도가 느리고 제한적이지만 변화하고 있음은 분명하다. 그러나 북한정권이 모색하는 변화는 김정일 주도의 정치적 체제보장을 전제로 한 경제적 변화였다. 중국 사례에서 보듯이 정치사상적 변화는 경제사회적 변화보다 상당한 시간을 필요로 하기 때문이다.[30]

한편 1990년대 말 전개된 남북관계의 '공존공영으로 전환'에 영향을 미친 요소로 ① 남한 사회 민주화 운동 성장이 없었다면 불가능했을 것이다. 민주주의 발전이 남북 분단체제의 극복을 위한 유일한 요소는 아니지만 중요한 요소이기 때문이다. ② 정경(政經)분리 정책에 의한 정부-민간 분리와 교류협력 활성화 정책 등이다. 김대중 정부는 정경분리를 대북정책의 중심기조로 삼아 1998년 4월 30일 〈남북경협활성화 조치〉 등으로 경제분야 부터 북한을 포용하는 정책을 실시하였다. 이 정책은 1990년대 이후 북한 사회를 고통스럽게 했던 식량난과 경제위기로 인한 위기 상황에서, 폐쇄적인 김정일 정권을 외부로 끌어내는 데 일정한 기여를 하였다. 그리고 2000년 6월 13일 평양에서 역사적인 남북정상의 상봉을 이끌어냈다. 남북정상회담은 다음과 같은 역사적 의의를 가졌다. ① 상호 체제인정과 평화공존의 계기 마련이다. ② 화해와 협력의 토대 마련이다. ③ 분단문제의 당사자 해결 가능성이다. 정상회담이후 남북관계는 급속도로 개선되었다. 장관급회담의 정례화, 적십자 회담, 경협추진위 회담, 각종 실무 회담 등 다양한 채널이 가동되었다. 또한 이산가족 상봉 등 남북 간 화해와 협력분위기 조성, 그리고 각종 민간교류를 활성화시켰다. 특히 남북정상회담은 동북아 지역의 새로운 국제질서 형성 과정에서 한반도가 중요한 행위자로 부각되는 계기가 되기도 했다.

---

30 북한의 1998년 개정헌법의 경제관련 조항과 2002년 〈7·1경제관리개선조치〉, 2003년 종합시장제도를 살펴보면 변화성격을 확인할 수 있다.

적극적으로 그 의미를 부여하면 이전 시대에 비해 주변 강대국에 대한 수동적이고 부차적인 행위자가 아니라, 주체적이고 적극적인 주요 행위자로 자리매김하려 한 것이다.

다음으로 북한의 경제위기와 함께 탈북민이 증대하고, 남북관계가 변화됨에 따라 남한의 탈북민 정책이 어떻게 변화했는지 살펴보자. 남한의 국력신장과 국제적·경제적 위상이 높아지자 해외에서 활동하는 북한의 외교관, 군인 등 관료로부터 러시아 벌목공에 이르기까지 남한으로 입국하려는 탈북민 수가 증대하였다. 무엇보다 북한의 식량난과 경제난이 악화되면서 가족단위 탈북이 확산되기 시작했다. 또한 사회주의권의 해체와 시장경제 도입, 그리고 개혁·개방 추진 등과 함께 남북한 체제경쟁에서 남한의 승리가 분명해짐에 따라 탈북민에 대한 대우도 이전과는 달라졌다.

남한 당국은 1993년 6월 〈귀순북한동포보호법〉을 새로이 제정하여 탈북민 처우기준을 국내 생활보호대상자 수준보다 약간 높은 정도로 지원수준을 낮추었다. 동 법은 정착금으로 최고 1천2백만 원에서 최소 7백만 원의 3등급으로 하향하였고, 주택보조도 임대아파트 보증금 7백 만 원과 정착보조금으로 8백만 원 정도의 가산금을 지급하는 것으로 바뀐 것이다. 무엇보다 동 법은 기존의 국가유공자에 준하는 예우와 양육보호를 배제하고, 탈북민 가족에 대한 취업보호도 제외하였다. 이렇듯 동 법은 기존 법률에 비해 탈북민의 법적 지위와 경제적 지위 및 경제외적 수혜의 범위를 대폭 축소한 것이다. 이에 대한 탈북민들의 실망감과 반발의식도 상당했다. 그리고 1997년 7월 1일 〈북한이탈주민보호 및 정착지원에 관한 법률〉 시행으로 탈북민 대책은 더이상 남북 체제경쟁 차원이 아닌 보호 및 정착지원 차원에서 추진되고 있다.[31] 또한 97년 9월 〈북한

---

31 손주환, 『북한 이탈주민문제에 관한 연구』, pp. 113–114.

이탈주민 후원회〉가 결성되어 탈북민 문제를 전담하는 조직체계를 갖추기도 하였다.[32]

한편 이 시기 남한 정부가 탈북민 문제를 국제무대에 처음으로 공식 제기했다. 김대중 정부시기 홍순영 외교통상부 장관은 1999년 3월 25일 스위스 제네바에서 열린 제55차 유엔 인권위원회에서 특별연설을 하였다. 홍장관은 '먹을 권리를 보장받지 못한 이들은 자신들의 생존을 위해 보호하지 못하는 나라를 떠날 자유가 있다'는 내용의 연설을 하였다. 정부는 그동안 북한 및 중국과의 관계를 고려하여 탈북민은 식량을 위해 국경을 넘은 북한 주민이며, 북한의 주권에 관련된 문제이기에 언급할 사항이 아니란 태도를 취해왔었다.[33] 이런 점에 비추어 보면 이례적이라고 할 수 있다.

법률적 해석에 따르면, 우리나라 헌법에서 대한민국은 한반도와 그 부속 도서를 영토로 규정하고 있기 때문에 정부는 탈북민들을 대한민국의 국민으로서 보호해야 한다는 지적이 지속적으로 제기되어왔다.[34] 그러나 당시 대부분의 탈북민이 중국에 거주하고 있는 상태에서 중국 당국은 탈북민 문제는 북중문제이며, 탈북민들은 절대다수가 친척방문 등 정상적으로 생존을 위해 왕래하고 있다고 외부의 간섭을 배제해왔다.[35]

1990년대까지 탈북민 문제는 압도적으로 중국 체류 탈북민들의 문제였다. 1990년대 중반 북한의 식량난 악화로 탈북민들이 급증했고, 98년을 기점으로 그 성격도 ① 국경지역 주민 → 전 지역 주민, ② 성인 남

---

32 『통일한국』1997년 11월호, 서울: 평화문제연구소, 1997, pp.18-21.
33 『한겨레』, 1999년 3월 26일자.
34 『한겨레』, 1999년 7월 10일자.
35 『한겨레』, 1999년 9월 3일자.

성 위주 → 가족 단위(노인, 여성, 어린이 급증), ③ 식량문제해결 → '더 나은 삶' 추구 등으로 바뀌고 있었다. 이런 변화에도 중국 정부는 탈북민들 특히 동북 3성에 있는 탈북민들은 '불법월경자'이고, 난민협약의 난민 개념에 포함되지 않는 '식량난에 따른 경제적 이주자'이기에 중-조(북) 사이에 난민문제는 없다는 자세를 일관했다. 한편 한국 정부는 민간단체나 유엔난민고등판무관실, 앰네스티인터내셔널과 마찬가지로 탈북민 강제송환 반대와 함께 '넓은 의미의 난민'으로 간주해줄 것을 중국정부에 촉구하였다. 그러나 이 시기 한국정부는 탈북민 문제가 과도하게 공론화되면, 한중·남북·북중 관계에 부정적 영향은 물론 탈북민 자신들에게도 불이익이 초래될 수 있다며 '조용하면서도 내실 있는 접근'을 강조하였다. 당시 상당수 전문가들 또한 국제사회의 대북 인도적 지원 확대를 통해 탈북주민 규모를 줄이고, 경제회생을 돕는 것이 근본적 해결책이 될 것이라고 하였다.[36]

그러나 남북관계를 고려한 이와 같은 한국정부의 조심스러운 접근은 ① 2000년 이후 탈북민이 급격히 증대하고, ② 중국 및 제3국 내 탈북민 인권문제가 국내 및 국제 북한인권 단체로부터 지속적으로 제기되며, ③ 제3국에서 다양한 국제적 문제를 야기하자 일정한 변화를 모색해야만 했다.

V. 2000~2011년: 남북관계 주요 변수가 된 탈북민 문제

2000년 이후 탈북민은 1990년대의 지속적 증대 수준을 넘어 비약적으로 증대하였다. 국내 입국한 탈북민 수만 보더라도 1999년에 비해 2000년

---

36 『한겨레』, 2001년 7월 9일자.

312명, 2001년 583명, 2002년 1,139명, 2004년 1,894명 등 매년 전 해의 약 2배 정도가 증대되는 양상을 보이고 있다.[37] 1990년대 말 이후 탈북민이 급증하고 중국 등 제3국에 거주하는 탈북민 인권문제가 국내외 NGO주도로 국제문제화 되면서 탈북민 문제가 남한 정부에게 '뜨거운 감자'가 되었다.

  김대중 정부를 이은 노무현 정부는 대통령 취임사에서 참여정부의 '평화번영정책'은 김대중 정부의 대북정책 성과를 계승·발전시키면서 정책의 추진방식은 개선하겠다고 공언했다. 구체적으로 ① 계승하는 측면은 화해협력, 평화공존, 점진통일 원칙이며, ② 발전시키는 측면은 동북아 평화번영의 틀 속에서 한반도 평화번영을 도모하고, 남북교류협력 진전에 상응하는 군사적 긴장완화와 신뢰구축을 실현하겠다는 것이다. ③ 추진방식은 정책의 투명성과 내적 추진기반을 강화하기 위해 폭넓은 국민참여로 합의를 형성할 것이며, '원칙과 신뢰'에 입각한 대북정책, '새로운 회담문화'를 지향하겠다고 했다.

  이 시기 남한의 대북지원은 첫째, 정부차원에서는 식량난 해소와 농업 생산성 향상에 중점을 두면서 보건 및 의료 분야 등으로 지원 분야를 확대해 나갔다. 둘째, 민간차원의 대북지원은 정부차원 지원과 상호보완 구도 하에 분야별로 추진하였다. 구체적으로 ① 비료지원은 2001년 20만 톤, 2002년 30만 톤, 2003년 30만 톤, 2004년 20만 톤, 2005년 20만 톤을 지원하였다. ② 쌀은 차관형식으로 제공하여 2000년 30만톤(옥수수 20만톤 별도 지원), 2002년 40만 톤, 2003년 40만 톤 수준으로 지원하였으며 분배의 투명성을 위해 쌀 포대 1천만 개에 대한민국을 표기,

---

[37] 이 수치는 단지 국내에 입국한 북한이탈주민의 수 일 뿐이다. 탈북하여 제3국에 머물고 있는 탈북민들은 중국 내에만 1999년 현재 10만~20만 명으로 추정되었다. 『한겨레』, 1999년 7월 10일자.

매 10만 톤 수송이 완료되는 시점에서 동서해 및 내륙 지역 각 1회 이상 분배현장을 확인하였다. ③ 또한 WTO를 통한 말라리아 방제사업으로 약품 및 의료장비 등 70만 불 상당을 지원 했고, ④ UNICEF를 통한 어린이 영양개선사업으로 2004년 만 100만 불을 지원했다. ⑤ 그리고 민간차원 대북지원은 보건의료, 농업개발, 취약계층 등 역할 분담에 따라 98.7억 원의 기금을 조성하였다. ⑥ 한편 2004년 4월 북한 용천역 폭발사고로 인한 재해 긴급구호 및 복구를 위해 당시 총 645억(정부 및 한적 362억, 민간 283억) 상당액을 북한에 지원하였다. 이는 당시 국제사회 지원액 245억과 비교할 때 2.6배에 해당하는 액수이다.[38]

　노무현 정부의 대북정책은 기본적으로 김대중 정부의 '평화공존' 정책을 계승한 것이다. 따라서 남북관계에 영향을 미칠 수 있는 북한인권 및 탈북민 문제에 대해 적극적으로 대처할 수 없었다. 더욱이 2002년 10월 다시 불거진 북핵문제와 북미갈등, 그리고 한반도 긴장 고조는 남북관계를 어렵게 하였다. 참여정부 1년 동안 노무현정부는 ① 북핵문제로 인한 위기국면을 협상국면으로 전환시키려 했으며, ② 남북대화의 일상화·제도화를 추진했고, ③ 교류·경협 사업의 진전, ④ 그리고 국제사회에 '북핵문제 해결과 남북관계 개선 병행 추진' 입장을 설득시키려 했다. 그러나 완강한 북미갈등 속에서 북핵문제를 주도하진 못했다.

　이 시기 증대되는 탈북민 문제는 국제정치 뿐 아니라 남북관계에 큰 영향을 미쳤다. 당시 정부 고위당국자는 "정부의 기본 입장은 국내에 들어오는 탈북민은 다 받는다는 것"이라면서도 "관련국 사이에 외교마찰을 일으키지 않고 탈북민 문제를 풀어갈 현실적 대안이 마땅하지 않아 고심하고 있다"고 했다. 한 관계자는 "갈등없이 이 문제를 풀 수 있는 잠

---

[38] 통일부 정책홍보관리실 공보지원팀, 『남북관계 추진현황(8월말 현재)』, 2004.

정적인 대안은 중국당국이 탈북민들이 동북 3성 중국에 체류하는 걸 묵인하는 방법밖에 없는 것 같다"고 말하기도 했다.[39]

탈북민 인권문제가 국제 문제화되었으나 ① 중국은 동맹국인 북한과의 국경지역관리협정에 따라 탈북민들에 대해 제네바난민협약을 적용하는 것을 거부해 왔으며 (북한의 동의가 없는 한) 이 방침을 고수하였다. ② 한국정부도 난민 인정이 중국의 주권사항인데다 난민 인정 요구를 북한이 분열정책으로 오인할 수도 있다는 우려에 따라 강한 주장을 못하였다. ③ 그러나 탈북민 문제는 부인할 수 없으며 그 실체를 마냥 덮어둘 수만은 없는 시점에 와 있었다. 더구나 탈북민들의 외국대사관 진입을 통한 잇따른 한국행은 한국-북한-중국의 3국간 외교관계에도 악영향을 미쳤다.[40]

특히 2002년 본격화된 '기획탈북' 이후 파장이 커졌다. 구체적으로 베이징 스페인 대사관에 진입했던 탈북민 25명이 서울에 도착한 일이다. 이 사건이 문제시되었던 것은 ① 이들의 입국을 도와주었던 사람들의 목적이 탈북민들을 한국으로 데려 오는 것만이 아니었기 때문이다. ② 유럽연합 의장국 공관을 활용하고 ③ 진입장면이 즉각 미국의 CNN을 통해 방영되며, ③ 탈북민들을 사전 인터뷰할 정도로 치밀한 홍보전략을 세운 것은 ④ 이들을 통해서 중국 거주 탈북민들의 열악한 상황이 국제적인 관심사가 되기를 원했던 것으로 보인다.[41] 그런 의도는 어느 정도 성공하였다. 그러나 그 대가 역시 컸다. 이 사건 이후 중국당국은 물론이고 대규모 북한의 특무까지 탈북민 송환에 나섰고, 중국현지에서 탈북민

---

39 『한겨레』, 2002년 3월 16일자.

40 『한겨레』, 2002년 3월 19일자.

41 『한겨레』, 2002년 3월 25일자.

들을 도와주는 시민단체 활동은 더욱 어려워졌다. 이 기획은 탈북민 인권문제의 심각성과 정부의 '조용한 외교'라는 소극적 정책으로는 탈북민 문제를 해결할 수 없다는 판단에 의한 행동으로 추정된다. 그러나 그 반대급부로 강제 송환되는 탈북민 수의 급격한 증대와 송환 이후 그들의 인권이 또 다시 문제가 되었다.

중국정부는 기획망명을 주도한 한국의 종교 및 인권운동 민간단체들에 대해 유감을 표명하고, 한국정부는 이러한 활동이 한중관계에 악영향을 미친다며 민간단체 활동에 대한 대책을 마련하기도 했다.[42] 기획탈북 이후 중국은 탈북민을 대대적으로 단속하기 시작하였다. 당시 국경지역 탈북민 수는 줄었으나 매달 150-200명이 국경을 넘고 있으며 이중 5-10%가 중국에 체류하는 것으로 알려졌다.[43] 또한 중국당국은 중국 내에서 체포한 한국 국적의 NGO 활동가들을 중국 국내법에 따라 엄중하게 처벌하겠다는 방침을 굳힌 것으로 알려졌다. 잇단 탈북민 공관진입 등 기획망명으로 인한 중국 당국의 고충 뿐 아니라 일부 재중 동포와 범죄조직들이 돈벌이 차원에서 탈북민 망명에 관여하는 경우도 있었기 때문이었다.[44]

당시 중국 내 탈북민들은 크게 3부류로 나뉜다. ① 죽어도 남한에 가겠다는 쪽이다. ② 중국에서도 살만하지만 신분위협 등으로 불안해하

---

[42] 『한겨레』, 2002년 3월 20일자.

[43] 『한겨레』, 2002년 3월 21일자. 한겨레 신문사가 만나 본 시민단체들 집계로는 당시 탈북민의 90% 가량은 다시 북한으로 돌아가려는 사람들이라고 한다. 바깥세계를 잘 모르고 가족을 남기고 왔기에 먹을 것이나 경제적으로 도움이 될 것을 들고 돌아가려는 것이다. 한편 재탈북했거나 특별한 동기가 있는 10%는 제3국으로 가겠다는 의지가 강하다고 전해졌다.『한겨레』, 2002년 3월 25일자.

[44] 『한겨레』, 2002년 6월 28일자.

는 이들이다. ③ 돈 벌어 북한에 다시 가서 살고 싶다는 부류이다. 탈북민의 출신이나 각자 처한 상황에 따라 다르지만, 시간이 지날수록 식량을 얻기 위한 불법 월경자를 넘어 '정치적 난민'과 '더 나은 삶'을 위한 이주자들이 많아졌다. 특히 2001년 봄부터 본격화한 '기획망명'은 그 자체가 탈북민 문제를 국제적 현안으로 만들었다. 당시 박창익 연변대 민족문제연구소 교수는 북한사람이 이 강을 넘는 것을 '탈북'이 아니라 '도강'이라고 표현했다. "십여 년 전만 해도 양쪽 사람들이 강 건너 친척을 찾아 저녁 마실을 다니곤 했다. 지금도 마찬가지다. 정치색이 강한 탈북보다 도강이란 말이 더 어울린다."는 것이다. 그러나 기획망명 여파로 연변지역은 얼어붙었다. 당시 중국 공안은 탈북민을 신고한 사람에게 노동자 1년치 임금에 해당하는 1000위안(15만 원)의 상금을 주고, 탈북민을 보호하다 적발되면 3000위안 이상의 벌금형에 처했다. 연변에는 기획망명 이후 공안들에게 매달 2명의 탈북민을 잡아들이라고 할당했다는 얘기가 파다했다. 공안의 단속은 탈북민들을 베이징, 웨이하이, 선양과 같은 대도시 또는 시골마을로 쫓아내는 역할을 하였다고 한다.[45]

또한 탈북 양태가 다양해짐에 따라 탈북민 문제가 국제적 외교갈등의 소재가 되기도 했다. 구체적으로 중국공안이 일본 총영사관에 진입해서 탈북민 2명을 연행한 사실을 두고 중–일간 외교 마찰 소지가 있었다.[46] 또한 선양주재 일본 총영사관에 진입하려다 중국 공안당국에 체포된 5명과 미국 총영사관 진입에 성공한 3명의 탈북민 처리가 문제시되기도 했다. 이 사건의 경우 북한과 미수교국인 미국과 일본이 당사국으로 개입된 복잡한 외교 사안이었다. 당시 정부는 인도주의적 처리를 중국에

---

45 『한겨레』, 2002년 7월 29일자.
46 『한겨레』, 2002년 5월 10일자.

거듭 요청했으나 중 – 일 마찰 등 외교관계가 미묘하여 강요는 어려운 상태였다.[47] 한편 2002년 8월 18일 북한 주민 21명이 외부 지원 없이 제3국을 거치지 않은 채 배를 타고 직접 탈북해 남한으로 집단 망명한 일이 있었다. 그러나 이 사건은 제3국이 관여되지 않았고 외부지원 없이 이루어진 어선 탈북으로 외교적 갈등이나 남북관계에 큰 영향은 없었다.[48]

당시 대통령선거 후보자였던 노무현은 탈북민 문제와 관련해 ① 북한의 경제회복을 통해 다수 탈북민이 발생하지 않도록 지원하는 근본대책을 전제로, ② 발생한 탈북민에 대해선 한중 및 남북 관계를 손상시키지 않는 절충적 해법이 필요하다고 밝혔다. ③ 또한 적극적인 탈북민 수용대책을 폈다가 북한을 자극할 가능성을 두고 그는 "남북 화해협력을 해치는 정치적 의도를 경계해야 한다"며 ④ "중국내 탈북민 지원 등 공개적인 활동은 민간단체에 기대할 수밖에 없다"는 현실론을 폈다.[49] 기본적으로 김대중 정부의 탈북민 정책 기조를 이은 것이다. 그러나 2000년 이후 탈북민 문제는 90년대와 비교할 때 그 문제의 수위와 폭이 훨씬 다양하고 복잡하며 중대하였다. 그러므로 애초에 '통일문제'를 핵심과제로 내걸고 선거에 나선 노무현 캠프에서 통일에 중요한 문제가 될 탈북민 문제에 대한 독자적이거나 심도 깊은 이해가 있었다고 보기는 어렵다.

한편, 2003년 들어 북한에 거듭된 흉작과 핵문제로 불거진 해외 원조 중단으로 주민들의 생활형편이 악화되자 탈북이 증대하였다. 당시 2002년 기획망명의 후과와 2002년 10월 다시 불거진 북핵문제로 인한 국제적 갈등으로 북한당국은 탈북 행렬을 막기 위해 탈북민들에 대한 처

---

47 『한겨레』, 2002년 5월 10일자.
48 『한겨레』, 2002년 8월 20일자.
49 『한겨레』, 2002년 6월 28일자.

벌을 대폭 강화한 것으로 알려졌다. 단순 탈북이나 한국행을 시도하지 않은 탈북민들에게 적용되던 3-6개월의 노동교양(강제노동)제도를 없애고, 처음부터 교화소(교도소)나 정치범수용소로 보냄으로써 종전의 '관대 정책'을 전면 수정했다는 것이다. 이와 함께 행불자에 대한 전국적 조사가 시작되었다. 또한 과거 중국공안은 어떤 경우에도 탈북민들에 대한 조사 결과를 북한에 넘겨주지 않았지만, 이 시기 해외공관 진입을 통한 기획망명을 시도하다 현장에서 체포되는 탈북민이나 제3국으로 탈출하려다 잡힌 탈북민들의 조사자료는 거의 북한에 넘겼다고 한다.[50]

국제정세와 맞물려 탈북민 문제가 더욱 예민해지고 복잡해진 것이다. 이러한 상황에서 2004년 남북관계의 급격한 경색이 이루어졌다. 그 원인 중 가장 크게 작용한 것이 남한정부에 의한 대규모 탈북민 입국(2004년 7월 탈북민 468명이 특별기로 한국에 입국)이었다. 이 사건은 10년 전 시베리아에 파견된 북한 벌목공들의 집단적인 작업장 이탈로 탈북민 문제가 불거진 이후, 단일 건으로는 최대 규모의 한국행이었다. 탈북민들이 중국경찰의 단속을 피해 수천 km를 이동해 동남아 국가로 들어가 한국행을 요구해 온 것은 오래된 일이었다. 그러나 이 시기 대규모 입국은 남북관계에 큰 영향을 미쳤으며, 당시 이 사건을 둘러싼 남한 내의 시각도 사뭇 달랐다.

먼저 한겨레신문 측의 시각을 살펴보자. 문제의 동남아 국가에는 최근 4-5년 사이 꾸준히 탈북민들이 몰려 난민 집단을 형성했다. 이들이 이곳에 모이는 과정에서 중국의 브로커들이 개입해 탈출비를 챙기는 이른바 '탈북장사'도 성행했으며, 더욱이 이들은 국경까지 탈북민을 안내한 후 그 뒷일은 책임지지 않았다. 이 때문에 탈북민들은 또 다른 인접

---

[50] 『조선일보』, 2003년 1월 8일자.

국으로 가기 위해 국경지대 밀림에서 바나나를 따먹으며 목숨을 건 여정을 계속하고 있었던 것이다. 이에 대해 국내 탈북지원단체들과 국제인권단체가 지속적으로 문제제기를 하였으며, 일부 탈북민들은 자살 소동이나 범죄를 일으켜 현지 당국의 신경을 건드리기도 했다. 이에 대해 탈북지원단체의 압력이 거세지자 남한 정부는 2004년 5월 말부터 본격적인 송환 교섭에 나섰다.[51]

　외교 당국자는 이 과정에서 국제회의 등을 계기로 세 차례 정도 해당국 당국자와 만나 협조를 요청했다. 정부는 해당국의 협조를 얻기 위해 북한에 지원할 쌀도 이곳에서 구입하기로 한 것으로 전해졌다. 정부의 이런 처리 방식은 국군포로 같은 특수한 경우를 제외하곤 대사관이나 영사관에 들어온 탈북민들에 한해 한국 송환을 추진한다는 그동안의 원칙을 벗어난 것이었다. 당시 정부 관계자는 "워낙 규모가 커 그대로 둘 경우 부작용이 생길 수 있다고 판단해 예방 차원에서 대처했다"고 설명했다. 하지만 정부 간 교섭에 의해 탈북민 입국을 허용하는 선례를 남겼다는 점이 후유증을 예고했다. 또한 이는 유엔인권위 북한인권결의안 표결에서 남한 정부가 기권한 것과도 모순되는 측면이 있었다. 또한 당장 동남아의 다른 나라들에 있는 탈북민들의 처리에서 형평 문제가 제기되거나 중국내 탈북민들의 동남아행을 부추기는 결과를 낳을 것으로 예측되었다고 평가된다.[52]

　다음으로 조선일보 측의 시각을 살펴보자. 동남아 국가들이 탈북민들에게 비교적 수월하게 한국행을 허용하고 있어 이 코스가 많이 이용돼 왔다. 그러나 탈북민 문제가 심각해지자 동남아 국가들에도 탈북민들이

51　『한겨레』, 2004년 7월 24일자.
52　『한겨레』, 2004년 7월 24일자.

부담스러운 존재가 되었으며 이번에도 해당 국가에서 우리 정부에 탈북민들을 빨리 데려가라고 재촉했다고 한다. 이번 일은 우리 정부의 탈북민 대책이 이제 한계에 왔음을 보여주는 사건이다. 탈북민들의 한국행이나 제3국 정착을 탈북민 스스로 알아서 해결하도록 놓아두고 문제가 불거지면 그때그때 정부가 개입해 해결하는 방식으로는 중국과 동남아 국가들을 떠도는 수십만 탈북민들의 생존과 안전을 보장할 수 없을 뿐 아니라, 이들 국가와의 외교적 마찰까지 우려하게 되는 상황에 이른 것이다.[53]

미국은 며칠 전 하원이 만장일치로 통과시킨 '북한인권법'에서 "북한 난민의 정착에 대한 원칙적인 책임은 당연히 한국 정부에 있지만 난민들의 고통에 국제적인 관심을 집중시키고 그 해결책을 만들어내는 데는 미국이 주도적 역할을 해야 한다"고 규정했다. 이 법은 북한난민 지원을 위해 미국 정부가 매년 2000만 달러(약 236억 원)까지 예산을 사용할 수 있도록 하는 구체적 조치까지 담고 있다. "한국정부가 할 일을 제대로 못하고 있으니 미국이 나설 수밖에 없다는 말이니 우리로서는 부끄러울 수밖에 없는 노릇이다. 그런데도 여당의 일부 의원들은 이 법이 '북한에 대한 내정 간섭'이라고 비난하고 있으니 이들이 도대체 어느 나라 국회의원인지 헷갈릴 지경이다." 등의 평가이다.[54]

같은 사건을 평가하면서 한겨레 측은 남한정부의 고충과 노력을 십분 설명하며, 남북관계에 미칠 영향과 함께 향후 전개될 외교적 문제를 우려하였다. 반면에 조선일보 측은 남한정부의 늑장 대책을 비판적으로 서술하고, 이 사건과 미국의 북한인권법을 연계시키고 여당을 비판하였

---

53 『조선일보』, 2004년 7월 26일자 사설.
54 『조선일보』, 2004년 7월 26일자 사설.

다. 남한 내 북한 및 대북정책에 대한 시각차를 확연히 보여주는 태도이다.

당시 노무현 정부는 주요 탈북민 정책으로 ① 남한행을 희망하는 경우 전원 수용, ② 국내입국 탈북민의 안정적인 조기정착 유도, ③ 탈북원인의 근본적 해소를 위한 인도적 지원 및 남북경협 병행이라는 인도주의 원칙에 따른 3원칙을 제시했다. 그리고 ④ 2004년 7월 23일 정착금에 인센티브 도입, 생계급여 특례 폐지, 정착도우미제 도입, 탈북청소년 특성화학교 설립 등을 골자로 하는 탈북민 정착지원 제도개선 방안을 제시했다. ⑤ 또한 국내 입국 및 거주 규모 증가에 대비하여 범정부 차원의 〈북한이탈주민 종합대책〉 마련을 통해 국내 입국 탈북민의 사회적응 및 자립 능력 제고를 도모하겠다고 하였다.[55]

당시 입국한 탈북민들 중 여성과 어린이가 각 70% 및 20%로, 이들은 제3국에 거주하면서 심각한 신분불안과 인권침해 상황에 직면하여 국제적 인권문제가 되어왔었다. 제3국 거주 탈북민 문제는 탈북민들이 체류하고 있는 관련국들이 북한과의 관계를 고려할 수밖에 없는 정치적 입장이 있기에 남한 정부는 탈북민 보호를 소위 '조용한 외교'로 해결하려 했다. 관련국들 또한 탈북민들의 인권침해문제가 국제적 관심사가 되는 것을 막기 위해 탈북민 문제 처리를 제도화하지 않고 사안별로 제3국 추방을 통해 간접적으로 남한입국을 묵인하거나 직접 협조하는 방식으로 처리했었다. 그러므로 집단입국은 노무현 정부의 기존 '조용한 외교' 및 대북 정책에 비추어 볼 때 상상하기 힘든 상황이었다. 따라서 이 문제는 국내외적으로 큰 파장을 주었고, 특히 남북관계 변화에 큰 영향을 미쳤다.[56]

---

55 통일부 정책홍보관리실 공보지원팀, 『남북관계 추진현황(8월말 현재)』, 2004년 9월.

56 이금순, "대규모 탈북민 입국과 남북한 문제", 『정세와 정책』 2004년 9월

당시 남북관계에 악재가 잇따르면서 8월 초로 예정된 남북장관급 회담이 제대로 열릴지 우려하는 분위기가 팽배했다. 정부가 교섭에 나서 수백 명의 탈북민을 한꺼번에 받아들이기로 한 것은 결과적으로 북한을 자극할 수밖에 없었기 때문이다. 더욱이 김일성 주석 10주기 조문 논란의 여진에다 북한 경비정의 북한한계선(NLL) 월선을 둘러싼 논란에 뒤이은 사건이기 때문이다. 특히 탈북민 문제는 극도로 민감한 쟁점이었다. 조문 논란이 기본적으로 과거 문제이고, 북방한계선 논란이 불완전한 정전협정과 관계된 것이라면, 탈북민 문제는 '체제의 위협' 문제로 비칠 수 있는 현재진행형 사안이었기 때문이다.[57]

이러한 우려는 현실로 나타났다. 탈북민 468명의 남한행에 대해 북한의 반응은 차가웠다. 7월 24-26일 금강산에서 열린 8·15남북공동행사 실무접촉에서 북측은 이 문제에 대해 강한 불쾌감을 드러냈다. 북쪽 한응희 실무접촉 단장은 26일 아침 남쪽 협상 대표단 숙소인 금강산호텔로 찾아와 "어떻게 수백 명을 한꺼번에 받아들일 수 있나, 이는 우리 체제를 완전히 부정하는 것이다. 중단하지 않으면 일체의 북남관계는 6·15 이전으로 돌아갈 것이다. 상급(장관급) 회담도 없다. 당국에 전하라"고 말했다고 남쪽 협상 대표단의 한 관계자가 27일 전했다. 북쪽은 미국 하원의 북한인권법안 통과 직후 벌어진 사태를 남쪽의 '도발'로 받아들이는 분위기였다고 한다.[58]

더 나아가 북한은 이 사건에 대해 "우리 체제를 허물어보려는 최대의 적대 행위" 혹은 "반민족적 범죄행위"라고 반발하며 8월3~6일까지 개

호, 성남: 세종연구소, p. 6.
[57] 『한겨레』, 2004년 7월 24일자.
[58] 『한겨레』, 2004년 7월 28일자.

최하기로 합의했던 제15차 남북장관급회담을 무산시켰다. 북한이 당시 탈북민 사태와 관련하여 미국 하원이 통과시킨 '북한인권법'에 남쪽이 영향을 받은 것으로 판단했다는 분석도 있었다.[59]

북한은 탈북민 집단입국을 명분으로 남북장관급 회담을 무산시켰을 뿐 아니라, 대남기구인 조국평화통일위원회와 민족화해협의회, 조선인권연구협회를 통해 '남조선당국자와 사이비 인권단체들'이 미국의 사주에 의해 탈북민들을 조직적으로 유인 납치하였다며 이들의 송환을 요구하였다. 이러한 대응은 주요 인사가 아닌 일반 탈북민들에 대해 언급하지 않던 전례와는 다른 모습이었다. 이러한 북측의 강경한 대응은 집단입국이 남한 정부가 제공한 특별기를 통해 이루어지면서, 한국정부의 탈북민 정책이 '적극적 수용으로 전환' 또는 '대량탈북의 전조'로 평가되는 것에 대한 경고로 평가된다. 더욱이 7월 21일 미국 하원에서 통과된 북한인권법안과 탈북민 문제가 연계될 수 있다는 우려와 함께, 북한이 유엔차원의 대북통합지원(Consolidated Appeal Process)에 대해서도 거부 의사를 밝힌 바와 같이, 국제사회의 인권 압력이 현실화되는 것에 대해 상당한 부담을 갖고 있는 것으로 평가되었다.[60]

한편 2004년 7월 동남아 국가에서 집단 입국한 탈북민들을 강도 높게 비판했던 북한당국은 돌연 태도를 바꿔 탈북민들의 귀환을 호소했다. 북한은 7월 18일부터 이틀 간 방송된 조국통일민주주의전선(이하 조국전선) 명의의 '남조선에 끌려간 동포 형제들에게 보내는 편지'에서 탈북민들의 처지를 이해한다며 귀환할 경우 처벌하지 않겠다고 밝혔다. 조국전선은 이 편지에서 탈북민들을 "몇 푼의 돈이라도 벌고 다시 고향으로 돌

---

59 『한겨레』, 2004년 8월 7일자.

60 이금순, "대규모 탈북민 입국과 남북한 문제", p. 6.

아오기 위해 국경을 넘었던 당신들"로 표현했다. 또 "당신들은 이국(異國) 땅을 방황했던 고달픈 나날에서 돈과 물건을 주면서 남조선에 가면 팔자를 고칠 것처럼 유혹하는 자들의 감언이설에 속아 암흑의 세상으로 끌려갔다"고 동정적인 태도를 보였다. 이어서 "사랑하는 공화국과 그리운 고향의 품으로 집단적으로 와도 좋고 개별적으로 와도 좋다. 누구든지 따뜻하게 맞이하고 환영해마지 않을 것"이라고 밝혔다. 당시 한국정부는 북한이 국제사회에서 북한인권에 대한 관심이 높아지고 있는 상황을 의식해서 이 편지를 방송한 것으로 분석했다.[61] 이 내용을 살펴볼 때, 북한당국 역시 탈북 및 탈북민 문제를 인정한 것으로 볼 수 있다.

남북관계에 급격한 경색을 낳았던 2004년 북한은 ① 핵문제, 북한인권법 등을 미국에 의한 '김정일체제 붕괴' 전략으로 인식하고, ② 선군정치 및 김정일 영도업적 부각을 통해 체제결속에 주력했다. ③ 한편 경제운용의 실리를 강조하면서 내각의 권한 강화, 기업경영 자율권 확대 등 경제개혁을 추진했다. ④ 그러나 공급부족이 해결되지 않은 채 확대된 시장경제조치로 인플레이션 등 후유증이 발생하여 쌀 및 생필품 가격 안정화 조치 등을 시행하기도 하였다. ⑤ 한편 경제개혁 조치에 따라 주민들의 상인화, 생산물의 상품화, 제도면에서 시장화가 가속화되었고 ⑥ 이에 따라 주민들의 가치관 및 사회구조에도 상당한 변화가 진행되었다. ⑦ 상행위가 보편화되면서 사회적 불평등 구조가 초래되고 사회전반에 이익추구방식이 자리를 잡으면서 물질우선 사고방식 및 개인주의가 확신되었다. ⑧ 그리고 배급제 축소 등 집단주의적 사회보장 기능이 작동되지 않는 가운데 불안심리 및 사회일탈 현상이 증가하였다. ⑨ 이에 따라 북한당국은 '숨은 영웅 따라배우기' 운동 집단주의적 사상교양을 지

---

61 『조선일보』, 2004년 8월 20일자.

속적으로 전개하는 한편 ⑩ 이완된 사회질서 확립을 위해 2004년 4월 형법을 개정하는 등 외부사조 유입 및 보안유출 차단, 그리고 내부통제를 실시했다. ⑪ 구체적으로 휴대폰 서비스 중단, UN통합지원 거부, 재북 NGO 활동을 제한하였다.

대남사업 관련해서는 ① 신년공동사설에서 "우리민족제일주의하에 민족공조를 통한 반미자주화 투쟁"을 금년도 대남전략방침으로 제시하고 '정부, 정당, 사회단체 연석회의'에서 '조선민족 대 미국의 대결구도' 실천 및 해결을 촉구하였다. ② 또한 미국의 이지스함 배치 등 한반도 무력증강, 핵공격 시나리오 등과 관련 '미국의 위협론'을 적극 부각시키고, '한미공조가 아닌 민족공조를 해야 한다'며 반미반전 투쟁을 촉구하였다. ③ 남북관계 측면에서는 상반기에는 남북협력사업의 원활한 추진, 군사 분야의 협력, 북핵문제 해결의 여건 조성 등 관련 문제에 대한 지속적인 회담을 개최하였다. ④ 그러나 7월 이후 조문 문제와 탈북민 대규모 입국 문제 등이 잇달아 발생하자, 이 문제들을 남북관계 진전과 연계시켜 당국 간 대화를 중단하였다. ⑤ 한편 민간차원의 접촉, 대북지원 및 개성공단 건설 등 3대 경협사업관련 협의를 지속시키면서 경제적 실리추구는 지속하였다.

그리고 2005년 들어 북한은 2월 10일 외무성 성명으로 핵보유를 주장한 이후 3월 31일 외무성 대변인 담화를 통해 핵 보유를 정당화하면서 "6자회담이 군축회담이 되어야 한다."고 주장한다. 이 발표는 북핵문제를 새로운 단계로 전환하게 하는 계기가 되었다. 당시 북한의 의도는 ① 국제적인 수세적 상황을 공세적 국면으로 전환하려는 시도 ② 미국의 김정일체제 적대시 정책 폐기 압력 ③ 핵포기 대가로 충분한 보상을 요구하기 위한 협상력 제고 무기 ④ 6자 회담이 미국주도의 북한체제를 압박하는 구도가 아닌 북한에 유리하도록 한반도 군축 및 평화협정 체결, 북미관계 정상화 등 포괄적 문제 해결의 장이 되도록 하기 위한 것 등으로

분석되어졌다.62

이렇듯 남북관계 긴장이 조성되며 탈북민 정책은 2005년부터 '자립과 자활을 강조하는 정착지원'으로 기조가 변화된다. 특히 남북관계의 부침과 함께 이들을 바라보는 시선과 정책도 변화함에 따라, 2000년대 중반부터 국내입국 탈북민 들 중 제3국 망명사례가 급증하였다. 또한 정부가 남북관계 등을 고려해 소위 "조용한 탈북민 정책"을 추진하면서, 2005~2008년 3년간 "새터민"이라는 신조어를 사용하기도 하였다.

그러나 탈북민 스스로의 반발과 국내 보수진영의 반발 등이 맞물려 그 호명이 폐기되는 상황도 연출되었다. 이렇듯 탈북민 정책이 다시 요동친 시기는 남북관계 악화와 함께 한국의 이명박 정권이 집권한 이후이다. '비핵·개방 3000'을 기조로 한 이명박 정부의 대북정책은 북한당국의 체제위기감을 높이었으며 남북관계는 급속히 냉각되었다. 이와 함께 이명박 정부는 탈북민 정착 지원 사업을 통일부 사업의 중요 축으로 접근하였다. 국내입국 탈북민 수가 2009년 2913명으로 정점을 찍었던 점도 그 배경으로 작용한다. 이와 함께 2010년 9월 27일 북한이탈주민지원법이 개정되고 〈북한이탈주민지원재단〉이 설립된다.

VI. 2012~현재: 탈북민 급감 속 남북관계 변동

대량 탈북을 대비해야 한다며 하나원 시설 확충(2012년 12월 제2하나원 개원)과 각종 법제도적 정비를 서두르던 탈북민 관련자들에게 당황스러운 상황이 발생하였다. 지속 증대할 것으로 예측되었던 탈북민 및 국내 입

---

62 통일부 정책홍보관리실 공보지원팀, 『남북관계추진현황(2005.4.20)』, 2005. 4.

국자 규모가 2012년 북한에 김정은 정권이 들어선 이후 절반에 가깝게 축소된 것이다. 더욱이 그 흐름이 2022년 현재까지 지속되고 있다. 2022년 6월 현재 한국 사회 내 탈북민 규모는 33,834명이고 이중 남자가 9,478명, 여자가 24,356명이다.[63]

〈표 1〉을 보면, 김정은이 집권한 2012년 이후 국내입국 탈북민 규모가 급격히 축소되었고 그 추세는 10년 넘게 지속되고 있다. 2006~2011년 간 2000명 대를 넘어서 증가 추세를 보이던 흐름이, 2012년 확연히 축소되어 2019년까지 1000명대에서 감소하는 추세로 전환된 것이다. 더욱이 코로나 19로 인해 북한이 전면적인 국경봉쇄 정책을 펼친 2020~2021년 사이에 급격히 축소되었다. 급기야 2022.6월 현재는 단지 19명에 불과하다. 코로나 19로 인한 국경봉쇄 시기를 제외해도 탈북민 규모는 급격히 약화되었다. 게다가 이 시기 국내입국 탈북민 중에는 중국 또는 제3국에 머물다 국내로 입국한 이들도 상당하다.

2012년 후 탈북민 감소 요인은 크게 세 가지 가설로 접근할 수 있다. 첫째, 강한 통제 및 월경단속, 국경봉쇄 등 때문이다. 둘째, 김정은 집권 후 북한당국의 재입북 탈북민 등 통한 체제 우월성 선전 등 탈북민 문제에 대한 적극적 대응정책 효과이다. 셋째, 여전히 살기 힘들어도 북한이 핵무기와 첨단전략무기를 개발하며 국제사회에서 영향력을 증대시키

표 1 탈북민 국내입국 현황과 추세: 2005~2022.6현재

(단위: 명)

년도	2006	2007	2008	2009	2010	2011	2012	2013	2014	2015	2016	2017	2018	2019	2020	2021	2022.6 잠정
남자	515	573	608	662	591	795	404	369	305	251	302	188	168	202	72	40	3
여자	1,513	1,981	2,195	2,252	1,811	1,911	1,098	1145	1092	1024	1116	939	969	845	157	23	16
합계	2,028	2,554	2,803	2,914	2,402	2,706	1,502	1514	1397	1275	1418	1127	1137	1047	229	63	19

---

[63] 통일부 보도자료, 2022 통일부 업무보고, 통일부 통일정책실 정책총괄과, 2022.7.22, p. 10.

면서 북한 주민 사이에 미래에 대한 기대감(특히 중하층민)이 상승했을 가능성이다.

이 중 가장 중요한 영향은 김정은 집권 후 국경 단속과 봉쇄 강화로 추정된다. 특히 2017년 9월 3일 북한이 6차 핵실험을 단행한 후 민생 분야로까지 확대된 대북제재 강화와 함께 이 시기 전후 북한당국이 국경단속을 강화한 영향이 작용한 것으로 보인다. 북한은 2013년 2월 3차, 2016년 1월과 9월 4~5차, 그리고 2017년 9월 6차 핵실험과 함께 첨단 전략무기를 고도화하였고, 이 과정에서 국경단속을 엄격히 하였다.

두 번째 요인으로 김정은 정권의 재입북 탈북민 활용 등 탈북민 문제 관련 선전과 정책을 공세적으로 전개한 효과이다. 김정은 정권의 탈북민 정책은 이전과는 확연히 구별되는 특징을 보이고 있다. 먼저 이전과 달리 탈북민들의 재입북을 적극적으로 유도한다. 그리고 재입북한 탈북민들에 대해서는 '김정일의 광폭정치'를 원용해서 "1%의 양심을 믿어야 한다"면서 관용 정책을 실시한다.64 특히 김정은 집권 초기 재입북 탈북민들의 기자회견 방송 내용을 살펴보면 그 실태를 확인할 수 있다.(〈표 2〉 참조)

〈표 2〉를 통해 확인할 수 있듯이 김정은 정권은 집권 후 북한 주민들의 체제 자긍심 향상을 위해 탈북민 문제를 적극적으로 활용하는 양상을 보인다. 즉, 이들에 대한 각종 혜택과 함께 방송출연과 기자회견을 통해 남한 및 남한 생활을 비방하게 한다. 이를 통해 탈북민들의 재입북을 유도할 뿐만 아니라 탈북을 고려했던 북한 주민들의 탈북의지를 약하게 만드는 이데올로기적 효과를 유도하였다.

마지막으로 북한 주민 사이에 북한체제 미래에 대한 기대감을 향상

---

64 『연합뉴스』, 2013.3.29.

표 2 재입북 탈북민 기자회견 방송내용

일시	매체	인물	내용
2012.6.28.	조선중앙통신	박정숙	탈북민들은 남한 사회를 저주하며 북한으로 되돌아가길 원함.
2012.11.	조선중앙TV	김광혁, 고정남	남한 생활에 환멸.
2013.1.25.	조선중앙통신	김광호 외 3명	탈북민의 남한 생활은 비참하며 귀환을 원함.
2013.5.17.	조선중앙통신	강경숙, 리혁철, 김경옥 *리혁철은 4월 연평도에서 단독 입북	합심과정에서 고문을 당했고, 돈이 모든 것을 좌우하는 남한 사회는 썩었다고 함.
2013.6.21.	조선중앙TV	로정영, 류철용 등 9명 *라오스에서 5월28일 강제북송	남한이 유인납치.
2013.9.30	조선중앙통신	박진근, 장광철	- 박진근은 돈에 눈이 어두워져 중국으로 갔다 2011년 10월 한국으로 왔으나, 이후 남한 사회에 적응하지 못하고 2013년 7월 북한으로 재입북. - 장광철은 2012년 3월 한국에 입국하였다가 2013년 4월 '당 제4차 세포비서대회 시 김정은 연설'을 듣고 재입북을 결심하였다고 함. * 이들은 남측이 북한 인권문제를 제기하는 데 대하여 언급하며, 이것은 북한의 일심단결을 파괴하려는 기도라고 함.

시켜 김정은 체제를 정당화한 효과이다. 김정은은 2012년 4월 15일 김일성 생일 100주년 기념 열병식 육성연설, "다시는 인민이 허리띠를 조이지 않게 하겠다", "내게 소중한 것은 총알보다 쌀알"이라는 기조 발언, 2013년 3월 31일 당 중앙위원회 전원회의에서 '경제 건설과 핵무력 건설 병진노선(이하 경제·핵 병진노선)' 발표, 국방비를 증가할 필요가 없어졌으며 경제건설과 인민생활 향상에 집중하겠다는 의지 발표 등등 인민생활 향상 기치를 주요 행사와 북한 공식매체를 통해 선전하였다. 즉, '담론의 정치'로 북한 주민들을 위무하고 김정은 정권의 미래에 대한 기대감을 고취하려는 정책에 심혈을 기울인 것이다. 더불어 김정일 시대 정

치와의 확연한 차별감을 주기 위해 인민친화적인 행보를 취하였다. 즉, 사회분위기 전환을 위한 정책 행보이다. 더욱이 북한정권은 연이은 핵실험과 첨단전략무기 실험 성공, 그리고 2018~2019년 남북 및 북미 정상회담 등을 통해 국제사회에서 자신의 입지를 높이며 북한 주민들의 체제 기대감 향상을 유도한다. 이 또한 일정한 영향을 미친 것으로 보인다. 그러나 2019년 하노이 회담 결렬 이후, 북한이 2018년 당대회를 기점으로 자력갱생과 첨단전략무기 고도화 전략을 지속하며, 코로나 19 상황까지 부가되어 국경통제는 봉쇄수준으로 격상되었다.

이 시기 남북관계와 상관성이 높은 탈북민 관련 사건은 크게 3가지이다. 첫째, 2016년 류경식당 종업원 집단탈북 사건이다. 둘째, 탈북선원 북송사건이다. 셋째, 탈북민 주도 대북전단삐라 논란이다. 먼저 2016년 4월 8일 북한음식점 류경식당 종업원 12명 집단탈북 사건이다. 당시는 2016년 1월 북한의 4차 핵실험 이후 유엔의 대북 제재가 강화된 시기로 남북관계의 긴장도가 높은 상황이었다. 더욱이 당시 박근혜 정부의 통일부는 이 사건을 공개적으로 발표하며 국내외 여론의 관심을 유도하였다. 이로 인해 국내 보수세력은 남한체제의 우월성과 북한의 반인권성을 부각하고, 국내 진보세력은 이 사건을 안보담론 강화를 위한 '북풍기획'이라 인식하며 첨예한 대립을 보였다.

다음으로 탈북선원 북송사건이다. 2022년 상반기 윤석열 정부 등장 후 정국을 뜨겁게 달군 사건이다. 2019년 정부 발표에 따르면, 이 사건은 2019년 11월 북한 어선에서 선장의 가혹행위로 불만을 품은 남성 선원 3명이 배에 탄 선장을 포함한 16명의 동료들을 죽이고 배를 몰아 NLL을 넘어 탈북한 것으로 시작되었다. 이들 중 2명이 대한민국 해군에 나포되었다. 당시 이들은 해군의 북상명령을 거부하여 UDT/SEAL 대원들이 직접 고속단정을 타고 나포하였다. 이들의 살인행위를 근거로 추방결정 후 통일부가 대북 통지를 비롯한 추방절차를 진행했다. 우리 측은 북측 인원 추방 및 선박 인계 입장을 북측에 통지했고(2019년 11월 5일), 북측은 인원 및 선박 인수 의사를 확인(2019년 11월 6일)했다. 2019년 11월 7일, 2명을 판문점에서 북측으로 추방한 사건이나. 이 사건은 당시에도 이 탈북선원을 '의도적 살인자로 볼 것인가 vs 어쩔 수 없었던 또 다른 측면의 희생자로 볼 것인가', '북한 주민으로 볼 것인가 vs 한국 국민으로 볼 것인가' 등으로 보수 vs 진보의 시각이 확연히 갈리었다.

마지막으로 대북전단삐라 논란이다. 탈북민 출신 대북활동가 주도의 대북전단삐라 살포가 남북관계 경색 속에서 북한이 남한을 강하게 압박하는 요인으로 작용하면서 벌어진 일이다. 2020년 6월 4일 북한의 김여정은 "군사분계선 일대에서 삐라 살포 등 모든 적대행위를 금지하기로 한 판문점 선언과 군사합의서 조항을 모른다고 할 수 없을 것"이라며, "남조선 당국이 응분의 조처를 세우지 못한다면 금강산 관광 폐지에 이어 개성공업지구의 완전 철거가 될지, 북남(남북) 공동연락사무소 폐쇄가 될지, 있으나 마나 한 북남 군사합의 파기가 될지 단단히 각오는 해둬야 할 것"이라고 발표했다. 또한 6월 5일 북한 통일전선부는 "남북공동연락사무소부터 결단코 철폐하겠다"고 발표했으며, 6월 13일 김여정은 다시 "연관 부서에 다음 단계 행동을 결행할 것을 지시했다"며 "머지않아 쓸모없는 남북 공동연락사무소가 형체도 없이 무너지는 비참한 광경을 보게 될 것"이라고 발표했고, 결국 6월 16일 〈남북공동연락사무소〉를 폭파했다.

이 일련의 사건을 계기로 2020년 6월, 이를 주도하는 탈북민 단체와 이를 반대하는 인천 강화군 주민들과 충돌이 있었다. 그리고 2020년 12월 19일 〈대북전단금지법〉이 공표된다.

이 상황에서도 2021년 4월 25~29일 사이 북한인권단체인 자유북한운동연합은 두 차례에 걸쳐 경기·강원도 일대에서 대북전단 50만 장을 북한으로 살포하였다고 밝혔다. 경기도와 강원도 일대에서 두 차례에 걸쳐 대북전단 50만 장과 소책자 500권, 미화 1달러 지폐 5,000장을 대형풍선 10개에 나눠 실어 북한으로 날려 보냈다고 하였다. 그러면서 "3년 징역이 아니라 30년, 아니 교수대에 목매단다고 해도 우리는 헐벗고 굶주린 무권리한 2천만 북한 동포들에게 사실과 진실을 말할 것"이라고 강조했다. 이에 대해 2021년 5월 2일 북한 김여정 조선노동당 부부장은 담화를 내고 대북전단 살포에 대해서 "탈북자 쓰레기들이 또다시 기어 다니며 반공화국 삐라를 살포하는 용납 못할 도발을 감행했다"고 비난했다. 그는 "남조선 당국은 무분별한 망동을 방치해 두고 저지하지 않았다. 상응한 행동을 검토할 것"이라고 했다. 나아가 2022년 8월 현재 북한이 코로나19 종식을 선언하며 그 원인을 남한으로부터 온 대북전단 삐라와 물건이라고 지목하며 강경대응을 선언한 상황이다.

　이렇듯 탈북민 문제는 2022년 현재까지 남북한 분단체제의 질곡 및 양 정치권력의 활용으로부터 자유롭지 못한 상태이다.

VII. 나가며

2022년 상반기 현재 2021년에 비해 북한농업생산이 회복추세에 있으나 식량난으로 인한 생존의 위협으로부터 자유롭지 못한 것으로 평가된다. 세계식량계획은 북한의 식량수급 현황보고서에서 국가배급량 축소와 곡물가 급등에 따라 식량위기에 직면할 것이라고 예측하기도 한다. 더욱이 국경봉쇄, 대북제재 등과 맞물린 공급 부족에 따라 가격이 폭등하는 등 인플레이션으로 상당수 북한 주민들은 고통을 겪고 있는 것으로 알려져 있다. 경제난에 따른 의료혜택 문제는 지속되고, 빈부격차와 범죄 등 사회일탈행위가 증대되고 있다.

　그럼에도 불구하고 국경봉쇄 및 북한당국의 폐쇄와 통제 정책 등이 맞물리며 탈북은 쉽지 않을 것으로 보인다. 이 상황은 현상적으로 보면 탈북규모 축소의 지속이라는 진단을 하게 한다. 그러나 중장기적 시각에서 보면 북한 내부에 위험과 갈등 고조 가능성을 점치게 한다. 경제난과 통제가 심각한 사회에서 이에 대해 불만을 품은 자들이 그 체제를 떠나는 것은 한편으론 체제의 불안정을 의미한다. 그러나 또 다른 한편으로 이들 불만자들이 그 사회를 떠나지 못함으로 인해 그 체제를 더욱 불안하게 할 수 있다. 장기화된 국경 단속/봉쇄에 식량난과 자연재해 등이 중첩되면 체제에 대한 불만감은 외부로 빠져나가지 못하여 내부에서 폭파할 가능성이 높다. 이럴 경우 여러 위기 요인이 겹쳐 북한체제를 '고난의 행군 시기'와 같은 환경에 '쓰나미처럼 밀려올 수 있는 체제이탈자들'을 만들어 낼 수 있다. 관련하여 한반도 및 북한 내 급변사태로 인한 탈북민 예상 규모에 대한 기존 연구를 종합해 보면 〈표 3〉과 같다.

〈표 3〉은 북한의 붕괴와 혼란 상황을 전제로 추정된 것이다. 따라서 남북관계가 합의형 통일안을 전제로 순조롭게 통합될 경우 남한으로 이

표 3 대량 탈북시 예상 규모

연구자 및 기관	예상 규모	출 처	비 고
이정우 (한국보건사회연구원)	200만 명	『통일』, 97.7.	통일시
김구섭 (한국국방연구원)	450만 명	『조선일보』, 97.1.1.	북 붕괴시
독일연방정보부 (BND)	650만 명	『서울신문』, 96.11.23.	중국으로 탈출
한국개발연구원	200만 명	『중앙일보』, 96.3.15.	통일 후
선한승 (한국노동연구원)	200만 명	『중앙일보』, 95.7.6.	제도적 억제정책 미비시
M. Noland (워싱턴국제경제연구소)	960만 명	『이정우 논문』	통일 후 25년간, 북한 주민 40%
류우익	300만 명	『이정우 논문』	통일 후 2-3년
한국정부 (내부자료)	500만 명		난민유입으로 상정

출 처 : 윤여상, "북한이탈주민 급증에 따른 정책대안", p. 69.

주 규모는 훨씬 낮게 나타날 것이다. 그러나 통일 전후과정에서도 남한의 경제력과 삶의 질이 북한보다 높게 유지된다면 남한으로의 유입규모는 〈표 3〉의 추정치에서 크게 벗어나지 않을 수 있다. 북한 주민들의 성분 구성상 그 사회에서 차별이 두드러진 적대계층 및 그 가족을 중심으로 예상했을 때 약 200만 명 이상의 탈북민을 예상할 수 있다.[65]

이들 대규모 탈북민을 한국 사회는 감당할 수 있을까? 한국만이 아니라도 중국 국경지역은 감당할 수 있을까? 내부 폭발로 인한 일시적 대규모 탈북은 동독사례 보듯이 극단적 사건을 초래할 수 있다. 그 결과가 부정적일지 또는 긍정적일지는 남북관계가 어떻게 전개되느냐의 과정에 큰 영향을 받을 것이다.

또한 탈북민 문제는 그 원인과 이후 처리 과정으로 인해 '북한인권문제'와 연계될 수밖에 없다. 그러므로 김정은 정권 지속/강화를 목적으로 하는 북한당국의 입장에서는 탈북민 문제에 강경대응 할 수밖에 없다. 이러한 대응은 핵카드를 통해 미국으로부터 체제 생존/발전을 보장받으려는 북한정권의 정책과도 연계되어 있다. 나아가 자체 생산능력으로 북한 주민 전체를 부양할 수 없으며, 생산구조를 쉽게 개조할 수도 없는 현재 북한 입장에서 주변 국가들과 강대국 간 관계를 활용한 '국가이익 최대화' 추구는 지속될 것이다.

북한은 주변국 관계를 자신에게 최대한 이롭게 활용하려 할 것이다. 그 과정에서 남북관계를 하나의 변수이지 상수는 아니다. 현재 김정은 정권은 자신의 이익을 위해 '한민족담론'에 기초한 남북관계를 활용하지만, 또 다른 측면에서 자신의 필요에 더 강하게 반응하는 국가가 있다면 그것이 미국, 중국, 일본, 러시아 어느 국가든지 남한 보다 우선적인 관

---

65 윤여상, "북한이탈주민 급증에 따른 정책대안", 『국가전략』 2003년 9권 1호, 성남: 세종연구소, p. 69.

계를 맺을 것이다. 이러한 인식이 소위 김정은 정권의 '우리국가제일주의' 담론의 바탕에 있는 것으로 보인다.

따라서 한국 사회에서 탈북민 문제가 남북관계에 이용될 필요는 없다. 나아가 그 관계를 끊어낼 필요도 있다. 이와 관련하여 두 가지 과제를 제기해 보고자 한다. 하나는 남한 정치권의 남북관계 이용 및 탈북민에 대한 태도이다. 2004년 탈북민 집단 입국이후 남북관계가 경색됨에 따라 남한정부는 탈북민 문제에 대해 (실질적인) 무대책 상태이다. 이러한 태도는 차기 집권을 위한 '대북업적'을 위해 탈북민 문제를 외면 혹은 이용한다고 볼 수도 있다. 예를 들어 2004년 11월 몸상태가 안 좋은 탈북 할머니가 한국입국을 위해 외교부에 특별 보호 요청을 했지만 거절당했다. 베트남으로 탈출한 탈북민들로 한국 영사관에 보호 요청을 했으나 거절당하고 베트남 경찰에 붙잡혀 중국으로 추방된 후 북송되었다. 이에 대해 정부 당국자는 "해당국의 법에 따라, 대한민국 영사관 내에 진입한 사람에 한해 보호한다"고 하였다.[66]

양상은 다를지라도 남북관계와 탈북민에 대한 정치적 이용의 역사는 조작과 더불어 과거 여당에서는 훨씬 더 비일비재했다. 또한 탈북민 정책도 70년대까지 국가유공자에 준하는 대우, 80년대에는 '월남귀순용사'로서 보상, 90년대 들어서는 '북한이탈주민'으로서 물질적 지원수준도 국내 영세민과의 형평성에 맞게 낮춰 조정됐다.[67] 이러한 변화는 물론 탈북민 수 증대와 정착위주로 지원정책의 변화라는 점에서 합리적인 측면도 있다. 그러나 다른 시각으로 보면 과거 남북한 체제경쟁시기 탈북민의 높은 활용가치가 이제는 없어졌기 때문으로 볼 수도 있다. 이러

---

66 『조선일보』, 2004년 11월 12일자.

67 『한겨레』, 2002년 4월 8일자.

한 문제제기는 탈북민들에 의해 제기되곤 했었다.

　탈북민 문제는 남북관계를 넘어서 인간의 생존과 관련된 문제이기에 훨씬 국제수준의 보편적 문제로 접근해야 하는 사안이다. 그러므로 여야를 막론하고 탈북민 문제와 남북관계가 더 이상 정치적으로 이용되거나 권력 획득을 위해 배치되어서는 안 된다.

참고문헌

『로동신문』
『조선중앙통신』
『조선중앙TV』
『연합뉴스』
『조선일보』
『한겨레』

Albert Hirschman, Exit, Voice and Royalty(Cambridge: Harvard University, 1970)

Herbert Hirsh, Genocide and the Political of Memory: Studying Death to Preserve Life,(Chapel Hill & Lonon: The University of North Carolina Press, 1995)

Stuart A. Bremer, "Dangerous Dyads: Likelihood of Interstate War. 1816 – 1965", The Journal of Conflict Resolution, Vol. 36. No. 2(Jun. 1992)

강정구, "해방후 월남인의 월남동기와 계급성에 관한 연구," 『한국전쟁과 한국사회변동』(서울: 풀빛, 1992),

고상진, 『조선전쟁시기 감행한 미제의 만행』(평양: 사회과학출판사, 1989)

김동춘, 『전쟁과 사회』(서울: 돌베개, 2000)

김일성, "전체 조선인민들에게 호소한 조선민주주의 인민공화국 내각수상 김일성장군의 방송연설," 『조선녀성』 1950년 7월호

김학성, 『서독의 분단질서관리 외교정책 연구 – 한국통일외교에 대한 시사점 모색』, 서울: 민족통일연구원, 1995,

나초스 지음, 황재옥 옮김, 『북한의 기아: 기아 정치 그리고 외교정책』, 서울: 다할미디어, 2003,

박명림, 『한국전쟁의 발발과 기원 Ⅱ』(서울: 나남, 1996)

박영자, "분단 60년, 탈북민과 남북관계: 역사적 추이와 변화", 『북한연구학회보』 제9

권 제1호(2005년 상반기)

박종민·주호준·정영주·김현우, "그렇다면 대한민국은 지난 23년간 '북한이탈주민'을 어떻게 보았는가 북한이탈주민, 탈북민, 새터민 관련 언론 보도 빅데이터 분석",『한국언론학보』제66권 제1호(2022년 2월)

손주환,『북한 이탈주민문제에 관한 연구』, 경남대학교 정치학 박사학위논문, 1999

외교안보연구원, "동독 이주민의 서독 수용과 통일",『주요국제문제분석』, 1994년 12월 31일.

원호처,『월남귀순자후원회 설립계획』, 1972년 12월.

윤여상, "북한이탈주민 급증에 따른 정책대안",『국가전략』2003년 9권 1호, 성남: 세종연구소

이금순, "대규모 탈북민 입국과 남북한 문제",『정세와 정책』2004년 9월호, 성남: 세종연구소

임동원,「한반도 냉전종식의 길」『월간 조선』1999년 6월 호에 실린 한국발전연구회 강연문(1999. 4. 23).

전광희, "한국전쟁과 남북한 인구의 변화,"『한국전쟁과 한국사회변동』(서울: 풀빛, 1992)

정경화, "북한이주민의 한국사회 동화를 위한 법제도론",『서경대 통일학술 발표논문집』(1997. 19. 9)

정해구,『탈냉전 10년(1988-1997)의 남북관계』, 세종연구소, 1999

평화문제연구소,『통일한국』1997년 11월호, 서울: 평화문제연구소, 1997

통일부 보도자료, 2022 통일부 업무보고, 통일부 통일정책실 정책총괄과, 2022.7.22.

통일부 정책홍보관리실 공보지원팀,『남북관계 추진현황(8월말 현재)』, 2004. 9.

통일부 정책홍보관리실 공보지원팀,『남북관계추진현황(2005.4.20)』, 2005. 4.

통일부,『북한이탈주민 입국현황』, 2004. 6.

통일원,『북한주민의 의식변화와 사회통제』(서울: 통일원, 1994)

제6장

북한 주민과 임수경, 그 열광의 도가니:
'집단주의 인간'과 '자본주의 개인'의 뜻밖의 조우[1]

김윤희 (서울대학교)

I. 들어가며

1. 연구의 배경 및 필요성

1989년 평양에서 개최된 제13차 세계청년학생축전은 북한 역사상 전무후무한 메가 이벤트였다. 북한이라는 폐쇄사회가 일시적으로 열리면서 세계의 면모를 북한 주민들이 볼 수 있었다. 공개 장소에서 성조기가 휘날리고 태극기가 나온 것은 북한 역사에서 처음 있었던 일이었다(임수경 외, 2016, 81). 임수경은 세계 180여 개국 청년대표들이 모인 자리에 남한의 전대협 대표로 참여함으로써 조국의 분단과 통일에 대한 세계적인 관심을 집중시켰다. 임수경의 방북은 분단 67년 만에 처음으로 정치인이나

---

[1] 이 글은 "김윤희, 「북한에서 '임수경 열광'과 도전받은 집단주의」, 『아세아연구』 65, 고려대 아세아문제연구원, 2022, 217-267쪽"에 수록한 논문을 수정·보완한 글이다.

종교인이 아닌 민간인의 공개적인 방문이었다. 임수경의 방북 목적은 세계 각국의 청년들이 모인 곳에서 '우리는 원래 하나'였다는 메시지와 통일을 위한 남북 공동의 노력과 의지를 알리고, 북한 청년들과 통일을 위한 원칙을 확인하는 데 있었다(임수경 외, 2007, 62). 임수경은 방북 일정을 마치고 판문점 귀환과 동시에 국가보안법 위반으로 체포된 후 법정 모두진술에서 "북한에 대한 왜곡된 인식의 틀을 벗어나 진실을 확인하고, 민족주의 기치 아래 통일의 물꼬를 트는 데서 청년들이 선봉·주체적 역할을 해야 한다는 스스로의 사명감에 있다"라고 발언하였다(『임수경 항소이유서』, 1990). 자신의 방북은 기성세대를 뛰어넘어 통일을 몸으로 실천하고자 했던 80년대 남한 청년 학생들의 투쟁과 노력의 결과였음을 분명히 밝힌 것이다

북한은 임수경의 방북을 비중 있게 다루었다. 임수경의 일거수일투족은 그의 방문 기간(1989년 6월 30일~8월 15일) TV 언론매체를 통해 북한 주민들에게 전달되었으며 북한에서 매우 큰 사회적 이슈가 되었다. 1989년 7월 1일~8월 31일까지 북한의 노동당 기관지 노동신문에는 임수경과 전대협 관련 기사만 430여 건이 실렸다. 그 외《로동청년》,《민주조선》,《새날신문》,『근로자』,『천리마』를 비롯한 여러 출판물에도 많은 양의 기사가 실렸다. 김 씨 일가 외 개인을 내세우는 것을 허용하지 않는 북한에서 일개인, 그것도 남한사람의 기사가 그렇게 많이 실렸던 적은 없었다. 북한은 생방송을 잘 하지 않는다. 녹화 실황으로 정제된 장면만 중계한다. 북한에서 생중계는 1989년 13차 청년 학생축전 개·폐막식, 1993년 비전향장기수 이인모 귀환, 1994년 김일성 사망 등 손에 꼽을 정도이다. 하지만 임수경 평양 도착과 판문점 귀환은 기존 관례를 깨고 생방송으로 중계하였다.

한편 1989년 6월 임수경의 방북 소식을 접한 당시 민정당 대표 박준규 의원이 "한 소녀가 세상을 바꿀 수는 없다"라고 한 발언은 임수경

방북에 대한 기성세대 관점과 남한 내 사회 분위기를 잘 드러낸다. 그러나 임수경의 방북은 분단역사상 남북관계 개선과 교류에 앞장섰던 남한의 많은 방북 인사들과는 비교 불가할 만큼 북한 내부에 엄청난 균열을 가했다. 북한 당국은 임수경을 자신들의 선전에 부합하는 '수령의 영도 따라 통일 성전에 떨쳐나선 남조선 청년대표'로 주민들 앞에 보여주고자 하였다. 하지만 결과적으로 임수경이 저절로 굴러들어온 '행운의 홍보수단'이 아니라 북한 주민들의 마음을 훔쳐 간 '도둑'임을 깨달았다(주성하, 2010). 이러한 현상을 흔히 나비효과라고 부른다. 나비효과란 사소한 사건이 미세한 변화를 일으키다가 의도치 않게 저변확대 되면서 큰 변화를 나타내거나, 선택했을 때 초기 예상보다 큰 결과가 나타남을 말한다. 나비효과는 '초기 조건의 민감한 의존성', 사회현상의 보편 원리와 일반 법칙들은 반드시 예측 불가능한 우연성에 영향을 받는다는 의미로 해석된다(강준만, 2015, 38).

임수경의 방북은 남북한 사회에 상당한 파급력을 가져온 사건으로, 남한에서는 사건의 전개가 대부분 공개되었으며, 관련 사안에 대한 논쟁도 공개적으로 있었다. 반면 임수경 방북이 북한 사회와 주민에게 미친 영향력에 대해 본격적으로 논한 학문적 연구는 매우 부족하다. 임수경 방북 효과에 대해 많은 북한이탈주민들이 증언하였음에도 한류, 혹은 북한 사회변화연구에서 부분적으로만 언급되었다. 지금까지 임수경 방북에 관한 연구는 유일하게 이우영의 연구(2012)가 있지만, 임수경 방북이 남북관계에 어떤 영향을 미쳤는지에 대한 구조적 분석이다. 임수경 방북이 분단사에 한 획을 그은 엄청난 사건임에도 불구하고 연구가 제대로 이뤄지지 않은 것은 사건이 가진 이념성뿐만 아니라 구체적인 관련 자료가 거의 없었기 때문이라 할 수 있다. 그러나 임수경 방북을 기억하는 북한 주민들 다수가 남한으로 이주하여, 그들의 경험에 기초한 연구가 가능해졌다.

2. 연구 자료

임수경 방북 후 30여 년의 긴 시간이 흘렀던 만큼 당시 체험자들의 기억이 희미해지기 전에 연구 자료로 만들어 놓아야 한다는 절박함이 연구의 동기부여가 되었다. 하여 인터뷰는 2017년 4월~11월 사이에 진행하고 자료로 확보해두었다. 연구를 위해 13차 평양축전을 기획하거나 집행했던 사람들, 관중으로 참여했던 주민들의 체험담이 필요했으므로 1989년 당시 평양시 및 그 주변 지역에 거주했던 북한이탈주민 13명과 인터뷰를 진행했다. 인터뷰 대상자들은 대학생 출신 중심으로, 연령은 50세 이상(1989년 당시 20살 전후)으로 선정했다. 당시 임수경의 나이가 22세였고, 또래 청년들이 축전의 주체였다는 점, 임수경을 육안으로 볼 수 있었던 행사 참여자 대부분이 평양시 대학생이나 거주자였으므로 체험에 근거한 생동한 자료를 얻을 것으로 판단하였다.

인터뷰 자료는 임수경을 바라보는 북한 주민의 관점을 논리적 설명만이 아닌 구체적이고 직접적으로 드러내는 경험적 서술이며 공식 문헌들에서 드러내지 못하는 당시 북한 주민들의 생각과 감정, 토착 심리상태를 진솔하게 드러낸다. 인터뷰 응답자 13명 중 직접 경험자 8명은 대학생, 통역원 신분으로 축전 행사에 참여하였고, 간접 경험자 5명 중 2명은 노동당 대남부서에서 근무했던 연락원, 3명은 일반 주민이다. 이름은 신분 노출 우려로 가명 처리하였다.

인터뷰 참가자들의 30년 전의 기억에만 의존하는 데 한계가 있으므로 인터뷰 자료 외 임수경 방북 관련 각종 신문 기사, 공식 문헌을 자료로 활용한다. 북한 주민들의 주관적 생각과 공식 문헌을 통한 객관적 자료의 교차 검증은 '임수경 열광' 현상을 입체적으로 조명하고 열광의 체감도를 깊이 있게 이해하는 효과적인 방식이다. 인터뷰 참가자들에게 생면부지의 임수경에게 왜 열광했는가, 80년대 남한의 청년 학생 민주화 통일운동을 어떻게 인식하고 있었는가, 임수경 방북을 전후로 남한에 대한 인식과 변화를 중심으로 질문하였다.

　　남한에서 임수경 방북은 주로 잡지『말』에서 다루었는데, 임수경의 13차 축전 참가 과정보다는 방북 사건에만 초점을 맞춘 것이다. "통일의 꽃 임수경의 스무살"(1989.8)로부터 시작하여, "임수경 북한대행진 동행기"(1989.9), "임수경 평양축전 참가 사건"(2004.11) 등이다. 반면 북한의 공식 문헌, 노동신문 기사나 비디오는 13차 청년학생축전과 임수경 방북 행적을 전체적으로 기록해두고 있다. 1980년대에 출간된『청년문학』,『조선문학』등에 실린 글들은 13차 청년학생축전과 임수경에 대한 북한의 인식을 잘 보여준다.

3. 연구의 목적과 기대효과

한 공동체가 외세에 의해 강요된 분단 때문에 피해적 삶을 영위하고 있음에도 불구하고 분단 경험이 없는 민족이나 국가사회처럼 인식된다면, 우리의 현실을 직시할 수 있는 관점이 확립되어 있는지 스스로 반성해보지 않을 수 없는 것이다(이효재, 1985, 16). 이러한 반성에 비추어 본 연구에서 다루는 것이 분단선을 사이에 두고 상호 불신, 반목질시하며 살아오던 남북한 사람들이 80년대 들어 만남과 교류를 통해 민족적 정체성을 확인하고자 했던 한반도 사회현상 중 가장 대표적인 임수경 방북 사건이다. 1980년대는 메가 이벤트를 통해 남북 간 체제경쟁이 극에 달했던 반면 남북 간의 적대적 감정과 냉전의 동토대가 해빙기를 맞이한 시기였다. 광복 40주년을 맞으며 고향방문단, 이산가족 상봉, 1985년 9월 남한 수재민들에 대한 북한의 물자지원, 1986년 3.1절 기념사를 통한 전두환 대통령의 남북정상회담 기대 언명, 1988년 노태우 대통령의 7.7선언이 발표되었다.

　　본 연구는 임수경 방북과 80년대 남한 청년학생 민주화 통일운동이 북한에 미친 영향을 본격적으로 다룬 최초의 논문이다. 본 연구에서는 임수경 방북 사건을 주로 반공주의 시각에서만 바라보는 남한의 관점을 넘어서 북한 주민의 관점을 포괄하여 설명한다. 본 연구는 기존 북한 연구의 지역적 틀을 탈피하여 동시대에 상호 영향을 주고받으며 발생했던 한반도 사회적 현상을 통틀어 설명한다는 데 의의가 있다. 논문의 내용은 임수경 방북 목적이 통일 의제였던 것만큼 북한 주민들의 민족주의적 감정과 민주화 통일이라는 남한의 80년대 시대정신과 어떻게 결합하고 어떤 결과로 나타났느냐는 맥락으로 구성된다.

본 연구의 목적은 13차 세계청년학생축전에 참가한 임수경에 대한 북한 주민의 반응을 살펴보고, 임수경 방북이 결과적으로 북한에서 어떤 효과를 나타냈는지 조명하는 데 있다. 연구의 질문은 다음과 같다.

첫째: 임수경을 보고 열광한 이유는 무엇인가?
둘째: 교육을 통해 형성된 북한 주민들의 남한에 대한 인식은 어떤 것인가?
셋째: 임수경 방북을 통해 북한 주민들의 남한에 대한 인식은 어떻게 변화했고 어떤 결과로 나타났는가?

4. 이론적 검토

연구의 목적을 위해 뒤르켐의 집합 열광이론을 참조한다. 뒤르켐에 따르면 집합적 열광은 사람들이 모인다는 사실에서 출발하며, 감정이 공동으로 체험되고, 공동의 행동 속에서 표현된다는 것이다(Durkheim, 1995). 어느 한 시기 특정 장소에 같은 생각과 목적을 가진 군중이 모이면 개개인의 에너지가 증가하고 활동은 고조된다. 또한 개개인의 물리적 근접성으로 인해 일종의 집합적 에너지가 발생하고 감정이 순간적으로 고양되면서 표출하는데, 표출된 모든 감정은 상호 공명하면서 증폭된다(Durkheim, 1995, 217-218). 즉 평상시와는 다른 강렬한 에너지를 느끼는

데 개별의식을 압도하는 집단의식 속에 개인이 완전히 녹아드는 체험이다. 이를 두고 뒤르켐은 이전과는 다른 사람, 세속의 일상을 벗어나 현재 '자신을 초월한 인간의 탄생'이라고 하였다(Durkheim, 1995, 219-220). 뒤르켐은 집합 열광을 통해 사회통합의 기능을 발견한다. 같은 성질의 것은 서로 끌어당기는 힘을 갖고 있는데, 집합 군중은 공통의 신념과 전통, 역사적 기억을 바탕으로 일체감을 형성한다. 집합 열광은 성스러운 신념을 생성시키는데 집합 군중의 흥분상태에서 조국, 자유를 비롯한 사회의 기본적인 이념은 진정한 숭배의 대상이 되었다(Durkheim, 1995, 352).

뒤르켐은 집합 열광이 어떻게 형성되는지를 다루기보다는 개인을 강제하는 사회적 힘의 속성과 사회통합의 기능에 대한 분석에 중심을 두고 있으므로 북한에서 '임수경 열광'이 왜 일어났는지를 규명하는 데는 한계를 갖는다. 이러한 한계를 극복하기 위해 본 연구에서는 '민족혼의 결합'이라는 새로운 관점을 제시하고 '임수경 열광'의 동학을 규명하고자 한다. 민족혼을 구성하는 무의식적 토대는 조상대대로 이어온 역사적 기억과 전통, 민족 통일이라는 가치와 지향이며 강한 응집력을 특징으로 하는 집합 열광의 근거가 된다. 이에 대해 본론에서 깊이 있게 다루기로 한다.

II. 임수경의 13차 청년 학생축전 참가 배경

1. 평화를 위한 청년의 연대 '세계청년학생축전'

제2차 세계대전을 통해 전쟁의 참화를 뼈저리게 경험한 인류에 있어 평화는 1945년 세계대전의 종식 후 시대적 화두로 떠올랐다. 특히 2차 세계대전에서 가장 큰 피해를 본 사람이 군인으로 전쟁에 직접 참여한 청년이란 사실은 전쟁의 비극을 방지하고 평화 수호를 위한 공동전선 구축에 그들을 불러냈다. 소련을 주축으로 동유럽 사회주의국가 및 진보적

청년 학생들의 조직인 세계민주청년연맹, 국제학생동맹이 창립되었다. 세계청년조직의 확장과 적극적 활동을 위해서는 청년들이 한자리에 모일 수 있는 세계적인 대화합의 장이 필요했다.

1945년 10월 29일~11월 10일 영국 런던에서 열린 제1차 세계청년대회에서 세계청년학생축전 조직 의제가 논의되었고 이듬해 프랑스 파리에서 열린 제1차 이사회에서 결정되었다. 세계청년학생축전은 대체로 2년마다 열기로 정례화되었고 마침내 1947년 7월 25일 체코슬로바키아의 수도 프라하에서 제1차 세계청년학생축전의 막이 열렸다. 최초의 제안과 실제로 열린 최초의 행사 사이에는 당시 급변하는 세계정세, 즉 냉전의 영향이 있었다. 이 때문에 평화를 내세운 세계청년학생축전은 동구권 사회주의국가들의 연대를 다지는 국제행사로 전환되었다. 세계청년학생축전의 발전과정은 크게 세 단계로 나눠진다. 첫 단계 '반전, 공고한 평화'(1~4차), 둘째 단계 세계평화와 탈식민·민족적 독립(5~8차), 셋째 단계 반제 자주, 반전 평화(9~12차) – 5~8차 축전(1950~60년대 초) 제3세계 운동 발전기, 9~13차 축전은 미소 간 냉전의 공고화, '힘의 우위'를 차지하기 위한 핵 군비 경쟁 강화 – 시기였다(『조선중앙년감』, 1990, 129). 이러한 특징이 '반전, 반핵, 평화'라는 세계청년학생축전의 슬로건에 반영되어 있다.

북한이 참가한 것은 6·25전쟁 중이던 1951년(8.8.~8.19.) 동독에서 열린 제3차 세계청년학생축전부터였다. 북한은 베를린축전을 6·25전쟁의 책임은 미국에 있고, 자신들은 평화 옹호 세력이며, 전쟁에 의한 피해 상황을 세계에 알려, 전후 복구건설의 기초를 만들어 내는 데 활용하였다. 세계청년학생축전 연혁에서 특징적인 것의 하나가 제10차 베를린축전에서부터 시작된 '반제재판소'였다. 반제재판소는 미국의 베트남전쟁 정책, 아랍지역에서 식민주의·인종주의 세력의 죄행을 폭로 단죄·성토하고, 청년들의 반제의식과 법의식을 고취하는 역할을 하였다. 베트남전쟁이 발발하면서 미국에서 전쟁 반대를 위한 평화시위가 고양되자, 서구 사회 청년들이 이 축전에 참여하기 시작하였다.

냉전 시기 가장 중요한 문제가 핵이 아닌가? 핵이 늘어나니까 반전 반핵평화 구호를 동구권이 먼저 들었는데, 점차 서구권에서도 이를 들게 하고, 반전 평화정책으로 미국의 냉전정책에 맞서자는 흐름이 만들어졌다. 이 운동을 가장 빨리할 수 있는 역량이 대학생들에게 있었다. 처음에는 주로 좌익 공산당계에서 시작했는데 이들이 반전 평화 캠페인을 주도하면서 동구권 사회주의가 덕을 본 것이 베트남전이다. 베트남전이 장기화할 때 반전 평화운동을 하면서 비밀리에 미국을 통해 유럽의 청년들을 끌어들였고, 이어 1970년대에는 미국에서 이를 확산시켜 베트남에서 미군 철수를 끌어냈다. 그 이면에는 흐루쇼프가 내놓은 평화공존 이론이 있는데, 미국의 케네디를 끌어들였다. 자유 세계권에서 우익 청년 학생들도 세계청년학생축전에 들어오기 시작했다. 1970년대 중반부터 좌익 학생들만 참가하던 축전에 우익 청년들도 들어오면서 점차 보편적으로 발전하기 시작한다.[2]

서구사회 청년들이 언제부터 어떤 규모로 세계청년학생축전에 참가하기 시작했는가에 관해서는 좀 더 연구가 필요하지만, 세계청년학생축전은 사회주의혁명이 아니라 '평화, 반전, 반핵'이라는 인류 보편적인 가치를 보다 전면에 내세웠다.

---

2 공영수의 증언, 전 외교관(2016년 탈북). 2017년 10월 22일.

2. 13차 세계청년학생축전 평양 유치를 위한 북한의 노력

분단 후 한 세대가 지나는 동안 남북은 다방면에 걸쳐 치열한 체제경쟁을 벌여왔다. 1981년 9월 31일 서독의 바덴바덴에서 88올림픽 개최가 서울로 확정되었다. 그 당시 남한은 개발도상국·분단국가로서 사회경제적 역량이 올림픽을 개최할 만한 수준에 도달하지 못한 상태였다. 그러나 남한은 1986년 아시안게임을 치르면서 올림픽을 준비하였고, 이 경험에 힘입어 개발도상국으로서는 멕시코에 이어 두 번째로 올림픽 유치에 성공하였다. 1988년에 들어선 노태우 정권은 북방외교정책을 통해 사회주의 나라들과의 관계 개선에 외교역량을 집중하였다. 단기적으로는 소련을 비롯한 사회주의권 나라들의 88올림픽 참가유치에 공을 들였다.

올림픽 행사가 주최국의 국력을 인정받는 기회임을 고려할 때 북한에는 정치적 타격이었다. 민족 내부에 존재하는 두 개 정권은 민족 구성원들로부터 자신들 정권의 정당성을 인정·선택받는 것이 궁극적인 과제였다. 이 때문에 남북은 상대방의 정권을 인정하지 않고 서로를 '괴뢰'라고 지칭하였다. 북한은 남한의 88서울올림픽을 분단 고착화라는 목적의 '불순성', 장기집권 획책, 장소의 부적합, 군사적 긴장과 불안, 에이즈 천국, 대외채무 등을 거론하며 공동주최 논리를 폈다(《로동신문》, 1986년 1월 7일, 1월 10일, 1월 15일, 4월 7일, 6월 30일). 북한은 초기에는 88올림픽 서울 유치를 막으려고 노력했지만, 서울 유치 결정이 된 후에는 올림픽 공동개최 요구를 하였으며, 이것이 받아들여지지 않자 이를 좌절시키기 위한 해외 공작 및 대남공작을 벌였다.

> 내가 북한의 외무성 국제기구국에 있었는데, 국제기구국 5과가 체육문화과인데, 여기에서 1981년도에 남한이 88올림픽 주최하겠다고 나오니까 무조건 저지시키라는 지시를 해외공관에 내리고, 외무성에서는 나라별로 그룹을 파견해서 현금을 갖고 나가서 뇌물 주면서 최

종 투표때 반대해 달라 부탁하고. 그 당시 외무성에서 수십 명이 제네바에 나가서 새벽 2~3시까지 로잔느에 나가서 복도에 서서 돈 찔러주고 돌아오다가 차 사고로 머리 상하고, 1980년대 초반 1단계 서울올림픽 개최 결정하기 전에 있은 일입니다. 투표가 비공개니까 어느 나라에서 투표한 것인지 모르니까 돈만 먹고는 찬성표 던지고. 그래서 2단계에서는 대형사건 만들라는 지시가 있었지요. 대남사업부는 대남사업부대로 KAL기 폭파나 서울 폭파 계획도 세우고. 그러나 끝내 막지 못했어요.[3]

88서울올림픽 저지를 위한 북한의 대표적 소행으로 알려진 것이 김현희의 대한항공 KAL 폭파사건이었다. 올림픽 참가를 위한 기본 운송수단이 비행기임을 고려할 때 비행기 폭파는 공포감 조성과 참가 심리를 위축시키는 효과를 노린 것이다. 남한 내에서 KAL 폭파사건의 주범 김현희 존재 자체의 진위와 증언의 신뢰성에 관해 현재까지 여러 논란이 있지만, 당시 북한 외교관 출신들의 증언에 따르면 서울올림픽 저지를 위한 북한의 여러 방면에 걸친 방해 공작은 사실로 보인다.

소련을 필두로 동구권 사회주의가 남한의 북방정책과 '미소' 외교에 화답하며 화해 분위기에 들어가자 북한은 "남조선 반동들은 미제와 일제를 등에 업고 사회주의 나라들에 뚫고 들어가 '두개 조선' 조작의 유리한 국면을 열어보려고 책동하고 있습니다. 한편 일부 사회주의 나라들은 계급적 원칙을 저버리고 남조선 반동들과 경제 관계를 가지는 길로 나아가고 있습니다"라고 사회주의 동맹의 균열 조짐에 우려를 표했다(김정일, 1988, 285). 또한 중국과 소련을 비롯한 사회주의권 나라들이 88올림픽

---

[3] 김천일의 증언, 전 외교관(2000년 탈북), 2017년 11월 2일.

참여 움직임을 보이자 언론매체를 통한 비난의 수위를 높였다.

> 북한에선 그걸 방해하려고 책동했지. 선전 부문에선 김정일 지시가 내려왔는데, '남한은 에이즈 천국이다' 이런 거 선전하고, 사회주의권에서 웽그리아(헝가리), 소련 등이 서울올림픽 참가하겠다고 하니까 사회주의 배신자라고 신문에 악담하고.[4]

북한은 88올림픽에 맞선 대응책으로 1985년 7월 모스크바에서 열린 12차 세계청년학생축전이 끝난 후 13차 세계청년학생축전의 평양개최를 유치하는 데 성공하였다. 1987년 2월 6일~8일 모스크바에서 진행된 제13차 세계청년학생축전 국제준비위원회 회의에서 평양개최가 결정되었다(『조선중앙년감』, 1990, 131). 북한은 13차 세계청년학생축전 유치를 국제무대에서 북한의 정치적 위상을 높이고 체제결속과 사회주의 우월성을 과시할 기회로 만들고자 많은 나라의 참여를 끌어내기 위한 외교전에 집중하였다.

> 그 당시 해외 나가 있었는데 내가 해외 나가 있는 동안 공관에 공문이 와요. 사례비, 비행기 표까지 우리가 다 해줄 테니 빨리 청년학생대표단을 무어 보내라, 예술단은 무조건 하나씩 보내고, 내가 피아노, 바이올린 잘하는 사람 찾으려니 찾을 수가 없고, 창피하지만 길거리에서 악기 치는 사람들 보고 당신들 뭐 할 수 있나, 평양 안가겠나? 비행기표 우리가 다 물어주겠고, 모스크바에서 숙식비, 체류비, 평양가서 상금 타는 것도 다 주겠다. 그중 5명 중 3명이 대학생이고 나머

---

4   장철호의 증언, 전 조선중앙방송위원회 기자(2002년 탈북), 2017년 10월 17일.

진 실업자인데 다 대학생이라 거짓말하고 좌익단체까지 해서 8명을 보냈다. 그때 대사관에서 이 사람들 비행기 푯값만 2만7천 불 지불해 줬다. 왕복비용으로, 117개 나라에서 그 사람들 오는데 비행기, 체류비 다 주고, 릉라도 경기장 가득 채우고 1주일 내내 축전하는데.[5]

북한의 끈질긴 노력으로 세계청년학생축전 사상 가장 많은 나라가 평양에서 개최된 13차 축전에 참여하게 되었다. 평양축전에는 179개국 청년 학생대표단, 64개 국제 및 지역 기구 대표, 국가 및 정당 지도자들, 외국인 2만 1,500여 명이 참가하여 500여 개 장소에서 연 300여 건의 각종 정치, 문화예술, 체육행사들과 주최국 프로그램이 진행되었다(『조선중앙년감』, 평양: 조선중앙통신사, 1990, 103).

3. 평양축전 참가를 위한 남한 청년 학생들의 노력

1980년대에 들어 남한의 청년 학생운동은 민족주의에 입각한 반미정신, 이에 바탕을 둔 민주화·통일운동으로 요약된다. 5.18 광주민주화항쟁을 계기로 반미 무풍지대였던 남한에서 미국은 더는 민주주의 수호자가 아닌 민주화의 장애물, 극복의 대상으로 인식되면서 최초의 반미 구호가 등장하였다. 미국문화원 방화사건, 광주학살 진상규명을 요구하는 미국문화원 점거 농성 등 반미투쟁은 민주화운동의 한 부분으로 자리 잡게 되었다. 해방 이후 지배층이 민족주의를 다른 이념의 억압 기제로 사용해왔다면, 시민과 민중 쪽에서는 민족주의가 자유와 인권, 민주주의를 회복하는 기제로 사용되기도 하였다(김수자, 2005, 232). 80년대 대학가 중심으로 확산하였던 '북한 바로 알기' 운동은 반공이데올로기에서 벗어나

---

[5] 고영환의 증언, 전 외교관(1991년 탈북), 채널A, 『박종진의 쾌도난마』 468회, 2013년 10월 24일.

기 위한 노력과 함께 민주화 이후 통일을 이룩하는 방향으로 설정되었다. 청년 학생들은 '국가보안법 철폐'를 주장하는 과정에서 국가보안법은 분단체제 유지를 위한 초헌법이며, 분단은 민주주의를 후퇴시키는 근원임을 확인하고 민주주의와 통일은 분리될 수 없는 동일한 것으로 인식하게 되었다.

1987년 6월 항쟁이 전국적 범위로 확산하고 이에 대처하여 청년 학생 민주화 역량을 하나로 조직화할 참모부로 전대협이 조직되었다. 전대협은 반미, 민주, 통일을 투쟁의 중심방향으로 정하고, 대중적 통일운동, 올림픽 공동 개최, 남북 평화협정 체결을 당면과업으로 내세웠다. 북한이 제안한 연방제 통일, '두개 조선' 반대, 평화협정은 남한의 민주 진영에도 부합되는 공통의 견해였다.

포스터의 구호는 1961년 5월 13일 서울운동장에서 개최된 '통일 촉진 궐기대회'에서 이수병이 학생대표로 연설하는 도중 외친 구호인데 남한 학생운동은 물론 북한에서도 통일의 구호로 사용하였다.

1980년대 후반부터 남한의 대학가에서는 통일운동의 일환으로 북한과의 연대운동이 활발해졌다. 1988년 3월 29일 서울대 총학생회장 선거에 출마한 김중기는 공개서한을 통해 김일성종합대학 학생들에게 남북 학생 축구 경기를 제안하였다. 이에 김일성종합대학 학생 장혜명은 "남녘의 학우들에게"라는 화답시를 보내왔다. "아, 상봉의 그 날, 우리 함께 축구를 한다면 날아오는 골일랑 그물에 걸리도록 내버려 두자"는 화

그림 1 "가자 북으로 오라 남으로, 만나자 판문점에서!"
리현복 외 편, (대화첩) 『평양축전』, 평양: 문예출판사, 1990, 35쪽.

답시 내용은 대학가 대자보에도 많이 등장하였다(임수경 외, 2016, 65). 또한 전대협은 백두-한라 국토종단 대행진과 88올림픽 공동 개최를 위한 1,000만 서명운동을 벌일 것을 북측에 제안하였다. 이에 호응하여 북한의 '전국대학생 국토종단 대행진대'는 2,500여 리의 장정을 거쳐 1988년 8월 15일 약속된 시간 판문점에 도착하였다(『조선중앙년감』, 1990). 권력의 반대로 무산됐지만, 남북한 청년 학생들의 이러한 활동은 남과 북의 사회 전반에 통일 분위기를 고조시키는 계기가 되었다.

남북한 청년들은 여러 번의 실패에도 포기하지 않고 만남의 장을 마련하기 위해 각방으로 노력하였다. 전대협이 1988년 두 차례에 걸쳐 남북학생회담을 제안하자 북한 학생위원회는 1988년 12월 26일 대한적십자사를 통해 전대협에 13차 세계청년학생축전 참가 공식 요청과 이듬해 3월 초 북남학생회담을 제안해 왔다. 이때부터 전대협은 전문환을 위원장으로 하는 13차 청년학생축전 준비위원회를 조직하고 축전 참가를 위한 노력 끝에 임수경이 대표로 선발되었다. 전대협의 13차 청년학생축전 참가 추진은 7.7선언에 따른 자연스러운 일이었다. 노태우 정권의 7.7일 선언 첫 조항에는 "정치·경제·문화·체육·학계·학교 모든 분야에서 남북 동포 간 상호교류를 적극 추진하며 해외동포들이 자유로이 남북을 왕래하도록 문호를 개방한다"라고 명시되어 있다.

임수경이 3국을 돌아 방북할 수 있었던 것은 해외여행의 자유가 제도적으로 가능했기 때문이다. 권력의 입장에서 분단체제 국민은 국가안보를 해치는 잠재적 불온 분자 내지는 적과 내통·흡수될 수 있는 위험분자들이었다. 때문에, 권력은 상대 쪽과 연결될 기회를 차단하고자, 자국민에 대한 여행의 자유를 제한·통제해왔다. 1980년대까지 남한에서는 출장, 유학, 공무 등 특별한 목적 외에 나갈 수 없었으며, 그마저도 복잡한 절차를 거쳐야 했다. 86년 아시안게임, 88올림픽 유치를 통해 자신감을 얻은 남한 정부는 1989년 1월 1일 해외여행의 자유화를 발표하였다. 이는 경제성장과 향상된 국민소득 수준에 걸맞은 새로운 조치로서 대학가의 문화도 바꾸어놓는 계기가 되었다. 억눌렸던 대학가에 연수와 배낭여행을 떠나는 사례가 급증했다. 1990년 8월 9일 한국관광공사 발표에 따르면 1989년 해외여행 출국자 수 100만 명 중 20대 대학생 증가율이 가장 높았다.

III. 임수경과 북한 주민, 그 열광의 도가니

1. '민족혼의 결합': 임수경 열광과 붉은 악마 'AGAIN 1966'

북한의 '임수경 열광' 현상과 그 원인을 좀 더 명확히 설명하기 위해 남한의 붉은 악마 현상과 비교하면서 '임수경 열광'은 집단열광, 붉은 악마 현상을 집합 열광으로 표기한다. 이는 열광 군중의 성질을 구분하기 위한 것이다. 여기서 집단은 하나의 가치와 목적을 가진 사람들이 소속되어 움직이는 조직으로써, '임수경 열광'의 주체인 북한 주민은 집단 그 자체이다. 집합은 흩어져 있던 개별적인 사람들이 특별한 계기에 동일한 목적을 위해 일정 장소에 자발적으로 모였다는 의미가 있으며, 집회가 끝나면 다시 개인으로 흩어진다. 집합 열광의 주체는 붉은 악마로 표집된 사람들이다.

중요한 것은 열광의 주체인 군중은 축제 군중이라는 사실이다. 물리적 근접성 하에서 성스러운 집합적 표상을 중심으로 수행하는 공통의 의례 과정에 뿜어져 나오는 집단에너지는 군중을 통합시키는 집합 열광으로 승화한다. 축제장에 모인 군중은 공통의 지향점에 도달하기 위해 모였고 동일한 사고와 행동에 의한 소통으로 일체감을 느끼기 때문에 사회적 에너지는 극도로 활성화된다. 그런데 뒤르켐은 집합 열광이 막연한 집단도취, 집단최면이 아니라 근원과 기제가 무엇이며 사회에 대한 미래 지향성은 내재하고 있는지를 설명하지 못하고 있다. 정확하게는 집합적 상태를 낳는 결합이 어떻게 일어나는지, 그것의 구성요소는 무엇인지, 어떻게 지배적 상태가 생산되는지, 단일한 개인의 정신상태가 어떻게 어떤 법칙에 따라서 결합하는지조차 알지 못하며, 집단적 존재가 생산하는 훨씬 더 복잡한 결합에 대해서는 더더욱 아는 것이 없다(이종엽, 1998).

외적 양상이 비슷한 집합 열광일지라도 지리적 공간에 따라 구성되는 역사, 전통, 구조, 풍습, 토착 심리의 고유성에 따라 열광의 기제가 다르게 작동하고 구명(究明)될 수 있다. 우리 민족의 근현대사에서 수백만 인파가 거리로 쏟아져 나와 집합적 열광에 빠졌던 대표적 사건은 '8.15 해방 만세'와 함께 1989년 북한 주민들의 '임수경 열광', 2002년 '붉은 악마' 응원이라 볼 수 있겠다. 분단 이후 남북한 집합적 열광의 계기는 달랐으나 민족주의 정신을 역동적이고 진취적인 에너지로 분출시켰다는 점에선 공통점을 갖는다. 연구자는 한반도에서 분출되었던 이러한 통합적 정신에너지 현상을 '민족혼의 결합'으로 명명한다. 민족혼은 공동체의 뿌리 정신, 정체성의 근원이며, 통합의 강력한 토대로서 뒤르켐이 말하는 '도덕적 힘', '실체화된 집합적 힘'의 연원이며 사회적 토템이다. 단군신화로부터 출발하여 반만년 동안 한 민족으로 살아왔으나 외세에 의해 훼손된 토템의 정체성을 회복하려는 민족적 집합의식은 '우리는 원래 하나'라는 상징적 언어 표상으로 환원된다.

한반도의 남쪽을 붉게 물들였던 2002년 월드컵은 개인화되었던 남한사람들이 스스로 하나로 뭉쳐 집단흥분과 집합연대의 열도를 함축적으로 보여주었다. 2002년 월드컵 당시 사람들은 'Be the Reds'라는 구호가 적힌 티셔츠와 태극기를 몸에 둘렀다. 사실 붉은색은 사회주의를 상징하는 색이었지만 남한 사회를 지배하던 '레드콤플렉스'와는 무관하게 그 당시 사람들은 별다른 거부감 없이 붉은 옷을 입고 열심히 응원했다. 군중 안에서의 모든 감정과 행위에는 전염성이 있으며, 독자적 개인에게서는 거의 발견할 수 없고, 반드시 군중에 속한 인간에게서만 찾아볼 수 있는 특성이 있다(귀스타브 르봉, 2008, 29). 월드컵 기간에 2,500만여 명의 시민들이 거리로 뛰쳐나온 기이한 현상을 그 원인을 분명하게 규명해낼 수 없지만 대체로 '현실을 망각한 집단적 히스테리 증상', '레드콤플렉스에서 벗어난 새로운 민족적 자긍심의 표본' 등 전체주의적 시각과 명시적인 현상 분석으로 재단한다(이동연, 2002, 164-168).

붉은 악마 담론에서 민족주의가 거론되지만, 반공주의에 의해 북한을 배제한 닫힌 민족주의 시각이 지배적이다. 여기서 간과하고 있는 것은 붉은 악마를 더욱더 날뛰게 만들고 집합 열광이 최고조에 달했던 월드컵 4강 기적의 근본적인 동력이 무엇이었는가이다. 연구자는 한:이탈리아 축구 대전이 벌어지는 경기장에서 펼쳐졌던 카드섹션에 주목한다. 대한민국 축구팀이 월드컵 8강 진출을 앞두고 축구 강국인 이탈리아와 맞서게 되자 경기장 응원 관중들은 카드섹션 'AGAIN 1966'을 펼쳤다. 1966년 잉글랜드 월드컵에서 북한이 축구 강국 이탈리아를 1:0으로 꺾어 8강에 오른 기적을 재현하자는 의미였다.[6] 결국 대한민국 축구팀은 이탈리아를 2:1로 꺾고 승리의 기세를 몰아 4강 진출에 성공하였다. 뉴욕타임스는 당시의 열기를 다음과 같이 표현하였다. "갑자기 1966년이 재현되었다. 두 나라는 분단되어 첨예한 군사적 대결 상태에 있었지만 남한은 북한 스포츠 역사에서 가장 영광스러운 순간을 빌려왔다"(Suddenly it is 1966 all over again. Despite the bristling confrontation at the no man's land that splits the peninsula into two nations, South Korea was willing to borrow from the greatest moment in North Korean sporting history. 뉴욕

---

[6] 1966년 월드컵에서 북한이 이탈리아를 이겼다는 소식은 당시 남한에 상당한 충격을 주었다. 당시 중앙정보부 김형욱은 북한 축구팀과 대결을 목적으로 하는 양지축구팀(음지에서 일하고 양지를 지향한다는 중앙정보부의 슬로건에서 따온)을 창단하여 운영하였다(1967년 3월-1970년).

타임즈. http://www.nytimes.com/2002/06/19/). 'AGAIN 1966' 카드섹션은 신자유주의에 편입되면서 희석되는 분위기였던 남한의 민족주의가 반공주의로 배제했던 북한을 포용하는 열린 민족주의로 전환되는 상징적 기호였다.

돌이켜 보면 2002년은 유난히도 '민족'이 강조되었던 해였다. 2000년 남북정상회담에 이어 남북교류의 활성화 등 남북화해 흐름과 2002년 동계올림픽에서 대한민국 아이스하키 선수에 대한 미국 심판원의 오심, 미군 장갑차 사고로 사망한 '효순이 미선이 사건', 남한에 대한 조지 부시 대통령의 일방주의 정책에 대한 반발 등은 민족의식을 고취하는 요인으로 작용했다. 붉은악마 응원은 단순히 축구의 한을 푸는 차원을 넘어 경제발전, 민주화를 바탕으로 서구에 대한 역사적 열등감을 극복한다는 의미가 있다(김수자, 2005, 232-238). 또한 축구 한일전에서 대한민국 축구팀의 승리는 식민권력에 의해 크게 상처 입은 민족주의가 극복되는 하나의 계기가 되었다. 이와 같은 맥락에서 2012년 11일 런던 올림픽 축구 동메달을 놓고 벌인 한일전은 북한에서 방영하지 않았음에도 북한 주민들은 한일전을 보기 위해 전력부족에 따른 만성적 정전상황에서도 배터리를 장착하고 외부 채널로 불법 시청하였는데, 이날만큼은 불법 TV 단속 통제자가 불법자와 한 맘이 되어 남한이 무조건 이겨야 한다고 응원하였고, 남한 축구팀의 승리를 통해 민족적 일체감과 자존심을 확인하였다(DAILY NK, 2012년 8월 10일). 이처럼 밑으로부터 자발적으로 터져 나오는 민족주의 대표적 내용은 통일이며, 이런 맥락에서의 통일논의와 '북한 바로 알기' 운동 등 민족문제 해결을 위한 노력은 1987년 6월 민주화 항쟁 이후에도 지속되면서 월드컵 이후 탄력을 받게 되었다고 할 수 있는 바, 민족주의 새로운 측면과 대안적 모색을 가능케 해주었던 것이 2002년 월드컵 민족주의라고 할 수 있다(김수자, 2005, 232-233).

붉은 악마의 집합 열광이 개인화된 사람들을 하나로 묶어낸 역동적인 움직임이었다면 임수경을 향한 북한의 집단열광은 북한 고유의 일사불란하고 규율적인 전통질서를 무너뜨리고, 주민들의 집단적 무절제, 무규율 양상으로 나타났다. 본 연구에서는 이러한 사회적 현상을 '임수경 열광'으로 부른다. 열광이란 우리말 사전적 풀이는 "흥분이 고조에 달하여 미친 듯이 날뜀"이다. 북한『조선말 대사전』에는 "열렬한 기운이나 흥분이 넘쳐나는 것 또는 상태"로 표기되어 있다. 13차 축전 기간 임수경에게 보였던 북한 주민의 반응이야말로 과히 '열광'이라 할 수 있겠다. 오랜 세월 적대관계에 있던 '남조선 사람'을 향한 북한 주민들의 통념을 뛰어넘은 집단적 반응과 그의 몸짓, 패션까지 유행된 것은 북한 역사상 임수경이 유일했기 때문이다. 축제의 공통점은 역사적 기억에 기초한 것, 자유, 사랑, 오랜 구속감에서의 해방을 향한 낭만적 욕망의 작용으로써 창조물을 재활성화하는 열광의 시간 동안 군중의 사유 속에서 그 시간을 다시 살아보려는 욕구를 느낀다(김종엽, 1998). 평양 축전장은 임수경으로 대표되는 남한사람들과 하나 됨을 체험하고 민족 통일의 인민적 열망이 끓어 번진 장이었다. 임수경은 축전장에서 '우리의 조국은 하나입니다', '분단의 아픔을 끝장내고 반드시 통일을 이뤄야 한다' 등 남한 청년 학생들의 통일 염원을 전한다고 열변을 토했고 이에 북한 주민들은 함께 통일의 구호를 부르면서 집단적으로 호응했다(김민주, 2021, 52). '하나 된 조국'은 우리 민족에 있어 현실적 일치 상태가 아니지만, 상상 속 일치 상태, 헌법에 명시해 넣을 만큼 현실에 반드시 구현해야 하는 궁극의 성취, 지고적 가치였고 통일은 민족 구성원들의 숙명으로 받아들여졌다.

2. 임수경 열광이 환치(換置)한 집단적 무규율 양상

북한 주민들의 집단열광은 우리에게 꽤 익숙한 장면이다. 영도자를 향해 꽃을 흔들고 환호하며 눈물을 흘리거나 진지한 표정으로 발을 구르며 만세를 부르면서도 질서정연함을 유지하는 특징을 갖는다. 북한 주민 하면

공연장에서 무표정한 박수 군중, 근엄한 자세로 팔다리를 로봇처럼 움직이는 열병식 참가자들, 수십만 명이 컴퓨터 그래픽처럼 일사불란하게 움직이는 집단체조 장면을 떠올린다. 신체 사회학적 관점에서 북한 주민들이 남한사람들과 구별되는 체형과 신체 동작을 가지게 된 것은 단지 영양의 문제만은 아닐 것이며 정치 권력이 어떻게 인간의 신체를 규율화하고 동원하는가를 질문하게 된다(정근식, 2002, 337). 북한 주민은 개인이 아닌 수령주의 전일체를 구성하는 한 요소로서, 그들의 신체는 정치에 순종하고, 국가건설 프로젝트 동원의 도구로 만들어져 왔다. 학교 운동장이나 체육시설들에 걸려 있는 '노동과 국방을 위하여!' 구호처럼 북한은 주민을 산악이 집중된 지리적 환경에 적응한 신체, 전쟁에 대처한 군사적으로 훈련된 신체, 생산성 향상에 필요한 건장한 노동력 만들기에 집중했다.

북한 주민들은 신체뿐만 아니라 인간 본연의 감정까지 통제당한다. 감정은 사건에 의해 영향을 받는 상태로써 일반적으로 신체적 감각, 생리학적 과정, 심리상태, 그리고 육체적 몸짓이나 표현의 변화와 연관된다(J.M. 바바렛, 2007, 138-140). 극명한 사례로 2000년 김대중 전 대통령 평양방문 환영을 들 수 있다. 인터뷰 참가자들의 증언에 따르면 이날 북한 당국은 환영 군중들에게 '지나치게 열렬히 환영하지 말고 적의감을 가지고 냉랭하게, 적당히 환영하라'라는 지시를 내렸는데 환영 행사 30분 전에 다시 '뜨거운 동포애의 정으로 열렬히 환영하라'로 지시내용이 번복되었다. 그 이유는 최고 영도자가 예고 없이 김대중 대통령을 마중하기 위해 비행장에 나가게 된 것이다. 2003년 9월 8일 평양에서 진행된 KBS 광복절 특별기획 프로그램 진행 때에도 사전에 '남조선 사람을 향한 지나친 열광은 삼가라' 지시를 내리고 야외공연 장소 곳곳에 보위부 요원들이 배치되어 관람자들의 일거수일투족을 감시하였다고 한다. 이러한 억압적 상황이 만성적인 공간에서 인간의 자연스러운 감정은 억제되고, 생존을 위해 순종해야 하는 '통제된 자아'가 탄생했다. 감정억제는 절대적 규범이었고, 자제, 통제, 씩씩함, 엄격, 권위에 대한 순종, 절대 반항하지 않는 태도가 사회주의 체제에서 요구하는 덕목이었다(한스-요하임 마즈, 1994, 43). 평양축전 기간 외국인들은 야외 디스코장에서 디스코를 즐기는 동안 북한 학생들은 당혹감을 드러내며 함께 춤을 추려 하지 않자, 한 체코인은 '북한인들에게는 춤추라는 지시가 내려오지 않은 모양', '춤추는데도 저들은 지시가 내려와야 한다'라고 꼬집었다(임춘웅, 1989, 153).

 이러한 북한 주민들이 임수경 앞에서만은 기존과 전혀 다른 모습을 보였다. 1989년 6월 30일 임수경은 평양 순안비행장에 도착하였다. 분단사상 처음으로 남한 대학생 대표가 북한에서 주최하는 최초의 국제행사에 참여하기 위해 서울에서 평양까지 4시간이면 닿을 거리를 지구의 6천여 리를 에돌아 도착했다는 뉴스는 북한의 전통질서를 한순간에 해제시킬 만큼 메가톤급 내용이었다. 임수경은 순안공항에 도착하자마자 환영인파에 휩쓸려 신발 한 짝을 잃어버렸던 기억을 떠올리며 "기차에 달라붙는 사람도 있고, 인도와 차도 사이에 쇠로 만들어진 난간이 사람들에 밀려 부서지고, 그래서 부상자도 생기고 그랬어요. 큰 소리로 붙들고 울고, 주저앉기도 하고 아무튼 엄청났어요. 통제도 거의 안 되고, 그분들로서는 굉장히 새로운 광경을 목격한 게 아닌가 싶어요. 매사 격식을 차리고 통제에 의해 형식적으로 움직이는 기존 북한 스타일과는 너무 달랐으니까요."라고 당시 상황을 설명했다(임수경 외, 2016, 67). 비행장에서부터 임수경을 환영하기 위한 대학생 중심의 조직군중이 동원되었지만, 그들은 환영인파의 일부에 불과하였다. 임수경을 보기 위해 그가 이동하는 수십 리 연도를 따라 수많은 인파가 몰렸다. 당국의 지시와 통제 안에서만 군중 집합이 가능한 북한에서 자발적 환영 군중이 모인 첫 사례였다.

첨에는 임수경이 들어왔다고 TV로 나왔는데 북한 역사에서 처음으로 조직군중이 아닌, 일반군중이 나왔다. 임수경이 들어온다니까 일반 주민이 다 쏟아져 나왔다고. 그를 보겠다고. 북한 당국이 너무 놀라서. 사람들이 막 쏠어 나오니까. 임수경 손 벗겨지고. 우린 조직군중이라서 일단 나가보니까 끼어들지 못하겠더라고. 임수경이 차 타고 손 흔들며 들어오는데. 임수경 행적을 알고 싶어서 우린 여기저기 찾아가고 그러는데.[7]

임수경이 이동하는 곳마다 북한 주민들의 집단 질서는 무질서로 바뀌고 돌출행동들이 나타났다. 임수경과 함께 행사에 참여했던 대학생들은 행사가 끝난 후에도 돌아가라는 행사위원회의 거듭되는 권고에도 행사장 출입구에 진을 치고 앉아 자정이 넘도록 임수경이 나오기를 기다렸으나 임수경은 다음날 행사를 위해 남자로 변장하고 빠져나갈 수밖에 없었다(림수경, 1989, 19). 이는 북한에서 임수경 방북 이전과 이후에도 찾아보기 힘든 이례적인 광경이었으며 외신기자들도 의문을 표했다. 일본의 한 기자는 당시 상황에 대해 이렇게 설명했다. "그렇게도 질서정연하던 북한 주민들의 무절제, 무질서한 모습은 처음이었다. 무엇이 규율 있던 국민들을 그렇게 만들었는가? 남쪽에서 왔다는 여대생은 그들을 열광시켰다."(림수경, 1989, 16). 임수경은 사실상 평양축전의 주인공이었다.

임수경은 축전 기간 평화·군축·핵무기 없는 세계를 위한 안전센터, 반제련대성, 민족해방과 독립, 자주와 민족자결, 사회적 진보, 민주주의와 인간 존엄 센터, 청소년 아동 권리센터 등 여러 센터에 참가하여 의사 발언을 하였고 특별연단과 군중 집회, 평화대행진대에도 참여하였

---

[7] 이영철의 증언, 전 무역참사(2013년 탈북), 2017년 10월 30일.

으며 평양시 내 학교와 대학, 여러 문화시설을 참관하였다(조선중앙년감, 1990, 105–133).

3. 눈물로 응축된 민족주의 분출구가 된 임수경

13차 세계 청년 학생 축전장에서 임수경은 전대협을 필두로 하는 남한의 통일 민주 세력과 북한 주민들 간의 매개체로서, 세계무대에서 '남과 북은 하나'임을 확인해주는 상징성을 갖는다. 1989년 7월 1일 5.1경기장에서 열린 축전 개막식의 절차에 따라 각국 대표단 입장 마지막에 주최국 북한 청년 학생대표단에 이어 임수경이 전대협 깃발을 날리며 입장하였다. 임수경의 입장은 축전 개막식 클라이맥스였다. 임수경 입장에 경기장을 채웠던 15만 명이 기립박수를 보내는 속에 '조국 통일' 구호가 열창되었다.

> 울지를 말라고 이제는 울지를 말자고/서로서로 눈물을 닦아주면서
> '전대협' 대표는 왜 또 웁니까/환영 군중들은 왜 또 웁니까 …
> 몸은 비록 부서져도 넋이라도 통일된 조국에서 살자고
> 피를 흘리고 목숨을 바쳐 싸우는 그들[8]

이 시는 단순히 북한 특유의 선동적 수사로만 볼 수 없다. 정말로 시의 구절처럼 당시 TV를 통해 임수경을 바라보던 북한 주민들 대다수가 눈물을 흘린 것은 사실이다. 증언자들은 당시 감정에 빠져들어 자신들이 남자임에도 울었음을 특별히 강조하였다. 이미 개인적 차원을 넘어선 행사장의 분위기에 압도된 상태에서 임수경의 등장은 남자는 강해야

---

[8] 정성환, 「길을 비켜주자」, 『천리마』 7월호(평양: 문예출판사, 1989), 46–47쪽.

하고, 눈물을 흘리는 나약한 모습을 보여서는 안 된다는 가부장적 권위의식도 해제시켜 버렸다. 왜 울었냐는 연구자의 질문에 증언자들 답변은 '통일'이란 두 글자로 요약된다.

> 임수경이 광장에서 흰 바지 입고 등장할 때 난 TV 보면서 울었다. 진짜 울었다. 그 감정이라는 게 한 겨레가 통일된다는 마음, 남쪽도 우리 땅이고, 통일되어야 우린 큰 나라 될 건데. 그래서 울었다. 난 남잔데……. 그 눈물은 가짜가 아니다. 진짜 울었다니까. 그 당시 남조선 인민들도 우리도 통일 바라는데 남조선 정권이 '두개 조선' 조작 책동한다 그러니까, 임수경이 의인이었고.[9]

집단눈물을 통해 사회적 연대와 공동의 목적을 확인할 수 있다. 북한 주민들은 민주화 통일운동에 나선 남한 대학생들을 자신과 민족의 숙명인 통일을 위해 실천적 행동에 나선 통일의 전위 투사로 인식하였다. TV에 노출되는 독재에 항거한 분신자살, 경찰에 끌려가거나 맞아 쓰러지고, 최루탄 가스 속에서 어깨 겯고 벌이는 시위대 모습은 그들이 사상 교양 영화에서 보아왔던 적과 맞서 싸우는 혁명 투사의 모습과 다를 바 없었다. 집단열광의 의미는 '하나의 공동목적을 위해 모인 사람과 사람이 만남과 공감을 소통하는 가운데 발현되는 긍정적 에너지'이다(주용국 외, 2011, 343). 집단열광의 인지적 차원에서는 성과 속이 구분되어야 하는데 성은 '하나의 민족'이란 추상체와 '통일'이란 이상적 표어이고, 속은 '미제와 집권 세력을 포함한 반통일세력'이다. 임수경이라는 '반통일세력들과의 피어린 싸움의 결과' 앞에 집단열광은 집단눈물로 발산된다.

---

[9] 전호식의 증언, 전 00관리소 인수원(2010년 탈북), 2017년 10월 22일.

> 어린 처녀의 몸으로 총구를 디디고
> 장장 구만리 지구를 한 바퀴 돌아서서라도 기어이 오고야 만
> 그의 마음이 그 처럼 장한 걸 어떻게 합니까?
> 바위처럼 억척같은 사나이들도 이런 때 못 참는 게 눈물입니까?
> 이 시각 그의 손을 잡아보지 못하면 통일이 영영 오지 않을가봐
> 이 시각 그의 손을 놓기만 하면 갈라진 겨레들을 다신 보지 못할가봐
> 그처럼 몸부림치는가?
> 최루탄 가스 속에 앉아서 한 치 누워서 또 한치… 피의 언덕을 넘으려
> 그대를 떠나보낸 학우들의 그 마음 다 안고 온 처녀[10]

특히 축전 참가자들이 임수경과 일체감을 느끼는 이유는 대부분이 청년 대학생들이었고, 그들은 80년대 중반부터 통일운동을 고리로 남한 대학생들과 연대 활동을 전개해왔기 때문이다. 임수경은 김일성 찬양 구호가 사방 걸려 있는 김일성 광장에서 "전대협진군가"를 불렀지만 북측은 거부반응을 보이지 않았다(임수경 외, 2016, 94). 김일성종합대학을 비롯한 평양의 여러 대학에서는 민주화 투쟁에서 희생한 대학생들인 김세진, 이한열, 박종철 등 고인들에 대한 추모와 함께 그들을 대학 명예 학생으로 등록하였다. 등록된 학급의 강의실 책상 위에는 그들의 영정사진과 과목별 교과서, 학습장이 놓여 있었고, 강의가 끝나면 학급 학생들은 그 학습장에 강의내용을 정리해주곤 하였다.[11] 비록 동원의 방식일지라도 이러한 행동 과정을 통해 명을 달리한 또래 남한 청년들에 대한 인간적인 정, 비애와 연민의 태도, 정서적 밀착 관계를 형성할 수 있었다. 감

---

10 정성환, 「길을 비켜주자」, 『천리마』 7월호(평양: 문예출판사, 1989), 46-47쪽.

11 김웅기의 증언, 전 OO의학연구소 연구원(2008년 탈북), 2017년 5월 17일.

정은 자기 준거적인 것으로 자아 체계, 또는 준거 대상으로서의 타인의 자아 체계가 없는 감정 경험은 생각할 수조차 없다(김왕배, 2019, 76). 한민족을 구성하는 사람들은 무엇보다 그 민족의 영혼을 구성하는 무의식적 요소들에 의해 서로 닮는다(귀스타브 르봉, 27). 시인 정성환은 임수경을 "지난날 생리별 당한 한 가족도/ … 그리운 고향 친구도 아니지만/ 우리는 왜 처음 보는 그 앞에서 그토록 환호하며 눈물을 흘렸는지" 질문하면서 분단의 고통에 따른 한 맺힘, 통일을 위한 남한 청년들의 노력에 감동되었기 때문이라고 하였다(1989, 46-47). 눈물은 억압과 폭력으로 얼룩진 우리의 근대를 견뎌내고 움직여나간 동력이 감성에 의해 구축되는 대중의 집단적 주체성이며 그 근원에는 마음을 흔들고 실천을 추동하는 눈물의 역능과 정치적 잠재성이 자리를 잡고 있다(김영찬, 2019).

분단에 의한 물리적 공간·사회적 관계의 단절과 혈연적 유대의 파괴는 공동체 구성원들의 정신 심리를 억압하고 사회적 결과를 왜곡·굴절시키기 때문에 사회를 이해하는 데 있어 우리가 간과하거나 망각할 뿐, 분단은 변수가 아닌 상수로 작동한다. 남과 북에 있어 통일은 국가완성의 과제였다. "남북한 당-국가형성 경쟁자 모두에게 국민과 영토, 그리고 주권 개념은 물질적, 물리적인 개념일 뿐만 아니라 동시에 역사적, 관념적, 인식론적인 개념이었다. 따라서 남북한 국가형성 경쟁자들은 비록 물리적으로는 분단 상황에 놓여 있었지만, 역사적·관념적·인식론적으로는 동일한 하나의 장(場)인 한반도 전역에 자신들의 독점적이고 배타적인 사상, 정체성, 그리고 그것이 투영된 제도를 공유시키는 데 성공할 때까지 경쟁하며 노력할 수밖에 없었다."(백학순, 2010, 97). 북한 지도부에 있어 통일은 항일의 투쟁 속에서 와신상담하며 찾으려 했던 광복의 완성이며 혁명의 종국적 승리였다. 북한은 사회주의 근대화와 함께 통일 준비에 국가자원을 집중하였다. '조국이 통일되고 남조선 인민들을 도와주려면' 긴장과 동원에 의한 생산적 앙양으로 충분한 물질적 토대를 갖취야 했다(김일성, 1965, 1-10). 통일을 위해 '푼전을 아끼고 근검절약하자'라는 슬로건 아래 북한 주민들은 사치한 옷을 못 입어도 불평하지 않았으며, 일 인당 한 끼에 한 숟가락씩 절약하여 국가에 식량을 수매하였다.[12] 또 다른 측면에서 통일은 주민 생활을 향상하지 못한 당국의 책임을 면피하고 권력의 독재성을 강화하는 명분으로 활용되었다.

> 북한에서는 그 어느 곳, 무슨 일에나 '통일'이라는 명분이 앞선다. 유일 독재 체제인 '당의 유일사상 체계'…. 김정일의 체제인 '당의 유일적 지도체제'라는 것을 만들 때도 '민족의 숙원인 통일' 때문이라고…. 건설도…. 1년에 15일씩 전 국민이 해야 하는 군사훈련도…. 농사철에 금·토·일 3일 동안 전 공무원이 쉬지도 못하고 농촌에 나가 모내기·김매기·추수를 하는 것도, 쌀 배급량이 하루에 성인 1명당 700g씩이던 것이 400g 정도로 떨어진 것도, 가장 초보적인 간장·된장·소금도 제대로 대주지 못하는 것도 다 통일 때문이다.[13]

북한 주민들에게 있어 통일은 결코 분리될 수 없는 정체성의 기반인 가족, 고향, 공동체로부터 부여받은 도덕적 의무의 완수, 자아의 궁극적 실현이었다. '좋은 벗'들이 1997년 중국 동북 지방에서 탈북난민 1,850명과 진행한 면담자료를 보면 대부분 탈북민이 식량난 때문에 헤어진 가족들과 다시 만나 함께 살아갈 방도는 남북통일이며, 북한 식량문제도 통일이 되어야만 해결된다고 생각한다. 죽음의 문턱에서 구원해

---

12 김일성, 「인민반장들의 역할을 높여야 한다」, 『김일성전집 29』, 1-7쪽; 「조선로동당 제5차대회에서 한 결론」, 『김일성전집 45』(평양: 조선노동당출판사, 1962), 1-12쪽.

13 고영환, 『평양 25시』(서울: 고려원, 1992), 222쪽.

주고 도움을 받은 사람들에게 은혜를 갚는 날도 통일이며, '이국땅에서 어렵게 살아가지만, 통일의 그 날까지 버티고 살아가겠다'가 삶의 목표였다.14 통일은 북한 주민들에게 자유와 풍요를 약속해주는 이정표였으며, 삶을 옥죄였던 분단의 올가미와 내면에 쌓이고 맺혀 억압을 가해왔던 조상대대의 한을 풀어내는 해방의 노래였고, 얼어붙은 마음을 녹여내는 눈물의 언어였다.

북한 주민들은 커다란 통일 행사들이 진행되고 회의장 분위기가 고조되면 눈물을 흘린다. 통일이 빨리 되어야 집도 더 좋은 데서 살고 고기국도 먹고 일요일에도 쉴 수 있으며 친척이 있는 지방에도 마음대로 왔다 갔다 할 수 있는 것이다. 오늘의 생활이 고달프고 다람쥐 챗바퀴 돌듯 하지만 통일만 되면 동경하는 미래의 세상이 펼쳐지는 것이다. 그래서 눈물을 흘린다…. '북한 사람들이 통일에 대한 이야기를 할 때나 〈우리의 소원〉이란 노래를 부를 때 진짜로 우는 겁니까?' 외국에 나가면 나는 이런 질문을 자주 받는다. 그건 서울에 와서도 마찬가지였다. 그러면 나는 이렇게 대답하곤 했다. '정말입니다. 진짜로 우는 겁니다'…. 나 자신도 비슷한 상황에 빠져들었을 때 눈물을 흘리고 목이 메였다. 1987년 4월 15일…. 그날 나는 마다가스카르의 라찌라카 대통령 내외를 수행하여 김일성 등 고위 간부들과 함께 김일성경기장에서 학생 소년들이 출연하는 집단체조를 관람하고 있었다. '조국통일장'이라는 것이 시작되어 아이들이 경기장 바닥에 무궁화 꽃을 가지고 '무궁화 삼천리'를 안삼불로 그려나가는데 방송에서

---

14 좋은 벗들,『사람답게 살고 싶소』(서울: 정토출판, 1999), 85쪽, 132쪽, 145쪽; 좋은 벗들,『두만강을 건너온 사람들』(서울: 정토출판, 1999), 79쪽, 80쪽, 100쪽, 113쪽, 127쪽, 128쪽, 157쪽.

는 '나의 살던 고향은 꽃피는 산골….'의 노래가 울려 퍼지고 있었다. ㅍ 대통령에게 이 장(章)의 주제와 배경 판에 나오는 글자들을 번역해주던 나는 불쑥 목이 메고 눈물이 치솟아 왔다…. 갑자기 목이 멘 내 목소리를 듣더니 대통령은 나를 돌아봤다. 대통령은 내 손을 꼭 쥐며 말했다. '당신의 마음을 알겠소. 통역은 하지 않아도 되니 마음을 진정시키시오'….**15**

임수경이 백두-한라 국제 대행진대회에 참석하여 도보 행군할 때 거리로 쏟아져 나온 군중들은 보안요원들과 카메라맨들도 당황해할 만큼 임수경 앞으로 무질서하게 모여들었다. 꽃을 흔들며 환호하는 환영 군중 속에 특별히 임수경을 향해 손을 내저으며 목 놓아 우는 노인들이 있었다(KBS, 2021년 10월 2일). 임수경(2016)의 회고에 따르면 그렇게 우는 사람들은 사리원, 개성지역으로 가까워질수록 더 많이 보였는데, 이산가족들이 많은 지역이라 그렇다고 하였다. 그들은 자식들에게 "통일되면 남쪽 내 고향 가족들을 꼭 찾아가 보라"고 하는 말이 곧 유언임을 알고 있었다. 개인의 눈물이 아닌 공동체 단위에서 흐르는 눈물은 강력하고도 특별한 윤리 실천적 추동력을 가지는데, 위기가 초래하는 고통과 슬픔에 공감하고, 서로를 위안하며 공동체 위기 해소와 존속을 위한 집합적 열정의 작용이 있다(이호걸, 2018, 35-39).

생면부지의 사람 앞에 눈물을 흘리는 사람은 없다. 북한 주민들은 왜 처음으로 본 임수경 앞에서 눈물을 흘렸는가? 그 눈물을 어떻게 설명할 수 있을까? 앞서 설명한 이상의 것이 있다면 그것은 무엇일까? 이산가족들 경우 남녘에 있는 가족들 생각에 그럴 수 있다고 이해되지만, 축전행사장과 TV 앞에서 임수경을 보는 그 수많은 북한 주민들이 다 같이

---

15 고영환, 『평양 25시』(서울: 고려원, 1992), 220-222쪽.

눈물을 흘리는 현상은 어떻게 설명할 것인가? 이호걸도 자신의 저서『눈물과 정치』에서 한민족의 근대를 관통하는 핵심 키워드가 왜 하필이면 눈물이며, 눈물이 어떤 해방적 가치를 가진다면 그것은 어떻게 어떤 지점에서 그런가? 라는 질문을 던진다. 민족의 분열과 국토의 분단은 내적 갈등이 아닌 외부의 힘에 의해 강요되었기 때문에 이는 공동체 성원들에게 일체감의 단절을 강요하고 자아 정체감에 대한 혼란과 위기를 유발한다(이효재, 1985, 17). 한민족은 식민지와 6·25전쟁이라는 골육상쟁, 냉전의 대결 구도에서 비롯된 비극과 좌절로 점철된 한(恨)에 사로잡혀 있다. 눈물은 민족 수난의 역사 속에서 약소민족의 서러움, 가족의 고통과 슬픔, 체념과 무력감, 애끓는 소망이 겹겹이 쌓여 한으로 맺혔고 씻어내고 털어내고 싶은 응어리여서 '20세기 한국인에게 눈물은 현실을 이루는 중요한 요소이자 현실을 수용하는 주요한 틀'이다(이호걸, 2018, 14).

임수경 앞에서 흘린 북한 주민들의 집단눈물에 대해 지금까지 연구자가 설명한 민족주의 감정 외에 누군가는 또 다른 관점을 제시할 수 있을 것이다. 이 연구에서 다루고자 하는 것이 북한 주민들의 '임수경 열광'의 동학을 분단 극복과 분열된 정체성 회복을 위한 민족주의 역동성에서 확인하는 것이기 때문에 다루지 못한 부분들은 후속 연구 과제로 제시한다. 감정은 시공간, 역사와 문화, 사회화 등에 의해 형성된 사회적 아비투스이며 의사소통적이고 신체화된 그 무엇으로써, 개인들의 상호작용과 그 흐름 속에서 살아있는 경험으로 연구되어야 한다(김왕배, 2019, 84). 그러나 아쉽게도 사회학은 인간의 감정을 행위의 원천이 아니라 문화적 가치와 문화적 단서의 반영이나 구성물로 간주하면서 사회적 규칙과 사회적 행동 간의 매개물로 취급하는 사회학의 지배 전통은 감정이 행위의 토대로 자리할 여지를 주지 않는다(J.M.바바렛, 2007, 30 - 31).

실증주의 및 구조기능주의 중심에 매몰된 사회학의 경직성과 고루함에 맞서 '사회학은 과학'이라는 아카데믹한 관념에 대한 비판이 등장하고 있다. 인간의 감성과 개성을 드러내고, 감동과 마음을 위로하고, 인간의 느낌과 생각을 자유롭게 표현하고, 타인의 삶을 깊이 이해하는 사회학, 삶의 고통과 환희, 좌절과 역경에 귀 기울이는 사회학, 즉 잃어버린 인간성의 회복적 개념으로 '사회학적 영성'과 응답하는 대안적 사회학의 가능성이 제기되고 있다(정수복 2015, 29-30). 이러한 실천으로 감정과 마음이라는 인간의 소프트웨어 영역에 관한 사회학적 연구 추세가 나타나고 있다(김왕배, 2019, 『감정과 사회』; 김홍중, 2009, 『마음의 사회학』).

4. 새로움의 발견: 집단주의 인간 앞의 '개인' 임수경

1) 나를 비추는 거울 임수경

증언자들은 임수경에 앞서 1989년 3월 문익환 목사 일행이 평양을 방문하였지만, 방문 사실만 기억할 뿐, 그 외 별다른 언급을 하지 않았다. 그런데 임수경에 대해 증언할 때면 마치 그때 시간으로 돌아간 상태처럼 몸짓까지 해가며 생동하게 기억을 되살렸다. 임수경을 통해 받았던 문화적 충격이 당시 북한 주민들 삶의 구성에 중요한 전환점이 되었던 것만은 틀림없다. 북한 주민들은 임수경을 통해 한 민족이라는 동질감, 통일이라는 가치지향점에서 일체감을 느끼면서도 이색적인 사람을 처음으로 발견하였다.

　　임수경의 방북 체류 기간은 45일이었는데 그와 북한 주민들의 만남은 집단주의 인간과 자본주의 개인의 뜻밖의 조우였다. 여기서 인간과 개인의 차이는 무엇인가? 라는 질문이 잇따른다. 인간이 개인이라 불리기까지를 설명하는 것은 자신에 대한 자각과 성찰, 독자적 기준으로 자신의 삶과 더 나아가 권력에 대항하는 시민사회까지 형성하려는 독립적인 주체로 자신을 규정했느냐는 역사적, 철학적 범주까지 확장되는 문제이다. 일반적으로는 자신을 중심으로 동심원을 이루는 사회관계의 범주들, 관습의 공동체, 소속·정치조직으로부터 얼마만큼 자유롭고 독립성을 갖는가에 따라 판단할 수 있다. 임수경은 공식 석상에서 원고 없이 수만 군중 앞에서 일장 연설하거나, '북한에 문제가 있다고 생각한다. 나는 통일문제를 논의하려고 왔지, 북한이 좋아서 온 게 아니다', 국가보안법에 걸릴 법한 노태우 정권에 대한 비판도 거침없이 하는 등, 자기 의사 표현을 정확히 했다(임수경 2016). 북한 주민들에게는 임수경의 이런 모습이 신기하게 다가왔다.

> 북한 사람들은 그 누구도 연설문이 없이 연설하는 사람을 본 적이 없었다. … 북한 사람들은 짧은 연설이나 토론을 해도 대본이 씌여진 대로 한자도 틀림없이 읽어야 하는데 임수경은 대본도 없이 연설할 수 있다는 것이 정말 놀라웠다.[16]

> 남한은 다방면으로 배우다 보니 우리와 대화가 안 되고, 우린 말할 게 없고, 임수경이 원고문 없이 어떻게 연설을 잘하나? 강연회 진행할 때 연사는 자기 말 섞지 말라, 현실에 비춰서 한 두 마디 첨부하라, 이 정도만 승인되는데, 이럴 때 자기 말 할 수 있는 기회지만 일부러 안 한다. 실수할까봐, 인민반 나가서 강연하는 도중 누가 신고해서 잡혀가서 비판서 쓴 적도 있다.[17]

임수경과 상반되는 북한 대학생들의 경직된 태도를 두고 김정일은 '말주변이 없어 외국인들 묻는 말에 제대로 된 대답이나 자기 의사 표현도 정확히 못 하고, 겁에 질려 달아나거나 원고를 미리 써서 졸졸 내리읽

---

16 김민주, 『뿌리뽑힌 나무』(서울: BOOKK, 2021), 52쪽.
17 손영혜의 증언, 전 양정사업소 회계원(2010년 탈북), 2017년 10월 22일.

고 있다'라고 지적하였다(김정일, 1989, 319). 그들이 그렇게 할 수밖에 없었던 것은 '보고, 토론, 강연, 출판물에 실릴 글을 쓸 때는 수령의 교시를 먼저 인용하고 그에 기초하여 내용을 전개, 그와 어긋나게 말하거나 글을 쓰는 일이 없어야 한다'라는 초헌법적 규정 때문이었다(『당의 유일사상체계 확립의 10대 원칙』). 언론·양심의 자유가 전면 차단된 구조에서 자기 생각대로 말하는 자체가 위험을 동반하므로 북한 주민들의 언행은 최고 영도자의 사상과 의중에 맞춰야 한다. 북한 주민들은 사상단련의 용광로 속에서 개인적 정체성이 제거되고 국가의 부품으로 제조되어 나온, 하나의 가치관으로 획일화된 사회정치적 집단의 구성 분자일 뿐, 개인이라는 독립적 주체로 형성되지 못했다.

반면에 임수경은 돌발 상황에 따른 대응능력과 개인적 주관이 뚜렷했다. 임수경은 축전 종료 후 7월 20일-7월 27일까지 진행될 백두-판문점 국제평화대행진을 놓고 북한 반핵평화위원회 측이 공동주관을 요구하고 평화대행진 국제준비위원회는 독자 주관을 주장하며 이견을 보이자 '자주적으로 치러야 하는 국제행사인데 어떻게 공동주관이 될 수 있나?'라고 북한 당국에 항의하면서 자기 의사를 관철했다(김명식, 1990, 237). 임수경은 임의의 장소에서 삼행시를 짓거나 피아노, 기타를 자유자재로 다루는 등 북한 대학생들의 경직된 모습과는 차별되는 문화적 소양을 드러내었다. 집단주의에 함몰되어 자신이 누구이며, 어떤 사람인지 알 수 없었던 북한 주민들에게 임수경의 자유분방한 언행은 자신과 비교할 수 있는 명확한 기준을 제시하고 개인적 정체성을 형성해 갈 동기를 유발하였다.

2) 개성을 표현하는 임수경 패션

인간의 존재성을 일깨운 데카르트의 '나는 생각한다. 고로 존재한다' 명제를 개인의 자유와 개성을 표현하는 외향적 기호로 모사(模寫)하면 '나는 입는다. 고로 존재한다' 즉 패션이다. 북한 주민들은 자기가 입을 옷도 당국의 지시와 통제에 따라야 한다. 머리 모양과 옷차림은 사회주의자답게 이러저러 해야 한다는 수령의 가르침을 준거로 한다(김일성, 1970, 1-20). 80년대까지만 해도 북한 주민들이 주로 입는 인민복이나 정장은 사실 단체복에 가까웠다. 북한 경제 사정은 1980년대 후반부터 열악하여 물품 부족으로 주민들은 '물건'을 찾는 생존의 요구에 허덕이었으며 그들의 기름기 없는 피부와 검소한 옷차림은 가난의 흔적이었다(성혜랑, 2000, 468-469). 임수경의 청바지는 북한 주민들에게 금기의 옷이었으므로 더욱 눈길을 끌었다. 북한은 동구권 사회주의가 무너진 것이 청바지 때문이라면서 주민들이 청바지를 못 입게 단속·통제하였다. 몰락한 동구권 사회주의 학자들이 평양을 방문했을 때 청바지를 입고 다니는 사람이 없다고 놀랐던 적이 있다(김정일, 1994, 1-5).

임수경의 흰 피부에는 몸의 영양 상태가, 패션은 남한 경제 수준을 드러내고 있었다. 문화 자본은 정신과 신체의 성향 형태로 존재하는데 체화된 상태로 축적된 문화 자본은 문화나 교양이라 불리는 형태를 띠고 있으며 체화 즉 몸과 일체가 되는 과정을 전제로 한다(Pierre Bourdieu, 2005, 65-67). 북한 주민들의 육안으로 확인되는 임수경의 신체와 패션은 물질적 결핍과 저소비 강요로 억눌렸던 충족 욕구, 타인과 구별되는 패션을 통해 자기 개성을 표현하고 싶은 욕망을 분출시켰다.

> 임수경 옷 입은 게 간편하고 시원한 옷차림이라고 청년들은 그렇게 보고, 처음으로 남한 여자를 봤는데 환성 지르고, 난리가 나고, 그게 남한에 대한 인식을 뒤집어 놓는 계기가 되었다.[18]

---

18 조모 씨의 증언, 전 인민위원회 지도원(2011년 탈북), 2017년 9월 15일.

임수경 귀환 후에도 북한 전역에서는 그의 패션이 '임수경 바지', '임수경 머리', '임수경 신발'로 유행되었다.

> 임수경이 입은 티셔츠가 내복인데 항상 단추 채우는 옷만 입다가 반 티도 겉옷으로 입고 다닌다는 걸 알았고. 초상휘장만 달면 외출복으로 인정되고, 감히 내복으로 입던 건데, 그걸 계기로 북한도 많이 달라지고. 당시 귀국자들이 갖고 있던 청바지를 못 입다가 집안에서만 작업복처럼 입고, 그때 청바지를 외출복으로 입기 시작했다. 임수경 왔다 간 후 청바지를 진짜 비싸게 팔았다. 그때 기억으로 첨에는 50불, 100불, 이렇게 팔았는데 진짜 좋은 건 300불 받았다고. 우리 평양에서 온 운전수친구가 무조건 내놔라고…. 임수경 입으니까 입어도 되는 줄 알고 그러다가 축전 끝나고 청바지 못 입게 해서…. 청바지 단속하고, 심한 데서는 가위로 잘라버리고 통제 심하게 했다.[19]

뒤르켐은 집합적 열광을 행위의 창조성, 창조적 행위의 결합으로 본다. 상황은 행위 목적과 수단 모두를 발견하는 맥락으로 존재하는 바, 행위는 맥락에 구속되어 전개되지만, 항상 이 맥락을 초월하고 재구조화하는 창조적 기획으로 나타난다(김종엽, 1998, 349).

---

[19] 위와 같은 증언.

IV. 임수경을 통한 '남한 바로 알기': 주체의 각성

1. 임수경의 판문점 귀환
1) 임수경의 단식

임수경은 1989년 7월 27일 방북 일정을 마치고 판문점을 통해 귀환하고자 하였다. 임수경의 판문점 귀환을 동행하기 위해 천주교정의구현사제단의 문규현 신부가 판문점에 도착하였다. 유엔사로부터 판문점 통과가 승인되지 않자 임수경은 7월 28일부터 6일간 단식농성에 들어갔다. 임수경의 단식농성장은 국내외 여론을 집중시켜 임수경의 판문점 귀환 승인촉구와 압박, 전대협에 대한 남한당국의 탄압 규탄·중지를 요구하는 성토의 장이 되었다. 몸은 저항의 수단, 목적달성을 위한 방식, 정치적 행위이다. 단식은 음식과 신체에 대한 문화적 의미를 이용하여 권력의 커뮤니케이션을 실천하는 한 형식이며 과정이기 때문에 단식이 시작되면 사람들은 단식행위에 사용되는 상징과 숨은 의미를 이해하려 함으로서 관객으로 변한다(김광억, 1995, 143). 임수경의 단식농성장에는 북한을 방문한 외국인들과 재외교포, 재일 학생청년단, 국내 학생들과 정부 인사들이 위문 방문하였다.

한편 북한 주민들에게 임수경의 단식은 이해할 수 없는 행위였다. 북한은 영토의 80%가 산악인 탓에 경지면적이 제한된 지리적 한계, 계획경제의 비효율성으로 식량 자급자족이 어렵다. 북한 경제발전의 상승기였던 1970년대부터 전쟁 예비 식량 저축을 위한 절약미로 2일분씩 떼고 나면 양이 줄어들어 시래기 밥이나 죽으로 끼니를 에우는 경우도 있었다(리승희, 200-207). 증언자들은 임수경의 단식농성을 보면서 '우린 한 끼라도 배부르게 먹어 보는 게 소원인데, 저 사람은 왜 굶음을 자초하는가?' 이런 의문을 갖게 되었다고 한다.

2) 임수경의 판문점 귀환

임수경의 판문점 귀환은 당시 국내외 초미의 관심사였다. 북한에서는 임수경의 판문점 귀환을 목숨을 내던지는 위험한 행위로 인식하고 있었나. 김일성은 "남한 림수경이 기어이 판문점을 통과하여 남조선으로 돌아가겠다고 합니다. 남한당국이 이미 그에 대한 체포령을 내렸기 때문에 이제 그가 돌아가면 체포되어 감옥살이를 해야 합니다. … 오지 않아도 일 없다는 내용의 편지를 하면 그가 가지 않아도 될 것입니다"라고 걱정과 우려를 나타내었다(김일성, 1989, 326-327). 한편 안전을 염두에 두었지만, 애초 의도와 달리 북한 내에서 임수경의 자유분방한 행동에 대한 파장이 커지는 데 따른 당국의 불편함도 묻어있었다. 북한 당국은 임수경에게 '공식적으로 정전협정을 한 번도 위반한 적이 없는데, 임수경이 판문점을 거쳐 귀환하면 공식적 공개적으로 정전협정을 위반한 사례가 된다'는 점을 들어 3국으로 돌아갈 것을 권하였다(임수경 외, 2016, 51).

한편 북한 주민들은 임수경이 귀환하면 북한의 정치범수용소처럼 돌아올 수 없는 곳에 끌려가 생을 마감할 것이라는 위구심과 두려움을 가졌다.

> 임수경 체류 기간 같이 동행했던 미란이가 자꾸 임수경 볼 때마다 눈물 나서 이제 가면 멸살되겠구나 이러고, 문익환 목사 왔다 갈 때도 크게 신경 안 쓰던 사람들이 임수경이 가면 다 죽는 거로 생각했다.[20]

결국 1989년 8월 15일 유엔사로부터 임수경의 판문점 귀환 결정이 내려졌다. 그의 판문점 귀환 장면은 생중계되었고 전체 주민들은 TV로

---

[20] 김웅기의 증언, 전 OO의학연구소 연구원(2008년 탈북), 2017년 6월 16일.

시청하라는 북한 당국의 지시가 내려졌다. 증언자들뿐만 아니라 다른 북한이탈주민들도 여러 TV 매체에 나와 임수경 판문점 귀환 때 '목 놓아 울었다'고 회상하였다. 1990년 10월 2차 남북고위급회담을 위해 평양을 방문한 당시 《국민일보》 이수원 기자와 일행은 '임수경 언니를 왜 잡아넣었느냐, 빨리 석방해달라'라고 항의하며 눈물을 흘리는 북측 안내원들의 모습에서 말로만 듣던 '임수경 신드롬'을 확인하였다.[21] 이쯤 되면 북한 주민들의 '임수경 열광' 키워드는 '눈물'이라 할 수 있겠다. 눈물로 환유 되는 군중심리 동학을 분석하는 데 있어 사회문화적 토양과 토착 심리와 함께 중요하게는 공동체 정체성 뿌리의 연연(連延)에 주목해야 한다. 대중정서는 언제나 민족적 본성의 영향을 받으며, 이러한 민족성이야말로 우리의 감정을 생성해내는 불변의 토양이다(귀스타브 르봉, 2008, 37).

2. 통일의 주체를 다시 생각하기

분단 사상 민간인이 공식적으로 군사분계선을 통과한 것은 임수경이 처음이었다. 만약 임수경이 3국으로 귀환했다면 그의 방북 의미는 축소되었을 것이다. 임수경의 방북 목적 자체가 분단 극복과 통일이라는 키워드였던 만큼 대중적 시선이 집중된 순간 남북 경계선을 직접 밟고 넘어가는 행동은 분단을 실감하면서도 '넘어가면 된다'는 탈분단의 가능성을 보여주는 데 큰 의미가 있다.

통일은 정부 차원에서 해결되어야 할 문제로 인식하고 있었던 북한 주민들은 남한 청년 학생들의 통일운동과 13차 축전장에서 벌인 임수경의 활동을 통해 민족의 구성원 개개인들이 나서야 할 문제로 인식하게

---

[21] KBS, 2003년 8월 15일, 『인물현대사』.

되었다.

> 북한 사람들은 정치에 개입 못 하니까, 그때 북한 사람들 견해는 북한의 전체 주민이 통일 바라고 정부가 통일시켜줄 거라고 바라고 있고, 남한 정권이 통일 막으니까 남조선 청년들이 군중시위 하지. 내가 통일을 위해서 할 수 있는 일은 아무것도 없었다. 내가 나서서 통일을 위해서 할 수 있는 일이란 직장 일 잘하는 것밖에 없다고 생각했다. 근데 임수경이 와서 너무 당당하게 통일운동 하니까. 너무 신기하고 그게 참 놀랍고.[22]

실제로 북한 당국은 1980년대 남한 청년 학생들이 통일운동의 주체로 등장하고 남한 사회에 통일 열기가 고조되자 내부 민심이 남한으로 쏠리는 데 대한 두려움이 있었다.

> 노태우의 개헌 성명 후에 북쪽 주민들이 '남조선 대학생들의 힘'에 환상을 가질까봐 당원들을 모아놓고 강연을 듣게 했다. 당원들에게만 하는 강연은 아직 분별력이 없는 비당원들에게는 보안을 유지해야 하는 내용인데, 그 강연의 골자는 '통일은 남조선 아이들과 하는 것이 아니라 우리가 하는 것이다'라는 것이었다. 당시 북에서는 '우리가 저 대단한 남조선 학생들과 통일을 하게 되겠구나'라는 생각들이 퍼졌는데, 이런 생각이 위험하니까 수위 조절을 한 것이다.[23]

---

[22] 김천일 씨의 증언, 전 해외공관원(2000년 탈북), 2017년 4월 20일.
[23] 조한혜정·이우영, 『탈분단 시대를 열며: 남과 북, 문화공존을 위한 모색』(서울: 삼인, 2000), 153쪽.

북한은 임수경 방북을 통해 고조된 통일 열기를 정책적으로 활용하였다. '90년대는 통일의 연대'라는 목표를 제시하였는데 이는 남한에서 1980년대 청년 학생들 중심으로 통일론의 대중화를 실현한 데 대한 호응의 의미와 그들에게 자극을 받은 측면도 있다.[24] 이어 1990년 남과 북, 해외동포를 망라한 전 민족적 통일운동기구인 '조국통일범민족연합'이 결성되었다. 또한 5차에 걸쳐 이뤄진 남북고위급회담(1990-1991)을 통해 상대방 인정, 군사적 불가침, 교유·협력을 통한 점진적 통일을 내외에 천명하였다. 이러한 것들을 밑거름으로 2000년 6월 15일 남북정상회담과 남북공동선언이 발표되었다.

임수경 방북 기간 "우리의 소원"(안석주 작사, 안병원 작곡, 1947) 노래는 북한 중앙TV 9시 뉴스 직전에 '우리의 소원은 통일' 제목으로 소개되고 합창곡으로 매일 방송되었다(임수경외, 2016, 72). 이 노래는 축전이 끝난 이후에도 북한 사회 일상에서 많이 불리면서 주민들은 북한 노래로 알고 있을 만큼 통일의 노래로 정착되었다. 임수경은 방북을 통해 '통일의 꽃'으로 불렸고 "갈라진 민족의 념원 안고/ 백만의 학도들 소원 안고/ 하나 된 조국의 딸 되고저/ 사선을 헤쳐왔네/ 그대의 소원은 오직 하나/ 통일의 새 아침"[25]이라는 그의 찬양 노래도 지어졌다.

임수경 귀환 후 북한 대학생들 중심으로 남한 민주화 투쟁가요들이 불리기 시작하였는데 역설적으로 북한 주민들의 민주화 의식을 깨우치

---

[24] 『노동신문』, 1989년 8월 29일; 김일성, 「우리나라 사회주의 우월성을 더욱 높이 발양시키자」, 『김일성저작집 42』, 평양: 조선노동당출판사, 1990, 24쪽. 김정일, 「당사업을 강화하여 우리 식 사회주의를 더욱 빛내이자」, 『김정일선집 12』, 평양: 조선노동당출판사, 1992. 평양: 전자도서 『미래』, 2008, 1-19쪽.

[25] 『조선노래집』, 「통일의 꽃」, 『미래』(평양: 전자도서, 2008).

는 계몽가요가 되었다.

'임을 위한 행진곡'을 김일성대에서 배웠다. 대학을 방문하는 전대협 학생들을 연도에서 환영할 때 부르라고 했다. 학내 스피커를 통해 누군가가 선창하는 노래를 한 번, 두 번 합창으로 따라 부를 때 우리는 어느새 이 노래가 지닌 비장함에 물들어 있었다. 김일성대에서 한국 노래를 가르쳐 준 것은 그때가 아마 유일할 것이다. '아침이슬'은 평양 고사포병 부대에서 배웠다. 북한 대학생들은 6개월 동안 의무적으로 대공포부대에서 근무해야 한다. 어느 밤 중앙당 간부의 아들인 명철이가 대공포 상판 위에 올라가 기타를 치며 이 노래를 목청껏 불렀다. 노래는 긴 밤 당직 근무에 시달리던 우리들을 단숨에 전염시켰다. 어느 나라 노래인지 누구도 묻지 않았다. 어떤 날엔 중대 대열 합창으로 아침이슬을 부르기도 했다. 김정일 호위병 출신도, 장관의 아들도, 보위부 고위 간부 아들도 모두 함께 불렀다. 그리고 2~3년 뒤 이 노래는 북한 전역에 확산했다.[26]

증언자들에 의하면 2000년대 후반에 들어 북한 당국은 『조선 명곡 3』에 공식 수록되어 있었던 "아침이슬" 뮤직비디오를 일반 주민들이 부르지 못하게 지시를 내렸고 저항 의식을 고취하는 드라마, 영화 방영을 금지하였다고 한다. 지속되는 경제난에 의한 민심 이반으로 북한 당국의 위기의식을 엿볼 수 있는 대목이다.

---

26 주성하, 2013년 5월 23일, 『서울에서 쓰는 평양이야기』.

3. 인식 전환의 바로미터(barometer) 임수경

1980년대까지 북한 주민들에게 남한 사회는 외세에 짓눌리고 독재가 판을 치는 민주주의 불모지, 가난한 세상으로 각인되어 있었다. 북한 당국은 체제 우월성을 강조하기 위해 북한은 '지상천국', 남한은 '인간 생지옥'이라는 비교법으로 남한 체제의 모순과 문제점을 선전하였다. 북한 사람을 '뿔난 악마'로 묘사하고 상대방에 대한 증오심을 내면화했던 남한의 반공주의 교육과 달리 북한에서는 남한의 권력 지배층만 타도의 대상으로 설정하였다. '미제의 군화 발밑에서 헐벗고 굶주리며 신음하는 남녘 동포'들을 구원하고, '미국의 식민지 남조선을 해방'하는 것은 북한 주민들에 부여된 혁명 의무였다. 더욱이 남한에서 1964 - 1970년대 말까지 벌인 절미운동은 이러한 북한의 대남 선전에 더욱 힘을 실어주었다. 다음은 1학년 국어 교과서(1985, 32 - 34) 제10과 동요 "내 동생"이다.

뛰뛰빵빵 내 동생 /신바람 나서/ "승리"호 자동차 몰고 가지요
무엇을 실었느냐/ 물어봤더니/ 아버지 원수님 보내주시는
곱고 고운 비단에다/ 흰쌀이래요
어디로 가느냐고/ 물어봤더니/ 미국놈들 때문에/ 헐벗고 굶주리는
남조선 동무들에게/ 실어 간대요
해 저문 데 쉬어서/ 가라 했더니/ 남조선 동무들 기다린다고
저녁 전에 서울까지/ 가야 한 대요
뛰뛰빵빵 내 동생/ 신바람 나서/ 싸우는 남녘 동무들/ 찾아간대요

북한은 남한이 군사파쇼독재 정권에 의한 민주주의 불모지임을 선전할 때 남한 청년 학생들의 시위를 적극적으로 활용하였다. 1학년 국어 교과서(1985) 제38과 "광주의 어린 용사"라는 제목의 글에는 "싸우는 광주에 또 하루 새날이 밝았습니다. 철수는 이날도 아침 일찍이 대학생 형

님들이 싸우고 있는 곳으로 달려갔습니다. … 그런데 몇 걸음 달려오던 철수는 그만 괴뢰군 놈들의 총알에 맞고 쓰러졌습니다."라고 서술되어 있다. 이런 교육 선전은 북한 주민들에게 '남조선이 정말로 파쇼독재 국가'임을 확인해주는 효과가 있다. 하지만 어떠한 권력도 개개인의 생각을 원천 차단하는 것이 불가능하므로 내면에서는 고유의 문제의식이 생겨나기 마련이다. 1960년 4.19항쟁을 영화로 만든 "성장의 길"(1964)에서는 청년 학생들이 경찰의 최루탄 가스와 포위망을 뚫고 광장으로 진입해 독재자 이승만의 동상에 밧줄을 걸어 넘어뜨리는 장면이 나온다. 그런 장면을 보면서 '나는 저들처럼 싸울 수 있는가'라는 반면교사와 함께 파쇼독재가 살판 친다는 남한에서 대통령 동상까지 무너뜨리고 정부를 반대하는 집단적 투쟁이 어떻게 가능한지, 최고 존엄에 대한 사소한 폄훼도 용서가 안 되는 북한 현실과 비교해보며 당국의 선전에 의구심을 갖게 된다. 또한 그들이 배워왔던 '혁명을 영도하는 것은 노동계급이며, 그들은 혁명의 전위부대'라는 마르크스 이론과는 다르게 남한에서는 대학생들이 사회변혁의 전위부대로 나선 것이 더욱 관심을 키웠다. 시위 투쟁에 나선 남한 청년 학생들의 모습은 이상적인 남성상, 시대 영웅의 이미지로 내면에 스며들었다.

> 엄마는 '너는 통일되면 시집가고, 통일되지 않으면 시집가지 마라' 그랬어요. 나는 '연세대학교 학생하고만 결혼할 거야'라고 생각하기도 했어요. 연세대, 고려대, 서울대, 숭실대 등은 거기서도 알고 있었어요. 우연히 알게 됐지만요. 다른 사람들도 연세대, 고려대, 서울대는 기본적으로 알고 있어요.[27]

---

[27] 여성한국사회연구소, 『북한 여성들의 삶과 꿈』(사회문화연구소, 2001), 53-54쪽.

한편 북한 주민들은 남한사람들은 무슨 옷을 입고, 어떻게 먹고 사는지, 실생활이 궁금했다. 남한 청년 학생들의 시위 장면이 매체에 노출될 때면 그들이 입은 옷과 신발, 머리, 도시의 풍경에 관심을 가졌다.

우린 남한 민주화 투쟁 보면서 북한과 대비할 수 없이 발전했다는 걸 알았다. 북한은 5.18광주봉기를 실황중계 한게 젤 잘못되었다. 북한은 낡은 소련 버스 57년도 체코에서 나온 낡은 버스, 이런건데 남한 금남로에서 버스 자빠뜨리고 불 지르고 하는거 보니 멋있고, 대학생들 의상 보니 거지가 아니고, 옷, 신발 너무 멋있고, 얼굴도 상을 보면 잘 먹은 게 알리고, 신시편편(멀쩡)한 아이들이 그런 짓을 하니까 남조선 저만하면 괜찮네, 이런 생각 하면서 생각이 달라지는데, 교육 및 선전내용과 맞지 않다는 걸 알게 되었다. 남한 민주화투쟁 보면서 싸울만 하니까 싸우겠지. 가능성 있는 구조니까 그러겠지. 역으로 남한이 그만하면 민주화되었구나! 그걸 알고.[28]

외부 정보를 접할 수 있는 위치에 있었던 주민들 경우 남한 경제발전상을 인식하게 되고 그들을 통해 입소문 나기 시작했다.

88올림픽 세계올림픽 하는 걸 보고, 굉장한 일인 것만은 틀림없다. 자료 통신 나온 거 보면 포항제철소 강철 생산량이 연간 1,800만 톤, 광량제철소가 600만 톤 되고, 두 개만 합쳐도 2천 400만 톤, 그러나 평양은 젤 크다는 김책제철소가 최고로 생산된 게 300만 톤 생산능력, 강선제강소가 100만 톤, 황해제철소가 200만 톤 총 600만 톤, 그

---

28 장철호의 증언, 전 조선중앙방송위원회 기자(2002년 탈북), 2017년 10월 17일.

건 실제 생산능력일 뿐, 실제로 생산한 거 없고, 겨우 200만 톤 김책이 생산하고 강선은 50만 톤이 최고고, 황해제철소도 200만 톤이라 해도 실제로 100만 톤 밖에 안 되고, 남한 두개 제철소만 해도 그렇게 되는데 북한은 전체 나라 다 합쳐도 그렇게밖에 안 된다.[29]

북한 주민들은 임수경의 귀환 후 행적에도 관심을 집중하였으며 그의 행적을 통해 남한의 민주주의와 경제발전 척도를 가늠해보게 되었다. 국가보안법에 걸려 처형될 줄만 알았던 임수경이 교도소에서 편지 쓰고, 수기도 쓰며 지낸다는 소식이 노동신문 기사로 실리였다. 이러한 사실은 북한 내 형벌 제도와 비교해보게 되면서 북한 주민들의 비판의식을 키웠다. 임수경은 국가보안법 위반으로 5년 형을 선고받고 3년 5개월 복역 후 1992년 가석방되었다. 서울을 방문했던 북한 기자들에 의해 임수경의 가정집 내부가 북한 TV에 노출되었는데 임수경의 집 냉장고에서는 먹을 것이 잔뜩 쏟아져 나와 북한 주민들을 놀라게 했다. 사실 평양축전 당시 북한 당국은 외국대표단들의 가정집 방문에 대비하여 평양시 일선 도로에 있는 아파트를 중심으로 한 가구당 통조림을 두 개씩 나누어 주고 축전이 끝날 때까지 먹지 말고 보관해두라는 지시가 내려졌다고 한다. 임수경의 집 냉장고는 이러한 사실과 극명하게 대조되었다.

축전이 끝나고 판문점을 넘어와서 임수경이 옥살이하는데, 91년도에 남북총리급 회담이 있었는데 평창동에 있는 임수경의 집에 가서 찍었는데 북한 사람들 보기에는 어 북한에 와서 저게 남한 정부를 욕하고 갔는데 어떻게 저렇게 멋있는 집에서 그냥 살고 있나? 어떻게 개

29　장철호의 증언, 전 조선중앙방송위원회 기자(2002년 탈북), 2017년 10월 17일.

인집이, 북한의 총리급 집에서 사나? 음식 나오는데 과일도 나오고 냉장고 문 여는데 우유도 나오고, 북한 같으면 정치범수용소로 가고 3대가 멸족하는데, 멋진 집에서 사는데 얼굴도 허여멀끔하고 그러니까. 북한이 그걸 보여주다가 중지했다. 오히려 역효과를 가져오니까. 여론이 이상하게 돌아가니까.[30]

이처럼 북한 주민들은 임수경을 통해 권력의 주입으로 형성된 인식의 틀에서 벗어나 스스로 남한을 이해하는 생각을 키우고 체제에 대한 의구심을 갖게 되었으며 이는 점차 체제비판의식으로 확장되었다. 김일성종합대학 출신인 동아일보 주성하 기자(2010)는 임수경이야말로 북한 주민들이 남한에 대한 새로운 이해와 북한 당국의 선전에 의문을 품게 하고, 북한 정권과 주민을 분리하는 역할을 한 일등 공신이라고 하였다. 국회의원 하태경도 '북한 청년들이 볼 때 임수경은 자유의 여신상이고, 북한에 자유의 바람을 몰고 왔다. 한류의 원조'라고 하였다(임수경 외, 2016, 56).

임수경 판문점 귀환은 북한 주민들에게 조직 관념에 대한 성찰의 계기가 되었다. 북한 주민들은 7살부터 평생 조직생활 체계에서 살아간다. 북한 주민 삶의 좌표이며 생활양식의 준거인 "당의 유일사상체계확립의 10대 원칙" 8조 2항·4항에는 '혁명 조직을 귀중히 여기고 개인의 이익을 조직의 이익에 복종시키며 집단주의 정신을 높이 발휘', '조직의 결정과 위임 분공을 제때에 성실히 수행해야 한다'라고 규정되어 있다. 하지만 이런 규정이 없는 세상에서 개인화된 삶을 살아왔던 자본주의 청년 임수경이 전대협 조직의 결정 관철을 위해 자신의 신변위험은 아랑

---

30 고영환의 증언, 전 외교관(1991년 탈북), 채널A, 『박종진의 쾌도난마』 468회, 2013년 10월 24일.

곳하지 않고 권력을 상대로 단식투쟁까지 하는 모습은 북한이 강조하는 '참다운 조직 관념의 귀감'이었다. 북한 당국은 이러한 맥락에서 임수경의 판문점 귀환 행동을 평가하며 청년들 속에서 조직 관념을 높이기 위한 사상 교양을 더욱 강화하도록 지시를 내렸다고 한다. 임수경은 판문점 귀환을 만류하는 북측 성원들에게 '나는 떠날 때 조직으로부터 돌아올 땐 반드시 판문점으로 오라는 과업을 받았다. 조직의 결정이 없는 한 이미 정한 노정을 변경시킬 수 없다'고 귀환 의지를 굽히지 않았고 판문점 귀환으로 전대협 조직의 결정을 성사시켰다. 임수경의 이러한 행동은 북한 주민들에게 '구국의 강철대오' 표어에 걸맞은 전대협 조직의 자율성과 주체성을 각인시켜주는 반면, 권력에 종속된 북한 청년조직의 비자율적 속성을 반추해주었다. 하지만 북한 주민들의 결여된 민주주의 의식 수준에서 임수경과 남한 청년들의 민주화 투쟁은 성숙한 시민의 자발적 참여로 이루어지는 직접민주주의 구현·민주주의 발전 과정임을 이해하는 것은 요원(遙遠)한 일이었다.

임수경 귀환 후 북한 당국은 의용군·월북자를 비롯한 남한 출신, 이산자 가족들에 대한 규제조치를 완화하였다.

> 임수경 나갈 때 모두 좋아했다. 우리 같이 남한에 고향 있는 사람들, 의용군, 이산가족들, 이런 사람들은 한 번이라도 만나보고 싶어 하고, 만나면 임수경 이야기 서로 하고, 자기 고향 이야기하고, 임수경 왔다 간 후 귀국자나 남한 출신들에 대한 대우도 많이 풀리고, 입당도 많이 시키고, 신분적 차별이 약화되었다.[31]

---

31 김순남의 증언, 전 00군중외화벌이 지도원(2013년 탈북), 2017년 11월 5일.

임수경 판문점 귀환은 종교에 대한 북한 주민들의 생각이 바뀌는 계기가 되었다. 북한은 '종교의 불모지'로서 신앙의 자유가 허용되지 않는다. 북한 주민들은 종교를 '인간의 의식을 좀먹고 우민화함으로써 정신적 노예로 만드는 착취의 수단이며, 다른 나라에 대한 침략의 길잡이, 도구'로 교육받아왔고, 그렇게 인식하고 있었다. 하지만 문규현 신부를 통해 종교는 정치 권력의 횡포와 탄압으로부터 약자를 보호하는 역할을 해준다는 생각을 하게 되었다.

> 문규현 신부 연설이 좋았는데 그 사람 때문에 북한이 꽤 당혹스러웠다. 우린 종교는 아편이고 반동이라고 생각했는데 사제복 입고 들어왔는데. 우리 학급에 고양호라고 고모부가 천도교청우당 당수를 했는데 물어봤다. 저 사람 좋은 사람으로 봐야 하나, 우린 이분법적으로 좋은 사람, 나쁜 사람으로 갈라놓고 봐야 하는데. 임수경 데리러 들어온 것 봐서는 좋은 사람 같은데. 신부가 좋은 사람인가? 그래서 고모부에게 물어봐라. 종교는 나쁘다는데 어떻게 임수경 데리러 올 수 있나? 자꾸 물으니까 고모부한테 한대 얻어맞고, 그래서 종교가 나쁜 것만은 아니구나.[32]

북한은 13차 세계청년학생축전을 통해 종교의 자유를 보장해준다는 전시성 정책으로 종교 탄압국이라는 비난을 면하고자 하였다. 13차 축전을 준비하면서 북한의 종교정책에서는 큰 변화가 있었는데 교회가 지상에 나타난 것은 1988년 11월이었다.[33] 이러한 사실들은 종교의 불

---

32 조일웅의 증언, 전 인민위원회 지도원(2011년 탈북), 2017년 6월 16일.
33 김일성, 「민족적 긍지와 혁명적 자부심을 가지고 사회주의건설을 다그치자」, 『김일성전집 88』(평양: 조선노동당출판사, 1989), 317쪽; 고태유, 『한

모지, 전통을 파괴하는 공산주의라는 부정적 인식을 개선하는 효과가 있었다. 북한은 1992년 개정헌법을 통해 과거의 '반종교 선전의 자유'라는 조항을 슬그머니 후퇴시켰지만, '외세를 끌어들이거나 질서를 문란하게 하면 안 된다'는 단서를 달아 선교를 원천적으로 봉쇄하는 2중 정책을 보여주었다(고태유, 2000, 336-337).

V. 나오며

제13차 청년 학생축전은 6·25전쟁 이후 지속해서 재생산되어 온 남북간 체제경쟁의 산물이었다. 북한은 88서울올림픽에 대한 대응으로 세계청년학생축전을 평양에 유치하였는데 북한 역사상 전무후무한 대규모의 세계적 행사였다. 하지만 평양축전은 북한 당국이 예상하지 못했던 사회적 결과를 가져왔다. "한 소녀가 세상을 바꿀 수는 없다"라는 기성세대의 냉소와 달리, 청년세대를 대표한 임수경의 방북은 분단역사상 남북관계 개선 및 교류목적으로 방북했던 많은 남한 인사들과는 비교 불가할 만큼 북한 내부에 큰 영향을 미쳤다.

  임수경은 13차 평양축전의 주인공이라고 할 만큼, 축전의 중심에는 임수경이 있었다. 오랜 세월 적대관계에 있던 '남조선 사람'을 향한 북한 주민의 통념을 뛰어넘은 집단열광은 북한의 전통질서를 한순간에 해제시켰다. 임수경의 이동 경로를 따라 북한 주민들의 움직임은 집단적 무절제, 무규율 양상을 띠었던 환영군중은 당국의 통제 안에서만 군중 집합이 가능한 북한에서 처음으로 되는 자발적 환영 군중이었던 북한 주민들이 생면

  권으로 보는 북한현대서 101장면』(서울: 가람기획, 2000), 336-337쪽.

부지의 임수경 앞에서 흘린 집단눈물은 분단의 고통에 따른 한 맺힘, 남한 청년 학생들의 민주화 통일운동에 대한 연대와 지지, 분단 극복과 분열된 자아 정체감 회복을 위한 통일의 열망과 민족주의 역동성의 분출이었다. 통일은 정부 차원에서 해결되어야 할 문제로 인식하고 있었던 북한 주민들은 남한 청년 학생들의 통일운동과 13차 축전장에서 벌인 임수경의 활동을 통해 민족의 구성원 개개인들이 나서야 할 문제로 인식하게 되었다.

북한 주민들은 임수경을 통해 일종의 문화적 충격을 경험하였다. 북한 주민들이 바라본 임수경은 권력에 순응하고 복종하는 수동적인 자신들과 달리 거침없는 언변, 돌발 상황에 따른 대응능력과 개인적 주관이 뚜렷했으며 권력에 맞서 단식투쟁을 하고, 금단의 영역인 군사분계선을 밟고 넘어가는 용감한 청년이었다. 그들은 임수경을 통해 집단주의 인간과는 다른 개인이라는 새로운 유형을 발견하였으며, 자신이 누구이며 어떤 사람인지 성찰할 수 있는 동기가 되었다. 임수경의 신체와 패션은 북한 주민들로 하여금 저소비 강요로 억눌렸던 소비 욕구와 타인과 구별되는 패션을 통해 자기 개성을 표현하고 싶은 욕망을 분출시켰으며, 임수경의 이름으로 오랫동안 북한 사회에 유행되었다.

폐쇄의 공간에 갇혀있던 북한 주민들의 외부세계에 대한 동경, 자유의 갈망은 임수경이라는 현실적인 인물을 통해 싹트고 분출되었다. 임수경 판문점 귀환 후 행적을 통해 남한의 민주화 경제발전 수준이 당국의 선전과는 다르게 발전했음을 깨달았으며 훗날 남한으로 오게 된 동기의 밑바탕이 되었다. 북한 주민들의 남한살이는 탈북의 이유를 떠나 거시적 관점으로 볼 때 분단 장벽을 넘어서 자신들의 역사를 만들어 내는 과정이었으며, 선망의 대상이었던 임수경과 남한사람들과 어울려 살면서 단절되었던 남북한 사회적 관계를 연결하고 잊혀가는 통일의 당위성을 몸으로 깨우쳐주고 있다.

2018년부터 시작된 남북정상회담, 북미정상회담을 계기로 문재인 대통령 지지율이 80%에 육박할 만큼 고조되었던 평화와 통일의 열망은 북미 간 협상 결렬, 4.27 판문점 선언 불이행, 북한에 의한 2020년 남북공동연락사무소 폭파를 계기로 좌절되었다. 2021년 4월 24일 통일뉴스에 실린 "통일된 조국을 눈앞에 그려보게 된 잊을 수 없는 시간"이란 제목의 통일기사가 희귀하게 생각될 정도로 포털에서도 통일 관련 기사는 찾아보기 어려워졌다. 시간이 흐를수록 통일의식이 저조해지는 것은 장장 80여 년 세월 사로잡혀 왔던 '통일'이란 희망 고문에서 탈피하거나 아예 포기하려는 정신 심리 현상일 수도 있다. 또한, 인간의 힘으로 이룰 수 없음을 깨닫고 초월적 힘에 맡겨버리고 체념한 것일 수도 있다. 한반도 미래를 떠메고 가야 할 젊은 세대들에게 통일은 관심 밖의 문제가 되어 가고 있다. 오늘에 와서 통일은 누구나 입에 담기 저어하는, 특히 분단 문제를 해결해야 할 책임 있는 정치인들에게는 표 떨어지는 금기어가 되었다. 여전히 '종북', '북한 퍼주기', '빨갱이'라는 반공주의 프레임이 강하게 작동하기 때문이다. 냉전의 종식과 한반도 평화·공생·공존의 시대를 열어젖히고, 우리 민족이 궁극적으로 완수하여야 할 역사적 과제, 진정한 해방이며 국가의 완성인 통일을 이뤄나가는 데 있어 본 연구가 의미 있는 성찰을 제공해주기를 기대한다.

참고문헌

고태유, 『한 권으로 보는 북한현대서 101장면』, 서울: 가람기획, 2000.
『국어교과서 – 인민학교 1학년 – 』, 평양: 교육도서출판사, 1985.
김광억, 「단식과 몸의 정치학」, 『한국문화인류학 28』, 한국문화인류학회, 1995.
김민주, 『뿌리뽑힌 나무』. 서울: BOOKK, 2021.
김수자, 「현대 한국민족주의 전개양상: 월드컵과 열린민족주의의 가능성을 중심으로」, 『한국동양정치사상사연구』, 한국동양정치사상사학회, 2005.
김영찬, 「눈물로 그려진 정치의 계보학」, 『인문논총』, 서울대학교 인문학연구원, 2019.
김일성, 「"사회주의예술의 우월성을 온 세상에 널리 시위하자」, 『김일성전집 24』, 평양 : 조선로동당출판사, 1959.
김일성, 「당 제5차대회 결정을 관철하기 위한 조직정치 사업을 짜고 들데 대하여」, 『김일성전집 45』, 평양: 조선노동당출판사, 1970.
김일성, 「인민반장들의 역할을 높여야 한다」, 『김일성전집 29』, 평양: 조선노동 당출판사, 1962.
김일성, 「조선로동당 제5차 대회에서 한 설돈」, 『김일성선집 45』, 평양: 조선로동당출판사, 1970.
김일성, 「민족적 긍지와 자부심을 가지고 사회주의건설을 다그치자」, 『김일성선집 88』, 평양: 조선노동당출판사, 1989.
김일성「세계청년학생들의 친선과 단결을 위하여」, 『김일성저작집 41』, 평양: 조 선노동당출판사, 1989.
김일성「우리나라 사회주의 우월성을 더욱 높이 발양시키자」, 『김일성저작집 42』, 평양: 조선노동당출판사, 1990.
김정일, 「일군들은 혁명성을 발휘하여 일을 책임적으로 하여야 한다」, 『김정일선 집 9』, 평양: 조선노동당출판사, 1988.
김정일, 「온 사회에 문화정서 생활기풍을 세울데 대하여」, 『김정일선집 9』, 평양; 조선노동당출판사, 1989.
김정일, 「위대한 수령님의 뜻을 받들어 내 나라, 내 조국을 더욱 부강하게 하자」, 『김정일선집 13』, 평양: 조선노동당출판사, 1994.

김치관, 「통일된 조국을 눈앞에 그려보게 된 잊을 수 없는 시간」, 『통일뉴스』 4월 24일, 2021.

김철우, 「평양 세계청년학생축전」, 『실천문학』, 서울: 실천문학사, 1989.

김현희, 『이젠 여자가 되고 싶어요』, 서울: 고려원, 1991.

《로동신문》, 1986년 1월 7일, 1월 10일, 1월 15일, 4월 7일, 6월 30일, 1989년 8월 2일.

대화첩, 『평양축전』, 평양: 문예출판사, 1990.

림수경, 『하나된 조국 위해』, 평양: 금성청년출판사, 1989.

백학순, 『북한 권력의 력사』, 서울: 한울, 2010.

성혜랑, 『등나무집』, 서울: 세계를 간다, 2000.

이경주, 『평축 전대협대표 임수경씨 1심 재판 자료』, 민주법학, 1990.

이동연, 「붉은 악마와 주체형성: 내셔널리즘인가 스타일의 취향인가」, 『문화과학 31』, 문화과학사, 2002.

이정호, 「임수경양 방북의 성과와 의의」, 『통일 조국의 새봄을 여는 통일의 꽃』, 서울: 대동, 1990.

이호걸, 『눈물과 정치』, 서울: 따비, 2018.

이효재, 『분단시대 사회학』, 서울: 한길사, 1985.

임수경, 「어머니, 하나된 조국에 살고 싶어요」, 『임수경 방북 백서』, 서울 : 돌베개, 1990.

임수경·지승호, 『임수경스토리』, 서울: Human & Books, 2016.

임춘웅, 「평양축전 무엇을 남겼는가」, 『한국논단』 1호, 1989.

에밀 뒤르켐, 『종교생활의 원초적 형태』, 서울: 한길사, 2020.

정근식, 「북한의 집단체조와 문화정치: 동원된 열광과 신체규율」, 『Copyright (C) NuriMedia Co, Ltd』, 2004.

정성환, 「길을 비켜주자」, 『천리마』 7월호, 평양: 문예출판사, 1989.

정수복, 『응답하는 사회학』, 서울: 문학과지성사, 2015.

정 민, 『임수경 북한대행진 동행기』, 서울: 말, September, 1989.

임수경, 「임수경의 모두진술」, 『조국통일의 새봄을 여는 통일의 꽃』, 서울: 대동, 1990.

『조선』, 「평양의 새 모습」 6월호, 평양: 조선화보사, 1989.

『조선중앙년감』, 평양: 조선중앙통신사, 1989.
조한혜정·이우영, 『탈분단 시대를 열며: 남과 북, 문화공존을 위한 모색』, 서울: 삼인, 2000.
주성하, 『서울에서 쓰는 평양이야기』, 서울: 기파랑, 2010.
크리스 쉴링 저, 임인숙 역, 『몸의 사회학』, 서울: 나남출판, 1999.
한스-요하임 마즈 저, 송동준 역, 『사이코의 섬』, 서울: 민음사, 1994.
피에르 부르디외 저, 김정곤 역, 『호모아카데미쿠스』, 서울: 동문선, 2005.

DAILY NK, 「北 주민도 올림픽축구 한일전 관심 뜨겁다」, 『DAILY NK』8월 10일, 2012.
Durkheim, Emile. The Elementary Forms of Religious Life, New York: Free Press, 1995.
The New York Times. 2002, http://www.nytimes.com/2002/06/19/, 『The New York Times』6월 19일.

영상기록

KBS, 2021년 10월 2일, 『임수경은 왜 평양에 갔나』.
KBS, 2003년 8월 15일, 『인물현대사』.
JTBC, 2012년 6월 5일, 『거침없던 '평양의 임수경'. 아직도 생생』.
채널A, 2013년 10월 24일, 『박종진의 쾌도난마』468회.

제7장

탈북민을 보는 한국 사람의 사회적 감정: 분단적대성과 혐오[1]

남경우(건국대학교 통일인문학연구단)

I. 한국 사회가 탈북민을 바라보는 시선 읽기, 분단적대성

'혐오'의 감정을 거칠게 정의하자면 더럽고 추하고 비천한 것에 대한 거부감이라 할 수 있다. 그런데 이러한 정의로 보았을 때 혐오 감정은 '경멸' 감정과도 흡사해 보일 수 있다. 혐오가 경멸과 다른 중요한 부분은 감정 발현의 원인이다. 경멸의 경우 대상을 열등한 것으로 쉽게 무시할 수 있는 상황에서 상대방에 대해 발현되는 반면, 혐오는 주체가 자신의 순수성이나 경계 영역이 침범당하거나 안전이 위협받는다고 인지할 때 느끼는 불쾌 혹은 위협의 감정이다(김미현, 2011, 26-27).

한국 사회에서 특정 대상 혹은 집단을 차별을 뜻하는 어휘로서 '혐

---

[1] 이 글은 2021년 2월 아시아여성연구원에서 발간한 학술지 『다문화사회연구』 14권 1호에 실린 눈문 「빅데이터 분석기법을 활용한 탈북민에 대한 한국 사회의 사회적 감정 분석: 포탈 '네이버'의 북한 뉴스 댓글을 중심으로」를 다듬어 작성하였다.

오' 단어가 사용된 것은 "일간베스트(이후 일베)"라는 인터넷 커뮤니티에 올라오는 글들이 문제시되기 시작한 2013년경을 시작으로 본다(홍성수, 2019, 191). 소수자 혹은 약자를 조롱하는 '일베'의 게시물들은 사회적으로 문제시 되었는데, 이 중에서도 5.18 피해자와 유족에 대한 조롱이 담긴 게시물이 특히 이슈가 되었는데, 이때 '헤이트 스피치(hate speech)'라는 개념이 언급되었고 이것이 '혐오표현/혐오발언'으로 번역되며 차별의 개념으로서 '혐오' 어휘가 자리 잡게 되었다는 것이다(홍성수, 2019, 192).

근래의 한국 사회에서 쟁점으로 떠오르고 있는 것이 탈북민 문제이다(신동선, 2016, 66). 국내 입국 탈북민은 2016년 11월 기준으로 3만명을 넘어섰으며, 2020년 9월 기준으로 3만 3천명에 달한다. 탈북민이 한국 사회의 여러 문제 중 하나의 쟁점으로 부각되는 이유는 한국 사회에 편입되는 탈북자의 수가 늘면서 이들이 한국 사회의 구성원으로 적응하고 자리잡는 과정에서 다양한 문제가 발생하고 있는 것이 확인되기 때문이다. 이 문제들의 중심에 탈북민에 대한 사회적 차별이 위치하고 있다는 것이 최근 연구들의 공통된 시각이다(김용환, 2018; 백인옥, 2020; 신동선, 2016; 이명신·이상우, 2020; 이형종, 2019). 한국 사회에서 이러한 문제에 주목하는 더 큰 이유로는 이러한 사회적 차별의 시선이 곧 탈북민에 대한 '혐오'의 감정으로 나타나고 있는 것으로 해석한다는 점을 꼽을 수 있다.

문제는 사회적 감정으로서 '혐오'가 탈북민에게도 그대로 적용될 수 있는지이다. 한반도가 처해 있는 분단 상황 속에서 탈북민은 매우 독특한 존재라 할 수 있다. 분단의 현실 속에서 탈북민은 '적국 출신자'이며 동시에 '먼저 온 통일'이라 일컬어진다. 탈북민이 가질 수밖에 없는 사회적 지위의 모순성은 이들에 대한 한국 사회의 사회적 감정이 다른 '외부인'에 대한 그것과는 같은 맥락에서 이해될 수 없음을 시사한다.

이 글에서는 한국 사회가 탈북민에 대해 어떠한 감정을 품고 있는지 보다 구체적으로 확인하고자 빅데이터 분석기법을 활용한다. 구체적으로는 '분단적대성 지표'(Inter-Korean Antagonism Index, IKAI)[2]를 활용하여 탈북민에 대한 분단적대성이 어떠한 형태로 드러나는지 확인하고자 하는 것이다. 여기서 말하는 분단적대성이란 "'북한'이나 '좌파'(혹은 종북·친북·빨갱이)로 분류되는 자들을 향한 부정감정"을 말한다. 연구 과정에서 염두에 두어야 하는 것은 분단적대성이 단일한 감정이 아니라는 점이다. 분단적대성은 북한에 대해 공포를 느끼면서도 분노하는 것과 같이 "여러 가지 감정으로 구성되는 복합감정(complex emotion)이다. 또한 분단적대성은 몇몇 개인이 아니라 한국 사회 다수의 구성원이 공유하고 특정 이슈에 대해 공통적으로 반응을 보이는 집단감정(collective emotion)이다"(김종곤, 2018, 11).

중요한 점은 이러한 분단적대성이 하나의 감정문화로 자리 잡고 지속되어 왔다는 점이다. 분단국가는 각종 사회적 의례와 제도 및 문화 등을 통해 분단 상대방에 대한 적대적 감정을 국민의 도덕률적 감정으로 내재화하도록 요구하였다. 이를 통해 국민에게서 적대적 감정이 표출되면 분단국가는 그 적대적 에너지를 다시 분단체제를 유지하는 동력원으로 삼기 위함이다. 이 과정에서 주목해야 하는 것은 분단적대성이 국가에 의해 만들어지는 사회적 감정이지만 한편으로 국가에 의해서만 생산되는 것은 아니라는 점이다. 분단국가는 분단의 감정구조를 공유하는 '감정공동체'를 구성하고, 이 감정공동체는 "분단의 감정규범을 내면화한 집합적인 국가적 자아(national selfhood)로서 분단적대성을 생산해왔던 것이다. 요컨대, 분단적대성은 분단국가의 감정통치와 '분단의 신체들로 구성된 감정공동체 간의 순환구조를 토대로 형성된 특유의 감정 문

---

[2] IKAI는 2017년 한국연구재단의 공동연구지원사업에 선정된 〈빅데이터를 활용한 분단적대성 지표 개발과 정책 연구〉 과제를 통해 개발되었다. 연구 책임자는 김종곤이며 연구기간은 2017년부터 2020년까지이다.

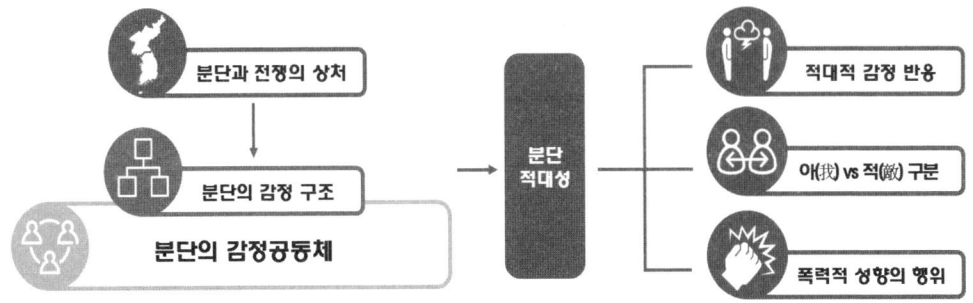

그림 1 분단적대성의 생산 구조

화에 기인한다"(김종곤, 2020, 8).

따라서 분단적대성을 완화하기 위해서는 현재 공고하게 유지되고 있는 분단적대성의 순환 및 재생산의 구조를 끊어야 한다는 점을 알 수 있다. 이를 위해 필요한 것은 분단적대성이 강화되거나 약화되는 지점을 분석하고, 그러한 경우에 어떠한 감정 비율로 분단적대성이 구성되는지를 밝히는 작업이다. 이를 위해 '분단적대성 지표'가 개발되었다. IKAI는 지난 2019년 건국대 통일인문학연구단이 개발한 지표로서 한국 사회의 분단적대성을 시기별로 지수화하고 그것을 구성하는 구체적인 감정을 10개의 유형으로 분류하여 제시한다.

이글에서는 2020년 상반기 인터넷 뉴스에 달린 댓글에 IKAI를 적용하여 탈북민에 대한 감정을 분단적대성으로서 분석해보고자 한다. 이는 탈북민에 대한 한국 사회의 사회적 감정의 세부 형태들을 구체적으로 규명하기 위한 것이며, 이를 통해 최근 들어 단순히 '혐오'로서 인식되는 탈북민에 대한 사회적 감정을 더욱 정확하게 이해하고 더 나아가 그러한 적대적 감정을 낳는 사회적 순환 구조를 개선할 수 있는 실마리를 찾고자 한다.

II. 분단적대성을 수치화하는 방법, IKAI

그간 탈북민을 대상으로 하는 연구는 다양한 방면에서 이루어져 왔다. 탈북민의 정착을 지원하기 위한 제도적 측면, 한국 사회 적응 과정에서 발생하는 다양한 심리적 문제의 측면, 이를 아우를 수 있는 탈북민 교육에 대한 교육학적 측면 등 사회 전반에 걸쳐서 탈북민을 중심에 둔 연구들이 진행되었다. 이와 함께 탈북민을 대하는 한국 사회의 태도에 대한 연구도 진행되었음은 물론이다. 그러나 이러한 과정에서 한계로 지적할 수 있는 것은 기본적으로 탈북민을 외부에서 한국 사회로 진입하는 '손(客)'으로서 인식하는 시각이 전제되어 있었다는 점이다. 그렇기 때문에 한국 사회에서 탈북민은 행정적으로 '다문화'의 영역에 속해 있으면서도 분단과 관련된 특수성을 가진 존재로 여겨져 온 것이 현실이다. 정치적이고 경제적인 차원에서 탈북민을 바라본 결과라 할 수 있다.

탈북민이 탈북 과정을 통해 내재할 수 있는 정서적 외상을 '탈북 트라우마'로 개념화하여 접근한 연구는 기존의 탈북민 연구와는 결을 달리한다. 탈북민의 정서적 외상을 '분단 트라우마'의 영향이자 또 다른 양상으로 분석하였으며, 탈북 트라우마의 개념을 단순히 탈북 과정에 두는 것이 아니라 북에서의 생활, 탈북 과정, 한국 사회 정착으로 이어지는 '탈북민이 살아온 삶에 대한 기억'으로 확장한 것은 탈북민을 이해하는 시야를 보다 확장시켰다(김종군, 2015; 김종군·정진아, 2012). 이러한 연구는 분단과 통일을 정치·경제·체제적인 차원에서 사유하는 기존의 시각을 분단 속에서 고통을 겪고 있는 '사람' 중심으로 전환해야 한다는 인문학적 통일론을 바탕으로 하고 있다.

탈북 트라우마가 탈북민의 한국 사회 정착 과정까지를 포함하는 이유는 그 과정에서 한국 사회의 탈북민에 대한 적대적 감정을 통해 일종의 정서적 상처를 입는 경우가 빈번하기 때문이다. 기존의 탈북민 연구에서 탈북민의 한국 사회 적응 과정에서 발생하는 심리적 문제를 진단하고 해결하기 위한 연구를 진행한 것도 이러한 맥락이라 볼 수 있다. 여기서 탈북민의 정서적 외상을 '분단 트라우마'의 영향으로 보는 이유는 한국 사회에서 전쟁을 겪지 않은 전후 2세, 3세에게까지 적대적 감정이 전이되어 사회적 갈등의 요인으로 자리 잡고 있기 때문이다(김종군, 2020, 81-82).[3]

한반도의 분단은 한국 사회의 구성원에게 국가에 반하면 적(敵)으로 취급당해 소멸당할 수 있다는 기억을 남겼다. 이러한 기억은 공인된 폭력을 행사할 수 있는 최고의 권위를 가진 국가의 의지에 반하는 세력을 철저하게 배제하는 사회적 담론을 만들어 나갔다. 문제는 그러한 국가가 애초의 하나에서 갈라져 나온 것이기 때문에 온전하지 못하다는 결핍을 원초적으로 내재하고 있다는 점이다. 그래서 현실적으로 온전한 하나의 국가를 이뤄내지 못한 채 결손국가로서의 불완전한 부분을 보완하기 위하여 분단된 상대방에 대한 적대감을 강화시키고 자신만이 역사적 정통성을 이어가는 주체로서 인정받고자 하게 된다. 그리고 그러한 국가의 지위를 공고히 만들기 위해 적대적 인식에 부합하는 담론을 중심으로 사회적 구조를 구성하게 된다(남경우, 2020, 29-30). 분단으로 인해 남겨진 집단적 차원의 정서적 외상은 이러한 사회적 구조가 만들어지는 원인임과 동시에 사회구성원들에게 무의식적으로 체화되어 분단적 사회구조를 재생산하는 동력이 된다.

한국 사회가 탈북민에 대해서 적대적으로 인식하는 갖는 이유를 이러한 분단 트라우마 발생 과정과 성격에서 찾을 수 있다. 적으로 여기는 북한과 탈북민을 같은 맥락에 위치한 것으로 판단하기 때문이다. 남과

---

[3] 이러한 '전이'는 '역사적 트라우마'의 주된 특성이며, 분단 트라우마는 코리언의 역사적 트라우마의 하나로 이해할 수 있다

북 두 분단국가는 모두 일제 식민 이전 민족 단위가 정치공동체의 단위와 일치(민족=국가)를 이루던 상황을 복원하고자 한다. 그러나 분단으로 인해 온전한 민족이 온전한 국가를 이룰 수 없게 되었고, 이러한 결핍을 보완하기 위하여 각각의 분단국가는 자신이 곧 정통성을 가진 민족임을 자처하였다. 즉 서로가 민족적 정통성을 가졌다는 주장을 뒷받침하기 위해 상대방은 민족적 배신자임을 강조하는 방법을 택한 것이다(박영균·김종군, 2012, 47-48).

따라서 탈북민에 대한 적대적 인식은 남과 북이 민족적 정통성을 주장하는 과정에서 가지는 '종족적 편견(ethnic prejudice)'의 한 양상이라 할 수 있다. 종족적 편견은 "어떤 사람이 어떤 집단에 속해 있기 때문에 그 집단에 부여된 불쾌한 특성을 그 사람도 가지고 있을 것이라는 생각에서 발생한 집단에 속한 개인에 대한 혐오적이거나 적대적 태도"(김철용, 2019, 19)를 말한다. 즉 탈북민이 북한에 속해 있다고 판단하며, 그렇기 때문에 북한에 대한 적대적 인식이 탈북민에게도 적용되는 "잘못된, 융통성 없는 일반화에 바탕을 둔 반감"(김철용, 2019, 20)이라 할 수 있다.

분단적대성은 이러한 재생산 구조를 감정의 측면에서 접근하는 개념이다. 사회적 구조를 감정의 측면에서 바라보는 이유는 "감정이 사회구조와 사회적 행위 간을 이어주는 데 없어서는 안 되는 것"(Barbalet, 1946/2010, p. 13)이기 때문이다. 사회적 행위들이 발생하는 데는 반드시 감정이 관여되어 있으며, 사회적 행위가 이성에 의한 것이라 하더라도 그 이성 역시 그것의 배후 감정에서 촉진된다는 시각이다(Barbalet, 1946/2010, p. 8). 이러한 맥락에서 감정은 "사회화를 통해 학습되고 구성된, 환원될 수 없는 사회문화적 산물"(박형신·정수남, 2016, 41-42)이라 할 수 있다.

한국 사회가 가진 적대적 감정은 언어 표현을 통해 분단적대성으로 드러난다. 이때 사용되는 어휘들은 특별한 모습을 보인다. 분단 적대성을 드러내는 언어들은 "사전적 의미를 그대로 담고 있는 경우도 있으나, '북(北)'과 관련되어 특별한 의미의 언어로 변용되는 경우가 많다. 그야말로 북과 관련된 언중들의 감정이 반영되어 있기 때문"(박재인, 2020, 64-68)이다. 따라서 한국 사회의 분단적대성, 한국 사회가 탈북민에 대해 드러내는 사회적 감정을 확인하기 위해서는 언어 표현을 분석하는 것이 적합하며, 이를 수행하는 데에는 빅데이터 분석기법이 유용하다. 그런데 분단적대성은 특별한 의미의 언어로 변용되며 동시에 여러 감정을 표출한다. 따라서 이때의 감정 '강도'가 명확하게 파악되어야만 분단적대성의 실체를 분석해 낼 수 있다. 이처럼 분단적대성을 이루는 감정의 종류와 강도를 파악하기 위해 개발된 것이 '분단적대성 지표(IKAI)'이다.

IKAI의 개발 과정은 크게 두 가지로 나누어 볼 수 있다. 첫째는 '분단감정어 사전' 구축 과정이다.

분단감정어 사전 개발은 '분단 관련 어휘군 수집 → 전문가 집단을

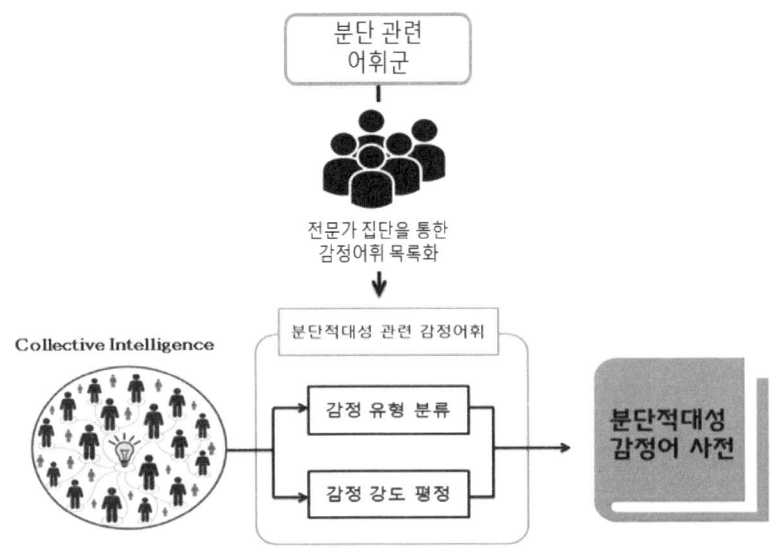

그림 2 분단감정어 사전 구축 과정(김종곤, 2020, 13)

통한 감정어휘 목록화 → 집단지성을 활용한 감정유형 분류 및 강도 평정'의 과정을 거쳤다. 2003년부터 2018년까지 포털 사이트 네이버[4]의 뉴스 섹션에 게재된 북한 관련 기사에 달린 댓글을 크롤링(crawling)하여 약 1억 4천만 개의 어휘를 확보하였다. 이 중에서 빈도수가 현저히 적거나 전치사나 조사와 같이 의미가 없는 어휘를 제외한 약 10만 개의 어휘

---

4 최근 들어 자주 사회적으로 문제가 되는 포털 사이트 네이버의 정치적 편향성에 대한 지적이 있을 수 있다. 실제로 네이버의 편향성에 대한 지적은 몇 년 동안 지속되어 왔으며 2020년 하반기에는 공정위로부터 알고리즘 조작에 대해 과징금을 부과받았다. 최근 빅데이터와 인공지능 관련 연구에서도 '편향성' 문제가 활발히 논의되고 있다. 최근 연구(변순용, 2020)에 의하면 모집단의 편향성, 데이터의 편향성, 데이터의 공정성이 상충함을 밝히고 있다. 기계적 객관성이 공정성과 일치하지 않을 수 있다는 것이다. 이러한 점에서 볼 때 데이터의 편향성에 대한 논의는 보다 심도 있게 진행될 필요가 있다. 한편, 이 글에서 분석 대상으로 삼고 있는 댓글들의 감정은 단순히 기사에 의해 좌우되는 것이라 볼 수 없다. 댓글을 작성하는 작성자의 인지적 판단이 개입하여 표출되는 것이 감정이기 때문이다. 즉, 네이버의 정치적 편향성을 인정한다고 해서 댓글에 표현되는 감정이 반드시 그 편향성을 따라간다고 볼 수 없으며, 그 반대의 경우도 마찬가지이다. 또한 IKAI는 감정의 절대적 수치를 분석하는 것이 아니라 수치의 변화 양상을 분석하고자 한다. 더불어 네이버의 정치적 편향성 문제를 해결하기 위해 다른 뉴스기관을 대상으로 할 수 있다는 의견이 제기될 수 있다. 그러나 빅데이터로 취급할 수 있을 정도의 데이터량을 보유한 메이저 언론들 중에서 현재 정치적 편향성 논란에서 벗어나 있는 곳은 거의 없다고 할 수 있다. 이를 종합하면, 네이버의 정치적 편향성이 IKAI의 분석 결과에 영향력을 미칠 수 있는 것은 아니라고 판단할 수 있다. 오히려 이때 네이버의 정치적 편향성을 인정한다면 이것은 분단적대성이라는 집단 감정을 강화하는 한국 사회의 특정한 구조의 일부로 보는 것이 옳을 것이다.

를 선정하였다. 이를 바탕으로 총 7명의 연구원이 각 어휘의 적절성 평가와 유사 어휘 취사선택 작업을 수행하여 500여 개의 어휘를 확정하였다. 여기에 비속어나 은어 등 100여 개의 어휘를 추가하였고, 이를 인구비례에 맞추어 선정한 200명의 조사자에게 설문 형태의 인구비례조사를 실시하여 감정유형과 강도를 평가하도록 하였다. 조사 결과를 바탕으로 전문가집단의 최종검토를 거쳐 개별 어휘 549개, 중복 허락 어휘 949개로 구성된 '분단감정어사전'을 완성하였다.[5] 분단감정어사전이 다른 감정분석연구에서 사용되는 감정어사전과 차별되는 지점은 인구비례에 맞춘 설문조사를 통한 감정 강도 평정에 있다. 연구자들이나 제한된 수의 인원을 통해 감정 강도를 평정하는 것이 아니라 현재 한국의 인구비례를 반영한 다수를 대상으로 실시한 것이기 때문이다. 이는 현재 한국 사회에서 사용되는 감정어의 감정 강도가 연구자의 주관을 벗어나 보다 객관적이고 사실적으로 측정될 수 있음을 의미한다. 또한 향후 분석작업에서 빈도수와 감정강도를 곱하기 때문에 특정 단어가 단순히 많이 사용되었다고 해서 그 단어의 감정이 크게 측정되는 현상을 막고, 적게 쓰였음에도 강한 감정크기를 가진 단어들의 감정크기를 정확하게 드러낼 수 있게 한다.

둘째로는 분단적대성 지수 산출 모형의 구축이다. 이 과정은 우선 '북한'을 검색어로 네이버 뉴스의 댓글을 1차 수집하는 것으로 시작한다. 이후 수집된 댓글을 분단감정어 사전을 활용하여 형태소 분석하고 분단적대성 감정어휘를 추출한다. 이때 감정어휘는 각각의 빈도수가 확인되며 감정유형별로 목록화된다. 이후 각 어휘의 빈도수와 강도값을 곱하여 감정어휘가 표현하는 감정의 강도를 구하고, 이를 종합하여 감정유형별

---

5   분단감정어 사전 제작 과정은 (한상효, 2018)을 참고.

표 1 분단적대성 분석 대상 현황

	북한 관련 댓글	북한 관련 댓글 분석 어휘	탈북민 관련 댓글	탈북민 관련 댓글 분석 어휘
수량	3,805,177	4,620,686	77,634	154,949

백분율을 계산한다. 이때 최종적으로 산출되는 부정감정의 값이 '분단적대성 지수'이다.[6]

이 글에서는 2020년 1월부터 6월까지 포털사이트 '네이버'의 뉴스 섹션에서 '북한'과 관련된 뉴스에 달린 댓글들을 중심으로 IKAI 분석 결과를 검토하고자 한다. 해당 기간 동안 분석 대상이 된 댓글의 전반적인 개요는 〈표 1〉과 같다.

네이버 뉴스 섹션에서 해당 기간 동안 크롤링 된 북한 관련 댓글의 수는 총 3,805,177개이다. 댓글 크롤링의 조건은 일차적으로는 '북한'과의 관련성을 최우선적으로 확보하기 위하여 '북한'이라는 단어가 포함되어 있는 제목과 내용의 뉴스로 한정지었다. 두 번째 조건으로는 북한 관련 크롤링 결과에서 다시 '탈북민' 관련 표현이 있는 댓글을 추출하기 위해서 '탈북', '탈북민', '탈북자', '북한이탈주민'이라는 단어를 포함한 댓글들을 선별하였다. 이러한 작업을 거쳐 추출된 탈북민 관련 댓글은 77,634개였다. 북한 관련 댓글 중에서 다시 탈북민 관련 댓글을 선별한 것이기에 탈북민 관련 댓글의 수가 북한 관련 댓글의 수보다 적은 것은 당연하다 하겠지만, 그럼에도 불구하고 북한 관련 기사의 댓글 수와 비율적으로 비교해 봤을 때 탈북민 관련 댓글의 수가 현저하게 소략함을 알 수 있다.

이는 현재 탈북민에 대한 사회적 관심의 정도가 반영된 결과라 할 수 있다. 상대적으로 낮은 탈북민에 대한 사회적 관심도는 북한 관련 댓

---

6 IKAI 개발 과정에 대해서는 (김종곤, 2020)을 참고.

표 2 북한 / 탈북민 관련 댓글 현황

	총계	1월	2월	3월	4월	5월	6월
북한 관련 댓글 수	3,805,177	487,604	319,548	611,982	479,684	525,129	1,381,230
북한 관련 댓글 분석 어휘 수	4,620,686	623,346	323,953	690,038	577,317	700,848	1,705,184
탈북민 관련 댓글 수	77,634	4,098	2,562	2,829	12,003	16,358	39,784
탈북민 관련 댓글 분석 어휘수	154,949	7,807	5,540	5,775	24,828	37,168	73,831
북한 관련 댓글 중 탈북 관련 댓글 비율	2.04%	0.84%	0.80%	0.46%	2.50%	3.12%	2.88%

글과 탈북민 관련 댓글의 월별 수치를 통해서 더욱 명확히 드러난다. 큰 변동폭을 보이는 2월과 6월을 제외하면 북한 관련 댓글의 수는 월별로 약 60만 건에 이르는 것이 확인된다. 이러한 북한 관련 댓글에서 탈북민 관련 댓글의 비율은 북한 관련 댓글과는 조금 다르게 1월에서 3월까지 0.8% 전후에 이르다가 4월부터 상승하는 것으로 확인되었다.

앞서 살펴본 바와 같이 분단적대성 지수가 남북관계의 악화와 한반도의 긴장 고조에 따라 강화된다는 것을 전제로 할 때, 댓글 수의 급격한 변화를 보인 2월과 6월에는 북한 관련 특정한 이슈가 있었음을 유추할 수 있다. 문제는 그럼에도 불구하고 탈북민 관련 댓글 수가 큰 폭으로 변화하는 모습을 보이지 않는다는 점이며, 오히려 3월에는 더 하락하는 양상이 나타난다.

실제로 1월에는 김정은 위원장이 신년사를 하지 않고 대외활동에 적극적이지 않은 상황을 분석하는 뉴스들이 많아 건강이상설이 제기되는 등의 이슈가 있었고, 평양 출신 간부 일가 20여 명이 탈북하다가 12명이 북한군에 체포된 사건이 있었다. 3월에는 북한의 초대형 방사포 시험 발사에 대한 청와대의 유감 표시와 이에 대한 김여정 부부장의 비난 담화 등이 이어지는 이슈가 있었다. 4월에는 김정은 위원장이 집권 이후 처음으로 태양절에 금수산태양궁전에 참배하지 않은 것과 CNN이 김정은 위원장의 심혈관 수술 뉴스를 보도한 것이 이슈가 되며 김정은 위원장의 건강이상설이 한층 강하게 제시되었다. 또한 제21대 국회의원 총선에서 강남갑 후보로 나선 탈북민 출신 태구민씨와 비례대표 지성호씨의 당선이 이슈가 되었다.

5월에는 건강 이상설이 제기된 김정은 위원장이 대외활동을 재개하며 주목을 받았고, 이어서 북한군이 국군의 GP를 향해 총기를 발사한 사건이 발생하기도 하였다. 6월에는 대북전단 살포에 김여정 부부장의 강도 높은 비난 담화와 이어진 탈북민 단체의 기습 행동 및 이에 대응하는 경찰의 압수수색 등이 논쟁거리가 되었다. 이어진 남북공동연락사무소의 폭파가 가장 큰 이슈였다. 북한 관련 댓글이 적어지는 양상을 보인 2월에는 국내에 코로나바이러스 관련한 대단위 보도가 이어지면서 북한 관련 뉴스가 그리 많이 제시되지 않은 상황이 반영된 것으로 보인다.

이를 통해 볼 때, 결과적으로 북한 관련 댓글의 수가 변동을 보인다고 하더라도 탈북민과 관련하여 특정한 조건이 주어지지 않는 한 탈북민에 대한 언급은 크게 많아지지 않는다는 것을 알 수 있다. 그리고 이러한 양상은 곧 한국 사회에서 탈북민에 대한 관심이 그리 높지 않다는 것을 방증한다.

다문화사회의 측면에서 문제적으로 인식되고 있는 것이 중국 조선족을 대상으로 하는 혐오적 발언들이다. 국내 입국한 중국 조선족의 경우 법무부 출입국외국인정책본부의 통계에 따르면 2019년 12월 기준으로 70만 1천98명에 달한다. 반면 국내 입국한 탈북민의 경우 2020년 9월 기준으로 33,718명에 그친다. 국내에 거주하고 있는 인원으로만 보아도 탈북민은 조선족의 5%에도 못 미치는 것을 알 수 있다. 즉 한국 사회에서 탈북민과 남한 주민이 실생활 측면에서 직접 접촉하는 경우 자체가 상당히 적을 수밖에 없고, 그로 인해 탈북민에 관한 관심이나 언급 자체가 특별히 많을 수 없는 것으로 판단할 수 있다.

그런데 이러한 분석에서 주목해야 하는 부분이 있다. 바로 댓글에서 추출되는 감정 어휘의 수이다. 북한 관련 댓글의 경우 댓글 수가 3,805,177개였으며 여기서 추출된 감정 어휘의 수는 4,620,686개였다. 반면 탈북민 관련 댓글은 77,634개에 그치지만 댓글들에서 추출되는 감정 어휘의 수가 154,949개에 달했다. 이는 북한 관련 댓글의 경우보다 탈북민 관련 댓글에서 감정 어휘의 비율이 높다는 것을 나타내는데, 바꾸어 말하면 일반적인 북한 관련 뉴스에 댓글을 작성할 때보다 탈북민 관련 뉴스에 댓글을 작성할 때 더욱 많은 감정표현을 하고 있다는 것을 의미한다. 즉 탈북민에 대해 많은 관심이 있지는 않으며 그에 대해 많은 언급을 하고 있지는 않지만, 탈북민에 관해 표출되는 감정의 강도는 상당히 강하다는 것이다.

III. 어떤 감정들이 탈북민에 대한 분단적대성을 구성하는가?

1. 탈북민에 대한 주된 감정들은 어떻게 표출될까?

IKAI로 분석된 2020년 상반기 분단적대성의 정도와 변화, 그리고 탈북민에 대한 분단적대성의 정도와 변화는 〈그림 3, 4〉와 같다.

IKAI에서 분단적대성은 분석을 거친 감정유형 중 부정감정의 비율을 말한다. 즉 2020년 1월부터 6월까지 분단적대성은 80p 이하로 내려간 적이 없고 계속해서 일정 수준 이상으로 나타나고 있다. 2007년부터 2018년까지의 분단적대성을 분석한 앞선 연구에서 확인되는 것은 2013년부터 분단적대성은 꾸준히 80p에서 90p 사이를 오가고 있다는 점이

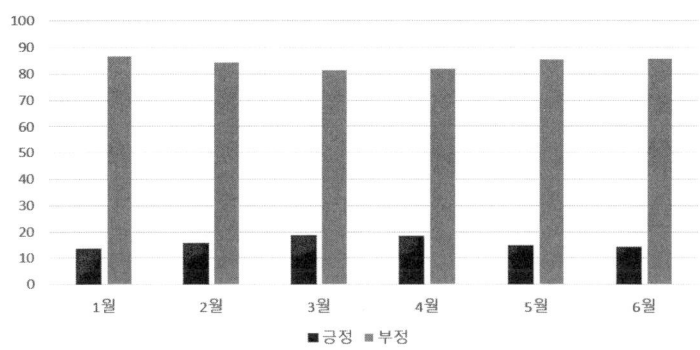

그림 3 2020년 전반기 분단적대성 변화 추이

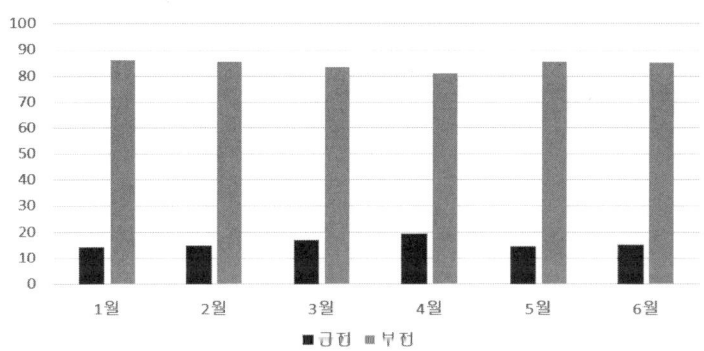

그림 4 2020년 전반기 탈북 관련 댓글의 분단적대성 변화 추이

다. 그런데 이것은 분단적대성이 크게 변화하지 않는다는 것이 아니다. 남북관계 악화나 한반도 긴장 강화의 상황에 따라서 분단적대성은 꾸준히 변화한다. 실제로 분석 결과 이명박 정권 출범 이전 78.5p였던 분단적대성은 이명박 정부 출범 후 급격히 상승하여 97.4p를 기록하기도 하였다. 이후 박근혜 정부에 들어서 86.1p로 하락하고 이후 꾸준히 86p 부근에서 변동하고 있다. 특히 이 연구에서는 분단적대성이 비단 남북관계에만 영향을 받는 것이 아니라 한국 사회 내부의 이슈[7]와 북한 내부의

---

7   정치권의 색깔논쟁, 이석기 의원 내란 사건, 서울시 공무원 간첩 조작사건 등.

변화나 정치적 사건 등[8]에도 영향을 받는다는 점을 밝혔다(김종곤, 2020, 19). 즉 분단적대성이 특정 수준에서 큰 변화를 보이지 않고 있는 양상은 한국 사회의 분단적대성이 상당한 수준에 도달해 있으며 고착화에 이르렀다는 상황을 보여주는 것이라 해석해야 옳을 것이다(그림 5).

〈그림 5〉는 탈북 관련 댓글을 대상으로 분석한 분단적대성을 상위 카테고리인 북한에 대한 분단적대성과 비교한 것이다. 전반적인 상승과 하강의 방향성은 유사해보이나, 월별 변화 지점에 주목하면 차이가 확인된다. 전반적으로 5월을 제외하고는 모든 지점에서 유의미한 차이를 보이고 있으며, 특히 3월에는 큰 격차를 보여준다. 그런데 이때 의문을 가질 수 있는 지점이 바로 탈북민 관련 댓글 수와의 관계이다(그림 6).

탈북민 관련 댓글의 수는 앞서 확인한 바와 같이 1월에서 3월까지 안정세를 유지하다가 4월부터 상승한다. 반면 탈북민 관련 분단적대성의 추이는 전체적으로 V자 형태를 유지하고 있다. 3월에서 4월로 가는 댓글 수는 상승하는 반면 같은 시기의 탈북민 관련 분단적대성은 하락하는 것이다. 특히, 5월에서 6월로 가면서 탈북민 관련 댓글 수가 급격하게 증가하는 것과 반대로 탈북민 관련 분단적대성은 오히려 하락하는 양상에서 이러한 현상이 두드러진다. 이를 통해 확인할 수 있는 것은 한국 사회가 기본적으로 탈북민에 대해서 크게 관심을 드러내지 않고 있으며, 특정 이슈에 따라서 그들에 대한 관심 혹은 언급이 많아진다는 점이다.

다른 한편으로 두 수치 간에 이러한 차이가 발생하는 것은 IKAI의 특성 때문이라 할 수 있다. 앞에서도 언급한 바와 같이 IKAI는 한국 사회의 전체 사회적 감정에서 부정 감정이 차지하는 비율과 그 변화 양상을 보여주는 지표이다. 따라서 댓글 수가 많아진다고 해서, 즉 감정어휘가

---

8   장성택 처형, 북 인권문제 관련 논란, 김정남 피살 등.

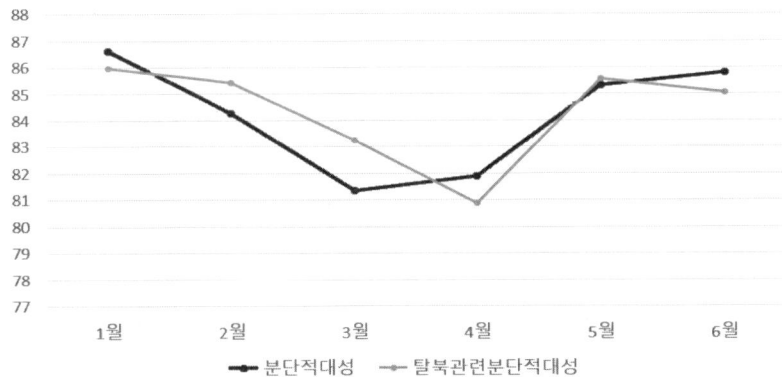

그림 5 분단적대성과 탈북민 관련 분단적대성 비교

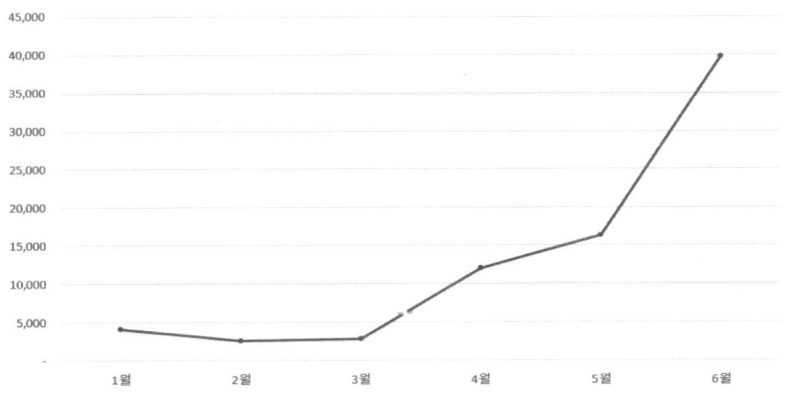

그림 6 탈북민 관련 댓글 수 변화

사용되는 빈도수가 많아진다고 해서 감정이 강해지는 것이 아님을 나타낸다. 이는 IKAI가 감정어의 빈도수보다 감정의 강도에 주목하고 있다는 것을 말한다.

　　IKAI의 감정 분석은 댓글들을 통해 표출되는 감정의 전체에서 각각의 감정유형이 얼마만큼의 비율을 차지하고 있는지를 확인하는 작업이다. 이때 구분되는 감정의 유형은 앞에서 확인한 '기쁨', '호감', '안심', '슬픔', '공포', '분노', '혐오', '불안', '싫증', '연민' 등 10가지로 구성된다. 탈북민 관련 분단적대성을 이러한 감정유형별로 분석한 내용은 〈그림 7〉

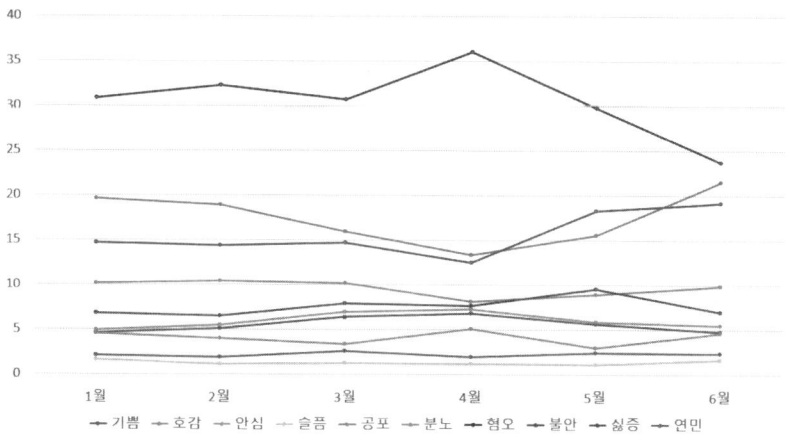

그림 7 탈북민 관련 분단적대성의 감정유형별 구성 변화

과 같다.

　　10개 감정유형별 변화 추이 그래프를 통해 우선 확인할 수 있는 것은 부정 감정 중에서도 혐오, 공포, 불안, 분노가 상위에 분포하고 있는 양상이다. 특히 혐오 감정의 경우 분석 대상 기간 동안 항상 가장 많은 비율을 차지하고 있는 감정이었으며, 6월을 제외하고는 30p 이하로 낮아지지 않았다. 다른 감정들의 경우 1월에서 4월까지 구성의 비율은 변화하고 있으나 그 순위가 변하지는 않는 양상임을 알 수 있다.

　　흥미로운 것은 많은 사람들에게 제노포비아(xenophobia)의 형태로 인식되는 탈북민에 대한 사회적 감정이 실제 감정 분석 결과를 통해 탈북민 관련 댓글들에서 가장 큰 비중을 차지하는 감정인 '혐오'로 드러났다는 점이다. 이것은 인터넷 뉴스에 댓글을 적는 사람들이 실제로 혐오의 감정을 표현하고 있는 것임과 동시에, 그것을 읽는 사람들 또한 똑같이 그 댓글을 통해서 혐오의 감정을 느끼고 있다는 말과 같다. 즉, 실제 한국 사회가 탈북민에 대해 혐오의 감정을 드러내고 있다고 할 수 있는 개연성이 매우 높다는 판단이 가능한 것이다.

　　그러나 한편으로 한국 사회에서 특정한 발화에 대해서 '탈북민에 대한 혐오'라고 단순하게 판단하지 말아야 하는 근거 또한 여기에 있다. 분석 대상이 되는 댓글들이 하나의 감정으로만 이루어진 경우가 흔하지 않으며, 다수의 댓글을 통합적으로 분석하기 때문이다. 그렇기에 위의 도표에서와 같이 혐오의 감정이 가장 큰 비율을 차지하고 있을지라도 공포와 불안과 같은 감정들이 함께 존재하고 있는 것이다. 즉 가장 큰 비율을 차지하는 감정 외에 다른 감정들을 존재하지 않는 것으로 치부할 수 없음을 의미한다. 또한 이는 탈북민 관련 분단적대성이 상당히 복합적인 감정구성체임을 나타내고 있다. 이러한 성격은 위의 도표에서 가장 큰 변화를 보이고 있는 부분인 4월, 5월, 6월의 감정 분석을 통해 이를 확인할 수 있다. 각 월별 감정 중에서 최상위의 비율을 차지하고 있는 혐오와 공포 그리고 불안 감정을 중심으로 자세한 내용을 살펴보겠다.

〈표 3〉은 탈북민 관련 분단적대성을 구성하는 10개의 감정유형 중에서 최상위의 비율을 차지하는 감정유형 3개의 감정어휘들을 빈도수 순으로 정렬한 내용이다. 우선 수치상으로 확인할 수 있는 특징으로는 앞서 살펴본 댓글 수의 변화 양상에 맞추어 감정어휘의 빈도수가 점점 상승하고 있으며, 특히 6월에는 급격한 상승을 보인다는 점이다. 표에 제시되는 수치만을 비교하면 상위 20개의 감정어휘가 사용된 빈도수가 4월에는 216,454건이고, 5월에는 268,597건이며, 6월에는 580,520건으로 나타난다. 4월과 5월의 차이가 약 52,000건인데 반해 5월과 6월의 차이는 약 311,000건일 정도로 탈북민 관련 댓글이 급격하게 증가하였다.

둘째로는 '간첩'과 '거짓' 등의 단어의 빈도수 순위가 4월과 6월과는 다르게 상위에 포진한다는 점이다. 6월로 갈수록 대부분의 감정어휘들의 빈도수가 높아지는 경향을 보이고 있지만 각 월별로 나누어 보았을 때는 이들 감정어휘의 사용량이 도드라진다는 것을 알 수 있다. 이와 비슷한 양상을 보이는 것이 '전쟁'과 '북괴' 등의 감정어휘이다. 이들 감정어휘는 6월에 들어서 사용빈도수의 순위가 급상승한다.

표 3 빈도수에 따른 혐오/공포/불안 감정어휘

4월			5월			6월		
감정유형	감정어휘	빈도수	감정유형	감정어휘	빈도수	감정유형	감정어휘	빈도수
혐오	김정은	27,970	혐오	김정은	30,942	공포	전쟁	46,156
공포	김정은	27,970	공포	김정은	30,942	불안	전쟁	46,156
불안	김정은	27,970	불안	김정은	30,942	혐오	김정은	47,970
혐오	빨갱이	25,534	혐오	빨갱이	24,422	공포	김정은	47,970
혐오	돼지	17,351	불안	간첩	17,741	불안	김정은	47,970
공포	재앙	9,093	공포	간첩	17,741	공포	재앙	37,373
불안	재앙	9,093	혐오	돼지	17,735	불안	재앙	37,373
혐오	좌파	7,220	혐오	거짓	13,700	혐오	빨갱이	34,201
혐오	욕	7,042	공포	재앙	9,363	혐오	욕	34,491
혐오	거짓	7,414	불안	재앙	9,363	혐오	돼지	29,145
불안	간첩	6,652	공포	전쟁	8,339	불안	간첩	22,535
공포	간첩	6,652	불안	전쟁	8,339	공포	간첩	22,535
공포	전쟁	5,616	혐오	좌파	8,748	혐오	충(벌레)	20,241
불안	전쟁	5,616	혐오	욕	7,530	혐오	좌파	19,050
혐오	독재	5,268	혐오	한심하다	7,409	혐오	독재	18,039
공포	독재	5,268	혐오	새끼	6,934	공포	독재	18,039
혐오	충(벌레)	4,965	불안	의심	6,511	혐오	똥	18,928
혐오	종북	4,726	혐오	똥	6,246	공포	북괴	16,174
혐오	새끼	5,034	혐오	충(벌레)	5,650	불안	북괴	16,174
계		216,454	계		268,597	계		580,520

셋째로는 '김정은'이라는 감정어휘가 지속적으로 상위를 지키고 있는 점이다. 또 '김정은'과 함께 '빨갱이' 어휘도 계속해서 가장 많이 사용되는 감정어휘에 속하고 있다. 이는 북한이라는 대상이 그 체제적 특수성으로 인해 김정은이라는 인물과 일치되고 있기 때문으로 보인다. 같은 맥락에서 빨갱이라는 단어 또한 북한 혹은 김정은과 동일선상에서 인식되고 있는 것으로 볼 수 있다.

2. 탈북민에 대한 감정 표출 사례와 변화 요인 살펴보기

앞에서 진단한 수치적 특징과 추론들은 각 월별로 이슈가 되었던 뉴스 내용과 그에 달린 댓글의 사례를 구체적으로 살펴봄으로써 확인할 수 있다. 다음은 4월에 보도된 북한 관련 보도 중에서 가장 많은 탈북민 관련 댓글이 달렸던 보도의 제목들이다(참고 1).

4월에는 댓글 수 상위 10개의 보도가 제21대 국회의원 총선 후인 4월 16일에서 18일에 집중되어 있다. 선거 사상 첫 탈북민 출신 지역구 국회의원이 당선되었기 때문이다. 게다가 탈북민 출신인 태구민 의원의 지역구가 한국에서 가장 부유한 동네라고 일컬어지는 '강남갑'이었기 때문에 사회적으로 큰 화제가 되었다. 이러한 상황에서 태구민 의원의 탈북민이라는 출신 때문에 거의 당연하게 탈북 관련 댓글이 가장 많이 달릴 수밖에 없었을 것으로 보인다(참고 2).

강남갑 지역구 태구민 의원의 당선이 가장 큰 이슈였기 때문에 탈북민의 국회의원 당선 관련 내용이 주를 이룰 것이라 예상할 수 있으나

참고 1   4월 탈북민 관련 댓글 수 중심 주요 보도

- 태구민 당선에 "강남 재건축 지역에 새터민 아파트 법제화" 靑 청원(2020.04.17.)
- '강남스탈린"에미나이파크'···태구민의 강남에 조롱 쏟아진다(2020.04.17.)
- 태구민 당선되자···"강남에 새터민 아파트 의무건설" 청원(2020.04.17.)
- '강남구 력삼동 내래미안' 태구민 당선 조롱 나선 親文(2020.04.16.)
- 태구민에 쏟아지는 조롱과 공격···도 넘은 색깔론(2020.04.18.)
- 태구민 당선에 '강남 탈북자아파트' 청원···북한 '부패소굴' 비난(2020.04.17.)
- 태구민 강남갑 당선···北 엘리트가 서울 대표 부촌 거머쥐었다(2020.04.16.)
- '강남구 력삼동 내래미안'···태영호 당선에 인터넷상 조롱 넘쳐(2020.04.16.)
- 태구민, 강남갑서 당선··· 탈북민 출신 첫 지역구 국회의원(2020.04.16.)
- 외신도 놀란 태구민 당선 "가장 근사한 동네서 배지 단 탈북자"(2020.04.16.)

참고 2 4월 탈북민 관련 댓글 사례

- 정말 이번에 강남수준을 알아봤다!!그렇게 민주당에 빨갱이 프레임 씌어놓고 빨갱이혐오한다고 하더니 당신들 부동산 지키려고 검증안된 탈북자를 뽑냐!!강남구민들아 니들은 돈이라면 나라도 팔아먹겠구나!!(2020.04.17. 기사 댓글)
- 빨갱이 뽑아놓고..뭘 바랬냐?? ㅋㅋㅋㅋㅋㅋㅋㅋㅋㅋ 탈북자, 조선족들 강남가서 많이 살아라~!!! 대한민국의 주거의 자유가 있거든~ㅋㅋㅋㅋㅋㅋㅋ(2020.04.17. 기사 댓글)
- 대깨문 종특: 북한을 찬양하고 퍼주면 착한사람, 탈북한 탈북민은 범죄자, 북한사람은 빨갱이들, 북한의 지령받고 선동하면 일반시민. 태구민보고 빨갱이라 욕할 자격도 없어. 조선족이나 김정은이나 추종자들도 똑같은 빨갱이들 이면서(2020.04.18. 기사 댓글)
- 전라도인민들과 민주당 홍위병들은 김정은 독재자 쉐끼를 응원하고, 경상도와 미통당 지지자들은 탈북자 태영호를 응원한다. 이것만 봐도 뭐가 진실인지 답 딱 나오지.(2020.04.18. 기사 댓글)

실제로 이러한 뉴스들에 달린 댓글의 내용은 그 부분에만 국한되지 않는다. 인용한 댓글들에서 확인할 수 있는 것은 첫 번째로 '강남'에 대한 인식이다. 인용한 댓글 외에도 많은 댓글에서 강남에 사는 사람들을 비난하는 내용들을 적고 있다. 대표적인 표현이 '강남살면서 탈북민을 국회의원으로 뽑느냐'는 질책에 가까운 내용들이다. 그간 한국 사회에서 강남은 서울 내에서도 대표적인 보수 성향 지역으로 인식됐다. 일반적으로 보수를 표방하는 정당에서 북한에 대해 적대적 인식을 보였고, 강남은 그러한 정당을 선택하는 경향성이 있었다. 이와 같은 성격을 가지고 있는 것으로 여겨지는 강남에서 탈북민을 국회의원으로 선택한 사실에 대한 충격에서 이러한 표현들이 비롯된 것으로 보인다.

둘째로는 탈북민과 '빨갱이'를 동일시하는 양상이다. 태구민 의원을 선택한 것을 '빨갱이를 뽑았다'는 표현으로 대신 사용하는 경우가 많으며 태구민 의원 자체가 빨갱이인 것으로 표현되고 있는 양상이 다수

확인된다. 더욱 특이한 점은 태구민 의원을 빨갱이로 이야기하면서 동시에 '조선족'이 언급된다는 점이다. 댓글에서 태구민 의원과 빨갱이 그리고 김정은 위원장이 한 맥락에서 언급되는 것에 대해서는 '북한'을 적대적으로 지칭하고자 하는 의도라 이해할 수 있지만 '조선족'이 등장하는 것은 그 맥락을 쉽게 이해하기 어렵다. 이때, 이러한 표현이 분단과 관련된 현상이라는 시각에서 바라본다면, 빨갱이 개념이 '한국에 해를 끼치는 존재'라는 범위로 확장되고, 조선족이 한국 사회에 피해를 주고 있다는 생각에 연결되는 적대적 감정의 표현이라는 것을 알 수 있다.

셋째로 정치적 대립과 지역갈등 등 탈북민 혹은 북한과는 직접적인 연관이 없는 내용들이 함께 연결된다는 점이다. 이러한 양상은 분단적대성이 "반드시 남북 간에 물리적 충돌이 일어나거나 혹은 사회 내에서 갈등이 가시적으로 첨예화될 때만 나타나는 것은 아니"(김종곤, 2018, 12)라는 측면에서 해석할 수 있다. 북한을 한반도의 안전을 위협하는 존재로서 인식하고 있는 상황에서 '나' 또는 '우리'의 안전 혹은 이익을 위협한다고 판단되는 대상이 나타났을 때 이를 곧 북한과 연결 짓는 '좌파', '종북', '빨갱이' 등으로 분류하는 것이다. 이는 곧 탈북민에 대한 부정적 시각, 조선족에 대한 적대적 인식, 남한 내 갈등 상황의 분단적 해석 등의 사례들까지도 설명하고 있다(참고 3).

5월 북한 관련 보도 중 탈북민 관련 댓글이 가장 많이 달린 10개의 보도의 제목은 위와 같다. 중심을 이루는 주제는 '김정은 위원장의 건강이상설'에 대한 것이며 이에 대해 사망했을 것이라 주장했던 '태구민·지성호 의원'에 대한 것이다. 4월 중순 무렵부터 북한의 김정은 위원장의 건강 이상에 대한 추측들이 외신으로부터 이어졌고, 여기에 탈북민 출신 국회의원인 태구민 의원과 지성호 의원이 김정은 위원장의 사망을 확신했다. 그러나 5월이 되자 김정은 위원장이 대외활동을 하는 북한발 보도가 나왔고 이로 인해 잘못된 정보를 주장한 두 의원에 대한 비난이 일었

참고 3 5월 탈북민 관련 댓글 수 중심 주요 보도

- 지성호 "김정은 사망 99% 확신", 청와대 "특이동향 없다"(종합)(2020.05.01.)
- "신뢰 깨졌다" 상임위 불가론···탈탈 털리는 태영호·지성호(2020.05.05.)
- 태영호·지성호, 대북정보력 한계 노출…"무책임" 비판 불가피(2020.05.02.)
- [단독] "윤미향 부부, 위안부 쉼터서 탈북자 월북 회유"(2020.05.21.)
- "김정은 못걸어""99% 사망"…머쓱해진 北출신 태영호·지성호(2020.05.02.)
- '가짜뉴스' 유포한 태영호·지성호, "속단 말자" 점입가경(2020.05.02.)
- [단독] "민변의 월북 권유 거절한뒤 위협 느껴 망명"(2020.05.23.)
- '가짜뉴스' 비판 커지자...태영호·지성호가 내놓은 입장(2020.05.02.)
- 지성호 "김정은 지난 주말 사망.. 99% 확신" 주장(2020.05.01.)
- '김정은 건재'에도 태영호·지성호 '아니면 말고'식 언행 계속(2020.05.02.)

다. 한편으로 정대협 관련 문제로 이슈가 되었던 윤미향 의원과 관련된 보가 있었는데 민변 변호사인 남편과 함께 탈북자에게 월북을 권유했다는 내용이다. 이러한 뉴스들에 달린 댓글의 내용은 〈참고 4〉와 같다.

앞서 도표에서 확인되는 표면적 특징이자 변동사항은 여전히 최상위 비율을 차지하고 있음에도 혐오 감정의 비율이 줄었으며 그와는 반대로 공포와 불안의 감정 비율이 증가한다는 점이다. 그중에서도 지속적으로 공포의 감정과 비슷하거나 더 적은 비율을 차지하던 불안 감정이 5월에 들어서면서 공포 감정의 비율을 앞질렀다. 5월에 가장 많이 쓰인 불안 유형의 감정어휘는 '김정은', '간첩', '재앙' 등이다. 5월의 보도에 달린 댓글을 통해 감정 어휘들이 어떠한 맥락에서 사용되고 있는지 알 수 있다.

어휘 '김정은'의 경우 4월 댓글 분석에서 확인한 바와 같이 북한과 직결되는 개념으로 사용되거나 북한의 적대적 인식을 나타내는 표상과 같이 사용되고 있다. 한편 '간첩'의 경우 김정은 위원장의 건강이상 문제를 제기하고 사망을 확신했던 탈북민 출신 정치인에게 주로 사용되고 있

참고 4 5월 탈북민 관련 댓글 사례

- 힘들게 목숨 걸고 탈북한 사람들 제발 비방 무시하지 말고 우리나라를 위해서 통일을 위해서 잘 일을 해나가도록 모르는 것 있으면 가르쳐 주며 도와가며 열심히 일하도록 힘과 용기를 주자 제발..그사람들도 충분히 대한민국 국민으로써 자격이 있다 대신 한국법에 대해서 부지런히 공부해야 할 것(2020.05.01. 기사 댓글)
- 탈북한 사람이 어떻게 북한에 대한 정보를 앎?? 이거 간첩아니냐;;;; 이중스파이 뭐 이런거임???? 개소름돋네(2020.05.01. 기사 댓글)
- 탈북한 새끼들이 북한에 소식통이 있다하는건, 간첩이잖아?! 간첩 인증하네. 역시 미텅텅당 대가리텅텅당 수준. 풉.(2020.05.01. 기사 댓글)
- 간첩 빨갱이 탈북민들은 국회의원이 되어선 안된다(2020.05.02. 기사 댓글)
- 국회의원 박탈해야 한다. 자기가 한 행도에 책임을 져야 한다. 어쩌다 대한민국이 간첩국가가 된 건지 탈북자가 국회의원을 한다? 있을 수 없는 일이다.(2020.05.02. 기사 댓글)
- 이것이 문재앙 정권의 실체인 것이다. 그러니 5.18, 세월호 그렇게 이용해 먹으면서도 국방에 종사하다 희생된 장병들은 모른 척 했고, 약자들의 인권을 위한다고 선동질 하면서 탈북자들은 배신자라며 다시 북으로 돌려보낼 궁리나 했지. 그래도 대깨문과 달창들 뿐만 아니라 수 많은 개돼지들은 돈 몇푼 쥐어준다고 문재앙이가 잘한다지. 이제 국민들이 깨어나야 나라가 살 수 있다.(2020.05.23. 기사 댓글)
- 탈북자를 배신자라 부른 분은 더불어에 많지 않아요?(2020.05.23. 기사 댓글)

다. 첫 번째 논리는 북한 체제에서 떠나고자 탈북을 하였는데 북한 내부의 소식을 알 수 있다면 간첩이라는 것이며, 두 번째로는 탈북민은 곧 간첩이라는 것이다. 탈북민을 간첩이라 표현하는 것은 탈북민 관련 댓글에서 매우 흔하게 확인되는 경우이다. 이러한 인식은 전제와 같은 개념으로 작용하고 있는 것으로 보이며 오히려 여기서 강조되고 있는 것은 국가의 중책인 국회의원에 간첩이 침투했다는 인식이다.

앞선 연구에 의하면 감정유형 '공포'와 '불안' 모두 북한과 연결되었을 때 전쟁 발발의 위험과 관련되는 것으로 나타난다. 아울러 IKAI 개발 과정에서 공포는 두려움의 대상이 명확하게 제시되는 감정유형으로 설정하였고, 불안은 두려움의 대상이 뚜렷하지 않은 감정유형으로 설정하였다(박재인, 2020, 64-68). 이를 통해 볼 때 감정어휘 '간첩'은 탈북민 출신이 국회의원이 된 초유의 상황에서 이들과 북의 연결성이 강조될 때 한국 사회가 위험에 처할 수 있다는 인식을 불러일으키는 것이라 해석할 수 있다. 이때의 위험은 전쟁 등 명료한 형태로 구체화 되는 것이 아니라 '간첩'이라는 어휘가 가지고 있는 '몰래', '위장' 등의 이미지와 같이 구체적으로 특정하기 어려운 위험으로 인식되는 것으로 보인다. '거짓'이라는 감정어휘가 사용되는 빈도수가 높아지고 월별 출현 빈도 순위가 높아지는 현상은 이러한 인식이 반영된 결과이자 증거라 할 수 있을 것이다.

5월에 이슈가 된 보도 내용 중 윤미향 의원과 그 남편과 관련한 내용이 있다. 이들이 탈북민에게 월북을 권유했다는 내용의 기사와 한 탈북민이 월북 권유를 받고, 여러 정황상의 위협을 느껴 제3국으로 망명했다는 내용의 기사이다. 탈북민이 직접적으로 연관된 기사이기 때문에 탈북 관련 댓글이 많을 수밖에 없는데 이 댓글들의 내용은 현 정부의 문제를 지적하는 것이 주를 이룬다. 이때 언급되는 것은 2019년 있었던 탈북 선원 북송으로 대표되는 정부의 탈북민 처우 일련에 대한 것이며, 이로 인해서 '재앙'이란 단어의 빈도수가 높은 것으로 분석된다. 사실 '재앙'의 빈도수가 높게 측정되는 양상은 2020년 전반에 걸쳐 확인되는데, 이때 '재앙'이 사용된 댓글들의 대다수는 정권을 비난하기 위한 댓글에서 문재인 대통령을 지칭하는 단어로 사용되고 있다.

6월 북한 관련 보도 중 탈북민 관련 댓글이 가장 많은 10개 보도의 제목은 위와 같다. 주요 내용은 탈북민 단체에서 대북 전단을 살포하는 것에 관한 내용이고, 이와 관련한 통일부의 고발 및 탈북민 단체 압수수색에 대한 내용이다. 6월에 들어 남북관계에서 가장 이슈가 되었던 것

참고 5   6월 탈북민 관련 댓글 수 중심 주요 보도

- 탈북자단체, 대북전단 100만 장 살포 예고…긴장 고조(2020.06.10.)
- "지금껏 가만히 있다가…주권국가 맞냐" 고발당한 탈북민 단체 격앙(2020.06.10.)
- "지성호, 우리가 받아줬으면 분수 알라" 김갑수 KBS방송 하차(2020.06.16.)
- 압수수색 당한 탈북단체 대표 "여기가 서울이냐, 평양이냐"(2020.06.27.)
- 탈북단체, 파주서 대북전단 기습 살포…홍천서 풍선 발견(종합)(2020.06.23.)
- "막으면 빨갱이" vs "불안해 죽겠다"…접경지 갈등(2020.06.08.)
- [속보] 탈북민 단체 "6·25 맞아 삐라 100만장 날릴 것"(2020.06.20.)
- [무플방지]북한 연락사무소 폭파하자 "탈북자들 신변 주의합시다"(2020.06.21.)
- 통일부 "전단살포는 교류협력법 위반"…탈북단체 2곳 고발(2020.06.10.)

은 탈북민 단체의 대북전단살포에 대한 김여정 제1부부장의 4일에 있었던 강한 비방이었으며[9], 이어진 탈북민 단체의 대북전단살포 의사 표명이었다. 앞서 살핀 바와 같이 김여정 제1부부장의 발언 이후 6월 16일에 남북공동연락사무소가 북한에 의해 폭파되었고, 이와 관련된 보도가 줄을 이으며 댓글의 수가 급증하였다. 다만 위의 제목들에서 볼 수 있듯이 탈북민 관련 댓글이 많이 달린 보도는 주로 탈북민 단체와 관련한 기사들이었다.

위의 보도에 달린 댓글 중 일부 사례를 살펴보면 북한의 반응과 남북공동연락사무소 폭파에 대한 책임을 탈북민 단체 혹은 탈북민에게 묻는 내용이 주를 이룬다. 이때 '전쟁' 등의 감정어휘가 많이 사용되고 있

---

[9] 이때 김여정 제1부부장의 발언에 대해 '삐라'는 표면적인 이유일 뿐 실제로는 다른 맥락을 가지고 있다는 의견이 있으나 이 글에서는 해당 보도에 대한 댓글을 통한 사회적 감정 분석에 주목하므로 북한 측의 발언에 대한 심도 있는 분석은 하지 않는다.

참고 6   6월 탈북민 관련 댓글 사례

- 탈북단체 북한놈들이 한국에와서 전쟁을 부추기네..(2020.06.10.)
- 누가보면 탈북자들이 미사일이라도 쏘는줄알겠다 ㅋㅋㅋㅋㅋㅋㄴ그 수령님이 쏘는 미사일은 왜 아무소리안하고 탈북자들이 대북전단 뿌리는건 큰 위협이라고 질r을 하는거여?(2020.06.10.)
- 좌파정권이 집권하니..국민을 개.돼지 취급하며 탈북민도 우습게 아는구나...북한의 2중대 정권인듯하다~ ㅜㅜㅜ(2020.06.10.)
- 북한 탈북자보다 조선족이 더 쓸만하니 버리는 카드인가?(2020.06.10.)
- 아닠ㅋㅋ뭐가 이렇게 당당한데???북한이 먼저 도발한거면 이해나 해...근데 탈북자충 주제에 가만히 있는 북한 건드려놓고 뭐??굴복하면 안된다??퓨ㅋㅋㅋ야!!상황파악 좀 해!!!니들때매 국제사회에 북한탓이라고도 못해!!!!!정작 전쟁나서 총알받이 서라면 쫄릴것들이...ㅉ(2020.06.21.)
- 북한 빨갱이 정권을 피해 남한으로 내려왔더만 여기는 그 빨갱이 도와주고있는 빨갱이 속국이니... 탈북민들 정말 불쌍하고 안됐다... 하지만 이 공산사회주의 정권.. 곧 궤멸될것이다.(2020.06.23.)
- 대한민국에 간첩 수십만임 여기 댓글도 간첩 천지임 저 탈북자들이 오죽하면 저런 대북전단을 날리겠나 한국에 하도 간첩이 많고 좌경화가 되었기 때문임 한국은 주한미군 철수하는 그날 제 삿날이 됨 진짜 다들 정신차려야 함 간첩과 빨갱이들의 수법에 넘어가서는 안됨 대한민국을 사수해야 함(2020.06.23.)
- 윤미향한테는 눈감고 탈북자는 때려잡는 빨갱이 정부 수준ㅋㅋ 간첩 손아귀에 떨어진 정부니 탈북자들이 얼마나 괘씸하고 밉겠어ㅋㅋ 북한 정권에 폐끼칠까봐 자국민을 때려잡는 대통령과 정부가 대한민국을 대표한다고 할 수있나?(2020.06.27.)

는데, 탈북민 단체 혹은 탈북민의 대북전단살포 행위가 '도발'에 가까운 것이며 그로 인해서 전쟁을 일으킬 수 있다는 내용에서 나타난다. 6월에 가장 많이 사용된 감정어휘가 '전쟁', '김정은', '재앙', '빨갱이'라는 점에서 알 수 있듯이 6월에는 전반적으로 탈북민이 '전쟁을 일으키는 빨갱이'라는 내용의 표현이 대부분을 차지했다.

6월의 탈북민 관련 댓글을 통해 확인되는 탈북민 관련 분단적대성 감정구성에서 주목할 부분은 '불안'의 감정 비율보다 낮게 측정되었던 5월과 다르게 '공포'의 감정유형의 비율이 '불안'을 다시 넘어선다는 점이다. 2020년 '공포' 감정은 1월부터 줄곧 '불안'의 감정보다 큰 비율을 가지거나 유사함을 보였다. '간첩', '거짓' 등의 감정어휘가 주로 사용되었던 5월은 이례적으로 불안의 감정 비율이 공포의 감정 비율을 넘어섰던 것이고, 다시 6월에 들어서 공포 감정의 비율이 불안 감정의 비율보다 커졌다. 그런데 이러한 공포 감정의 반등이 1월에서 5월까지 이어지던 공포 감정의 큰 축을 이루는 감정어휘와는 다른 양상을 보인다. 가령, 4월과 5월에 공포 감정을 주로 드러내고 있는 것으로 판단되는 어휘들은 '김정은', '재앙', '간첩' 등이었다. 그런데 6월에 공포 감정유형에서 가장 많이 사용된 감정어휘는 '전쟁'이었다.

이를 통해 보았을 때 6월에 공포 감정의 비율이 높게 나타나는 것은 다른 시기와는 다르게 전쟁이 직접적으로 연상될 수 있는 남북관계에서의 사건들로 인한 것이며, 그러한 상황 속에서 탈북민에 대한 인식은 5월과는 다르게 한국 사회의 안정성을 해할 수 있다는 불안 요소라기보다는 전쟁을 직접적으로 떠올리게 만드는 일종의 방아쇠와 같이 인식되는 것이라 판단할 수 있다.

한편, 6월의 댓글에서 탈북민을 부정적으로 표현하지 않는 사례들을 발견할 수 있다. 그런데 이는 앞선 시기들에서도 그러하다. 즉, 탈북민을 한국 사회의 부정적 요소로 표현하지 않는 댓글들은 꾸준히 존재해 왔다. 그러나 그 중에서 다수의 댓글들은 현재의 정부를 비난하고자 탈북민에 대해 옹호적이거나 중립적인 표현을 사용하는 경우가 많았다. 예를 들면 대북전단을 살포하려는 탈북민에 대해서 "저 탈북자들이 오죽하면 저런 대북전단을 날리겠나"라고 표현하고 있는데, 이는 한국 사회에서 소외당하거나 분단체제의 피해자로서 탈북민을 바라보는 시각의 발로가 아니다. 오히려 "대한민국에 간첩 수십만"이라는 표현에서 확인되는 것과 같이 한국 사회가 과도한 친북 성향을 보이는 것 즉 좌경화된 이유가 간첩들 때문임을 강조하기 위한 수사적 표현으로 사용되고 있다.

IV. 탈북민에 대한 분단적대성의 실체는 무엇이고 어디에서 비롯될까?

탈북민 관련 댓글들을 분석한 결과 2020년 전반기 내내 '혐오'의 감정은 탈북민 관련 분단적대성의 가장 큰 비율을 차지하고 있다는 점을 확인할 수 있다. 이러한 결과를 표면적으로만 바라본다면 한국 사회는 탈북민을 '혐오'의 감정으로 대하고 있다고 단언할 수도 있을 것이다. 그러나 지금까지 살펴본 바에 의하면 그러한 표면적 이해와 섣부른 단언은 한국 사회의 탈북민에 대한 사회적 감정의 실체를 파악하는데 문제를 불러올 수 있다.

그 이유로는 첫째로 언어로 표현되는 감정은 단순히 하나의 감정만을 나타내지 않는다는 점을 들 수 있다. 앞서 밝힌 바와 같이 감정은 언어를 통해 표현된다. 그러나 감정표현을 위해 사용된 어휘가 하나의 감정만을 나타내지는 않는다. 하나의 단어가 나타내는 감정이 명료하게 분절적이지는 않다는 것이다. 또한 큰 맥락에서 댓글 문장이 어떠한 감정을 드러내고자 하는 목적성을 가지고 있다고 해도, 그 문장에 사용된 다양한 단어들은 하나의 감정만을 가지는 것이 아니기에 문장 자체가 하나의 감정을 드러내고 있다고 판단할 수는 없다. 때문에 언어 표현을 통해 드러나는 감정은 복합적일 수밖에 없으며, 언어 표현이 가지고 있는 감정의 총체에 대한 분석이 이루어져야만 그 실체를 규명할 수 있다.

둘째로는 남북관계 혹은 사회적 이슈에 따라 변화하는 양상을 보이는 IKAI가 단순히 긍정 / 부정의 비율에 따라 변화하는 것이 아니라 긍정 / 부정 감정을 구성하는 세부 감정유형들의 비율 변화와 감정강도의 차이를 따른다는 점을 들 수 있다. IKAI는 일차적으로 언어 표현의 긍정 / 부정 감성을 분석하여 수치화한다. 이때 부정 감정의 수치는 곧 분단적대성의 수치를 의미한다. 그러나 앞선 논의의 연장선에서 분단적대성은 다양한 감정이 얽혀 있는 복합적 구성체이며 이러한 복합적 구성에서 하나의 감정은 다른 감정들과의 관계를 통해서만 그 본질을 파악할 수 있다. 따라서 분단적대성의 수치만으로 그 감정의 실체를 파악할 수는 없다. 물론 다양한 감정이 복합되어 있는 양상 속에서 가장 강력한 감정이 대표적으로 인식되는 것으로 이해할 수도 있지만, 그러한 시각은 다양한 사회적 이슈들에 능동적으로 반응하는 감정의 변화를 설명해 내는 데 부족하다.

세 번째로 '혐오'의 감정으로만 탈북민에 대한 한국 사회의 감정을 정의한다면 이는 탈북민이 가질 수밖에 없는 분단과의 연관성을 전혀 고려하지 않은 편향적 분석이라 할 수 있다. 탈북민은 그 존재 자체가 분단에서 비롯되었다. 그렇기 때문에 이들이 한국 사회에서 겪는 제노포비아와 유사한 배제의 과정은 단순히 그들이 '타자'이기 때문에 발생하는 것으로만 이해하기에는 분단과의 연관성이 너무 크다.

이러한 사항들을 고려하여 2020년 상반기 탈북민 관련 분단적대성의 분석해야만 그 변화 양상을 이해할 수 있으며, 더 나아가 한국 사회가 탈북민을 바라보는 시선과 한국 사회에서 탈북민이 가지는 사회적 위치를 규명할 수 있다. 지금까지의 논의 속에서 IKAI 분석에 의하면 탈북민은 감정어휘 '빨갱이'와 강한 연관성을 가지고 있다. 빨갱이는 '혐오' 감정유형의 어휘로 분류된다. 그리고 빨갱이는 '공포'와 '혐오', 그리고 '불안'의 감정을 동시에 가지는 '김정은'이라는 감정어휘와 연관성을 가진다. 탈북민 관련 댓글에서 '빨갱이', '김정은' 등의 감정어휘가 출현하는 빈도수가 높다는 점에서 '혐오' 감정의 강세가 이해된다. 그러나 여기서 빨갱이라는 어휘가 탈북민을 직접적으로 설명하는 것은 아니다. 탈북민에 대한 감정이 하나의 의미로 정의되지 않는다는 것이다.

감정구성의 변화폭이 크게 나타난 5월과 6월의 사례들을 분석하였을 때, 5월의 탈북민은 '빨갱이'와 함께 공포와 불안의 감정을 가진 '간첩', 분노와 혐오와 싫증의 감정을 가진 '거짓' 등의 감정어휘와도 강하게 연결된다. 이는 탈북민이 '한국 사회의 안정성에 해를 끼칠 수 있는 존재'로 의미화되고 있음을 말한다. 6월의 탈북민은 '빨갱이'와 함께 공포와 불안의 감정을 드러내는 '전쟁'과 강한 연관성을 갖는다. 이를 통해서 탈북민이 '한반도에 전쟁을 다시 일으킬 수 있는 존재'로 의미화되고 있음을 알 수 있다.

또한 2020년 전반에 걸쳐서 탈북민 관련 댓글에 현 정부를 비난하기 위한 소재로 탈북민이 언급되고 있으며, 정당 혹은 기타 집단을 비난하는 상황에서는 탈북민을 곧 빨갱이로 치환하여 언급한다는 점에서 탈북민은 곧 '배제의 대상'으로서의 의미를 내포한다는 것이 확인된다. 더불어 탈북민에 대해 긍정 / 부정의 감정을 드러내지 않는 표현들이 존재하는데 부정적이지 않다고 할지라도 탈북민은 상대를 향한 비난을 성립시키기 위한 일종의 '도구'적 개념으로서 상대와 나 어느 쪽에서 포함되지 않는 제3자적 인물이라는 의미도 가진다.

분석 결과를 통해 보았을 때, 탈북민은 기본적으로 '너(혹의 너희)'와 '나(혹은 우리)'의 어떠한 범주에도 속하지 않는 존재로서 큰 관심의 대상이 아니라는 인식이 강하며, 심지어 이들은 '타자'로서 위치 지어지지도 않음을 알 수 있다. 이들에 대한 감정은 사회적 이슈에 따라 다양한 감정이 유동적으로 변화하여 만들어지는 것이다. 그러나 분석을 통해 확인할 수 있는 것은 탈북민에 대한 감정이 단순히 다양한 감정의 복합체라는 점을 넘어서서, 분단이라는 역사적이고 현재적인 조건이 이들에 대한 사회적 감정을 규정하는 데 더 큰 영향을 미치고 있다는 점이다. 따라서 탈북민은 사회적 이슈에 따라 분단과 관련한 다양한 형태의 부정적 의미를 가지게 되는 것이라고 정리할 수 있다.

앞에서 밝힌 바와 같이 분단국가는 사회적 방법을 통해 적대적 감정인 분단적대성을 국민의 도덕 감정으로 내면화할 것을 요구한다. 이를 통해 분단의 신체들을 생산하고 분단의 신체들은 감정공동체를 구성한다. 적대성으로 점철된 분단의 감정규범을 내면화한 이 감정공동체는 곧 '집합적인 국가적 자아'로서 다시 분단적대성을 만들어내며, 분단국가는 분단적대성의 적대적 감정에너지를 분단체제를 유지하는 힘으로 삼았다. IKAI는 이러한 순환구조에 주목한다. 따라서 분단적대성을 완화하기 위한 전략은 그러한 순환구조가 약화되는 지점을 포착하여 끊는 데에서부터 시작할 수 있다고 보는 것이다.

댓글은 해당 기사에 대한 사람들의 반응이라고 이해된다. 그런데 이러한 반응은 첫째로 기사 내용에 대한 동의를 표현하는 기능을 하고 둘째로 그것을 보는 다른 사람들에게 자신의 의견이 수용되고 전파되도록 영향을 주고자 한다. 이 반응 과정은 단순하게 어떠한 조건 A가 주어진다고 해서 결과값 B가 나오는 일대일 함수와 같은 것이 아니다. 댓글의 작성자는 기사를 읽고 자기의 주변 상황이나 가치관에 따른 인지적 판단을 수행한다. 즉, 기사에서 작성자가 주목하는 주제에 대한 평소의 이미지나 편견 혹은 오인과 이전부터 지녀온 판단의 결과 등이 종합되어 나타나는 것이다.[10]

---

10 한편, 정치적 편향성으로 논란이 되고 있는 인터넷 포털 사이트 '네이버'의 뉴스 섹션에 있는 댓글만을 대상으로 했다는 점에서 논의의 결과로서 탈북민에 대한 분단적대성이 포털의 편향성에 의한 것으로 해석될 가능성이 존재한다. 그러나 IKAI의 특성을 고려할 때 그러한 가능성은 많은 부분 부정된다. IKAI는 한국 사회에서의 북한에 대한 적대적 감정이 이슈에 따라 변화하는 양상을 보여주는 지표이다. 이는 분단적대성이라는 감정집합

분단체제 속에서 만들어진 탈북민이라는 존재의 구체적 의미가 변화한다는 것은 한국 사회가 탈북민을 사회 구성의 중요 요소로 고려하지 않음을 말하며 동시에 남과 북의 사이에 위치하는 제3자이자 '배제'의 대상으로서 특정한 의미를 부여받지 못하는 존재로 여겨지고 있음을 말한다. 이들에 대한 IKAI 분석은 분단체제를 유지하기 위한 요구에 따라 적대적이고 부정적으로 의미화되기를 반복하다가 다시 사회 밖에 놓여지기를 반복하는 순환의 과정을, 이들과 관련된 언어 표현에 실린 감정구성의 변화로서 명료하게 드러낸다. 이러한 탈북민에 대한 한국 사회의 사회적 감정에 대한 객관적 분석은 한반도의 분단이 어떠한 역사적 사건보다도 강력한 힘을 가지고 있음을 드러낸다. 또한 그 힘은 어떠한 대상이라도 북한과의 관련성이 부여되기만 한다면 그 종류를 막론하고 대상에 부여되는 모든 의미를 분단과 연결하고자 하는 블랙홀과 같은 존재로 작용하고 있음을 보여준다.

체의 특정한 절대값을 측정하는 지표가 아니라는 의미이다. 그렇기 때문에 만약 네이버가 정치적 편향성을 가진다는 점을 인정한다 해도 그것이 댓글의 감정 비율이 변화하는 양상에 막대한 영향을 미칠 것이라 예상하기는 어렵다. 오히려 네이버의 정치적 편향성이 북한에 대한 적대감을 보다 강화하고 강조하는 방향으로 향하고 있다면, 이 또한 분단적대성이라는 집단 감정을 강화하는 특정한 규율적 권력이자 구조로써 판단할 수 있는 가능성이 있다. 물론 데이터 분석 작업에서 데이터의 편향성에 대한 고민과 이에 대한 대응은 반드시 필요한 것이다. 그렇기 때문에 이 글에서 네이버의 편향성에 대한 부분을 보다 면밀하게 고려하고 대응하지 않았던 부분은 일정 부분 한계라 할 수 있다. 비록 다량의 데이터 확보가 가능한 주류 언론기관은 대부분 정치적 편향성 논란에 포함되어 있기에 모집단을 변경하는 것에 확실한 대안이 있다고 할 수는 없지만, 향후의 연구에서 비교군을 선정하여 분석을 진행하는 방식으로 차별점을 확인하고자 한다.

이와 같이 분단이 현재 한국 사회에서 발휘하고 있는 힘을 객관적으로 인식하고자 하는 시도는 우리가 일상적으로 가지고 있으며 이슈에 따라 폭발적으로 표출되는 탈북민에 대한 부정적 감정이 사실은 사회구성원 개인이 스스로의 합리적 판단을 통해 표현한 것이 아니라는 점을 분명히 한다. 즉 우리가 북한과 관련하여 가지고 있는 적대적 감정들이 자연스러운 것이 아니라 적대적 감정을 강화하고자 하는 일종의 '방향성' 혹은 '구조적 강제력'에 의한 것일 수도 있다는 점을 일깨울 수 있는 것이다. 결과적으로는 이러한 논의 축적을 통해서 분단적대성을 생산하고 강화하는 순환구조의 원리와 주체에 대한 역추적까지도 가능할 것이라 생각한다.

참고문헌

김미현 (2011). "혐오의 매혹: 코맥 맥카시의 『피의 자오선』". 『미국소설』 18(2), 25–47.
김용환 (2018). "혐오와 관용의 관점에서 '이방인(난민)' 바라보기". 『가톨릭철학』 31, 5–34.
김종곤 (2018). "'분단적대성'의 역사적 발원과 감정구조". 『통일인문학』 75, 5–32.
김종곤 (2020). "'분단적대성 지표'(IKAI)의 개발과 타당성". 『통일인문학』 81, 5–46.
김종군 (2015). "탈북민의 시기별 유형과 탈북 트라우마 양상". 건국대학교 통일인문학연구단 지음, 『식민/이산/분단/전쟁의 역사와 코리언의 트라우마』 275–307. 서울: 선인.
김종군 (2020). "한국인의 분단적대성 구축 서사의 유형과 의미". 『통일인문학』 81, 79–114.
김종군·정진아 (2012). "탈북자의 역사적 트라우마와 탈북 트라우마의 현재적 양상". 『코리언의 역사적 트라우마』 117–167. 서울: 선인.
김철용 (2019). "외국인 소수자에 대한 스테레오타입. 편견. 사회적 거리에 관한 연구". 동국대학교 박사학위논문.
남경우 (2020). "지역 사회주의 활동가 집안 구술을 통해 본 배제된 기억의 복원 양상과 통합서사적 의미". 건국대학교 박사학위논문.
박영균·김종군 (2012). "코리언의 역사적 트라우마에 관한 연구방법론". 건국대학교 통일인문학연구단 지음, 『코리언의 역사적 트라우마』 19–69. 서울: 선인.
박재인 (2020). "빅데이터 분석기법을 통해 본 분단적대성의 언어적 재현과 의미". 『통일인문학』 81, 47–78.
박형신·정수남 (2016). 『감정은 사회를 어떻게 움직이는가』. 파주: 한길사.
백인옥 (2020). "탈북청소년의 학교 부적응 양상과 해결방안 연구: 대전·공주지역을 중심으로". 『통일교육연구』 17(1), 53–80.
변순용 (2020). "데이터 윤리에서 인공지능 편향성 문제에 대한 연구". 『윤리연구』 128, 143–158.

신동선 (2016). "북한이탈주민 제노포비아(Xenophobia)현상의 유발요인과 대응방안에 관한 연구". 『경찰복지연구』 4(2), 64–101.

이명신·이상우 (2020). "북한이탈여성의 한국 정착 경험에 대한 사례연구". 『한국 사회복지조사연구』 64, 5–33.

이형종 (2019). "마음의 연대를 위한 공감의 실천: 북한이탈주민의 '공감경험'에 대한 분석을 통해". 『문화와 정치』 6(3), 105–146.

한상효 (2018). "'분단감정어 사전' 개발 연구". 『통일인문학』 75, 33–70.

홍성수 (2019). "혐오(hate)에 어떻게 대응할 것인가: 혐오에 관한 법과 정책". 『법학연구』 30(2), 191–228.

Barbalet, J. M. (1946). Emotions and sociology. 박형신 옮김 (2010). 『감정과 사회학』. 서울: 이학사.

III

허상과 실제:
사라진 '먼저 온 통일'의 신화

제8장
'배제적 통합'의 영속화에 대한 비판:
탈북모자 사망사건을 둘러싼 행위자간 갈등과 전말[1]

김화순 (성공회대학교 민주자료관 연구교수)

I. 문제의 인식

문재인 정부는 2018년 4월 27일 판문점 남북정상회담을 통해 분단체제를 넘어서 평화체제로 이행하겠다는 의지를 대내외에 천명하였으나, 탈북민 정착정책은 변화 없이 과거 박근혜정부의 정책을 그대로 답습하는 데 머물렀다. 한편, 2019년 들어 반북 탈북인사들은 자유한국당 및 극우 보수기독교와의 연계를 긴밀히 하면서 활동영역을 넓혀 북한인권운동에서 남북관계 개선 반대운동까지 나아갔다.[2] 2019년도 7월 31일 봉

---

1 이 논문은 이화젠더법학연구 제 11권 3호(2019년 12월)에 실린 "분단체제 탈북민 정책의 인식과 이행과제: '배제적 통합'의 영속화에 대한 비판"을 수정한 것이다.

2 VOICE OF AMERICA(2019. 11. 9.), "탈북민들 올해 7차례 이상 백악관 방문..."북한 인권 개선 위한 역할 중요"", https://www.voakorea.com/

천동에서 발견된 탈북모자 고 한성옥 씨의 주검이후 반북 탈북단체들은 이 사안에 대한 문재인대통령 책임과 탄핵을 주장하면서 청와대 앞에서 선봉에 서서 시위를 벌였으며,[3] 남북하나재단과의 협상에서 고 한성옥 씨 장례식 전제조건으로 자신들이 주도하는 탈북민 협력망의 활성화 및 자기 단체들에 대한 예산지원과 제도적 지원까지 요구하면서 2019년 8~10월 사이에 통일부 - 탈북단체 간의 대립과 갈등이 첨예화되었다.[4]

    정부의 각 부처들과 의회는 광화문에서 고 한성옥 관련시위가 시작된 지 넉 달이 지난 11월에 들어서야 탈북민 정착정책 실패의 심각성을 뒤늦게 인지하고「북한이탈주민 보호 및 정착지원 법률」의 개정을 포함한 대책을 검토하였으며, 주무부처인 통일부는 2019년 10월 16일에 '탈북민 보호기간 10년 추진안'을 대응방안으로 내놓았다. 한편, 북한이탈주민의 개정을 놓고 이제까지 국가사무로만 되어 있던 북한이탈주민 사무를 지방자치단체와의 공동사무로 개정하는 법안이 제출되었으며 더불어민주당 역시 설훈 의원을 위원장으로 '북한이탈주민 특위'를 만들어 탈북민 정책에 대한 전면적 검토에 나서면서 탈북민 정책은 2019년 하반기에 들어서 새로운 변화의 계기를 맞이하고 있었다.

    이 논문은 통일부가 내놓은 '탈북민 보호기간 10년 추진안'이야말로 분단체제 탈북민 정착정책의 본질인 '배제적 통합'의 정점이라는 비판적 관점에서 이를 검토하기 위해 쓰였다. 분단체제에서 형성된 탈북민

---

    a/5158628.html(검색일: 2019. 12. 23.).

3 중앙일보(2019. 10. 5.), "'청와대 앞 폭력시위' 탈북민단체 2명 구속영장 신청", https://news.joins.com/article/23595909(검색일: 2019. 12. 23.).

4 경향신문(2019. 11. 28.), "탈북민 특별보호가 낳은 특별 배제", http://news.khan.co.kr/kh_news/khan_art_view.html?artid=201911282055015#csidx32e587ecb2d70eab57eaccca39b5047(검색일: 2019. 12. 23.).

정착정책이 평화체제에 걸맞는 방향으로 전환하기 위해서, 학계는 지난 20여 년간 행한 탈북민 정착정책의 본질에 관해 학술적 장에서 진지하게 논의할 필요가 있다. 2019년 당시의 탈북민단체와 정부의 갈등, 그리고 정착정책에 대한 근본적인 정책적 수요에 부응하여 쓰인 본 연구는 먼저 분단체제에서 형성된 탈북민 정착정책의 틀을 구성하는 개념과 성격을 분석하고, 분석결과 도출된 틀에 기반하여 최근 탈북모자 사망사건을 중심으로 불거진 탈북민단체-정부 간 갈등사례 분석을 통해 남북한이 공존하는 한반도 평화체제로 이행하기 위한 탈북민 정책의 과제를 결론으로 제시하고자 한다.

II. 선행연구와 본 연구의 관점

20여 년 전인 1994년 김일성 사망에 따른 체제 붕괴 가능성과 90년대 중반 북한의 잇단 자연재해로 아사자가 대규모로 발생하면서 탈북자의 대거 남한 유입 사태를 겨냥하여 「북한이탈주민 보호 및 정착에 관한 법률」이 만들어졌으며, 이에 기반하여 탈북민 정착정책이 시행되어 왔다. 그러나 이 같은 낡은 틀에서 벗어나 향후 남북한이 공존하는 평화체제로의 이행을 준비할 필요가 있으며, 탈북민을 바라보는 시민들의 시각도 부정적으로 변화해오고 있는데 이러한 변화추이는 현재 남남갈등이 심화되는 시민사회 지형에서 일부 탈북민이 남북 이념 갈등을 부추기는 역할에 앞장서고 있다는 사실과도 관련이 있다. 그러므로 분단시대에 경계인을 대상으로 했던 정착정책의 기본 성격에 대해 비판적으로 성찰하고 대안을 마련할 필요가 있다.

한반도에서 휴전이후 70여 년 동안이나 분단상태가 지속되어왔음에도 불구하고 남북한 주민사이의 통합에 '한민족'이라는 정서적 일체감은 중요한 기여를 해왔다. 이를 가리켜 박형중[5]은 그간의 남북한 사이의 강력한 격리로 인해 주민 간의 상호 접촉이 불가능했기 때문에 이러한 정서적 일체감이 가능했다는 역설적인 설명을 제공한다. 북한사람들이 한국에 오는 경우도 매우 드물었고, 한국에 온다 할지라도 극소수의 정치적 망명객이었다. 1990년대까지만 해도 이들 탈북자들에게는 보안기관의 강력한 하향식 지배방식이 작동되었기에 민간인들이 그들을 직접 접촉할 수 있는 기회는 거의 없었기에[6] 한민족이라는 가상의 일체감이 작동하는 데 장애가 없었다. 그러나 이 같은 상황은 1990년대 후반이후 매년 한국으로 연 1,000명 이상의 탈북민들이 대거 유입되면서 새로운 변화의 전기를 맞이한다. 이제는 탈북민과 남한 주민들은 가상이 아니라 자신들의 생활지역에서 서로 얼굴을 맞대고 실생활에서 구체적인 관계를 맺게 되었고, 접촉과정에서 남북한의 다른 가치관과 의식구조의 이질성이 얼마나 깊은가를 남북한 주민들은 서로가 절감하기에 이른다. 한편, 이러한 상황 속에서도 남북한 사람 간의 직접적인 접촉과 만남은 통일에 대한 새로운 전망과 희망 섞인 기대를 낳았는데, 그 기대는 체제통합 이전에 남북주민 간 거리감을 극복하는 '인간적 통합'이 남북한 통합에서 중요한 역할을 할 수 있으리라는 낭만적 기대로 이어지게 된다. 당대의 이 같은 기대를 응축한 담론이 바로 전우택이 주창한 '사람의 통일'이다.[7] 냉전의 시대가 가고 2000년대 이후 남북협력과 화해의 여건 하에

---

5   박형중(1997), 『Ⅳ. 남북한의 사회격차와 사회통합』. 통일연구원 학술회의 총서, 152면.

6   강진웅(2011), "한국시민이 된다는 것: 한국의 규율적 거버넌스의 탈북 정착자들의 정책성 분화", 『한국사회학』 제45권 제1호, 한국사회학회.

7   전우택(2000), 『사람의 통일을 위하여: 남북한 사람들의 통합을 위한 사회정신 의학적 고찰』, 오름.

서 규율적 거버넌스와 더불어 등장한 '사람의 통일' 담론은 남북한 사람들의 통일에 대한 기대와 열망을 일깨우고 개인에게 남북통합의 상징이자 희망이 되었다.

1990년대 말부터 2010년도 이전까지 탈북민 입국자 수는 해마다 갈수록 증가해왔으며 이에 부응하여 탈북민의 한국사회 적응과 정착성공을 기원을 담은 수많은 정착지원 연구들이 배출되던 낙관과 희망의 시대였다. '사람의 통일'론은 북한이탈주민의 한국정착을 통일실험으로 보고 북한이탈주민 연구의 흐름을 이끌어가는 중요한 실천동력이 되는 담론이 되었다. 취업, 복지, 심리, 의학, 여성, 청소년 등 각 분야에서 2000년대 초반 이래 10년 동안 북한이탈주민의 적응(adaptation)과 정착지원을 주제로 한 학술적 연구들이 행해졌다.[8] 해외이주민 연구는 이에 대

---

[8] 윤여상(2002), "탈북자 적응에 관한 '태도변용이론'의 적용 가능성," 『대한정치학회보』 제1권 제1호, 대한정치학회; 윤인진(1999), "탈북자의 남한사회 적응실태와 정착지원의 새로운 접근", 『한국사회학』 제33권 제3호, 한국사회학회, 511-549면 참조; 전우택 외(2003), "탈북자들의 남한사회 적응생활 실태조사 - 2001년도 553명의 탈북자들에 대한 조사를 중심으로", 『통일연구』 제7권 제1호, 연세대학교 통일연구원, 155-208면 참조; 정병호, 전우택, 정진경 편(2006), 『웰컴투 코리아: 북조선 사람들의 남한살이』, 한양대학교 출판부; 이기영(2005), "소수자로서의 북한이탈주민 문제와 사회복지의 과제", 『통일연구』 제9권 제2호, 연세대학교 통일연구원, 157-198면 참조; 유시은, 전우택, 조영아, 홍창형, 엄진섭(2005), "남한 내 북한이탈주민의 3년간 사회적응 추적 연구": 이금순 외(2003), 『북한이탈주민 적응실태연구』, 통일연구원; 조정아, 정진경(2006), 「새터민의 취업과 직장생활 갈등에 관한 연구」, 『통일정책연구』 제15권 제2호, 통일연구원, 29-52면 참조; 정진경, 조정아(2008), "새터민과 남한주민을 위한 문화통합교육의 과제", 『한국심리학회지: 문화 및 사회문제』 제14권 제1호, 한국심리학

한 이론적 기반을 제공하였다. 2010년 이전에 문화변용이론은 북한이탈주민 연구에 큰 이론적 영향력을 발휘하였다. 베리(Berry, J. W.)는 국가정책이 동화, 통합, 분리 혹은 주변화라는 문화변용의 결과로 이끄는 데 강한 영향력을 발휘한다고 보았다.[9] 문제는 '사람의 통일' 담론이나 적응 연구들은 새로운 사람의 통합에 대한 비전이나 정착정책에 골몰한 나머지 '분단체제'라는 거시적 환경과 분단이 인간이나 연구자 자신에 미치는 부정적 영향력을 간과하였다는 점이다. 불행히도 '사람의 통일'이란 강력한 담론은 점차 남북주민 간의 심리적 이질성이나 개인의 심리나 의식의 문제로 한정되면서 '탈북자의 심리적 적응문제'로 축소되었고, 우울증이나 외상 후 증후군 등 탈북민의 정신건강 문제로 협소화되기에 이

회; 유지웅(2007), "북한이탈주민의 사회적 배제", 『통일문제연구』 제19권 제1호, 평화문제연구소, 145–175면 참조; 박성재, 김화순(2008), "탈북이주민 직업훈련의 노동시장 성과에 관한 연구", 『직업능력개발연구』 제11권 제2호, 한국직업능력개발원, 71–96면 참조; 정진경, 조정아(2008), "새터민과 남한주민을 위한 문화통합교육의 과제", 『한국심리학회지: 문화 및 사회문제』 제14권 제1호, 한국심리학회, 487–518면 참조; 장명선(2010), "북한이탈주민여성의 생활실태 및 사회통합을 위한 연구", 『평화학연구』 제11권 제4호, 사단법인 한국평화연구학회, 361–395면 참조; 김화순(2011), "탈북민 노동시장 통합의 성공요건", 「북한의 '위기' 담론과 탈분단의 공동체적 상상력」 이화여자대학교 통일학연구원·북한연구학회 정기춘계학술대회(2011.4.22.), 통일학연구원·북한연구학회; 윤인진(2012). "북한이주민의 문화변용과 사회적응", 『한국학연구』 제41호, 고려대학교 한국학연구소, 37–61면 참조.

[9] Berry, J. W. (1974). Psychological Aspects of cultural pluralism: Unity and identity Reconsidered in Topics in Cultural Learning (Eds.) T. W. Brislin, Hawaii: East–West Culture Learning Institute, 17–22.

른다. 이수정이 적절하게 지적하듯이, "탈북자 심리담론은 분단정치와 접합된 신자유주의적 통치와 주체형성과정에서 발생한 문화정치의 결과물이자 그 자체가 통치의 기술"[10]화 되었다. '탈북민 심리상담'은 국가의 탈북민정착지원사업에서 필수과정이 되었으며 2010년 이래 하나재단의 전문상담사 제도로 제도화되었다. 이 시기에 분단체제에서 국가가 탈북민들에게 가했던 인권침해나 공작정치 등은 연구의 영역에서 금기시된 채 묵과되었으며, 남북사람의 통합이란 거대한 비전을 가지고 시작되었던 '사람의 통일'론은 탈북민이 한국사회에 동화되기 위해 필요한 일종의 심리담론으로 왜곡되고 축소되기에 이른다.

2000년대 중반부터 시작되었던 국내 탈북민의 탈남러시와 줄지은 유럽행 망명신청은 탈북민연구에서 새로운 전기와 성찰의 계기가 되었던 것으로 보인다. 정확한 수는 밝혀지지 않았으나 최소한 천 명 이상의 국내정착 탈북민들이 한국을 떠나 영국, 캐나다, 미국 등 선진 서방국가에서 망명을 요청했던 것으로 보인다. 이를 접한 국내 정착지원 활동가들의 첫 반응은 '최고의 환대와 지원을 받았던 국내정착 탈북민들이 왜 대한민국을 떠나는가?'에 대한 배신감, 회의였다. 이러한 회의와 배신감은 국내 정착정책에 대한 성찰로 이어지면서, 적응론 관점이 쇠퇴하고 분단체제의 경계인, 이방인 혹은 남북한을 연결하는 주체로 보는 관점의 연구들이[11] 나오기 시작한다.

---

[10] 이수정(2017), "탈북자 심리"의 문화정치: 분단정치와 신자유주의적 통치의 결합", 『현대북한연구』 제20권 제2호, 북한대학원대학교, 310-356면 참조.

[11] 박순성 외(2010), "탈북여성의 탈북 및 정착과정에 있어서 인권침해 실태조사", 국가인권위원회 발간자료; 이희영(2010), "새로운 시민의 참여와 인정투쟁: 북한이탈주민의 정체성 구성에 대한 구술 사례연구", 『한국사회

국내 입국 탈북민의 수는 2011년 2,706명에서 2014년 1,296명으로 해마다 급감하는 추이를 보였으나, 국가권력은 국내 선거나 정권위기 상황에서 탈북자를 활용하여 북풍을 일으키고자 적극적으로 시도하였다. 2013년도는 서울시 공무원 간첩 조작논란이 시작된 해이다. 탈북민에 대한 국가권력의 정치적 활용에 관한 폭로는 2016년 4월의 JTBC 보도에서 정점에 달하는데 탈북어버이연합사건 보도를 계기로 탈북민과 시민을 상대로 한 국가권력의 반민주적인 공작정치의 실체와 '어버이연합 – 전경련 – 청와대' 간의 내밀한 연결관계가 밝혀지기에 이른다. 2016년 4월 총선직전에 있었던 북한음식점 종업원 집단탈북 사건은 통일부가 이례적으로 입국 탈북자의 신상을 공개하여 국가안보에 대한 주의를 환기시키고자 하였고, 나아가 동년 10월 1일 국군의 날 기념사에서는 대

학』 제44권 제1호, 한국사회학회; 오원환(2011), 『탈북 청년의 정체성 연구: 탈북에서 탈남까지』, 고려대학교 박사학위논문; 김성경(2013), "북한이탈주민의 월경과 북·중 경계지역: 감각되는 '장소'와 북한이탈여성의 '젠더'화된 장소 감각", 『한국사회학』 제47권 제1호, 한국사회학회; 정병호(2014), "냉전 정치와 북한 이주민의 침투성 초국가 전략", 『현대북한연구』 제17권 제1호, 북한대학원대학교; 김화순(2014), "북한 일유형이 남한에서 탈북이주민 고용에 미치는 영향", 『통일정책연구』 제23권 제1호, 통일연구원; 김화순(2017), "분단의 경계를 넘는 초국적 송금네트워크의 형성", 『인문사회 21』 제8권 제5호, 아시아문화학술원; 윤보영(2015), "경계인 이론을 통한 남한 정착 북한이탈주민 이해에 관한 연구", 『사회과학연구』 제22권 제3호, 충남대학교 사회과학연구소; 모춘홍, 이상원(2019), "타자와의 조우: 북한이탈주민의 존재성과 분단체제의 현실 이해", 『문화와 정치』 제6권 제1호, 한양대학교 평화연구소; 권금상(2018), "남북한 미디어의 탈북인/탈북탈남인 서사: 미디어가 구성하는 분단의 현재성과 윤리", 『통일인문학』 통권73호, 건국대학교 인문학연구원.

통령이 직접 나서 북한주민의 탈북을 권유하였다.

이러한 일련의 상황을 배경으로 분단체제가 소수자들에게 입힌 상처와 피해가 과거 트라우마에 그치지 않고 현재 진행 중이라는 현실을 간과해온 연구자들의 한계를 성찰하면서, 분단체제에서 국가권력이 현재 탈북민을 어떻게 도구적으로 활용하는지에 대해 이론적으로 규명하고 정착정책의 실체에 주목하는 일련의 연구들이 2010년 이후부터 비로소 이루어지기 시작하였다. 국가의 규율화된 거버넌스와 탈북자 정체성 분화를 탐구한 강진웅의 연구(2011)는 국가가 행한 탈북자에 대한 이중적인 정책을 통찰한 첫 연구라는 점에서 의미 있다.[12] 진보/보수 지형에서 탈북민을 도구화하는 공작정치의 문제와 탈북민에 대한 국가권력의 통제를 가장 정면에서 제기한 연구자는 선우현(2012, 2015)[13]이다.

탈북민 정착연구자들이 이명박 정부와 박근혜 정부에 와서 더욱 노골화되었던 국가권력과 탈북민에 대한 도구적 이용에 대해 연구를 시작한 시기는 2017년 이후부터이다. 알바시위로서 반세월호 등에 참가한 탈북민의 정치활동을 이론적으로 규명하려는 "탈북인의 신민적 정치참여"(김화순·전태국, 2018)를 비롯하여 탈북단체와 탈북여성의 정치신민화에 관한 문화인류학 접근들(신난희, 2017), 교육분야에서 탈북민집단의 별도분리가 지닌 문제를 제기한 한만길(2018)의 "언제까지 분리교육인가?"

---

12 강진웅(2011), 위의 글(각주 6).

13 선우현. (2012). 한국인 속의 한국인 이방인 – 국내 탈북자 집단의 인권 문제를 중심으로. 『동서철학연구』 64; 선우현(2015), "(남북 및)남남갈등의 또 하나의 진원지로서 탈북자 집단: 조작적 대상으로서 탈북자집단을 바라보는 정치공학적 사건과 관련하여," 『동서철학연구』 78. 한국동서철학회.

등이 이루어졌으며,**14** 결과물이 '배제와 통합'이라는 한권의 저술로 나왔다.

그러나 이 시기에 분단의 정치가 탈북민에게 어떻게 작동하는지 그 실태를 선명하게 밝힌 것은 연구가 아니라 다큐멘터리였다. 그런 점에서 국가안보의 음습한 불가침 영역이었던 대성공사(국정원)에서 일어난 탈북민 간첩조작을 탐구한 다큐멘터리 영화 최승호 감독의 '자백'은 한국영화 저널리즘의 승리라고 칭할 만하다. 해외에 나간 탈북자들의 육성이 담긴 다큐멘터리 신예감독인 최중호의 '북도 남도 아닌'**15**도 국내에 정착했던 탈북민들이 신변감시와 정치적 시위동원, 사기사건, 이등국민 취급 등으로 인해 떠날 수밖에 없었던 한국현실에 대해 한국을 떠나 해외로 간 탈북자의 시각에서 조명하였다는 점에서 주목된다. 그러나 이러

---

14 김화순, 전태국(2018), "탈북인의 신민적 정치참여", 『통일과 평화』 제10집 제1호, 서울대학교 통일평화연구원; 변상철, 김화순(2018), "탈북인은 어떻게 조작간첩으로 만들어지는가?", 「평화체제 이행기에 탈북민 통합을 어떻게 이룰 것인가?」 남북시민통합연구회·시민평화포럼(2018.10.23.), 남북시민통합연구회·시민평화포럼; 신난희(2017), "탈북이주여성의 단체활동과 갈등에 관한 문화적 이해", 『한국학연구』 통권 61호, 한국학연구소; 신난희(2019), "분단 디아스포라와 탈북이주민의 과잉 정치참여 활동 사례 연구: 제 19 대 대선 시기를 중심으로", 『한국민족문화』 통권 72호, 한국민족문화연구소; 전태국, 김화순, 이민영 편(2019), 『배제와 통합』, 진인진, 179 – 195면, 197 – 223면, 249 – 267면 참조; 신난희(2019), "분단 디아스포라와 탈북이주민의 과잉 정치참여 활동 사례 연구: 제 19 대 대선 시기를 중심으로", 『한국민족문화』 통권 72호, 한국민족문화연구소;

15 최승호 (감독) 김재환 (제작) (2016). 〈자백〉 [영화]. 서울: 뉴스타파; 최중호(감독), 최중호(제작) (2017), "북도 남도 아닌(Why I Left Both Koreas)", 독립영화.

한 노력에도 불구하고 문재인정부 이후에도 분단체제에서 형성된 국가의 탈북민에 대한 도구적 활용이라는 기존 틀은 흔들림 없이 지속되고 있다.

이러한 문제의식으로 본 연구는 백낙청이 제기하고 박순성이 행위자 네트워크 이론과 연계하여 발전시킨 분단체제 담론[16]을 메타이론으로 하여 국가권력과 탈북민 관계에 주목한 최근 선행연구 성과들과 '배제적 통합'이라는 선우현[17]의 이론적 관점에 기반하여 문재인정부의 정착정책이 분단체제의 탈북민 정책을 벗어나지 못하고 있음을 비판하고 새로운 평화체제로 이행하기 위해 탈북민정책이 어디를 향해야 하는지 제시하는 것을 목적으로 한다. 이 같은 인식틀에 기반하여 2019년 8월부터 11월말까지 넉 달 동안 진행되었던 탈북모자 사망사건을 둘러싼 갈등을 분석하고, 지난 10월 16일에 한성옥모자 사망사건의 대응책으로 발표된 '보호기간 10년 추진안'으로 대표되는 통일부의 대처가 왜 탈북민에 대한 배제적 통합 및 분단체제 탈북민 정책을 영속화시키는 퇴행적 조치인지 관해 설명하고자 한다.

---

[16] 백낙청(1994), 『분단 체제 변혁의 공부 길』, 창비; 박순성(2012), "한반도 분단현실에 대한 두 개의 접근: 분단체제론과 분단/탈분단의 행위자-네트워크이론", 『경제와 사회』 2012년 여름호 제94호, 비판사회학회.

[17] 선우현(2012), "한국인 속의 한국인 이방인 - 국내 탈북자 집단의 인권 문제를 중심으로", 『동서철학연구』 제64권, 한국동서철학회; 선우현(2015), "(남북 및) 남남 갈등의 또 하나의 진원지로서 탈북자 집단: 조작적 대상으로서 탈북자 집단을 바라보는 정치 공학적 시선과 관련하여", 『동서철학연구』 제78권, 한국동서철학회: 선우현(2019), 제 1장 "통합적 배제 또는 배제적 통합의 대상으로서의 '탈북민 집단'", 전태국, 김화순, 이민영(2019), 『배제와 통합』, 진인진, 17-48면 참조.

III. 분단체제 탈북민 정책의 기본성격

1. 기본 개념 : 배제적 통합(exclusive integration)

백낙청[18]에 의하면, 분단체제란 "단순히 국토가 갈라졌다는 게 아니라 갈라진 남북이 묘한 공생관계를 가지면서 스스로 재생산하는 힘을 지닌 체제"이다. 반대로 분단체제와 대극에 있는 '평화체제'는 박순성의 정의에 따르면 관련국들 사이의 관계정상화와 평화적 협력관계 발전을 통한 전쟁발생의 물리적·심리적 요인 제거, 소극적 평화의 적극적 평화로의 전환 곧 구조적 폭력의 해소[19]를 의미한다.

'배제적 통합'개념의 원형인 '사회적 배제(social exclusion)'라는 용어는, 프랑스에서 등장한 '사회보험제도의 보호를 받지 못하는 사람들'을 '사회적으로 배제된 자'로 범주화한 개념[20]이다. 본 연구에서 말하는 '배제적 통합'의 개념은 선우현이 정의한 대로 남한 내 '특정' 집권 세력 등이 자신들의 전략적·전술적 목표의 달성을 위해 상황에 따라 남북한의 경계인인 탈북민 집단을 배제 또는 통합의 대상으로 규정하여, 남한 사회의 주민들과 동등한 사회 구성원으로 인정해 대우하거나 아니면 배제 내지 제외해 버림으로써 구성원으로서의 기본적 권리와 자유를 박탈[21]하는 통치기법을 가리키며, 이 점에서 '사회적 배제'와 다르다. 원래 선우현의 배제적 통합은 분단체제라는 한국적 토양에서 만들어진 정치공학적 개념이다. 이때 탈북민 집단은 통합의 주체가 아닌 배제의 객체로 확

---

18   백낙청(1994), 위의 책(주 16), 14 – 15면 참조.
19   박순성(2018), "한반도 평화를 위한 실천 구상: 정전체제, 분단체제, 평화체제", 『사회과학연구』 제25권 제1호, 사회과학연구소. 44면.
20   강신욱(2006), "사회적 배제 개념의 정책적 적용을 위한 이론적 검토", 『동향과 전망』 제66호, 한국사회과학연구회, 11 – 12면 참조.
21   선우현(2012), 위의 글(주 13), 21면.

정되며, 그들은 북한 출신 한국인으로서 고유한 이념적 정체성이나 삶의 양식이 현저히 훼손되고 인권 및 자유가 유린 박탈되는 상황에 놓이기도 한다. 그러나 이 연구는 선우현의 논의를 좀 더 구체화하여 이 같은 '배제적 통합'은 단지 정치영역뿐 아니라 모든 일상 생활세계에서 구현되며 정착정책에서 다음과 같은 네 가지 특징으로 나타난다고 주장한다. 즉, 분단의 정치, 국가가 호명한 '먼저 온 통일', 수요자가 배제된 국가중심의 정착정책 그리고 시민사회와 탈북민이 분리된 서비스전달체계이다.

2. 탈북민 정착정책의 특징
1) 분단의 정치

'분단의 정치'란 남북한이 묘한 공생관계를 이루는 분단체제에서 분단으로 인한 기득권을 가진 사람들이 이를 지키기 위한 공작정치로서 남남갈등을 만들며 한국사회의 여론을 조작하고 희생자를 적극적으로 만들어내는 정치라고 정의할 수 있다. 분단의 정치에서 남북한 경계인인 탈북민들은 선봉대의 역할을 맡아왔다. 남북한 대립과 경색국면에서는 탈북민들은 '체제대결 승리의 증거'로 내세워졌으며, '통일역군'으로 남북대결을 강화하는 역할을 부여받았다. 또한 탈북민정착사업 국가적 통일사업의 일환으로 간주된다. 이에 부응하듯 일부 탈북민들은 대북삐라나 풍선 날리기, 북한인권 문제를 제기하는 정치적 활동을 맹렬하게 전개해왔는데, 미국은 자신의 국익에 따라 북한압박을 위해 필요시 북한인권문제를 카드로서 꺼내 활용하며 이때 탈북민들은 가장 중요한 증인으로 세워진다. 이명박, 박근혜 정권 10여 년간 북한이탈주민를 활용하는 비민주적 행태가 더욱 두드러지는 경향을 보였다. 2012년 대선 시에는 국정원 댓글사건에서 탈북민을 여론조작 댓글 알바로 동원하였고[22] 2016년 4

---

22 문화일보(2017. 8. 21.), "국정원 댓글부대 활동비 흐름 추적", http://

월 총선 직전 북한음식점 종업원 집단탈북사건 공개사건, 탈북민 서울시 공무원 유우성 씨 간첩조작 사건[23]은 북한의 위험을 일깨우는 여론 조작으로 만들어졌다. 이처럼 2016년부터 2017년 사이에 집중적으로 언론 보도를 통해 드러난 일련의 사건들은 탈북민 수용에 온정적이었던 국민들의 태도를 부정적으로 바꾸어 놓는 결과를 초래하였다.

언론보도에 따르면(한겨레, 2017.6) 국정원 주요의혹사건으로 향후 내부조사가 이루어져야 할 일곱 가지 유형의 사건 중에 탈북민들은 대선정치공작 사건, 간첩사건, 극우단체 자금 지원을 통한 시위동원, 간첩조작사건의 네 가지 유형의 사건에 개입된 것으로 나타난다. 첫째, 18대 대선시 국가정보원 여론조작 사건은 2012년 대한민국 대통령 선거기간 중 대한민국 국가정보원 소속 심리정보국 소속 요원들이 국가정보원의 지시에 따라 인터넷에 게시글을 남김으로써 국가정보원이 대한민국 제18대 대통령 선거에 개입하였다는 사건을 말하는데, 2017년 8월 3일 국정원 개혁발전위원회 산하 적폐청산TF는 국정원에서 2009년 5월부터 2012년 12월까지 민간인으로 구성된 최대 30개의 사이버 외곽팀을 운영한 사실을 확인했다고 위원회에 보고하였다. 여기서 문제가 되는 것은 JTBC 보도에 따르면(2017.8.16., 2017.8.17.) 탈북민단체인 NK지식인연대가 댓글 조작에 동원됐으며, 이들을 매수하는 데 쓰인 돈은 국정원에서 나왔다는 내용이다.[24] 현재 국정원 댓글 조사가 광범위하게 진행되고 있

www.munhwa.com/news/view.html?no=20170821MW151421290227 (검색일: 2019. 12. 23).

23 프레시안(2017. 7. 14.), "유우성 간첩조작사건, 반드시 풀어야 할 의혹 네 가지", http://www.pressian.com/news/article.html?no=163203(검색일: 2019. 12. 23).

24 〈JTBC 뉴스(2017. 8. 16.), "댓글조작, 탈북단체 동원 정황…"원고료는

으나 이제 탈북민 관련 사건들은 쟁점에서 멀어져가고 있다.

둘째, 영화 '자백'으로 널리 알려진 서울시 탈북공무원 유우성 씨 간첩조작 사건은 2020년 11월 12일에 국가에서 유우성 씨와 유가려 씨에게 손해를 배상하라는 판결이 나왔다. 국정원은 서울시 공무원 유우성 씨를 간첩으로 몰면서 증거를 조작하였으며, 2015년 10월 대법원은 유씨의 국가보안법 위반 혐의를 무죄로 판단하였다.[25]

셋째, 4.13 총선을 앞두고 2016년 4.8일에 통일부는 북한 음식점인 류경식당 종업원 12명의 탈북 사실을 전격적으로 발표하였다. 2000년

국정원서 지급"', http://news.jtbc.joins.com/article/article.aspx?news_id=NB11508441&pDate=20170816(검색일: 2019.12.23.)."다음 아고라 게시판에 글을 하나 쓸 때마다 5만 원. 18대 대선을 앞둔 2012년 중순 쯤 탈북 단체인 NK지식인연대 간부 박 모 씨가 탈북민 A씨에게 제시한 조건입니다. 박 씨는 A씨에게 아고라에 좌파들이 득세하고 있으니 이들의 논리를 비판해달라고 했습니다. 글을 매일 써도 되지만 일주일에 최소한 두 건은 써야한다고 말했습니다. 북한에서 대학을 졸업한 A씨는 탈북 이후 국내에서도 활발한 사회 활동을 하고 있습니다. 대표인 김 모 씨가 국정원으로부터 돈을 받고 중간책을 통해 나눠 준다는 얘기였습니다."

25 여기서 문제가 되는 부분은 여동생에 대한 고문 논란과 국정원에서 2014년 2월 검찰에 제출한 중국의 공문서 3건 모두 위조로 밝혀졌다. 국정원이 중국 공문서증거조작한 것이 사실임이 확인되면서 2015년 대법원에서 무죄로 확정되었다. 2018년 현재 법무부 산하 검찰 과거사위원회(위원장 김갑배)는 2018. 4. 24일 유우성씨 사건(2012년)을 재조사하기를 대검찰청에 권고하고 2020년 11월 12일 법원은 국가손해 배상 청구소송에서 배상하라는 판결을 내렸다.
연합뉴스(2018. 4. 24.), "검찰, '김학의·유우성·삼례 나라슈퍼 사건' 정식 조사", https://www.yna.co.kr/view/AKR20180424100000004?input=1195m(검색일: 2019. 12. 23.).

이후 탈북민 신문과 탈북경로를 공개하지 않는다는 '비공개 원칙'을 깨뜨리고 북한에 있는 그들 가족들을 위험에 빠뜨렸다.[26] 즉, 북풍기획을 위해 북한주민들의 인권을 짓밟은 것이다. 북한당국 역시 이 사건을 심각하게 여겨 남북교류를 하기 위해 선결되어야 할 사안으로 '북한음식점 종업원 집단납치사건'을 꼽고 있을 정도이다.

넷째, 2016년 4월에 JTBC 뉴스룸 등이 보도한 바에 따르면 2016년 극우 시민단체인 어버이연합이 청와대의 지시와 전국경제인연합회의 자금지원을 받아 각종 관제데모를 주도해왔는데, 탈북어버이연합을 하위조직화하면서 탈북민들을 지속적으로 시위에 동원하였다.[27]

이 네 가지 유형의 사건 중에서 두 번째 유형인 간첩조작사건과 세 번째 유형인 북풍몰이를 위해 기획된 류경식당 종업원 집단탈북 사건의 공개는 국가기관이 정권유지를 위해 탈북민들의 생명과 인권을 수단화한 반인권적 공작사례로 대한민국 국가권력의 도덕적 위기라고 말할 수 있겠다. 한편 첫 번째 유형인 국정원 댓글작성과 네 번째의 관제데모 동

---

26 "북한식당 이용 자제 계도 등 한국의 독자적 대북제재가 집단탈북으로 이어졌다"라는 해석을 내놓았으며 게다가 이들이 입국하는 장면이 담긴 사진까지 제공됐다. 북풍기획이었다는 점과 더불어 탈북사건을 이례적으로 공개하였다.

27 세월호 반대집회에만 5개월 동안 39회에 걸쳐 연인원 1,259명이 동원되었으며 시위동원시 탈북민 1인당 2~3만원의 수당이 제공되었다. 이러한 뒷면의 추악한 거래들은 탈북어버이연합과 어버이연합의 주도권 싸움에서 불거진 결과 어버이연합 – 전경련 – 청와대 간의 내밀한 관계나 반민주적인 공작정치의 실재가 밝혀지게 되었다.
허핑턴포스트코리아(2016. 4. 19.), "JTBC가 어버이연합과 '전경련' 사이의 관계를 밝히다", http://www.huffingtonpost.kr/2016/04/19/story_n_9727314.html(검색일: 2019. 12. 23.).

원 사건은 탈북민에게 금품을 제공하고 전 국민을 대상으로 하는 범죄행위를 하도록 사주한 사건으로 이는 두 번째 간첩조작사건이나 세 번째 류경식당 종업원 탈북사건와 같은 유형의 사건보다 탈북민사회 전체의 도덕성과 이미지에 훨씬 치명적 결과를 초래한다. 댓글조작이나 관제시위에 일당 3만 원을 받고 집단적으로 동원된 탈북민들은 이제 한국의 시민사회에서 혐오의 대상이 되었다.

그러나 통일부 정책혁신위원회에서는 탈북민에 관한 분단정치가 만들어낸 네 가지 유형 중에서는 세 번째 북한 해외식당 종업원 13명 입국 발표 건만을 다루고 있으며,[28] 탈북민사회나 시민사회에 영향력이 지대한 나머지 세 가지 유형들에 대해서는 언급조차 하지 않았다. 이처럼 국가권력이 탈북민에 대한 인권침해를 묵과하고 정치적 동원에 대한 자기반성이나 정책 혁신을 하지 않은 결과는 2019년에 들어와 고한성옥 사망사건을 계기로 북한인권 탈북단체들의 문재인 대통령 탄핵과 물질적 보상요구, 남북관계개선 반대운동이라는 변질된 형태로 표출되기에 이른다.

---

[28] 통일부 정책혁신위원회(2017), 『통일부 정책혁신의견서』, 35-37면에 따르면, 정부는 탈북사안과 관련하여 탈북민 본인은 물론 북한에 남아있는 가족들의 신변 안전을 최우선적으로 고려해야 하며 이를 북한이탈주민 보호 및 정착지원법에 명시해서 방지해야 하고, 북한이슈의 정치적 이용을 금지하고, 대외발표 주체는 기관 간 협의를 통해 결정해야 하며, 통일부의 정보분석 역량을 강화하여야 한다는 의견을 내고 있다.

이러한 정책혁신위 보고서 내용은 비록, 당시 유우성 서울시 간첩조작사건은 재수사가 진행 중이어서 제외한다고 하더라도 첫째 유형, 18대 대선 시 대국민 여론조작을 위해 대표적인 탈북민 지식인단체가 국정원 댓글조작에 동원되었던 사건이나 네 번째 유형, 탈북민들을 금전으로 유인하여 지속적으로 시위에 동원했던 사건은 진상규명을 하지 않은 채 묻었다는 점에서 국민의 기대에 못 미친다.

2) 만들어진 정체성: '먼저 온 통일'이라는 국가의 호명

2000년대 이후 탈북민들은 매년 1,000명이상 한국에 입국하였을 때 그들에게 부여된 이름은 '먼저 온 통일(the first come unification)'이었다. 이들과 남한사람들과의 조우는 '사람의 통일'로, 이들의 남한사회 정착은 '통일실험'이라는 시대사적 의미가 부여되었다. 탈북민은 이미 고난의 행군 시기 집단기아의 상흔을 안고 한국사회에 들어왔고 '사람의 통일'의 예비실험물로 인지되었지만, 이런 이상적인 측면은 무대에서 앞면만을 본 것이다. 이들에게 국가권력은 야누스와 같은 존재였으며 국가에 의해 정체성이 부여되었다. 남한에 온 이후 이들은 '먼저 온 통일'이자 한국사회에서 '정착성공사례'가 되어야 했으며, 한국사회 남남갈등의 중심에서 분단의 정치를 수행하는 '통일역군'이자 '잠재적 간첩'이기도 하였다. 탈북민은 한국사회의 시민으로서 온전한 삶을 누리지 못했다.

분단체제를 살아가는 탈북민들은 북한에서 남한에서 온 이후에도 일종의 신변보호 혹은 감시상태에 놓이면서 정권적 차원에서 활용되는 반인권적 상황에 놓이게 되지만, 이것이 한국 시민사회에서 의미하는 바를 명료하게 의식하지 못한 채 국가권력이 자신들을 호명하고 인정해 주길 기다리는 상태에 놓인다. 탈북민들은 자신들이 통일역군이라고 의식하게 되지만, 이로 인해 역으로 '남남갈등의 상징이자 진원지'로 인식된다. 일부 탈북민들이 국정원 댓글사건의 행동대, 반 세월호집회 참여, 2017년 19대 대선 전 수개월 간 태극기 집회에 조직적으로 참여하는 등 지난 정권의 극우행동대와 가짜뉴스 유포에 진력한 결과[29] 탈북민들은 다른 시민들로부터 '남남갈등의 진원지'의 하나로 인지되었다. 이는 대한민국에서 "통일정책을 정권에 따라서 당파적·정치적으로 이용해온"[30]

---

[29] 신난희(2019), 위의 글(주 13), 17 – 28면.

[30] 통일부 정책혁신위원회(2017), 위의 글(주 28), 46면.

현실에 기반한 것으로 '남북관계의 국내정치화'로 야기된 남남갈등에 이들을 소도구로 활용하였고, 이 '만들어진 정체성'에는 탈북민들을 규정하는 타자화된 정체성과 국가권력의 반인권성이 존재한다.

3) 공급자 중심의 정착청사진: 일자리 없는 정착정책

따뜻한 나라 대한민국은 북한이탈주민에게 수많은 혜택을 주었다고 선전하였으나, 정작 그들에게 꼭 필요한 것은 주지 않았다. 그것은 바로 안정된 일자리이다. 일반적인 통념과는 달리 이들의 취업눈높이는 그다지 높지 않으며, 대부분의 북한이탈주민들은 신체적으로도 취약하지만 주변부일자리에 흘러 들어가 외국인의 대체인력으로 일하고 있다. 또한 그들은 분단 노동시장 구조 하에서 저임노동시장에 갇혀 있는 저임금노동자이기도 한데, 우리가 일상적으로 경험한 바와 같이 한국의 노동시장은 을들에게 생존투쟁의 아비규환과 인격적 손상을 제공한다. 탈북여성들의 삶은 더욱 가혹하다. 기아를 피해 이 땅에 흘러왔던 수많은 탈북여성들은 북한에 있는 자신의 가족에게 송금하기 위해 무리하여 노동하거나 빚을 지며 일부는 성산업 등 각종 일탈노동에 종사한다. 그렇지만 정부는 탈북여성 유흥업종사 상황이 심각하다는 현장보고를 무시하며 탈북여성 이미지 낙인효과를 막아야 한다는 명분으로 부정적 측면에 대해서 조사하기를 기피한다. 주로 고용율의 증가를 탈북민 고용상황이 점점 더 좋아지고 있다는 증거자료로 제시되곤 한다. 그러나 신규진입자 수의 급감은 전체모집단에서 신규진입자 수의 비중저하로 연결되고 이에 따라 전체 모집단의 고용율은 상승하는 결과는 가져온다.

  탈북민고용상황에 대해 부정적인 측면을 다룬 예외적인 통계는 국회예산정책처가 2016년 발표한 자료인데, 이에 따르면,[31] 거주기간이

---

31 하현선(2016), 『북한이탈주민 보호 및 정착지원사업 평가』, 사업평가

증가할수록 고용상황은 나아져야 하지만 현실은 그렇지 못하다.

"거주지 보호기간(5년)이 종료된 북한이탈주민의 월평균 임금 100만원 미만 비율(26.2%)이 정착초기자(19.4%) 보다 높은 한편 상용직 근로자의 비율(50.3%)은 정착초기자(58.8%) 보다 낮다"[32]

동일한 자료에 의하면, 2011년에는 49.7%였던 고용률이 2015년에는 54.6%까지 높아지는 것으로 보이지만, 거주기간별로 고용률이나 실업률을 살펴보면 5년 이상을 거주한 집단의 고용률이 오히려 이전 집단에 비해 현저히 낮다(2015년 조사결과, 3~5년 63.3%vs 10년 이상 47.1%). 5년 미만과 5년 이상 탈북민 근로자의 종사상 지위와 임금을 비교한 결과도 동일한 결과가 나타난다. 이는 거주기간의 증가가 더 나은 임금이나 더 안정된 종사상 지위로 이어지지 못하는 것을 의미한다. 2016년도 국회예산처의 자료에 의하면 현재 정착기간이 5년 이상 된 사람들과 5년 미만의 사람들을 비교해볼 때, 5년 이상이 된 사람들의 고용상황이 오히려 임금이나 고용안정성 면에서 나아지지 않았다(뒷면 부표 1, 2, 3 참조).

문제에 대한 여러 가지 가설이 가능하다. 초기에 온 사람들의 인적자본이 최근에 입국한 사람들의 인적자본보다 낮을 수도 있고, 정착정책의 변화가 초래한 결과일 수도 있으며, 거주기간이 미친 영향이 아닐 수도 있다. 이 같은 고용상황의 정확한 원인을 밝히고 개선하기 위해서는 원자료 분석에 기반한 진단과 정책수립이 시급하다.

그러나 하나재단 자체 상담사들을 통해 수집되는 탈북민 상황에 대한 자료에 관해 원천적으로 하나재단만이 독점적으로 보유하고 사용을 일체 허용하지 않아 정착실태의 문제와 원인을 중요한 문제의 원인을 밝

---

16 – 12(통권 364호), 국회예산정책처.

32 하현선(2016), 『북한이탈주민 보호 및 정착지원사업 평가』, 사업평가 16 – 12(통권 364호), 국회예산정책처.2016.7.28.일자 보도자료,

힐 수가 없는 구조이다. 탈북민 실태에 관해 재단 측 의견과 다른 의견을 낼 기회는 원천적으로 봉쇄되어져 있다. 탈북민이 저임금노동시장으로부터 빠져나오게 하기 위해서는 지원정책의 성과평가가 불분명한 현행 정착지원제도를 개선[33]하기 위해서는 우선 고용실태관련 원자료 분석에 기초한 정책을 수립해야 할 것이다.

그러나 정작 주무부처인 통일부는 문제의 심각성에 대한 인식이나 탈북민 고용정책에 대한 비전이나 새로운 전략을 내놓을 필요성을 느끼지 못한다. 그들의 관심사는 전국각지에 통일플러스 센터를 개설하고 하나센터를 그 산하로 통합하고자 하는 데 있다. 이 사업은 통일부 산하에 전국 서비스 전달체계를 건설하고자 하는 국가관료들 자신을 위한 의욕을 보여주는데 정책수요자인 탈북민입장에서 절실한 안정된 일자리나 보다 나은 미래를 위한 직업능력개발과는 거리가 먼 정책이다. 일자리정책 없는 정착정책이 십수 년간 그대로 지속되고 있는 탈북민의 상황은 현재 탈북민정착정책이 탈북민 수요자의 요구에 기반한 정책이 아니라 공급자인 국가와 관료들의 필요에 의해 만들어지는 정책이라는 증거가 된다. 요약하자면 현재 탈북민 정착정책은 정책의 공급자인 관료와 재단을 위한 정책이며 정책수요자인 탈북민을 위한 정책이 아니다.

4) 중앙정부 주도형 탈북민 특화적 서비스전달체계

탈북민들은 시민사회와 분리된 다른 세계에서 살아간다. 대성공사 - 하나원 - 하나재단 - 하나센터로 이어지는 일련의 정착서비스 전달체계에서 지역사회 주민들을 대상으로 하는 행정서비스나 일반시민사회와 접촉하는 기회는 매우 제한적이다. 탈북민을 정착 초기에 누가 돌보느냐가

---

[33] 전태국, 김화순, 이민영(2019), 위의 책(주 14), 192 - 193면 참조.

매우 중요한데, 입국 직후에 6개월 간 탈북민은 과거 중앙합동신문센터였던 대성공사 국정원에 조사를 받고 그 다음으로는 하나원에 가서 3개월 동안 격리된 상태에서 교육을 받는다. 근 6~9개월 간 격리되어 조사와 교육을 받고 지역사회로 나온 이후에는 다시 하나센터에서 별도로 교육을 받고 다시 시민과는 분리된 상태에서 정착 서비스를 받으면서 살아간다.

탈북민은 초기 정착 시부터 법적으로 5년간 일반 시민들과는 다른 경로에 들어서게 되지만 실상은 5년이 지난 이후에도 계속 그렇게 살아가게 되고, 일반 시민사회에 들어갈 수 있는 기회나 경로를 잃어버리게 된다. 보호기간 5년 동안 탈북민은 일반시민들과는 분리된 행정서비스를 받고 신변보호담당관(경찰관)의 관리를 받으면서 거취나 직장 등에 대해 주기적으로 보고하게 된다. 놀라운 사실은 법적으로 정한 5년이 지나도 이 같은 상황이 지속된다는 점이다.

"북한이탈주민 보호와 정착에 관한 법률"에서 정한 보호기간은 5년이지만, 실상 그들은 한국에 온 지 10년이 지나고 20년이 넘어도 탈북민은 여전히 탈북민으로 호명되는 존재이다. 국가는 한국에 온 지 수십 년 된 탈북민, 외국으로 나간 사람, 심지어는 사망자까지 포함하여 3만 2천 명의 탈북민으로 호명되며, 국가는 그들을 하나의 동질적 집단으로 취급하며 고립된 섬처럼 별도의 서비스를 받으면서 살아가게 된다.

그 결과, 그들은 시민사회가 유리된 어떤 별도의 집단이 되며 한국의 시민사회가 어떤 것인지를 제대로 경험하지 못하게 된다. 이것이 탈북민들은 보수기독교나 보수 내지 극우세력이라고 불리는 단체들과만 주로 접촉하면서 이명박 박근혜정부에서 우편향된 정치 세력으로 육성되었던 이유이다. 일반시민과 분리되어 별도의 서비스를 받는 문제를 해결하지 않는다면 탈북민은 지역사회에서 통합되지 않는 타자로 머무를 수밖에 없다. 통합을 위해서는 지금 중앙 정부 즉 통일부가 하는 역할을 지방 정부가 대신해야 하며, 동일한 지역에 거주하는 시민으로 같은 공간에서 동일한 서비스를 받을 수 있다면 적어도 지역사회나 주민 사이에서 분리되거나 배제되는 일이 현격하게 줄어들 것이다.

IV. 고 한성옥모자 사망사건에 대한 통일부의 '10년보호조치' 대응

IV장에서는 위에서 제시한 탈북민정착정책의 성격에 비추어 문재인정부 시기에 발생한 고 한성욱 모자 사건을 살펴보고자 한다. 이는 지난 2019년 8월부터 고 한성옥 씨 장례식을 둘러싸고 정부와 탈북민단체 간에 가장 극심한 갈등이 벌어졌던 사건인데, 이에 대하여 행위자 간의 갈등과 정부의 대처방식을 분석하도록 한다.

갈등의 경위는 다음과 같다. 탈북민 한성옥 씨(42)와 아들 김동진 군(6)은 2019년 7월 31일 관악구 봉천동에 소재한 한 임대아파트에서 숨진 채 발견됐다. 발견 당시 한 씨의 아파트의 식료품은 고춧가루 한 봉지 외에는 아무 것도 없었다. 소득인정액 0원, 월세·전기세·가스비 16개월 체납, 1만 원대 건보료 17개월 체납. 이것이 관악구 탈북모자가 사망한 지 두 달 만에 자택에서 발견되었을 때의 상황이다.

그들은 절대적으로 빈곤한 상황에 놓였지만 잦은 이사로 이웃과도 왕래가 없었고, 도움을 청할 곳도 없었다. 주민센터도, 복지사각지대 발굴시스템도 탈북모자를 구하지 못했다. 이것을 근거로 일각에서는 '아사(餓死·굶주려 죽음)' 가능성이 흘러나왔다.[34] 사망 약10년 전인 2009년

---

34 2019 국정감사 보도자료(2019. 10. 16.), "탈북모자 사망사건 원인 분석 ②_민간지원 60% 언발에 오줌누기식 위기가구 지원, 복지사각지대로 내몰리는 사람들", https://shk407.blog.me/221679593272 (검색일: 2019.

에 한국에 들어와 정착한 한 씨는 중국 교포 남성을 만나 결혼해서 아들을 낳은 후에 중국으로 이주했으나 이혼하고 2018년에 장애아인 아들과 함께 한국으로 돌아왔다. 이때 구직에 어려움을 겪었고 기초생계수급은 이혼증명서를 가져와야 한다는 이유로 거절되었다. 사망 2개월이 지난 이후인 7월 31일에 두 사람은 주검으로 발견되었다. 한성옥 모자가 최근까지 받은 정부 지원금은 양육수당 월 10만원뿐이었다. 두 달 전에 그녀는 자신의 계좌에서 3,858원을 인출했다. 또한 임대료와 가스 요금은 일년 이상 연체되었다.

국립과학수사연구원(국과수)가 부검을 진행한 결과 탈북모자 사망 사건의 사인을 '사인 불명'으로 결론지었으며, 그간 보수정부와 깊은 관계에 있으며 정치적으로 동원되었던 일부 탈북단체들은 문재인정부에서 재정지원이 끊겨 쌓여왔던 불만을 그 기회에 폭발시켰다. 분향소가 광화문에 차려지고 장례식 대책위원회가 만들어지면서 이 사건은 2019년 11월 말인 현재까지 문재인 정부하의 통일부 및 남북하나재단을 향해 탈북민단체들이 항의와 시위 나아가 폭력시위까지 끌어내는 신호탄이 되었다. 장례식 대책위원회는 '사인불명'이라고 한 국과위의 검시결과에 대해 불만을 제기하였다. '아사'라는 주장이다. 탈북민 비상대책위원회에는 많은 여권인사와 보수인사들, 북한인권 운동단체들이 포함되었으나 실질적으로는 과거 보수정부에서 많은 재정적 지원을 받아오면서 국정원 댓글 활동 등을 해온 탈북인사들이 핵심을 이루며 대정부 협상 상대로 나섰다.[35]

---

12. 23.).

[35] NK지식인연대의 김흥광 대표, 문재인 정부의 집권시 3,000명 망명 기자회견을 했던 이애란 박사를 비롯하여 김형수, 최정훈 씨 등 주로 지난 정부에서 지원을 받아 많은 활동을 했던 탈북자단체 대표들이 협상에 나섰

탈북모자 사건은 '북한에서 아사를 피해 와서 남한에서 결국 아사를 하였다'는 스토리로 가공되어 언론에서 유포하면서 세간의 관심을 받게 되었다. 과거 보수정권의 재정지원을 받아 활동해온 탈북단체장들은 광화문의 추모분향소를 중심으로 집결하면서 당시 광화문에서 문재인 정부 탄핵을 주장하던 자유한국당과 극우기독교 집회에 합류하였고 급기야 10월 3일에는 문재인 정부 규탄 청와대행진 시에는 선봉에 서면서 폭력혐의로 북한민주화위원회 대표인 허광일 씨 등이 구속되기에 이른다.

이후 탈북자단체의 대표들은 한 씨 모자 사망의 성격규정 및 장례일정과 절차를 둘러싸고 통일부 및 남북하나재단 책임론을 주장하면서 정부와 본격적인 갈등관계로 돌입하였으며, 비대위는 장례식을 치르기 위한 조건으로 4개의 요구를 내걸었다. 한때 합의문이 발표되고 합의에 이르는 듯하였으나 다시 결렬되면서 주검의 발견 이후 넉 달이 되어가는

다. 장례위원장으로는 허광일 북한민주화위원회 위원장을 비롯하여 김문수 전 경기도지사를 필두로 박관용 전 국회의장, 고영주 전 방송문화진흥회 이사장, 박범진 북한인권시민연합 이사장, 이인호 전 KBS 이사장, 이주영 국회부의장, 장기표 신문명정책연구원 원장 등이 위원장을 맡았고, 김진태, 심재철 자유한국당 국회의원 등을 비롯하여 보수 여권 인사들이 운영위원으로 참여하였다. 또한 김석우 전 통일원 차관, 김태훈 변호사, 김흥광 NK지식인연대 대표, 박선영 사단법인 물망초 이사장, 이애란 자유통일문화원 원장, 이윤걸 북한전략정보서비스센터 소장, 김형수 징검다리 공동대표, 손광주 사단법인 코리아선진화연대 이사장 등 북한인권 문제를 남북관계에 우선해야 한다고 주장했던 다수의 인사들이 장례시 집행위원으로 참여하였다. 원래 2019년 9.7일 시민장으로 장례가 처러질 예정이었으나, 탈북단체들이 장례위원회를 구성하고 요구조건을 내걸면서 협상에 들어갔으나 협상이 결렬되고 결국 남북하나재단 단독장례가 11.26 – 28일에 치루어졌다.

11월 26일에야 하나재단 장례식이 치러졌다.[36] 그러면 사건발생 당시 한국의 시민단체들이 조명한 탈북모자 사망의 책임소재 및 탈북단체들이 보는 책임소재는 어떤 공통점과 차이점이 있는지 알아보자.

1. 탈북모자 사망사건을 보는 행위자별 인식
1) 한국의 시민단체들이 보는 사망원인과 책임: 국가의 복지제도

가장 먼저 한 씨 모자의 사망에 대해 신속하게 반응한 단체들은 한국의 빈곤관련 시민단체들이었다. 성명서 등에 나타난 당시의 반응들을 살펴보자. 가장 실천적으로 먼저 대응한 단체는 기초법바로세우기공동행동/장애인과가난한이들의3대적폐폐지공동행동/한국한부모연합이다. 그들은 가난한 자들에 대한 국가의 취약한 복지정책에서 죽음의 원인을 찾았으며 문재인 정부에 들어서 보수정권에 비해 더욱 삶의 조건이 열악해지고 있음을 비판하고 추모제를 열어 8월 23일 오후 1시 30분, 정부종합청사 앞에서 추모제를 진행한 뒤 청와대 방향으로 행진을 진행하고 요구안을 전달하였다. 탈북모자 사망 사건에 대해 한국의 빈곤문제 단체 및 시민단체들이 이처럼 자신들의 문제로 받아들이는 인식의 변화를 보인 사례는 처음이다. 그들은 진혼무를 통해 영혼을 위로하였으며, 청와대까지 항의하는 행진을 하여 정부의 각성과 대책을 촉구하고 탈북민들과의 연대의식을 실천적으로 표현하였다. 부양의무자기준 폐지, 가난한 이들의 생존권에 대한 우선적인 보장을 요구하였다. 인권사랑방을 비롯하여 한국의 빈곤단체연대와 참여연대, 기초법바로세우기공동행동, 장애인과가난한이들의3대적폐폐지공동행동, 한국한부모연합 등을 비롯한 시민사

---

36 동아일보(2019. 11. 26.), "6개월 전 숨진 탈북 모자 장례식… 하나재단, 26일부터 3일장으로", http://www.donga.com/news/article/all/20191126/98532598/1(검색일:2019. 12. 23.).

회단체 등은 일제히 한 씨 모자의 죽음을 애도하면서 정부에게 사망사건의 책임을 묻는 성명서를 내고 대책으로 부양의무자기준 폐지를 요구하였다.[37]

그 외에도 참여연대는 모든 시민의 인간다운 생활을 권리로서 보장하기 위해 도입된 기초생활보장제도가 실제로는 사람의 생존조차 제대로 보호하지 못하는 참혹한 현실에 대해 지적하였고, 참여연대 사회복지위원회는 정부가 부양의무자기준을 조속히 폐지하고 복지 전달체계를 개편해 이른바 '당사자 입증주의'를 해소하며 가난한 사람들의 수급권을 보장할 것을 요구하는 성명서를 내었다. 인권사랑방은 탈북민에게 가장 필요한 건 보호가 아니라 권리임을 지적한다. 탈북민은 한국사회에서 수년을 살더라도 신변보호라는 명목 하에 '잠재적 간첩'으로 취급되며 감시당하는 삶을 살아야 한다는 현실과 이 속에서 탈북민이 안정적으로 사회적 관계를 맺기란 불가능하다는 점에 주목하였다. 또한 시민건강연구소는 복지 사각지대 찾기가 해법이 아니며 보편복지는 모든 사회구성원이 복지 대상자라는 범위와 숫자의 원리(행정 원리)라기보다, 모두가 기본적인 생활수준을 누리고 삶의 품위를 지킬 수 있다는 인권의 원리(가치, 윤리, 이념)가 해법임을 강조하였다. 이들 단체들은 애도와 빈곤층과의 연대를 표명하면서 빈곤의 문제가 생계에 대한 인권의 문제임을 제기하였으며, 탈북민들이 잠재적 간첩으로 취급되고 사회적으로 고립되어 있는 현실에 대해 인지하고 있음을 보여주었다.

---

[37] 연합뉴스(2019. 8. 23.), "탈북 모자, 가난 때문에 세상 떠나"…시민 추모제 열려", https://www.yna.co.kr/view/AKR20190823097500004 (검색일: 2019. 12. 23.).

2) 탈북단체들이 보는 탈북모자 사망 원인 및 책임은 통일부와 남북하나재단

그렇다면 탈북단체들은 탈북모자 사망의 원인을 어떻게 보고 있을까? 이번 탈북민 비상대책위원회에서 협상당사자로 나선 NK지식인연대의 전 대표 김흥광 씨는 '탈북모자는 왜 굶어죽었는가?'라는 NKTV 유튜브 방송을 통해 탈북민들이 보는 한 씨 모자 사망사건의 원인으로 ① 5살 아이들 받아줄 탁아소가 없고 아이를 봐줄 데가 없으니 엄마가 취업을 할 수 없어서 소득이 없음, ② 6개월 만에 졸업한 기초생활수급비를 신청하였으나 거절당함, ③ 기초생계비를 받기 위한 거짓진단서를 끊을 데가 없음, ④ 경찰도 10년이 지나면 관심을 끊음, ⑤ 남북하나재단에 도움 요청했으나 거절당함, ⑥ 동사무소 나오는 10만원으로 생계유지했으나 월세 9만원을 빼면 남는 게 없음[38] 등이다.

방송내용에 비추어본다면 탈북민들은 사망의 원인이 아사인지 질병인지에 대해 관심을 표명하지 않았다. 여기서 특기할 만한 점은 탈북민들은 사망의 일차적 원인으로 기초생활급여를 담당하는 기관(2, 3번)과 아이를 가진 여성이 취업할 수 없는 현실(1번)을 중요하게 보았다는 점에 있다. 또한 탈북민들은 위기에 빠진 한 씨 모자의 지원요청을 거절한 하나재단 측과 경찰에도 책임이 있다고 보았다(4, 5번). 한편, NK지식인연대 김흥광 씨는 자신의 유튜브 방송에서 한 씨 모자사건 사망의 책임을 느껴야 하는 국가기관으로 다음 기관들을 차례로 지목하였다(1. 통일부 정착지원과 → 2. 남북하나재단 → 3. 지역 하나센터 → 4. 경찰 신변보호관 → 5. 관악구청 및 동사무소 → 6. 지역 탈북민정착지원협의회의 순이다).

탈북민들의 태도는 지극히 현실적이다. 그들은 생계를 위해 취업의

---

[38] NKTV 실시간 방송, "탈북민들이 말하는 진실: 탈북모자는 왜 굶어죽었는가?"https://www.youtube.com/watch?v=zIuCD5ieae8(검색일: 2019. 12. 23.).

문제와 아기돌봄의 문제를 가장 중요하다고 생각한다는 점에서 한국 국민과 차이가 없다. 그럼에도 불구하고 탈북단체들은 한국에 온 지 10년이 된 고 한성옥 씨를 사망에 이르게 된 주 책임자로 통일부와 남북하나재단을 지목한다. 이 같은 어긋남은 어디서 오는가? 탈북민들의 왜곡된 인식체계에서 비롯되었다기보다 국가관리체계가 이들을 기한 없이 정치적인 대상으로 관리하는 왜곡된 현실에서 비롯되었다고 보는 것이 타당하다. 탈북민은 일상생활의 생계, 고용과 육아의 문제를 해결하기 위해 이러한 국민의 생활지원 기능을 전담하는 서울시나 고용노동부, 여성부 등 국가 행정조직에서 문제의 해결을 구해야 하지만, 그동안 자신들을 초기정착 5년 동안 관리하는 통일부나 남북하나재단 혹은 경찰에게 생계문제의 해결을 요구하는 전도된 현실을 보여준다.

3) 통일부 – 탈북단체 간 갈등의 전개

2019년 7월에 발생한 탈북모자 사건의 해결책을 둘러싸고 탈북단체 및 여당 그리고 통일부간의 갈등은 2020년 코로나의 확산으로 거리두기로 들어간 시점까지 진화되지 않고 갈수록 심화되었다. 광화문에 북한민주화위원회 허광일 위원장 등을 중심으로 분향소를 차리고 고 한성옥 모자 사인진상규명을 위한 비상대책위원회가 꾸려지면서 과거 박근혜 정부 당시 활발하게 활동했던 탈북단체들의 단체장들이 재결집하여 정부에 항의와 요구에 나서게 되었고 특히 당시 진행되었던 자한당과 기독교 일부 목사들의 조국 사퇴 및 반문재인정부 시위에 합류하면서 이들은 더욱 힘이 커지게 되었다.[39] 그러나 2019년 10월 3일 청와대시위에서 폭력

---

39 박근혜 정부 당시 활발하게 활동했던 탈북단체들의 장들은 박상학, 허광일, 김흥광, 최정훈, 김태희 등이며 탈북모자사건에서도 협상주체로 나서는 이들과 동일하다.

혐의로 탈북민들이 경찰과 충돌하면서 연행되었고 지난 3일 탈북민 단체 등 보수단체 회원 수십 명은 탈북민 모자 사망의 책임을 묻겠다며 청와대를 향해 행진하다 경찰에 가로막히자 차단벽을 부수고 경찰관을 폭행하는 등 폭력시위가 일어났다. 경찰은 당시 현장에서 46명을 체포했으며, 이들을 경찰서로 연행해 조사한 뒤 불법행위 정도가 가벼운 44명은 석방하고 2명을 구속했는데 북한민주화 위원회 허광일 위원장은 폭력혐의로 구속되었다.

    2019년 9월 7일로 예정되었던 (故) 한 씨 모자의 장례식은 협상이 난항에 빠지면서 11월 19일 현재까지 치러지지 못하였다.[40] 당시 탈북민 비상대책위원회에서 내세운 네 가지 조건은 다음과 같다. 첫째, 정부의 사과, 둘째, 북한이탈주민지원재단 이사장 사퇴, 셋째, 통일부와 범탈북민 단체 간 협의기구를 설치, 넷째, 전국적인 탈북민 협력망 구축 등이다. 두 번째 조건인 남북하나재단의 고경빈 이사장은 11월 15일에 사퇴하였으나, 세 번째 조건과 네 번째 조건은 수락되지 않았다.[41] 장례식 과정에서 한성옥 모자가 사망에 이른 근본적인 이유를 규명하고 이 문제에 대한 근본적인 대책을 세우는 것이 아니라, 한 씨 모자 사망사건을 통해 비대위를 중심으로 한 탈북단체장들과 통일부의 힘겨루기 양상으로 변질되었다. 10월 28일 합의문 중 2항을 보면, 탈북단체들에 대한 인정 및 단체 예산확보 문제가 결국 협상의 중점에 있음이 드러난다.[42]

---

40 협상결렬의 이유에 대해 남북하나재단은 '고 한성옥모자 사인규명 및 재발방지를 위한 비상대책위원회'(이하 비대위) 와 '탈북민 단체 협의체' 구성을 위한 회의를 여섯 차례 개최해 협의를 진행해 왔지만 합의가 이루어지지 못해 일정대로 장례식을 하지 못하게 됐다"고 밝혔다.

41 한성옥 김동진 추모싸이트, https://www.momso.org/newsbokk/12/news(검색일; 2019. 12. 23.).

42 네이버 뉴스(2019. 10. 28.), "평화당 정동영 대표 중재노력, 탈북민 한성

2. 통합적 배제의 틀에 비추어 본 탈북모자 사망원인 분석

남한 시민단체와 탈북단체들의 인식은 한 씨 모자를 죽음까지 몰고 간 사망의 일차적 원인을 국가 복지제도에서 찾는다는 점에서 공통적이다. 이들의 인식은 최근 빈곤과 양극화가 강화되는 가운데 국가의 복지제도가 그 역할을 다하지 못하기 사실에서 사망원인을 찾고 있음을 보여준다. 한 씨 모자의 죽음을 사회적 타살로 보게 되는 이유이다. 한국 시민사회는 2019년 11월 2일 생활고에 시달려 목숨을 끊은 성북구 네 모녀 사건을 비롯하여 한 해 동안 빈곤에 처한 열일곱 차례의 일가족 집단자살사건이 줄을 잇는 상황이었다.[43] 이는 한 씨 모자가 탈북민이어서가

옥 모자 장례 치르게 되었다", https://news.naver.com/main/read.nhn?-mode=LSD&mid=sec&sid1=123&oid=594&aid=0000002277 (검색일: 2019. 12. 23.).
〈합의문〉내용은 다음과 같다.
1. 한옥성 님 모자 아사사건의 재발방지와 탈북민의 안정적 정착지원을 위해 하나재단과 탈북민단체들의 협력을 위한 협의체를 구성 운영한다. 협의체 가동을 위해 통일부 및 하나재단과 비대위 4명으로 준비위원회를 즉각 구성하고 협의체는 탈북민이 절실하게 바라고 있는 고충민원사항과 정착지원정책과 제도개선관련 사항들의 해결방안을 협의하고 대책을 마련한다. 2. 통일부와 하나재단은 탈북민 정착지원 등의 활동을 하는 전국적인 탈북민 협력망의 활성화와 탈북민 단체들의 효율적인 운영을 위한 지원을 확대한다. 이를 위해 예산 확보 및 제도적 근거를 마련하고 탈북민단체와 지속적 협력을 강화한다.

43 여성조선(2019. 11. 25.), "사체수습도 포기…'성북동 네 모녀 생활고 비극' 안 알려진 뒷이야기", http://woman.chosun.com/client/news/viw.asp?-cate=C01&mcate=M1003&nNewsNumb=20191162396 (검색일: 2019. 12. 23.).

아니라[44] 한국에 사는 빈곤층이 동일한 현실을 경험하고 있음을 말해준다. 즉, 대한민국 복지체계의 문제점이 기저에 있으며 이러한 제도적인 문제점이 탈북민을 비롯한 대한민국 빈곤층의 죽음과 좌절에 영향을 주었다. 탈북모자의 사망원인은 다음의 네 가지 즉, 빈곤, 경직된 복지체계, 사회적 고립, 보호기간 중 정착정책의 실패로 압축될 수 있다.

첫째, 빈곤이다. 우선 한 씨 모자사망에서 그들이 죽음에 이르게 된 직접적 사인은 규명되지 않았으나 대한민국에서 빈곤으로 인한 일가족 집단가족 자살사건이 빈발하고 있다는 사실에 주목할 필요가 있다. 빈 냉장고만으로 죽음의 원인을 굶주림 때문으로 인한 아사라고 단정 지을 수 없다. 우울증, 가정폭력 등도 지목된다. 부패시간이 길어서 검시결과 정확한 원인을 의학적으로 밝힐 수 없다. 정황상 이혼이후 어린 자식과 함께 죽음을 맞이하였으며 죽은 후 두 달 이상의 시간이 흐른 후에야 검침원에 의해 그들의 죽음이 알게 되었다는 점에서 사회적 관계로부터 단절된 일종의 고독사 혹은 고립사와 유사한 성격을 지닌다고도 볼 수 있다.

둘째, 국가의 경직된 복지체계이다. 한 씨 모자 사망 뒤에는 사회적 고립과 빈곤, 장애아를 가진 한부모 엄마의 취업기회 봉쇄와 같은 근원적 어려움, 빈곤층에 대한 수급권 제한과 같이 대한민국 빈곤층 모두가 겪는 공통적인 문제가 있다. 빈곤층에 대한 부양의무자 기준 폐지나 신청자의 수급권 보장과 신청자 입증주의 등을 구조적으로 해결해나가야 할 것이다. 그러나 첫째, 둘째 원인이 대한민국 빈곤층과 공통된 요인이라면 그 위에 다음과 같은 탈북민 특수한 문제들이 덧붙여진다는 점을

---

[44] 프레시안(2019. 11. 11.), "송파 세 모녀, 성북 네 모녀, 죽음이 계속되는 이유,[복지국가SOCIETY] '수치심' 줄이려면 보편적 복지 필요", http://www.pressian.com/news/article/?no=264873&utm_source=naver&utm_medium=search(검색일: 2019. 12. 23.).

간과해서는 안 된다.

셋째, 탈북민 정책으로 인한 탈북민들의 사회적 고립의 가중이다. 처음부터 특별한 보호를 받으면서 시민사회로부터의 격리되고 사회적으로 고립되는 배제의 문제이다. 북한이탈주민들은 1960~70년대의 '귀순용사'에서 1990년대~2000년대에는 '생활보호대상자' 혹은 취약계층으로 2010년 이후는 북한붕괴에 대비한 '신통일역군'으로 여겨지는 역사를 밟아왔다. 탈북민은 정착성공을 함으로써 남한사회의 우월성을 증명하는 존재여야 했고, 보호라는 명분으로 별도로 관리되면서 결국 배제로 이어졌고, 지역사회에서 탈북민의 고립을 자초하게 되었다. 2010년도에 탈북민만을 분리하여 별도의 정착지원서비스를 제공하는 전달체계(남북하나재단-하나센터)가 만들어지면서 지역과 일반시민사회와의 분리 문제는 더욱 심화되었다. 탈북민만 별도로 관리하는 정착지원서비스 전달체계가 만들어지면서 탈북민은 지역사회의 섬처럼 더욱 고립되는 역설적 결과를 낳았다. 분리정책은 탈북민에 대한 오랜 배제적 통합정책이다.

넷째, 보호기간 중 직업능력개발의 실패 가능성이다. 앞에서 2016년도 국회예산정책처에서 발표한 탈북민 고용상황에서 나타난 바와 같이 5년 미만의 집단과 5년 이후의 집단을 비교해보면 뜻밖에도 거주기간 5년 이후 입국자집단의 임금, 고용지위 등 고용관련 지표가 거주기간 5년 미만의 집단보다 더 열악한 문제가 드러난다. 이러한 결과는 초기 보호기간 중에 경제적 능력개발이 이루어지지 못할 가능성, 거주기간이 증가함에 따라 소득이나 한국사회 적응이 증가하지 못할 가능성을 시사한다. 정확한 원인을 규명하기 위해서는 고용실태 원자료 분석에 기반한 모형분석과 검증이 필요하다.[45] 이는 한국에 온 지 10년이 넘은 고 한성옥 씨가 왜 빈곤상태에서 좌절하고 죽어가게 되었는지 이유의 일부를 설

---

[45] 하현선(2016), 위의 보고서(주 30), 30-31면 참조.

명한다. 탈북민 초기 적응과정 5년간의 취업지원정책 로드맵의 부재는 가장 문제가 된다. 한 씨의 죽음은 지난 10여 년간 거의 방치되다시피 한 취업지원제도의 정상적 가동을 위한 의지나 탈북민 일자리문제의 중요성에 대한 인식, 직업능력개발 대책 모두가 총체적으로 부재한 정착정책의 현실이 반영된 결과이다.

3. 통일부의 '보호조치 10년 연장안'에 대한 비판적 검토: 통합적 배제의 영속화

통일부는 지난 2018년 4월 3일 북한이탈주민대책협의회를 개최하고, '제2차 북한이탈주민 정착지원 기본계획(2018~2020)'과 '2018년도 북한이탈주민 정착지원 시행계획'을 심의하고 현 정부에서 추진하고자 하는 생활 밀착형 북한이탈주민정책'의 추진 방향을 정립하였다고 밝혔다.[46] 지난 '제2차 북한이탈주민 정착지원 기본계획(2018~2020)'의 사업들은 박근혜 정부 사업에서 전혀 변화한 것이 없다. '제2차 북한이탈주민 정착지원 기본계획(2018~2020)'에서 명시한 7대 분야 23개 정책과제를 선정하였다. 과거 탈북민 정책이 분단의 정치와 신민화로의 경사, 고용전략 없는 정착정책과 전시적 복지를 내세우고 시민사회와의 분리 등을 초래하고 사회통합을 저해했던 점을 고려한다면, 당초 정착목표의 타당성 및 효과성을 재검토하고 근본적인 해결방안을 모색해야 할 시점에 처해있지만 문제인 정부 들어서 아무런 변화를 보이지 않았다.

분단체제의 탈북민 정책의 특징인 ① 분단의 정치, ② 만들어진 정체성, '먼저 온 통일'이라는 국가의 호명, ③ 공급자 중심의 일자리 없는 정착정책, ④ 중앙정부 주도형 탈북민 특화적 서비스전달체계 및 거버넌

---

46 통일부(2018), "제 2차 정착지원기본계획(2018~2020)" 보도자료(2018. 4. 2.).

스 구축이라는 기조에 비추어 현재를 평가해보자.

분단의 정치를 보자. 적어도 탈북민조작간첩 등 탈북민들을 정치적으로 활용하지 않는다는 것은 과거 정부와 문재인정부가 달라진 유일한 점이다. 그렇지만, 나머지 세 가지 문제에 있어서 개선의 여지를 보이지 않는다.

탈북민 정체성 문제를 보자. 무엇보다 문재인 정부에서도 여전히 탈북민들은 3만 탈북민 집단으로 호명되고 있다. 탈북민 자신의 정책수요에 맞는 정책이 세워지지 않으며 그들은 단지 통일정책의 대상으로 호명되고 대상화되며 소비될 뿐이다. 더이상 탈북민들을 통일정책과 연계하지 말고 지역사회의 구성원이자 시민으로 살아갈 수 있도록 해야 할 것이다.[47] 이 같은 중앙부처 중심의 서비스전달체계의 강화는 더욱 중앙정부를 강화시키는 것으로서 지역사회 내에서 시민 주도형 통합방향을 역행한다.

탈북민의 가장 절실한 요구인 일자리 문제를 보자. 2차 계획에서 가장 큰 문제점은 현재 문재인 정권이후 통일부의 정착지원계획에서 탈북민에게 가장 시급한 요구인 일자리 문제를 해결하고자 하는 의지나 일자리 문제의 중요성에 대한 인식조차 읽히지 않는다는 사실이다. 박근혜정부에서 고용지원금 제도를 없애는 대신 새로이 미래행복통장제도를 내놓았다. 이 제도는 당장의 노동력 제공이 가능한 일부층만 이용가능한

---

[47] 당시 문재인정부 하에서 통일부는 통일플러스 센터 내로 하나센터를 통합하려는 계획을 가지고 있었다. 통일부가 통일플러스 센터를 만들어 탈북민들을 지역의 평범한 시민으로 살아가도록 하는게 아니라 '먼저 온 통일'이라는 이름으로 호명하고 전시하려고 한 것이다. 이러한 시도는 그들과 시민사회와의 분리를 초래할 뿐 아니라 이들을 더욱 타자화의 길로 몰아가게 될 것이다.

제도로서 고용을 지원하는 제도가 아니라 자산형성제도에 속한다. 이를 통해 과거 고용지원금제도의 효과를 대체할 수 없다.

정착서비스 전달체계 및 거버넌스를 보자. 타 부처 협동을 강조하고 장기적으로는 민간·지자체와 협업을 촉진하기 위한 관점에서 「북한이탈주민법」을 개정해 나갈 계획이라는 점을 선언적으로 천명한 데에서 그친 채 독자적서비스 전달체계 구축을 강화하였다. 취업지원체계 구축에 대한 계획도 추상적인 선언에 그쳤다.

통일부는 2019년 10월 16일 한 씨 모자의 사망사건의 대응책으로서 탈북민에 대한 보호기간을 현행 5년에서 최대 10년으로 연장하는 방안을 추진하겠다고 발표하였다.[48] 통일부는 탈북민 보호기간을 5년에서 10년으로 늘려 복지사각지대에 처한 탈북민에 대한 정부 지원을 강화하겠다는 취지이다. 그러나, 만약, 현행『북한이탈주민 보호 및 정착에 관한 법률』에서 5년으로 명시되었던 보호기간이 10년으로 늘어나게 된다면, 생계급여나 대학 특례입학과 같은 각종 보호조치들도 적용기간이 늘어나는게 불가피할 것이다.

이 같은 통일부의 대응은 평화체제를 향한 해결을 향해가는 것이 아니라 탈북민들을 한국사회로부터 분리하여 이들만의 사회를 만들어 고립시키는 게토화의 길이자 배제적 통합을 영속화시키는 길이라고 볼 수 있다. 한 씨 모자의 문제는 현재 한국사회에서 발생하는 연쇄적인 집단가족자살 사건과 그 맥락을 같이 하고 있으며 복지차원에서 대책을 세워야 할 문제이다. 한국에 도착한 지 10년이 된 한 씨 사건의 재발을 막기 위해 보호기간을 10년으로 늘려야 한다는 논리는 오히려 탈북민의 한

---

48 자유아시아방송(2019. 10. 16.), "통일부, 탈북민 보호기간 최대 10년까지 연장추진", https://www.rfa.org/korean/in_focus/human_rights_defector/defectoraid-10162019100754.html (검색일: 2019. 12. 23.).

국사회로의 통합을 저해한다. 한국에 온 지 11년차, 12년차 탈북민들의 사망사건들이 발생할 때마다 보호기간을 계속 늘려나갈 것인가?

V. 평화체제 이행을 위한 탈북민 정착정책의 다섯 가지 과제

한 씨 모자 사망사건을 둘러싼 통일부와 일부 탈북단체들의 갈등에는 그간 탈북민 정착정책이 내포한 근원적 문제가 응축되어 있었다. 탈북모자 사건 사망의 구조적 원인이 한국의 빈곤층들에 대한 한국사회의 보편적 복지의 미비에 있으며 그 직접적 계기는 수급자의 신청자 입증주의에 있다는 한국 빈곤문제 단체들의 주장은 사태의 본질을 정확하게 파악한 것으로 보인다. 더불어 지난 20년간 탈북민 정책에서 일자리 문제와 직업능력개발은 정책순위에서 항상 맨 뒷자리로 밀려나 있었다는 점을 지적하지 않을 수 없다. '먼저 온 통일'이라고 화려하게 호명되는 무대 뒤편에서 탈북민은 시민사회와 격리된 채 통일역군으로 살아가야 했다. 문재인 정부 들어서도 이런 사정은 나아지지 않았다. 전국 통일플러스센터로의 하나센터 통합이라는 큰 그림만 남고, 하나센터의 탈북민 취업지원 활동이나 직업능력개발 같은 탈북민이 가장 필요로 하는 지원활동은 유명무실해진 지 오래이다. 이것이 통일부와 남북하나재단에게 한 씨 모자의 죽음의 책임을 물을 수밖에 없는 이유이다.

한 씨 모자 죽음을 명분으로 남북관계의 개선을 반대하면서 반북 인권활동을 해온 단체들이 나서 자신들에게 예산지원과 제도적 지원을 요구하는 탈북단체들의 행태는 무리해보인다. 지난 정부에서 북한인권 등 반북 정치활동 심지어는 반세월호시위, 국정원댓글 활동, 문재인 후보 당선시 3,000명 망명선언 등을 주도했던 바로 그 단체들의 대표들이 장례식 협상당사자로 나서서 장례식을 치르는 조건으로 자기 단체들에 대한 제도적 지원과 예산지원을 요구했다. 지난 10월 28일 탈북민 비상대책위와 남북하나재단 간에 서명한 합의서를 보면 제 2항에서 전국적인 탈북민 협력망의 활성화와 탈북민 단체들의 효율적인 운영을 위해 예산을 확보한다는 내용이 나온다. 다행히 이 합의가 결렬되었기에 망정이지 자칫하면 남북관계의 개선과 평화체제를 도모해야 할 통일부가 자신의 임무를 망각하고 국민의 예산으로 반북활동을 지원하는 사태가 벌어질 뻔 했다. 이는 과거 국정원식 공작정치에 탈북민 단체들을 동원하고 활용해오던 '분단정치'의 후과라 아니할 수 없다.

이 상황에서 통일부가 내놓은 안 즉, 탈북민 보호기간을 10년으로 늘려 한성옥 모자사망사건이 되풀이되는 것을 막겠다는 대책은 한국 시민사회에서 탈북민을 분리시키면서 배제적 통합을 영속화하는 길이다.

향후 평화시대로의 이행을 위해 전환해야 할 탈북민 정책의 새로운 정책기조로 아래 다섯 가지를 제시한다.

첫째, ['먼저 온 통일(통일역군)'에서 시민으로] 이들이 더이상 특별한 사람이 아니라 평범한 한 사람의 지역주민으로서 자신의 행복을 위해 평범하게 살아가도록 하는 데 초점을 맞추어야 한다. 북한이탈주민을 통일의 역군으로 보는 시각은 정부가 자신들을 특별대우해야 한다는 일종의 특권의식과 보상기대의 상승이라는 역효과로 이어진다.[49] 그러므로 정부의 탈북자관련 사회적응정책의 기조는 탈북민이 한국사회에서 시민으로 살아가도록 하는 데 중점을 두어야 한다.

둘째, [수요자 중심형 정착정책 청사진으로 전환하여 일자리 문제 해결을 위해 노력] 탈북민에게 가장 시급한 일자리문제를 정착정책 우선순위에 놓고 이를 구체적으로 실현하기 위한 실효성 있고 체감 가능한

---

[49] 서유경(2013), "현행 북한이탈주민 지원정책의 두 가지 근본문제와 다문화주의적 사회통합 해법", 『대한정치학회보』 제21집 제2호, 대한정치학회.

조치를 취해야 할 것이다.
- 북한이탈주민이 주변화되고 저임금노동시장에 갇힌 상황을 타개하기 위해,[50] 북한이탈주민 거주하는 지역사회 내에서 인력개발과 고용서비스를 받을 수 있도록 정착서비스를 지원한다.
- 하나원에서 3개월 간의 긴 숙박교육을 거쳐 사회에 나온 탈북민을 다시 모집하여 통일부 지역정착사무소인 화천 하나원에서 집단숙박으로 실시하는 직업훈련사업은 탈북민을 지역사회에서 분리하고 고립시키는 대표적 사례이다. 탈북민이 거주하는 지역사회에서 출퇴근 가능한 우량직업훈련기관이나 기능대학 등에서 한국의 시민들과 함께 직업훈련을 받는 것이 사회통합에 가까이 가는 길이다.

셋째, [정착지원서비스 전달체계의 혁신] 탈북민 사업을 통일대비 사업과 분리하여야 한다.

탈북민 정책을 더 이상 통일정책과 긴밀히 연계함으로써 탈북민을 고립화·특수화·게토화된 사회로 만들어서는 안 된다. 이를 위해서는 통일부가 주도하는 탈북민 고유한 정착지원 거버넌스 및 정착서비스 전달체계가 아니라 탈북민도 일반시민들이 사용하는 보편적인 행정서비스전달체계를 활용할 수 있도록 해야 한다.

① [조속히 탈북민 업무를 지자체로 이관]

현행 통일부가 주관하는 보호기간 5년도 길다는 여론이 많다. 보호기간이란 지역사회로의 통합을 준비하는 기간으로 경과적 성격을 지닌다. 통일부는 현행 5년의 보호기간을 향후 10년으로 보호기간을 늘리려는 시도나 계획을 포기하고, 탈북민 자신이 거주하는 지

---

[50] 박성재(2019), "제 6장 저임금노동시장에 갇힌 탈북민들," 전태국·김화순·이민영 편, 『배제와 통합: 탈북인의 삶』. 진인진.

역사회에서 시민으로 정착할 수 있도록 보호기간을 최소화해서 지방자치단체로 빨리 이관해야 할 것이다.

② [지자체에 법적 책임과 권한, 예산의 부여]

현행 중앙정부의 책무로 되어 있는 북한이탈주민법 제 4조 2항을 중앙정부와 지방자치단체의 공동책무로 개정하고 보호기간 중에도 지자체에게 명확한 책임과 예산을 부여한다.

- 현재와 같이 지자체에 예산을 전혀 배정하지 않은 채 중앙정부가 예산을 독점하고 지자체에 책임만 전가시키는 구조로는 지자체의 실질적인 참여를 이끌어낼 수 없다. 김선욱·장명선(2017)의 주장처럼, 법에 지방자치단체의 책임과 권리를 명시적으로 규정할 필요가 있다.[51]

③ [탈북민이 일반시민 대상의 지자체 행정지원서비스 전달체계를 사용하도록 법을 개정]

탈북민 독자적 정착지원서비스 전달체계(남북하나재단)는 일종의 경과적 역할을 수행하는 것이므로 그 기간을 1년 내로 최소화해야 하고, 탈북민들도 일반시민들이 이용하는 지자체 행정지원서비스를 사용할 수 있도록 해야 한다. 이를 위해 지역적응센터인 하나센터의 운영과 관리를 지자체에게 이관한다.

넷째, 국가가 그간 행한 '분단의 정치'를 반성하고 북풍정치를 위한

---

[51] 장명선·김선욱(2017), "북한이탈주민정착지원 법제의 쟁점과 과제: 젠더적 관점을 중심으로", 『법학논총』 제29권 제3호, 411면. "「정착지원법」 규정에서 직업훈련 제6조, 취업보호 제7조, 영농정착지원 제7조의), 주거지원 제0조, 거주지보호 제2조, 전문상담소제도 운영 제2조의), 교육지원 제4조, 의료급여 제5조 등의 조항 내용 중에 지방자치단체의 역할을 규정하여야 할 것이다."

탈북민단체를 다시는 육성하지 않는다.

국가는 이제라도 국민들과 탈북민들을 상대로 분단의 정치를 행해온 책임을 통감하고 이를 바로잡아야 하며, 과거 정부에 의해 육성된 탈북민 단체들을 지원하지 않겠다는 원칙을 견지할 필요가 있다. 그간 북한 인권과 분단의 정치, 북한에 대한 적대적 감정을 강화하는 데 힘써온 탈북민단체들에게 예산을 지원하고 제도화한다면, 향후 탈북민단체는 우편향된 정치활동을 더욱 강화해나갈 것이다. 또한 이를 지켜보는 다수의 탈북민들에게 정치활동을 통해 생계를 유지할 수 있다는 환상을 심어주게 될 것이며, 결과적으로 탈북민이라는 존재 자체가 향후 남북의 평화적 교류에 큰 걸림돌이 될 것이다.

다섯째, [젠더적 정착지원정책] 젠더적 감수성을 살린 정착지원정책을 마련한다.

한 씨 모자의 비극은 장애아를 가진 여성이 일할 기회가 없고 따라서 생계를 유지할 수 없는 한국의 복지현실에서 싹텄다. 탈북여성들이 아이를 낳고도 일할 수 있는 여건을 만들거나 그럴 수 없다면 이들의 생계를 국가가 책임져야 할 것이다. 그간 각 지방자치단체에서는 탈북민을 통일부 영역으로 치부하고 방관하는 경향이 있었다. 지자체의 아이 돌보미 사업에 탈북민을 목표집단으로 하는 것을 포함한 적극적인 젠더관련 서비스를 제공해야 할 것이다.

참고문헌

강신욱(2006), "사회적 배제 개념의 정책적 적용을 위한 이론적 검토", 『동향과 전망』, 한국사회과학연구회.

강원택·정은미·장용석·박명규, 김병로, ·김병조·최규빈(2016), "2015 통일의식조사", 『통일의식조사』 제2015권 제2016호, 서울대학교 통일평화연구원.

강진웅(2011), "한국시민이 된다는 것: 한국의 규율적 거버넌스의 탈북 정착자들의 정책성 분화", 『한국사회학』 제45집 제1호, 한국사회학회.

권금상(2018), "남북한 미디어의 탈북인/탈북탈남인 서사: 미디어가 구성하는 분단의 현재성과 윤리", 『통일인문학』 제73집, 건국대학교 인문학연구원.

김성경(2013), "북한이탈주민의 월경과 북·중 경계지역: 감각'되는 '장소'와 북한이탈여성의 '젠더'화된 장소 감각", 『한국사회학』, 제47권 1호, 221-253;

김유정(2019), "탈북여성의 일과 자녀돌봄의 고군분투 경험", 전태국, 김화순, 이민영 편, 『배제와 통합』, 진인진.

김화순(2011), "탈북민 노동시장 통합의 성공요건", 「북한의 '위기' 담론과 탈분단의 공동체적 상상력」 이화여자대학교 통일학연구원·북한연구학회 정기춘계학술대회(2011.4.22.), 통일학연구원·북한연구학회.

김화순(2014), "북한 일유형이 남한에서 탈북이주민 고용에 미치는 영향", 『통일정책연구』 제23권 제1호, 통일연구원.

김화순(2017), "분단의 경계를 넘는 초국적 송금네트워크의 형성", 『인문사회 21』 제8권 제5호, 아시아문화학술원.

김화순(2018), 『분단체제의 노동: 북한출신주민이 경험한 남북한의 직업세계』, 도서출판 선인.

김화순·전태국(2018), "탈북인의 신민적 정치참여", 『통일과 평화』 제10권 제1호, 서울대학교 통일평화연구원.

김화순·최대석(2011), "탈북이주민 정착정책의 인식과 과제: "정착지원을 넘어 사회통합으로"", 『통일정책연구』 제20권 제2호, 통일연구원.

모춘흥·이상원(2019), "타자와의 조우: 북한이탈주민의 존재성과 분단체제의 현실이해", 『문화와 정치』 제6권 제1호, 평화연구소.

박성재·김화순(2008), "탈북이주민 직업훈련의 노동시장 성과에 관한 연구", 『직업능력개발연구』 제11권 제2호, 한국직업능력개발원.

박성재(2019), "저임금노동시장에 갇힌 탈북민들", 전태국, 김화순, 이민영 편, 『배제와 통합』, 진인진.

박순성·고유환·소라미·이임하·전미영·차문석·홍민(2010), 『탈북여성의 탈북 및 정착과정에 있어서 인권침해 실태조사』, 국가인권위원회.

박순성(2018), "한반도 평화를 위한 실천 구상: 정전체제, 분단체제, 평화체제", 『사회과학연구』 제25권 제1호, 사회과학연구소.

박형중(1997), 『Ⅳ. 남북한의 사회격차와 사회통합』, 통일연구원 학술회의 총서』.

백낙청(1994), 『분단체제 변혁의 공부 길』, 창비.

변상철·김화순(2018), "탈북인은 어떻게 조작간첩으로 만들어지는가?" 「평화체제 이행기에 탈북민 통합을 어떻게 이룰 것인가?」 남북시민통합연구회·시민평화포럼(2018.10.23.).

서유경(2013), "현행 북한이탈주민 지원정책의 두 가지 근본문제와 다문화주의적 사회통합 해법", 『대한정치학회보』 제21집 2호, 대한정치학회.

선우현(2012), "한국인 속의 한국인 이방인 - 국내 탈북자 집단의 인권 문제를 중심으로", 『동서철학연구』 제64권.

선우현(2015), "남남갈등의 또 하나의 진원지로서 탈북자 집단: 조직적 내생으로서 탈북자 집단을 바라보는 정치공학적 시선과 관련하여", 『동서철학연구』 제78권, 한국동서철학회.

선우현(2019), "통합적 배제 또는 배제적 통합의 대상으로서의 '탈북민 집단'", 전태국·김화순·이민영 편, 『배제와 통합: 탈북인의 삶』, 진인진.

신난희(2017), "탈북이주여성의 단체 활동과 갈등에 관한 문화적 이해", 『한국학연구』 제61집, 고려대학교 한국학연구소.

신난희(2019), "분단 디아스포라와 탈북이주민의 과잉 정치참여 활동 사례 연구: 제19대 대선 시기를 중심으로", 『한국민족문화』 제72호, 부산대학교 한국민족문화연구소.

오원환(2011), 『탈북 청년의 정체성 연구: 탈북에서 탈남까지』, 고려대학교 박사학위논문.

유시은·전우택·조영아·홍창형·엄진섭(2005), "남한 내 북한이탈주민의 3년간 사회적응 추적 연구 - 2001년부터 2004년까지 생활과 교육을 중심으로", 『통일연구』 제9권 제1호, 연세대학교 통일연구원.

유지웅(2007), "북한이탈주민의 사회적 배제", 『통일문제연구』 제19권 제1호, 평화문제연구소.

윤보영(2015), "경계인 이론을 통한 남한 정착 북한이탈주민 이해에 관한 연구", 『사회과학연구』 제22권 제3호, 동국대학교 사회과학연구원.

윤여상(2002), "탈북자 적응에 관한 '태도변용이론'의 적용 가능성," 『대한정치학회보』 제1권 1호, 대한정치학회.

윤인진(1999), "탈북자의 남한사회 적응실태와 정착지원의 새로운 접근", 『한국사회학』 제33권 제3호, 한국사회학회.

윤인진(2012), "북한이주민의 문화변용과 사회적응". 『한국학연구』 제41집, 고려대학교 한국학연구소.

이금순·김수암·이우영·임순희·최의철(2003), 『북한이탈주민 적응실태연구』, 통일연구원.

이기영(2005), "소수자로서의 북한이탈주민 문제와 사회복지의 과제", 『통일연구』 제9권 제2호, 연세대학교 통일연구원.

이민영(2019), "탈북민의 분리된 적응과 지역사회 서비스", 전태국·김화순·이민영 편, 『배제와 통합: 탈북인의 삶』, 진인진.

이수정(2017), "탈북자 심리의 문화정치: 분단정치와 신자유주의적 통치의 절합", 『현대북한연구』 제20권 제2호, 북한대학원대학교.

이희영(2010), "새로운 시민의 참여와 인정투쟁: 북한이탈주민의 정체성 구성에 대한 구술 사례연구", 『한국사회학』 제44권 제1호, 한국사회학회;

장명선(2010), "북한이탈주민여성의 생활실태 및 사회통합을 위한 연구", 『평화학연구』 제11권 제4호, 사단법인 한국평화연구학회.

장명선·김선욱(2017), "북한이탈주민정착지원 법제의 쟁정과 과제: 젠더적 관점을 중심으로", 『법학논총』 제29권 제3호, 국민대학교 법학연구소.

전우택(2000), 『사람의 통일을 위하여: 남북한 사람들의 통합을 위한 사회 정신 의학적 고찰』, 오름.

전태국·김화순·이민영 편 (2019), 『배제와 통합: 탈북인의 삶』, 진인진.

정병호(2014), "냉전 정치와 북한 이주민의 침투성 초국가 전략", 『현대북한연구』 제

17권 제1호, 북한대학원대학교.

정병호·전우택·정진경 편(2006), 『웰컴투 코리아: 북조선 사람들의 남한살이』, 한양대학교 출판부.

정진경·조정아(2008), "새터민과 남한주민을 위한 문화통합교육의 과제", 『한국심리학회지: 문화 및 사회문제』 제14권 제1호, 한국심리학회.

조정아·정진경(2006), "새터민의 취업과 직장생활 갈등에 관한 연구", 『통일정책연구』 제15권 제2호, 통일연구원.

통일부 정책혁신위원회(2017), 『통일부 정책혁신의견서』.

하현선(2016), 『북한이탈주민 보호 및 정착지원사업 평가』, 사업평가 16-12(통권 364호), 국회예산정책처.

Berry, J. W. (1974). Psychological Aspects of cultural pluralism: Unity and identity Reconsidered in Topics in Cultural Learning (Eds.) T. W. Brislin, Hawaii: East-West Culture Learning Institute, 17-22.

Berry, J. W. (1997). Immigration, Acculturation, and Adaptation. Applied Psychology: An International Review 46(1), 5-68.

경향신문(2019.11.28.), "탈북민 특별보호가 낳은 특별 배제", http://news.khan.co.kr/kh_news/khan_art_view.html?artid=201911282055015#csidx-32e587ecb2d70eab57eaccca39b504/(검색일: 2019.12.23.).

김상희의원실(2019.10.16.), "[2019 국정감사 보도자료] 탈북모자 사망사건 원인 분석 ①_복지부, 관악구 탈북모자 놓치고 땜질식 뒷북 처방. 1년 전 위기정보 입수 기준에 대한 문제 지적 있었다", https://shk407.blog.me/221679593272(검색일: 2019. 12.13.).

뉴스타파(2018.4.23.), "세금 빼먹고도 당당…어느 탈북자단체의 자세", https://www.youtube.com/watch?v=xyEevzvl32c(검색일: 2019.2.23.).

네이버 뉴스(2019.10.28.), 평화당 정동영 대표 중재노력, 탈북민 한성옥 모자 장례 치르게 되었다. https://news.naver.com/main/read.nhn?mode=LSD&mid=sec&sid1=123&oid=594&aid=0000002277(검색일; 2019.12.23.).

동아일보(2019.11.26.), "6개월전 숨진 탈북 모자 장례식… 하나재단, 26일부터 3일장으로", http://www.donga.com/news/article/all/20191126/9853259

8/1(검색일: 2019.12.23.).

문화일보(2017.8.21.), "국정원 댓글부대 활동비 흐름 추적", http://www.munhwa.com/news/view.html?no=20170821MW151421290227(검색일: 2019.12.23.).

여성조선(2019.11.25.), "사체수습도 포기…'성북동 네 모녀 생활고 비극' 안 알려진 뒷이야기", http://woman.chosun.com/client/news/viw.asp?cate=C01&mcate=M1003&nNewsNumb=20191162396(검색일: 2019.12.23.).

연합뉴스(2019.8.23.), "'탈북 모자, 가난 때문에 세상 떠나'…시민 추모제 열려", https://www.yna.co.kr/view/AKR20190823097500004(검색일: 2019.12.23.).

오마이뉴스(2017.9.9.), "12명의 탈북 종업원, 국정원이 '특별관리'해야 하는 이유", http://www.ohmynews.com/NWS_Web/View/at_pg.aspx?CNTN_CD=A0002358477(검색일: 2019.12.23.).

자유아시아방송(2019.10.16.), "통일부, 탈북민 보호기간 최대 10년까지 연장추진", https://www.rfa.org/korean/in_focus/human_rights_defector/defectoraid-10162019100754.html(검색일: 2019.12.23.).

중앙일보(2019.10.5.), "'청와대 앞 폭력시위' 탈북민단체 2명 구속영장 신청", https://news.joins.com/article/23595909(검색일: 2019.12.23.).

통일부(2018), "제 2차 정착지원기본계획(2018~2020)" 보도자료(2018. 4. 2.).

프레시안(2016.04.27.), "누가 탈북자를 '알바 시위꾼'으로 만들었나?" http://www.pressian.com/news/article/?no=135918&ref=nav_search(검색일: 2019.12.23.).

프레시안(2017.7.14.), "유우성 간첩조작사건, 반드시 풀어야 할 의혹 네 가지", http://www.pressian.com/news/article.html?no=163203(검색일: 2019.12.23.).

허핑턴포스트코리아(2016년 04월 19.), "JTBC가 어버이연합과 '전경련' 사이의 관계를 밝히다", http://www.huffingtonpost.kr/2016/04/19/story_n_9727314.html(검색일: 2019.12.23.).

한성옥, 김동진 추모사이트, https://www.momso.org/newsbokk/12/news(검색

일: 2019.12.23.).

JTBC 뉴스(2017.8.16.), "댓글조작, 탈북단체 동원 정황…"원고료는 국정원서 지급"", http://news.jtbc.joins.com/article/article.aspx?news_id=NB11508441&pDate=20170816(검색일: 2019.12.23.).

JTBC 뉴스(2016.4.21.), "'국정원 수사'에 어버이연합이?…'탈북자 동원' 의혹", http://news.jtbc.joins.com/article/article.aspx?news_id=NB11218904(검색일: 2019.12.23.).

NKTV 실시간 방송(2019.8.13.), "탈북민들이 말하는 진실: 탈북모자는 왜 굶어죽었는가?",https://www.youtube.com/watch?v=zIuCD5ieae8(검색일: 2019.12.23.).

VOICE OF AMERICA(2019.11.9.), "탈북민들 올해 7차례 이상 백악관 방문…"북한 인권 개선 위한 역할 중요"", https://www.voakorea.com/a/5158628.html(검색일: 2019.12.23.).

최승호 (감독) 김재환 (제작) (2016). 〈자백〉 [영화]. 서울: 뉴스타파.

부표 1   북한이탈주민 인적특성별 취업자 및 실업자 추이(단위: %)

		고용률					실업률				
		2011	2012	2013	2014	2015	2011	2012	2013	2014	2015
전 체		49.7	50.0	51.4	51.7	54.6	12.1	7.5	9.7	6.4	4.8
거주 기간	1년 미만		45.2					10.9			
	1~3년		54.3		41.7	44.4		6.2		11.2	7.6
	3~5년		50.5		56.1	63.3		7.2		6.1	3.0
	5~10년		46.0		52.5	55.9		8.2		5.6	4.1
	10년이상		52.5		53.4	47.1		6.2		4.8	6.0

주: 2011~2013은 19세 이상, 2014~2015는 15세 이상이 조사대상임
자료: 북한이탈주민지원재단(남북하나재단), 연도별 보고서, 자료를 기반으로 재구성

부표 2   5년 미만 vs 5년 이상 탈북민 근로자의 종사상 지위 비교(단위: 명, %)

	상용직 근로자	임시직 근로자	일용직 근로자	고용주	자영업자	무급가족 종사자	모름/ 무응답	합계
1~5년 미만	1,465	392	529	24	49	8	23	2,490
	58.8	15.7	21.2	1.0	2.0	0.3	0.9	100.0
5년 이상	1,997	779	779	171	321	37	34	3,969
	50.3	19.6	19.6	4.3	8.1	0.9	0.9	100.0

출처: 통일부 제출자료를 바탕으로 국회예산정책처에서 작성(하현선, 2016; 31)

부표 3   거주기간 5년 이상인 북한이탈주민 임금근로자의 월평균 임금 비교(단위: 명, %)

구분		100만원 미만	101~200만원 미만	201~300만원 미만	301만원 이상	모름/ 무응답	임금근로자 전체
1~5년 미만	인원	463	1,744	145	15	19	2,386
	비율	19.4	73.1	6.1	0.6	0.8	100
5년 이상	인원	893	2,133	306	46	28	3,406
	비율	26.2	62.6	9.0	1.4	0.8	100

자료: 통일부 제출자료를 바탕으로 국회예산정책처에서 작성(하현선, 2016; 31)

제9장
탈북민 정착지원제도의 실제: 사회복지 시각에서의 검토[1]

이민영(고려사이버대학교)

I. 들어가며

기존의 탈북지원정책이 급변하는 남한 사회에서 발생하는 가족 문제, 자녀문제, 사회적 심리적 문제들에 제대로 대응하지 못하고 있다는 비판이 높아지고 있다. 이에 대한 대응으로 탈북민 정책을 온정적인 시각에서 개선하고자하는 노력과 요구들 – 예를 들어 보호기간을 10년으로 연장(연합뉴스, 2019), 복지혜택의 상향 등 – 이 2019년 탈북모자 사망사건 이후 쏟아지고 있다.

탈북민 지원정책의 목표는 '탈북민의 삶의 질을 향상하고 포용적인 사회 환경을 조성'하기 위해 탈북민을 보호하고 정착을 지원하는 것이다. 삶의 질 향상을 위해 일자리, 가정 및 생활안정, 자립을 지원하고, 포용적 사회를 위해 다양한 통합 활동과 인식개선을 촉진하는 것이 정책목

---

[1] 이 글은 이민영·윤민화(2022) "북한이탈주민의 사회정책과 서비스 분석: 사회통합관점을 적용하여", 《미래사회복지연구》, 13(2):169–195 에 게재된 내용을 토대로 수정 보완한 것이다.

표라고 할 수 있다(통일부, 2020a). 그동안 탈북민 지원은 통일부의 주도로, 개별 대상에 대해 기본적인 적응, 주거, 취업, 생계, 의료 욕구에 필요한 사항을 지원해왔다. 이 시점에서 탈북민 지원정책의 기본 방향인 사회통합 지향에 맞게 정책과 실천이 작동하고 있는지 고찰할 필요가 있다. 사회통합을 지향하는 지원 정책 목표에 대해 캐슬 등(Castles et al., 2002: 113)은 '사회가 시민권이 보장되는 평등한 권리를 제공하고, 일자리 등 서비스 접근을 제공하며, 이주민이 자신의 문화적·사회적 정체성을 유지하도록 지원하는 것'을 통해 성공적인 사회통합이 이뤄질 수 있다고 하였다. 그동안 탈북민의 사회통합을 위한 사회정책의 전향적 전환에 동의하면서도 대다수의 연구들[2]은 탈북민을 수동적 지위로 두고, 자유민주적 시민으로서의 '적응'을 강조하거나, 다문화적 관점을 적용하는 경향을 보여왔다(박민철·도지인, 2019). 이에 '적응'과 '동화'정책의 개선을 요구하며 대안적 방향으로 김화순과 최대석(2011)은 사회통합 관점에서 접근성을 높이는 전달체계를 발전시켜야 한다고 하였다. 박영자(2013)는 지역사회 서비스를 통해 상호문화적 관점에서 사회통합을 촉진하여야 한다고 하였고, 최상운(2010)과 박하진(2004)는 지역사회에서 남북한 주민 간 상호작용을 촉진하는 프로그램의 필요성을 강조하였다. 나아가 탈북민 사회통합은 남북한 주민의 인식개선 사업이나, 남북한 주민이 참여하는 몇몇 프로그램으로 달성되는 것이 아니라 한민족으로서 문화적 동질성과 이질성을 동시에 가지고 있는 탈북민의 정체성을 고려하여야 하며, 사회통합은 일반 이주민의 사회통합과는 다른 방식의 접근이 필요하며 매우 정교한 정책적 대응이 필요함을 지적하고 있다(전경숙·송

---

2 박민철과 도지인(2019)은 논문검색사이트 DBPIA를 통해 2019년 9월까지 '북한이탈주민', '탈북민' 검색어로 나온 논문 8천 편 이상을 대략 분석하여 연구의 특성을 설명하였다.

영호, 2019: 61). 따라서 탈북민 지원정책이 실제 지역사회에서 시민으로 살고 있는 탈북민을 위해 적절히 구현되고 있는지 점검하기 위해서는 자립을 위한 일자리, 소속감을 위한 참여, 북한출신이라는 정체성이 탈북민 지원을 위한 복지 수단과 절차와 유기적으로 연결되어 있는지 살펴보는 것이 필요하다. 사회보장수급권은 사회적 기본권을 보장하기 위한 구체적인 노력이며, 시민이 인간다운 생활을 위한 당연한 권리이며 국가는 이를 보장할 의무를 가지기 때문이다(민기채·고혜진, 2018). 이에 본 글에서는 남한 사회의 탈북민이 처한 독자성과 복잡성 맥락에서 사회통합을 지향하면서 시민인 탈북민의 사회복지 욕구에 정책과 서비스가 적절히 대응하고 있는지 비판적으로 진단해보고 앞으로의 방향을 모색해보고자 한다.

II. 사회통합을 위한 사회복지의 접근 방향

사회통합의 접근 방향에 대하여 캐슬 등(Castles et al., 2002: 113)은 '사회가 평등한 시민권이 보장되는 완전한 권리를 제공하고, 일자리와 서비스에 대한 접근을 제공하며, 사회적 상호작용에 이주민을 수용하고, 이주민의 정체성을 유지하도록 지원하는 것'을 통해 사회통합이 가능하다고 보았다. 이를 지역사회 맥락에 적용하면, '공동의 비전과 커뮤니티에 대한 소속감 보유, 다른 배경과 환경에 있는 사람들의 다양성 인정, 균등한 기회 제공, 일터, 학교, 이웃관계에서 긍정적인 관계를 형성'을 사회통합 접근방향이라고 할 수 있다(Local Government Association, 2009; 박철민·민기, 2014: 32에서 재인용)[3]. 그동안 민족주의적 동화정책의 입장에서 비롯

---

[3] 이러한 사회통합의 접근이 어느 정도 이뤄졌는지 국가간 정책 수준을 비교

된 탈북민만을 변화의 대상 보았던 사회통합, 적응의 개념은 상이한 사회화과정을 거친 남북한 주민의 이질성을 과소평가한 개념이라는 비판을 받아왔기 때문에 다문화적 관점과 보편적 사회통합의 개념은 남북한 주민 간 차이점을 인정하면서도 그 차이를 뛰어넘는 가치로서의 탈북민 사회통합 접근의 가능성을 새롭게 보여준다(박철민·민기, 2014: 60).

이러한 사회통합의 접근방법을 실현하기 위한 사회(복지) 정책과 실천의 궁극적 방향은 '평등한 기회(equal opportunity)가 있는 사회', '시민의 관여(citizenry involvement) 촉진', '인정의 정치(politics of recognition) 보장'으로 볼 수 있다(Kivisto and Faist, 2009: 134). 이러한 정책적 목표는 이주민의 관점에서 킴리카와 노르만(Kymlicka and Norman, 2000: 30–31)이 제시한 이주민의 '법적 지위(legal status)', '시민 활동(civic activity)', 그리고 '정체성(identity)'의 개념을 포함하고 있다. 이를 구체적으로 사회통합의 정도를 판단하는 관점에서 살펴보면, 먼저 시민으로서 평등한 기회와 법적 지위를 보장받는가가 중요한 기준이 된다. 사회통합을 위한 정책 도구들은 기본적인 법적 보호, 공식적 시민권, 반차별 법, 자원의 재분배 뿐 아니라 공공 주택, 포용 및 다문화 교육과 같은 정책을 포함한다. 이러한 도구들은 이주민의 권리와 서비스에 대한 접근성을 높이는데 기여해야 하기 때문이다(Favell, 2001: 118–9). 둘째, 시민으로서 소속감을

하기 위한 MIPEX (Migrant Integration Policy Index)가 개발되어 있다. 구체적인 지표는 노동시장의 이동성, 가족재결합, 교육, 의료, 정치참여, 영주권과 국적취득, 차별금지의 항목들로 나뉘어 있다(www.mipex.eu). 한국의 경우는 일반적으로 이주민이 증가에 따라 법적 구조가 발전되어왔으나, 상호문화 교육이 부족하고, 외국인의 정치참여의 제한, 이주노동자 가족재결합의 제한, 차별에 대한 대처가 부족하다는 평가를 받고 있다(www.mipex.eu/south–korea).

가지고 사회에 참여할 수 있는가를 살펴야 한다. 사회통합에서 참여는 시민으로서 규범을 존중하고, 다른 사람과의 신뢰, 지역사회에서 일부가 되는 '소속감'을 의미한다(Spoonley et al., 2005: 98). 이를 위해 시민의 덕성과 규범과 같은 원칙적 기준이 존재하는데, 이주민에게 주류사회의 문화적 규범을 배우고 따르는 것을 요구하는 것을 포함한다(Favell, 2001: 31). 끝으로 사회통합 과정에서 이주민 자신이 정체성을 존중받고 이를 발전시킬 수 있는 기회가 주어지는가가 중요하다. 사회통합에서 정체성은 '대표성'과 관련된다. 이는 주류사회에서 종교, 인종, 민족 등을 이유로 차별하는 구조적 문제들을 개선하는 데 목소리를 내도록 기회를 제공하는 것과 관련이 있으며, 사회에 의한 인정(recognition)의 정도를 판단하는 기준이 된다(Favell, 2001). 즉, 사회통합 정책과 실천은 이주민이 평등한 기회가 보장되는 법적 지위를 갖도록 기여하며, 이주민이 시민으로서 사회에 소속하고 참여할 수 있도록 촉진하며, 이주민이 자신의 정체성을 공식적으로 보장받을 수 있도록 인정하는 것을 포함해야 한다는 것이다.

이러한 세 차원의 분석적 개념들은 상호배타적이기도 하고 상호보완적이기도 하다. 법적 지위, 활동, 정체성을 통해 이주민의 사회통합을 지원하더라도, 이 세 가지 분석적 개념간 서로 상충하는 현실이 존재한다. 주류 사회에서 이주민의 정체성이 인정되더라도, 그들의 문화적인 행동/실천들이 문제로 여겨지곤 한다. 예를 들어 서구 사회에서 무슬림 이주민들은 서양식 시민성을 배우고 서양식 신념과 실천에 맞는 행동을 하도록 요구받기도 하고, 주류 사회의 언어를 배우는 것이 법적 지위를 보장받는 데 요구 사항인 경우도 많다. 이주 후 모국어만을 사용하는 것은 주류 사회에 대한 충성심이 약하고 적응하지 못한 것으로 판단하기도 한다(Bloemraad et al., 2008).

이 글에서는 이상에서 논의한 사회통합 접근방법의 세 차원을 탈북민 지원정책과 실천을 분석하는 기준점으로 삼고자 한다. 첫째, 탈북민은 시민으로서 평등한 기회와 법적 지위를 보장받는가? 둘째, 탈북민은 시민으로서 소속감을 가지고 사회에 참여할 수 있는가? 셋째, 탈북민은 자신의 정체성을 존중받고 이를 발전시킬 수 있는가? 이와 같은 분석적 질문들은 탈북민을 비롯한 이주배경을 가진 소수자들과 주류사회의 사회통합 과정을 모니터링하고 사회복지 제도, 서비스, 실천의 목적과 내용을 평가하는 데 중요한 기준점을 제시할 수 있으며(Kivisto and Faist, 2009), 이 글에서는 탈북민을 위한 지원정책과 실천이 실질적으로 한 시민으로서의 삶의 질을 높이는데 어떠한 영향을 주고 있는지를 보여줄 수 있다.

III. 사회복지시각에서 탈북민 지원 정책과 서비스 고찰

1. 탈북민 사회보장 지원

탈북민 인원은 2022년 3월 입국자 기준으로 총 33,826명이다(통일부 홈페이지, 2022). 탈북민은 입국당시 20-30대가 57.3%이고, 80%는 여성이며, 무직, 부양자, 노동자 등 직업능력 취약자가 84.9%로 나타났다. 입국 후 삶을 살펴보면, 2019년 탈북민의 경제활동 참가율은 62.1%, 고용률은 58.2%이며, 임금근로자의 월평균 임금은 204.7만원이며, 실업률은 6.3%, 생계수급률은 23.8%이었다. 탈북청소년의 학업중단율은 3%였고, 86.7%는 정규학교에 재학하고 있으며, 13.3%는 대안학교를 다니고 있는 것으로 나타났다(통일부, 2020b)(〈표 1〉 참고).

탈북민은 북한이탈주민법 제26조에 의거 몇몇 조항을 제외하고 국민기초생활보장법에 규정된 생계급여, 주거급여, 의료급여, 교육급여, 해산급여, 장제급여, 자활급여를 거주지 보호기간 5년의 범위에서 제공

표 1 탈북민 정착 관련 주요 지표

구분	경제활동 참가율	고용률	실업률	임금근로자 월평균임금	생계수급률	학업중단율
탈북민	62.1%	58.3%	6.3%	204.7만원	23.8%	3.0%
국민전체	63.3%	61.4%	3.0%	264.3만원	3.4% (2018년)	0.9%

출처: 통일부(2020b) 2020 북한이탈주민 정착지원 실무편람, p11–12.

받을 수 있다.

구체적으로 생계급여는 특례적용으로 근로무능력자로 구성된 가구에 대해서는 5년간, 근로능력자가 포함된 가구에 대해서는 3년간의 특례를 적용받는데, 이 특례기간 동안에는 정착금은 재산산정에 반영하지 않고 부양의무자 기준도 적용하지 않는다. 의료급여 역시 기초생활보장수급 기준보다 관대하게 적용하고 있는데, 거주지 보호기간 내에 부양의무자 기준도 적용하지 않는다. 또한 보호대상자의 경제적 능력 등을 고려하여 국민건강보험료의 일부를 지원받을 수 있다(북한이탈주민법 제25조). 노후생활 보장 정책인 국민연금 경우, 보호 결정 시점에 50세 이상 60세 미만인 탈북민은 국민연금 특례를 적용받아, 노령연금수급을 위한 최소 가입기간인 10년이 경과하지 않았더라도, 60세가 되기 전에 가입기간이 5년 이상 10년 미만 되는 사람은 60세가 되는 날부터 수령할 수 있으며, 60세가 된 후에 가입기간이 5년 이상 되는 사람은 가입자 자격을 상실한 날부터 연금수령이 가능하다(북한이탈주민법 제26조). 주거지원은 하나원 퇴소 후 거주지 배정이 되는데 탈북민은 국가의 책임하에 주거가 제공된다. 연령, 세대, 지역 등을 고려하여 주택이 알선되는데 2년간 소유권, 전세/임차권 등을 변경할 수 없다(북한이탈주민법 제20조). 교육지원은 초·중등교육법 제2조에 따라 학교에 만 25세 미만에 입학 또는 편입학이 가능하며, 고등교육법 제2조에 따라 대학에 만 35세 미만에 입학 또는 편입학한 사람, 평생교육법에 따라 학력과 학위가 인정되는 평생교육시설,

학점인정 등에 관한 법률에 따라 인정받은 교육훈련기관, 근로자직업능력개발법에 따라 학위과정을 운영하는 기능대학으로 입학 또는 편입학한 사람이 대상이 된다. 기본적으로 북한이나 외국에서 이수한 학력을 학력심의위원회를 통해 인정받을 수 있다. 고등교육법상 대학에 가는 경우는 거주지 보호기간 중이거나 고등학교 졸업 수준 이상의 학력이 인정된 후 5년 이내에 한하여 해당된다(북한이탈주민법 시행령 제45조). 취업지원은 탈북민의 경제활동을 돕기 위해 직업훈련을 지원하고 취업보호 등을 실시하는 것을 골자로 한다. 탈북민 보호대상자는 취업 알선을 원하는 경우 서류를 제출하면, 통일부와 고용부의 협조로 직업훈련과 북한을 벗어나기 전의 직위, 담당 직무 및 경력 등을 고려하여 취업을 알선한다. 거주지 전입일로부터 3년간 취업보호를 받는데 이는 강행규정이다. 탈북민을 고용한 사업주는 취업보호대상자 임금의 1/2범위에서 고용지원금을 받을 수 있다(북한이탈주민법 제16조와 17조)(〈표 2〉를 참고).

　　탈북민의 생활보호, 의료, 주거, 교육, 취업 등 다양한 측면에서 각종 보호와 혜택을 제공해왔음에도 탈북민의 사회보장수급권은 전반적으로 취약하다는 평가받고 있다(민기채·고혜진, 2018: 228). 윤찬영(1997: 148)은 "~해야 한다"라는 강행규정과 "~할 수 있다"라는 임의규정으로 구분하여 사회보장 권리성을 파악할 것을 제안하고 있는데, 북한이탈주민법에 규정된 각종 지원책 중 취업보호를 제외한 모든 영역에서 임의규정으로 되어있다는 점을 주목할 필요가 있다. 국민기초생활보장법에 규정된 각종 급여의 경우, 국가의 국민에 대한 생존권적 기본권 보장 차원에서 강행규정으로 규정하고 있다는 사실을 주지한다면, 북한이탈주민법상 지원책 다수의 임의규정은 보장의 실효성과 권리성이 취약하다고 할 수 있다.

　　법정 강제규정인 취업보호 또한 직업훈련, 고용지원금, 취업보호 담당관 등 고용지원서비스를 다양하게 제공하고는 있지만, 효과적인 정

표 2 탈북민 지원정책의 주요 내용[4]

구분	법령	시기	생활보호	의료보호	주거지원	교육보호	국민연금
내용	북한이탈주민의 보호 및 정착지원에 관한 법(개정)	2017.5 - 2022 현재	국민기초생활보장법에 의한 생계급여, 주거급여, 교육급여, 의료급여, 해산급여, 장제급여, 자활급여	본인과 가족의 국민기초생활보장법에 의한 의료급여	25.7평이하 무상·임대보증금(국민주택) 지방거주장려금	본인에 한해(8학기/의대 12학기만) 국립: 면제 사립: 50% 고교 25세만 대학 35세만 (보호기간 중 또는 학력인정 5년이내 해당)	입국 당시 50세 이상~60세 미만 시 국민연금 가입 특례 인정

구분	취업알선	특별임용	직업훈련	적응교육	자격인정	이혼특례	대부제도
내용	자산형성지원 (고용지원금 직업훈련장학금 자격취득장려금 제한)	있음 (국가공무원, 지방공무원, 군무원으로 특별임용 가능)	국가비용으로 훈련 *자격취득 장려금 및 직업훈련 장려금 → '16 폐지	생활밀착형지원: 하나원 400시간, 지역적응교육 8일, 정착금 1인 800만원 상향, 하나원직업교육관개설	있음 (보수 및 재교육명시)	있음	있음 (자영업,영농후계자 등)

출처: 한국다문화복지학회(2022) 복지와 문화다양성, 학지사, pp 307-308

책집행이 이뤄지고 있지 않아 보호기간 5년 후에도 탈북민이 경제적으로 안정적인 생활을 하지 못한 결과로 이어진다는 비판이 있다(박성재, 2019).

탈북민 생계보호 기간 5년이 지나면, 특별한 경우를 제외하고는 일반 국민의 지위에서 복지권이 주어진다. 2014년 이후 복지사각지대 보완책으로서 제정된 '사회보장급여의 이용·제공 및 수급권자 발굴에 관한 법률'(이하 사회보장급여법)에 의한 위기관리시스템이 탈북민의 사각지대 발굴을 위해서도 작동되고 있다(이성재, 2020). 그럼에도 불구하고 복지사각지대 발굴시스템이 작동하고 있음에도, 탈북모자 사망사건과 같이 취약계층 위기가정의 극단적 사건들이 이어지고 있다. 이에 통일부는

---

4 정부정책 중 〈표 2〉에서는 정착금과 보조금은 제외하였다.

2019년 9월 '북한이탈주민 생활안정 종합대책'에서 통일부의 '하나넷'과 복지부의 '사회보장정보시스템'의 정보 연계를 확대하고 다양한 위기 감지 지표 – 탈북민 기초생활수급 내역, 단전 단수 등 복지사각지대 32종 정보, 차상위계층 탈북민 수혜 현황 등 – 를 적용하여 사각지대를 해소하고자 하였다. 이와 같은 조치에도 통일부 종합대책 발표 직후 실시한 감사원의 감사결과에 따르면, 탈북민 지원정책에 있어 부처 간 협업이 제대로 작동되고 있지 않은 실태를 지적하고 있어(감사원, 2020), 탈북민 취약가구의 위기관리시스템 보완이 필요하다는 것을 알 수 있다.

2. 탈북민 지역사회 서비스

공식적으로 탈북민을 지원하는 지역사회 전달체계 기관은 하나센터이다. 탈북민 초기 지역사회 적응을 돕기 위해 설치된 지역적응센터가 전국 25개가 운영되고 있으며(통일부, 2020b), 통일부와 지자체로부터 위탁 운영 하는 형태로 통일부 및 남북하나재단을 통해 예산지원과 운영평가를 받는다. 남북하나재단(2020a)의 매뉴얼에 의하면 하나센터의 사업은 초기정착지원, 초기집중교육, 지역적응지원 사업으로 구성된다. 첫째, 정착지원사업으로 신병인수와 정착도우미사업이 있다. 신병인수는 하나원에 가서 지역으로 퇴소하는 탈북민을 지역사회로 전입하는 전체 과정에 대해서 지원하는 것이다. 정착도우미사업은 남북하나재단에서 지원받아 운영하는 사업으로 초기정착단계에 있는 탈북민의 일상생활 속에서 도움을 제공하는 자원봉사자들을 매칭하여 지원하는 사업이다. 둘째, 초기집중교육은 탈북민들이 지역에 전입한 직후 약 8일~9일간 50시간 이루어지는 교육으로 편입된 주거지역에서 신속하게 적응하도록 지원하는 것을 목적으로 한다. 실생활에 필요한 기본 정보와 제도를 안내하는 일상생활교육, 지역사회 이해, 진로탐색과 직업준비, 직업훈련프로그램, 개인역량강화교육, 인생설계, 금융, 생활법률, 언어교육 등의 기본교육과 거주지의 특성을 고려한 교육, 각종 상담 및 보호대상자 지원관련 기관 및 단체와의 서비스 연계 등을 포함하고 있다. 셋째, 지역적응지원은 5년의 거주지 보호기간 내에 있는 지역 거주 탈북민을 대상으로 교육과 진학지원, 진로 및 취업지원, 생계지원, 의료지원, 심리안정지원, 법률지원, 주민과의 교류지원 등이 해당된다. 이 중 주민과의 교류지원 사업이 탈북민과 지역 내 일반 주민과 어울리는 기회를 제공하는 사회통합 프로그램으로 불린다(양옥경 등, 2017). 통일부 주도의 공식 전달체계인 하나센터가 운영되면서 기존 지역사회 내 사회복지, 보건, 의료, 종교, 시민 자원봉사 조직 등 다양한 비공식 민간 서비스는 상당히 위축되었다[5]. 아래 〈표 3〉에서와 같이 다양한 민간 서비스 조직들이 제공해왔던 자녀양육, 법률지원, 취미여가, 가족대상 프로그램 등의 경험률은 30% 이하로 낮

표 3 탈북민의 서비스 이용 경험 (N: 200, 단위: 명)

서비스 내용	이용 경험있다	이용 경험없다	서비스 내용	이용 경험있다	이용 경험없다
경제적 지원 (생계비, 장학금, 긴급의료비 등)	156(80.8%)	37(19.2%)	가족내싱프로그램	65(33.2%)	131(66.8%)
학업 및 학습 관련 지원	109(55.9%)	86(44.1%)	문화활동	83(43.0%)	110(57.0%)
직업훈련 및 취업관련 지원	102(53.1%)	90(46.9%)	취미여가프로그램	56(29.5%)	134(70.5%)
의료적 지원	127(65.5%)	67(34.5%)	자녀양육 관련 지원 및 모임	41(21.5%)	150(78.5%)
법률적 지원	45(23.4%)	147(76.6%)	남북한 주민 통합 프로그램	63(33.0%)	128(67.0%)
심리상담	59(30.3%)	136(69.7%)	자원봉사활동	89(47.1%)	100(52.9%)

출처: 양옥경 등(2017) 북한이탈주민 생활밀착형지원프로그램 개발 연구. 남북하나재단. p79.

[5] 2018년부터 2차 북한이탈주민기본계획을 추진하면서 정착금과 하나원 교육시간을 상향하고 지역적응교육은 8일로 축소하였다. 2020년에는 하나원

게 나타났다.

IV. 사회복지시각에서 탈북민 지원정책과 서비스 분석

1. 탈북민은 시민으로서 평등한 기회와 법적 지위를 보장받는가?
1) 출발선이 같아지는 최소한의 지원

탈북민 지원 정책의 원칙은 인도주의와 인권보호의 문제에 대해 인권 차원에서 전원 수용함을 원칙으로 한다(통일부, 2017: 4). 이에 탈북민 정책은 '국민의 안전을 보호하기 위해' 국가의 책임을 다하는 것에서 출발하였다. 한반도의 시민 모두 '국민'으로서 보호받아야 한다는 것이다. 탈북민은 민족공동체 일원이자 「헌법」[6]이 규정한 대한민국 국민이다(통일부, 2019: 8). 당연히 탈북민은 남한 사회에 거주 지위가 보장되어야 하며, 사회복지 권리뿐 아니라 노동, 교육, 정치 등 모든 영역에서 남한 일반 시민과 권리가 동등하다.

  탈북민을 위한 복지정책에 대하여 정부는 '사회정의'의 관점에서 국가의 국민에 대한 '책임과 보상'이라고 하였다. 탈북민에게 사회적 기회를 제공함과 동시에 학교에서 경쟁에 참여하고, 동등한 시민으로서 역할을 하는 것을 의미하였다. 그러나 정부의 특별한 탈북민 지원체계 안에

  내 국민생활밀착형 직종 10개 자격증(미용, 요리, 제과제빵 등) 취득을 지원하는 직접 직업훈련을 제공하는 직업교육관을 개관하였다. 민족공동체 통일방안을 계승 발전하면서 통일국민협약 체결을 추진하며 2022년까지 광역시도에 통일센터를 설치하여 지역주민 대상 통일교육, 통일전시관, 탈북민 정착지원기능을 수행하도록 하는 것을 포함하고 있다(통일부 홈페이지).

[6] 「헌법」 제 3조 '대한민국의 영토는 한반도와 그 부속도서로 한다'를 근거로 한다.

는 복지 혜택의 질과 양에 관해 뚜렷한 입장이 있다. 일반 국민들의 복지 혜택과 형평성을 고려하여 "출발선이 같아지는 최소한의 지원"(통일부, 2011: 10)으로 '지원의 수준'이 명시되어 있다. 탈북민에게 주로 영구임대아파트가 제공되는 것과 같이 복지혜택 기준은 '중하층의 삶'에 맞추어져 있다. 복지정책과 서비스의 대부분이 생계수급자 수준의 생활지원과 저임금 직업을 가질 수 있는 정도이기 때문이다(Lancov, 2006: 119). 정부는 지원이 과도하여 탈북민이 복지혜택에 의존하거나 그들의 자립 역량을 저해할 것을 우려한다. 그러나 23% 이상의 탈북민이 '기초생계수급자'로 남겨져 있다는 현실은 정부 정책의 과잉 지원을 우려하기보다는 적정 지원을 제공하고 있는가에 대한 점검이 필요하다는 점을 나타낸다.

　　2019년 탈북모자사망 사건 등에서 알 수 있듯이, 탈북민은 복지수급을 위해 필요한 증빙서류를 확보하기 어려운 경우가 많고, 아동수당이나 각종 서비스 등에 대한 청구방법도 잘 알지 못했다는 것을 알 수 있었다(중앙일보, 2019). 이처럼 탈북민의 사회복지 권리에 대한 절차적 접근성 문제는 탈북민이 가진 복잡하고 다층적 가족유형 등의 문제와 거주와 고용의 불안정 문제를 포함한다. 또한 보호기간 동안 일방적 수급자 지위 경험 이후 스스로 적극적인 권리 청구의 방법과 절차를 이해하지 못한 문제는 탈북민에게는 또 다른 장벽임을 드러낸 것이라 볼 수 있다(김윤영, 2020).

2) 조건을 기반으로 실효성이 낮은 고용정책

탈북민 지원 정책의 원칙 중에는 다름과 차이에 대한 이해, 사회적 약자에 대한 수용력 증진을 명시하고 있다(통일부, 2019). 그러나 2018년 이후 탈북민의 6% 이상 높은 실업률과 23% 이상 높은 기초생계수급률, 차별과 무시의 경험이 17% 이상 높게 나타나는 것을 보면(남북하나재단, 2020b: 48,50), 탈북민의 정책에서 강조하는 차이의 이해와 약자에 대한 수용력이 노동시장에서는 제한적으로 작동하고 있다고 볼 수 있다.

탈북민의 적응력을 키우고 자립 자활의 의지를 높이기 위한 정책수단은 탈북민에게 교육훈련을 제공하여 취업역량을 강화하도록 돕고, 이러한 적응 노력에 기반한 훈련장려금, 고용지원금, 미래행복통장 모두 '인센티브 방식'을 취하고 있는데, 모두 '근속'이라는 조건을 전제하고 있다. 입국 후 많은 탈북민은 몸이 아프거나 수술, 치료, 출산 등 건강상의 이유로 '근속'이 어려운 경우가 많아 지원금이나 혜택을 받기 어려운 경우가 많다. 또한 취업교육/훈련 지원제도에서도 자격증 취득 후 해당 분야에서 일한 적이 없는 경우가 50% 이상으로 높은 이유가 '해당 자격증 분야에 일자리가 없어서'가 가장 컸다(한국경제, 2017). 탈북민의 취업업종(2018년)은 제조업(23.7%), 음식숙박업(15.4%), 도소매업(10.7%)으로 특정 분야에 집중되어 있는데, 이는 직업훈련 프로그램과 직종이 적절히 연결되지 못한 현실을 여실히 보여주고 있다. 탈북민은 정착초기에 취업과 연결된 훈련과 자격증을 취득하고자 하지만, 현실적인 취업의 어려움으로 기본적 생활을 위한 기초생계수급자 지위를 유지하며 비공식 부문에서 일하거나, 장려금 등이라도 받기 위해 불필요한 교육과 훈련을 선택하게 되는 것이다. 더욱이 고용시장에서 열악한 지위에 있는 탈북 여성은 남성에 비해 '저임금의 함정' 뿐 아니라 빈곤과 차별이라는 삼중고를 감내해야 한다(박성재, 2019: 185 – 9). 탈북민을 위해 별도로 고안된 교육 및 취창업 프로그램[7]은 거주지와 분리되어 자녀가 있는 여성들이 충분히 참여할 시간이나 기회가 부족한 경우가 많기 때문이다(Lee, 2015).

정부는 탈북민에게 경쟁시장에서 살아남는 '자립'을 강조하고 있다.

---

[7] 2020년 하나원에 새로 설치한 직업훈련관도 일부 직종의 자격증 훈련프로그램을 제공하고 있으나, 거주지와 분리된 지역에 위치하고 있어 대부분의 탈북민에게 접근성이 매우 낮다.

자립을 위해 정책적으로 탈북민 개인의 역량강화에 집중하는 것에 비해, 고용시장의 불평등 개선을 위한 노력은 소극적이다. 탈북민 채용유인을 위하여 고용기업에 대해 우선구매제도를 시행하고 있지만 이용률이 매우 저조하여, 탈북민 고용 우수기업 우선구매 신청이 최근 5년간 동일기업 2건에 불과하였다. 정부는 공공기관 물품구매에 가산점을 주거나 취업모범기업과 3년 이상 근속자에 대한 표창 정도의 대안을 추진하고 있을 뿐이다(통일부, 2020c: 19). 배타적 노동시장에 대한 정부의 적극적인 대응이 부족한 상황에서 탈북민은 그들의 과거 역량을 전환하고 새로운 역량을 익혀, 높은 경쟁 환경에서도 잘 적응할 것을 요구받고 있다.

2. 탈북민은 시민으로서 소속감을 가지고 사회에 참여할 수 있는가?
1) 권리보다 의무의 강조

탈북민 지원 정책에서 '자립과 자활' 그리고 '사회통합'이라는 목표는 사회주의 체제의 문제점 분석, 자본주의 적응과정과 남북주민간의 융합이라는 주요 원칙 하에서 운용된다(통일부, 2019: 4). 탈북민의 맥락에서 보면, 자유주의적, 자본주의적, 민주주의 기반의 언어와 문화를 배울 것을 요구받는다. 근로윤리, 경제적, 기술적 변화에 대한 적응성 등 시민으로서의 덕성(Galston, 1991: 221-3)과 관련하여, 탈북민은 북한 노동문화의 영향[8], 정부에 의존적 태도, 복지시혜에 대한 과도한 요구 등의 태도는 변화하도록 요구받는다. 탈북민이 생계비 지급에 의존하여 살아가는 경향에는 사회구조적 문제가 큼에도 불구하고, 정부는 시민의 덕목에 기반한 의무와 책임을 탈북민들이 성실히 해나갈 것을 강력하게 강조하고 있

---

[8] ICG(2011)보고서에 의하면, 북한의 노동문화 중에 '북한에서 너무 열심히 일하면 다른 동료들의 질투나 부담이 되어서 환영받지 못하는 경우가 많아 차라리 남보다 덜 일하거나 그만큼만 하는 것이 낫다는 문화가 있다고 하였다.

다. 복지정책을 기반으로 탈북민은 남한 주민들과 경쟁하는 최소한의 기회들을 가지는 것이어야 하며, 더 나은 수준의 삶을 끌어올리기 위해서는 탈북민의 개별 노력과 의시가 중요함을 강조하고 있다.

2) 생산적이며 비정치적인 시민을 기대

정부는 탈북민 정착지원을 통해 보호기간 내에 그들이 건강한 시민으로서 '생산적 기여자'의 역할을 할 것을 기대하고 있다(김화순·최대석, 2011). 탈북민에게 기대하는 생산적 기여자의 모습은 명목상으로는 사회 전반에서 '성공적인 다양한 이야기들'이라고 하지만, 막연히 결혼이주자나 외국인근로자들에게 기대하는 것과 같이 3D업종에서 일하고, 노인을 돌보고, 농어촌 주민과 결혼하여 가정을 이루며 한국사회에 기여하고 있는 모습들이다(통일부, 2011: 13). 그러나 실제로는 탈북민이 일반 국민에 비해 저임금 단순노무직, 일용직으로 일하는 비율이 높음에도[9], 생존을 위해 성산업에서 일을 하거나 사회복지 혜택이 없으면 불안전함을 느끼거나 사회적 혜택을 유지하기 위해 근로하는 것을 숨기는 모습 등 부정적인 면이 더 강조되고 있는 것 같다. 이와 같이 처한 현실과 사회의 기대 사이에서 탈북민의 삶은 더 위축될 수밖에 없다. 이에 서로 다른 체제와 문화에서 성장해온 탈북민이 남한 사회 시민으로서의 덕목을 배우고 새롭게 맞추는 데 시행착오를 위한 충분한 시간과 기회도 주어져야 할 것이다(양옥경 등, 2017). 그러나 보호기간 5년이라는 제한된 시간 내에 탈북민은 경쟁적이고 시민의 덕성을 무장하여 남한 사람처럼 말하고, 행동하고, 시민으로서 사회활동에 적극 참여하도록 요구받고 있다.

---

[9] 남북하나재단(2019a) 2019 북한이탈주민 정착실태조사 결과에 의하면, 탈북민 중 단순노무 종사자는 24.3%였고, 국민 전체 대비 11.2%가 높은 비율로 나타났다.

그러나 모든 시민활동을 독려하는 것은 아니다. 남한 사회는 탈북민 공동체가 정치적 활동이 아니라 봉사활동과 같은 비정치적인 사회적 활동을 '건강한' 참여로 여긴다. 실제 남북하나재단(2019b)의 조사결과에 의하면, 탈북민이 지난 1년간 자원봉사활동 참여 경험은 23.6%로 국민 전체 대비 7.5% 높은 비율로 나타났다. 탈북민의 사회통합을 위해 하나센터를 비롯한 지역사회 복지기관들은 봉사활동 프로그램을 대부분 운영하고 있는데(이민영, 2019), 대표적으로 남북하나재단의 '착한봉사단' 사업을 들 수 있다. 반면에 참여적 시민 활동으로 정치적 활동에는 부정적인 입장을 보인다. 특정 탈북민 운영 단체[10]의 활동에 참여하는 것에 대해서 경계하는 이중적 잣대를 드리우기도 한다. 2017년 태극기 집회에 탈북민 단체의 관여, 2020년 탈북민 단체의 대북 전단 살포 문제 등과 관련하여 통일부는 등록된 탈북민 단체에 대한 관리 감독을 강화하고 있다(아주경제, 2020)[11].

3. 탈북민은 자신의 정체성을 존중받고 이를 발전시킬 수 있는가?
1) 제한된 '북한출신' 정체성

우선, '먼저 온 통일'과 '북한 사회 대표'는 탈북민만의 특별한 정체성이 된다. 탈북민은 '남북한이 통일되면 고향으로 돌아가 통일한국을 건설하는 데 선도적 역할을 할 통일자원'이라는 것이 탈북민 지원정책에 명시적으로 드러나 있다(통일부, 2020b: 8). 공산주의와 자본주의 사회인 남과 북 사람들 사이에 가교 역할, 남북 교류와 협력, 나아가 통일 과정에서 남한 사회의 긍정적인 측면을 대변해 줄 역할을 기대하고 있다. 그러

---

10 남북하나재단(2019b) 2019 북한이탈주민 사회통합조사 결과에 의하면, 탈북민의 12.6%만이 탈북민 운영 단체에 참여하고 있는 것으로 나타났다.
11 이 기사에 따르면 2020년 통일부에 등록된 탈북민 단체는 400개가 넘는다.

나 이러한 정치적 정체성은 '프로파간다(선전가)' 역할로 드러난다는 것을 부인하기 어렵다. 반공/안보 교육 강사로서 북한 사회 체제의 문제를 전달하는 역할을 하거나, 대중매체에서 북한 사회를 남한보다 낙후되거나 특이한 공간으로 묘사하는 역할 등을 담당하고 있다. 그런데 이러한 탈북민이 전달하는 북한 사회의 모습에 대해 한국 사회가 인정한다는 것은 아니다. 정책에서는 탈북민을 북한의 대표자로서 인식하면서도 사회적 부담으로 경계하고 있기 때문이다.

일상생활에서 탈북민이 그들의 차이점을 공공연히 드러내는 것을 장려하지 않는다. 자극적인 북한 사회의 이야기를 듣고자 하지만, 일상생활에서 북한문화의 표출은 제약된다. 탈북민 관련 뉴스도 정치적 방향으로 단순화되고, 이념적 필요에 의해 북한 사회에 대한 정보도 소비되는 수단으로 활용되고 있다(주재원, 2018). 오히려 탈북민들은 사회통합을 위해서는 적극적으로 남한 사회 문화를 수용해야 한다(Spoonley et al., 2005: 98). 탈북민의 다른 문화는 여전히 사적 공간에서만 지속될 수 밖에 없다. 덧붙여 남북한 사이의 긴장이 과장됨에 따라 탈북민은 더 배제와 분리의 결과를 낳고 있다는 것도 정책 실천 과정에서의 점검해야 할 사항이다.

2) 소외된 '이주민' 정체성

정치적 정체성보다 더 문제가 되는 것은 '이주자'와 '취약층'으로의 정체성이 탈북민 복지정책 실천과정에서 내재화된다는 것이다. 이페(Ife, 2008: 79 - 81)는 이주민과 주류사회 사이에 존재하는 문화의 우열과 같은 문화적 위계성이 있다고 하였다. 문화적 맥락에서, 탈북민의 차별성은 다른 이주민에 대해서는 한국인으로의 우월함, 일반 주민에 대해서는 북한출신으로의 열등함으로 나타난다.

탈북민 지원 정책은 지역사회 실천과정에서 다문화 정책과 협력보다는 경쟁적이거나 배타적으로 접근하고 있는 상황이다. 북한이탈주민법을 주관하는 통일부는 '탈북민은 상이한 문화와 체제 아래 생활하였다는 점에서 다문화적 성격을 일부 가지고 있지만, 남북한 통합이라는 관점에서 볼 때 본질적으로 다문화 가족으로 보기 어렵다(통일부, 2020b: 8)'는 입장을 가지고 접근하기 때문이다. 그런데 탈북민 정책의 집행전략을 보면 다문화 정책과 분리되어야 한다는 근거가 약해진다. 한국 사회 적응과 통합을 위한 탈북민 정책의 실행전략은 다문화 정책의 전략과 큰 차이가 없다. 탈북민 정책이 '정치, 경제, 사회, 문화 등 모든 생활 영역에서 신속히 적응·정착하는데 필요한 보호와 지원'(북한이탈주민법 제1조 목적)을 하는 것과 비교하여, 다문화 정책이 '사회구성원으로서의 역할과 책임을 다할 수 있도록 함으로써 이들의 삶의 질 향상과 사회통합에 이바지함'(「다문화가족지원법」 제1조 목적)을 위한 접근 방법이 다르지 않은 것이다. 탈북민 정책의 '정착지원'과 관련한 전략 – 복지 급여와 전달체계 등 – 도 다문화 정책의 전략을 따르고 있다(Lee, 2015). 실제 탈북민 가족은 제3국 출생자녀들과 국내 출생자녀들이 증가하면서 실질적인 다문화 가족으로서 관련된 서비스를 이용하고 있는 것이 현실이다[12]. 그러나 통일부 중심의 탈북민 지원정책이 다문화정책과 명목상의 분리를 강조할수록 지역사회에서 탈북민은 다양한 서비스에서 오히려 소외되고 있다. 탈북민이 다름을 강조하면 할수록 사람들로부터 덜 친화적이고 더 변해야 할 것이 많으며, 지역사회에서 필요한 지원에서도 제외되는 문제로 이어진다.

　　탈북민 지원정책과 다른 복지정책들의 집행체계도 탈북민의 독자성을 강조하면서 일반 국민과 분리하여 접근하는 방식이 대부분이다. 저

---

[12] 교육부(2019)에 의하면, 탈북학생 982명, 제3국 출생 학생은 1,549명이다. 남북하나재단(2019a)의 조사결과를 통해 추정된 남한출생자녀 수는 약 6천명 정도이다(양계민, 2020).

소득층 밀집지역에 위치한 영구임대아파트, 탈북아동을 위한 대안학교들, 탈북민 전담 서비스 제공 기관들은 결과적으로 주류사회와의 통합을 촉신하는 방식보다는 탈북민만을 따로 접근하고 남한 사회의 취약계층의 삶의 방식을 동화하도록 돕고 있다는 비판이다. 탈북민의 이러한 경험들은 열등감과 차별의 내면화로 이어진다. 탈북민은 열등감을 느끼는 것은 큰 문제가 아니라고 여기며, 사회는 탈북민들에 대한 차별을 대수롭지 않게 여기고 있는 현실인 것이다(통일부, 2011: 14). 이러한 차별에 민감하지 않은 태도의 결과는 일상생활에서 탈북민이 그들의 정체성을 감추는 모습으로 나타난다. 탈북민 정체성을 드러내면 오히려 부정적인 경험을 하게 된다는 것이다. 탈북민의 정체성은 정착과정에서 중요하게 다뤄짐에도, 대한민국에서 탈북민이 자기만의 정체성을 지키고 발전시키기는 어렵다.

3) 충성심과 안보화의 대상

탈북민 지원정책에서 시민으로서의 탈북민에게 강력히 요구되는 것은 '충성심'이다. 탈북민은 헌법에 의해 국적은 자동 부여되지만, 사회보장 수급권을 실질적으로 부여받기 위해서는 '보호결정'과 '보호중지'의 절차를 통해서만 그 권리를 행사할 수 있다. 이처럼 탈북민은 남한 사회에서 보호결정을 받는 과정에서부터 국가안보정책에 의해 통제되고 관리된다. 이주민의 사회통합에 보안(Security) 이슈는 그들의 법적 지위, 시민참여, 정체성의 인정을 결정하는 데 매우 중요하다(Joppke, 2010). 즉, 탈북민의 지원정책과 보안정책은 긴밀하게 연결되어 있다. 탈북민이 남한에 거주할 권리를 얻기 위해서는 사법당국의 통제, 관리 절차에서 지속적으로 잠재적인 위협군이 아니라는 것을 검증받아야 한다.

탈북민들은 국정원(NIS)이 운영하는 '북한이탈주민보호센터'에서 3개월부터 1년 이상 행정조사(합동신문)를 받아야 한다(국가정보원 홈페이지,

2022)[13]. 거주지 전입 이후에도 탈북민에 대한 관리감독은 경찰청에 의해 유지된다. 법정 보호기간 5년간은 '신변보호담당관(보안계 경찰)'이 배정되고 이후에도 지속적으로 원하면[14] 평생 신변보호를 받을 수 있다. 명목상은 탈북민을 보호하는 것이지만, 신변보호를 통해 탈북민들은 사안에 따라 잠재적인 위협으로 간주되거나 위장간첩이 아닌지 조사받기도 한다(프레시안, 2019). 대부분의 탈북민은 국가보안에 크게 위협적이지 않지만, 이사, 취업, 가족재결합, 출입국, 지역사회 내 관계 형성 등 일상적 삶 전반에 '국가안보'가 영향을 미친다. 이러한 보안정책에 의해서 탈북민은 남한 사회에 통합되기보다는 오히려 권리를 제한받고 고립될 수 있는 문제를 보여주고 있다. 이는 탈북민 복지정책에도 긴밀히 연결되어 있는데, 2019년부터 실시한 통일부와 복지부 북한이탈주민 위기가구발굴 시스템에서 탈북민을 방문하고 근황을 파악한 현장 조사자가 신변보호담당관이었다는 사실에서 복지 실천의 전달체계에 안보전략이 공존하고 있음을 알 수 있다.

---

13 "국가정보원은 「북한이탈주민의 보호 및 정착지원에 관한 법률」에 따라 국내외에서 북한이탈주민으로 대한민국의 보호를 요청한 사람에 대하여 임시보호를 하면서 북한이탈주민 및 보호대상 여부에 대해 확인하며, 외국인 등이 부정한 방법으로 대한민국의 보호를 받으려는 것을 차단하고 있습니다."와 같이 명시되어 있다.

14 개정된 법에 따라 신변보호기간 연장 의사를 분기별 1회 확인하도록 되었다. 경찰청은 신변보호 대상자의 연장 또는 종료 의사를 확인하여 통일부에 통보하도록 되어 있다(통일부, 2020c: 55).

V. 나오며

이상에서 탈북민 지원정책과 서비스가 지향하는 사회통합적 목표를 적절히 구현하고 있는지 살펴보기 위해서 사회복지시각에서 비판적으로 분석해보았다. 먼저, 탈북민의 법적지위와 관련하여 탈북민에게 평등한 기회가 보장되는 사회에서 동등한 시민으로 살아가도록 돕고 있는지 살펴보았다. 탈북민 지원정책의 기본은 '출발선이 같아지는 최소한의 지원'에 두고 있으며, 탈북민 고용촉진을 위한 고용시장 변화에 대해서는 소극적이었으며, 탈북민의 노력과 '근속'을 기준으로 하는 '인센티브' 방식의 조건부 지원정책을 강조하고 있다. 젠더적 고려가 부족한 고용정책은 여성이 대다수인 탈북민의 욕구에 적절히 대응하지 못하고 있었다. 둘째, 탈북민이 소속감을 가지고 시민으로서 일상생활에서 적극적으로 참여하고 있는지 살펴보았다. 자립과 자활을 목표로 탈북민 지원정책은 탈북민에게 '의무'를 다하도록 촉진하는 것을 강조하였다. 이를 통해 한국 사회에서 성공하여 '생산적 기여자'로서 보여주기를 기대한다. 그러나 구조적인 기회의 제약 속에서 탈북민의 실제 삶은 위축되어 있다. 시민으로서 탈북민의 참여는 비정치적이어야 하며 친사회적인 봉사활동 정도만 허용되는 것으로 나타났다. 셋째, 탈북민이 정체성을 발전시키도록 인정하고 상호문화적인 소통을 증진하고 있는지 살펴보았다. 정책 안에서 탈북민의 정체성은 북한출신으로서 북한 사회를 알려주는 역할, 통일과정에서 남한 사회를 알려줄 역할로 정해진다. 그러나 한국 사회가 원하는 정도로만 북한을 알려주는 것, 남북관계에서 필요에 따라 중요도가 변화하는 것이 탈북민의 정체성이었다. 또한 이주해온 시민으로서 탈북민의 정체성은 통일부 중심의 정책적 선긋기에 의해 협력적인 서비스 제공에 제한을 받고 있다. 이미 많은 탈북가정이 다문화가족의 욕구를 가지고 있음에도 불구하고 다문화 정책과 분리되어 오히려 사각지대를 만들고 있었다. 무엇보다 탈북민은 한국사회에 충성심을 보여주어야 하며 복지정책도 안보정책과 긴밀히 연결되어 있음이 드러났다.

　이러한 분석을 통해 탈북민 지원정책과 실천의 암묵적 지향은 철저히 동화주의적 사회통합 입장을 고수하고 있음을 보여주고 있다는 것이다. 상호문화적인 사회통합을 지향하기 위해서는 반차별적이고 상호존중을 기반으로 하는 평등주의적 접근을 추구해야 한다(전영평, 2010). 이를 위해 첫째, 탈북민이 처한 특수한 맥락을 고려하여 자립자활 목적을 달성하기 위한 새로운 전략을 수립해야 한다. 탈북민이 대한민국 시민이며 동등한 지위를 갖고 있다는 인식을 전제로, 전체 탈북민의 80%가 넘는 여성의 욕구를 젠더적 접근, 탈북민 정착욕구의 개별성을 반영한 접근이 필요하다. 탈북민 전용 직업교육관과 같은 특수한 원스톱 서비스보다는 거주지를 중심으로 교육, 훈련, 취·창업 정책과 서비스를 연결하고 지역사회가 탈북민에 대한 민감성을 갖추도록 돕는 것이 더 요구된다. 둘째, 탈북민은 남한 사회의 가치와 규범을 익혀야 하지만, 시민으로서 이들의 활동에 이중적 잣대를 드리우고 있다는 사회적 인식개선이 필요하다. 시혜적이고 분리된 지원정책과 '착한' 시민을 강조하는 프로그램들은 탈북민에게 오히려 권리의식을 가진 민주시민으로서의 잠재력을 키워가는 데 제약이 된다. 정착초기부터 서비스 제공방식에서도 일방성이 아닌 쌍방향 참여가 가능하도록 구축하여 자율적이고 독립적인 시민으로 성장하도록 도와야 한다. 셋째, 탈북민은 '북한에서 온 시민'뿐 아니라 다양한 정체성이 구성되고 있다. 그것들이 건강하게 표현되고 인정받을 수 있도록 하는 것이 과제이다. 먼저 온 통일로서 북한 문화를 정직하게 알릴 수 있어야 하며, 타문화에서 이주해온 주민으로서 필요한 서비스를 정당하게 선택할 수 있어야 한다. 남북분단 상황에서 '충성심'을 요구받는 탈북민이 이로인한 인권침해를 받지 않도록 모니터링 체계를 수립하여야 한다.

끝으로 사회복지시각에서 탈북민 지원 정책과 서비스에서 구체적으로 개선할 점은 다음과 같다. 첫째, 탈북민 정착주기에 맞는 지원체계의 로드맵이 필요하다. 탈북민마다 차이는 있겠지만 입국시기, 성별/연령별 생애주기, 정착기간 등에 따른 욕구기반 접근이 설계되어야 한다. 현 지원체계는 보호기간 5년 이내와 그 이후로 이분화되어 있다. 법정 보호기간 이내에는 신변보호부터 고용까지 집중적인 지원체계가 발동하면서 촘촘한 사회안전망이 작동하지만, 그 이후에는 정책 대상에서 소외되며 불안정한 삶에 처하는 현실이다. 특히 여성들은 남한 사회에 견고한 사회적 지지망 없이 결혼과 출산으로 이어지는 고용단절의 문제에 더 큰 곤란함을 겪는다. 따라서 탈북민의 욕구에 기반한 연속적이고 통합적인 지원체계가 필요하다. 둘째, 북한이탈주민법 제5조에 의하면 보호와 정착지원은 '원칙적으로 개인을 단위'로 하고 조건적으로 세대를 단위로 제공한다. 하나의 탈북민 가정안에서도 부와 모, 북한출생, 제3국출생, 남한출생 자녀의 제도적 지위가 각기 다르다. 2019년 모자사건에서도 탈북 여성은 두 아이의 엄마였고, 한 아이는 중국에서 출생하였고, 장애를 가진 다른 아이는 남한에서 출생하였다. 한 가정 내에서 중국 출생자였던 큰 아이는 일부 지원을 받을 수 있었겠지만, 남한 출생자였던 작은 아이는 탈북민 지원 정책 대상에서 제외되었을 것이다. 개인의 출생지를 중요한 정책 대상의 준거로 삼고 있는 현 탈북민 정책은 실질적으로 생활 공동체인 '가족(가구)'의 입장에서 접근하는 데 명백한 한계를 갖게 된다. 즉, 탈북가정의 남한 출생자녀들은 정책적 사각지대이다. 남한 사회에서의 안정된 가족생활 유지를 돕는 것이 정착과 복지증진에 기본이 되며, 이미 사회보장의 많은 체계들이 '세대를 단위로 지원'하고 있는 바, 탈북민 정책의 지원 단위를 '가족'으로의 전환하는 것이 필요하다. 셋째, 현행 북한이탈주민법은 '보호'와 '지원'이라는 목적을 동시에 담고 있어 모순점을 내포하고 있다. 남북의 분단으로 인해 군사분계선을 넘어

온 북한출신자의 '보호'에 관한 법률과 남한사회에 정착하여 살아가는 북한출신 주민(과 그 가족)의 '지원'에 관한 법률의 내용이 공존하고, 이러한 두 가지 목적이 전달체계에서 혼재되어 혼란을 주고 있다. 실제적으로 신변보호담당관이 거주지 이전 등의 생활상에 대한 조사와 지원을 하고 있으며, 탈북민은 특수한 집단으로 하나센터로 의뢰되어 지역사회와 분리된 서비스를 받고 있다. 보호대상자로서 신변보호를 비롯한 필요한 서비스를 제공하는 안보적 접근과 일반시민으로서 지역사회 기반에 포용 가능하도록 하는 복지적 접근을 구분하도록 법적 개선을 해야 한다.

추후 연구에서는 탈북민 정책과 서비스의 이해당사자들의 목소리를 통해 정책과 서비스 이용 경험을 듣고 사회통합 목표 실현을 위한 전략과 협력방안에 대하여 구체적인 논의가 이뤄지기를 기대한다.

참고문헌

감사원, 2020, 《감사보고서: 북한이탈주민 정착지원실태》, 감사원.
강휘원, 2009, "스웨덴의 이주정책과 이민자 복지", 《복지와 문화다양성연구》, 3: 1-27.
교육부, 2019, 《2019년 탈북학생 통계 현황》, 교육부.
김윤영, 2020, "북한이탈주민의 탈빈곤, 지역사회에서 함께 살아가기 위한 우리의 과제", 《'탈북모자 사망사건 1년: 탈북 빈곤 한부모 실태 및 정부 대책 평가와 전망' 국회토론회 자료집》. 2020년 8월 12일. 국회도서관.
김화순·최대석, 2011, "탈북이주민 정착정책의 인식과 과제: 정착지원을 넘어 사회통합으로", 《통일정책연구》, 20(2): 37-73.
남북하나재단. 2019a. 《2019 북한이탈주민 정착실태조사》, 남북하나재단.
남북하나재단. 2019b. 《2019 북한이탈주민 사회통합조사》, 남북하나재단.
남북하나재단, 2020a, 《2020 북한이탈주민정착지원 지역적응센터 운영매뉴얼》, 통일부·남북하나재단.
남북하나재단. 2020b, 《'북한이탈주민실태조사' 통계정보보고서》, 남북하나재단.
민기채·고혜진, 2018, "북한이탈주민 사회보장수급권의 법적 쟁점", 《입법과 정책》, 10(1): 215-234.
박민철·도지인, 2019, "FGI 방법을 활용한 북한이탈주민의 가치관 연구: 그 필요성과 방법 및 의의를 중심으로", 《통일인문학》, 79, 5-35.
박성재. 2019, "저임금노동시장에 갇힌 탈북인들", 《배제와 통합: 탈북인의 삶》, 서울:진인진.
박영자. 2013, "탈북청소년 사회통합을 위한 정책과제 탐색", 《전문가집담회》, 한국청소년정책연구원.
박하진. 2004, "북한이탈주민의 국내정착을 위한 행정지원체계 연구". 경희대학교 박사학위논문.
박철민·민기, 2014, "개인적, 경제적, 사회문화적 특성이 북한이탈주민의 지역사회 통합에 미치는 영향 분석 -사회적응수준의 매개효과를 중심으로-", 《대한정치학회보》, 22(1):31-63.

설진배·송은희·이은미, 2014, "북한이탈주민의 사회통합 방안: 경제적 적응이 심리적 적응에 미치는 영향",《한국동북아논총》, 70: 157–174.

설진배·송은희, 2015, "사회통합관점에서의 북한이탈주민 정착지원 방향: 델파이 조사를 통한 북한이탈주민 수요분석을 중심으로",《평화학연구》, 16(5):193–216.

아주경제, 2020, "통일부 "북한이탈주민 등 등록단체 25곳 일달 말부터 사무검사…관리감독 강화 목적", 2020년 7월 16일.

양계민, 2020,《포용사회 구현을 위한 이주배경 아동청소년의 성장기회 격차 해소방안 연구: 통계구축방안을 중심으로》, 경제·인문사회연구회.

양옥경·최혜지·이민영·김선화·김성남, 2017,《북한이탈주민 생활밀착형 지원 프로그램 개발》, 남북하나재단.

연합뉴스, 2019, "인권위원장, 북한이탈주민 보호 사각지대 없게 사회안전망 정비", 2019년 10월 21일.

오승은, 2012, "찰스 테일러의 인정의 정치",《HOMO MIGRANS》, 5: 5–10.

윤찬영, 1997. "사회복지법의 분석방법론에 관한 연구".《사회복지연구》, 9: 133–152.

이민영, 2019, "탈북민의 분리된 적응과 지역사회 서비스".《배제와 통합: 탈북인의 삶》, 서울: 진인진.

이성재, 2020, "2019~2020 취약계층 전수조사 결과 및 한부모 실태",《'탈북모자 사망사건 1년: 탈북 빈곤 한부모 실태 및 정부 대책 평가와 전망' 국회토론회 자료집》. 2020년 8월 12일. 국회도서관.

전경숙·송영호, 2019, "통일대비 북한이탈주민의 사회통합을 위한 탐색적 연구",《다문화와 평화》, 13(1): 56–76.

전영평, 2010,《한국의 소수자 정책: 담론과 사례》, 서울: 서울대학교 출판문화원.

주재원, 2018, "매개된 북한이탈주민과 타자화의 문화정치: KBS 와 TV 조선의 뉴스 보도를 중심으로",《지역과 세계》, 42(1): 5–40.

중앙일보, 2019, "탈북모자와의 이별, 우리에게 남겨진 것들", 2019년 9월 19일.

최상운, 2010, "북한이탈주민의 주거지원정책 개선방안연구", 경기대학교 박사학위 논문.

프레시안, 2019, "북한이탈주민에게 필요한건 보호가 아닌 권리", 2019년 8월 23일.

통일부, 2011, 전문가위원회의 (2011.5.30.) 회의록, 통일부.
통일부, 2017,《2017 북한이탈주민정착지원 지역적응센터 운영매뉴얼》, 통일부.
통일부, 2019,《북한이탈주민 정착지원 실무편람》, 통일부.
통일부, 2020a,《2020 통일백서》, 통일부.
통일부, 2020b,《2020년도 북한이탈주민 정착지원 실무편람》, 통일부.
통일부, 2020c,《2020년도 북한이탈주민 정착지원 시행계획》, 통일부.
한국경제, 2017, "목숨걸고 왔지만..취업 최약자 탈북여성", 2017년 6월 13일.
한국다문화복지학회. 2022,《복지와 문화다양성》, 서울: 학지사.

Castles, S., Korác, M., Vasta, E. and Vertovec, S., 2002, *Integration: Mapping the Field*, Report of a project of the Oxford Centre for Migration and the Policy Research and Refugee Studies Centre contracted by the Home Office Immigration Research and Statistics Service, IRSS Home Office Online Report 28/03.

Castles, S. and Davidson, A., 2000, *Citizenship and Migration: Globalization and the Politics of Belonging*, Taylor & Francis Group.

Favell, A., 2001, *Philosophies of Integration: Immigration and the idea of citizenship in France and Britain*, Edited by Z. Layton-Henry and D. Joly. New York: Palgrave.

Galston, W., 1991, *Liberal Purposes: Goods, Virtues, and Duties in the Liberal State*, Cambridge: Cambridge University Press.

ICG, International Crisis Group, 2011, *Strangers at home: North Koreans in the South*, International Crisis Group Seoul/Brussels.

Ife, J., 2008, *Human Rights and Social work: Towards rights–based practice*, New York: Cambridge University Press.

Joppke, C., 2010, *Citizenship and Immigration*, Cambridge: Polity Press.

Kivisto, P. and Faist, T., 2009, *Citizenship: Discourse, Theory, and Transnational Prospects*, John Wiley & Sons.

Lancov, A., 2006, "Bitter Taste of Paradise: North Korean Refugees in South Korea", *Journal of East Asian Studies*, 6:105-137. https://doi.org/10.1017/S1598240800000059

Lee, MY., 2015, *North Korean migrants in South Korea: Policy, Services and Social Work Practice*, Unpublished Ph. D. Thesis, University of Bristol. https://ethos.bl.uk/OrderDetails.do?uin=uk.bl.ethos.684375

Spoonley, P., Peace, R., Butcher, A. and O'Neill, D., 2005, "Social cohesion: A policy and indicator framework for assessing immigrant and host outcomes", *Social Policy Journal of New Zealand,* 24:85 – 110. https://link.gale.com/apps/doc/A132417713/AONE?u=anon~80b-7f694&sid=googleScholar&xid=455bcbfb

제10장

보편적 인권/복지 정책을 향해:
재영 북한이주민의 난민정책 경험과 그 함의[1]

이수정(덕성여자대학교)

I. 연구 배경 및 목적

2019년 8월, 서울에서 '탈북모자 아사 사건'[2]이 발생했을 때 필자는 영국 뉴몰든(New Malden)에서 현장연구(fieldwork) 중이었다.[3] 영국 뉴몰든

---

1   2017년 정부(교육부)의 재원으로 한국연구재단의 지원을 받아 수행된 연구이며(NRF-2017S1A3A2065782), 통일연구 제 23권 2호에 실린 논문을 약간 수정한 것이다.
2   2019년 7월 31일 서울 관악구의 한 임대아파트에서 탈북모자(각각 41세, 6세)의 시신이 부패한 채 발견되었는데, 이 소식이 뒤늦게 (2019년 8월 13일) 공개되면서 사망 원인으로 "아사"의 가능성이 언급되어 한국 사회에 큰 충격을 준 사건을 가리킨다. 서혜미 외(2019)의 기사를 참고하라.
3   뉴몰든(New Malden)은 런던의 남서쪽 교외에 있는 킹스턴어폰템스(Kingston upon Thames)에 속하는 지역이다.

에는 세 그룹의 코리언, 즉 남한, 북한, 그리고 조선족 이주민들이 서로 긴밀한 상호작용을 하며 살아가는 유럽 유일의 코리아타운, 즉 코리언 종족집거지(Korean ethnic enclave)가 있다.[4] 필자는 뉴몰든 코리언 종족 집거지와 이를 구성하는 다양한 코리언들의 관계에 대해 2013년 첫 연구를 진행한 이래 일종의 느슨한 '종단연구'를 진행하는 중이었는데, 그 무렵 한국에서 벌어진 이 불행한 사건은 북한 이주민들 사이에서 주요한 화제였다.[5] 그런데 '탈북모자 아사 사건'에 대한 이들의 해석은 당시 한국사회의 (보수적) 탈북자 단체들의 지배적인 내러티브와는 상당한 거리가 있었다. 뉴몰든 북한 이주민들에게서 발견된 공통적인 내러티브 가운데 하나는 이 사건이 한국의 탈북자 단체가 주장하는 것처럼 '좌파 문재인 정부'의 '탈북민 홀대' 문제로 귀결되는 것이 아니라, 한국의 보편적인 사회복지 시스템의 문제에 기인한다는 것이었다. 한 북한 이주민의 다음과 같은 얘기가 대표적이었다.

> 제가 보기에 탈북모자 아사 사건은 탈북자 지원 문제 아닙니다. 송파 세 모녀 사건과 같은 겁니다. 영국 와보니까, 우리가 난민으로 왔는데, 한국과 완전히 다릅니다. 우리가 한국도 겪어보고 여기도 겪어보고 … 여기는 난민에게도 영국시민과 똑같은 권리를 주고, 어떻게든

---

4 코리언 종족집거지로서의 뉴몰든의 특성에 대해서는 다음의 글들을 참고하라. 이수정 외(2014); Shin HyeRahn(2018); Song Jay Jiyoung et al.(2018).

5 현재 이들은 대부분 영주권이나 시민권을 획득하여 더 이상 '난민'으로 분류되지 않는다. 이러한 상황을 고려하여 보다 포괄적인 '북한 이주민' 개념을 사용하되, 이들의 '난민'으로서의 경험을 특화해서 논의할 때는 '북한 난민'이라는 표현을 사용한다.

살 수 있도록 도와줍니다. 심사할 때부터 … 난민 인정하고 살아갈 수 있도록 … 아주 정교합니다. 일 할 수 있는 사람은 엄청 시끄럽게 해서 가만히 놀면서 먹고 살게는 안 하지만, 도와줄 사람은 확실히 도와줍니다.[6] 탈북모자, 송파 세 모녀 …다 도움 필요한 사람들인데 … 한국도 그렇게 [정교하게], 그렇게 해야지, 이런 불행한 일을 막을 수 있지, 자꾸 정치적으로 만들면 도움이 안 됩니다.

'탈북모자 아사사건'에 대해 '좌파 정권'의 책임을 묻기보다는 '난민'과 '시민'을 포괄하는 보편적인 '사회안전망' 혹은 '복지' 차원에서 해석을 시도하는 영국 거주 북한 이주민들의 이러한 반응은 한국의 탈북자 단체와의 이념적·정치적 입장 차이에서 비롯된 것만으로 보기 어렵다. 뉴몰든 거주 북한 이주민들은 대체로 1990년대 말에서 2000년대 초 한국으로 입국했다가 2000년 중후반 난민으로 영국으로 재이주한 경우로서, 1990년대 중반 북한에서 발생한 경제난을 온몸으로 겪고 중국으로 이주하여 '불법'으로 몇 년을 거주한 경험이 있다. 이들은 경제난("고난의 행군") 이전까지 북한 체제에 대한 신뢰와 자부심이 매우 높았으며, 따라서 경제난과 이로 인한 가까운 사람들의 죽음을 목격한 후 탈북하여 중국과 한국을 거치는 동안 북한 정권에 철저하게 속아왔음을 깨달으며 엄청난 배신감을 느낀 경우가 대부분이다. 따라서 대북 의식이 매우 보수적이며 흔히 '진보'로 범주화되는 문제인 정권의 대북 정책에 대해 부정적으로 평가하곤 하였다. 따라서 영국 거주 북한 이주민들의 '탈북모자 사건'에 대한 해석은 한국을 거쳐 영국으로 재이주하여 생활하는 과정에서 획득한 두 사회 및 자신들이 경험한 사회정책에 대한 비교문화적 시

---

6 "시끄럽게 한다"는 것은 "귀찮고 성가시게 한다"는 뜻의 북한식 표현이다.

각의 결과물이라고 보아야 할 것이다.[7]

이러한 관찰경험에 근거하여, 필자는 영국으로 재이주한 북한 이주민들이 '난민'으로서 경험한 영국 사회 난민정책의 특성을 살펴보고, 이들이 정책수요자로서 직접 경험한 한국의 북한이탈주민지원정책과 영국의 난민정책을 어떻게 평가하는지, 그리고 그 함의는 무엇인지 파악해보고자 하였다. 즉, 이 연구는 영국사회에 비호(asylum)를 신청하여 '난민'으로 인정받은 후 거주하고 있는 북한 이주민의 사례를 중심으로 영국의 난민정책의 특성을 살펴봄으로써, 이러한 제도가 한국사회에 주는 함의에 대해 살펴보는 것을 목적으로 한다.

이 연구는 북한 난민의 경험에 근거하여 영국 난민정책을 살펴보는 첫 연구라는 점에서 특별한 의미가 있다. 또한, 한국사회의 북한이탈주민지원정책과 영국사회의 난민지원정책을 직접 경험한 북한 이주민들의 비교문화적 경험에 기반하여 한국 사회의 북한이탈주민지원정책, 나아가 난민정책에 대해 성찰해 볼 수 있다는 점에서 그 의의가 있다. 이러한 작업에는 크게 두 가지 차원에서의 어려움이 존재한다. 하나는 시간

---

[7] 영국은 동아시아 이외 가장 많은 북한 이주민이 거주하는 지역이다. 이들은 대체로 '난민' 혹은 '인도적 체류자'의 자격으로 영국 사회에 거주하기 시작하였고, 상당수는 2019년 현재 영국 영주권, 혹은 시민권을 획득하여 더 이상(통계적으로는) '난민'으로 분류되지 않고 있다. 영국은 2004년부터 2014년에 걸쳐 548명의 '북한 사람'을 난민으로 인정하였고, 인도적 체류 허가자까지 포함하면 600명을 상회한다. 현재 영국 거주 중인 대다수의 북한 이주민들이 영국으로 건너가 비호 신청을 한 때는 2007년부터 2009년 사이이며 당시 심사는 상당히 허술했다고 한다. 그러나 이들 중 상당수가 한국을 거쳐서 왔다는 사실을 파악한 이후로는 심사 절차가 매우 까다로워졌으며 2015년 재판을 거쳐 난민으로 인정한 2명을 제외하고는 더 이상 비호 인정을 해주지 않고 있다.

의 문제이고 또 하나는 범주의 문제이다. 우선 시간 차원의 어려움은 영국에 거주하는 북한 이주민들이 경험한 한국의 북한이탈주민지원정책이나 영국 난민정책이 10여 년 전의 제도로서, 그 이후 현재까지의 변화를 적확히 반영하지 못할 가능성이 크다는 것이다. 이 문제는 문헌 조사 결과를 반영하여 필요한 경우 업데이트된 정보를 제공함으로써 일부 보완하였다. 이러한 시간적 한계에도 불구하고, 북한 이주민들이 두 사회의 정책을 비교적 맥락에서 이야기할 때 (변화의 폭이 큰) 세부적인 프로그램보다는 정책의 전반적인 기조나 철학에 초점을 맞추는 경향이 있었기 때문에 이들의 시각과 경험이 여전히 유용하다고 판단하였다.

또 하나, 범주의 문제는 두 사회가 소수자 지원 문제를 다루어 온 역사 및 사회적 맥락에 차이가 있을 뿐만 아니라 한국의 '북한이탈주민지원정책'과 영국의 '난민정책'이 그 정책대상을 서로 다른 특성을 가진 범주로 의미화하고 있다는 점에서 비롯된다. 즉 같은 북한 이주민이 경험한 정책이지만, 이 정책들은 각각의 사회에서 서로 다른 위치성을 가진다는 것이다. 이는 주로 한국사회 '북한이탈주민지원정책'의 특수성에서 비롯되는 문제이다. '통일을 지향하는 분단국가'인 한국사회에서 '북한이탈주민'은 '난민'과는 다른 특수한 범주이며, 따라서 일반 난민을 비롯한 다른 어떤 소수자보다 많은 정책적 지원의 대상이 된다. 그런데 이러한 범주적 어려움은 역으로 영국의 난민정책에서 얻을 수 있는 함의를 더 잘 살릴 수 있는 가능성으로 기능할 수 있다. 한국사회에서 소수자 대상 최대의 정책이라고 평가되곤 하는 북한이탈주민지원정책과 영국사회에서 가장 취약한 존재임에도 불구하고 충분한 정책이 이루어지지 않고 있다고 평가되곤 하는 난민정책을 북한 이주민들이 어떻게 경험하고 해석하는지 살펴봄으로써, 우리 사회의 북한이탈주민정책 뿐만 아니라 아직 매우 취약한 단계에 처해 있는 난민정책에 대한 시사점도 발견할 수 있을 것이기 때문이다.

이러한 연구목적과 연구의 한계를 염두에 두고 이 연구는 문헌 분석과 영국 난민지원 기관 방문 및 관계자 인터뷰, 영국사회에 난민으로 진입한 북한 이주민들과의 인터뷰 및 '동반여행' 등을 연구방법으로 활용하였다. 문헌 분석은 주로 영국의 난민(지원)정책의 제도적 측면을 알아보기 위해서 이루어졌고 따라서 관련 논문과 유엔난민기구(UNHCR), 영국 정부 및 관련 비정부기구(NGO)의 홈페이지를 분석하였다. 영국 난민지원 기관으로는 다수의 북한 이주민들이 거주하는 뉴몰든(New Malden)이 속한 킹스턴 주(Kingston Bureau)의 난민 행동(Refugee Action)을 방문하였고, 기관장과 인터뷰를 실시하였다. 그리고 한국사회에서 북한이탈주민정착지원제도와 영국 사회의 난민정책을 모두 경험한 북한출신 이주민 5가정(부부 2쌍, 가족이주를 주도한 3명의 남성 등 7명)의 사례를 인터뷰를 통해 수집함으로써 실제로 정책 수요자의 입장에서 경험하고 해석한 난민지원 정책에 대해 탐색해보았다.

이 연구는 연구 참여자의 경험에 주목하는 질적 연구이기 때문에 연구 참여자들의 내러티브에 대한 맥락을 제공할 수 있는 개개인의 인적 정보가 매우 중요할 수 있다. 그러나 여전히 법적 취약성을 가질 가능성이 있는 연구 참여자들의 입장을 고려하여 구체적인 인구사회학적 배경 제공을 생략할 수밖에 없었다. 관련하여, 연구 참여자를 특정화할 수 있는 위험성으로 인해, 인터뷰 내용을 개별화하여 제시하지 않는다. 인터뷰는 사례 당 2회에서 3회에 걸쳐 한 번에 2시간 안팎으로 진행되었고, 필자와 몇 년간에 걸친 라포(rapport)가 충분히 형성된 관계에서 진행되었다. 필자가 연구 참여자들에게 영국에 도착한 이후 경험한 난민지원 정책에 대해 이야기해 달라고 요청한 후 연구 참여자들의 이야기 흐름에 따라 세부적인 내용을 확인하는 방식으로 진행하였고, 인터뷰 말미에 한국에서 경험한 북한이탈주민지원정책과 비교해서 장단점은 무엇인지 질문하였다. 연구 참여자들은 첫 번째 질문에 대한 대답을 하는 과정에서 한국에서의 경험을 비교의 차원에서 자주 거론했다.

연구 참여자들은 모두 영국이 북한난민들을 적극적으로 받아들이던 2007~2008년 사이에 비호 신청을 해서 난민으로 인정을 받았으며 지금은 영주권 혹은 시민권을 획득하여 살고 있다. 이 중 한 명의 북한 이주민과는 그가 비호 신청 단계부터 뉴몰든 정착에 이르기까지 5년여 동안 거친 장소들을 함께 다시 방문하는 과정을 거쳤다. 현 거주지인 뉴몰든에서 출발하여, 비호 신청기관이 있는 런던 크로이던(Croydon), 초기 거주시설이 있었던 웨이크필드(Wakefield), 분산 주거시설이 있었던 브래드퍼드(Bradford)를 거쳐 다시 뉴몰든으로 돌아오는 17시간가량의 이 여정은 필자가 북한난민들이 비호 신청과정에서 밟은 긴 여정을 부분적으로라도 체험할 수 있는 기회였다.[8] 더불어 동행한 북한 이주민이 구체적인 장소와 결합된 과거 경험을 떠올릴 수 있었기에 보다 생생한 이야기를 들을 수 있는 기회이기도 했다. 인터뷰뿐 아니라 이 장시간의 동반여행에서 나눈 이야기들이 필자가 북한난민들의 영국정착경험을 맥락화하는 데 큰 도움이 되었다.

이 논문은 이후 4개의 장으로 구성된다. 먼저, 2장에서는 연구 참여자들의 난민 경험을 이해하기 위한 맥락으로서 영국의 난민정책의 특징에 대해 기술할 것이다. 3장에서는 연구 참여자들의 영국 난민정책에 대한 경험을 소개하고, 4장에서는 이들이 두 사회의 경험에 기반하여 한국의 북한이탈주민 지원정책과 영국의 난민정책을 어떤 키워드를 중심으로 비교·평가하는지 분석할 것이다. 결론에서는 위의 연구결과에 기반하여 영국의 난민정책이 우리 사회의 북한이탈주민정책 및 난민정책에 대해 주는 시사점에 대해 간략히 논의하고자 한다.

---

8 크로이던은 런던의 남쪽 구역에 위치하고 있으며, 웨이크필드와 브래드퍼드는 잉글랜드 웨스트요크셔주(West Yorkshire)에 위치한 도시들이다.

II. 영국 난민정책의 특징[9]

다른 이주와 달리 난민에 대해서는 이들의 보호를 위한 난민협약 등 국제적 수준의 규범이 있다.[10] 그러나 개별 국가는 이러한 규범을 각 국가의 상황이나 가치관에 적절한 방식으로 재해석하여 정책을 펼치곤 한다(고기복 2007; 송영훈 2018). 영국은 EU 국가 중 독일이나 프랑스 등에 비해서 상대적으로 폐쇄적인 난민정책을 가진 것으로 평가되며, 쏟아지는 구 동구권 난민 이슈가 2016년 6월 국민투표에서 EU 탈퇴를 결정하는 데 큰 영향을 끼친 데서 짐작할 수 있듯이 국민들의 난민 관련 인식도 좋지 않은 편이다. EU 탈퇴에 동의한 시민들은 난민과 노동이주가 혼합된 형

---

[9] 이 장의 내용은 주로 영국정부 공식 사이트인 GOV.UK(https://www.gov.uk/) 중 'Visa and immigration'(https://www.gov.uk/browse/visas-immigration) 하위 부문인 'Seek protection or asylum'(https://www.gov.uk/browse/visas-immigration/asylum) 및 그와 연결된 정부 사이트들에서 찾은 정보를 활용하였다.

[10] 2차 세계대전 이후인 1950년, 제네바에서 이루어진 난민의 지위에 관한 협약(난민협약)은 난민에 대한 정의를 "1951년 1월 1일 이전에 발생한 사건의 결과로서, 또한 인종, 종교, 민족, 특정 사회집단의 구성원 신분 또는 정치적 의견을 이유로 박해를 받을 우려가 있다는 합리적 근거가 있는 공포로 인하여, 자신의 국적국 밖에 있는 자로서, 국적국의 보호를 받을 수 없거나, 또는 그러한 공포로 인하여 국적국의 보호를 받는 것을 원하지 아니하는 자, 혹은 이들 사건의 결과로서 상주국 밖에 있는 무국적자로서 종전의 상주국으로 돌아갈 수 없거나 또는 그러한 공포로 인하여 종전의 상주국으로 돌아가는 것을 원하지 아니하는 자"로 하고 있다. 이 협약에 의하면 난민들은 '강제 송환되지 않을 권리'를 비롯하여, 일할 권리, 주거권, 교육권, 공적구호를 받을 권리 등 다양한 권리를 가진다.

태로 진행되는 상황에서, 자신들의 일자리를 침해하거나 사회복지시스템을 무너뜨릴 가능성에 대해 우려하고 있다(김성진 2016; 김기태 2019; 신지원 2019). 이러한 상황에서 영국의 반이민정서 강화에 따른 엄격한 난민심사 실태와 비호 신청자 및 비호 신청이 기각된 사람들의 어려움에 대한 보고도 이어지고 있다(최진우 2016; 국민호·양연희 2019).

그럼에도 불구하고, 영국은 여전히 EU 국가 중 비호 신청자가 6번째로 많은 국가이며, 난민, 인도주의적 보호 등 긍정적 결정율이 30%를 넘는다. 2018년 자료에 따르면, 37,730명이 비호 신청을 했고 이 중 긍정적 결정을 받은 인원은 17,205명으로서 신청자 대비 인정율이 약 35%이다(UNHCR 2019). 1992년 난민협약에 가입하고 1993년 난민 법을 제정한 한국사회의 경우 2018년 난민신청자 16,137명 중 난민으로 인정을 받은 사람이 144명으로 3%에 불과하다는 사실을 고려할 때, EU 내에서 보수적인 난민정책을 펼친다는 평가를 받는 영국도 한국에 비해서는 상대적으로 상당히 우호적인 정책을 펼치고 있다고 볼 수 있다.[11] 더불어 영국은 심사는 엄격히 하되, 난민 혹은 인도주의적 보호의 대상으로 인정된 사람들에 대해서는 내국인과 동일한 복지혜택을 주는 것으로도 알려져 있다. 바로 이러한 점이 최근 영국에서 '비호(asylum)' 문제가 인도주의 문제가 아닌, 경제적 문제로 구성되고 있는 요소 중 하나이기도 하다(신지원 2019: 70). 이러한 특성을 염두에 두면서, 북한 이주민들의 영국

---

11 한편, 2018년 한국에서 인도적 지위를 인정받는 사람은 514명으로 난민 보호율은 17%이지만 이들 중 절대다수가 제주에서 비호를 신청한 예멘인으로서 다른 해에 비해 예외적으로 높은 상황이다. 제주에서 비호 신청을 한 예멘인 총 481명 중 362명에 대해서 1년짜리 인도적 체류 허가 조치가 내려졌으며, 34명은 인정되지 않았고, 85명은 결정이 보류되었으며, 난민으로 인정받은 경우는 한 건도 없다(김종철 2019).

난민정책 경험을 맥락화하기 위해서 영국의 비호 신청 및 결정 과정과 지원정책을 간략히 개괄하면 다음과 같다.

1. 비호 신청 및 결정 과정

영국에서 난민으로 체류하기 위해서는 비호 신청을 해야 한다. 신청 자격은 "박해의 두려움 때문에 모국의 어떤 곳에서도 살 수 없는 경우"이며, 이때 '박해'는 신청자의 "인종, 종교, 민족, 정치적 의견, 그리고 모국의 사회적, 문화적, 종교적, 또는 정치적 상황으로 인해 (예. 젠더, 성정체성, 섹슈얼 오리엔테이션) 신청자를 위기에 놓게 하는 모든 것"을 포함한다. 그리고 이러한 위기로부터 "모국의 정부로부터 보호를 받는 데 실패했을 경우"라는 조건이 부가된다. 소속 국적이 없는 경우, 신청자가 주로 살고있는 국가를 신청자의 국가로 인정한다. EU 국가 출신이거나 신청자가 비호 신청을 할 수 있는 다른 국가와 이미 연계가 있는 경우(예를 들어 영국에 도착하기 전에 EU 국가에서 비호 신청을 한 경우 포함)는 신청이 거부된다.[12] 영국 정부 인터넷 사이트의 비호신청 관련 개요 페이지에 "신청서에 허위정보를 쓰면 2년 이하의 징역이나 영국을 떠나야 한다"는 문구가 매우 강조되어 있어 소위 '가짜 난민'을 경계하고 있음을 알 수 있다.[13]

비호 신청을 하는 경로는 영국 '도착 전 신청'과 '도착 후 신청'으로 나뉜다. 영국 국경에서는 국경수비대에 신청해야 하며, 거기서 신청서가 등록되고 기초 심사가 진행된다. 영국에 도착한 후 비호 신청을 하는 경우, 모국으로 귀국하는 것이 안전하지 않다고 생각되는 즉시 신청해야 한다. 비호 신청 절차는 크게 세 단계로 나뉜다. 비호 신청, 비호 인

---

[12] Government of the UK, "Claim asylum in the UK: Eligibility."

[13] Government of the UK, "Claim asylum in the UK: Overview."

비호 신청서 등록	비호 인터뷰 및 결정 대기	결정
비호 접수 기구(Asylum intake unit) 에서의 기초심사(Screening)	비호 인터뷰(asylum interview) 및 결정 대기	결정 (decision) (비호 신청 후 6개월 이내)

그림 1 비호 신청 및 결정 과정[14]

터뷰 및 결정 대기, 그리고 결정이 그것이다. 우선 비호 접수 기구에서 비호 신청을 한 후 이민국 관리(immigration officer)와 기초적인 인터뷰(screening interview)를 하고, 사례관리자(case worker)와 비호 인터뷰(asylum interview)를 하면서 결정을 대기한다. 비호 신청 후 6개월 이내 결정하도록 되어 있고, 이 결정에서 체류허가가 날 경우 체류 기한이 명시된 비자가 발급되며 이 기한 동안 영국 시민과 같은 사회경제적 권리가 주어진다. 이 기한이 끝날 때까지 위법한 사실이 없을 경우, 영구적 체류를 신청할 수 있는 자격이 주어진다. "체류 이유 없음"으로 비호 신청이 거부될 경우 2차례에 걸친 항소가 가능하며 2차 항소에서도 패할 경우 강제추방될 수 있다. 이러한 과정을 그림으로 제시하면 〈그림 1〉다음과 같다.

1) 비호 신청서 등록(Register your asylum claim)[15]

첫 번째 단계는 '비호 신청서 등록'이다. 영국 내무부(Home Office) 비자 이민국 건물에 위치한 비호접수기구(asylum intake unit)에 비호 신청을 하고 이민국 관리(immigration officer)와 기초적인 인터뷰를 하는 것이 이 단계에 포함된다. 인터뷰를 위해서는 사전 약속을 하는 것을 원칙으로 하지만, 주거지가 없을 경우 직접 방문도 가능하다. 최근에는 전화 인터뷰

---

14 영국 정부 사이트의 정보를 바탕으로 필자가 구성한 그림이다.
15 Government of the UK, "Claim asylum in the UK: Register your asylum claim."

를 통해 기초적인 조사를 하고, 시간 약속을 한 후 비호접수기구에 방문하는 것이 더 일반적이다. 가족이 함께 신청할 경우 다 같이 방문해야 하며, 자신의 신분과 영국 내 수소지 등을 증명할 서류 지참을 권장한다.[16]

이 기초적인 인터뷰는 '심사 인터뷰'(screening interview)라고 불리는 것으로서, 비호 신청자 및 가족의 신분 및 출신국, 비호 신청 이유 및 경로, 건강상태, 범죄연루 사실 등을 주요한 내용으로 한다. 사전에 인터뷰를 할 이민국 관리의 성별에 대한 선호를 표명할 수 있으며 통역이 필요한 경우 제공된다. 인터뷰 과정에서는 사진과 지문도 찍는데 이는 영국 정부가 보유한 다른 DB들과 비교하여 신원을 확인하는 데 사용되며, 비호 신청 완료 후 제공되는 비호 신청 카드(ARC, Asylum Registration Card)에도 활용된다.[17] 인터뷰는 또한 신청자가 거주지 및 생계비 지원이 필요한지에 대해 파악하는 과정으로도 활용된다,

심사 인터뷰 말미에는 심사 결정 대기 기간 중 해야 할 일을 설명 듣는다. 예를 들어, 정기적으로 사례담당자에게 보고('보고 회의', reporting meetings라고 함)해야 하고, 상황이 바뀌면 당국에 알려야 한다는 것 등을 안내받는다. 또한, 비호 신청에 대한 심사가 진행되는 동안은 대부분 노

---

[16] 배우자와 18세 미만 자녀는 딸린 식구(dependants)로 같이 비호 신청을 할 수도 있고, 따로 할 수도 있다.

[17] ARC는 비호 신청자 각자에게 제공되는데 이름, 생년월일, 국적, 사진, 지문 등이 수록되어 있다. 은행 등에서 사용할 수 있는 공식적인 신분증은 아니지만, 비호지원금 등을 수령할 때나 이민국 관리자와 면담할 때 제시해야 한다. ARC는 영국 내무부 이민국 홈페이지에는 'Asylum Registration Card'(비호등록카드), 동일한 홈페이지에서 다운로드 받은 신청자용 리플렛에는 'Application Registration Card'(신청등록카드)의 약자라고 설명되어 있다.

동할 수 없고, 신청 후 비호 인터뷰 과정에서 6개월 이내에 징역형을 선고받거나 신청 과정에서 잘못된 정보를 제공한 경우 영국을 떠나야 한다는 사실 등도 전달받는다.

심사 인터뷰가 끝난 후 주거지와 생활수단이 없을 때는 임시 숙소를 제공한다. 만약 지인이나 이미 난민 비자를 받은 가족 등이 있어서 임시 숙소가 필요하지 않은 경우는 머물 주소를 등록하고 그곳에서 지낼 수 있다. 사례담당자와의 비호 인터뷰(asylum interview) 날짜 등과 관련한 정보는 제공한 주소지로 우편 전달된다.

2) 결정 대기(Waiting for your decision)[18]

심사 인터뷰 이후에는 각각의 사례가 사례담당자(caseworker)에게 인도되며 최장 6개월간의 결정 대기 기간이 있다. 그동안 비호 신청자는 자신의 사례담당자와 여러 차례의 '비호 인터뷰(asylum interview)'를 하게 된다. 이 과정에서 통역과 공공 법률 대리인(legal representation)의 도움을 받을 수 있다. 본격적인 인터뷰 이전에 우편으로 '예비적 정보 설문지(preliminary information questionnaire)'를 받아 작성 후 명시된 기한까지 우편에 적힌 주소로 보내야 한다.[19]

사례담당자와의 '비호 인터뷰' 날짜 및 장소는 우편으로 거주지에 통보되며, 가족 구성원 동반 여부 관련 내용이 포함되어 있다. 가족 구성원을 동반하더라도 인터뷰는 개별적으로 진행되며, 필요한 경우 법률대리인을 동반할 수 있다. 이 법률대리인은 별도의 법무부 사이트에서 신청해야 하는데, 다양한 난민지원기관에서 이를 도와준다. 법률대리인을

---

18 Government of the UK, "Claim asylum in the UK: Asylum interview."
19 이 설문지를 이해하기 어려울 경우 내무부 비호팀에 연락을 해서 통역 등 도움을 요청할 수 있다.

동반하지 못할 경우 인터뷰 내용을 녹음해서 제공할 것을 사례담당자에게 요청할 수 있다.

인터뷰 내용은 크게 모국에서 어떤 박해를 당했는지, 왜 모국으로 돌아가기를 두려워하는지 등에 관한 것으로서, 생애사적 이야기를 매우 자세히 질문한다. 자신의 박해를 증명할 수 있는 물적 증거를 가지고 가면 긍정적 결정에 도움이 된다. 사례담당자는 '인터뷰 기록(interview record)'이라는 문서에 인터뷰 내용을 기록하고 신청자는 인터뷰 말미에 이 기록의 복사본을 제공받는다. 사례담당자가 비호 신청 허가 여부를 결정하기 때문에 이 인터뷰 과정이 매우 중요하다. 비호 신청자가 인터뷰 시 제공한 정보가 부족하다고 스스로 판단할 경우, 법률대리인을 통해서 추가적인 정보를 제공할 수도 있다.

3) 결정(Get a Decision)[20]

비호 신청 후 6개월 이내, 다음의 4가지 중 하나로 결정이 내려지며, 결과는 거주지에 우편으로 통보된다.

첫째, '난민으로 체류할 수 있는 허가'이다. 신청자가 비호 자격이 있다고 판단되는 경우, 5년 동안 영국에 체류할 수 있도록 허가하며 이에 해당하는 비자가 나온다. 이 허가를 받은 사람들은 5년 후 영국 사회정착(영주권)을 신청할 수 있다. 영주권을 받은 후 1년이 지나면 시민권 신청을 할 수 있다. 둘째, '인도적 이유로 체류할 수 있는 허가'이다. 비호 자격을 충족하지는 않지만 다양한 인도주의적 이유로 "보호를 위해" 체류를 허가하는 것이다. 난민과 마찬가지로 5년 후 영국 사회정착을 신청할 수 있다. 셋째, '다른 이유로 체류할 수 있는 허가'이다. 난민이나 인도

---

20   Government of the UK, "Claim asylum in the UK: Get a decision."

적 이유로 체류할 수 있는 자격을 충족하지 못하지만, 기타의 이유로 그래도 체류를 허가하는 것이다. 이 결정에 의한 체류 기간은 신청자 각자의 상황에 따라 다르다. 체류 기간이 끝나갈 무렵 다시 체류연장신청이나 영주권 신청을 시도할 수 있다. 이상과 같은 세 가지 중 하나로 결정이 이루어지면, 신청자들은 "영국 시민과 같은 사회경제적 권리"가 주어지며 영국 사회로의 통합을 위한 다양한 지원을 받을 수 있다.

마지막으로, 사례관리자가 체류할 이유가 없다는 결정을 내리게 되면 '체류할 이유 없음'이라는 결정과 그 이유를 담은 '거절 편지'가 배달된다. 이 편지에는 그러한 결정을 한 이유와 항소의 기회에 관한 정보가 담겨있다. 대체로 두 차례의 항소 기회가 있다. 첫 번째는 결정 이후 14일 이내 1단계 재판소(First-Tier Tribunal)에 항소하는 것이고, 이 항소에서 패할 경우 상위 재판소(Upper Tribunal)에 한 번 더 항소할 수 있다. 항소하는 동안은 영국에 체류할 수 있고, 비호 신청자 대상 지원 - 주거와 기본생활비, 무료 의료 및 교육 혜택 - 을 지속적으로 받을 수 있다.[21] 두 재판에서 모두 패할 경우 스스로 영국을 떠나거나, 강제 추방 대상이 된다. '자발적 귀환(voluntary return)'을 선택할 경우, 귀환을 위한 지원을 신청할 수 있는데 이 신청이 받아들여질 경우 귀환 후 정착 과정에 사용할 수 있는 2,000파운드까지의 지원금이 제공된다. 자발적 귀환을 하지 않을 경우, 강제 구금 후 추방될 가능성이 크다.

2. 비호 신청자 및 난민 지원제도

흔히 난민 지원제도라고 부르는 시스템은 크게 비호 지원(asylum support)과 난민 등 보호 대상자로 결정된 이후의 지원으로 나누어 살펴볼

---

[21] 현금성 지원은 결정이 나기 전 주당 1인 37.75파운드에서 거절 결정이 났을 경우 35.39파운드로 약간 줄어든다.

수 있다.

1) 비호 지원[22]

'비호 지원'은 비호 신청자가 비호 인터뷰를 하고 결정을 기다리는 과정에서 받는 지원으로서 크게 주거 지원, 현금성 지원, 교육 및 의료 지원 등을 포함한다. 초기 주거시설(initial accommodation) 지원 외에는 이민난민법 95조에 근거하여 비호 신청자로서 지원(asylum support)을 받을 자격이 있는지를 심사한 후 통과가 되어야 지원이 이루어진다. 비호신청에 대한 결정이 날 때까지 일할 권리는 주어지지 않는다.

(1) 주거 지원

비호 신청을 하고 심사를 할 때 거주 공간이나 생활비가 없다는 것을 알리면 심사 후 우선 '초기 주거시설'(initial accommodation)을 제공한다. 규정상 19일이 최대 거주 기간인 이 초기 주거시설은 보통 공동주거의 형태이며 숙식 및 기초적인 세면도구 등이 제공되는 대신 현금성 급여는 제공되지 않는다.[23] 모든 초기 주거시설에는 비호 도움(Asylum Help)이라는 민간 기구가 있어 비호 신청 결과가 나올 때까지 주거와 생활비 등에 대한 도움을 필요로 하는 비호 신청자들이 비호 지원 신청서(asylum support application)를 작성하도록 도와준다. 내무부(Home office)가 이민난민법 95조에 근거하여 이 신청서를 심사한 후 받아들이면, 분산 주거시설(dispersal accommodation)로 이동하게 된다.

분산 주거시설은 보통 인구가 적은 지역으로 임의 배정되며 지역

---

[22] Government of the UK, "Claim asylum in the UK: Asylum support."

[23] 예외적으로 치료가 필요하여 병원에 다니는 경우, 망명 인터뷰를 위해서 대중교통시설을 이용해야 하는 경우는 경비가 지급된다.

에 대한 선택권은 없다. 규정에 따르면 원주민 200명당 2가구 이상의 비호 신청자를 배치하지 않는 것으로 되어 있어 비호 신청자의 특정 지역 집중을 방지하고자 함을 알 수 있다. 원래 분산 주거시설 배치 및 관리는 '국가비호지원서비스(National Asylum Support Service, NASS)'라는 내무부 소속 기관이 직접 진행했는데, 비용 대비 효과성이 떨어진다는 논리로 2012년 '비호 신청자 지원을 위한 상업적 기능적 관리자(Commercial and Operation Management Procuring Asylum Support System, COMPASS)' 제도가 도입되어 민간 기업에 외주를 주고 있다. 영국을 6대 권역으로 나누어 세 개의 민간 기업이 두 곳씩 담당하며 해당 지역에 배치된 난민 가구의 규모와 성격 등에 적합한 집을 찾아서 제공한다. 이 과정에서 지방정부와 협의를 거친다.[24] 분산 주거시설은 무료로 제공되며 전기세, 수도세 등 모든 공과금도 면제된다.

(2) 현금성 지원

비호 지원 신청이 받아들여진 망명신청자에게는 주당 1인 37.75파운드의 수당이 'Aspen card'라고 불리는 직불카드에 입금된다.[25] 망명신청

---

[24] COMPASS 제도에 대해서는 영국 사회에서 많은 논란이 있다. 공공업무를 사기업에 외주 주면서 서비스의 질이 매우 나빠진 반면 해당 참여업체들도 적자에 시달리고 있다는 지적이 많다(김기태 2019, 68). 인터뷰에 응한 영국 난민지원 활동가도 COMPASS 정책에 대해 매우 부정적인 평가를 했으며, 이후 이 글에서 소개할 북한난민신청자들의 NASS 제공 거주지에 대한 만족도가 매우 높았던 것에 비교해 볼 때 외주화가 서비스의 질을 떨어뜨린 것은 사실인 듯하다.

[25] 주당 임산부에게는 3파운드, 신생아(1살 미만)에게는 5파운드, 1살에서 3살까지의 유아에게는 3파운드가 더 지급되며, 출산일정이 8주 미만이거나

자는 이 카드를 음식, 옷, 화장실 비품 구입 등 기본적인 생활을 하는 데 사용할 수 있는데, 상점에서 이 카드로 계산을 하거나 현금지급기에서 현금으로 찾아서 사용할 수 있다. 최근 비호 신청자 커뮤니티에서는 영국 당국이 Aspen card의 용처를 추적하여 "불필요한" 물건들을 구매하는 "가짜 난민"을 추려내려고 한다는 소문이 돌고 있다(『Right to Remain News』 2019).

(3) 의료 및 교육 지원

망명신청자들은 영국의 국가건강서비스(National Health Service, NHS) 혜택을 받는다. NHS가 무상의료시스템이기 때문에 비호 신청자들도 무료로 의료 혜택을 받을 수 있다. 더불어, 영국 국민들도 일부 비용을 부담해야 하는 약값, 치과치료비, 시력 검사 및 안경 구입비 등의 지원도 받을 수 있다. 5세부터 17세까지의 자녀가 있을 경우 의무적으로 학교에 보내야 한다. 공립학교 등록금은 면제되며, 학교 점심값도 신청 시 면제 가능하다(김기태 2019: 63).

2) 난민 인정 이후의 지원

난민으로 인정되면 내무부 관할에서 카운슬(council) 관할로 소속이 변경되며, 영국의 국민과 같은 사회경제적 지위를 가진다.[26] 거주 지역을 스스로 선택할 수 있으며, 국가보험번호(National Insurance Number, NI Number)가 발급되어 일을 할 수 있고, 보편적 사회복지체계로 편입된다. 의료 등 보편적 지원이 지속되며, 경제적 처지 및 가족 구성원의 특성에 따

출산 후 6주 미만인 임산부에게는 300파운드의 모성 급여(maternity payment)를 신청할 자격이 주어진다.

26 여기서 '카운슬(council)'은 지방 정부를 가리킨다.

라 맞춤형 지원이 이루어진다. 예를 들어 수입이 충분치 않을 경우, 주택 급여(Housing benefit)를 받을 수 있으며, 노인은 퇴직연금(Retirement Pension), 어린 자녀를 둔 싱글 맘 등 일을 할 수 없는 경우는 생계비 지원(Income Benefit)을 신청할 수 있으며, 기타 사정에 따라 장애자 생활수당(Disability Living Allowance), 간병인 수당(Invalied Carer's Allowance) 등의 혜택을 받을 수 있다. 일을 할 수 있지만 구직에 실패할 경우 구직자 수당(Job Seeker's Allowance) 등을 신청할 수 있는데 이 경우 구직 노력과 관련한 증거를 정기적으로 제출해야 한다. 16세 미만의 자녀가 있는 경우 최상위층을 제외한 모든 국민에게 제공되는 아동 수당(Child benefit) 및 빈곤 계층에 대한 아동세금수당(Child Tax Credit)의 혜택을 입을 수도 있다. 이 모든 지원의 기조는 "영국 국민과 같은 사회경제적 권리"이다.

　이처럼 영국은 엄격하고 세심한 과정을 거쳐 보호가 필요하다고 인정되는 경우 궁극적으로 영국 국민으로 포용하는 난민지원정책을 펼치고 있다. 이 장에서 기술한 영국 난민정책의 특성을 간략히 정리하면 다음과 같다.

　먼저, 비호 신청 및 결정 과정이 매우 엄격한 기준과 절차에 의해 이루어진다는 것이다. 허위 정보 제공에 대한 강력한 처벌을 공지하고 있으며, 비호 신청자의 3분의 1 정도만 비호 인정이 된다는 점 등에서 이러한 사실을 인지할 수 있다. 신청자가 비호 신청을 할 수 있는 다른 국가와 연계가 있는 경우 신청이 거부된다는 조항에서 알 수 있는 것처럼 비호 신청 자격이 상당히 한정된다는 것 또한 영국난민정책의 보수성을 암시하고 있기도 하다. 두 번째 주요한 특성은 비호 신청 절차를 매우 까다롭게 하고 있기는 하지만 보편적 인권 보장 원칙을 중요시 한다는 점이다. 변호사와 통역의 도움을 받을 수 있도록 하고, 자격이 결정되기 전에도 인도주의 차원에서 인간으로서 기본적인 존엄성을 유지할 수 있도록 주거와 생활비, 의료, 교육지원 등을 제공하며, 1차적인 거절 결정 이후 두 차례의 항소를 진행하는 기간에도 지원을 지속하는 것 등에서 이러한 점을 발견할 수 있다. 마지막으로, 보호 대상자로 인정되면, 보편적 복지지원의 혜택 등에 의해 영국 국민이 누릴 수 있는 권리와 동등한 수준에서 삶을 영위할 수 있는 자격이 주어진다는 점에서 사회적 구성원으로서 적극적으로 받아들이는 포용적인 정책을 펼치고 있다고 할 수 있다. 다음 장에서는 이러한 특징을 가진 영국 난민정책을 북한 난민들은 구체적으로 어떻게 경험했는지 소개하도록 하겠다.

III. 북한 난민의 영국 난민정책 경험

이 연구에 참여한 북한 이주민들의 난민정책 경험을 정리하면 크게 다음과 같은 단계로 구별할 수 있다. 비호 신청 후 첫 심사를 받은 경험, 초기 주거시설 경험, 분산 주거시설 및 비호 신청 수락/거절 경험, 난민 자격 획득 및 이후의 삶이 그것이다. 영국 정부가 비호 신청 및 결정 절차와 지원 내용을 분리해서 난민정책을 설명하는 방식과는 달리 북한 이주민들은 공간적 변화(특히 거주지)를 중심으로 난민정책을 이해하고 있었고 그 공간에서 겪은 일들을 보태는 방식으로 필자에게 자신들의 경험을 설명하는 경우가 많았다.

이 장은 II장에서 기술한 영국의 난민제도에 대한 북한 이주민들의 경험을 이들의 구술에 기초하여 공간적 순차성에 의해 재구성한 것이다. 이는 북한 이주민들이 영국의 난민제도의 경험을 한국에서의 경험과 비교하여 어떻게 의미화하고 해석하는지에 대한 맥락을 제공해줄 수 있을 것이다.

1. 비호 신청과 심사 경험

첫째는 영국 이민국 사무소에서 비호 신청을 하고 간단한 심사를 받은 경험이다. 연구 참여자들은 다양한 경로로 영국 사회에 진입한 후 비호 신청을 했다.[27] 이들은 모두 런던 남쪽의 크로이던 혹은 리버풀(Liverpool)에 위치한 이민국에 가서 비호 신청을 했는데 현재 영국에 거주하는 북한 이주민 대부분은 이 두 곳 중 하나를 거쳤다.[28] 영국은 비호 신청자들에게 "모국으로 돌아가는 것이 안전하지 않다고 생각되는 즉시" 비호 신청을 할 것을 권하고 있기 때문에 이들은 영국 도착 후 바로 혹은 며칠 이내로 이민국에 가서 비호 신청을 했다.

연구 참여자들은 모두 이민국의 비호 신청사무소 앞에 "새벽부터 긴 줄이 있었"던 것으로 기억했다. 이들을 안내한 브로커나 친지, 친구 등을 통해 이미 이러한 현상에 대한 정보를 가지고 있었기에 매우 이른 새벽 5시에 나갔는데도 상황은 마찬가지였다. 가족 구성원들이 함께 해야 하고 신청 인터뷰 후 바로 초기 주거시설로 이동한다는 정보도 가지고 있었기 때문에 가족 구성원을 모두 대동하고 필요한 짐들을 들고 비호 신청사무소에 가서 대기했다. 다양한 피부색과 옷차림의 비호 신청자들이 새벽부터 긴 줄을 서 있는 "장관"을 보며 "우리가 다문화사회에 왔구나 실감했다." 필자가 연구 참여자 중 1명과 '난민경로' 동반여행을 계획했을 때, 그는 필자가 이 광경을 꼭 봐야한다며 새벽에 크로이던에 도착하는 일정을 제안했다. 그런데 막상 이민국 비호 신청사무소에 도착했을 때에는 대기 줄이 없어 매우 당황해 했는데, 이후 확인하니 요즘은 전

---

[27] 한국을 떠나 영국으로 진입하는 과정에 대한 구체적인 이야기는 정치적·법적으로 아직 예민한 문제일 수 있기 때문에 인터뷰이들의 신변보호를 위해 생략한다.

[28] 리버풀은 잉글랜드 북서부에 위치한 도시이다.

화로 비호 신청 예약을 하는 것이 일반적이어서 줄을 서는 일이 없어졌다고 한다.

사무소에 들어갈 때는 보안 검사를 한 후 북한출신이며 비호 신청을 하고자 한다는 의사 표명을 한 후 번호표를 뽑고 기다렸다.[29] 비호 신청을 하고자 한다는 의사표명을 할 때 이민국 직원이 통역이 필요한지 물었고, 모두 그렇다고 대답하였다. 기다리다 차례가 되어 이민국 관리(immigration officer)와 인터뷰를 했는데 마침 통역할 사람이 있는 경우 바로 그 자리에서, 없을 경우 통역이 오는 데까지 몇 시간 정도 기다려서 심사를 진행하였다. 리버풀에서 비호 신청을 한 연구 참여자 중 한 가정은 당시 사무소에 올 수 있는 통역이 없었던지, 전화 연결을 해서 통역을 통한 인터뷰를 하기도 했다. 비호 신청 당일 '통역 서비스'가 실시되고 이민국 직원 및 통역이 친절하다는 사실이 인상적이었고, 영국의 난민정책이 체계적으로 매우 잘 갖추어져 있다는 느낌을 받았다.[30] 이 심사절차는 "북한에서 언제 떠났으며, 영국에 언제 도착했냐. 어떻게 왔냐. 북한인임을 증명할 것이 있는가?" 등의 질문으로 구성된 간단한 내용을 중심으로 진행되었다. 인터뷰가 끝난 후 이들은 서너 시간 기다려서 10인승 정도의 이민국 소속 밴(van)을 타고 난민 초기 주거시설로 이동하였다.[31] 다인종, 다민족 구성원들과 함께였다.

---

29 연구 참여자들이 비호 신청을 했던 시기는 대부분 2007~2008년이었다.

30 이 부분은 앞 장에서 논의했던 영국 비호인정절차에서 '심사(screening)'에 해당된다.

31 인터뷰이 중 한 가정은 인터뷰가 늦은 시간에 끝나서, 사무소 근처의 숙박시설에서 하루 묵은 후 그 다음 날 일찍 초기 주거시설로 이동하였다.

2. 초기 주거시설 경험

두 번째는 주로 영국 중부의 웨이크필드, 반즐리(Barnsley) 등에 위치한 비호 신청자를 위한 초기 주거시설 경험이다.[32] 연구 참여자들은 모두 이민국 비호 신청사무소 '심사' 과정에서 거주할 곳이 있는지 묻는 질문에 없다고 답함으로써 '초기 주거시설' 지원을 받았다. 연구 참여자들 중 일부는 이 초기 주거시설을 "난민 수용소"라고 표현했으며, 어떤 이들은 "자유롭고, 시설이 안 좋은 하나원"이라는 표현으로 필자의 이해를 돕고자 했다.

필자가 방문한 웨이크필드에 위치한 초기 주거시설의 외관은 조금 큰 규모의 플랏(flat)과 유사했다.[33] 내부는 들어가지 못했는데, 동행한 연구 참여자는 다음과 같은 내용으로 설명했다. 화장실과 세면 시설이 딸린 방들, 공동식당, 프로그램을 진행하는 공간, 사무실 등으로 이루어져 있고 작은 운동장도 있다. 가족의 경우 화장실과 세면 시설이 딸린 방 하나를 제공받았으며, 싱글들의 경우 서너 명이 방 하나를 공유하는 경우가 다수이다. 세 끼 식사와 침구, 세면도구 등이 제공되었고, 현금성 지원은 병원이나 인터뷰에 갈 경우 지원받는 교통비 외에는 없었다.

북한 이주민들은 대부분 이 초기 주거시설에 체류했던 시간을 "주는 밥 먹고, 산책 다니고, 이 나라 저 나라에서 온 난민들과 어울려 지내던" 시간으로 기억했다. 함께 초기 주거시설에서 지냈던 난민들의 본국은 이라크, 파키스탄 등인 경우가 많았는데 "당구도 치고, 축구도 같이 하고, 짧은 영어와 손짓발짓으로 얘기도 하면서" 지냈다. 이 시설에서 참여가 의무화된 교육 프로그램은 없었다. 가끔 열린 교육 프로그램들은

---

[32] 반즐리는 영국 잉글랜드 사우스요크셔(South Yorkshire)주에 있는 도시이다. 웨이크필드에서 자동차로 30분 정도의 거리에 있다.

[33] 영국의 플랏(flat)은 한국의 아파트나 빌라와 유사한 공동거주시설이다.

참여 희망자를 중심으로 진행되었는데, 한국어 지원이 되지 않아 연구 참여자들은 한두 번 들러 본 것이 다였다.

이렇듯 의무적으로 참여해야 하는 교육이 없다는 사실과 출입이 자유롭다는 사실이 "자유롭고, 시설이 안 좋은 하나원"이라는 표현의 "자유롭고"라는 평가의 기반이 된 것으로 보인다. 시설의 출입문은 잠겨있지 않았고 건물 현관에 "한국 건물 관리소처럼" 작은 투명창이 있는 사무실이 있었는데, 오후 10시 점검시간까지는 돌아와야 했지만 출입 시 사인만 하면 되고 별도의 통제는 없었다. 연구 참여자들은 종종 가족들과 동네 산책을 나갔다. 때로는 먼저 영국에 정착한 친구나 가족들이 찾아와서 한국 음식을 전달하거나 근처 식당에서 함께 식사를 하기도 했다. "질이 안 좋은"이라는 부분은 주로 음식과 시설 측면에서 얘기되었다. 영국식의 식사가 입에 맞지 않았고, 시설도 하나원보다 상대적으로 낙후되었다. 이처럼 연구 참여자들은 "시설은 하나원이 좋지"라고 언급하면서 한국의 상황과 비교하는 경우가 많았다.

이 초기 시설에 머무는 동안 이들은 때로는 시설을 방문한 전문가들과 또 때로는 근처 이민국 사무소에 가서 여러 번의 인터뷰를 했다. 이 인터뷰들의 결과 자신들의 비호 신청이 인정 혹은 거절된다는 사실을 잘 알고 있었기에 긴장해서 실수를 하지 않으려고 노력했다. 인터뷰 시에는 변호사와 통역의 도움을 받았다.

앞서도 언급했듯이 난민 지원규정에 따르면 이 '초기 주거시설'에 머무는 최대 기간은 19일로 되어 있으나 보름을 지냈던 한 가정을 제외하면 대부분 한 달 안팎의 기간을 이곳에서 지냈다고 밝히고 있어, 규정이 잘 지켜지는 것 같지는 않다. 난민지원 활동가와의 별도의 인터뷰에 따르면, 비호 신청자가 많은 시기에는 행정작업이 지연되거나 적절한 분산 주거시설을 물색하는 데 시간이 많이 걸리기 때문에 초기 주거시설에 기한을 넘겨 머무르게 되는데, 이 시설의 열악함에 대한 민간 활동가들의 비판이 다수 존재한다고 한다.

3. 분산 주거시설 및 체류 허가/거절 경험

세 번째는 '분산 주거시설'로 이동해서 거주한 시기의 경험이다. 연구 참여자들은 모두 이민난민법 95조에 의거해서 지원을 받을 자격을 얻었다. 따라서 비호심사가 진행되는 동안 뉴카슬(Newcastle upon Tyne), 맨체스터(Manchester), 브래드퍼드 등의 지역에 플랏이나 주택을 제공받아 지냈다.[34] 초기 주거시설에서 분산 주거시설로 이동은 이민국에서 자동차로 지원해 주었다. 분산 주거시설의 크기는 가족 구성원 수에 따라 달랐으나 살기에 불편하지 않은 정도였다. 이 주거시설들은 영국 내무부 소속 NASS가 제공하는 것으로서 모든 가구 및 가재도구가 다 갖춰진 "풀옵션" 시설들이며, 관리비, 전기세, 수도세 등 부대비용도 전혀 지불하지 않아도 되었다. 따라서 Aspen card에 매주 입금되는 현금성 급여는 식비와 의류비 등 소모성 경비로 주로 사용하였다. 가족 단위로 이주한 이들은 "밖에 나돌아 다닐 일도 없고, 아이도 어리고 해서" 이 현금성 급여가 생활에 충분한 금액이었다고 기억한다.[35]

---

[34] 뉴카슬은 영국 잉글랜드 북동부에 위치한 대학도시이고, 맨체스터는 영국 산업혁명의 근원지로서 잉글랜드 북서쪽의 도시이다.

[35] 이 금액이 객관적으로 충분한 것은 아닌 듯하다. 영국의 난민지원 단체들과 일부 언론은 이 지원금액의 비현실성과 비인권성을 지적하며 내국인들의 최저임금 수준으로 올려야 된다고 주장하기도 한다(Lyons 2017). 연구 참여자들 또한 싱글들의 경우 분산 주거시설에서의 생활이 힘들어서 한국으로 다시 돌아간 경우가 많다고 전했다. 가족 단위로 온 사람들과 달리 싱글들은 분산 주거시설에서 언어가 통하지 않는 다른 민족/인종 출신의 싱글들과 한 주택을 공유해야 하는 경우가 많았고, 1주일에 40파운드에

이 시기는 또한 민간 난민지원 단체들의 지원이 활발한 때이기도 하다. 일주일에 한 번씩 난민지원 단체에서 음식과 의류 등을 지원하러 들르곤 했다. 학령기의 아동이 있었던 경우는 분산 주거시설에 거주할 때부터 아이들을 학교에 보내야 했다. 인터뷰에 응한 다섯 가정 중 두 가정이 유아 학교(5~7세, Nursery School) 연령의 자녀가 있었는데, 분산 주거시설에 도착한 후 며칠이 되지 않아 학교 배정 및 등교 요령에 대한 편지를 받았다. 아이들이 "영어를 한 마디도 못해서" 매우 염려가 컸으나, 교사들이 매우 친절히 "아무 걱정할 필요 없다. 아이들은 금방 적응한다."고 안심을 시켰다. 교사, 부모, 아이들 모두 우호적인 분위기여서 초기 언어적 어려움 때문에 약간 스트레스를 받던 자녀들이 큰 문제없이 서서히 적응해 나갔다.

연구 참여자들은 모두 분산 주거시설에 거주하던 시기에 두어 차례의 비호 인터뷰를 거쳤다. 인터뷰 며칠 전 인터뷰 날짜 및 장소, 유의 사항 등이 포함된 통지문이 왕복 교통권과 함께 우편으로 배달되었고, 안내에 따라 성인 가족 구성원 모두가 거주지에서 가까운 곳에 위치한 내무부 이민국 사무소에 가서 사례관리자와 인터뷰를 했다. 우편물 내용이 영어였기 때문에, "구글 번역기도 돌리고, 한인교회에 가서 도움도 받아서" 내용을 이해했다.

비호 신청 1차 결과는 분산 주거시설로 이주한 후 약 3개월 안팎에 통보되었다. 세 가구는 체류 허가, 두 가구의 경우는 거절이었다. 따라서 이 시기에 대한 기억은 인정과 거절 통보를 받은 사람들 사이에서 차이가 있었다. 순조롭게 난민 자격을 획득한 사람들은 분산 주거시설에 있었던 이 시기를 "제일 좋았던 때"라고 표현했다. 비호 심사 결과에 대한

못 미치는 현금성 급여도 생활에 충분치 않았기 때문이다.

조바심이 있긴 했지만, 일을 하지 않고도 기본적인 생활이 가능하도록 다각적인 지원을 받았고 거주지의 시설 수준도 꽤 괜찮았기 때문이다. 이들은 "오랜만에 가족생활을 하고," 같은 지역에 배치 받은 북한 출신의 비호 신청자들과 만나서 함께 놀고 정보도 교환하는 등 시간을 보냈으며, 언어가 통하지 않은 외부 세계와의 접촉은 가능하면 피했다. 다만 문제나 궁금한 일이 있을 경우 NASS 사무실에 문의했고, 이 과정에서 통역의 도움을 받았으며, 한 달에 한 번씩 방문해서 거주지상태와 안부를 확인하는 NASS 직원이 대체로 친절했던 것으로 기억한다.

1차 심사에서 거절을 통보받은 두 가구의 경우, 재판을 통해 결국 난민 자격을 인정받기까지 5년 안팎의 세월을 이 분산 주거시설에 거주해야 했다. 이들 두 가구는 서로 다른 시기, 다른 지역에 분산 배치되었는데, 유사한 시기에 비슷한 지역에 배치된 각각 다섯 가구 중 모두 유일하게 비호 신청이 거부되었던 경우이다. 두 가구 중 한 가구는 어린 시절 북한을 떠난 남편 진술의 일관성이 부족해서 북한출신이라는 주장의 신뢰성을 의심받았고, 또 다른 가구는 한국을 거쳐 온 것으로 판단되었다. 시설이나 생활 지원 측면에서는 편안한 생활이었지만, 이들은 이 기간을 "피를 말리는" 기간, "한국으로 다시 돌아갈까를 수백 번 고민했던" 기간으로 기억했다. 공공변호사를 만나고, 난민 지원 단체나 한인들에게 도움을 요청하며 재판을 준비해야 했고 최종결과가 나오기까지 엄청난 스트레스에 시달려야 했다. 두 가구 중 한 가구는 동네 십대 청소년들의 인종차별적 언행으로 두려움과 스트레스에 시달리기도 했다. 그러나 주택과 생활비 지원은 지속되었기에 경제적인 어려움은 겪지 않았다.

4. 난민 비자 취득 이후의 삶

앞서도 언급했듯이 비호 신청 후 난민 자격 획득까지 서너 달 밖에 소요되지 않은 경우도 있었지만, 길게는 5년까지 걸린 경우도 있었다. 북한

이주민들은 난민 자격 획득 당시("비자를 받았다"고 표현했다)의 안도감과 기쁨을 다양한 방식으로 표현했다. 이들은 분산 주거시설에서 가장 가까운 내무부 이민국 사무소에서 대체로 난민으로서 5년 기한의 체류 비자를 받았고, 한국어 통역관을 통해 자신들이 받은 비자의 성격과 "참정권을 제외하고, 비자 기한 동안은 영국 시민들과 똑같은 사회경제적 권리를 누릴 수 있으며, 5년이 지나면 영주권 신청을 할 수 있다"는 설명을 들었다. 더불어 이들이 신청할 수 있는 다양한 복지 혜택에 대한 설명도 들었는데, "그 내용이 너무 많아서 일일이 기억할 수 없을 정도"였다.

비자를 획득하는 순간부터 내무부가 아닌, 소속 카운슬의 관할대상이 되어 영국의 보편적 복지체계로 편입되었다. 비자를 받은 후 며칠 안 되어 집을 비워야 하는 기간 및 NASS 지원 종결("언제까지 이 집을 빼야 되고, 돈은 언제까지 나올 것이다.")과 관련한 편지를 받았으며, 바로 카운슬에서 지정한 사회복지사의 안내에 따라 주택 보조금(housing benefit), 아동수당(child benefit), 아동 세금 크레딧(child tax credit), 실업수당(Job seeker's allowance) 등을 신청했다. 특히 실업수당 혜택을 받기 위해 일자리 센터(Job Center)에 신고를 해야 했던 점을 반복적으로 이야기했는데, 신고 이후 취업을 할 때까지 일주일 혹은 이 주일에 한 번 씩 일자리 센터에 가서 사인을 하고 상담에 응해야 했던 것을 매우 괴로웠던 경험으로 기억했기 때문이다. 일주일에 적어도 열 개씩의 구직활동 기록을 제출해야 했고, 왜 취업을 안/못 하는지에 대해 해명해야 했으며, 취업이 안 되면 대학(college)에 가서 공부를 하라는 조언에 따라야 했다. 상담사의 말을 따르지 않을 경우 실업수당이 나오지 않았기 때문이다. 이러한 "닦달"이 매우 귀찮아서("시끄러워서") 연구대상 다섯 가구 중 세 가구의 가장은 비자 취득 이후 2~3주 안에 취업을 했다. 취업처는 모두 한인들이 운영하는 사업체였다.

주거지의 경우도 앞서 언급한 것처럼 비자를 받은 후 곧 NASS가 제공해서 살던 곳을 떠나야 했는데 4가구는 비자 취득 이후 바로 뉴몰든으로 이동하여 한인부동산을 통해 플랏이나 단독주택을 렌트했고, 렌트비의 일정 부분을 카운슬에서 주택 보조금 형태로 지원받았다.[36] 이 중 2가구는 비자 취득 1년 정도 후에는 수입이 상당히 증가하여 주택 보조금 지원을 받지 않아도 되었다.[37]

다섯 가구 중 한 가구는 비자 취득 후 1년여를 분산 주거시설이 있었던 북쪽 지역에서 계속 살다가 나중에 뉴몰든으로 이주했다. 분산 주거시설의 NASS 집을 떠나서 임시로 산 곳은 그 지역 카운슬 소유의 집이었는데 "엘리베이터가 없는 5층짜리 플랏의 4층이었고 카펫도 깔리지 않은 마루 틈을 통해 아래층 집이 들여다보일 만큼 엉망인" 곳이었다. NASS가 제공했던 주거지에 비해, 카운슬이 제공한 주거지는 위치나 시설 모두 현저히 나빴다. 이곳에서 서너 달 정도 살다가 본인이 계약해서 살아야 하는 집으로 이주했는데, 시설은 상대적으로 양호했으나 저소득층 밀집 지역으로 환경이 매우 좋지 않았다. 이웃이 매우 소란스러웠고, 불결했던 것으로 기억한다. 이곳에서 "몇 개월을 버티다" 이 가구도 뉴몰든에 대한 정보를 획득하고 결국 뉴몰든으로 이주했다. 역시 한인 부동산을 통하여 단독주택을 렌트했고, 일부 카운슬의 주택보조금을 지원받았다. 이 가구의 가장은 분산 주거시설에 있을 때는 언어적 어려움 때문에 일자리가 마땅치 않아 실업 수당을 받고 지내면서 일자리 센터 직원

---

36 주택보조금은 수입과 가족규모 등에 따라 다르다. 4인 가구인 연구 참여자 한 가정은 1,300파운드짜리 집을 렌트한 후 300파운드는 본인들이 내고 1,000파운드를 보조받았다. 좀 더 수입이 많은 다른 연구 참여자는 5인 가구인데 1,350파운드짜리 집을 렌트해서 800파운드는 본인들이 내고, 700파운드는 보조받았다.

37 이 중 한 가구는 최근 사업에 실패하여 다시 주택보조금을 받고 있다.

의 "닦달"을 1년이 넘도록 감내해야 했다. 뉴몰든에 이주한 후 한인 사업체에 취업하면서 "그 스트레스를 받지 않아도 되"었다.

연구에 참여한 가구 중 네 가구는 남편은 전업으로 부인은 파트타임으로 일을 하고 있으며, 수입에 따라 다른 규모의 주거지원을 받고 있다. 나머지 한 가구는 남편만 전업으로 일을 하는데 수입이 많아 주거지원을 받지 않고 있다. 이들은 모두 한인 업체에서 일한다. 아동 수당은 경제적 최상위층 일부("7만 파운드는 버는 의사, 변호사들")를 제외하면 16세 미만의 자녀를 가진 모든 가구가 수령하는 보편복지의 맥락에 있기 때문에 다 받고 있고, 수입이 많은 한 가구를 제외하고 아동 세금 크레딧의 혜택도 받고 있다. 이들은 자신들이 모두 "일을 하"고 "세금을 낸다"는 점을 자랑스러워하며 영국 생활에 비교적 만족하는 편이다.

IV. 북한 이주민의 북한이탈주민정착지원제도와 영국 난민정책에 대한 비교 평가

연구 참여자들은 모두 한국의 북한이탈주민지원정책을 먼저 경험하고, 이후 영국 사회에서 난민으로 편입되었기 때문에 영국에서의 난민 인정 절차와 지원 수혜 경험에 대해서 한국과 '비교'의 시각을 가지고 있었다. 이 장은 이러한 비교적 시각에서 이들이 어떻게 영국의 난민정책을 해석하고 의미화하는지를 분석한다.

한편, 서론에서 언급했듯이 이들이 경험한 북한이탈주민지원정책이나 영국 난민 정책은 (현재의 복지지원 외에는) 10여 년 전의 제도이다. 따라서 이들이 인지하는 두 국가의 정책은 현재의 상황과는 차이가 존재한다. 특히 한국사회의 북한이탈주민지원정책은 그동안 여러 차례 변화를 겪었다는 점에서 해석 시점에 대한 시간상의 한계가 존재한다.[38] 영국의 정책 역시 많은 변화를 겪어 왔다. 예를 들어 연구 참여자들의 경험과 달리 심사 인터뷰 이전에 전화 인터뷰 실시, 분산 주거시설의 NASS 관할에서 COMPASS 제도로의 변화 등을 겪었다. 따라서 구체적인 정책 현실에 대한 이들의 비교론적 평가는 현재 시점에서 시의성이 떨어질 수도 있다.

그럼에도 불구하고, 연구 참여자들이 한국과 영국의 지원제도에 대한 차이를 읽어내는 내러티브는 구체적인 지원 프로그램에 대해서라기보다는 정책의 전반적인 기조나 철학에 초점을 맞추는 경우가 많았다. 따라서 이들의 경험 및 해석은 여전히 유효한 부분이 적지 않다. 이 장은 이러한 내용을 중심으로 연구 참여자들이 영국과 한국의 난민정책을 비교·평가한 것을 몇 가지 키워드로 정리하였다. 무엇보다 이 연구는 두 사회의 정책에 대한 객관적 비교가 아니라 행위자인 북한이주민들이 서로 다른 두 사회의 정책을 어떻게 경험하고 이를 어떻게 의미화하는가에 초점을 맞추고 있음을 밝히고자 한다. 이러한 경험적인 비교 평가는 향후 한국사회가 북한이탈주민 정책을 개선해 나가는 데에도 시사점을 줄 수 있을 것이다.

1. "구속과 지원" vs. "자유와 책임"

연구 참여자들은 영국의 비호 심사과정을 설명할 때 한국에서 "국정원"과 "하나원"을 거치는 과정을 자주 참고 자료로 언급했다.[39] 국정원 심사

---

[38] 북한이탈주민지원정책의 변화에 대해서는 다음의 글을 참고하라. 김미혜·육홍숙·정명희(2016); 홍성민(2017); 권숙도(2018).

[39] 이들이 "국정원"이라고 표현하는 곳은 정식 명칭은 중앙합동신문센터였고, 2014년 "북한이탈주민보호센터"로 명칭이 바뀌었다. 탈북민들이 한국 사

과정과 영국 난민 인터뷰 과정은 모두 스트레스를 받았던 과정으로 기억하였지만, 그 스트레스의 종류는 다르게 표현되었다. 국정원 심사과정은 고립되어 갇혀 있다는 사실에 대한 불안감과 1:1 인터뷰 과정의 압박으로 인한 모욕감으로 기억하곤 했던 반면, 영국 난민 인터뷰 과정은 변호사와 통역의 도움, "무섭지 않은" 조사관 덕에 호의적인 느낌을 받았지만 심사결과를 바로 알 수 없어 불안했던 것으로 기억하는 경우가 많았다. 1차 비호 신청에서 거절을 당한 두 가구는 영국의 비호 신청 과정을 기억하며 복합적인 마음을 내비쳤는데 이의 신청에서 패할 가능성으로 인한 "불안함"과 "먹고 사는 데는 문제가 없고 시간적으로 여유로워서 편안했던" 심정을 함께 표현하였다. 하나원 교육과 관련해서는 교육효과와는 별개로("잘 이해가 되든 안 되든") "한국 사회에 대해서 모르니까 필수다."라는 의견과 "사회에서 바로 배우는 게 낫다."라는 의견, "인권침해이므로 폐지해야 한다."는 의견 등이 엇갈렸다. 한편 하나원 교육이 의미 있다고 인정하는 경우에도 최소한 "오픈 교육이 더 효과적"일 것 같다는 의견을 피력하는 경우가 많았다.

  연구 참여자들이 한국과 비교해서 영국의 비호 신청 과정의 특징을 묘사하는 과정에서 가장 자주 등장한 표현이 "자유"와 "책임"이었다. "한국처럼 가둬놓는 일은 없고" 선택권이 있되 스스로 그 선택에 대해서 책임을 지도록 하는 시스템으로 영국의 제도를 이해했다. ARC 카드만 가진 비호 신청자가 별도로 머물 곳이 있을 경우 자유롭게 그곳에서 지낼수 있고, 필요한 경우에는 숙식을 제공하되 숙소에서의 외출이나 외부인과 접촉을 자유롭게 하는 것이라든지, 분산 주거시설 배치 이후에도 기본적 생활 지원은 하되 자유롭게 지내도록 하는 것 등이 이들의 시각에

  회에 처음 도착하면 조사가 이루어지는 기관이다. 이 글에서는 편의상 "국정원"이라고 칭한다.

서 매우 신선해 보였다고 한다. 한 연구 참여자는 한국의 구속과 영국의 자유 측면을 대비하며 다음과 같이 이야기했다.

> 국정원에서도 갇혀 있는데, 하나원에도 왜 석 달 동안 가둬놓냐? 그러면 첫째, 간첩이 있을지도 모르고, 둘째, 주민등록 만들고 집 줘야 되어서 그렇다 그렇게 말하거든요. 그런데 영국 와서 보니 그게 다 핑곕니다. 아니 그러면 영국은 테러리스트인지 어떻게 알고 다 내놓아요? 집 없으면 임시로 살 곳 주고 집 찾으면 옮기고 [그렇게 하면 되지] 가둬놓을 이유가 없거든요. … 아는 사람은 80 넘은 노모가 왔는데, 하나원에서 면회를 안 시켜주는 거예요. 가서 막 시위하고 그랬어요. 이건 인권침해죠. 아니 80 넘은 사람이 무슨 교육을 받냐고. 들리기나 하냐고요. 정책이 이러니까 그냥 그대로 해야 된다. 영국 와서 보니까 그건 말이 안 돼 … 있을지 없을지도 모르는 간첩 한 명 잡자고 수 백 명 괴롭히는 거 아니에요?[40]

위의 내러티브는 이 연구 참여자가 한국처럼 "가둬놓지 않는" 영국의 난민정책을 경험하면서, 분단 상황에서 한국으로 이주한 탈북민의 특별한/복잡한 위치성을 반영한 입국 초기 정책에 대해 비판적 견해를 굳히게 되었음을 드러낸다. "영국은 테러리스트인지 어떻게 알고 내놓느냐"는 언급은 한국 정책의 '반인권적 성격'에 대한 자신의 견해를 뒷받침하기 위한 언설이다.

영국 난민정책에서 보장되는 "자유"에 대해 언급한 다른 연구 참여자들의 경우 대부분 "책임" 문제를 함께 언급하는 경우가 많았다. 영국

---

[40] 2019년 현재는 15세 미만, 80세 이상으로 하나원 교육보다 가족의 보살핌이 더 필요하다고 판단되는 경우 조기퇴소가 가능하다.

정책이 자유를 제공하는 대신 책임을 엄격히 묻는다는 것이다. 정해진 시간의 인터뷰 약속을 어기거나 위법을 저지르는 경우에는 비호 신청 자체가 취소될 수 있다는 인상을 강력하게 심어주어 스스로 책임을 지도록 하였다는 등을 언급하기도 하였다. 아래 사례는 이를 잘 보여주고 있다.

> 영국은 자유 주고 책임은 네가 져라 이런 시스템이단 말입니다. 이라크, 아프리카, 파키스탄, 저 나라, 이 나라에서 다 오는데 한국처럼 가둬놓는 게 아니란 말입니다. 교육 꼭 받아라 이런 것도 없고. 그래서 더 무서운 겁니다. 우리 스스로 책임을 져야 하니까니 … 이제 편지가 온단 말입니다. 몇 월 몇 시까지 이민국으로 오라. 우리가 찾아간단 말입니다. 안 가면 (비호 신청이) 취소되니까 책임적으로 간단 말입니다.

위 내러티브는 자유에 기초한 책임 부여를 "더 무서운" 것으로 의미화하면서, 한국의 "가둬놓는" 정책의 효용성 자체에 대해 우회적으로 문제제기를 하고 있어 주목된다. 불편한 것에서 그치지 않고, 이주자들이 스스로 책임성을 갖게 하는 긍정적 효과도 발생시키지 못한다는 것이다. 이처럼 연구대상자들은 한국사회의 입국 초기 지원 시설들이 "시설도 좋고 지원도 많이 받았지만" 구속에 기반한 지원이라는 면에서 불편한 경험으로 해석하고 있었다. 반면, 영국은 매우 엄격하게 책임을 요구하지만, 자유를 보장하는 방식이라는 점에서 더 긍정적으로 평가하고 하고 있음을 보여주고 있다.

2. "특별한 대우" vs. "보편적 인권"

연구 참여자들은 영국에서 난민 비자를 받는 순간 들었던 다양한 정보 중 한 문장을 분명히 기억하고 이를 영국의 난민지원 정책의 특징을 요약하는 것으로 자주 언급하였다. "비자 기간 동안 당신은 영국 국민과 똑같은 (사회경제적) 권리를 누릴 수 있다"는 문장이었는데 모두가 외우고 있을 정도였다. 이는 이들이 영국의 난민정책이 보편적 인권 보장의 맥락에서 진행된다는 점에 대해 긍정적 평가를 하고 있음과 동시에 이 문장을 들었을 때 일종의 정서적 울림이 있었음을 드러낸다. 실제 연구 참여자 중 한 명은 이 이야기를 들었을 때를 약간 상기된 표정으로 떠올리면서 "그냥 얘기하는 겁니다. 별 감정도 없이. 그냥 같은 권리가 있다. 그 말이 감동적이었단 말입니다."라고 전했다. 기다림과 조바심 끝에 받은 비자였기 때문이기도 하지만, 사회의 구성원으로서 당연한 권리라는 차원에서 이야기된 것에 깊은 인상을 받은 것으로 보인다.

이와 관련하여 연구 참여자들은 한국사회에서는 북한이탈주민들에 대해서 "특별한 대우"가 이루어지고 있는데, "감사하긴 하지만" 그것이 반드시 좋은 것은 아니라는 의견을 피력하곤 했다. 연구 참여자 중 한 명은 한국에서의 '특별한 대우'와 영국에서의 '보편적 인권' 담론을 대비시키며 다음과 같이 이야기하기도 하였다.

> 한국에서는 맨날 통일의 주역 하면서 또 국민 혈세라고 해요. 너네는 우리가 이만큼 해주니까, 세금도 한 푼 안 냈는데 집도 준다. 국민 혈세니까 감사하라고 합니다. 물론 감사한 일이 맞긴 하지만 … 우리는 짐 같이 … 어쩐지 자존심 상하더라고요 … 그런데 정말 세금 한 푼 안 내고, 우리가 여기 영국하고는 역사적으로 연결도 안 되어 있잖아요? 그런데 영국 사회에서 우리를 난민이라고, 동등한 인간으로 대우하는 걸 보면서, 아 … 이거는 인권문제였구나.

이 연구 참여자는 남북관계의 특수성에서 비롯된 '특별한 대우'와 교환되는 '자존감 상실'에 대해 지적하며, 북한 사람들과 특별한 관계가 없는("역사적으로 연결도 안 되어 있는") 영국이 자신들을 '동등한 인간'으로 대우하는 것을 높게 평가했다. 특별함과 보편성에 대한 대비는 다른 연구 참여자에 의해서는, 한국의 지원전문가들의 탈북민에 대한 "오바"와 영국 전문가들의 "전문성"에 대한 대조의 이야기로 이어졌다.

> 한국은 진짜 오바를 많이 해요. 뭐라도 다 해줄 것처럼. 통일을 위해서 탈북민이 중요하다고. 기대를 높여놓고, 그러니까 실망도 더 큰 겁니다 … 영국에서는 소셜워커들이 진짜 전문성 있어요. 그냥 되는 건 되는 거고 안 되는 건 안 되는 거고. 쿨하게. 딱 설명하고. 도와줄 수 있는 거면 끝까지 또 도와줘요. 진짜 전문적이에요.

이 연구 참여자는 한민족으로서의 친밀감에 기반하여 탈북민들의 특별함을 강조하여 기대감을 높이는 한국 사람들보다 일 중심으로 자신들을 대하는 "쿨"하고 "전문적"인 영국 지원전문가들이 더 편하다고 했다. 5년의 법정 싸움 끝에 난민 지위를 얻은 한 연구 참여자는 이러한 '쿨함'이 주는 신선한 자극과 감동을 홈 오피스에서 받았던 마지막 편지를 예로 들어 설명했다.

> 아, 이제 난민으로 인정된다 … 편지에 언제까지 집 비워야 한다, 돈은 언제까지 줄 거다, 도움이 필요하면 어디다 연락해라 이런 내용이 있었습니다. 그런데 거기 우리 가족이 5년 동안 국가에서 혜택 받은 돈이 얼만지 적힌 페이퍼가 같이 왔어요. 너네 얼마, 하우징 얼마. 딱딱 다 적었어요. 이렇게 많이 줬으니 감사해라 그런 거 없이. 니네가 받은 게 어떤 항목 얼마만큼이다. 딱딱 그냥 다 적혀있어요. 그냥. 야, 이 놈들 대단한 놈들이다.

또한 이들은 모두, "난민신청 기간에는 홈오피스[내무부] 담당이고, 난민 비자 받으면 그냥 영국 사람들과 똑같이 카운슬 담당으로 넘어가는" 영국의 시스템에 대해서도 긍정적으로 평가했다. "일단 난민 비자 나오면 딱 영국 사람과 같습니다. 경제적인 처지나 가족들 특징에 따라서 지원이 달라지지요." 하는 식의 언급이 잦았다. 난민이라고 별도로 취급하지 않고, 개별적인 경제적 처지나 가족 구성원들의 특징에 따라 지원의 내용을 달리하는 것에 대해 수혜자로서 훨씬 편안하게 받아들이고 있음을 드러내었다. 이는 수혜대상을 특별하게 취급하는 정책들이 수반하는 낙인효과에 대한 비판이 내재된 것으로 해석이 가능하다. 한 연구 참여자는 "저 나라에서 온 사람, 이 나라에서 온 사람, 다 여기서 산다고 생각하면 되는데 (한국은) 과도하게 의식하는 게 문제"라고 이야기하며, 한국과 영국 제도 및 문화를 비교하기도 하였다. 관련해서, 연구 참여자 중 일부는 한국의 탈북민 대상 '감시'를 특별한 지원의 동전의 양면으로 언급했다. 한 연구 참여자의 "북한에서도 감시당하고 살았는데 여기서도 그런 거 싫다 이거지요. 과도한 관심을 싫어하는 거 그런 거 있어요."라는 이야기가 대표적이다. 즉 이들은 한국사회에서 북한이탈주민으로서의 '특별함'과 그러한 특별함에 부과되는 다양한 단점들도 겪었기에, 더 이상 자신들을 특별한 범주로 묶지 않고 "필요에 따른 개별적 지원"을 하는 영국 시스템을 더 긍정하고 있었다.

3. 경직된 공급자 중심 vs. 유연한 수요자 중심

연구 참여자들은 또한 한국의 북한이탈주민지원정책과 이와 연동된 복지정책을 기본적으로 "복잡"하며 "융통성이 없는" 정책이라고 표현하였다. 반면 영국의 정책은 기본적으로 "일단 살도록 해주는" 정책이지만 "결국에는 다 가져가는" "효과가 큰" 정책이라고 평가했다.

예를 들어 한 연구 참여자는 '탈북모자 아사 사건'의 원인을 많은 탈북민들이 의지하고 있는 한국의 기초수급정책의 지나친 복잡성과 경직성 때문이라고 해석하면서 위기에 처한 빈곤층의 경우 우선적 지원을 하고 나중에 점검을 하는 영국의 시스템과 비교하였다.

> 영국 같으면 안 그랬을 것 같습니다. 일단 우리가 느낀 게 한국은 수급을 한번 짤리면 다시 받기가 불가능합니다. 그럴 수 있잖아요? 수급 받다가 일 하고, 그러다 또 아프거나 사정이 생기면 수급 받아야 할 수도 있고. 그런데 한국은 수급 다시 받기가 불가능해요. 서류 이거 가지고 와라 저거 가지고 와라 절차가 얼마나 복잡한지. 우리 탈북민들 그거 못해요. 탈북민들 뿐 아니라 한국 사람도 가난한 사람들 못해요. … 여기는 카운슬에 어렵다고 하면 일단 살도록 해줘요, 그 다음에 조사해서. 조사는 철저히 하는 것 같애. 불법 있으면 끝까지 다 받아내요. 내 생각에는 탈북모자도 영국 같았으면 살았을 것 같애. 애가 장애도 있고 어려워서 수급 신청했었다더만.

'탈북모자 아사 사건'과 관련하여 한 북한 이주민 부부는 자신들의 경험을 들려주면서 위의 얘기와 비슷한 맥락에서 한국과 영국의 빈곤층 대상 정책에 대한 차이를 설명했다. 남편이 생계부양자였고 부인은 어린 아이를 돌보면서 전업주부로 일했던 이 부부는 어느 날 큰 싸움 끝에 남편이 집을 나갔던 경험이 있다. 그 상황에 대해 부인이 매우 생생하게 들려주었다.

> 카운슬에 전화했거든요. 우리 세퍼레잇(separate)됐다. 먹고 살아야 되는데 돈 한 푼 없다. 그러니까, 언제 나갔냐 묻더라고요. 왜 나갔냐 뭐 때문이냐 이런 거 안 묻고. 하나도 안 묻고. 그러더니 다음 주에 돈이 딱 나오더라고. 일단 살아라 이거지. 먹고 살라고 주는 베네핏이

요. 그런데 애 아빠가 들어왔어요. 그런데 우리가 신고를 안 했거든요. 그런데 카운슬에서 안 거예요. 이 사람들은 어떻게 아는지, 다 알아요.

남편은 그 이후의 상황을 알려주었다.

카운슬에서 편지가 딱 왔어요. 그동안 너희 2천 얼만가 더 줬어. 그거 내래 … 얘네가 몇 번 계산하고 편지 오고 그러더니 그 다음에 전화하면서 보니까 내가 말을 안 듣는 거야. 돈이 없으니까 못 내는 거야. 그 돈 내기 아름차잖아.[41] 그러니까 아무 말도 안 하고, 너희한테 지불되는 거에서 뺀다 이렇게 말도 안 하고, 매주 20파운드씩 빼는 거예요. 생활에는 그게 없다고 해서 지장이 없는데, 그렇게 빼 가고 마지막에 편지 딱 오는 거야. 너네가 이제 했던 거 다 갚았으니까 이제부터 얼만큼씩 쁘러스해서 줄께 이렇게. 야금 야금 빼가서 결국 다 빼가는 거지 … 우리가 그래서 깨달았어요. 얘들은 줄 거 주고, 결국 다 받아가는구나.

이 이야기는 북한 이주민들이 영국의 지원시스템을 마냥 "퍼주는" 것으로만 평가하지 않고 있음을 드러낸다. 도움이 필요한 경우 우선적 지원을 한다는 점을 강조하면서 궁극적으로 얼마나 엄격한지 함께 이야기하고 있기 때문이다. 연구 참여자들은 "허술한 것 같지만, 정확하고," "많이 주는 것 같지만 결국 다 거둬가는" 것을 영국 정책의 특성으로 알아차리는 데 "몇 년의 시간이 걸렸다."며, 이러한 정책이 매우 선진적이

---

41 "아름차다."는 "힘에 부치다."는 의미의 북한식 표현이다.

고 또 효과적이라는 의견을 피력했다. 관련하여 이들이 "카운슬에서 다 안다. 어떻게 아는지…"라는 이야기를 하면서도 한국의 정책에 대한 평가를 할 때 사용하던 "감시"라는 언어를 사용하지 않음에 주목할 필요가 있다. 이는 노골적으로 따라다니지 않고 위법적 상황이 발생했을 경우에만 드러나는(것으로 인지되는) 영국 정부의 관리와 통제 방식이 이들에게 "납득 가능한" 것으로 느껴짐을 의미하기 때문이다.

한국과 영국에서 경험한 지원의 '양'에 대해서는 연구 참여자들 사이 의견이 엇갈렸다. 일부는 하나원 시설이 영국의 초기 주거시설보다 더 양호하다는 사실과 한국이 임대아파트를 제공한다는 점을 들어 한국의 북한이탈주민정착지원제도가 영국난민정책보다 더 "많은 지원"을 한다고 평가하였다. 다른 이들은 한국의 지원제도는 초기 정착지원에 초점이 맞추어져 있고, 영국의 제도는 개인의 처지 및 생애주기별 맞춤형으로 필요한 지원을 지속적으로 한다는 점에서 영국이 훨씬 많은 지원을 한다고 이해하였다.

그러나 모든 연구 참여자가 영국의 지원체계가 한국의 지원체계에 비해 "삶을 위험에 빠뜨리지는 않는다."는 점에서는 더 나은 제도이며 훨씬 합리적이라고 평가했다. 지원의 양적 측면에서 볼 때 한국이 더 우수하다고 이야기를 한 사람들도 이 점에는 동의했는데, 이는 이들이 영국의 지원 시스템을 더 정책 수요자 맞춤형으로 평가하고 있음을 의미하기도 한다. 일할 수 있는 형편에 있는 사람들은 일을 할 수 밖에 없도록 압력을 가하고, 어린 아이가 있어서 일을 하기 어려운 싱글맘이나 노년층에 대해서는 무리한 심사 절차 없이 별도의 지원을 확실히 한다는 점, 위기에 대해서 적극적으로 반응하되 허위나 반칙에 대해서는 "끝까지" 그러나 "죽도록은 안 만들고" "대가를 치르게 한다."는 점 등이 다양한 사례로 자주 언급되었다. 그리고 이런 맞춤형 정책이 가능한 것에 대해 "복지 정책 역사가 기니까" "데이터가 다 있는 모양"이라는 표현으로 역사적 경험의 축적 결과로서의 합리성에 기반을 두고 있다고 이해하고 있었다. 더불어 "여기서는 일할 수 있는 사람은 다 일합니다. 노는 사람 없습니다." 라고 하며 정책 대상의 필요성과 위치를 분명히 파악해서 진행하는 정교하고 합리적인 정책의 효과성에 대해 강조하기도 했다. 이는 북한이탈주민들을 '부담'으로 재현하는 한국사회의 담론에 대한 반응이자 동시에 노동복지(workfare)를 강조하는 영국사회 담론의 차용이기도 한 듯했다.

V. 결론: 북한 이주민의 영국 난민정책 경험이 한국 사회에 주는 함의

이 연구는 한국을 거쳐 난민의 신분으로 영국으로 재이주한 북한 이주민들의 영국 난민정책 경험에 기반하여, 이들이 한국의 북한이탈주민지원정책과 영국의 난민정책을 어떤 키워드를 중심으로 비교·평가하는지 살펴보았다. 연구 결과, 북한이주민들은 자신들이 경험한 영국의 난민정책을 한국의 북한이탈주민정책에 비해 상대적으로 강점이 있는 정책으로 평가하는 경우가 지배적이었다. 특히 비호 신청과정에서 겪은 자유에 대한 보장은 한국 입국 초기의 고립 및 구속과 대비하고, 보편적 인권에 기반한 난민 지원 정책을 북한이탈주민에 대한 특별한 지원의 양가적 효과와 비교하고 있음을 보여주고 있다. 또한 축적된 데이터에 기반한(것으로 상상되는) 맞춤형 위기 지원 정책을 한국사회의 비현실적으로 복잡하고 경직된 기초수급정책에 대비해 긍정적으로 의미화하였다. 이러한 북한 이주민의 평가는 영국의 난민정책의 폐쇄성과 보수화에 대한 많은 비판이 존재하는 상황에서도 한국사회에 시사하는 바가 적지 않다.

　물론 최근 영국에서 비호 신청이 기각된 '비호 신청자의 참상'에 대한 논의와 복지정책의 보수화 및 민영화(privatization)에 대한 비판이 미디어와 학계를 지배하는 현실을 고려할 때, 북한 이주민들의 영국 난민

정책에 대한 긍정적 서사는 많은 의문을 불러일으킬 수 있다.[42] 모험을 감행하면서 실행한 비호 신청이 성공적으로 진행되었고, 이제는 영주권이나 시민권을 획득하여 지위가 안정되었다는 이들의 위치성이 이러한 긍정적 서사 형성에 영향을 끼쳤을 가능성도 존재한다. 더불어 필자(2019)가 영국 거주 북한 이주민들의 '안녕감'에 대한 분석에서 논의한 것처럼, 이들의 영국 사회 정책에 대한 우호적 서사는 뉴몰든의 한인들, 자신들의 과거, 그리고 한국 사람인 필자 등과의 중층적 조우(encounter)를 통해 구성된 것일 수도 있다.

이러한 요소들을 고려하면서도 주목할 점은 북한 이주민의 영국 난민지원정책에 대한 우호적 평가가 한국에서의 경험과의 비교에서 비롯되었다는 것이다. 즉 EU 내에서 폐쇄적이고 보수적인 정책으로 간주되고 역사적 흐름의 맥락에서도 점점 더 보수화되고 있다는 비판을 받는 영국의 난민정책이 한국에서 가장 너그럽고 촘촘하다고 평가되는 북한이탈주민 지원정책의 경험과 비교해서 상대적으로 긍정적으로 평가되고 있다는 것은 함의하는 바가 크다. 더불어 이들의 평가의 주된 기준이나 내용이 "지원의 양"에 있지 않았다는 점도 주목해야 한다.

북한 이주민들이 영국의 난민지원정책을 평가하면서 비교의 대상으로 삼은 한국의 북한이탈주민지원정책과 사회복지시스템의 문제점은 많은 학자들의 비판이 대상이 되어 왔던 것이기도 하다. 이 점에서 북한 이주민들의 비교의 내러티브는 한국사회에서 제기된 북한이탈주민지원

---

42 최근 한국사회의 영국 난민 관련 학술적인 글들은 대체로 이러한 참상을 전하고 있다. 이에 대해서는 다음을 참고하라. 김성진(2016); 국민호·양연희(2019); 신지원(2019). 복지정책의 문제에 대한 대표적인 미디어 서사로는 2016년 칸 영화제에서 '황금종려상'을 수상한 켄 로치 감독의 "나, 다니엘 블레이크"(2016)가 있다.

정책에 대한 무수한 학술적 문제제기의 "경험적 실체"일 수 있다는 점에서 시사하는 바가 크다. 이와 같은 맥락에서 영국 거주 북한 이주민이 제기한 한국사회에의 시사점을 정리하면 다음과 같다.

먼저 여전히 분단문법에 영향 받고 있는 입국 초기 북한이탈주민지원정책을 개선할 필요가 있다. "테러리스트의 가능성"을 감수하고도 기본적인 인권을 보장하는 가운데 진행한다고 해석되는 영국의 난민인정 시스템에 대한 평가는 북한이탈주민을 분단국의 타자로 상정하고 진행되는 한국사회의 입국 초기 북한이탈주민지원정책의 '반인권성'에 대한 체험적 문제제기라고 볼 수 있다. 이 문제와 관련해서는 이미 많은 학자들도 오래전부터 개선의 필요성을 지적해 왔다(정병호 2004; 김성경 2014; 이수정 2016).

다음으로, 북한이탈주민 정책을 특별한 시혜적 정책이 아니라 보편적 인권과 복지에 기반한 정책으로 전환할 필요성이 있음을 시사하고 있다. 한국사회의 북한이탈주민에 대한 특별한 지원과 대비해서 영국사회의 "보편적 인권"에 기반한 정책을 높이 평가하는 것은 소수자에 대한 예외적인 지원의 낙인화 효과에 대해 지적하는 많은 연구들과 그 궤를 같이 한다(이희영 2010; 강진웅, 2011; 김정선 2011; 이민경 외 2011; 서유경 2013; 성정현 2016; 신난희 2017). 영국 거주 북한 이주민들은 한국 사회의 북한이탈주민 지원정책의 시혜화와 관련된 문제점을 자주 지적하였다. 시혜적 태도를 취하는 것은 위계화한다는 것이며, 이는 소수자 집단에 대한 낙인화로 연결된다. 이러한 낙인화가 소수자 집단의 "자존감 상실"을 가져오며, 자립의 의지를 약화시킨다는 점을 연구 참여자들은 간파하고 있었다. 이러한 영국 거주 북한 이주민들의 경험과 해석에서 한국의 대표적 소수자 정책인 북한이탈주민지원정책이 보다 보편적인 인권과 복지의 맥락에서 진행되어야 한다는 점을 배울 수 있다. 김성경(2018)의 주장처럼 한국사회가 북한이탈주민들과 더불어 호혜적 입장에서 '사회 만들기'

를 해 나가기 위해서는 북한이탈주민들이 동등한 시민으로 살아갈 수 있는 시스템을 만드는 것이 필수적일 것이다.

마시막으로 북한이탈주민지원정책과 난민정책 모두 사회복지시스템과 연동하여 유연하면서도 책임성을 강화하는 정교하고 합리적인 시스템 구축에 의해 실행될 필요성이 있음을 시사하고 있다. 영국 거주 북한 이주민들은 자신들이 경험한 북한이탈주민지원정책과 이와 연동된 한국사회의 복지시스템에 대해 매우 경직되어 있고 합리성과 효과성이 부족하다고 평가하는 경우가 많았다. 특히 "탈북모자의 아사 사건"과 관련하여 복잡하고 경직된 정책의 결과 실질적으로 도움이 필요한 사람을 도울 수 없었던 것이라고 안타까워하였다. 영국 거주 북한 이주민들은 무조건적 지원의 필요성이 아니라, 필요에 따른 지원과 책임성의 부과로 요약할 수 있는 "합리적이고 효과적인" 정책의 필요성을 주장하고 있었다.

새로운 시민들과 더불어 더 나은 사회를 이루고 살아가기 위해서는 어떤 원칙과 시스템, 그리고 문화가 필요한지에 대한 고민과 성찰의 과정에, 한국사회를 거쳐 영국사회에서 새로운 시민으로 살아가고 있는 북한 이주민들의 비교문화적 경험과 이야기가 참고가 될 수 있으면 한다.

참고문헌

강진웅. 2011. "한국 시민이 된다는 것: 한국의 규율적 가버넌스와 탈북 정착자들의 정체성 분화."『한국사회학』45(1), 191-227.

김정선. 2011. "시민권 없는 복지정책으로서 '한국식' 다문화주의에 대한 비판적 고찰."『경제와 사회』12, 205-246.

고기복. 2007. "EU국가의 난민인정제도: 영국, 프랑스, 독일을 중심으로."『한·독사회 과학논총』17(1), 37-69.

권숙도. 2018. "사회통합을 위한 북한이탈주민 정착지원체계 개선방안 제안."『통일연구』22(1), 71-108.

국민호·양연희. 2019. "유럽의 반 난민정서 강화와 영국 비호 신청자의 참상."『디아스포라연구』13(1), 95-134.

김기태. 2019. "영국의 난민 신청자를 위한 사회보장제도와 그 쟁점."『국제사회보장리뷰』8, 61-71.

김미혜·육홍숙·정명희. 2016. "1997-2013년 북한이탈주민 지원정책 변동 분석: 정책네트워크 모형을 중심으로."『사회과학연구』32(4), 41-72.

김성경. 2014. "분단체제가 만들어낸 "이방인," 탈북자: 탈냉전과 대량탈북시대에 남한 사회에서 '탈북자'라는 위치의 한계와 가능성."『북한학연구』10(1), 37-69.

김성경. 2018. "북한 출신자와 '사회 만들기': 호혜성과 환대의 가능성."『문화와 정치』5(1), 43-74.

김성진. 2016. "영국의 난민정책: 시리아난민 사례를 중심으로."『정치·정보연구』19(2), 107-140.

서유경. 2013. "현행 북한이탈주민 지원정책의 두 가지 근본문제와 다문화주의적 사회통합 해법."『대한정치학회보』21(2), 301-327.

성정현. 2016. "탈북여성들에 대한 남한 사회의 '종족화된 낙인(ethnicized stigma)'와 탈북여성들의 공동체 형성 및 활동."『한국가족복지학』53, 79-115.

송영훈. 2018. "수의 정치: 난민인정률의 국제비교."『문화와 정치』5(4), 5-31.

신난희. 2017. "A 기관의 부모교육프로그램을 통해 본 북한이탈주민지원정책의 재고와 전환." 『전남대학교 세계한상문화연구단 국내학술회의 자료집』 2017. 12, 71–85.

신지원. 2019. "'가짜' 난민의 담론적 구성: 영국 난민신청자 지원정책을 중심으로." 『담론201』 22(2), 69–107.

이민경·이수정. 2011. "'다문화 아동 청소년' 정책 용어 사용에 대한 비판적 고찰과 대안 모색: 정책 용어와 방향성에 대한 외국사례를 중심으로." 『지역과 세계』 35(2), 1–37.

이수정. 2019. "영국 거주 북한 이주민의 '안녕감'에 대한 관계적 이해." 『현대북한연구』 22(2), 8–46.

이수정·이우영. 2014. "영국 뉴몰든 코리아 타운 내 남한이주민과 북한난민 간의 관계와 상호인식." 『북한연구학회보』 18(1), 137–174.

이희영. 2010. "새로운 시민의 참여와 인정투쟁." 『한국사회학』 44(1), 207–241.

정병호. 2004. "탈북 이주민들의 환상과 부적응: 남한사회의 인식혼란과 그 영향을 중심으로." 『비교문화연구』 10(1), 33–62.

최진우. 2016. "난민위기와 유럽통합." 『문화와 정치』 3(1), 109–137.

홍성민. 2017. "사회보장법으로서 북한이탈주민지원법의 일고찰: 헌재 2017.8.31.자 2015헌가22결정 (헌공 제251)을 소재로." 『사회보장법학』 6(2), 103–141.

Shin, HyeRahn. 2018. "The Territoriality of Ethnic Enclaves: Dynamics of Transnational Practices and Geopolitical Relations within and beyond a Korean Transnational Enclave in New Malden, London." *Annals of the American Association of Geographers*. 108(3), 756–772.

Song, Jay Jiyoung and Marcus Bell. 2018. "North Korean secondary asylum in the UK." *Migration Studies*. 2018, 1–20.

인터넷 기사 및 자료

김종철. 2019. "난민 인정은 하늘의 별따기: 지난해 신청자의 0.9%만 허용." 『한겨레』 (6월 15일). http://www.hani.co.kr/arti/society/rights/898027.html (검색일: 2019. 09. 15).

서혜미·선담은. 2019. "탈북 모자의 죽음, 두 달간 아무도 몰랐다."『한겨레』(8월 14일). http://www.hani.co.kr/arti/society/society_general/905709.html(검색일: 2019. 10. 05).

Lyons, Kate. 2017. "How do you live on £36.95 a week? Asylum seekers on surviving on their allowance." *The Guardian*. (Aug. 21). https://www.theguardian.com/world/2017/aug/21/asylum-seekers-allowance-surviving-charities-counting-pennies(검색일: 2019. 10. 01).

Right to Remain News. 2019. "Home Office tracking use of Aspen card by people seeking asylum" (Jan. 21). https://righttoremain.org.uk/home-office-tracking-use-of-aspen-card-by-people-seeking-asylum/(검색일: 2019. 09. 25).

Government of the UK. "Seek protection or asylum." https://www.gov.uk/browse/visas-immigration/asylum(검색일: 2019. 8. 25).

Government of the UK. "Claim asylum in the UK: Overview." https://www.gov.uk/claim-asylum(검색일: 2019. 08. 31).

Government of the UK. "Claim asylum in the UK: Eligibility." https://www.gov.uk/claim-asylum/eligibility(검색일: 2019. 09. 01).

Government of the UK. "Claim asylum in the UK: Register your asylum claim." https://www.gov.uk/claim-asylum/screening(검색일: 2019. 09. 01).

Government of the UK. "Claim asylum in the UK: Asylum interview." https://www.gov.uk/claim-asylum/asylum-interview(검색일: 2019. 09. 02).

Government of the UK. "Claim asylum in the UK: Get a decision." https://www.gov.uk/claim-asylum/decision(검색일: 2019. 09. 02).

Government of the UK. "Claim asylum in the UK: Asylum support." https://www.gov.uk/asylum-support(검색일: 2019. 09. 11).

UNHCR. 2019. "Asylum in the UK." https://www.unhcr.org/asylum-in-the-uk.html(검색일: 2019. 08. 30).

IV

분단경계를 넘는 행위자의 이동과
변화하는 남과 북의 공간들

제11장

남한에서 북한이탈주민의 장소 만들기:
바다 일 경험과 노동 적소의 탄생[1]

최선경 (성균관대학교)

I. 들어가며

2022년 상반기 기준으로 국내 거주 북한이탈주민(이하 '탈북민')은 3만 명을 상회한다.[2] 한국에 입국한 탈북민이 국정원 조사, 하나원 교육을 거치면 남북하나재단은 임대주택 알선한다. 탈북민은 입국과 동시에 한국 정부의 지원 시스템으로 들어가게 되는 것이다. 2020년 남북하나재단 조

---

1 이 글은 최선경, 「북한이탈주민의 장소 만들기: 바다 일 경험과 노동 적소의 탄생」, 『문화와 정치』 9-2, 한양대학교 평화연구소, 2022, 157-181쪽에 발표한 논문을 수정·보완한 것이다.

2 통일부 통계 자료에 따르면, 2021년까지 한국으로 입국한 북한이탈주민은 33,834명이다. 통일부, "북한이탈주민 입국인원 현황(~'22년 6월 입국자기준)." https://www.unikorea.go.kr/unikorea/business/NKDefectorsPolicy/status/lately/

사에 따르면, 탈북민의 거주 형태는 '하나원에서 배정 받은 집 또는 임대아파트'가 60%를 상회한다. 탈북민 임대 주택은 서울, 인천 등 수도권에 주로 편중되어 있다.[3] 최근 들어 탈북민 가운데 남한 입국 이후 배성 받은 주거지를 떠나 보다 나은 삶의 터전을 찾아 이주를 감행하는 사례가 증가하고 있는데, 이들의 재이주는 일자리 기회와도 관련이 있다(최정호·박선미 2014; 박태행·최민섭 2016).

이주 과정에서 기원국에서의 교육과 노동 경험, 기술과 자격이 정착국에서는 인정되지 않는 경향이 있다(마이클 새머스 2013, 182). 노동시장의 이중 구조론(dual labor market theory)에 기대어 설명한다면, 이주자들이 정착국의 2차 노동 시장을 채우고 있는 까닭을 정착국 경제의 구조적 요인에서 찾을 수 있다.[4] 탈북민들도 북한에서의 경력을 남한으로의 이주 이후 충분히 활용하지 못하며 상대적으로 진입 장벽이 낮은 단순

---

[3] '하나원에서 배정 받은 집 또는 임대아파트'가 61.2%로 가장 높고, 다음으로 '타인 소유 집'(19.5%), '본인 소유 집'(15.8%) 등의 순이다(남북하나재단, 2021), p. 30. 탈북민은 수도권 거주를 선호하는 편인데 희망지역을 3순위까지 받아 추첨을 통해 결정되기 때문에 희망하지 않는 지역으로 배치되는 경우도 왕왕 발생한다.

[4] 분절된 노동시장은 정착국의 흡인 요인(pull factor)이기도 하다. Douglas S. Massey, Joaquin Arango, Graeme Hugo, Ali Kouaouci, Adela Pellegrino and J. Edward Taylor, Theories of international migration: a review and appraisal. *Population and development review*, 19(3), 1993. 1차 노동시장이 좋은 근로 조건, 상대적으로 높은 임금과 안정성, 다양한 승진 기회가 보장되는 반면, 2차 노동시장은 열악한 근로조건, 상대적으로 낮은 임금과 안정성, 승진 기회 부족(차단)이 특징이다. 현대 산업 국가에서 산업 생산과 특성과 도시 노동자들이 2차 노동시장 직종을 선호하지 않으므로 분절된 노동시장을 초래한다.

노무직이나 일용직을 첫 일터로 선택하는 경우가 많다(박성재외 2011; 남북하나재단 2021). 이와 같이 이주자의 일 경험은 개인의 능력과 기술 외에도 정착국의 노동시장 상황과 맞물려 연령, 젠더, 에스니시티 등 개별 특성들과 직결되며[5] 이들의 이주와 정주는 장소, 노동, 개인 배경 등 여러 맥락들이 얽히는 현장이다(Sassen 1996).

이 글은 탈북민이 일 경험을 통해 남한 사회에 어떻게 뿌리내리는지, 남한 입국 이후 이주 과정에서 북한에서의 일 경험, 남한의 노동 시장, 그리고 탈북민의 행위가 어떻게 상호 작동 하는지 살펴본다. 탈북민의 이주와 일 경험에서 기원지 북한과 도착지 남한을 연결하면서 노동 적소(labor niche)를 형성하는 실천과 전략에 초점을 두고 거주지를 의미 있는 장소로 만들어가는 과정을 분석하고자 한다.

한국 사회는 '탈북'이라는 행위에 과도한 정치성을 부여하며 탈북민이 북한을 부정하고 한국 사회에 뿌리를 내려야 마땅한 존재로 바라보는데 이러한 분단 이데올로기의 작동은 이들을 이주자 그룹 중에서 '가장 이질적인 타자(the most distant other)'로 위치시킨다(김성경 2014, 44). 한국 사회에서 탈북민이 '적합한 시민(deserving citizen)'으로 재구성되는 과정에서 행동방식, 감정, 말투 등 이들의 '북한적 표식'은 적국의 흔적으로서만 아니라 그 자체로 한국사회에 부적절한 표식으로 받아들여지기도 하기 때문이다(이수정 2017, 310).

이러한 문제의식을 바탕으로 이 글은 탈북민 전체를 동질적인 집단 혹은 일방적인 지원대상이 아닌, 능동적인 주체성을 구성해가는 행위자로 이해할 것을 제안한다. 탈북민이라는 행위 주체들은 남한과 북한의

---

[5] 초국적 행위주체들이 '여전히 특정 공간이나 정치 상황과 특수한 역사적 맥락 내에서 계층화, 인종화, 젠더화된다는 사실'을 염두에 두어야 한다(새머스 2013, 145).

경험을 연결 혹은 단절하면서 장소(들)을 주체적으로 만들어 간다. 탈북민이 '한국 직업 시장 진입'하여 일방적으로 적응해야 하는 존재가 아니라, 기원지인 '북한적' 배경, 특성과 그 경험의 다양한 측면을 드러낼 필요가 있다.

이 연구에서 구술생애사를 진행한 연구참여자들은 공통적으로 임대아파트를 떠나 해안 지역으로 이주하여 바다를 삶의 터전으로 삼아 일정 기간 어업에 종사한 경험이 있다. 2021년 5월부터 2022년 2월까지 눈덩이 표집법(snowball sampling)으로 6명의 탈북민과 만났다. 탈북민 4명(광호, 명석, 준호, 민우) 연구참여자들의 경험과 서사를 해석하고, 이들의 구술에서 드러나는 산 경험들(lived experience)이 가지는 의미를 밝혀내고자 하였다. 구술 내용은 북한에서의 노동 일상, 남한 입국 이후 노동 일상 순으로 구성했으며 탈북민이 '바다'라는 삶의 터전을 어떻게 의미화하는지 해석했다. 북한의 어업 공간을 보다 잘 파악하기 위해 북한에서 그물 수리(영우)와 해안경비대(민식) 경험이 있는 탈북민과의 면접을 추가적으로 진행하였다.

표 1   연구참여자

사례	성별	나이	북한 주요 거주지	북한에서 직업	남한 거주지	남한에서 직업
광호	남	50대 중반	함경북도 청진, 황해도	군인/군 부업선 선장	강원도 고성	어업
명석	남	50대 초반	황해도 해주	양식장 책임자	강원도 속초	어업
준호	남	20대 후반	함경북도 새별	학생/잠수부	서울 (전남 여수)	대학생/어업 - 주말농장 운영
민우	남	30대 초반	함경북도 회령	학생	경기도 용인/ 전남 여수	대학생/어업
영우	여	50대 후반	함경남도 홍원	그물 수리	서울	무직
민식	남	50대 후반	강원도 원산, 함경북도 청진	군인	경기도 양평	양봉업

연구참여자 가운데 민우를 제외한 모든 참여자들은 북한 해안 지역 출신으로 바다 일 경험을 하였다. 광호는 군인 출신으로 수산 부문에 종사하였고, 현재 강원도 고성에서 잠수 일을 하면서 횟집을 운영 중이다. 명석은 북한에서 선주 겸 양식장 책임자였으며 현재 강원도 속에서 배 두 척을 소유한 선장이다. 준호는 북한에서 잠수 일을 배운 경험이 있으며 전라남도 여수에서 어업과 학업을 병행하였다. 민우는 임대아파트가 있는 용인과 사업장이 있는 여수를 오가며 학업과 어업을 병행하고 있다. 광호와 명석이 북한에서의 일 경험을 활용하여 남한 해안 지역에 재이주하여 정착한 사례라면, 준호와 민우는 청소년기 탈북하여 북한에서의 일 경험은 다소 제한적이다.[6]

II. 북한이탈주민의 '장소 만들기': (재)이주와 노동

탈북민들은 남한 입국 이후 일터, 지역, 국가 등 다양한 스케일과 관계를 맺으며 이동의 경험을 쌓으니 '장소 만들기(place-making)'를 한다(Anderson 2010). 사회적 구성물로서 장소는 물리적 그리고 물질적 차원에서의 경험들을 비롯하여 인간과 공간 간의 다양한 상호작용을 통해 구성되는데(Irving 2009; Lefebvre 2011) 이는 '장소감(sense of place)'을 형성하는 정체성과도 연결된다(Aravot 2002; Campelo et al. 2014). 다시 말해, 장소를 의미화 하기 때문에, 특정 장소에서 이탈되거나(displaced) 소속감을 느끼지 못하는(out of place) 상황에 처하기도 한다. 이러한 맥락에서 장소는 인간의 경험과 실천, 즉 인간이 처해 있는 문화적 맥락 가운데 만들어

---

6 D의 경우 북한에서 일 경험이 없는 '북한 출신자'로서 남한 사회에서 노동 적소를 어떻게 만들어가는지 보여주는 참조사례가 될 수 있다.

진다(Tuan 2011).

이동에는 정주성이 있고, 정주에도 이동성이 있다(Clifford 2008). 정주는 어느 한 장소에 정박되는 상태가 아니며 이동 또한 떠나온 장소에서 완전히 분리됨을 의미하지 않는다(Ahmed 2004). 마찬가지로 초국적 이주는 기원지와의 단절된 상태가 아니라 정치·경제·사회적 연계를 통해 기원지와 도착지 두 사회, '여기와 저기에 동시에 존재(Waldinger 2008)'하는 상태로 이주자의 소속감 형성에 양쪽 힘 모두가 작용한다(Schiller and Caglar 2009). 이주자의 노동 적소(labor niche)는 거주국의 경제 구조 변화와도 맞물려 만들어지며 장소화된 주체는 노동시장에서의 열세와 자원 열세라는 이중 장애물을 극복하는 과정에서 필연적으로 기원지와 도착지의 맥락을 아우르며 확장된다(새머스 2013, 193; 이영민 2012, 13).[7]

탈북민은 남한 사회에서 '이주자' 성격을 지니면서도 분단 체제 안에서 적대적 타자인 '북한 출신'으로서 특별한 위치성을 지니는 이주 집단이다. 개인이 보유한 교육, 기술, 지식과 같은 인적 자본 외에도 말투와 같이 체화된 문화 자본도 노동 시장 진입에 영향을 미친다(새머스 2013, 187). 이주자들은 문화 자본의 열세를 극복하고 사회경제적 차별로부터 스스로를 보호하기 위해 에스닉 적소(ethnic niche)를 생산한다(Portes & Bach 1995; Waldinger 1996; Zhou 1992). 탈북민은 생존 유지와 정치적 소속을 넘어 자기 실현을 통해 사회적·시민적 권리를 확보하기 위해 다양한 형태의 '인정 투쟁'을 전개해왔는데(호네트 1996; 이희영 2010) 일을 통해 적소에 뿌리내리는 과정 또한 인정 투쟁의 일환이라고 볼 수 있다.

탈북민의 남한 정착에 대한 선행 연구들은 한국 사회의 '적응 대상'

---

7 특정 에스닉 집단이 지역민이 기피하는 특정 직종에 배치될 때 일반적으로 사회 네트워크 형태를 띠는 사회자본이 작동하기도 한다.

혹은 '지원 대상' 관점에서 접근해왔으며 사회문화적, 심리적 그리고 정책적 측면에서 탈북민의 남한 사회 적응에 대한 내용이 다수를 차지한다(이금순 1997; 전우택외 2009; 윤인진 2012). 몇몇 탈북민의 거주지 이슈를 다룬 연구들은 탈북민 거주지 분포의 특성과 영향(최정호·박선미 2013), 주거 이전 동기(박태행·최인섭 2016), 사회연결망이 거주지 선택에 미친 영향(최정호·박선미 2014) 등에 대해 살펴보았다. 이 연구들은 탈북민의 일자리와 재이주의 연관성을 드러낸다. 비슷한 맥락에서 탈북민의 일자리 관련 연구들은 정책적 측면에서 취업 현황과 방안 마련에 집중되어 있다(신진 2010; 이진석 2020; 이지영·최경원 2021).

　　탈북민의 남한 정착에서 일 경험을 북한 체제 하에서의 경험과 연계하여 이해하려는 시도는 여전히 미진하다. 북한에서의 시장 경험이 남한에서의 노동에 유의미한 효과를 지닌다는 점을 입증한 김화순의 연구는 북한에서의 직업 경험이 남한 정주 이후 유용하게 활용될 가능성을 드러냈다(김화순 2014 22).[8] 그러나 탈북민의 이주 과정에서 노동과 정착의 연결성까지는 다루지 못했다. 탈북민을 동질적인 집단으로 상정하는 것이 아니라 '개별적 존재성'을 인정하면서 탈북민 개인 일 경험의 배경과 경로를 추적하는 접근이 필요하다(모춘흥·이상원 2019).

III. 사례 재구성

1. 광호: '집보다는 직업'

함경북도 출신 광호(1965년생)는 공군 장교로 강원도, 함경남도, 함경북

---

[8] 김화순(2014)은 북한 시장에서의 일 경험이 남한 노동 시장 진입에 유의미하지만 임금 상승에까지 영향을 미치는 것은 아니라는 점도 함께 지적했다.

도 등지에서 복무했다. 광호가 바다를 일상의 공간으로 삼게 된 것은 1990년대 중반 '고난의 행군'이 시작되어 군대 부업선을 타게 되면서부터였다. 이 시기 배급이 끊어지면서 군부대는 자체적으로 부업선을 운영하여 식량 문제를 해결하게 되었다. 중대장이있던 광호는 "처음에는 미역을 잡는 것부터" 시작했다. 건진 미역을 부대원들에게 공급하고, 해삼, 성게 등 각종 수산물을 잡아 중국 어선에 판매했다. 이때 얻은 이익으로 부대원들을 위한 부식물을 사고 간부들과 보위부에 뇌물을 고였다.

당초 부업선은 배 한척에 부대원 3~4명이 군대의 자체적인 경비 조달 차원에서 시작되었지만 나중에는 어획물을 감추면서 개인적인 판매를 하게 되었다. "자본주의 기치를 제일 먼저 든" 수산부문은 개인들에게 '삯벌이 배'를 운영하도록 하여 국가가 생산물을 받는 형태로 자율성을 허용하였다.[9] 이렇듯 "사실상 시장 원리로 돌아가는" 북한에서의 수산업 경험은 이후 남한에서의 바다 생활에서도 소중한 자산이 되었다. 2006년 5월, 광호는 가족과 함께 황해도에서 백두산에서 옮겨온 이깔나무(잎갈나무)로 목선을 만들어 타고 남하했는데, 이삿짐에 잠수장비를 챙겨 내려왔다.

광호의 가족은 처음부터 해안 지역에 정착한 것은 아니었다. 광호는 가족과 함께 용인의 한 임대아파트를 받았고 안보 강사로 활동하며 가구배달과 아파트 건설 등 일용직 노동자로 일했다. 몇 개월 후, 그의 가족은 임대 아파트를 포기하고 강원도 동해안으로 재이주를 감행했는데, '집'보다는 '직업'이 더 중요하다는 판단에서였다. 서해안, 제주도 바다도 둘러보았지만 동해의 환경과 어종이 북한 바다와 유사했기 때문에

---

9 북한의 경제난 이후 수산사업소 또는 군대 수산기지 소속 어선을 임대해 고기잡이를 하는 사례가 늘어났으며, 오징어철에는 타지역 주민들까지 동해안으로 몰려들어 오징어잡이에 나서기도 한다(김석진 2015).

북에서 익힌 기술을 활용하기에 적합했다. 동해안에서도 북한과 맞닿아 있는 접경 지역에서의 조업은 상대적으로 타지인에게도 열려있었다.

광호는 "오늘 잠수하러 나가지 않으면 내일 아침 솥에 들어갈 쌀이 없다"는 생각으로 고된 잠수 일을 이어갔다. 북에서는 "내 것을 못 가져" 봤지만, 남한에서는 "남의 배에서 잠수하고 월세방에 살다가, 배를 사고, 집을 지"으며 "하나하나 내 것"을 늘려나갈 수 있었다. 현재 그는 오징어 잡이 배와 잠수 배를 소유한 선주 겸 선장이며 가족이 운영하고 있는 횟집에는 베트남에서 온 며느리와 사돈 부부가 일을 돕고 있다. "학연, 지연, 혈연으로 묶여진 이 사회"에서 대학 졸업이 의미가 없다고 여기는 광호를 따라 큰 아들은 일찌감치 그와 함께 바다 일을 시작했지만, 생각이 다른 둘째는 그의 성에 차지 않는다. 이제 땅, 집, 차, 가게도 있고 "좀 유유자적하게 살자" 싶지만, 사업을 계속 확장해 가려면 광호의 손길이 필요한 곳이 여전히 많다.

2. 명석: '한 우물' 파기

황해도 해주 출신인 명석(1973년생)은 강원도 해안에서 군복무를 해서 바다에 익숙한 편이었다. 북에서는 제대 후 고향으로 돌아가 당 산하 외화벌이 사업소의 선주 겸 양식장 책임자로 일했다. 선주였던 명석은 선원들과 함께 고기잡이를 나가 1박에서 2박 정도 바다에서 작업을 하고 육지로 돌아오곤 했다. 물자 운반선이 다니며 조업선과 육지를 오가며 물고기를 운반하는 조업 시즌에는 한번 나가면 날씨가 나빠지기 전까지 바다에서 조업을 했다. 2000년대 초반에는 중국 배에 직접 올라타 잡은 물고기를 내다 팔았다. 하지만 점차 북한주민과 중국배 간의 개인 거래는 사라지고 외화벌이 기지에 생산물을 입고시키면 부기(회계)가 분배하는 방식으로 전환되었다.

명석은 북한에서 양식장을 하려면 "간부를 잘 알아야 하고 라인을 잘 타야" 하는데 부친의 정치력 아래 보호를 받으며 안정적으로 사업체를 꾸려나갈 수 있었다. 명석은 그의 배가 당 산하 강습소 소속이었지만 기본적으로 개인 자본으로 운영되는 것이라고 했다. 하지만 돈을 좀 벌면 "내놓는 것이 많고", "돈을 너무 많이 움직이면", 사업체를 몰수해서 국유재산으로 만들어 버리기 때문에 사실상 "개인 소유가 없"다고 보았다.

북에서 벌이가 나쁘지 않았던 명석은 서해에서 조업 중 남하하게 되었고 남한 경비정에 잡혀 지금의 아내와 귀순을 선택했다. 명석 부부는 "귀순이라고 돈을 더 주는 것도 아니"었고 전라도 지역은 섬이 많은데 "무인도를 공짜로 준다"는 잘못된 정보를 듣고 광주에 임대아파트를 받았다. 섬에서 조개 양식장을 하려던 생각으로 지역 하나센터에 수소문을 해보았지만 별 뾰쪽한 수가 없었다. 대신 동해안에 어업으로 정착한 탈북민을 소개 받아 광주로 내려온 지 한 달 만에 강원도로 이사를 갔다. "먹고 살아야 되니" 올라온 다음날 잠수 일을 시작해 시험 삼아 작업을 해본 것이 10년이 지났다. 처음에는 한 주에 한두 번 만나는 대문어를 잡는 방법을 배우느라 두어 달 고생을 했다.

강원도로 온지 2년 후 2013년경 작은 배를 샀는데 "배라도 있으면 굶어 죽지는 않겠다"는 생각에서였다. 몇 해 전에는 연안, 그물, 통발 허가를 받은 5톤짜리 큰 배를 샀다. 명석은 잠수부로 적지 않은 나이기 때문에 이제 "물속에서 굳이 고생할 필요 없이" 잠수를 접고 외국인 선원을 고용하여 배를 운영하려던 참에 코로나가 터졌고 올해 들어서는 무릎이 좋지 않아 몇 주째 쉬고 있다. 오랜 세월 같은 일을 하다 보니 "사는 방법"과 "돈 버는 방법"을 터득하여 "일정하게 먹고 살 수 있는 조건"은 마련해 놓았다. 이제 자녀들이 "자기 잘 하는 일"을 찾아 "우리처럼 고생" 하지 않고 "여유롭게 사회에 정착"하는 것이 남은 꿈이다.

3. 준호: '용의 꼬리 보다 뱀의 머리'

북·중 접경에서 멀지 않은 새별군 출신인 준호는 미공급이 시작된 92년 생이다. 11살에 부모님과 함께 큰어머니가 계신 평안북도로 가서 온 가족이 사금 채취를 해서 생계를 유지했다. 3년 뒤 고향으로 다시 돌아온 뒤 준호의 부모님은 북·중 밀수를 시작하면서 형편이 점차 나아졌다. 중국에 들어갔다 나올 때마다 보위부를 챙기면서 금, 동, 토끼가죽, 사슴뿔 등을 중국에 내다팔았다. 준호는 아버지를 따라 "차가 많이 다니고 더운 물도 계속 나오"는 훈춘에 두 번 가본 적이 있었다.

2009년 여름, 준호는 청진으로 나가 6개월 정도 잠수 일을 했다. "돈이 잘 벌린다"는 이야기를 듣기도 했고, 해적이 나오는 허리우드 영화에서 본 바다에 대한 설렘과 궁금증이 있었다. 목선은 혼자 타고 나가면 위험하기 때문에 3인 1조로 움직였고 문어, 해삼, 성게 등을 잡아 장마당에 가서 팔아 쌀이나 돈으로 바꿨다. 고기를 한 마리도 잡지 못하고 돌아오는 날이 있었지만, "한번 나가면 보통 쌀 20-30 킬로" 정도를 버는 날이 더 많았다. 번 돈의 절반은 기름 값으로 사용하고 남은 수익을 동료들과 배분을 했다.

준호의 가족은 농사를 지었는데 집 앞 텃밭에서 소규모로 시작했던 것이 땅을 임대하고 사람을 고용하기까지 이르렀다. 모심기, 김매기, 비료뿌리기, 가을걷이 기간에는 하루 품삯으로 옥수수 7kg씩 주고 일꾼을 고용하는 방식으로 관리했다. 준호는 부모님과 주변 어부들을 통해 북·중 간 밀수 프로세스를 간접적으로나마 경험할 수 있었다. 2010년 7월, B의 아버지가 밀수 일을 하다 궁지에 몰리게 되어 아버지, 동생과 함께 중국을 거쳐 한국으로 들어왔다.

준호의 가족은 하나원 퇴소 후 경북 지역에 있는 한 임대 아파트를 배정받았다. 아버지가 돌아가신 후 2016년부터는 동생과 함께 서울에서 생활해왔다. B는 한국에서 식당, 편의점, 주유소 등 안 해본 아르바이트가 없었다. 한국에서 대학 공부를 따라가기 어려웠지만 동아리, 엠티 등에 참여하면서 점차 학교생활에도 재미를 붙이게 되었다. 2018년 말, 준호는 북한 출신 대학 동창들과 함께 여수로 내려가 배를 타기 시작했다. 당시 기숙학원을 다니는 동생의 학비를 대기 위해서는 돈이 필요했다. 학년이 올라가면서 취업 걱정이 늘어났는데 "바다로 가게 되면 뱀의 머리"라도 될 수 있을 것 같았다. 고기를 잡으면 "바로 판매가 되어 수익이 들어오"는 수산업 구조가 마음에 들었고, 무엇보다 고령화된 수산업 시장에서 생존을 위한 틈새를 만들 수 있다는 판단에서였다.

하지만 바다 생활은 생각보다 녹록치 않았는데 처음에는 멀미 때문에 고생을 많이 했다. 배에서 물때에 맞춰 3시간씩 쪽잠을 자고 육지에 올라오면 동료 선원들과 술을 마시는 일상 사이클에 몸이 상했다. 게다가 사업을 확장하는 과정에서 동료들과 의견 차이가 발생하면서 지난해 남해를 떠나 다시 서울로 올라오게 되었다. 지금은 대학에 복학하여 학업과 주말 농장 운영을 병행하고 있는데, 졸업 전까지 "나만의 비즈니스 모델을 만드는 것"이 목표이다.

4. 민우: '기회는 바다에 있다'

북·중 접경지역 출신인 민우는 북한에서 공장 노동자인 부모님과 생활하는 평범한 학생이었다. 북한에서 바다 일을 한 경험은 없지만 앞마당 텃밭에 옥수수, 콩 농사를 지어보았다. 2008년 삼촌이 탈북하게 되면서 2010년 중국에 먼저 있었던 어머니, 누나와 함께 남한으로 들어오게 되었다. 임대아파트가 있는 용인에서 잠시 거주하다가 대학에 진학하면서 서울로 올라왔다. 민우는 탈북민 전형으로 "대학 진학을 쉽게 하다 보니" 신입생 때부터 공부하기가 힘들었고, 전공도 잘 맞지 않았다고 했다. 휴학 후 유럽과 동남아로 장기 배낭여행을 하고 미국 어학연수를 거쳐 한국으로 돌아왔다.

여행과 어학연수에서 돌아온 민우는 곧장 복학하지 않고 북한 출신 친구들을 따라 여수로 내려가 배를 탔다. "바다에 대한 로망"도 있었고 내려가서 선장들의 생활 수준을 보니 "돈은 바다에 있다" 싶었다. 2017년 7월 선원으로 일을 시작해서 투자를 받아 이듬해 배를 인수해 선장이 되었다. 초기에는 노하우가 없어 고기가 많은 포인트를 찾는 것도 어려웠고 기계 고장이 잦아 고생을 했지만, 여전히 바다에 기회와 가능성이 있다고 보았다. 바다 일은 생소했고 노동 강도도 생각보다 높았지만, 한국 생활 이후 "세금을 받아먹고 살았다면, 이제는 당당히 세금도 내"며 살게 된 것에 자부심을 가지게 되었다.

대학에서는 동기생들과 나이차도 났고 이질감도 느꼈지만, 사회(바다)에 나오면서 만나는 사람들 폭도 넓어졌다. 서울에서는 주로 탈북민 친구들과 시간을 보냈지만, 여수에서는 60-70대 남한 선장들, 베트남과 인도네시아에서 온 외국인 선원들과 자주 어울린다. 바다에서는 "고기를 잘 잡으면 장땡"이기 때문에 나이가 어려도 차별받는 일이 없는 편이다. 대학 생활이 남한 사회에 적응하는데 도움이 되었다고 보았지만, 다시 그때로 돌아간다면 공부보다는 기술을 배웠을 것 같다고 했다. 마지막 학기를 남겨둔 민우는 대학을 나온다고 해서 "좋은 자리에 취직"을 할 것 같지 않지만, 바다에 내려가면 익힌 기술을 활용할 수 있어서 여수로 돌아가는 것을 고려하고 있다.

민우는 서울보다 지방에 더 많은 기회가 있다고 생각했던 것처럼 기회가 된다면 보다 많은 발전 가능성이 있는 동남아에서 살아보고 싶다고 했다. 한국에서는 "구별되는 삶을 살고, 미국에서는 아시안이라고 차별"을 받지만 "동남아는 최소한 그런 일은 없다"고 생각하기 때문이다.

IV. 탈북민의 어업 경험

1. 한국 어촌 사회의 공동화와 탈북민의 적소

배정 받은 임대아파트에 구애받지 않고 해안 지역으로 재이주하게 된 배경에는 남한의 어촌 사회 고령화로 인한 수산업의 위기가 있었다. 오늘날 남한의 어촌은 "임금이 싸고 일을 잘하는" 외국인 선원이 "열에 여덟"을 차지한다. 인터뷰에 참여한 탈북민들은 바다라는 공간은 "바로 판매하여 현금이 들어오는" 자원의 보고이자 "새로운 기회의 땅"으로 묘사했다.

> 바다가 블루오션이고 기회는 아직도 있더라고요. 경쟁력도 있고. 바다 일 하는 사람들 다 고령화되었고 젊은 사람이 없어요(민우와의 인터뷰).
> 인풋이 들어가면 아웃풋이 바로바로 나오는 구조여서 좋았어요(준호와의 인터뷰).

10대 후반까지 북한에서 거주하여 일 경험이 제한적이었던 준호와 민우의 경우, 청년 구직난으로 귀농을 선택했다. 광호와 명석은 북한에서의 일 경험을 살리기 위해 귀어(歸漁)를 결정했지만 그들 역시 한국 사회에서 2차 노동 시장의 열악함이나 좌절을 경험[10]했다는 점에서 공통적으로 한국 사회에서 취업 장벽에 부딪혔다고 볼 수 있다. 명석의 경우 "임대아파트에 의지하지" 않고 "북한에서 배운 거, 내가 현재 잘 할 수 있

---

[10] 탈북민이 남한 사회에서 상대적으로 진입 장벽이 낮은 단순 노무직, 일용직, 서비스직을 비롯한 하위 직종으로 진입하는 경향이 있다. 다만 서비스 직종 종사만이 경력 단절 현상을 상대적으로 적게 경험하는 것으로 나타난다(박성재외 2011).

는 바다 생업"을 찾아 강원도로 왔다. 동해는 서해와 작업 방식, 어족, 조수차, 수심 등에서 차이가 있었지만 "자기 배를 가지고 작업"할 수 있었고 주변에 "같은 탈북민 조력자"가 있어 생각했던 것 보다 빨리 자리를 잡을 수 있었다. 광호도 남한 입국 초기에는 다양한 직종을 거치면서 북한에서의 일 경험을 살리는 것이 좋겠다고 판단했다. 북에서 바다 일 경험이 풍부했던 광호는 '집'보다 '직업'이 중요했기 때문에 동해안으로 오게 되었다. 그는 이러한 과정을 다음과 같이 설명했다.

> 남한의 임대아파트는 다 도시에 밖에 없다보니까, 이건 통일부나 공무원 취지에서 보자면 가장 무탈한 정착일거에요…(중략)…여긴 집이 문제가 아니잖아요. 직업이 문제지. 그런데 집을 먼저 주니까 집을 중심으로 직업을 구하려고 해요. 그렇다보니까 선택의 폭이 좁아질 수밖에 없고……그래서 나는 처음에 집을 안 받으려고 했어요. "도시에 가면 빌어먹을 순 있어도 정착하려면 시골에 가야겠다" 이렇게 생각했어요(광호와의 인터뷰).

그는 바다를 북한에서의 일 경험을 이어가기 좋은 공간으로 파악했을 뿐 아니라, 한국 사회의 연고주의와 '자본의 힘'이 상대적으로 덜 미치는 공간으로 의미화했다. 광호는 아바이 마을에 정착했던 실향민들에게서 동질감을 느꼈는데, "그땐 못 살았지만 땅은 있었다"고 했다. 지금은 예전과 상황은 다르지만 "땅값이 싼 휴전선 부근", "민통선과 같은 빈 땅"은 군사시설보호구역으로 어로가 보호되어 왔기에, '내 배', '내 사업장'을 꾸리기에 적합한 곳이었다. 이렇듯, 분단으로 인해 발생한 공간은 역설적으로 분단의 산물인 탈북 어민에게 삶의 터전을 제공해 주었다.[11]

---

11 바다의 군사 분계선이 있는 강원도 고성 앞바다는 어종 자원이 풍부하며

비슷한 맥락에서 준호와 민우의 경우에도 경쟁이 치열한 도시보다 농어촌이 "돈을 벌기에 좋고", "나만의 비즈니스"를 꾸리기에도 적합한 장소라고 보았다.

임대아파트, 대학교 커뮤니티가 주로 탈북민으로 이루어져 있었던 준호와 민우는 수도권에서의 임대아파트 생활과 비교하면 어촌 마을을 다양한 사람들과 교류할 수 있는 '사회'로 인식했던 것으로 보인다. 민우는 주변 한국 남자들이 군대 이야기를 많이 하는데 "바다 선장들은 군필자가 많지 않아서 군대 갔냐고 물어보는 사람도 별로 없"을 뿐더러 최근에는 외국인 선원들이 많아져서 "우리가 외국 온" 것 같은 생각이 들 정도라고 했다.

광호와 명석의 경우, 북한에서 쌓은 기술과 지식 등 바다 일 경험을 바탕으로 남한 어촌에서 선주이자 선장으로 자리 잡으며 한국 취업 시장에서의 배제와 열세를 극복할 수 있었다. 준호와 민우는 도시 지역의 청년 구직난과 어촌 지역 노동력 부족이라는 한국 노동 시장의 상황이 맞물려 재이주를 결정한 사례이다. 두 그룹 모두 한국 사회에서 신자유주의적 경쟁이 상대적으로 덜 미치는 어촌을 탈북민들이 정착할 수 있는 공간으로 인식했다. "한국 사람들이 고생하면서 돈을 벌지" 않지만 "고난의 행군에서 살아남은" 북한 출신자들은 거칠고 고된 일을 이어가며 바다를 노동 적소(labor niche)로 만들어 갔다.

2. 연결 혹은 단절된 어업 경험

연구참여자들의 현재적 경험은 과거의 경험과 연결되거나 단절되어 있었다. 탈북 어업 종사자들의 남한 서사는 종종 북한의 바다 환경과 경험

매년 4월부터 10월까지만 저도어장을 개방하고 그 외 시기는 통제한다.

이 비교 대상으로 등장하기도 했다. 날씨가 허락해야 조업을 나갈 수 있고 육지에 올라와 함께 나간 동료들과 수익을 배분하는 조업 과정과 구조는 남북한이 유사한 면이 많았다. 군이나 외화벌이 기지 등 국가 기관에 소속 되었거나 생계를 위해 뛰어들었건, 북한에서 익힌 고기잡이 기술, 배 위 또는 물속에서의 몸의 감각, "돈을 더 벌기 위한" 수완은 남한에서의 어업 활동에 긍정적인 영향을 준 것으로 확인된다.

연구참여자들의 남한과 북한의 조업 상황을 비교하는 내러티브에서는 '현대화'로 의미화되는 한국과 '노후화'된 북한으로 위치지워지기도 했다. 준호는 청진 앞바다에서 주로 목선을 타고 조업을 했는데 고기를 한 마리도 못 잡는 날도 있었으며 기름이 없어서 조업을 나가지 못한 날도 많았던 것을 기억했다. 북한에서는 그물을 내리고 올리는 것이 수작업이었고, 노후된 콤프레스(기름 넣는 장비)에서 나오는 매연에 목이 잠기기도 했다. 북한에서는 어업 허가가 체계화되어있지 않아서 일단 허가를 받으면 파도와 강풍에 취약한 쪽배를 타고 먼 바다로까지 나가는 경우도 있었다. 북한 동해안 출신인 영우와 민식에 따르면, 북한의 동해안 일부 어촌에는 쪽배를 타고 오징어잡이를 나가 죽은 사람들이 많아서 과부촌이 형성되어 있다고 한다. 여기에는 동해 바다 조업권을 사들인 중국 어선에 밀려 북한 배들이 먼 바다로 밀려 갈 수밖에 없는 척박한 현실이 있었다.[12] 남자들이 배를 타고 나갔다가 "한 달 정도 돌아오지 않으면 죽었다"고 생각해야 되는데 쪽배에는 "무선기와 같은 장비가 없어서 침몰하면 아무도 모를 정도이다.

남한에서의 조업 환경은 현대화되어서 상대적으로 덜 위험하지만

---

[12] 2004년 북중 어업 협정 이후 북한 수역으로 입어하는 중국 어선이 증가하기 시작했으며 북한 당국은 중국 장금천무역회사에게 동해 오징어 어획권을 승인했다(최영진 2021).

대신 큰 배를 타고 나가 장기간 머물기 때문에 오히려 노동 강도도 상당한 편이다. 근해로 나가게 되면 주로 선단 작업을 하면서 무전기로 서로 소통하며 협업을 진행하기 때문에 위험한 상황을 모면할 수 있다. 남한에서의 바다 조업 풍경은 "기계식이라 위험한 상황은 덜하지만 바다 쓰레기가 그물에 걸리는" 날이 많고 단속하는 사람도 없다.

하지만 남한 바다 일은 다른 어려움이 있었는데 광호는 남한의 어촌계와 조합(수협)의 힘이 강하다고 보았다. 배를 구입할 때 은행 대출을 받거나 배를 등록해야 되는데 이때 조합의 텃새가 있다는 것이다. 조합이 공동 바다에서 어업권을 행사하기도 하고 양식장을 내려면 조합의 동의가 필요한데 외지인들에게는 이 문턱이 상당히 높은 것으로 보인다. 북에서의 조업은 상급 기관을 "고이고 챙겨야" 했지만 판로 고민은 없었다. 반면, 한국에서는 "또 다른 권력의 힘"이 작동하는데 남한에서는 어업 허가에서 판매까지 조합의 힘이 미치지 않는 곳이 없어서 또 다른 어려움에 직면한다. 명석 역시 조업 중 크고 작은 갈등 상황에 부딪히며 "그 고장에서 태어나지 않은 외지인"이라 각종 송사에 휘말렸는데 "같은 한국 사람이었으면 받지 않았을" 취급을 받았다고 했다.

탈북 어업 종사자들은 "젊은 사람들이 없는" 어촌 이주 이후 "탈북민 특유의 의지력"으로 자리를 잡을 수 있었지만 어촌 계원의 자격을 얻어 어촌 사회에 진입하는 것은 또 다른 차원의 문제였던 것으로 보인다. 북한에서의 풍부한 어업 경험을 활용하여 조업 현장을 북한과 남한을 연결시키며 장소화할 수 있었지만 남한 혹은 어촌 사회에서 구성원으로 정체화하지는 못한 것으로 해석할 수 있다. 대신 몇몇 탈북 어민 가족끼리 작고 느슨한 커뮤니티를 만들어 서로 도움을 주기도 한다. 명석이 정착 초기에 북한 출신 '선배'에게 도움을 받았던 것처럼 '후배' 탈북민들이 "시행 착오가 없"도록 가르쳐서 정착을 도운 것이 일곱 가정에 이른다.

저희가 여기서 큰 형이었으니 저희가 다 키워서 내보낸 자식 같아요. 이제 그분들이 가족이 생기고 지금은 마음 맞는 사람끼리 세 집 모이는데 명절에 모이긴 해요.

북한 사람들은 "목숨까지 내놓고 가족을 위해 희생"을 하기 때문에 "제 집을 갖고 먹고 살 수 있을 정도까지" 되었다. 명석은 "대도시에 있었다면 기초수급이나 최저임금을 받았"겠지만 이제는 하나원에서 정착 경험을 교육할 정도의 '정착 성공 사례'가 된 것에 자부심을 느끼기도 했다.

V. 젠더화된 노동 적소

연구참여자들이 바다를 삶의 터전으로 선택한 배경에는 한국 어촌의 노령화와 공동화의 가속이 있었다. 한국의 분절적 노동 시장과 직업 시장 진입 장벽이 교차하는 가운데 연구참여자들은 '어촌'이라는 적소에서 정착했다. 준호와 민우의 사례가 한국 청년 세대의 귀농·귀어 현상과 그 궤를 같이 한다면, 광호와 명석의 사례는 북한에서 축적된 일 경험을 남한에서 활용한 것이며 북한에서의 장소 감각과 노동 경험을 연결하여 활용하는 특징을 보여준다.

북한에서 장기간 부업선 운영을 했던 광호는 군대 수산기지에서 파도, 수심 등 몸으로 익혔던 바다 감각과 체력, 잠수 기술, 판매 경험을 바탕으로 조업과 사업을 확장해갔다. 명석 역시 서해 외화벌이 기지에서 했던 경험을 살려 가장 잘 할 수 있는 일에 도전하여 '한 우물'을 팔 수 있었다. 광호와 명석 모두 북한의 국영 수산 부문에서 인맥과 뇌물이라는 국가의 힘과 개인 장사라는 민간의 자율성 사이에서 쌓은 일 경험은 남한에서도 유용했다. 그들은 한국 입국 초기 가장으로서 가정의 생계를 제대로 부양하지 못했던 자신과 바다 일을 통해 "가정을 먹여 살리는" 스스로를 대비시키며 현재 '정착 모범 사례'가 됨으로써 '아버지'이자 '가장'으로서의 남성성을 회복할 수 있었다.

준호는 북한에서의 일과 남한에서의 바다 일을 비교한다면, 배 사이즈부터 조업 방식까지 다른 점이 많아서 과거 일 경험이 그다지 유용하다고 생각하지는 않지만 그래도 북한에서의 밀수 과정을 보고 자란 경험이 컸다고 평가했다. 부모님의 밀수를 도우며 유통 감각 또한 키울 수 있었다는 것이다. 북한에서 비공식 부문에 종사한 경험은 남한의 자본주의적 경제 활동에도 긍정적인 영향을 미치는데,[13] 결국 북한에서의 일 경험과 생존 전략은 남한 입국 이후 사회경제적 임파워먼트로 이어지는 것으로 볼 수 있다. 준호와 민우는 '용의 꼬리보다 뱀의 머리'가 낫다는 생각에서 귀어를 결정했으며 "이전에는 세금을 받는" 수혜자였다면 "이제는 세금을 내"는 시민으로 스스로를 정체화하게 되었다.

연구참여자들은 모두 남성이었는데 이는 일정 부분 어업 부문의 이분법적인 성별 분업 구조에서 기인한다. 남북 모두 공통적으로 '여성의 일과 남성의 일' 구분이 뚜렷한 편이다. 예를 들어, E는 고기잡이는 남성의 일로, 잡은 고기를 그물에서 뜯어서 유통하는 것은 여성의 일로 보았다.[14] 다른 연구참여자들도 대개 "바다 일은 남자가 하고 여자들은 꾸려서 말리고 파는" 일을 한다고 전했다. 남한에서도 이러한 사정은 비슷하다. 여성이 배를 타는 경우는 찾아보기 힘들고 부부가 작은 배를 함께 운

---

13 북한에서 경제활동을 한 사람들 가운데 특히 시장 경험은 남한 노동 시장에서도 경제적 적응력을 유의미하게 높인다(김화순 2014).

14 바다일 하는 여자 없어요. 여자 태워 나가면 재수 없다고. 여자는 장사해 먹고 살아야죠. 또 배가 들어오면 (그물에 걸린) 고기 뜯어요(D와의 인터뷰).

영하는 경우가 더러 있다. 수산물 위판장에서 여성들이 중매, 경매, 포장을 맡는데 이는 북한에서 '꾸려서 파는' 일에 속한다.

일반적으로 노동 시장에서 가장 꺼려지는 직업은 가장 주변화된 집단에게 돌아가고 이는 젠더, 에스니시티 등에 따라 구분된다(Waldinger & Lichter 2003). 현재 속초 지역에 탈북민들이 들어와 어업에 종사하는 최근 현상은 젠더화된 에스닉 노동 적소(gendered ethnic labor niche)가 형성되는 단초로 볼 수 있다. 필리핀 이주 어민들은 아버지 노릇, 경제적 공급, 가정을 위한 희생이라는 '바람직한 남성성'을 구축함으로써 글로벌 노동시장에서 고된 노동을 견디고 인종적 그리고 계층적 취약성을 극복함으로써 젠더화된 에스닉 적소를 만들어갔다(McKay 2007).

광호와 명석의 경우, 북에서 남으로, 그리고 배정 받은 임대아파트에서 바다로 재이주하는데까지 생계부양자로서의 책임이 작용했다.[15] 광호는 인터뷰 내내 "남자라면 하루 세 끼 먹을 쌀을 마련"해야하며 강한 생활력으로 "여자를 고생시키지 않"아야 된다는 점을 강조했다. 그는 "아버지로서 가족을 먹여 살려야 된다"는 책임감으로 날씨가 허락하는 한 매일 바다에 나가 고기를 잡으며 북한에서 구축한 '남성 세대주'로서의 남성성을 남한에서도 유지할 수 있었다. 명석의 구술 또한 "가족을 위해" 희생하는 아버지로서 젠더화된 남성성을 잘 보여준다.

> 북한 사람들 가부장적인 게 쎄요. 여기 사람들보다. 내가 벌어다 주든 못주든, 우리 같은 사람들 더 하거든요. 제가 살아생전에 아빠 돌아가시기 전에 엄마가 같이 일은 했어도 험한 일은 안 시켰어요……자식으로서 아빠 살아온걸 봤으니까 내가 여자한테 힘든 일 지우는 것은

---

[15] 가장이 일차적 이동자(primary mover)의 역할을 하는 것은 글로벌 가족 이주에서 흔히 나타나는 현상이다(이수정 2020).

집안에 남자로서 할 수 없는 그런 거죠. 내가 죽어 자빠진다면 모르겠는데.

이는 "한국 70~80년대 아버지"처럼 '세대주'로서의 역할, "남한 사람들이 마다하는 험한 일"을 도맡아 하는 "고난의 행군에서 살아남은 강자"라는 자아 인식, 그리고 "기초수급자가 아닌 자가 배와 집을 마련"한 '정착 성공사례'로 스스로를 재위치시킴으로써 한국 사회에서 차별로 손상된 남성성을 재구성하는 일종의 '인정투쟁'으로 볼 수 있다(호네트 1996, 150).

VI. 나가며

이 글은 탈북민의 국내 재이주 과정에서 남한의 노동 시장의 니즈, 북한에서의 일 경험, 이동하는 행위주체의 '장소' 만들기가 교차하는 지점에 주목하였다. 연구참여자들은 도시 지역의 구직 경쟁과 어촌 지역의 노동력 공백의 상황에서 남한 입국 이후 또 다른 가능성을 찾아 연속적으로 이주를 감행하는 모습을 보여주었다. 탈북민의 이주와 정주는 현재적 시점에서 과거를 재해석하고 한국 사회와 상호작용을 하면서 노동 현장을 끊임없이 의미 있는 장소로 재구축하는 과정이라고 할 수 있다. 이 과정은 북한이라는 공간에서 '이탈'되지 않은 상태에서 한국 사회에 뿌리를 내리는 시도이기도 하다. 탈북민은 북한을 떠나 남한에서 생활하지만 '남'과 '북'의 경험이 함께 장소화된 트랜스로컬적 주체들이라고 할 수 있다.

탈북민의 이주, 정주, 그리고 일 경험은 '더 나은 삶'을 위해 복합적인 욕망들 사이에서 협상하며 이동하는 주체의 장소 생산을 보여준다. 이주 주체들의 '장소 만들기' 과정은 한국 사회에서 '당당하게 한 몫'을 담당하는 사회 구성원으로 위치하기 위한 인정투쟁이다. 동시에 이들의 이동과 뿌리내림은 분단체제와 신자유주의 체제가 절합된 한국 사회에서 '탈북민'으로 생존하기 위해 '빈 공간'을 찾는 과정이기도 하다. 분단체제로 인해 '탈북민'으로 호명되면서 부여받는 경제적 지원이 존재하지만, 남한이라는 신자유주의 경쟁 사회는 탈북민에게 발 디딜 틈이 없는 무장소성(placelessness)을 경험하게 하기 때문이다. 따라서 바다 (일)로의 회귀는 북한에서의 일 경험을 '살리기' 위한 노력이자, '새로운 가능성'의 장소를 능동적으로 찾아나서는 기획이라고 할 수 있을 것이다. 이 가운데 탈북민의 어업 경험에서 드러나는 '젠더화된 노동 적소'의 가능성은 남한 노동 시장의 상황, 남과 북을 연결하고 단절하는 경험, 탈북민의 주체적인 노동의 조우를 통해 가능한 것이었다.

따라서 탈북민을 국가의 배치를 무조건적으로 수용하는 수동적인 집단이 아니라 자발적으로 정보를 수집하고 이동을 협상하는 능동적인 주체로 다시 위치시킬 필요가 있다. 탈북민이 남과 북의 경험을 조율하면서 노동 현장을 의미 있는 장소로 만드는 과정은 개개인이 보유한 북한에서의 교육과 일 경험, 기술 및 자격이 남한에서도 유용하게 활용될 수 있다는 점을 시사한다. 탈북민 내부의 다양한 배경 및 경험과 그 특성에 대해 보다 맥락적으로 이해한다면 탈북민을 동질적 집단이라는 전제하에 시행되는 취업, 정착 지원 시스템에 유의미한 함의를 도출할 수 있을 것이다.

참고문헌

김석진. 2015. "2015년 상반기 북한 시장과 사경제 동향."『KDI 북한경제리뷰』 2015년 8월호, 52-61.
김성경. 2014. "분단체제가 만들어낸 '이방인', 탈북자."『북한학연구』제10권 제1호, 37-69.
김종원. 2019. "북한이탈주민의 재이주: 남한주민의 정치 인식을 중심으로."『글로벌정치연구』제12권 1권, 41-65.
김화순. 2014. "북한 일유형이 남한에서 탈북이주민 고용에 미치는 영향."『통일정책연구』제23권 1호, 1-40.
남북하나재단. 2021.『2020 북한이탈주민 정착실태조사』. 서울: 남북하나재단.
마이클 새머스, 이명민 외 옮김. 2013.『이주』. 서울: 푸른길.
모춘흥·이상원. 2019. "타자와의 조우: 북한이탈주민의 존재성과 분단체제의 현실 이해."『문화와 정치』제6권 제1호, 93-121.
박성재외. 2011.『북한이탈주민의 직업변동 및 취업지원제도 평가』. 서울: 한국노동연구원.
박태행·최민섭. 2016. "북한이탈주민의 주거 이전 동기에 관한 실증연구: 수도권 거주자를 대상으로."『한국주거환경학회』제14권 1호, 231-247.
신진. 2010. "일자리창출과 북한이탈주민 지원방안."『통일문제연구』제22권 2호, 69-97.
이금순. 1997. "여성이주자의 사회적응과정연구: 북한이탈주민 사례를 중심으로."『통일연구』제1권 2호, 191-234.
이수정. 2020. "'탈북자'에서 '사회적 가장'으로: '젠더화된 초국적 이주'의 관점에서 살펴 본 영국 거주 북한이주남성들의 이주 경험과 사회 활동의 의미."『현대사회와 다문화』제10권 2호, 177-213.
이수정. 2017. "'탈북자 심리'의 문화정치: 분단정치와 신자유주의적 통치의 절합."『현대북한연구』20권 2호, 310-356.
이영민. 2012. "한국인의 교육이주와 트랜스로컬 주체성: 미국 패어팩스 카운티를 사례로."『한국도시지리학회지』제15권 1호, 1-16.

이진석. 2020. "북한이탈주민의 취업지원제도 개선에 관한 연구." 『통일전략』 제20권 3호, 117-157.

이지영·최경원. 2021. "북한이탈주민 직장적응 실태 분석과 제언." 『대한정치학회보』 제29권 1호, 55-87.

이희영, 2010. "새로운 시민의 참여와 인정투쟁: 북한이탈주민의 정체성 구성에 대한 구술 사례연구." 『한국사회학』 제44집 1호, 207-241.

전우택·유시은·엄진섭·김희진. 2009. "북한이탈주민의 사회적응 7년 추적 연구: 생활과 교육을 중심으로." 『통일연구』 제13권 1호, 127-157.

천경효. 2018. "Site for Multivocality: Locating Overseas North Korean Defectors." 『통일과 평화』 제10권 2호, 363-395.

최영진. 2021. "환동해 어업의 지형 변화: 중국어선의 동해 진출이 어업생산과 고용 및 생존 위협에 미치는 영향." 『KSFBA』 52권 1호, 1-22.

최윤형·김수연. 2013. "대한민국은 우릴 받아줬지만, 한국인들은 탈북자를 받아준 적이 없어요." 『한국광고홍보학보』 제15권 3권, 187-219.

최정호·박선미. 2013. "북한이탈주민 거주지 분포의 특성과 영향 요인." 『한국도시지리학회지』 제15권 3호, 71-85.

최정호·박선미. 2014. "북한이탈주민의 사회연결망 특성이 거주지 선택에 미친 영향." 『한국도시지리학회지』 제17권 2호, 83-98.

통일부. 2021. "북한이탈주민 현황."

https://www.unikorea.go.kr/unikorea/business/NKDefectorsPolicy/status/lately/(최종검색일: 2022년 4월 30일).

Anderson, Jon. 이영민·이종희(역), 『문화.장소.흔적』 서울: 한울아카데미, 2010.

Honneth, Axcel 저. 문성훈·이현재 역. 1996. 『인정투쟁, 사회적 갈등의 도덕적 형식론』. 파주: 동녘.

Lefebvre, Henri 저. 양영란 역. 2011. 『공간의 생산』. 서울: 에코리브르.

Tuan, Yi-Fu. 1977. 구동회·심승희 역, 『공간과 장소』. 서울: 도서출판대윤, 2011.

Ahmed, Sara. et al. eds. 2004. *Uprootings/Regroundings*. Oxford: Berg,

Aravot, Iris. 2002. "Back to phenomenological placemaking." *Journal of Urban Design* (72): 201-212.

Campelo, Adriana. et al. 2014. "Sense of Place: The Importance for Destination Branding." *Journal of Travel Research* 53(2): 154~166.

Clifford, James. "Traveling Cultures." *The Cultural Geography Reader.* London: Routledge, 2008.

Glick Schiller and Caglar. 2009. "Towards a Comparative Theory of Locality in Migration Studies: Migrant Incorporation and City Scale." *Journal of Ethnic and Migration Studies* 35(2): 177-202.

Irving, Brook Alys. 2009. *The Rhetorical Dimensions of Place-making: Texts, Structures, and Movement in Atlantic Station.* M.A. Diss. Georgia State University.

Massey, Douglas S., Joaquin Arango, Graeme Hugo, Ali Kouaouci, Adela Pellegrino and J. Edward Taylor. 1993. "Theories of international migration: a review and appraisal." *Population and Development Review* 19(3): 431-466.

McKay, Steven C. 2007. "Filipino Sea Men: Constructing Masculinities in an Ethnic Labour Niche." *Journal of Ethnic and Migration Studies* 33(4): 617-633.

Portes, Alejandro and Robert L. Bach. 1985. *Latin journey: Cuban and Mexican Immigration in the United States.* Berkeley: University of California Press.

Sassen, Saskia. 1996. "Toward a Feminist Analytics of the Global Economy." *India Journal of Global Legal Studies* 4(1): 7-41.

Waldinger, Roger. 1996. *Still the Promised city? African-Americans and New Immigrants in Postindustrial New York.* Cambridge, MA: Harvard University Press.

Waldinger, Roger. 2008. "Between "Here" and "There": Immigrant Cross-Border Activities and Loyalties." *International Migration Review* 42(1): 3-29.

Waldinger Roger. & Michael Lichter. 2003. *How the Other Half Works: Immi-*

gration and the Social Organization of Labor. Berkeley, LA and London: University of California Press.

Min, Zhou. 1992. *Chinatown: The Socioeconomic Potential of an Urban Enclave*. Philadelphia: Temple University Press.

제12장
탈북자 송금은 북한사람들을 어떻게 변화시켰는가?

김화순 (성공회대학교 민주자료관 연구교수)

I. 문제의 제기

2000년대 이후 20여 년간 한국에 거주하는 탈북민들이 북한에 있는 가족에게 지속적으로 송금해오면서 송금의 규모나 방법에 대한 관심이 커져왔다. 그간 학계에서는 탈북자의 송금실태나 송금네트워크에 관한 관심이 커지면서 남과 북을 잇는 송금네트워크의 형성과 구조에 관한 연구를 비롯한 송금논문들이 지속적으로 출간되어왔다(김화순, 2017; 정은이, 2017; 이지연, 2019; 김경렬, 2021; 최희, 2021).

정은이(2017)는 송금시스템 연구에서 탈북민 송금네트워크가 독자적인 경로가 아니라 1990년대 중반이후부터 형성된 북-중 간 경제협력에 기반을 둔 신뢰네트워크를 활용한 이관시스템에 기반하고 있다는 점을 밝혔다.[1] 이지연(2019; 222)은[2] '송금'이라는 매개는 한국에 온 탈북

---

[1] 정은이, "북·중 간 비공식 송금시스템의 생성과 발전 – 탈북자 송금을 중심으로", 『동북아경제연구』, 제29권 4호, 2017.

[2] 이지연, "탈북민의 북한 가족 송금의 수행성과 분단통치성". 『경제와 사회

민과 북한에 있는 가족 간의 상호작용을 통해 도덕적 감정과 가치가 실현되는 지점이며, 송금은 남과 북에서 이중적 의미를 지닌다. 즉, 북으로 송금된 돈은 자본의 성격으로 전화(轉化)하지만, 남에서 탈북민의 송금은 안보를 저해하는 요인으로 관리대상이 된다. 이처럼 탈북민의 송금행위는 남과 북에서 이중적으로 작동하면서 탈북민의 사회적 위치를 각기 재구성한다. 정은이(2017)는 북중관계가 지닌 이관시스템을 활용한 탈북자 송금의 보편적 성격에 주목한 반면, 이지연(2019)의 연구는 "남한과 북한 사이에 낀 위치성에서 탈북민들이 북한 가족에게 하는 송금의 과정과 그 효과를 해석하는 데 초점을 맞춘"연구라는 점에서 일반 이주민 송금연구와 차별화된다.

이 연구는 김화순(2017)의 송금 연구[3]의 후속연구로서 북한사회에 미치는 탈북자 송금의 영향력을 이해하기 위한 전단계의 탐색적 연구이다. 2017년 김화순의 연구가 탈북자 초국적 송금행위네트워크가 어떻게 형성되어 가는지를 주제로 하였다면, 본 저술은 2014년에 수집된 동일한 자료를 기반으로 북으로 송금된 돈은 어떻게 사용되며 북한 내부에서 구성원 행위자들의 행동양식이나 의식에 일으키는 미세한 변화의 양상과 내용은 무엇인지를 규명하고자 한다. 본 연구에서 탈북자는 북한을 떠난 북한출신 주민을 가리키며, 탈북민이라는 용어는 한국에 입국하여 대한민국 국적을 취득한 북한출신 주민을 가리킨다.

일반적인 국제이주 경험연구에서는 송금이 거치는 보편적인 단계에 대해 '생계유지 → 과시적 소비 → 생산투자'의 세 가지 단계를 거친

2019. 12. p.221.

3 김화순, "분단의 경계를 넘는 초국적 송금네트워크의 형성". 『인문사회 21』, 8권 5호, 2017.

다고 보는데,[4] 폐쇄적인 북한사회의 경우에도 해외 이민자 송금의 발전단계와는 같은 경로를 거칠 것인가? 아니면 북한 특수한 경로를 구성할 것인가? 북한에서 송금받은 돈을 실제로 어떻게 사용하는지에 대한 연구가 거의 이루어지지 않았다. 이 연구는 기존연구와 달리 국내에 정착한 탈북민들의 송금 혹은 해외 탈북자들의 송금이 북한사회에 어떤 영향을 미치는지 이해하는 것을 목적으로 한다. 이를 위해 분단체제에서 남북의 행위자들이 송금을 매개로 어떻게 상호작용하는지를 규명하고, 이 연구는 북한 내부에서 송금이라는 행위자가 어떻게 작용하면서 북한사람들과 사회를 변화시키고 있는지를 파악하고자 하였다. 내용은 2~4절으로 구성되며, 제2절에서는 남에서 송금을 한 사람들의 이야기와 송금을 받은 사람들이 어디에 썼는지를 기술한다. 제3절에서 북한내부에서 송금의 사용단계와 송금이 어떻게 변화시켰는지를 분석하였다. 4절에서 결론으로 향후 송금의 발전방향을 전망해보았다.

이 연구의 의의는 주로 송금네트워크나 시스템에 한정되었던 송금 연구의 범위를 북한 내부에서 벌어지는 일에 초점을 맞추어 조명하였다는 데에 있다. 그러나 이 연구는 탈북자 송금이 북한사회에 미치는 영향에 대해 북한거주 탈북자 가족과 주변인들에게 나타난 의식변화의 일단

---

[4] Massey et al. 1999, "Imagining globalization: Power-geometries of time-space", in Glabal Futures, Migration, Environment and Globalization, A, Brah, M.J. Hickman and M. Macan Chaill(eds), Basingstocke, Macmilan, pp. 27-44.; Nyberg-Sorensen et al. 2002, The Migration-Development Nexus: Evidence and Policy Options, Geneva: International Organization for Migration Research Series 8.; Stark 1991. The Migration of Labor, Cambridge, MA: Blackwell.; Vertobec, Transnationalism (New York: Routledge, 2009).

을 기술하는 데 그치고 있어, 북한 사회로의 파급의 수준이나 정도는 알 수 없었다. 단지, 탈북자 가족들의 송금사용처와 송금으로 인해 초래되는 가족관계의 변화, 지역주민과의 상호작용, 보위부나 보안원의 감시망을 뚫는 과정에서 생기는 여러 가지 사건들과 탈북자 송금이 초래하는 지역사회의 변화가능성 등을 언급하였으나 자료수집의 제약 등으로 인해 깊이 기술하지 못한 점은 이 연구의 한계로 남아 있다.

본 연구는 이러한 침투성 초국가적 활동의 구체적 형태의 하나로 볼 수 있는 송금행위가 북한사회에 어떤 변화를 초래할 것인가에 대한 탐색적 사례로 다음과 같은 연구문제를 중심으로 연구하였다.

- 탈북자 가족이 받는 송금이 속한 지역사회에 일으키는 변화에는 무엇이 있는가?
- 북한에서 송금은 어떤 과정과 단계를 밟아 발전해 나가는가? 북한의 경우에는 일반적인 국제이주 경험에서 발생하는 보편적인 단계(생계유지 → 과시적 소비 → 생산투자)와 다른 특수성이 있는가?
- 이 연구에서는 탈북자 가족이 자신이 속한 지역사회에서 송금을 어떻게 사용하는지 살핀다. 단지 생계유지차원에서 소비가 이루어질 것인가? 시장활동의 자금으로 투자된다면 그 양상은 어떠한가?
- 탈북자 송금이 뇌물로 사용되는 경우는 어떤 경우인가?

연구자는 2014년 7월~11월까지 약 넉 달 동안 열여섯 명의 연구참가자들을 인터뷰하고 자료를 수집하였다. 국내에 거주하는 탈북자들을 먼저 면접하고, 2014년 7월 29일부터 8월 9일까지 중국 장백지역과 연길시를 방문하여 그곳에서 북한을 다수 방문했던 경험을 가진 조선족과 중국에 거주하면서 '북한과 한국'사이를 연계하는 역할을 해온 탈북자 출신의 송금중개인, 중국에서 북한에 직접 물건 등을 들여보내는 일을 하고 있는 탈북자들을 만났다. 이 저술에서 주로 사용한 인터뷰 녹취록은 여섯 명인데, 한국에서 송금을 보낸 사람 두 명, 한국과 북한의 송금중개인 두 명, 북한에서 송금을 받는 사람 두 명의 총 여섯 명이다.[5]

II. 송금을 매개로 한 남북 행위자의 상호작용

1. 남측에서 송금을 보낸 두 여성의 이야기

제2절에서는 식량난민의 전형인 전미연 씨와 시장화세대를 대표하는 최장군 씨, 두 탈북여성의 삶을 통해 이들에게 송금이 지닌 의미와 송금동기 및 방법을 비교해보고 그들이 보낸 송금이 북한에서 어떻게 사용되었는지를 중심으로 기술하였다.

1) 전미연 씨,[6] 아픈 몸으로 북한의 온 가족을 먹여살리다

"내라도 오지 않았으면 너네를 나 죽였겠구나!"(선미연 씨)

전미연 씨는 가녀린 몸과 예민하고 감정이 풍부한 여성으로 나이보다 훨

---

[5] 2014년에 수집한 총 16명의 자료 중에서 본 저술에서 주로 사용한 여섯 명의 인적사항은 다음과 같다. 송금의뢰인: 최장군(여, 40대, 장사), 전미연 씨(여, 50대); 송금중개인: 정똘남(한국중개인, 남, 20대), 정수남(북한중개인, 남, 20대); 송금을 받은 자: 정재일 씨(남, 40대, 재일교포), 만달라(남, 50대, 부친이 남한출신 적대계층) 등
 ※본 연구에서 사용되는 연구참가자들의 이름은 연구참가자들에 대한 연구자가 받은 인상을 토대로 하여 임의로 작명한 가명임을 밝힌다.

[6] 전미연 씨, 50대 여성. 임시직.

씬 젊어보이는 여성으로, 나는 그녀를 처음 보았을 때 50대라고 생각지 못하였다. 미연 씨는 자신의 인생을 한마디로 이렇게 평한다. "몸은 아프고, 도와줘야 할 식구는 아른거리고, 정말 그러고 살은 거지." 그녀는 북한의 온가족을 먹여살리기 위해 아픈 몸을 끌고 쉴 새 없이 최선을 다해 일했다. 그녀는 "내라도 (한국에) 오지 않았으면 너네들(북한 가족들) 다 죽었겠구나!"라고 말하면서 한국에 온 것을 다행이라고 생각한다.

전미연 씨는 북한에서 사무원이었던 아버지 밑에서 6남매 중 둘째로 출생하였다. 할아버지 대에 지주계급이었던 토대로 인해 그녀는 대학 진학을 하지 못하고 황해도의 기계공장을 배정받아 노동자로 일했다. 그 후 전미연 씨는 결혼하여 아들 둘을 낳았는데, 식량난 당시 굶주림으로 아들 하나가 사망하기에 이른다. 아들이 죽던 당일 점심을 주지 못했던 일이 전미연 씨에게는 평생의 한으로 남았다. 그 후 가족들을 어떻게든 밥을 먹여야 한다는 게 그녀에게 사명이 되었다. 그녀는 북한에서 장사하다가 1998년 탈북하여 중국으로 가게 되었는데, 하늘의 도움인가 싶게 중국 백화점 매대를 하나 얻을 수 있었다. 중국에서 그녀는 돈을 쥐자마자 아들을 위해 북한의 전남편에게 두 차례에 걸쳐 1만 4,000위안이라는 큰돈을 송금하였다.

탈북 8년만인 2006년에야 전미연 씨는 한국에 입국하게 되었다. 선천적으로 몸이 약했던 그녀는 일하다 몇 번이나 쓰러져 입퇴원을 반복했지만, 계산원 등 임시직으로 생계를 유지해오면서도 그녀는 가족에게 송금을 보내는 일을 포기하지 않았다. 그녀가 2009년부터 2014년 현재까지 북한의 아들과 형제들에게 보낸 돈은 한화로 근 3,200만 원에 달한다.

그간 한국에 온 미연 씨가 북한의 가족을 위해 송금하는 구체적인 과정은 이러하다. 전미연 씨는 2006년에 한국에 온 후 3년이 지난 2009년도에야 용기를 내어 송금을 다시 시작하게 된다. 혹여라도 한국의 송금을 받다 가족들이 어려운 입장에 처할까하는 우려 때문이다. 그녀는 량강도 지역에 거주하는 한 송금중개인과 지속적으로 거래해왔다. 그럼에도 불구하고, 전미연 씨가 한국에 온 이후 아들에게 세 번의 송금을 하는 동안, 단 한 번도 아들의 목소리를 들을 수가 없었다. 돈을 보내도 "어머니 돈 잘 받았습니다. 감사합니다."하는 말 한 마디조차 듣지 못하였다. 과연 송금이 제대로 전달되었는지 알 수조차 없으니 미연 씨의 속은 까맣게 타들어갈 뿐이었다.[7]

그렇다면, 왜 전미연 씨는 송금중개인을 바꾸지 않았을까? 전미연 씨는 이를 '송금중개인 길들이기'를 위해서라고 설명한다.[8] 그녀는 혜산에 사는 송금중개인과 인연을 맺으면서 불만이 컸지만 그와의 오랜 인연을 이어가고 싶었다. 중개인에게 항의, 다른 송금선으로 바꾸겠다는 협박 그리고 힘겨루기 끝에 간신히 그녀는 아들과 '감정이 담긴 긴 통화'를 하기에 이른다. 이제 그녀는 북한의 가족들이 사는 형편을 알 수 있게 되어서 만족스럽다.

전미연 씨가 가족들에게 송금을 하였으나 지난 16년 동안 지속적으로 가장 많은 송금을 보낸 사람은 역시 자신의 사랑하는 아들이다. 아들은 엄마가 보낸 돈으로 장가도 갔고, 며느리의 장사밑천도 만들어주었다. 이제 전미연 씨는 한국에서 자신이 얼마나 어렵게 돈을 버는지 아들

---

[7] "당신네들 정말 1년에 한 번 돈을 제대로 받아갔는지 속이 새카맣게 타고. 우리 심정 당신네들 생각은 해봤냐고. 당신네들은 여기서 돈 보내면 앉은 자리에서 다 딱딱 하지 않느냐. 전화 몇 마디 도와주고 돈 벌이를 하지 않느냐…" 전미연 씨와 송금중개인과의 전화통화 구술 중 전미연 씨의 이야기.

[8] "이번엔 아줌마, 아들에게 돈 무조건 이 금액 주세요. 제대로 해준다고 해줘야 그 선을 그대로 쓰고 아니면 바꿀 거예요." 전미연 씨와 송금중개인과의 전화통화 구술 중 전미연 씨의 이야기.

이 자신의 노고를 알아주었으면 한다.[9] 돈이 떨어진다 싶으면 엄마에게 바로 손을 내미는 것을 아들이 자제해주기를 바라는 마음이다. 그래서 미연 씨는 아들에게 전화로나마 엄마가 보내는 돈이 어떤 의미인지에 대해 자주 이야기한다. "그 돈이 어떻게 벌리는 줄 알아? 내가 아침부터 8시에 나가서 밤 10시까지 일해야 100만 원이야."

전미연 씨가 돈을 보내야 하는 북한의 가족은 아들 외에도 많다. 북한의 여동생에게 세 번의 송금을 보내주었는데, 여동생은 미연 씨가 보낸 돈을 장사밑천으로 국수와 빵을 만들어 파는 장사를 한다. 그러던 2012년 어느 날 여동생은 미연 씨에게 냉장고를 사달라는 발칙한 요구를 하였다. 전미연 씨는 동생의 요구에 이제 '간이 배 밖으로 나왔구나' 싶어 화가 머리끝까지 치밀어 오른다.[10]

'니네 나라 전기가 어디 있다고 너 냉장고 해달라고 해서 뭘 하냐. 근근히 먹고 사는 것만 해도 감사한 줄 알아라.'

---

9 "엄마 돈이 어떤 돈인 줄 아냐? 여기서 100만 원 나가니까 코웃음이 나가냐? 그 100만 원을 어떻게 벌어야하는지 알고나 있어? 엄마 길게 말한다 해서 우는 소리 하는 게 아냐. 너네도 알아야 해. 쉽지 않지만 계속 보내야 하니까 욕을 하고 타이르고 이런 과정을 이야기 해주면서 너네 나라 사회주의 한답시고 하지만 자본주의에서 얼마나 힘든 줄 알아? 100만 원이면 엄마가 두 달 살아야해. 그 사람들이 100만 원에서 절반 떼 가고 네가 절반 떼 가는 게 얼마나 가슴 아픈 줄 생각해봤어? 아침부터 8시에 나가서 밤 10시까지 일해야 100만 원이야. 그 돈 어떻게 벌리는 줄 알아? 그럼 아들도 울고 내도 울고…." 전미연 씨와 아들과의 전화통화 구술 중 전미연 씨의 이야기.

10 "그랬더니, '없이 살면 없이 사는 속에서도 꾀가 나서 살아가는 것이 있어요. 공장에 가는 전기선이 틀리고 주택가에 오는 선이 틀리단 말이에요. 공장 선을 따오는 거예요. 단속 걸려서 잘리면 또 따오고, 걸리면 또 따오고.' 그러는 거예요." 전미연 씨와 여동생의 통화내용 구술 중 여동생 이야기.

미연 씨는 자신의 조국인 북한을 '니네 나라'라고 칭하면서 냉장고를 사달라는 여동생에게 온갖 험한 말을 퍼부었지만, 결국 동생에게 냉장고 사라고 100만 원을 송금한다. 북한에서 공장 전기선을 몰래 따 집의 냉장고를 돌릴 수 있다는 동생의 말이 그럼직하게 여겨졌기 때문이다.

이처럼 남한의 탈북민들에게 있어 북한의 가족은 돈을 일방적으로 보내야 하는 관계이다. 그러나 모든 정보나 생각의 흐름까지 남한의 행위자가 북한의 행위자를 일방적으로 주도하지는 않는다. 거꾸로 북한에서 보내는 정보들이 남한에 있는 사람을 변화하게 만들기도 한다. 경제적 송금은 남에서 북으로 흘러가지만, 사회적 송금은 쌍방향으로 흘러가는 셈이다. 미연 씨는 지금 그녀는 가족들과 통화하면서 16년 전 자신이 떠나던 시절의 북한과 달라진 실정에 대한 최신정보들을 지속적으로 접하면서 북한에 대한 자신의 기억을 수정하고 바꾸어 나가는 중이다.[11] 가족들과 통화하는 과정에서 미연 씨는 이제 북한이 자신이 떠난 1990년대 식량난 시절의 북한이 아님을 깨닫는다. 40대 여자들이 무릎 나온 바지를 입고 살던 그 시절의 북한으로부터 북한은 어느새 휴대폰을 들고 장사하는 시대로 훌쩍 넘어가 버렸다.

깊었던 가난만큼이나 상처가 컸던 미연 씨와 그녀의 가족들도 8년이라는 긴 세월 동안 송금을 매개로 위험을 무릅쓰고 통화하는 과정에서 조금씩 서로를 이해하기 시작한 것으로 보인다. 전미연 씨는 용의주도

---

11 "그래도 북한이 많이 달라지긴 달라졌잖아요. 휴대폰을 쓴다고 해서 내가 니네 나라 휴대폰 해서 뭐한다고 그러냐? 막 그랬거든요. 우리 아들도 휴대폰 샀다고 해서 야~ 휴대폰 뭐할라고 사냐? 내가 살 때로만 생각했으니까. 먹고 사는 데나 쓰지 그런 심정이었거든요. 그런데 내 남동생이 누나 이제는 옛날하고 틀려졌어. 장사를 하기 위해서도 필요하다 하더라고요. 물건이 들어 왔냐 안 들어 왔냐 그런 거 물어 보는 것도 필요하고 하니까 옛날하고 많이 틀려요. 전미연 씨의 구술.

한 성격의 여성으로 자신의 아들, 여동생, 남동생 등 다양한 가족 구성원과 통화하면서 가족들이 자신에게 했던 말들이 서로 일치하는지를 점검한다. 이렇게 걸러진 사실을 토대로 북한 가족의 생활이나 사선을 마음속으로 그려보곤 한다. 북한의 가족이 아직도 그녀에게는 유일한 가족이다. 가족들은 현재 송금받은 돈을 장사밑천 삼아 생계를 유지하지만, 그들의 미래는 아직 불안정하기만 한다. 오랜 송금 끝에 생긴 좋은 소식도 있다. 최근에 들어 북한에 있는 전미연 씨의 가족들도 미연 씨가 남한사회에서 얼마나 어렵게 살아가는지 약간이나마 이해하기 시작하였다.

남의 전미연 씨와 북의 가족들은 앞으로도 계속 송금을 매개로 통화를 지속하면서 서로의 생각을 교류하게 될 것이다. 전미연 씨는 비록 현재 지불하는 30%의 송금수수료를 비싸다고 생각하지만, 현재 거래하는 송금중개인에게 계속 송금을 의뢰하려고 한다. 그 이유는 전미연 씨가 현재 북한에 있는 가족과 긴 시간 동안 통화할 수 있는 장기고객의 '특권'을 향유하고 있기 때문이다.

전미연 씨는 누구인가? 그녀는 고난의 행군 시절 어린 둘째 아들이 굶어죽던 날 점심밥을 주지 못했던 일을 평생 가슴에 새기면서 살아온 식량난세대를 대표하는 탈북여성이다. 그녀가 지닌 아사의 한(恨)은 1998년 탈북한 이후 고혈압과 심장병으로 아픈 몸을 이끌고 남한에서 마트 임시직으로 전전하면서도 북한에 있는 아들과 형제, 자매들의 삶과 생계를 지원하는 일에 자신의 삶 모두를 걸도록 만든 동력이 되었다. 고단한 한국생활에 지치고 우울증까지 얻은 전미연 씨지만 그녀는 자신이 보낸 송금으로 인해 북한의 형제들과 아들까지 모두 열 명이나 되는 식구들이 굶어 죽지 않고 살았다고 생각하니 크나큰 성취감을 느낀다.[12]

---

12 그래도 여기 사람들이 도와줘서 거기 사람들이 우리 떠나올 때보다 이만큼이라도 올라섰다고 생각하지. 그래도 내가 보내주면 저기 식구가 10명

이제야 긴장이 풀린다. 남은 문제는 미연 씨 본인의 삶이다. 미연 씨는 지난 16년 동안 가족들에게 장사밑천을 송금하는 데 온 힘을 쏟느라 자신의 삶을 거의 돌보지 못하였다.

'몸도 아프고 북의 가족에게 돈을 보내야 하는 나 같은 사람과 누가 결혼하려고 하겠는가?' 미연 씨는 소리없이 한탄한다.

2) 국경의 밀수꾼, 최장군(여, 40대)의 의리와 소망[13]

> "여기는 자본주의 사회라서 그런지 몰라도 우리는 의리는 강해요.
> 어디서 빌려서라도 보내요."(최장군)

연구자가 그녀를 '최장군'이라고 이름 부친 이유는 외모에서 풍기는 무

은 되는 거 아니에요? 남동생 가족이 3명이고 여동생 가족이 3명이고 오빠네도 좀 살았을 거 아니에요? 아들도 있고. 내가 10명은 책임지고 있잖아요. 때로는 혼자 사는 자신이 외롭고, 결혼정보회사에서 전화도 오지만 '아픈 사람 누가 좋아하냐. 고향에 돈 보낼 부담을 갖고 있는 사람을 누가 좋아하냐.'고 생각한다. 선미언 씨 구술.

[13] 최장군, 여, 40대 임시직근로, 이 최장군이라는 인물은 김화순(2017) 논문에서 등장하는 최장군과 과 동일한 인물이다. 이 논문에서 최장군은 송금과정에 대한 자세한 구술을 통해 송금을 하는데 중국 – 북한 간 사업라인을 활용하고 있다는 사실을 자신의 체험을 통해 자세하게 설명하고 있다. 김화순(2017), 분단의 경계를 넘는 초국적 송금네트워크의 형성, p. 297. 김화순의 논문이 행위자의 시각에서 송금을 하는 과정을 설명한 반면, 북중 접경지역에서 이루어지는 송금시스템에 대한 구조적 설명을 제공한 연구로 다음 논문이 있다. "북한의 이관시스템은 중국과 경제협력을 바탕으로 한 신뢰 네트워크다. 또한 중국과 경제적, 문화적, 도덕적 기반 하에 만들어진 비공식 금융네트워크이다. 이러한 이관시스템을 통해 유입된 송금은 북한경제에 적지 않은 영향을 미쳤다고 할 수 있다." 정은이, "북·중 간 비공식 송금시스템의 생성과 발전: 탈북자 송금을 중심으로", 동북아경제연구 29권 4호, 2017.

인(武人)같은 기상 때문이었다. 겁이라고는 없어 보이는 표정과 남자들이 입는 군복 비슷한 옷을 걸친 이 여성은 라오스의 탈북자 수용소 내에서도 칼로 전기선을 따와 다른 탈북자들을 상대로 핸드폰 충전 장사를 할 정도로 당차고 남자보다 손기술이 뛰어나다. 나는 '최장군'이야말로 2000년대 북한 시장화과정에서 변경지역을 넘나드는 밀수꾼의 한 전형이 아닐까 생각해본다.

최장군은 황해도에서 1남 5녀 가운데 막내로 태어난 40대 여성이다. 1990년대부터 중국을 드나들면서 장사를 시작했고 1999년에서 2003년까지 남북이산가족 상봉사업을 주선하면서 꽤 많은 돈을 벌었다. 중국을 통해 북한 내 가족을 찾는 남한사람들로부터 주소를 넘겨받아 북한의 가족을 중국까지 안내해주는 일을 하였다. 이산가족 만남이 성공하면 적게는 1,500달러에서 많게는 3,000달러의 돈을 받았다. 최장군은 이 사업을 하다가 보안원에게 세 번 정도 잡혀가 두드려 맞으며 조사도 받았지만, 담이 큰 그녀는 큰돈이 남는 이산가족 사업을 계속 했다. 그러다가 결국 최장군은 당국의 눈을 피해 2007년 5월에 북한을 떠나지 않을 수 없는 신세가 되었고 라오스를 거쳐 2008년 2월경에 한국에 입국하게 된다.

최장군이 첫 송금을 시작한 시기는 2008년 5월 하나원에서 나온 지 한 달 만이었다. 그녀가 남의 돈까지 꾸어 100만 원을 자신의 언니에게 송금했던 이유는 북한을 떠날 때 언니가 없는 돈을 "닥닥 긁어" 북한 돈 10만 원을 도피자금으로 주었기 때문이다. 그 뒤로 2014년까지 만 6년간 최장군이 자신의 자매 형제들에게 보낸 돈은 무려 5천만 원에 이른다. 대략 1년에 1천만 원 가까운 돈을 해마다 꼬박꼬박 보낸 셈이다. 송금 과정에서 오랫동안 국경을 넘는 밀무역을 해온 경험 많은 최장군조차 송금 사기를 세 번이나 당하기도 하였다. '송금사기'라고 함은 보낸 송금 중 약속과는 달리 전체 금액 중 가족들이 10%~20%만 전달받은 경우를 말한다. 최장군은 황해지역의 송금대방에게 1회(2009년 2월), 량강도지역 밀수꾼 송금대방에게 2회(2009년 9월), 모두 세 번이나 송금사기를 당했다고 말한다.

시장화세대로 국경을 넘나들면서 오랫동안 장사를 해오는 가운데 예리한 장사감각을 익혔던 최장군이 다른 탈북민들과 달랐던 점이 있다면, 그녀는 사기를 당하되 자신이 사기당한 금액을 정확하게 파악했다는 사실이다. 북한에 있는 언니는 실제로 송금받은 액수는 얼마인지, 송금을 받은 선과 다른 선을 통해 최장군에게 알려주었다. 그래서 최장군은 자신이 보낸 송금 중 정확하게 얼마가 가족에게 전달되었으며 중간에서 떼어먹은 액수는 얼마인지 정확하게 파악할 수 있었다.[14] 최장군은 사기를 하는 송금중개인들을 조용히 끊어내고, 결국 신뢰할만한 송금네트워크를 찾아내 송금을 지속하고 있다.

최장군은 자신이 북한으로 보낸 5천만 원은 '송금선(remmitance line)'을 쥔 둘째 언니와 셋째 언니가 각각 2,500만 원씩 차지하였을 것이라고 추측하고 있다. 그녀는 두 언니들에게 나머지 세 형제들에게도 돈을 나누어 주라고 말했지만, 송금선을 쥔 두 언니들은 독식하였다는 것이다. 그럼에도 불구하고 최장군은 왜 매년 천만 원씩 혼신의 힘을 다해 두 언니들에게 보냈을까? 최장군의 옷매무새로 미루어 나는 돈을 받은 언니들이 돈을 보낸 최장군보다 더 잘 먹고 더 잘 산다고 생각되었다. 그래서 나는 최장군이 밑바닥에서 힘들게 일해 번 돈을 왜 더 잘사는 형제

---

14 "나도 많이 떼였는데 회령이나 무산이나 강도들이 많아요. 100만 원 보내면 30이나 40만 원 주는데도 전화로 너 30만 원 받았는데 70만 원 받았다고 해! 그러거든요. 다 뺏어도 어디 가서 제기(항의) 못하거든, 한국에서 온 돈이니까. 그 다음에 언니가 다른 집으로 와서 절대 거기로 돈 보내지 말라. 내 절반도 못 받았다고, 후에 와서 알려주거든." 최장군의 구술.

들에게 보내는지 물어보았다. 이에 대해 나는 최장군으로부터 뜻밖의 대답을 들었다.

> 최장군: 거기서(북한에서) 반세기를 살면서 (북한사람들은) 자긍심이 강해요. 의협심이 남아 있어요. 내 형제들을 내 동네에서 저 집이 잘 산다는 말을 듣게끔 해주고 싶어요. 남부러운 것 없이 잘 살게 해주고 싶어요. 북한보다 이름 있는 대한민국에서 나는 사는데, 내 형제가 "내 막둥이(최장군)한테 더 잘해줄 걸" 하게 해주고 싶어요. 지들도 그런 소리 해요.

최장군은 북한에 있는 자신의 가족들이 누구보다 잘 살고 부유해진다면 그것으로 자신의 삶의 의미도 찾는 것으로 보인다. 최장군은 자신이 송금하는 목적이 '내 형제들을 내 동네에서 저 집이 잘 산다는 말을 듣도록 하는 것'에 있다고 말한다. 내 가족이 남과의 경쟁에서 이기길 바라는 마음, 그리고 형제에 대한 강한 의리는 최장군이 힘들어 송금하는 동기이다. 이는 식량난 시절에 북한을 떠났던 사람들이 가족의 굶주림이나 생계, 기아사를 염려하여 송금하는 동기와 대비된다.

식량난 시기에 기아로 자식을 잃고 북한의 가족 친지들에게 혼신의 힘을 다해 송금을 하는 전미연 씨의 삶과 시장화시대에 위험한 남북 이산가족 상봉을 주선하면서 돈을 벌고 국경연선지역의 밀수꾼으로 일하다 탈북한 최장군 씨의 삶은 대조적이지만, 내 가족의 생계와 삶을 나의 삶보다 우선시한다는 점에서 동일하다. 비록 남북의 공간으로 헤어졌지만, 송금을 통해 가족이 깊이 연결되어 있다는 사실을 두 여성의 사례를 통해 확인할 수 있다.

2. 북한에서 송금받은 사람들은 무엇을 하며 어떻게 살았을까?

북한 사회는 이제까지 외부로부터 세 번의 커다란 송금의 파고(波高)를 경험해왔다. 첫째는 재일교포 북송사업(在日僑胞北送事業)이다. 둘째는 남북 이산가족 상봉사업이다. 셋째는 1990년대 중반의 식량위기와 기아사태로 인한 식량난민의 대량탈북이다. 송금은 세 가지의 역사적 사건과 얽혀 있다. 가장 먼저 시작된 북한 송금은 재일교포 송금인데, 일본에서 북한으로 갔던 재일교포(북한식 표현은 재포)들에게 일본에 남은 가족들이 보내는 송금을 가리킨다. 그 배경에는 일본정부가 북한과의 협정에 의해 재일본조선인총연합회(조총련)계 재일교포를 북한으로 송환한 사건 즉, 재일교포 북송사업이 존재한다.[15]

1959년 8월부터 1962년 11월 12일까지 재일동포북송사업을 통해 7만 7,288명의 재일교포들이 북한으로 건너갔고, 67년까지는 약 8만 8,000명의 재일교포가 북한으로 들어갔다. 북송된 교포들의 어려운 생

---

15 재일교포북송[在日僑胞北送]

재일교포 북송문제는 1955년 북한외상 남일의 재일교포 귀환 추진 발언과 1958년 9월 8일 '재일교포의 귀국을 환영한다'라는 김일성의 성명을 계기로 표면화되었다. 이후 한국정부의 외교적 반대에도 불구하고 1959년 2월 일본각의에서 '재일조선인 중 북조선 귀환희망자의 취급에 관한 건'이 의결되고, 그해 8월 13일 북한적십자사(북적)와 일본적십자사(일적) 간에 캘커타 북송협정이 체결됨으로써 재일교포 북송이 정식으로 이루어지게 되었다. 1959년 12월 14일 975명의 재일교포 북송 제1진이 니가타항[新潟港]을 출발한 이래 1967년까지 약 8만 8000명의 재일교포가 북한으로 입국했고 북송선(北送船) '만경봉호'는 재일교포 북송의 대명사가 되었다. 이하 생략. 재일교포북송 [在日僑胞北送] (두산백과 두피디아, 두산백과) https://terms.naver.com/entry.naver?docId=1138911&cid=40942&categoryId=39945 (2022년 8월 24일 검색)

활이 북한 외부에 알려지면서 일본에 사는 가족들은 북한 가족들에게 오랜 기간 동안 송금을 지속적으로 해오고 있다. 본 연구에서 구술을 한 재일교포인 정재일 씨(40대 남)와 오일교 씨(20대 남)는 북한에서 새로 살면서 일본에서 송금을 받아 생활하고 사업한 경험을 가지고 있다.

두 번째는 2000년대 초에 남북 이산가족의 대면상봉을 경험했던[16] 남한의 가족들이 북한의 가족들에게 보낸 송금이다. 만달라 씨(50대, 남)도 남한출신의 이산가족으로 송금을 받은 경험이 있다. 세 번째는 1990년대 식량위기 이후 한국에 온 탈북자들이 북한에 보낸 송금으로 2000년대 중반 이후 북한으로 유입 중이다. 최선망 씨(40대 여)와 아바이 씨(60대 남)도 북한에서 탈북자의 송금을 받은 사람들이다.

재일동포 송금, 이산가족 송금, 탈북자 송금, 세 종류의 송금을 받

표 1 송금수취인 연구참가자의 송금액과 사용처

	성명(가명)	연령	유형	지역	송금액 및 결과	유형
1	아바이	남, 60대	탈북자송금	함북	70만원으로 곡물장사	장사
2	만달라	남, 50대	이산가족 송금	평남	1,000 달러 투자 자동차구입, 외화벌이 기지장	장사
3	정재일 (재포 1세대)	남, 40대	재일교포 송금	량강	3,000 달러 조개 양식사업에 투자	장사
4	오일교 (재포 1.5세대)	남, 20대	재일교포 송금	평양	생활비에 사용	생계유지
5	최선망 (최장군의 언니)	여, 40대	탈북자송금	내륙	총 2,500만원 투자. 석탄사업, 아파트구입, 뇌물(보안원 지위)	장사

---

16 남북 분단으로 인해 발생한 약 1000만 명의 이산가족이 상봉하는 행사로, 1985년 역사적인 첫 상봉이 이뤄진 뒤 2018년까지 스물 한 차례의 이산가족 상봉이 성사됐다. 남북 이산가족 상봉 (시사상식사전, 박문각)https://terms.naver.com/entry.naver?docId=66874&cid=43667&categoryId=43667 (2022년 8월 24일 검색).

은 북한출신 주민들을 모두 접할 수 있었다는 것은 연구자인 나로서 매우 다행스러운 일이었다. 2014년 당시 만났던 연구참가자들에 의하면, 탈북자들의 송금은 대부분 생계를 유지하는 데 소비되고 있지만, 송금을 장사밑천으로 하여 장마당의 매대를 구입하거나 기존의 장사에 필요한 냉장고 등 물품을 구입하거나 차량을 구입하는 등 투자하는 경우들도 점차 늘어나고 있다고 한다. 북한과 한국에서 7년 동안 송금중개인을 해온 정수남 씨는 처음에는 송금받은 사람들이 돈을 주로 생계유지에 사용되었지만, 현재는 송금실수령액의 60% 정도는 생계유지와 소비로 사용되고 40% 정도는 장사밑천으로 쓰는 방향으로 바뀌고 있다고 추측하였다. 그러나 이것은 2014년 당시의 이야기로서 2017년 대북제재 강화이후 송금과 탈북가족에 대한 단속이 강화된 이후에는 북한 내부 사정이 많이 달라졌을 것으로 보인다.[17]

1) 만경봉호를 타고 온 정재일 씨의 사업흥망기

정재일 씨는 재포 1세대이다. 열렬한 조총련 간부였던 할아버지를 둔 그는 유치원시절부터 조총련계 학교를 다녔으며 1960년대 재일교포 북송사업의 태풍이 지나간 1976년 중학교 2학년의 어린 나이로 만경봉호를 타고 북한 청진항에 입항하였다. 그가 청소년기와 청년기를 보냈던 1980년대는 일본의 버블 경제가 붕괴되기 직전으로 엔화가 수직상승하던 시절이었고, 이러한 여건으로 인해 북한 내 재일교포들에게 1980년대는 최고의 황금기였다. 일본에 있는 정재일 씨의 할아버지는 그에게 북한으

---

17 최근 기사들은 탈북자 가족의 송금감시를 강화하고 전화브로커 단속 강화로 북한내 탈북자 가족 생계난에 봉착했음을 알리고 있다. 다음 자유아시아방송 기사 외에 유사한 보도들이 많다.
"전화브로커 단속 강화로 북한내 탈북자 가족 생계난", 2021.03.15. RFA기사; "북, 추석 맞아 탈북자 가족 송금 감시 강화", 2021.09.21. RFA기사.

로 매년 500만~600만 엔을 송금하였는데 달러로 5,000~6,000달러 정도가 되었다. 이처럼 일본의 재일교포들이 북한에 있는 가족에게 보내는 송금은 정세일 씨나 다른 재포들이 누리는 부와 사치의 원천이 되었다. 정재일 씨는 그 시절을 "자가용을 타고 원산 해수욕하고 와 사회주의 만만세를 외쳤다"고 회고한다.

정재일 씨는 1980년대를 일본에서 보내는 송금 덕분으로 외국에 나가는 것 외에는 북한사회에서 누릴 수 있는 행복은 다 누려보았으며 실제로 북한 특권층보다도 더 잘 살았다고 그 시절을 회고한다. 청년시절 정재일 씨는 김정남을 비롯한 최고의 로얄 패밀리가 드나드는 고려호텔을 수시로 드나들었으며 커피와 블루스와 디스코를 즐겼다. 카세트테이프로 한국방송을 녹음했다 퇴근 후에는 듣는 등 일반 북한주민들로서는 감히 상상하기 어려운 온갖 특권을 향유하였다. 이 모든 일은 북한당국의 묵인 하에 이루어졌는데, 김일성이 말하듯 일본에 있는 재일동포 60만, 70만의 송금이 북한에게 '굴뚝 없는 공장'이 되어 주었기에 누릴 수 있었던 특권이었다. 정재일 씨는 당시 해마다 20억 엔 이상이 일본에서 송금으로 들어왔다고 추산한다. 그 외에도 해마다 수많은 일본 동포들이 북한에 있는 친척들을 만나기 위해 방문하였고 선물은 물론 많은 엔을 뿌려주고 갔다.

그러나 북한 내 재일교포들의 삶은 외적으로 호화스러웠지만 내적으로는 미래가 없다고 느끼며 암울했다. 재일교포 출신 청소년들은 일본에서 오는 송금에 의존하여 특권을 누리면서 성장하였지만, 정작 성인이 되면 재일교포들은 주류사회 안으로는 들어갈 수 없었고, 군대도 입당도 할 수 없는 주변인이었다. 북한의 3계층 51부류로 나누는 계층분류표에 의하면,[18] 일본귀화인인 재일교포는 기본적으로 복잡군중으로 분류되었

---

18 북한의 계층을 3계층 51개 부류로 분류한 이 계층분류에 의하면 일본 귀화

으며 당원이 되는 것까지는 가능했지만 원천적으로 북한의 핵심계층이 될 수는 없었다.

그나마 다행스럽게도 정재일 씨는 중학교 2학년인 10대에 북한에 왔기 때문에 북한에서 태어난 재일교포 자녀와 더불어 재일교포 중에서 가장 성분이 좋은 등급으로 분류되었다. 덕분에 그는 사범대학을 나와 직업배치 후에는 인텔리 직을 버리고 농촌으로 하방하는 등 주류사회로 들어가기 위해 온갖 노력을 한 지 9년 만에 드디어 입당을 할 수 있었다. 일본에 있는 재일 씨의 가족들이 1990년대에도 꾸준히 송금해주었지만 송금액이나 횟수는 점차 줄어들었다. 2000년에 정재일 씨는 국가연구소에 배정받을 수 있었다. 그러나 그가 연구원 생활을 시작한 2000년의 북한은 이미 직장이나 공장이 멈추어선 상태였다. 일조(日朝) 관계의 악화된 2002년에는 공식적인 일본송금은 완전히 중단상태로 들어가기에 이른다. 재일 씨는 연구소에 8.3노동자로 등록하고 송금을 밑천으로 돈 될 만한 사업을 시작하였다. 당시 그 지역에서 가장 돈벌이가 될 만한 사업은 조개양식장 사업이었다. 3,000달러를 투자하여 조개 씨를 뿌려놓으면 수확철에 곱절의 돈을 벌 수 있었다. 그러나 일본에서 오는 송금으로 생활을 해와 세상 물정에 무지했던 재일 씨는 밤에는 자신이 고용한 양식장의 경비를 서던 사람들로부터 조개를 도둑맞고, 낮에는 도둑들이 훔쳐간 자신의 조개를 다시 돈을 들여 사들이는 이중사기의 희생자가 되었다.

우리 집 돈 말고도 다른 사람 돈까지 다 꿔다가 조개를 사서 했는데, 내가 계속 24시간도 아니고 조개밭을 못 지키잖아요. 그러니까 나머지 교대로 이렇게 밤에 경비를 서요 이렇게. 빼가고 하니까. 해서 경비설 애들

인은 북송된 재일동포로서 조총련계는 입당시키고 나머지는 감시대상이라고 되어 있다. 김용기 "북한의 불평등구조와 계급정책," 『북한의 사회구조와 변화』, 경남대학교 극동문제연구소, 1987, 203~205.

까지 니가 골라서 니가 믿을만한 놈을 데려오라 해서 제가 세 명인가 섭외를 하는데 세 명 갖고는 모자래요. 야간에 둘이가 쌍보초가 서야 되니까. 해 고개놈들하고 이케 세워서 섰는데, 제가 데려온 믿을 만한 놈 하고 그기서 경비를 서는 애들하고 둘이가 짝꿍이 된거야. 해 가지고 가장 믿던 놈이 그 조개를 밤중에 파다가 다시 팔아요. 어. 팔아먹으면 그 조개를 다음날 제가 또 사는 거에요.

가을에 조개를 수확하려고 했을 때는 조개들은 바다 속에서 사라지고 없었다. 재일 씨가 당한 사기야말로 조개양식장에서 가장 흔한 사기수법이었다는 사실을 나중에야 알게 되었다. 재일 씨는 그 뒤에도 여러 번 사업을 하려다 사기를 거듭 당했고, 결국 비축해 놓았던 송금이 바닥나기에 이른다. 북한에서 살길이 막막해진 정재일 씨는 2008년 북한을 떠나 2009년 한국에 입국하였다.

2) 이산가족 찾기 송금 1만 6천 달라가 가져온 행운과 불운

> 북한 사람들이 하는 말로 만 달라 웃음 짓는다는 이야기가 있어요. 그 여자가 만달라 인상을 가지고 왔다고. 북한 사람들의 최대의 꿈이예요. 로또 맞는다와 같은 이야기지요.

만달라 씨의 아버지는 남한 출신이다. 이 사실은 출신성분에서 북한사회에서 숙명이자 천형 같은 것으로 사회에서 출세하는 데 만달라 씨가 근본적인 한계를 지니고 있음을 의미한다. 아무리 만달라 씨의 머리가 명문대학에 진학할 수 있을 만큼 뛰어나다고 하더라도, 그는 출신성분으로 인해 지배인 즉 행정간부를 하는 데 그쳤다. 이때 달라씨의 생애를 뒤바

꾼 한 역사적 사건이 일어났는데, 그것은 2005년도의 이산가족 상봉이었다. 달라 씨의 아버지가 남한에 있는 헤어진 어머니와 동생의 소식을 알 수 있게 된 것이다. 아버지와 한국의 가족이 서로 생존을 확인하였던 것이다. 이로 인해 달라 씨는 한국에서 송금을 받을 수 있는 연고가 생기는 극적 사건이 생긴 것이다.

만달라 씨는 아버지의 남한 가족으로부터 두 번 송금을 받았는데 받은 액수는 1만 2천 달러와 6천 달러, 모두 무려 1만 8천 달러에 달하는 거액이었다. 북한 사람들이 하는 말로 '만 달라 웃음 짓는다'는 말이 있다. '그 여자가 만 달라 인상을 가지고 왔다고.' 북한에서 1만 달러는 남한에서 로또와 같다. 그렇지만 남한에서 받은 송금은 동전의 양면과도 같았다. 한쪽에는 행운이고 다른 쪽에는 불운이 새겨진. 만 달라가 1만 달러가 넘는 돈을 손에 쥐었다는 것은 분명히 행운이었지만, 공장 기업소의 지배인으로서 나름대로 순조로운 삶을 살아가던 그에게 있어 새로운 불행의 시작이기도 하였다.

첫 번째 송금은 2005년에 받은 1만 2천 달러였다. 달라 씨는 중국에 가서 남한에 사는 어머니와 동생을 만나 그들로부터 1만 2천 달러를 받았다. 그러나 그가 받은 1만 2천 달러 가운데서 1만 달러를 떼이고 실제로 손에 넣은 돈은 불과 2천 달러였다. 2천 달러 중에서 다시 중국에 갔었다는 이유로 당보위부에 400달러를 상납하였다. 그런데 너무 적게 상납하였다는 괘씸죄에 걸려 만달라 씨는 지배인 직에서 쫓겨나 교화소에서 1년간 들어가게 된다.

> 보위부 떼고. 보위부 반탐과장이 보위부장에게 600 달러 갖다 받치라고 하더라고. 내가 시보위부장한테, 잘라먹고 400달러 주니까, 정상적으로 갖다 받치는 것이 600 달러인데, 중국 갔다 와서 바치는 돈이 600 달라가 고정라인이었던 거예요. 그래서 감옥가고 탈났죠. 600

달러 주면, 되는데 안 주니까. 도로 공개시켜 버린 거에요. 이 사람이 이런 것을 갖다 바친다고.

결국 만달러 씨가 교화소에 간 이유는 무엇인가? 보위부 부장에게 600달러를 주지 않고 400달러만 주었기 때문이다. 200달러를 아끼려다 그의 운명은 나락에 떨어지게 되었다. 그는 교화소에 들어가서야 북한사회의 모순을 보게 된다. 밖에서 생각할 때에는 교화소는 강도나 가는 곳인 줄 알았는데 그게 아니었다. 단순히 먹고 살기 위해 일하다가 온 사람들이 대부분이었다. 달라 씨는 이제 확실히 알게 되었다. 북한사회가 인민을 위한 정치를 하는 사회가 아니라는 사실을. 교화소에서 나왔을 때 그가 북한사회에서 할 수 있는 일은 아무것도 없었다. 감옥 안에서 꿈꾸었던 탈북을 다시 생각하였지만 가족을 두고 차마 실행에 옮기기도 어려웠다.

다시 한 번 시작해보자. 그가 가장 먼저 떠올린 것은 새로 시작하기 위한 종잣돈이었다. 그는 한국의 삼촌과 할머니에게 도움을 청했다. 할머니의 대리인이 돈을 가지고 중국의 단둥까지 왔고, 두 번째로 만달라 씨의 남한 삼촌과 할머니는 그에게 6천 달러를 보낸다. 만달라 씨는 북중 국경지역을 오가는 자동차의 운전수와 보위부 사람을 중간에 껴서 그 6천 달러를 어렵사리 손에 넣을 수 있었다. 그러나 그 중 4천 달러는 단속에 걸려 무마비로 사용해야 한다는 구실로 중간에서 떼이고 그의 수중에 남은 돈은 2천 달러, 그 중 길 안내인에게 200달러, 중간에 선 사람에게 700달러, 결국 만달러 씨의 수중에 남은 돈은 6천 달러 중 불과 1,100달러에 불과했다.

북한에서 당시 1천 달러는 몇 년 동안 잘 살 수 있는 돈이었다. 그렇지만 그는 커다란 기업을 한 때 움직였던 행정간부였으며 돈이란 "불쿠어야지" 쪼끔쪼끔 다 써버리면 안 된다고 믿었다. 그는 북한은 운송수단이 부족하니까 앞을 내다보고 장기적인 장사를 하기로 계획하였다. 군부를 끼고 군 외화벌이 기지를 꾸리면 정치적으로 회복할 수 있다는 계산도 섰다. 제발 그 돈을 쓰지 말라는 부인의 만류를 뿌리치고 부인이 유리병에 넣어 땅에 묻어놓았던 마지막 1달러까지 모두 꺼내 그는 전부 군 외화벌이 운송사업을 하는 데 투자하였다. 그가 송금받은 금액 중 남은 1,100 달러 중에서 1천 달러를 사업에 올인한 것이다. 그리고 2007년 군에서 폐차 처분한 10톤짜리 트럭을 사서 외화벌이 기지장으로서 운송사업을 시작하였던 것이다.

> 수백 명 데리고 일하던 사람인데 못 하겠냐 했어요. 온갖 정신적인 노력 들여서 차를 살려오는데, 러시아제 까마즈라고 오랜 된 차였어요. 거의 새로 제작하다시피 했어요. 그래도 919 공장이라든가, 자동차 수리 공장도 있어요. 그 부속을 뇌물주고 뽑아 낸 거죠. 자동차 공장에서 새로 통짜로 조립하다시피 했어요.

외화벌이 기지장의 임무는 외화벌이할 시멘트와 목재를 보장하는 것이었다. 신의주, 평안도, 평북, 순천에서 양덕까지 통나무를 날라 팔기도 하고, 선철, 주철, 파철을 신의주에서 넘겨받아 팔기도 하였다. 차를 사서 외화벌이 일을 하면서 본인을 군부에 등록되었으니, 가족 배급을 받고 외화기지장의 지위도 받을 수 있었다.

차를 수리하면서 한국에서 돈 받은 것을 알지 못하게 감추어놓고 차를 꾸리기 위해 많은 애를 썼다. 우선 다른 사람에게 현금 쓰는 것을 보여주지 않았다. 부속 사는 것도, 타이어를 50달러에 샀다 하면, 일부러 그 달러를 북한 돈으로 바꾸어 구입하였다. 이렇게 어렵게 받은 돈으로 외화벌이 기지를 일구어갔지만 그는 1년 만에 군으로부터 그 차를 회수당하는 뜻밖의 사건을 겪게 된다.

군부대에서 쓰지 못하고 자기들 폐차로 내놓았던 차가 도색하고 새 차처럼 다니니까 누가 보고한 거예요. 도색하고 멋지게 하고 뛴다. 부대장이 훈련에 필요하다고 끌어들이려 한 거죠. 군부가 열악하니까 새 차처럼 만들어 쓰니까. 1년 만에 회수했죠.

만달라 씨는 눈앞이 캄캄했다. 이 땅에서 내가 살아갈 길은 없는가. 그는 다시 한 달 동안 신발 보따리 장사를 했으나 또 망했다. 다시 오이 장사를 하다가 오이를 지고 기차를 타다가 떨어졌다. 기차에 20kg 이상 되는 짐을 못 올리게 하는데 달라 씨가 60kg의 오이 등짐을 지고 기차에 올라타려다가 기차 역무원의 발길에 차인 것이다. 만달라 씨는 오이와 함께 굴러떨어져 플랫폼 틈새에 쳐박혔다.

'나에게는 이 땅에 더이상 설 자리가 없구나.' 그는 2008년 탈북을 결행하여 2009년도 대한민국에 입국하였다.

3) 탈북자 송금으로 구입한 간부아파트와 보안원 지위

최선망 씨는 앞에서 나왔던 밀수꾼 최장군의 언니이다. 최장군은 여러 언니가 있지만 최선망을 가장 따랐다. 최장군은 송금하면서 다른 형제들에게도 주라고 하였으나 최선망은 동생의 말을 듣지 않았다. 다른 형제들에게는 북한 돈 10만 원 주고 끝냈다. 최장군이 한국에서 보낸 5천만 원 중 절반을 차지하였는데 그 돈으로 장사를 하여 아파트도 사고 아들을 보안원으로 만들 수도 있었다.

최선망 씨는 동생이 한국에서 보낸 송금을 장사밑천으로 처음에는 기름개구리 장사를 시작한다. 기름개구리를 팔아 어느 정도 돈을 벌었지만 그것으로 만족스럽지는 않았다. 최선망은 더 큰 장사로 눈을 돌렸다. 석탄장사였다. 최선망은 운전수하고 남자들 댓 명을 조직해서 10톤짜리에 석탄을 가득 싣고 직접 장사를 다녔다. 그러던 중 2011년의 어느 날 큰 사고가 터졌다. 군인들과의 충돌이었다. 석탄을 탐낸 군인들이 석탄을 운반하던 차를 세우고 석탄을 내려놓고 가라는 것이었다. 운전기사가 그대로 차로 군인을 밟고 넘어가면서 사고는 커졌다. 사람이 죽은 것이다. 이 위기를 수습하고 넘길 수 있었던 데는 동생 최장군의 도움이 결정적이었다. 의리의 동생, 최장군은 최선망 씨의 간절한 부탁을 외면하지 않았다. 최장군이 캐피탈에서 고리로 돈을 빌려 800만 원이라는 큰돈을 송금해주면서 최선망 씨는 간신히 위기를 넘길 수 있었다. 하지만 크게 혼이 난 최선망 씨는 이윤이 적더라도 안전한 장사만을 한다. 간부아파트에 살면서 평백성으로서는 가장 높은 생활수준을 누리고 있다.[19] 간부아파트보다 더 큰 성과는 아들을 보안원으로 만든 것으로 송금받은 돈으로 뇌물을 써서 말단의 권력을 얻은 것이다.

> 한번은 500만원 보내 달래. 아들이 10년 군사복무 하고 왔는데 경찰 옷을 입히겠데. 돈이면 다 되니까. 그래서 3천 달라가 필요하다고 하더라고요. 그래서 해줬지 어떡하겠어? 아들을 정복 입히겠다는데.

---

19 "아파튼데 5층짜리인데 그 아파트 그것도 간부들만 사는 4칸짜리 아파트. 한 34평 정도 될래나. 나한테 집 사겠다고 해서 어디 살라고? 그랬더니 여기 한강처럼 압구정. 앞에 철교 다리 있고 아침에 문을 열면 공기가 얼마나 좋은지. 산 다 보이지. 거기 간부 아파트라고 그러거든. 북한에 100달러짜리, 150달러짜리고 300달러짜리고 500달러짜리 전화기가 있어요. 우리 언니는 제일 좋은 걸로 사요. 맏아들한테도 500달러짜리 사주고 자기도 500달러짜리 써요. 그래야 잘 터지거든. 안 그러면 조금만 산에 올라가도 안 터지거든. 그래서 전화기도 두 개 뽑았으니까 1천 달러 들어갔지? 집에서 나오면 사람들이 우러러 볼 정도에요. 전화기도 비싼 거 쓰지 옷도 신발부터 보면 한국제 신발이지."

현재 최선망 씨는 그 지역에서 가장 좋은 간부아파트 4칸(34평 해당)을 사서 거주하고 있다. 북한에서 가장 좋은 휴대폰을 사용한다. 신발도 한국제를 신고 다니니 동네에서는 평백성으로는 가장 잘 사는 수준이라고 동네사람들이 우러러볼 정도라고 한다. 흔히 탈북자 가족들이 북한에서 선망의 대상이라는 언론의 보도는[20] 바로 최선망 씨와 같은 사례를 가리키는 게 아닐까 싶다.

III. 탈북자 송금은 북한사람들을 어떻게 변화시켰는가?

이주자들이 본국에 송금한 결과와 영향을 이해하기 위해서는 경제적 송금효과 뿐 아니라 사회적 송금에 대한 논의가 더욱 중요하다. 일반적으로 사회적 송금효과는 긍정적일 수도 부정적일 수도 있다. 송금의 부정적 효과는 지역사회에서 취업하거나 사업에 종사하는 정상적인 소득활동을 대체시키고, 지가(地價)와 주택, 음식 가격을 인상시키거나, 송금을 받는 자와 받지 못하는 사람 간에 선망과 차이의 발생을 가리킨다. 그렇다면 탈북자 송금은 북한사회를 정말 변화시키고 있는가?

본 사례분석을 통해 생계유지 뿐 아니라 생산적 투자로 송금을 사용하는 사례들이 다수 발견되었다. 과시적 소비를 하는 경우는 적었고 주택을 개량한 사례도 발견되지 않았다. 단, 아파트를 구입하는 경우가 있었다.

---

20 북 주민에 탈북자 가족은 선망의 대상, 2020년 6. 15. RFA https://www.rfa.org/korean/in_focus/ne-je-06152020073706.html

1. 송금의 발전 단계

국제이주 연구에 의하면 이주민 송금은 세 가지 단계를 거치는 경향이 있다(Vertobec, 2009). 첫째는 가족을 보살피고 주택을 개량하는 단계, 둘째는 과시적 소비('conspicuous' consumption)를 하는 단계, 셋째는 생산적 활동 단계이다(Nyberg‑Sorensen et al., 2002; cf. Massey et al., 1999).

1) 생계유지

이주에 대한 경험연구에서 나타나는 송금 사용방식의 변화가 북한의 경우 어떤 형태로 나타나는지 분석에 적용해보자. 탈북민들이 송금을 보내는 주된 동기는 탈북자 가족들의 생계유지에 있었다.[21] 탈북자들은 한국에 들어온 초기에는 가족들에게 미안함 때문에 혹은 한국에서 돈을 쉽게 벌 것 같은 생각에 가족들에게 자신이 주는 돈을 쓰면서 생활하라고 권하지만 탈북자가 입국한 지 1년 정도만 지나면 의식이 변하게 된다.[22] 처음에는 자기가 하고 싶은 것을 할 수 있지만, 돈을 모아서 보내고 나면 통장에 잔고가 없어진다. 차를 사고 나면 할부 값을 내야 하니 한국생활 1년 지나면 '나도 돈을 모아야겠구나' 하는 생각을 자연스럽게 하게 된다. 그래서 탈북민들은 송금할 때마다 북한 가족에게 '이 돈으로 장사를 하라'는 이야기를 자연스럽게 건네게 된다.

---

[21] 새조위의 2011년 2월에 한 조사결과에 의하면 "북한의 가족들이 송금받은 돈으로 무엇을 하기를 원하는가?" 라는 문항이 있는데, 송금인인 북한이탈주민들 중 66.6%가 생계유지, 그 다음은 알아서 쓰기(15.4%), 장사밑천으로 사용하기(15.4%) 라고 답하였다. 신미녀, "남한과 중국에서의 북한이탈주민 재북 가족 송금에 대한 조사". 『남북통합에서 탈북자들의 기능과 역할』. (2010. 11. 24). 새조위.

[22] 송금중개인 정수남의 구술.

표 2 생계유지를 위한 송금사례

	성명(가명)	북한 직업	출신 지역	송금수취인	수취인의 사용처	총액	송금기간
1	이명남 (여, 30대)	공장노동자	함북	부모, 형제	생계유지, 수용소 빼내기, 조카 결혼	3,000만원	3년
2	이솔잎 (여, 40대)	장사	함북	엄마, 언니, 동생	생계유지	1,000만원	2년
3	전미연 (여, 50대)	장사	황해	아들, 동생들	생계유지 장사	3,000만원	8년
4	오일교 (남, 20대)	노동자	평양	엄마	생활비	미상	출생전부터 송금(일본)

본 연구의 연구참가자들이 보낸 송금이 북한가족들의 생계유지나 경조사에 사용되는 사례들은 〈표 2〉의 네 사례에 지나지 않는다.

2) 과시적 소비

북한에서 탈북자 가족이 평백성의 평균적인 소비를 넘는 소비행위를 한다면 감시나 조사의 대상이 될 것이다. 국가에서는 30세대 기준으로 한 개 인민반을 구성하는데, 30세대 안에 세 명의 간부들이 있다. 간부들은 자신의 반원에게 이상한 동향을 보이면 보위부에 보고하는 감시자의 역할을 하기에 탈북자 가족들은 송금된 돈을 사용할 때 극도로 조심하지 않을 수 없다.

모든 돈은 사용 시 그 출처가 분명해야 한다. 송금을 받은 북한주민도 갑자기 생긴 돈을 사용하기 위해서는 출처를 만들어야 한다. 그래서 중국의 친척으로부터 받았다고 핑계를 만들기 위해 중국에 있는 친척에게 북한을 방문해달라고 청하는 경우도 있으며, 심지어 중국 친척에게 돈을 주며 방문을 청하기도 한다.[23] 나이 먹은 사람들과는 달리 20~30

---

[23] 아바이(60대 남, 함북지역 거주경험, 아들이 둘)의 구술

대의 젊은 세대들은 탈북한 한국의 부모가 송금한 돈을 사용하는데 조심성이 적다. 젊은 아이들이 음식점에 가서 놀고 먹고 돈을 쓰는 행태를 보이면 사람들은 한국에서 온 돈이 아닌가하고 의심의 눈초리로 바라본다. 국경 연선지역의 젊은 사람들은 보안서의 감시나 조사를 받게 될지라도 구애받지 않고 돈을 사용한다. 이 같은 소비문화가 확산하는 데에는 한류가 큰 역할을 했다. 한류를 접하면서 북한사람들의 소비의식이나 생활수준에 대한 기대감이 높아졌고, 이러한 주민들의 의식변화는 음식점에 가서 사먹고, 옷을 사고, 놀러가는 데 돈을 많이 사용하는 소비문화의 확산으로 이어지고 있다.[24]

그렇지만 특정지역이나 일부 젊은 연령대 사람들 중심으로 확산되는 소비문화를 북한지역 전반적인 현상이라고 보기는 어렵다. 나이 먹은 사람들은 돈을 보다 은밀하게 사용한다. 한국의 자식이 보내는 돈을 워낙 아껴 쓰다 보니 거의 티가 나지 않는다. 탈북한 자식들로부터 송금을 받다 탈북한 아바이 씨는 그래도 탈북한 자식들을 둔 부모들끼리 만나면 말하지 않아도 은근히 통하는 무엇인가가 있다고 전한다. '왠지 윤기가 돌고, 돈 가진 사람들 특유의 여유와 자신감' 같은 게 넘친다는 것이다.

정재일 씨는 자신의 아내가 북한 장마당에서 '마담노릇'하고 있다는 정보를 일본에 있는 친구와의 전화통화를 통해 접하기도 하였다.[25] 북한

---

[24] 정수남의 구술. 요즘에는 북한도 놀러다니는 문화가 많이 생겨 가지고, 놀러다니는데 량강도 같은 경우에는, 백두산에 잘 가고요. 버스 타고 한 두 시간 가면 백두산이잖아요. 백두산 가는데 돈 많이 들고, 보천에 온천이 있어요. 거길 놀러 잘 가요. 그런데 놀러다니는 데도 돈 많이 쓰겠죠. 또 돈이 좀 생기면 평양에도 갈 것이고,

[25] 정재일 씨의 구술. "재일교포들이 북한에 드나들면서 소문을 듣고 사진까지 가져와요. 예야 너네 마누라 장마당에서 마담행세하더라. 돈좀 작작 보

식 '마담노릇'이란 화장하고 옷을 화려하게 차려입고 짐꾼을 뒤에 달고 다니면서 장마당에서 물건을 구매하는 행위를 말한다. 입국 4년차인 그는 아내에게 1년에 200만 원(실수령액)씩 보내고 있는데 아내는 장사밑천으로 일시금으로 7천~8천 달러를 보내달라고 조르는 중이다. 그러나 그는 아내에게 장사해서 먹고 살 생각을 하지 말고 자신이 보내는 돈으로 그냥 먹고살라고 말한다. 오랫동안 일본에서 송금을 받으면서 생활해온 재일교포들의 속성을 잘 아는 재일 씨로는 자신과 마찬가지로 재포출신인 자신의 아내가 북한 토박이들과 악착같이 경쟁해서 이길 수는 없을 것이라고 생각한다.

북한사회는 아직 송금을 내놓고 쓸 수 있는 분위기는 아니다. 감시의 눈이 빛나고 있으며 출처 없이 돈을 쓸 수 없다. 탈북민들의 이야기를 종합하건대, 다른 해외 이주민 사례나 과거에 북한지역에서 재일동포들이 과시적 소비태를 보였던 것과는 달리 탈북자 송금을 매개로 한 뚜렷한 과시적 소비의 징후는 아직 보이지 않는다.

3) 생산적 투자

한국의 탈북민 송금이 북한사회에 본격적으로 들어가기 시작한 시기는 2000년 중반 이후로 채 20년이 되지 않았다. 북한으로 보낸 송금은 처음

> 내줘라, 이런 식으로 전화로 얘기해요. '마담행세'라는 건 돈 있는 부인행세를 해 가지고, 시장 있어요, 그런게 외화벌이네, 그 당간부네, 와이프 아니면은 외화벌이 시장하는 사람네 안주인들은 시장에 가서, 갈 때 하나 데리고 간다니까요. 짐들어주는 애를 한두명, 손가락으로 이거 얼마야? 다 거 얼마예요? 이거 이거 이거 찍으면, 이 뒤에 있는 애가 다 묶어가지고 들고 가. 그걸 보고 '마담'이라고 해요 시장에 탁 가서 뭐 화장이라 다 이쁘게 하고, 옷도 화려하게 입고 귀걸이 목걸이 다하고, 이렇게 거들먹거리면서 이거사거 저거사고."(정재일 씨, 40대 남, 재일교포1세대)

에 생계유지에 사용되었다가 장사밑천으로 사용되는 생산적 투자단계에 들어서기 시작했다. 본 연구에서도 전체 16사례 연구참가자들을 보면 한국에서 송금한 기간은 2014년도 기준으로 1년~8년 동안 지속되었다. 그중 송금받은 돈으로 장사를 위해 매대를 구입하는 등 생산에 투자하는 활동이 나타난 사례는 10사례이다. 이들은 모두 송금을 주거나 받은 사람들이며 송금을 받아 장사밑천이나 사업 등 생산활동에 사용된 사례들은 〈표 3〉과 같다.

표 3 송금을 밑천으로 한 생산활동 사례

	성명(가명)	북한직업	출신지역	송금수취인	사용처	총액	송금기간
1	최장군 (여, 40대)	밀수, 이산가족 상봉	황해	언니 2	장사밑천 사고처리	5,000만원	6년
2	전미연 씨 (여, 50대)	노동자/장사	황해	아들, 동생들	생계유지 장사	3,000만원	8년
3	성실남 (남, 50대)	인민위원회 부원	함북	딸	장사 (가게 꾸리기)	500만원	3년
4	바선생 (여, 50대)	교사/장사	함북	딸	장사 (매대 꾸리기)	500만원	1년
5	아바이 (남, 60대)	자재지도원	함북	본인	곡물장사	70만원	1회 수령
6	정재일 (남, 40대)	연구원/8.3 노동자	량강	본인/부인	조개양식사업 등 투자	3,000달러 투자	26년간 수령 (일본송금)
7	만달라 (남, 50대)	외화벌이 기지장/지배인	평남	본인	자동차구입하여 외화벌이 기지장	1,000달러 투자	2회 18,000달러
8	최선망 (여, 50대)	?/장사	황해	본인	석탄사업, 아파트구입, 뇌물(보안원지위)	2,500만원	6년
9	김미녀 (여, 30대)	군인/건재소 노동자	함북	엄마	매대구입/장마당에서 장사	1만 위안	1년
10	박선생 (50대, 여)	교사/장사	함북	딸	매대구입/장마당에서 장사	1만 위안	1년

연구참가자들은 본인들이 송금으로 장사 등을 한 사례 외에도 송금을 밑천으로 하여 장사를 하는 주위 사람들의 이야기도 들려주었다. 내가 중국에서 만난 박선생(50대 여성, 교사)은 북한 장마당에서 장사하고 있는 딸과 긴밀한 연계를 갖고 있었는데, 송금이 계속되면서 처음에는 송금으로 식량을 사던 사람들이 장사를 하는 밑천으로 사용한다고 말한다. 박선생이 자신의 딸에게 보낸 첫 송금은 북한 장마당에서 매대를 사들이는 데 사용되었으며, 그 후로도 한국에서 보내는 송금을 밑천으로 장마당에서 목 좋은 매대를 사들이는 데 투자하여 장사 규모를 늘려가고 있다. 다음은 박선생이 들려준 이야기들이다.

〈 중국 거주 탈북자 박선생 인터뷰: "장사만이 살길이다" 〉

"지금은 무조건 소비하는 경우가 드물다. 종잣돈으로 하려고 하지 요즘 그런 것은 없다. 그 밑천으로 하여 종잣돈으로 한다. 송금은 보내주어야 한다 꼭. 북한 사람들의 인식이 '장사만이 살길이다'하는 인식이 있어 장사사상이 다 들어갔습니다. 그것은 못 막힙니다. 량강도에서 처음에는 돈이 오면 소비만 하고 그랬지. 송금을 해서 거기가 몇 년도부터 많이 들어왔는가 하면 2007년도, 2008년도부터 돈이 들어는 갔지만, 그렇게 많이 들어가지 못했습니다. 2009년도, 2010년도부터 많이 들어가기 시작했다. 뭉칫돈이 들어가면서 쌀도 사 먹고 옷도 사입고 했는데, 거기서 처음부터 눈이 텄다고 할까? 첫 번에 온 것 다 먹어보고 두 번째 온 것 다 먹고 하니까 그게 아니구나."

"내 딸의 친구인 영옥이(30, 가명)는 딸이 다섯인 집에서 태어났다. 언니 네 명이 도강을 해 중국으로 갔다. 지금 엄마와 동생 영옥이에게 돈을 보내는 건 두 명인데, 두 명은 한국으로 가서 돈을 보내고, 두 명은 아직 소식이 없다. 한국으로 간 딸들이 북한에 있는 엄마하고 동생 영옥이에게 송금을 보냈는데 처음에는 바로 쌀을 사 가지고 먹었다.

그런데 시간이 지나면서 영옥이는 언니가 보내는 돈으로 장사를 하기 시작했다.

> 원래 영옥이가 사는 곳은 1,000 세대가 사는 빈민촌에 살았는데, 지금은 장마당에서 사장질(로반질) 하고 있다. 그 천 세대 있던 집에서 장마당까지 십리 길로 왕복 20리이었는데 시장 옆에 집도 마련하여 4만원(중국돈) 짜리 집을 사서 살고 있다. 영옥이네는 그 돈이 종잣돈이 되어서 제일 못 살던 빈민촌에서 벗어나 장마당에서 로반(사장)행세를 하고 있다."

2. 송금이 초래한 북한가족들의 의식변화

북한사람들에게 송금은 행운이기도 하였지만 동시에 불화의 원인이 되기도 한다. 돈을 받는 가족의 생계를 유지하게 하고 장사밑천이 되어주기도 하였으며 권력이 있는 직업지위를 사게 하는가 하면 추방된 가족들을 고향으로 돌려보내는 뇌물로 쓰이기도 하였다. 혹은 돈을 둘러싼 가족 간의 싸움과 불화, 송금에 대한 의존성, 탈북의식의 강화로 이어지기도 한다. 지역사회에서는 탈북가족에 대한 선망을 만들어내기도 하고 시장경제와 한국사회에 대해 보다 현실적인 인식을 하는 효과도 일으키는 등 북한사회에서 예상하지 못했던 변화의 바람을 조용하게 일으키고 있다. 송금은 남한에 있는 탈북자와 북한에 있는 탈북자 가족 간의 관계를 보다 가깝게 만들어주기도 하였지만 멀어지게도 때로는 단절시키는 경우도 적지 않다. 이 같은 탈북자 송금이 계속 유입되고 확대된다면 북한사람들은 어떻게 변화할 것인가? 송금에 대한 경제적 의존성의 증가, 가족관계의 부정적/긍정적 변화, 시장경제와 한국에 대한 환상에서 벗어나기의 세 가지로 요약할 수 있다.

1) 송금에 대한 경제적 의존성의 증가

송금은 일에 대한 적극성을 줄이며 사람들을 더욱 의존적으로 만드는 부정적 효과도 산출한다. 개인이 경제활동이나 장사를 할 만한 역량이 부족하거나 시장화를 위한 제도적 여건이 되지 않는 현실에서는 송금에 대한 의존성이 더욱 커지게 마련이다. 특히 정착 초기 한국 시장경제의 강한 노동강도와 현실을 잘 모르는 탈북민들은 가족에게 돈을 보내야 한다는 강박감에 시달리는 한편, 북한의 가족들은 송금에 더욱 의존적 태도를 취하는 경향이 있다. 북한의 가족들이 송금에 대한 의존도가 생기면 명분을 달아 자꾸 송금을 보내달라고 독촉하게 되는데, 이로 인해 한국에 사는 탈북민에게 일방적인 부담이 되며 불만이 쌓여간다. 그래서 '보내라는 요구들이 잦다', '저번에 보낸 돈 어떻게 했느냐'라는 추궁을 하게 되고 북한의 가족들은 '뭐 어떻게 해서 사기 맞혔다' 혹은 '뭐했다', '물가가 올라갔다' 등의 핑계와 변명이 뒤따르게 된다. 이처럼 남과 북에 가족 간에 이루어지는 송금독촉과 못 보낸다는 답변, 그리고 추궁과 변명의 악순환은 결국 상호불신으로 이어진다.

북한 주민들의 탈북자 송금에 대한 의존성은 개인의 의존적 태도와도 관련된 현상이라고 볼 수 있지만 근본적으로는 장사를 하여 돈을 벌 수 있는 북한 내 시장화 여건이 제도적으로 마련되지 못했다는 점에 기인한다. 차라리 송금을 자본으로 활용하여 사업을 한다면 좋겠지만, 사업을 할 만한 여건이 안 되는 북한의 현실은 송금이 생산자금으로 활용되는 것을 근본적으로 제약하는 결정적 요인이 된다. 특히 북한의 탈북자 가족들은 가족연좌제에 의해 북한사회에서 진로가 제약되고, 괜찮은 직업이나 직위를 가질 수 없는 적대계층으로 분류되기 때문에, 할 수 있는 일이나 가질 수 있는 지위, 교육 등에서 차별받는 불리한 위치로 전락하게 된다. 이러한 탈북자 가족들이 처한 위치는 송금이 생산활동으로 전환하는 것을 제한하게 된다. 표3은 송금을 기반으로 생산활동을 하기 위한 자본으로 전환한 사례들인데, 10사례 중 7사례가 주로 장마당에서 매대 구입하기, 곡물장사 등 한정된 극소수의 돈벌이에 집중되어 있음을 알 수 있다. 향후 북한사회의 개방화가 진전된다면 송금이 합법화된다면, 생산적 활용이 활성화될 수 있는 잠재력을 지니고 있음을 시사한다. 그러나 정반대로 비관적 전망을 할 수도 있다.

이는 만달라 씨의 사례에서 드러나듯이 이산가족 송금을 통해 받은 돈을 전부 빼앗기고, 교화소에 가게 되는 경우이다. 그의 당초 직업지위는 지배인으로서 당간부는 아니었지만 행정간부로서 좋은 직업지위를 가졌던 사람이었으나 한국에서 받은 송금으로 인해 교화소에 가게 되었다. 그는 2차송금으로 자동차달리기 사업에 투자하여 외화벌이 기지장으로 재기하기를 꿈꾸었던 사람이다. 그러나 만달라 씨는 결국 화물차를 빼앗기고 다시 전락한다. 이러한 사례는 남한출신 배경을 지닌 복잡계층에 속한 만달라 씨가 곤경에 처했을 때에 정치신분의 문제로 인해 도와줄 수 있는 사람들이 부재한 현실을 보여주며, 이는 권력과 연을 맺을 수 없는 사회적 연결망의 부재를 상징한다. 한국으로부터의 송금은 오히려 많은 돈일수록 받은 사람을 더욱 고립무원하게 만드는데, 송금에 대한 당국의 정치적 주시와 불법자금의 낙인과 당국의 강탈을 정당화하며, 군부의 자동차 강탈로 상징되는 취약한 정치신분에 대한 재약탈 행위는 탈북자의 송금이 북한에서 합법적인 공적 사회적 연결망에서 단절시키고 고립시키며 결국 몰락으로 모는 촉매제의 역할로 작용한다는 점을 시사한다.

2) 물질주의에 물든 가족관계의 균열: 불화 · 연락 끊기 · 거짓말

북한의 폐쇄되고 차단된 외부환경과의 단절이 송금의 효과에 어떻게 나타날 것인가? 송금은 남북한에 있는 가족관계를 더 가깝게도 하였지만 많은 불화나 단절의 원인이 되었는데, 그 근저에는 시장경제에 대한 현실인식이 있다. 북한의 가족들은 이제 중국이나 한국에 가면 돈을 쉽게 벌 수 있다고 생각한다. 북한의 월급이 3,000~7,000원에 불과한데, 한국은 월급이 1천 달러 이상이니 돈이 많이 남을 것이라고 생각하고, 그 중에서 일 년에 1천 달러 정도 보내는 일은 어렵지 않겠다는 생각을 한다. 한국에서 돈을 쉽게 벌 수 있다는 선입견은 자연스럽게 한국에 온 가족을 향한 송금 요구로 이어진다.

북한에서 송금을 받아본 사람들은 이제 식량이 아니라 돈을 필요로 한다. 옛날에는 먹을 쌀이 없다고 말했는데, 이제는 돈에 집착한다. 소비에 대한 욕구가 커졌기 때문이다. 자본주의 사회에서 얼마나 힘들게 일해야 돈이 나오는 건지 모르고 북한의 가족들은 송금받은 돈을 쓰는 데에 익숙해지기 시작한다. 그래서 돈이 떨어지면 한국에 있는 가족에게 전화해서 여러 명목으로 송금을 요구하게 된다. 이런 일들이 자주 반복되면서 한국에서 송금을 보내던 사람들은 피로가 쌓이기 시작한다. 즉, 송금으로 인한 남북한의 다른 공간에서 살아가는 가족들 간에 관계의 변화가 발생하는 것이다. 또 북한 가족 중에서도 송금선을 쥐고 있는 가족 구성원이 한국에서 보내는 돈을 독차지하는 사례가 자주 발생한다. 이는 가난하지만 화목하게 지내던 가족 내 불화와 균열의 원인이 되며 극단적인 상황이 만들어지기도 한다. 다음의 세 가지 사례는 연구참가자들로부터 들은 이야기들인데, 이러한 사례들은 매우 극단적으로 보이지만 실제로는 흔하게 자주 발생하는 일들이다.

〈사례 1〉 천만 원의 송금이 일으킨 가족 불화 및 해체

정수남이 알던 한 여성 탈북자는 집안의 막내였다. 그녀는 돈이 없어 북한에 있는 자신의 가족에게 50~100만 원 정도의 작은 돈을 보내는 처지라 정수남은 수수료를 안 받고 보내주기도 하였다. 그러던 그녀가 돈을 모아 1천만 원이라는 큰돈을 북한에 보낼 수 있게 되었다. 그 돈은 예상치 않게 북한에 있는 그녀의 가족 내부에 큰 싸움을 불러일으켰다. 오빠 두 명과 아버지, 엄마가 오순도순 화목하게 살던 가족은 막내딸이 보낸 1천만 원으로 인해 가족 파탄상태에 빠졌다. 막내

가 보낸 돈을 아빠가 혼자 차지한 데 대해 불만을 품은 큰 아들이 아버지와 엄마를 때려서 집에서 내쫓은 것이다. 부모는 겨울날 산중턱에 천막을 치고 살게 되었고, 온 가족이 분란에 휩싸인 틈에 둘째 아들은 혼자 돈을 가지고 어디론지 달아나버렸다. 결국 막내딸이 보낸 천만 원은 온가족이 해체되는 계기가 되었다.(북한과 한국에서 송금중개를 한 정수남의 구술)

한국이나 중국에서 송금을 보내던 탈북자들은 자본주의 사회에서 일해서 돈을 버는 것이 얼마나 어려운지 북한의 가족들을 설득하기도 한다. 그러나 더이상 설득의 한계를 느껴 대화가 어렵다고 생각될 경우에는 송금을 보내던 한국 혹은 중국에 있는 탈북자들은 가족과 아예 연락을 끊어버리기도 일도 자주 발생한다.

〈사례 2〉 잦은 송금요구로 북한 가족과 연락 단절하기

제가 중국에서 살던 당시 옆 동네에 5천 원에 팔려 시집온 북한여성이 있었다. 그녀는 아들 하나 낳았는데 저녁마다 엄마를 보고 싶어하고 형제를 보고 싶어했다. 중국인 남편은 아내가 북의 가족들을 그리워하는 것을 보고 안타까워서, 2008년도에 두만강을 넘어가서 아내의 엄마를 찾아 돈을 드리고 오면서, 중국의 집 전화번호를 알려주었다. 그리고 어디로 이사 가건 한동안 아내의 가족들에게 돈을 보내주었다고 한다. 그런데 문제는 북한의 친정에서 석 달을 넘지 못하고 돈을 보내달라, 네 오빠 아프다, 나 아프다 등의 이유를 달아 송금을 자꾸 요구하는 것이었다. 한 해에 만 위안씩 보냈는데, 그렇게 2년을 돈을 보내다가 결국 여자는 견디지 못하고 우정국에 찾아서 전화선을 끊게 되었다(중국 거주 박선생 구술, 2014년 중국 연변지역에서 구술채록)

북한의 가족들은 송금을 받기 위해 여러 가지 이유를 대며 거짓말하는 일이 흔히 발생한다. 어머니의 풍, 아들의 병, 가족들의 병, 집에 불이 났다는 등 온갖 심각한 사안을 만들어 대기도 하고, 정수남의 동생 사례에서 보는 바와 같이 결혼식 비용이 필요하다, 북한의 돈 가치가 달라졌다는 등 삶의 모든 일상들이 한국에 있는 가족에게 송금을 독촉하는 이유들로 제시된다. 송금을 받기 위해 가족을 거짓으로 대하는 북한 가족들의 태도는 어렵사리 돈을 마련하는 한국의 탈북민들에게 경제적 부담이자 마음에 큰 괴로움이 된다.

〈사례 3〉 거짓말하기 :
물가가 올라 5천 위안을 한 달 만에 썼다는 동생의 송금독촉
우리 동생들 같은 경우는 너무 철이 없었어요, 이전에는. 전화 오면 계속 돈소리만 하는 거예요. (중략) 6개월 1년 풍족하게 살 거라고 보내줬는데 한 달 되어서 떨어졌다고 또 달라는 거예요. 제가 생각하기에 이해가 안 돼요. 북한에서는 돈을 쓸 수 있는 게 한정되어 있어요. 여기처럼 돈이 있다고 막 쓸 수 있는 환경이 아니거든요. (중략) 5천 위안을 한 달 안에 다 썼다는 게 말이 안 되잖아요? 그러다가 다른 소리 막 하는 거예요. 오빠가 있을 때와는 다르다, 이런 식으로 이야기하는 거예요. 여기도 요새는 돈 가치가 없고. 제 동생들이니깐 이렇게 말하죠. 쌀값 다 알고 물건 값 다 아는데도 거짓말하는 거예요. (정수남 구술)

3) 시장경제와 한국에 대한 환상에서 깨어나는 북한 주민

"여기는 돈이 없어도 먹고 사는데, 너네 거기는 돈이 없으면 못 먹고 살지 않나?"
(한 북한주민의 말)

한 때 북한주민들은 자신들이 드라마에서 본 한국을 실제의 한국이라고

그대로 믿는 경향이 있었다. 그들은 드라마에서 보는 환경을 한국에서 사는 사람 누구나 누리는 삶이라고 생각한다. 그러던 중 한국에서 보낸 송금을 받게 되면, 이러한 환상은 더욱 풍선처럼 부풀어 오른다. 자신의 가족이 보내 온 송금을 받은 북한 주민은 "한국이라는 사회는 얼마나 잘 살기에 몇 달 만에 이만한 돈을 나에게 보낼 수 있는가?"라고 생각한다. 자신의 가족이 한국에서 한 달 일해서 북한에서 몇 년간 일해도 벌 수 없는 1천 달러를 벌었다는 이야기는 이러한 환상을 부채질한다.

이처럼 2000년대 중반 이후 드라마나 영상을 통해 급속도로 확산된 한류는 북한사람들의 한국에 대한 기대감을 더욱 부풀게 하는 배경이 되었다. 여기에 한국에서 받은 송금이 더해지면, 한국에서 누구나 쉽게 돈을 벌 수 있다는 환상은 더욱 확고해진다. '나도 한국사회에 간다면 돈을 벌 수 있다'는 생각을 하면서 탈북하고 싶다는 마음이 점점 더 자라나게 된다. 북한주민의 의식에 대한 북한인권정보센터(NKDB)의 조사결과는 송금을 받은 후 사람들의 마음의 변화추이를 보여준다.[26] 송금의 대북

---

[26] 이 문제 관련하여 참고할만한 선행실태조사로는 북한인권정보센터(2010 ~ 2013년)의 대북송금영향 문항이 있다. 북한인권정보센터는 2010년에서 2021년까지 11차례에 걸쳐 송금실태를 조사하였다. 2013년 조사결과에 의하면 북한주민은 송금을 받는 과정에서 한국 사회를 동경하게 되고(43.9%), 탈북하고 싶은 마음을 더욱 커지며(19.8%), 송금을 받은 10명 중 6명은 한국사회를 동경하게 되고 결국 탈북하고 싶어진다고 응답하였다. 이러한 경향은 2021년 조사결과에서 변화가 확인된다. 북한주민은 송금을 받는 과정에서 한국사회를 동경하게 되고(27.8%), 탈북하고 싶은 마음을 더욱 커지며(14.3%), 저항의식을 높인다(3.2%, 13명). 그런데, 10년 전의 통계조사 결과와 확연하게 달라진 점은 북한 시장경제의 활성화가 93명으로 22.9%를 차지한다는 것이다. 한국사회에 대한 동경은 줄어들고(10명 중 4명에서 2.8명으로) 북한의 시장경제를 활성화한다는 응답이

영향력에 대한 변화추이를 지난 2010년부터 2021년까지 지속적으로 해온 결과, 2013년도 조사에서 한국사회에 대한 동경이 2013년 조사에서는 한국사회를 동경하게 되고(43.9%), 탈북하고 싶은 마음을 더욱 커졌다고(19.8%) 답했으나, 2021년 조사에서는 북한주민은 송금을 받는 과정에서 한국사회를 동경(27.8%)하거나 탈북하고 싶은 마음(14.3%)은 줄어들고, 새로이 북한 시장경제의 활성화하는 효과가 있다는 응답은 93명으로 22.9%를 차지하는 것으로 나타났다.

이러한 변화의 기운은 2014년 당시 정수남의 이야기로도 확인된다. '한류 – 송금 – 한국선망 – 탈북'으로 이어지는 기존의 추세와 다른 북한주민에게서 새로운 기운이 감지되고 있다. 그 새로운 기운이란 자본주의 한국의 치열한 현실을 북한주민들이 인식하기 시작했다는 점이다.

북한주민들이 이제는 옛날하고 다르게 한국사회에 대하여 또 자본주의 사회에 대해서 나름대로 이해해나가고 있다. 북한에서 송금중개인을 하다가 한국에 온 후에도 계속해서 송금중개인 일을 하는 정수남 씨는 '이전에는 환상 때문에 한국에는 발만 디디면 하늘에서 그냥 돈이 막 떨어지는 줄 알았어요. 전화할 때마다 돈 달라 돈 달라 했어요.'이랬던 사람들이 2013년경부터 달라지기 시작한다고 말한다.

> "여기는 돈이 없어도 먹고 사는데, 너네 거기는 돈이 없으면 못 먹고 살지 않냐? 여기는 괜찮으니까 니 먹고 살기 괜찮을 때 도와줘도 괜찮다."

22.9%를 차지하고 있고, 한국에 대한 동경이 줄고 북한의 시장경제를 활성화하겠다는 응답이 늘었다.
김가영·성민주·임순희,『2021 북한이탈주민 경제사회통합 실태』, 북한인권정보센터·엔케이소셜리서치, 2022.

정수남 씨는 북한에 있는 가족이나 친지가 우리 사회에 대해 너무 잘 안다는 사실에 대해 당혹스러우며 자괴감까지 느낀다. 북한친지들의 전과 달라진 태도를 접하면서 그는 '과연 내가 이 사람보다 더 잘 사는 게 맞나?' 하는 생각에 내심 큰 충격을 받는다. 이제 북한주민들도 탈북민들이 한국에서 살아가며 겪는 시행착오에 대한 이야기들을 들으면서 풍요롭지만 돈 없는 사람에게는 힘겨운 한국의 현실을 있는 그대로 조금씩 인식하고 있다. 북한주민들도 간접체험을 통해 이제 한국에 대한 환상에서 벗어나 시장경제에 대해 현실적으로 사고하는 방향으로 바뀌어 가는 중이다. 한국을 선망하고 탈북하고 싶어하던 마음으로부터 벗어나 이제 한국에서 보내는 송금을 받긴 받되 북한에서 잘 살아보자는 방향으로 선회하는 새로운 지향성을 보이고 있다고 판단된다.

IV. 결론 및 향후 탈북자 송금의 전망

북한의 폐쇄되고 차단된 외부환경과의 단절 속에서 분단체제를 넘어 침투하고 있는 탈북자의 송금은 이제까지 북한사회에 어떠한 영향을 미쳤으며 북한사람들을 어떻게 변화시켰는가? 앞으로 탈북자의 송금은 어떻게 변화할 것인가?

송금은 북한에서 함께 고생했던 가족을 향한 열정이 자신의 정착이나 경제적 안정을 도모하는 것보다 북한사회에 두고 온 가족들의 생계를 지원하는 일을 중요하게 여기는 탈북민들의 마음이 향하는 정향성을 상징한다. 또한 사례분석 결과도 송금을 받는 북한주민의 사용처 역시 생계유지에서 장사밑천으로 활용하는 경우가 많아졌음을 보여주고 있다. 그동안 탈북자 초국가 송금네트워크는 위험성에도 불구하고 국경을 넘어 가족 간의 연대를 잇는 중간 매개체로 강력하게 작동하여 왔으며, 송금의 양상이나 규모는 탈북민과 북한 가족 사이의 강한 연대성을 재확인해주고 있다. 탈북자들이 보내는 송금은 오늘날 험난한 북한사회에서 살아가는 북한주민의 생존을 밑에서 떠받치는 강한 힘으로 작용하였으며, 이는 남한과 북한에 위치한 탈북자와 북한에 있는 가족들은 강력한 혈연관계를 매개로 남북의 정보를 상호교류하면서 상호 의식의 변화를 촉진해나가고 있다.

그러나 본 사례연구에서는 일부 탈북자들이 언론보도들이 주장해왔듯이, 송금으로 인해 탈북자 가족의 계층적 지위가 상승했다는 증거나 뚜렷한 징후를 포착하지는 못했다. 송금받은 돈으로 뇌물을 써서 아들을 보안원으로 만들었다는 사례를 발견하였지만, 역으로 만달러 씨처럼 이산가족상봉의 송금을 통해 본인이 성취한 직업지위에서 몰락하고 송금된 돈의 대부분을 빼앗기는 사례도 존재한다. 북한에서 탈북자 송금은 단순히 탈북자 가족들의 생계유지 기능을 넘어서 미래의 삶을 담보하기 위한 생산활동의 종잣돈으로 전환되어가는 징후를 보이기도 했으나, 최근 2020년 이후 코로나 봉쇄가 강력하게 행해지고 탈북자 가족들에게 대한 단속이 강화되기 시작하면서 송금이 생산활동에 투여되던 경향은 정체 혹은 잠복기를 맞이한 것으로 보인다.[27]

이는 국제이주 송금관련 많은 선행연구결과들이 시사하는 바와 같

---

[27] 코로나이후 한국에 온 탈북민들이 코로나로 폐쇄되면서 송금액이나 횟수가 줄어들었으며, 무엇보다 2021년의 조사에 의하면 응답자의 약 20%만이 북한으로 송금을 보내고 있다. 대북 송금경험은 2021년의 경우, 85명(20.9%)에 불과했으며 그 이유로는 돈이 없어(28%), 북한가족이 없어서(18.9%), 기타 코로나(32.6%)이다. 2021년 평균 송금액은 209만원이다.
출처: 김가영·성민주·임순희, 『2021 북한이탈주민 경제사회통합 실태』, 북한인권정보센터·엔케이소셜리서치, 2022. p. 9.

이 송금이 본국에 영향력을 행사하는데 송금수취국의 여건이 북한의 경우에도 중요하다는 것을 말해준다. 탈북자들의 유입이 거의 끊기다시피 한 상황으로 미루어볼 때, 한국의 탈북민들이 감당해왔던 경제적 송금과 사회적 송금 그리고 송금을 통한 의식변화의 시대는 서서히 종막을 고해가는 것으로 보인다. 물론 2000년 중반 이래 탈북자 송금의 역사는 십년이 넘도록 이어져왔으며 코로나 봉쇄 상황에서도 완전히 끊기지 않고 끈질기게 이어져가고 있다. 그러나 송금의 안정적 공급을 위해서는 무엇보다 한국에 들어오는 신규 탈북 유입자의 수가 중요한데,[28] 현재 유입 추세로 보건대 향후 탈북자 송금은 계속 줄어들 것으로 전망된다.

---

[28] 한국으로 유입되는 탈북자 수가 급격히 줄어들면서 2021년에는 63명으로 줄었고, 2022년 6월까지 16명에 불과하다. 출처: 통일부 북한이탈주민 현황 자료

참고문헌

김경렬, "북한이탈주민의 송금분석: 행위자 - 연결망 이론(ANT)를 중심으로," 『현대북한연구』 24권 3호.

김용기. "북한의 불평등구조와 계급정책," 『북한의 사회구조와 변화』, 경남대학교 극동문제연구소, 1987, 203~205.

김화순, "분단의 경계를 넘는 초국적 송금네트워크의 형성." 『인문사회 21』 8권 5호, 2017.

정은이. "북·중 간 비공식 송금시스템의 생성과 발전 - 탈북자 송금을 중심으로". 『동북아경제연구』 제 29권 4호, 2017.

이지연, "탈북민의 북한 가족 송금의 수행성과 분단통치성". 『경제와 사회』 2019. 12.

최희, "북한이탈주민의 가족송금의 사회적 의미," 『다문화사회연구』 14권 3호, 2021.

신미녀, "남한과 중국에서의 북한이탈주민 재북 가족 송금에 대한 조사". 『남북통합에서 탈북자들의 기능과 역할』. (2010. 11. 24). 새조위.

Massey et al. 1999, "Imagining globalization: Power-geometries of time-space", in Glabal Futures, Migration, Environment and Globalization, A, Brah, M.J. Hickman and M. Macan Chaill(eds), Basingstocke, Macmilan, pp. 27-44.

Mark Lichbach, *The Rebel's Dilemma* (University of Michigan Press, 1998)

Nyberg-Sorensen et al. 2002, *The Migration–Development Nexus: Evidence and Policy Options,* Geneva: International Organization for Migration Research Series 8.

Stark 1991. *The Migration of Labor*, Cambridge, MA: Blackwell.

Vertobec, *Transnationalism* (New York: Routledge, 2009.

(사)북한인권정보센터. 『2013 북한이탈주민 경제활동 동향: 취업, 실업, 소득』. 2014.

김가영·성민주·임순희, 『2021 북한이탈주민 경제사회통합 실태』, 북한인권정보센터·엔케이소셜리서치, 2022.

통일부 북한이탈주민 현황 자료

남북 이산가족 상봉 (시사상식사전, 박문각)https://terms.naver.com/entry.naver?docId=66874&cid=43667&categoryId=43667

재일교포북송 [在日僑胞北送] (두산백과 두피디아, 두산백과) https://terms.naver.com/entry.naver?docId=1138911&cid=40942&categoryId=39945 (2022년 8. 24일 검색)

V

'한반도시민'의 일상적 평화실천과 치유

제13장

(탈)경계인의 자기서사:
김정은 시대에 탈북한 청년들의 문학치료 활동을 중심으로[1]

박재인(건국대학교 통일인문학연구단)

I. 탈북청년 대상 문학치료 연구의 시작

이 연구는 탈북민 대상 문학치료의 한 사례로, 김정은시대 탈북청년을 대상으로 한 새로운 문학치료 프로그램의 적합성을 논의하고자 한다. 여기에서는 이들의 사회적 관계 및 편견·배제 문제에 대한 문학적 대화를 가능하게 했던 〈비형 이야기〉[2] 사례에 한정하여, (탈)경계인[3]으로서 자

---

[1] 이 글은 "박재인, 「『삼국유사』〈비형 이야기〉를 통해 본 탈북청년들의 (탈)경계인으로서 자기서사」, 『문학치료연구』 63, 한국문학치료학회, 2022, 103~147면."에 발표한 논문을 수정한 것이다.

[2] 이 글에서 원제를 사용하지 않고 〈비형 이야기〉라고 명명한 까닭은 도화녀와 성제의 관계보다는 비형의 존재성과 사회적 진출에 주목하여 문학치료 활동에 적용했기 때문이다. 탈북청년들의 몰입 역시도 이 문제에 한정되어 있었기 때문에, 논문에서는 〈비형 이야기〉라고 칭한 것이다.

[3] 여기에서 규정하는 '경계인'의 의미는 북한 출신이라는 정체성을 보유하면

기서사[4]에 주목하고 개별 반응과 집단토론의 성과를 점검하였다.

그간 문학치료 탈북민 연구 사례는 탈북1세대인 고난의 행군 시기에 탈북한 이들을 대상으로 이뤄졌으며 탈북이라는 특수한 경험을 축으로 자신의 삶을 어떻게 기억하는가에 대해 주목했다고 할 수 있다.[5] 후

서 남한사회를 살아가는 복합적인 형태의 탈북민 정체성을 표현하는 말이다. 또 '(탈)'이라는 용어는 탈북민의 복합적 정체성이 남과 북 한 쪽을 추구하는 방향에서 나아가 탈북과 분단의 문제를 넘어서 자기만의 기준으로 자신과 세상을 바라볼 수 있는 '탈경계성'을 지향해야 한다는 의미를 담아 '탈'의 용어를 괄호에 넣어 표기하였다. 괄호는 불확실성이 아닌, 가능성을 염두에 둔 용어 표기라고 할 수 있다. 여기에 '탈경계성'의 의미는 윤보영의 견해에 따랐다.(윤보영,「경계/탈경계의 단계별 유형화를 위한 시도 - 자율적 삶을 추구하는 북한이탈주민에 대한 사례연구」,『북한연구학회보』 20 - 2, 북한연구학회, 2016, 63~92면.)

4   자기서사는 문학치료학의 주요 개념으로,(정운채,「서사의 힘과 문학치료방법론의 밑그림」,『고전문학과 교육』 8, 한국고전문학교육학회, 2004, 159~176면.) 사람에게 내재된 서사 형태의 인지와 표현 체계를 말하며,(신동흔,「문학치료학 서사이론의 보완·확장 방안 연구 - 서사 개념의 재설정과 서사의 이원적 체계」,『문학치료연구』 38, 한국문학치료학회, 2016, 9~63면.) 사람의 살아온 이야기 등 내러티브와 구별되는 용어이다. 자기서사는 자신과 세상을 바라보는 신념화된 의식, 삶에 대한 가치관과 태도, 그리고 미래에 대한 예측 등이 사람의 내면에 서사의 형태로 자리 잡혀 있다는 문학치료 이론에 해당한다. 문학치료 상담에서는 작품서사를 감상하며 나타나는 정서적 표현과 이해 방식 등을 통해 자기서사의 특징이 발견될 수 있다.

5   애초에 연구자가 진행한 탈북민 대상 문학치료는 16개 기초서사를 활용한 문학치료 개별상담과 (2)'이주와 성공의 고전서사'를 활용한 문학치료 집단 활동이었다.(박재인,『탈북민을 위한 문학치료』, 박이정, 2018, 1~268면.)

속연구로 이번에는 2012년 이후 탈북한 청년들을 대상으로 하였는데, 이들은 '김정은 시대의 탈북청년' 혹은 '장마당세대'라고 부를 수 있으며 이전 고난의 행군 시기의 탈북민과 구별되는 특징을 지닌다.[6] 이전 세대는 극빈과 기아를 피하기 위해 탈북을 감행하였다면, 탈북청년들은 새로운 삶을 위해 탈북을 '선택'하는 존재들이다. 그리고 과거 사회주의 내지 주체사상 의식을 체화하고 조직생활에 충실한 배급세대와 구별되며 '비사회주의'적 의식과 생활양식을 공유하는 세대로 평가된다.[7] 그래서 이들은 남한사회에서 자신을 어떠한 존재로 여기며 어떠한 존재로 살고 싶은가에 대한 특별한 정서 및 사유를 가지고 있다고 할 수 있다.

탈북청년을 대상으로 한 문학치료는 이들의 고민내용을 토대로 '과거의 삶을 어떻게 이해하고 상처를 회복하는가'와 '현재의 삶에서 사회 속 자신의 존재성을 어떻게 이해하고 어떠한 삶을 지향하는가'를 주안점으로 삼았다. 그 가운데 〈비형 이야기〉에 대한 문학치료는 탈북청년들의 사회적 관계, 특히 남한사회의 편견·배제문제들에 집중했다. 〈비형 이야기〉는 『삼국유사』 기이편에 수록된 작품으로, "진지왕과 관련된 역사적

---

[6] 변화하고 있는 탈북유형에 관하여 다음의 논의들을 주목할 수 있다.(이한나·정동인, 「북한이탈주민의 입국과정 변화에 따른 탈북 청소년 새로운 적응 양상과 교육적 과제」, 『학생연구 경연대회』 9, 덕성여대 사회과학연구소, 2010, 43~64면; 김종군, 「탈북청소년 구술에 나타난 엄마의 해체와 자기치유적 말하기」, 『문학치료연구』 44, 한국문학치료학회, 2017, 115~146면.) 그 중 김종군은 고난의 행군 시기의 탈북을 1세대의 생계형 탈북, 1세대들이 정착 후 가족의 탈북을 돕는 유형을 2세대 구조형 탈북, 그 이후 3세대의 자발적 탈북을 이주형 탈북이라고 규정한 바 있다.

[7] 김성경, 「북한 청년의 세대적 "마음"과 문화적 실천 – 북한 "사이(in~between) 세대"의 혼종적 정체성」, 『통일연구』 19, 연세대 통일연구원, 2015, 6~40면.

사실, 초현실적인 환혼교환(還魂交驩) 형식을 지닌 진지왕과 도화녀의 관계와 비형의 출산과정, 귀신들과 놀면서 진지왕의 요구에 따라 귀신들을 부리고 통제하였다는 비형의 행적, 비형이 진지왕의 혼생자(魂生子)라는 사실을 환기시키는 첩사(帖詞)를 붙여 귀신을 쫓았다는 축귀(逐鬼) 풍속을 소개하는 내용으로 구성"[8]되어 있다. 국문학계에서는 이 작품을 신라 중고기의 정치사와 관련하여 부계혈통의 가치가 끊겨있던 진지왕계 혈통들을 복권시키고자하는 정치사적 흐름으로 분석하기도 하였고,[9] 다양한 인간문제로 바라보면서 비형의 경계인으로서 특성에 집중하기도 하였다.[10]

이 작품서사는 탈북청년들의 몰입도가 높았으며, 뒤이어 이어진 집단토론에서도 진솔한 대화를 가능하게 하였다. 작품 속 비형의 독특한 정체성과 그 사회적 관계가 탈북민들과 유사한 면모가 있기 때문이다. 반귀반인(半鬼半人)이라는 비형의 존재성과 진지왕 혈통이 이 사회에 인

---

[8] 박일용, 「한국 고전문학에 나타난 人鬼交驩 ―〈桃花女 鼻荊郞〉의 政治·神話的 함의를 중심으로―」, 『일본학연구』 50, 단국대 일본연구소, 2017, 73~103면.

[9] 이에 대해서 강은해와 박일용의 연구를 들 수 있다.(강은해, 「도화녀 비형랑 설화에 나타난 두두리 신앙의 지역화와 진지왕계 복권신화적 기능」, 『어문학』 120, 한국 어문학회, 2013, 111~139면 ; 박일용, 「한국 고전문학에 나타난 人鬼交驩 ―〈桃花女 鼻荊郞〉의 政治·神話的 함의를 중심으로―」, 『일본학연구』 50, 단국대 일본연구소, 2017, 73~103면.)

[10] 비형의 경계적 특성에 대해 논의한 선행연구는 김성룡과 김홍철의 연구 등이 있다. (김성룡, 「비형 이야기에 나타난 귀신 이야기의 구성 원리」, 『선청어문』 24, 서울대 국어교육과, 1996, 377~410면 ; 김홍철, 「桃花女 鼻荊郞說話考」, 『교육과학연구』 11 - 3, 청주대 교육문제연구소, 1998, 57~74면.)

정되지 못하는 상황은 이들이 분단구조 속 북 출신으로 남한에서 살고 있는 상황과 유사하고, 비형이 자신의 존재성을 세상에 노출하고 귀(鬼)의 특성을 인간 세상에 이롭게 활용한다는 지점은 탈북민의 남한사회 진출 상황을 대변한다고 할 수 있다. 더불어 비형이 밤이면 귀신들과 무리지어 활동하는 지점과 진평왕이 이를 정치적으로 이용할 수 있는 가능성 등도 이들의 사회적 활동에서 중심집단의 편견과 배제의 문제뿐만 아니라 북과 관련된 정치적 상황들을 나타낸다고 할 것이다. 또한, 비형과 길달, 그리고 귀신의 무리들은 소수집단의 다양한 형태의 행보들을 생각하게 한다. 이는 단순히 '이주'의 차원에서 더 나아가, 나를 밀어내는 세상에서 어떤 존재로 살아갈 것인가의 문제와 함께, 그 선택이 사회·정치적 문제가 결합되어 있는 상황, 소수집단 내 다양한 갈등 등 복합적인 문제들을 함축적으로 그려내고 있다고 할 수 있다.

그리고 이 문학치료는 〈비형 이야기〉의 서사가 이들의 정신적 지향점이 되는 바를 목표로 삼지는 않았다. 적응 모델이나 도덕적 규범을 한정하지 않으며, 비형, 길달, 그리고 이를 바라보는 귀신 무리들의 입장을 두루 살펴보게 함으로써 중심집단의 입장에서 비롯된 획일화된 윤리관에서 탈피하여 특별한 사유를 자극하기 위한 작품서사로 활용되었다.

아울러 이 문학치료의 궁극적인 목적은 이들이 자기 삶에 대하여 서사적으로 이해하고 서사적인 미래기획을 가능하게 하는 데에 있었다. 그리고 그 중심에는 경계인으로의 특성을 직면하는 일과 더불어 '탈경계적 존재'로의 지향을 고려하였다. 연구주제와 관련하여 탈북민의 정체성에 대한 선행연구를 살펴보면, 윤보영은 경계인(marginal man) 개념을 사용하여 탈북민이 남한에서 경험하는 사회화의 의미를 해석한 바 있다. 그는 기왕의 경계인의 개념을 다시 정리하면서, 탈북민은 "경계를 넘어서려는 시도를 하지만 경계를 넘지 못하고 두 집단 간에 머무르게 된

자"의 특징을 지닌다고 주장한 것이다.[11] 이후 경계인 이론을 심화시켜, "두 문화가 자신에게 강요하는 규범을 벗어나 자신만의 기준으로 세상을 바라보"는 '탈경계'의 구분점을 제시하기도 하였다.[12] 이에 따라 문학치료는 자신을 경계 밖으로 밀어내는 사회에서 '탈경계'로 나아가는 탈북청년들의 자율성을 지지하는 목적으로 기획되었다. '탈경계'로 나아가는 지점에서 필수적인 과정으로 '자신이 바라보는 자아'와 '사회가 바라보는 자아' 등 자기발견 과제가 요구되는데, 이 지점에서 탈북청년들은 어떤 정체성과 삶의 방식을 추구하는지 살펴보는 것이 이 연구의 목적이라고 할 수 있다.

이 문학치료는 1차 사전조사와 2차 현장적용으로 진행되었다. 1차 사전조사는 탈북청년 3명을 대상으로 작품서사의 적합성에 대하여 점검하기 위한 개별상담으로 진행하였고, 2차 현장적용은 1차에서 효용성이 검증된 작품들을 중심으로 4명 참가자의 집단활동이 실행되었다. 〈비형이야기〉 문학치료는 2회기 총 4시간 동안 이루어졌다. 그리고 이 논문은 문학치료 프로그램의 적합성을 점검하는 데에 주된 목적을 삼고, 탈북청년이 작품서사를 감상하고 '(1)자신의 감정과 입장을 이입하며 사유하는

---

[11] 윤보영, 「경계인 이론을 통한 남한 정착 북한이탈주민 이해에 관한 연구」, 『사회과학연구』 22-3, 2015, 187~216면.

[12] "북한이탈주민은 그 자신이 처한 구조적 위치를 자각하며 남북한 경계 사이에서 탈경계의 지점으로 미끄러져 들어간다. 그 어디에 소속되지 않아도 오롯이 온전한 사람, 외롭지만 자유롭게 되는 것이다. 경계와 탈경계를 나누는 결정적 단초는 두 문화가 자신에게 강요하는 규범을 벗어나 자신만의 기준으로 세상을 바라본다는 점에 있다."(윤보영, 「경계/탈경계의 단계별 유형화를 위한 시도-자율적 삶을 추구하는 북한이탈주민에 대한 사례연구」, 『북한연구학회보』 20-2, 북한연구학회, 2016, 63~92면.)

표 1 〈비형 이야기〉로 사전조사 및 집단활동에 참여한 대상

참가자[13]		인적 사항	탈북·한국입국	문학치료 일정	특성
개별 사전 조사	지수	여성, 1996년생, 북한 혜산	2013년 탈북 2015년 한국입국	2021년 8월5일	가정불화와 탈선으로 이주형(가출) 탈북
	혜영	여성, 1996년생, 북한 사리원	2013년 탈북 2016년 한국입국	2021년 8월13일	아버지의 폭력으로 이주형(가출) 탈북
	성훈	남성, 1996년생, 북한 혜산	2012년 탈북 2012년 한국입국	2021년 9월1일 / 9월12일	먼저 탈북한 부모님에 의한 구조형 탈북
집단 활동	재희	남성, 1997년생, 북한 혜산	2015년 탈북 2015년 한국입국	2021년 10월 1일~10월 8일	먼저 탈북한 부모님에 의한 구조형 탈북
	아람	여성, 1999년생, 북한 혜산	2017년 탈북 2017년 한국입국	2021년 10월 1일~10월 8일	이주형 탈북, 남한 입국 후 탈북경비 지급
	수정	여성, 1999년생, 북한 혜산	2017년 탈북 2017년 한국입국	2021년 10월 1일~10월 8일	이주형 탈북, 남한 입국 후 탈북경지 지급
	경우	남성, 2000년생, 북한 혜산	2017년 탈북 2017년 한국입국	2021년 10월 1일~10월 8일	북에 있는 어머니의 원조로 이주형 탈북

가, (2)세상과 자신에 대한 특별한 정서, 인식, 신념 등을 드러나는가, (3) 작품서사와 관련하여 성찰적 사유가 가능한가'를 등을 살피며 작품서사에 대한 반응으로 어떠한 자기서사 분석이 가능한가를 논의하였다.

〈비형 이야기〉로 사전조사 및 집단활동에 참여한 대상은 〈표 1〉과 같다.

문학치료 상담 대상은 김정은 시대의 탈북 시기, 남녀 성비 등을 고려하였으며, 현재 대학에 재학 중인 학생들로 구성하였다. 이들은 김정은 시대에 탈북하여 북한이 장마당 시대로 변화한 모습을 체감하였고, 국경지역인 혜산시에서 출생하고 성장하여 북한사회의 변화 및 남한 문물 유입에 대한 경험이 있었다.[14] 그리고 최근 변화된 탈북유형을 잘 반

---

13 참여자의 이름은 개인정보 보호를 위하여 가명으로 표기하였다.

14 최근 탈북민들 가운데 80%가 국경지역 출신에 해당하는데, 이전 시기에

영하고 있었는데, 이들은 먼저 탈북한 부모에 의한 구조형 탈북과 자신의 자발적 의지로 이뤄진 이주형 탈북에 해당되었다. 그리고 참여자들은 모두 연구자와 처음 만난 관계였으며, 이 문학치료 프로그램은 짧은 기간 안에 실행되면서 양자 간의 신뢰감 내지 친밀감이 형성되기 어려운 상황에서 진행되었다. 그럼에도 작품서사의 역할로 진솔하고 의미가 깊은 대화를 가능하게 하였다고 할 수 있다.

II. 〈비형 이야기〉의 서사적 분기점과 탈북청년들의 반응

개별상담과 달리 집단활동은 비교적 문학치료의 목적이 뚜렷해야 집중도를 높일 수 있고, 특히 탈북민과 같이 특수대상을 위한 프로그램은 그 주제를 예각화하여 어떤 문제에 대한 문학치료를 실행하는 것인가를 분명히 할 필요가 있다. 특수대상의 상황에 대한 맞춤형 문학치료 설계가 필요할 뿐 아니라, 더불어 이들에게서 발견되는 공통된 자기서사의 특징을 발견하는 것 또한 중요한 사안이기 때문이다. 그래서 특수대상의 삶의 경험이 자기서사에서 특수성으로 드러나는가를 살펴보는 일이 선행되고, 그 안에서 나눠지는 개별성을 파악하는 것이 연구의 효율적인 방향성이라고 할 수 있다.

 이를 위해 참여자들의 문학적 반응을 집약하고, 동일한 조건 하에서 나타나는 반응의 양상을 파악을 위해서 작품서사를 제시하는 방법을

> 뚫렸던 탈북경로가 가출의 통로로 활용되며 탈북을 결심하는 일이 많고, 남한 문화접촉 경험이 탈북을 추동했을 가능성이 있다. 그리고 이들 가운데 혜영은 사리원 출생이나 탈북 직전 혜산으로 이주하였고, 이전부터 남한 문화를 접하는 일이 자주 있다고 말했다.

구체화 하였다. 우선, 작품의 서사적 분기점을 세 곳으로 지정하고 각 활동을 설정하였다. (1)비형이 세상에 자신의 정체성을 세상에 드러내는 지점, (2)경계인으로서 양쪽 집단을 연결하는 존재로 인간 사회에 진출하는 지점, (3)'길달 처단' 행위에 대한 평가 등을 중심으로 탈북청년들과 대화를 나누었다. 그리고 문학적 대화를 위해 작품의 줄거리 중 전반부만 제시하고 뒷이야기를 상상하는 활동을 진행하였고, 이후 전체 줄거리 제공한 후 이 작품에 대한 정서적 반응과 문학적 요소(서사구조와 화소)에 대한 해석적 반응을 질문하였다.[15] 이렇게 작품에 대한 몰입과 이입이 이뤄진 이후 집단토론을 진행하였다. '옛이야기에 나타난 문제 상황을 두고 다른 사람들과 토론하기'라는 활동을 내세우고, 작품서사로 자극된 자기 내면과 미래기획적 사유를 자기 언어로서 구체화하게 하도록 집단토론을 진행한 것이다.

서사의 분기점 별로 살펴보면, 먼저, 첫 번째 분기점은 비형의 정체성이 세상에 드러나는 지점이다(참고 1).

첫 번째 활동에서는 비형이 죽은 진지왕과 도화녀 사이에서 태어나 남다른 존재성을 지녔으며, 그 신분적 한계로 출세하지 못하고 밤마다 귀신들과 놀았다는 비형의 정체성에 대한 전사를 먼저 제공했다. 그리고 이를 알아챈 왕이 비형을 불러 귀신들과 노는 것이 사실이냐고 질문하는데, 여기까지만 작품줄거리를 제공하고 탈북청년들에게 뒷이야기를 상상해보라고 하였다. 여기에서 파악할 수 있는 바는 '비형이 자신의 정체

---

[15] 문학치료에서 작품서사 감상 후에 이뤄지는 정서 및 해석적 반응을 살펴보는 작업의 필요성과 방법은 김혜미의 연구에서 상세하게 논의하고 있다. (김혜미·박병준, 「문학치료 상담 현장에서 내담자의 해석학적 상황 이해를 위한 열린 질문의 필요성과 작품 감상법」, 『철학실천과 상담』 11, 한국철학상담치료학회, 2021, 5~40면.)

참고 1   첫 번째 분기점

(전반부 줄거리)

(1)신라시대의 진지왕이 도화랑이라는 아낙에게 반하여 수청을 들기를 청하였다. 도화랑은 남편이 있는 몸이라고 거절을 했고, 진지왕은 남편이 죽으면 내 청을 들어주겠느냐고 물었다. 도화랑은 그러겠다고 답했다. (2)시간이 흘러 진지왕이 죽고, 도화랑의 남편도 죽었다. 어느 날 밤 죽은 진지왕이 도화랑을 찾아와 이제는 나를 받아주겠느냐고 물었다. 도화랑은 약속을 하였으니 진지왕의 청을 들어주었다. (3)그리고 도화는 비형을 낳았다. (4)비형은 귀신과 사람이 낳은 아들이라고 하여 출세하지 못했다. 그리고 밤이면 세상에 나아가 많은 귀신들과 놀았다. (5)어느 날 왕이 비형을 불러 귀신들과 노는 것이 사실이냐고 물었다.[16]

성을 밝히는가, 이를 사회에서는 어떻게 수용하는가'에 대한 것이다.

　　작품서사의 전반부는 비형의 정체성, 즉 사회적 신분과 한계점을 잘 나타낸다. 죽은 왕의 자손이라는 점은 국문학계에서 폐위된 진지왕의 자손들에게 박탈된 왕족 권위와도 같다고 분석되어왔다. 즉 진지왕의 폐위는 "사회적 죽음"[17]을 상징하고, 그것에 영향을 받고 있는 후손들의 모습이 반귀반인(半鬼半人)으로 형상화된 것이라는 관점이다. 살아있어도 살아있는 사람 노릇을 할 수 없었던, 사회적 진출이 어려웠던 이들의 특성이 이러한 문학적 형상으로 표현된 것이다. 비형의 이러한 정체성은 '북(北) 출신'인 탈북청년들이 경험하는 바와 닮아있다. 남한사회에서 북에 대한 감정이 부정적이며 정상적인 국가로 인정하지 않는 경우가 많

16　한국정신문화연구원, 『역주 삼국유사』, 이화문화사, 2003, 306~310면.

17　박일용, 「한국 고전문학에 나타난 人鬼交驩 ―〈桃花女 鼻荊郞〉의 政治·神話的 함의를 중심으로― 」, 『일본학연구』 50, 단국대 일본연구소, 2017, 79면.

다. 그리고 이들은 '탈북'이라는 꼬리표로 차별받기 쉬우며, 사회적 진출에서도 편견과 배제의 한계로부터 자유로울 수 없기 때문이다. 이때 비형은 밤마다 귀신들과 놀며 지내는데, 이러한 행보는 이 사회에 자신의 존재를 드러낼 수 없었던 존재들의 단합과 활동으로 이해될 수 있다. 이러한 사실이 왕에게 노출되는 것이 첫 번째 서사의 분기점이다.

이 분기점에서 탈북청년들은 비형이 왕에게 자신의 존재를 드러내는지, 그렇게 자신의 존재를 드러낸 비형은 어떻게 되는지 뒷이야기를 상상했던 것이다(표 2).

5명의 탈북청년들은 '비형이 왕 앞에서 자신의 정체성을 떳떳하게 밝히고, 세상에 나아가 성공한다'는 결말로 이야기를 상상했다. 여기에서 연구자가 주목한 지점은 비형의 정체가 세상에 알려지는 계기인 '왕

표 2   탈북청년들이 상상한 뒷이야기

지수	진평왕에게 비형은 솔직하게 털어놓았다. 그러자 왕은 비형의 출신과 능력을 인정하여 나라의 인재로 썼다.
혜영	비형은 정체를 숨겼다. 비형은 귀신들과 노는 일이 더 편하고 즐거워서, 몰래 숨어서 계속 귀신들과 놀러 다녔다.
성훈	비형은 망설였지만 진평왕이 이미 알고 있는 듯하여 솔직하게 털어놓았다. 왕이 이용하지 않았을까.
재희	비형은 사실대로 이야기하였고, 진평왕은 비형의 능력을 인정하며 왕실의 제사를 주관하는 자리에 앉혔다. 비형은 왕실의 제사를 지내며 진지왕을 만났고, 진지왕은 한을 풀고 저승으로 갔다. 어머니 도화녀와 비형은 모두 좋은 사람을 만나 결혼해 행복하게 살았다.
아람	진평왕은 선대 왕(진지왕)이 숨겨둔 보물을 찾지 못하여 비형을 불렀던 것이다. 비형이 아버지를 찾으니, 진지왕이 죽은 것이 아니라 사실은 숨어 있었다. 비형은 진지왕에게 친자로 인정받고, 아버지로부터 보물을 받아 백성들에게 나누어주었다.
수정	비형은 사실대로 이야기하고, 자신의 존재를 인정받아 후대 왕이 되었다.
경우	진평왕이 비형을 찾아온 이유는 귀신과 대화할 수 있는 비형의 도움을 받기 위해서였다. 진평왕은 비형에게 벼슬을 주고 나라의 어려운 일이 있을 때마다 방법을 물어보며 정치를 잘 해 나갔다.

의 질문'인데, 5명의 탈북청년들은 이 문제에 두려움을 드러내지 않는 것이었다. 오히려 비형이 솔직하게 털어놓았고, 비형의 특성이 장점으로 발휘되어 세상에 나아가 성공한다고 이야기를 상상하였다. 반면 2명의 참가자는 이 분기점에서 걱정하는 반응을 보였다.[18]

여기에서 왕의 질문을 서사적 분기점으로 지정한 까닭은 비형의 특별한 정체성이 세상에 드러나는 지점에서 탈북청년들은 이를 '위기'라고 해석하는지 아니면 '기회'라고 해석하는지를 알아보기 위해서였다. 이 문학적 상상력에는 탈북민이라는 특별한 신분으로 살아가는 삶에 대하여, 혹은 세상에 대하여 어떠한 결말을 예측하는가라는 자신의 인식과 신념이 드러나 있기 때문이다.

연구자가 만난 고난의 행군 시기 탈북민들은 대체로 처음에는 자신의 신분을 밝히기 어려웠다고 하였고, 몇 년이 지난 후에는 당당히 신분을 밝히고 남한주민을 대하는 일이 편하다고 말했다. 그런데 간혹 차가운 시선과 마주하면 자신의 신분을 신경 쓰지 않는 사회에서 살고 싶다고 고백하기도 했다. 그리고 기왕의 연구에서도 탈북민은 적응 과정에서 편견과 무시와 겪으며 자신이 북 출신이라는 사실을 숨기고 싶어 한다고 보고했다.[19] 이렇게 탈북민들은 부정적인 편견이 만연한 한국사회에서 자신의 신분을 드러내기 어려워했다.

그런데 이 탈북청년들의 다수가 특별한 정체를 세상에 공개한다고

---

18 탈북청년 혜영과 성훈이 그러하였다. 성훈은 왕이 비형을 이용했을 것 같다고 답했고, 혜영은 "이 사람도 귀신을 볼 거 같아요. 귀신이랑 노는 게 더 재미있을 것 같아요."라면서 비형이 위기를 피하고 몰래 귀신들과 계속 놀며 지냈다고 말했다.

19 김기창, 「북한이탈주민의 지역사회적응 경험에 관한 연구」, 『한국사회복지질적연구』 9-1, 한국사회복지질적연구학회, 2015, 201면.

답변했고, 그것이 세상에 유용할 수 있다는 신념을 드러낸 이야기를 창작한 것이다. 정체를 공개하는 데에 두려움을 보인 성훈의 경우도 왕에 대한 불신을 드러낸 것이지, 비형의 정체성이 세상에 도움이 될 것이라는 확신이 반영된 이야기를 상상했다. 이렇게 탈북청년들은 대체로 남들과 다른 특별한 존재성이 이 세상에 긍정적으로 활용될 수 있다는 데에는 신뢰하는 편이었다.

여기에서 중요한 것은 탈북청년들이 이 작품의 주인공에게 자신의 감정과 입장을 이입할 수 있는가의 문제이다. 이것은 작품에 대한 반응을 이들의 자기서사를 나타내는 논거로 활용할 수 있는가 하는 문학치료적 해석의 타당성을 판가름해주기 때문이다. 그런데 모든 참여자들은 비형의 처지에 공감하거나, 비형의 존재적 특성이 '탈북민'과 유사하다고 답했다.

> 태어날 때는 진짜 다른 사람들처럼 태어나지 못한 것 같기는 해요. 왜냐하면 귀신도 보고 이러니까. 본인은 그러고 싶지 않은데 아마 계속 보일 거 아니에요. 내가 힘들어하고 이러는데. (아람)

> 내가 왜 이렇게 태어났나. 이렇게 사회에 대한 그런 실망을 하고 (수정)

> 사람으로서 인간으로서 그런 태어날 때는 죄가 없이 태어났는데, 그냥 세상에 부모의 그런 잘못으로 태어났는데 이 귀신과 올려서 논다는 한 가지 이유로 자기 나이대에 비슷한 삶을 살지 못하고 특별한 삶을 살았는데 (경우)

위의 세 참여자들은 비형이 경험했을 고뇌와 외로움에 공감하고,

자신들의 감정을 이입하여 비형의 상황을 이해했다. 특히 탈북청년 경우가 말하는 "자기 나이대에 비슷한 삶을 살지 못하고"라는 말은 그가 자주 말했던 탈북청년의 삶, 그 사회적 한계점을 나타낸 발언이기도 했다.

> (비형이) 되게 차별적인 차별 받았었는데 나중에는 되게 뭐 누가 막 부적으로 쓸 만큼 되게 훌륭한 사람이 됐다는 게. 그러니까 뭔가 비하 받고. 저희가 지금 탈북민이라고 하면 살짝 좀 낮게 보고 되게 좀 그렇게 하잖아요. (지수)

> 일단은 인간이랑 귀신 사이에서 태어났다고 출세도 못하는 것이 안타깝고. 그런 대상을 왕은 쓸 만하다고, 자기 필요로 써먹고. 출세는 안 시켜주고. 비형은 귀신은 아니잖아요. 인간들 사이에서는 어울리지 못해서. 귀신이랑 인간 사이에 태어났고, 귀신도 인간인데 사회에서 인정받지 못하고 살아가는 부분이 마음에 안 들어요. '차별' 그런 것들이 떠올라요. (성훈)

그리고 지수와 성훈 역시 이 사회에서 밀려난 존재들의 아픔을 이야기하면서, 비형의 입장이 '탈북민'의 처지와 닮았다고 답했다. 이렇게 일차적으로 탈북청년들은 작품 속 주인공의 감정과 입장에 공감하고, 자신을 이입하면서 작품서사에 몰입했다고 할 수 있다.

그리고 '왕'에 대해서는 다른 평가를 내리기도 하였다. 그것은 긍정과 의혹의 두 가지 시선이었다. 왕이 비형의 사회적 진출을 긍정하며 도움을 주는 조력자의 역할을 하였는가, 혹은 왕이 비형을 정치적 도구로 삼았는가에 대한 견해였다.[20] 왕으로 대표되는 사회적 권위가 귀신 집단을 포용할 것인가, 정치적으로 이용하려는 것인가에 대한 의견이었는데, 이는 '사회 중심부 내지 사회적 권위자'들에 대한 자신들의 평소 관점을 드러낸 것이라고 할 수 있다. 나아가 이 문제는 남한사회에 대한 자신들의 신념과도 관련될 것이며, 남한사회 중심집단 내지 중심가치에 대한 긍정과 의혹을 시선을 나타내고 있었다.

두 번째 활동에서는 〈비형 이야기〉 전체 줄거리를 참여자들에게 제

---

[20] 왕에 대한 의혹을 드러낸 대표적인 사례는 탈북청년 성훈과 경우의 발언

참고 2 후반부 줄거리

(후반부 줄거리)

(6)비형이 사실대로 말하자, 왕은 비형을 시켜 귀신들과 신원사 북쪽 도랑에 다리를 놓으라고 명령했다. 비형랑은 귀신들을 시켜 하룻밤 사이에 큰 다리를 놓았다. 사람들은 그 다리를 귀교(鬼橋)라고 불렀다. (7)비형은 임금의 신망을 받게 되었고, 임금은 귀신 중에 쓸 만한 인재가 있느냐고 물었다. 비형은 길달을 추천하였다. 길달은 흥륜사 문루를 세우는 공업을 이뤄낸다. (8)그런데 길달이 여우로 변하자, 비형은 귀신들을 시켜 그를 처단하였다. (9)이를 본 귀신들은 비형의 이름을 들으면 두려워하며 달아났다. 이 뒤부터 사람들은 집이나 정자에 비형의 이름을 써 붙여, 성제(聖帝)의 혼이 낳은 비형의 집이라며 귀신을 물리쳤다.[21]

이었다. "왕이 이를 이용하려고 부른 거 같아요." (성훈); "(비형이) 특별한 삶을 살았는데 왕조차도 이제 그런 사람에게 새 삶을 좀 주고. (비형은) 이어 안고. (왕은) 이제 자기에게 필요한 쪽으로 이용해 먹지 않았나라는 그런 이기적인 인간의 본능을 나타내고 있습니다." (경우)

공하고 정서적 반응을 검토하였다.

　이 작품의 후반부는 왕의 제안으로 귀신무리가 인간 사회로 진출하는 과정을 보이는데, 이때 그들이 다리는 만드는 일은 중요한 의미를 지닌다. 이에 대해서 국문학자들은 비형이 "지배체제 내의 자기 위치를 확보해 나가는 행보"이자, "유익한 일로써 인간의 삶에 간여코자" 하였다고 하면서, 귀신들이 하룻밤 사이에 뚝딱 만들어낸 '다리' 화소를 인간 사회와 귀신집단 사이의 경계를 연결하는 소통 통로라고 분석하기도 하였다.[22] 그리고 비형과 길달이 맡은 사회적 일, '다리'와 '문'의 상징성 또한 인간 사회와 귀신집단을 연결하면서 인간 사회를 이롭게 하는 일에 해당될 것이다.

　여기에서 연구자는 이 작품에서 특별히 마음에 들었던 것과 마음에 들지 않았던 것을 질문하였고, 자유롭게 이야기하도록 허용했다. 비형의 성공에 대한 참여자들의 반응은 두 갈래로 갈리었다.

> 뭔가 정말 내가 스스로 뭔가를 이루어내야 그래야 나중에 인정받을 수 있어 있다라는 생각이 드는데. 여기는 이렇게 도움 뭔가 귀신을 보는 게 오히려 이 사람한테는 더 도움이었잖아요. 그것처럼 저도 지금 한국에서 살지만 내가 북한 사람이라는 게. 좀 단점도 있지만 그거를 좀 장점화를 시키면은 되게 나중에 더 막 필요한 사람이 되겠다라는 좀 그런 생각이 좀 들어요. … 이거는 너무 되게 뭔가 희망을 주

21　한국정신문화연구원, 『역주 삼국유사』, 이화문화사, 2003, 306~310면.
22　김성룡, 「비형 이야기에 나타난 귀신 이야기의 구성 원리」, 『선청어문』 24, 서울대 국어교육과, 1996, 377~410면; 강은해, 「도화녀 비형랑 설화에 나타난 두두리 신앙의 지역화와 진지왕계 복권신화적 기능」, 『어문학』 120, 한국 어문학회, 2013, 111~139면.

는 이야기 같은 느낌이었어요. (지수)

왕이 귀신 중에 쓸 만한 인재가 있냐고 물어보는 거. (마음에 들었다) 위에 다리를 뚝딱 만들어내는, 능력이 있으니까. 인간이 할 수 없는 일을 귀신들이 할 수 있어서 마음에 들었어요. (성훈)

비형랑이라는 그 존재를. 뭔가 바꿔 놔서 저는 되게 좋은 것 같아요. 그래서 개인의 장점을 잘 살려서 어려운 그런 문제들을 해결해서 해결했다라는 생각이 들었던 것 같아요. (수정)

위의 참여자들은 비형의 성공에 긍정하는 반응을 보였다. 지수와 성훈, 수정은 비형이 자신의 한계를 장점으로 활용하는 것에 대해서 긍정했고, 특히 지수와 수정은 기회를 제공한 왕에 대한 긍정을 표현하였다. 비형에게 주어진 사회적 기회와 능력 발휘가 두드러진 성공담에 긍정의 반응을 보인 것이다.

반면, 비형의 성공에 회의적인 반응도 있었다.

비형이 마무리가 안 돼 있는 느낌. (연구자 : 비형이 잘 되지 않았을 거 같아요?) 안 되지 않았겠죠. 이제 왕도 알아봐줬고. 그리고 사람들도 이제 사람들도 그 사람의 능력에 대해서 좋게 생각하고 또 귀신들도 두려워하고 잘 됐겠죠. … 이 이야기해서 비형은 최선의 선택을 한 게 맞지만. 네 장기적으로는 비형도 위험해질 수 있는, 나중에 충분히 내 발목을 잡을 만한 일이죠. 사례가 남았으니까 (재희)

재희의 경우는 이 이야기가 마무리가 안 되어 있는 느낌이 든다고 하며, 비형이 성공한 것은 맞지만 장기적으로 보았을 때 비형도 위험해질 수 있다는 평가를 내렸다. 이 견해는 '길달의 처단' 행위에 대한 해석과 맞물려 있었다. 앞에 긍정의 경우는 비형의 성공과 사회중심부로의 진출에 몰입하며 서사를 긍정하고 있다면, 재희는 비형의 존재, 특히 사회의 중심집단과 소수집단의 관계성에 주목하며 더욱 복합적인 사유를 하고 있다고 볼 수 있다.

이 문제는 다음의 세 번째 서사적 분기점에 대한 대화에서 더욱 깊게 다루어졌다. 바로 비형이 천거했던 길달이 여우로 변하자 비형이 직접 처단하면서 귀신들이 두려워하는 존재로 거듭나는 지점에 대한 것이었다. 이 분기점에서는 비형의 처단 행위를 긍정하거나 비판하는 두 가지 반응으로 갈리었다.

먼저 비형이 길달을 처단한 행위에 대해 긍정했던 지수와 경우는 탈북민 내에서 일어나는 사건들을 떠올리며, 몇몇의 활동이 탈북민과 북녘 주민들을 힘들게 한다고 말했다.

> 그럴 때마다 하는 얘기가 항상 북한 사람들은 다 저래, 그러니까 여기도 분명히 그랬을 거야. (연구자 : 비형이 나서서 처단을 하는 까닭도 있었을 거야.) 그렇죠. 그래야 나머지 사람들이 피해를 안 보니까 (지수)

> 탈북민 유튜버 OOO 아시죠? 얼마 전에 사건이 있었는데 … 이게 말이 안 되잖아요. 최근 일을 본인들이 어떻게 알아요? 그분들은 어떻게 할 수가, 그 분들은 또 여기 가족이 있는 것도 아니거든요. 북한이 다 가족이 있더라고요. 자기 부모. 근데 가족이 있는데 굳이 여기서 그런 방송 활동하면서 얼굴 어쩌라고 그런 얘기를 하면 가족들한테 피해는 안 갈까라는 (경우)

탈북청년들은 개인적인 상황뿐만 아니라, 남한사회 내 탈북민들에 대한 사회적인 문제로 해석하였다. 이러한 현실 적용은 길달의 일탈이 귀신무리들에게 해가 될 수 있는 위험으로 해석한 바와 일치했다.

반면, 탈북청년 혜영, 성훈, 재희, 아람은 비형의 성공은 인정하지만 비형이 길달을 처단한 것에 대해서는 마음에 들지 않는다고 하였다.[23] 이들은 비형의 성공에 주목하기보다는 '비형의 길달 처단이 옳은 일인가'라는 윤리적 판단을 하였다. 그리고 비형의 행보를 비판적으로 보았던 이들도 이 서사를 탈북민들의 사회적 문제로 해석하기도 하였다.

> 옛날에 탈북 초창기에는 지원을 억 단위로 해주었다고 들었어요. 그러니까 일을 안하고 흥청망청, 그런 모습들을 보이니까 지원을 대폭 줄였어요. 그런 부분에서는 더 열심히 사는 모습을 보여야, 나중에 오는 사람들에게 좋은 영향을 끼칠 것 같은데. 그런데 이 사람이 잘못했다고 죽일 정도로 잔인하고 냉철하게 보는 것은 안타까워요. 슬플 것 같아요. (성훈)

> 다른 이야기로 풀어보면 어떤 정착해 있는 국가에 있는데 다른 이민 무리가 들어온 거예요. 그 무리에서 대가리 격의 인물이 있었겠죠. 근데 그 사람이 주도하에 기존 세력들하고 잘 맞아서 이해관계가 맞아서 이제 그래서 잘 살기로 했는데 그중에 한 명이 사고를 친 거죠. 그러니까 이 사람들이 해도 되는 건데 굳이 내가 본보기를 보이는 거죠. … 그런 밥그릇 문제인 것 같아요. 이 이야기해서 비형은 최선의 선택을 한 게 맞지만. 장기적으로는 비형도 위험해질 수 있는 나중에

---

[23] 이 작품을 문학치료 상담 현장에 적용했던 선행연구에서도 비형의 길달 처단 행위에 대한 비판적 평가 반응을 제시한 바 있다.(강미정, 「〈도화녀와 비형랑〉에 대한 초등학교 3학년 도형이의 반응과 그 문학치료적 전망」, 『문학치료연구』 2, 한국문학치료학회, 2005, 73~91면.)

충분히 내 발목을 잡을 만한 일이죠. 사례가 남았으니까. (재희)

성훈의 경우는 몇몇의 일탈적 행동으로 탈북민들이 피해 받는 상황도 있지만 그에 대한 냉혹한 처벌은 '슬프다'라고 정서적 표현을 하였다. 또 재희의 경우는 정착민과 이주민의 관계를 들어 '길달 처단' 문제를 해석하였고, 냉혹한 비형의 행위에 대해 비판적으로 바라보며 비형 역시 위험해질 수 있다고 전망했다.

다시 작품으로 돌아가면, 이 이야기의 결말은 비형이 귀신이라는 자기 정체성의 일부를 인간 사회에 기여하는 방향으로 이끌어 내고, 여우가 된 길달을 스스로 처단함으로써 축귀(逐鬼)의 역할을 하는 존재로 거듭난다는 내용이다. 여기에서 길달은 비형과 마찬가지로 부계 혈통을 인정받지 못한 존재인데, 국문학계에서는 길달이 '여우'로 변한 것은 사상의 체계를 달리하는 이질적인 신격으로 변질됨을 보여준다고 해석한다. 그리고 길달 역시 비형과 같이 두 집단을 연결하는 경계적 속성을 지니면서도 중심집단으로 흡수되지 못하고 다시 자신의 본성으로 돌아간 '분리'의 속성을 지닌 존재로 분석해왔다.[24]

한편 비형이 길달을 처단하는 일에 대해 진평왕이 비형으로 대변되는 불만 세력을 견제하면서도 한편으로는 지배 체제 안으로 끌어들이려 했고, 비형은 그러한 진평왕의 의도를 받아들여 자신이 진지왕의 혼생자임을 내세워 자기 정체성을 부정하고, 귀신 무리를 지배 체제 안으로 흡수하거나 통제하는 역할을 자임한 것이라고 본다. 그래서 비형은 두 집단을 연결하는 매개이자 '배척'의 속성을 지닌 존재로 이해한다.[25]

---

24 김성룡, 「비형 이야기에 나타난 귀신 이야기의 구성 원리」, 『선청어문』 24, 서울대 국어교육과, 1996, 377~410면.

25 강은해, 「도화녀 비형랑 설화에 나타난 두두리 신앙의 지역화와 진지왕계

이렇게 비형이 길달을 처단한다는 이 서사적 분기점은 왕으로 대변되는 사회중심과, 비형 및 길달로 대변되는 귀신집단 사이의 복합적인 갈등구도를 드러내고 있다. 그리고 그 안에서 비형과 길달은 '귀신'이라는 인간 사회에 대치되는 속성을 지닌 존재이고, 그 독특한 정체성으로 인간 사회와 귀신무리를 연결하면서도 각각 서사의 주체들이 '동화'와 '일탈'이라는 행위로서 대치되는 두 갈래서사를 보여주는 것이다. 그래서 탈북청년들은 작품 속 갈등상황을 중심집단과 소수집단의 문제로 이해하고, 소수집단 사이에서 또 다시 갈라지는 동화와 이탈이라는 양상으로 이해한 것으로 보인다. 또한 동화와 일탈로 대변되는 두 인물뿐만 아니라 이들을 바라보는 귀신무리들의 시선을 더하고 있었다는 점도 중요하다.

이는 자신의 실제 경험을 바탕으로 한 진솔한 문학적 반응들이라고 할 수 있다. 탈북청년들은 경계인으로서의 정체성과 그 사회적 관계에 얽혀있는 문제들에 공감했기 때문이다. '비형이 자신의 결점을 극복하고 성공했다'는 단선적인 평가에서 더 나아가, 자신들이 남한사회에서 탈북민으로 살아가면서 느꼈던 감정과 의식들을 담아 중심집단과 소수집단, 그리고 소수집단 내의 다양한 입장들을 입체적으로 사유했다고 할 수 있다.

III. 경계인으로서 자기서사의 맥락적 특징

자기서사의 맥락적 이해는 작품서사에 대한 문학적 반응과 문학치료 상담 때 드러난 내담자의 살아온 이야기를 종합하여 자기서사를 분석하

복권신화적 기능」, 『어문학』 120, 한국어문학회, 2013, 111~139면.

는 일이다. 현실문제에 고뇌하고 대응하는 주체를 중심에 두고 현상에서 한 단계 더 파고들어 사람들의 이야기를 살펴보는 과정이라고 할 수 있는데, 이는 신동흔이 말한 "사람에 대한 서사적 이해"이면서,[26] 작품서사와 자기서사의 상관관계로 치료효과를 도모해야 하는 문학치료의 필수 작업이라고 할 수 있다. 여기에서는 〈비형 이야기〉에 대한 탈북청년들의 대표적인 반응 유형을 중심에 두고, 해당 참여자들의 상황에 대해 전후 맥락을 파악하면서 각각의 서사적 특징을 추동하는 요인들을 분석하고자 한다.

〈비형 이야기〉에 대한 탈북청년들의 반응은 '경계적 속성을 지닌 자아로서 자신은 어떠한 삶을 추구하는가'에 대한 의식을 드러내었다고 할 수 있다. 이에 대하여 대표적인 세 사례로 논의하면, 지수, 혜영, 재희를 들 수 있다. 이 세 명은 7명의 참여자들 가운데 이 작품에 대하여 강한 몰입도를 보였고 비교적 풍부한 감상평을 이야기하였다. 지수의 경우는 특별히 〈비형 이야기〉에 강하게 긍정하고 비형과 같은 성공을 누리고 싶다고 표현하였으며, 길달 처단 행위 역시 탈북민들이 안전할 수 있는 방안이라고 긍정한 사례였다. 혜영의 경우는 비형의 성공서사에 관심이 없었으며, 반면 길달의 일탈에 집중했고 비형이 길달을 처단한 행위를 특별하게 해석했다. 재희의 경우는 이 작품이 비형의 성공에 회의감을 표현했고, 길달 처단 행위가 결국 비형을 위험하게 하였을 것이라고 판단하였다. 그리고 이들은 각각 비형, 길달, 귀신무리의 입장에서 사태를 바라보는 시선을 드러냈다.

먼저, 탈북청년 지수는 〈비형 이야기〉를 두고 미국의 오바마 대통령 사례에 적용하기도 하며, 사회중심부로 진입하는 소수집단의 성공서사

---

[26] 신동흔, 「문학치료를 위한 서사 분석 요소와 체계 연구」, 『문학치료연구』 49, 한국문학치료학회, 2018, 10~12면.

에 옹호하고 자신의 소망을 드러내었다.

> 귀신 반 이렇게 되서. 되게 차별적인 차별 받았었는데 나중에는 되게 뭐 누가 막 부적으로 쓸 만큼 되게 훌륭한 사람이 됐다는 게 … 그것처럼 저도 지금 한국에서 살지만 내가 북한 사람이라는 게, 좀 단점도 있지만 그거를 좀 장점화를 시키면은 되게 나중에 더 막 필요한 사람이 되겠다라는 좀 그런 생각이 좀 들어요.(지수)

그는 자아를 '남한사회에서 차별받는 존재'로 인식하고 있었고, "내가 북한 사람이라는 게 단점도 있지만 그거를 좀 장점화 시키면"이라고 하며 "훌륭한 사람, 필요한 사람"이 되고 싶다는 미래적 기획을 말하기도 하였다. 이 작품을 마음에 들어 했던 것만큼, 자신이 남과 북을 연결할 수 있는 정체성을 특장으로 활용하여 남한사회에서 인정을 획득하고 성공하려는 소망을 드러낸 것이다.

실제로 지수는 성공에 대한 열망이 강했다. 이는 탈북 동기와 관련된다. 그는 부모로부터 이어진 한계 때문에 자신의 삶이 힘들어졌고 나중에는 걷잡을 수 없는 상황이 되었기 때문에 "다른 나로 살고 싶어서" 탈북했다고 말했다. 그래서 한국에 입국하자마자 우수한 학업성취도를 보였고, 누구보다 잘 해낼 수 있다는 의지로 남한사회에 적극적으로 뛰어들었다고 했다. 사회적 성공과 남한사회로의 동화에 대한 의지가 강했던 것이다.

그런데 이러한 강한 열망은 그 이면에 다른 문제들을 품고 있기도 하였다. 그는 이해관계에서 빠른 판단을 해야 한다고 생각하는 편이었고, 그것은 때로는 윤리적인 문제와 충돌하기도 했다. 또한 그는 성공과 실패에 대한 강박적 성향을 보이기도 했다. 1차 개별 사전조사에서 '처음부터 잘해야 한다', '애초에 실수해서는 안 된다', '첫 단추를 잘 끼워야 한다'는 식의 강박적 성향을 드러내는 말을 자주 하였으며, 작품 속 인물에 대한 '처벌의식'도 자주 드러내는 편이었다. 실제로 그는 일상생활에서도 성공과 실패에 대한 강박이 있었는데, 자신이 잘한다고 생각되면 열심히 하지만 잘 못한다고 생각되면 아예 그 일을 포기해버린다고 털어놓기도 하였다. 이는 비형이 길달을 처단하는 문제에 대해 긍정했던 반응과 연결된다.

연구자는 탈북청년 지수에게 문학치료 상담에서 드러난 위와 같은 사안들을 말해주며 그의 솔직한 심정을 들었다.

> 맞아요. 제가 그런 생각을 많이 하고 있긴 해요. 그거 때문에 애인과도 많이 싸우거든요. 친구들도 저한테 그러고. 뭔가 저는 실수하는 것에 대한 관대함이 없는 거 같아요. 애초에 그런 일이 안 일어나게 해야지 하고, 그럴 수도 있겠구나 생각은 하지만 실천이 안 되는 경우가 많거든요. 나한테 가장 심하고, 나와 가장 가까운 사람한테 심한 거 같아요. 어떻게 풀어나가야 할지 모르겠어서, 이제는 그냥 내가 이렇게 생겨먹었나 보다. 바꾸고 싶은데 어떻게 해야 할지 모르겠어요.
> (지수)

주변과 자신에게로 향하는 강박적 사고와 냉정한 처벌의식은 이렇게 자신도 인식하고 있었던 문제였다. 이는 성공에 대한 강한 열망과 관련된 문제인데, 강박적 사고의 근저에는 '불안'의 심리상태를 무시할 수 없다. 탈북 동기와 관련하여, 이전 삶을 부정적으로 기억하면서 현재 남한에서 새로운 자아로 거듭나기 위해서는 애초에 실수하지 말아야 한다는 의식이 강해진 것으로 보인다. 그리고 현재의 삶이 실수를 만회할 수 있는 기회를 주는 세상이 아닐 것이라는 부정적 신념에서 비롯된 불안일 수 있다. 이렇게 자발적 탈북의 경우에는 성공과 동화에 대한 강한 열망이면에 복합적인 문제들이 잠재되어 있을 가능성이 있다.

　이와는 달리 비형의 성공서사에 무관심하면서 길달의 입장에 공감했던 탈북청년 혜영이 있다. 그가 상상한 이 작품의 뒷이야기는 비형이 인간 세상으로 나아가지 않고 귀신무리와 어울리며 지냈다는 내용이었다. "귀신들과 노는 일이 재미있어서"라고 표현했고, 비형이 인간 사회에 진출하지 않고 계속 밤마다 귀신들과 놀면서 잘 지냈을 것이라고 하였다. 그리고 비형의 성공에 무관심하였지만, 다른 작품보다 〈비형 이야기〉에 몰입도가 컸으며 이 책을 사서 읽어보고 싶다는 적극적인 반응을 보였다.

　가장 인상 깊은 장면에 대해 대화를 나눌 때 길달 처단 문제를 계속 거론하였다.

> 약간. 길달을 왜 죽였는지가 좀. 그렇고 원래 그랬을 거였는데 어차피 본성을 잃지 못했을 거였는데. … 비형이 여우같아. 비형이 나빠 보여. … 잘하니까 아마 죽인 거 아닌가요?〔연구자 : 작품에서는 길달이 여우로 변해서 비형이 죽였다네요.(제시한 텍스트 내용 확인)〕말로는 그렇게 표현하는데 길달이 비형보다 더 잘하는 뛰어남을 보여서, 더 출세할 거 같아서. … 이게 말할 말은 있는데 말로 표현을 못하겠어. 길달이 이렇게 될 걸 알면서 이렇게 추천한 게.(혜영)

　그는 길달의 일탈을 부정적으로만 평가하지 않았다. 연구자가 제시한 텍스트에서는 길달이 '귀신'이 아니라 '여우'가 된 것이라고 했고 이를 재차 확인했지만, 혜영은 길달이 어차피 '귀신'의 본성을 가지고 있어서 원래의 모습으로 돌아간 것이라고 해석했다. 작품 줄거리에 대한 오독일 수도 있으나 그의 해석은 김성룡의 연구에서 길달이 귀신의 본성으로 돌아간 것이라고 해석한 바와 일치하기도 했다. 이는 아마도 그의 내면에 팽창되어 있는 '잃을 수 없는 본성'에 대한 신념 때문일 것으로 보인다. 그래서 원래의 모습으로 돌아갈 것이 당연한데 그것을 알고 있었던 '비형이 왜 길달을 추천했을까', '비형이 왜 길딜을 죽였을까'하는 의문에 사로잡혀 있었던 것이다. 그리고 그는 비형이 길달을 질투하고 그의 성공을 제압하기 위해 죽였다고 분석했다.

더불어 비형의 성공에 대한 질문에서도 길달 처단 행위에 주목하는 특징을 보였다.

> 〔연구자 : 나중에 비형이 귀신을 물리치는 존재가 되었잖아요. 인간 세상에 널리 알려지고. 이것은 어떤 거 같아요?(작품 결말에 대한 해석적 반응 질문)〕그냥 애랑 엄청 친했던 것 같아요. 그래서 주변 사람들이 그렇게 그런 것도 처단하는구나 해서 피한 것도 있는 것 같아.
> (혜영)

연구자는 비형이 인간 사회에 어떤 존재로 거듭났는가로 초점을 맞추었는데, 혜영은 비형의 능력이 아닌 귀신무리 내의 평가로 시선을 옮겨 귀신무리가 그를 냉혈한 인물이라 피한 것이라고 분석한 것이다. 그러면서 자신이 경험했던 탈북민 집단 내의 갈등을 이야기했다. 아르바이트 현장에서 자주 벌어지는 탈북민 사이의 질투와 경쟁 문제를 거론하며, 탈북민들에게 부정적인 감정을 드러냈다. 그리고 남한사회의 편견과 배제 역시도 탈북민들의 몫이라는 표현을 자주 하였다.[27] 이러한 사연으

---

27 "나도 진짜 당사자도 모르는 소문이 나고 이런 게 다 우리쪽 사람들(탈북민) 입에서 나오는 거고 그런 거예요. … 뭐 북한 사람, 북한에서 왔다는 이유로 뭐 이런 것도 다 자기가 본인이 하기 탓이에요. 자기가 처리를 못하면 그런 말 들어도 뭐 할 말이 없는 거고. 자기가 본인 처리만 잘하면 또

로 그가 왜 길달의 일탈에 대해 특별한 공감능력을 발휘할 수 있었는지 알 수 있었다.

게다가 비형과 길달이 매우 가까운 사이였다가 비형의 질투로 비극이 일어났다고 한 특별한 해석을 두고 보면, 그가 탈북민 집단 내의 갈등에 심한 스트레스를 받은 일과 연관지어 생각해볼 수 있다. 혜영은 남한 사회의 편견과 배제보다는 탈북민 내부의 갈등에 더욱 고통을 호소하는 바, 비형의 성공보다는 비형과 길달의 관계에 대한 집중도가 이를 대변한다고 할 수 있다.

그리고 그는 이번 문학치료에서 고향으로 돌아가고 싶다는 이야기를 자주 하였다. 얼마 전까지도 부모님에 대한 그리움에 심리적 고통을 심하게 앓았으며, 매우 흔들렸다고 고백했다.

> 그래서 저는 아예 부모님은 아예 생각을 안 해요. 생각하면 막 당장이라도 가고 싶고 그러거든요. 그냥 이게 그냥 미칠 것 같아요 그냥. 그래서 생각을 아예 안 해요 안 하는 게 좋은 거니까 생각하면 나만 힘들고 나만 스트레스 받고. 〔연구자 : 돌아가진 마요. 너무 위험해.〕 그렇죠. 돌아가면 부모님도 위험해지고 하니까. (혜영)

혜영의 경우는 가출이 탈북으로 이어진 경우이다. 가정불화로 괴로움에 버티지 못하고 가출했다고 했는데, 그럼에도 그리움이 팽창되어 과거의 상처를 망각한 듯 이제는 모든 것을 이해할 수 있다고 다시 돌아가

> 인식도 바뀔 수 있고 그런 거죠. … 사람마다 다 (달라요.) 남한 사람이라고 해서 탈북민을 해서 그게 그냥 편견이에요. 그냥 그 사람들 다 그냥 괜히 생각인 거고 그런 거죠. 좋아하는 사람도 있듯이 더 어떻게 다 좋아하겠어요. 그 싫어하는 사람이 있는 거죠." (혜영)

고 싶다고 한 것이다. 무모한 귀향 욕망이 위험해 보이기도 하였고, 최근까지 강한 불안에 시달렸다고 호소했다. 이러한 대화로 미루어 볼 때, 현재 남한생활이 행복하다고 느끼지 못하고 귀향 욕망에 사로잡힌 경우 비교적 '길달의 일탈'에 공감하고 비형의 처단을 비난할 가능성이 높다고 할 수 있다. 더불어 '본성을 잃지 않는 길달'에 대한 공감력은 곧 고향에 대한 지향성이 강한 내면적 특성과 관련된다고 분석된다.

그는 이 프로그램에 대한 최종평가로 다음과 같이 회의적인 반응을 보이기도 하였다.

> 일단 동화로 만든 것이기 때문에 그렇게 현실적인 것 같지 않아요. 이렇게 하기가 힘들어서. 아니면 잘 된 케이스, 이런 걸 다 알고 있는데 그걸 못 하는 것도 있고 있긴 하지만. 처음에 아예 없다는 거짓말이고. 그냥 처음이 있긴 한데. 〔연구자 : 그럼?〕 그냥 그렇지 뭐 이런. 그 그걸 알면서, 알면서 안 되는 거지. 못하고 하는 거지. 그게 사실. 뭐. 누가 이렇게 꿈같은 얘기를 몰라. 알긴 하지만 현실에서는 이루어지기 힘드니까. 〔연구자 : 그렇죠.〕 그걸 다 알잖아요. 이게 안 좋고 저고이 뭘 다 아는데 그게 잘 안 되는 거. 본인도 그걸 못하는 것 같아요.

혜영은 "어떤 이야기가 가장 마음에 남았는가"라는 질문에 위와 같이 답하였다. 입국 초기에는 꿈과 희망이 있었기 때문에 현재 필요한 사항들에 대해서 생각했었지만, 살아보니 "알면서 못하는" 문제에 빠지고 말았다는 것이었다. 현재 삶에서 느끼는 무망감이나 좌절감을 나타내는 발언이라고 할 수 있으며, 그가 왜 비형의 성공에 무관심하고 길달의 일탈에 더 집중하고 많은 의미를 부여하며 해석하였는지 짐작하게 하였다.

또 다른 사례로 이 작품에 대하여 내내 회의적인 반응을 보였던 탈북청년 재희의 경우가 있다. 그는 길달 처단 행위에 대해 정치적 상황을 고려하고 귀신무리 내의 반발을 전망했다. 비형이 인간 사회로 진입하는 일과 두 집단을 연결하는 일이 녹록치 않았을 것이고, 길달을 처단하는 것도 당시에는 최선이었겠지만 종국에는 비형의 발목을 잡는 일이 될 것이라고 했다. 누군가를 희생시키면서 이룬 성공에 대한 우려, 그리고 비형의 행보를 예의주시하고 있는 다수의 입장 특히 귀신무리의 입장에 서서 사태를 판단하고 있었다.

이러한 반응은 그가 자신이 바라보는 자아 및 사회가 바라보는 자아에 대한 인식과 연결되고, 남한사회에서 살아가는 문제에 대한 자기 소망도 관련된다. 우선 그는 자신을 들어 이렇게 말한다.

> 곁방살이? 이렇게 말하면 좀 그런가 … 지금 시기는 딱 그런 건 것 같아요. 잘하면 "어? 탈북민 친구 잘하네."가 되고, 못 하면 "아, 탈북민이라서 못 해"가 되는 거예요. 그러니까 "넌 좀 잘하네 그냥. 아, 너 좀 못하네." 가 그냥 저희로 평가했으면 좋겠는데. 자꾸 이제 나는 소속감을 느끼지 않는 집단에 소속감을 부여하는 거예요. 다른 사람들이 계속 내가 자꾸 밖에 나와 있으면 안에다 집어넣는 거. … 그렇다고 어 내가 북한에서 와 그러니까 태어난 게 아니라고 하면 그게 아닌 게 아니잖아요. (재희)

이렇게 그는 탈북민은 남한사회에서 우선 '동화'되어야 하는 '곁방살이' 같은 존재로 인식하고 있었다. 그러면서도 자신은 남과 북, 남한주민과 탈북민 중 그 어느 한 쪽에도 기울어지지 않고 그저 '나' 하나의 개체로 인정받고 싶다고 말했다.

굳이 표 나게 나서서 이제 욕먹을 필요는 없잖아요 조용히. … 동화되는 게 목표니까 우리는 함께 그냥 같이 가려고 하고 싶은 거니까. 근데 굳이 동화가 되고 싶지 않은 사람들도 있잖아요. 근데 대부분의 사람들은 동화되고 싶고 그 같이 섞이고 싶을 거예요. 가족이 그립고 친구가 그리우니까. (재희)

그리고 재희의 경우는 지수와 달리, 남한사회로의 적극적인 동화와 성공을 열망하진 않았다. 오히려 남한주민과 탈북민 경계선에서 벗어나길 바라며 '평범'에 대한 가치 옹호했다. 실제로 그는 남한사회에서 눈에 띄는 성공이나 탈북민의 선례가 되기보다는 평범한 행복인 취업과 결혼에 의미를 두었다. 그리고 탈북민들이 더 잘 해야 한다는 역할 기대를 거부감을 표했다. 이는 인간 사회로 적극적으로 뛰어들고 길달을 처단했던 '비형' 역시 앞날이 위험해질 수 있다는 판단과도 관련되었다.

그가 보여준 반응은 탈북민 현실에 대한 냉철한 판단과 복합적 사유라고 할 수 있다. 더 나아가, 지수에 비하여 남한 중심집단의 평가와 인정을 바라지 않고, 낭만적인 환상에서 벗어나 현실을 직면한 경우라고도 할 수 있겠다. 그런데 이러한 현실적인 판단 뒤에는 일정의 한계도 존재했다. 그는 자주 회의적이고 비관적인 말들을 많이 하는 편이며, 연구자를 비롯한 문학치료 요원들을 처음 만나는 순간에는 방어적인 태도를 보였다. 그의 매우 현실적인 판단 이면에는 비관과 방어의 심리가 숨어 있을 가능성이 있었다.

실제로 재희는 자신이 한국 입국 초기의 모습을 떠올리며 다음과 같이 말하기도 하였다.

비슷한 맥락인데 제가 고등학교 다닐 때. … '물 위에 떠 있는. 약간 기름방울 같구나'라는 그런 생각이 드는 거예요. 이제 '같은 그룹 안에 속해 있는데 섞이지는 못하고 있구나'라는 생각이 드는 거예요. 그래서 아 그냥 '외지인'이었거든요. 근데 결국엔 그냥 내려놓으면 되는 거였던 것 같아요. 이제 차별도 편견도 내가 그냥 내 스스로 상상 속에서 만들어냈던 것 같고. … 나랑 친해질 수 있는 사람들은 별로 그런 거에 신경을 안 쓴다는 걸 이제 알았을 때 그냥 '아, 그냥 내가. 조금만 내 방어 기능을 좀 줄이면 되겠구나. 좀 그럴 필요가 있구나'라는 생각이 드는 거예요 너무 이제 딱 잡고만 있으니까 (재희)

그는 지난날을 떠올리며 자신이 이 사회에 "물 위에 떠 있는 기름방울" 같은 존재임을 자각했었다고 하였고, 시간이 지나면서 자신이 방어기제가 심했었다는 사실을 깨닫게 되었다고 고백했다. 자신이 심하게 벽을 세우고 있었던 과거를 떠올리며, 다양한 남한주민들과 접하면서 그러한 태도의 문제점을 인정했다고 했다. 이러한 경험들은 현재 그가 표방하고 있는 '평범한 삶'이나 '눈에 띄지 않는 삶'(문제를 일으키지 않는 삶), 그리고 동화에 대해서 자연스러움을 추구하는 성향으로 이어졌다고 할 수 있다.

이러한 특성은 그의 탈북 동기와도 관련된다. 그는 먼저 탈북한 부모님에 의해 남한으로 오게 된 '구조형 탈북'에 해당한다. 이 유형은 자발적인 '선택'이 아니고, 새로운 삶에 대한 열망보다는 가족과 함께하는 삶을 소망하는 경우가 많다. 먼저 탈북한 부모님이 그리워서 앞뒤 생각하지 않고 탈북했다고 말하는 사례가 구조형 탈북민들에게서 자주 나타나는 발언이기도 하다. 그렇기 때문에 이들에게서는 성공과 적응에 대한 열망보다는 가족들이 함께 살 수 있는 '평범한 행복'을 추구할 가능성이 높은 것이다.

정리하면, 지금까지 논의한 바는 탈북청년의 사회적 관계에 대한 자기서사의 대표적인 유형이라고 할 수 있다. 이들의 문학적 반응은 경계인 존재성에 대한 이 사회의 인정/의혹, 남한사회로 동화와 성공 욕망의 정도, 탈북민 집단 내의 갈등 등과 관련되었다. 또 북에서의 삶 및 탈북 동인과 같이 과거 기억과 관련되고, 현재 어떠한 삶을 기획하고 있는가에 대한 소망/좌절과도 관련되었다. 3명의 자기서사는 비형과 유사하면서도 다른 방향으로 전개되는 형태의 자기서사들인데, 여기에는 불안과 강박, 무망감과 좌절감, 과도한 자기방어 등 심리적 요인들이 존재하기도 했다.

IV. 집단토론을 통해 본 탈경계적 존재로의 가능성

다음으로 진행된 활동은 '옛이야기에 나타난 문제 상황을 두고 다른 사람들과 토론하기'였다. 이 활동은 다수와 함께 의견을 나누는 시간으로 다른 사람의 감정과 생각을 접하면서 자신의 내면을 새롭게 자각할 수 있으며, 비교·분석을 통해 이전보다 긍정적인 방향으로의 선회를 스스로 선택하게 하는 '집단상담'의 기능을 활용한 것이다. 그리고 다수를 향해 자신의 언어로 사유를 구체화하는 경험은 문학치료의 내면화 내지 체화에 효과적일 수 있기 때문에 '토론'의 방식을 적용한 것이다. 여기에서 연구자는 토론거리를 압축적으로 제시하는 것으로만 역할을 한정하였고, 참여자들의 발언을 정리하며 다시 확인하는 작업만 행했다. 그리고 어떠한 방향으로 이야기가 전개되어도 토론은 참여자들이 주도하게 하고, 연구자의 평가와 분석은 드러내지 않았다.

다만 연구자는 비형 이야기에서 중요한 서사요소들과 이에 대한 참여자들의 발언 등을 다시 점검하면서, '이 사회의 편견·배제에 대한 시선과 탈북대학생의 역할'과 '탈북민의 사회적 이슈들(탈북민들의 정치적 선동 및 탈남현상 등)'을 논제로 던지고 이들의 생각을 물었다. 이에 대한 탈북청년들의 태도는 회피적인 모습일 수도, 아니면 탈경계적인 자아로의 가능성을 보여주는 것일 수도 있었다.

먼저, 회피적 반응이라고 해석될 수 있는 지점을 들면, 대표적으로 탈북청년 아람의 경우는 탈북민 문제에 관여하고 싶지 않다는 거리감을 둔 태도를 보였다. 또, 연구자가 남한사회에서 흔히 말하는 것처럼 이들에게 '탈북대학생'이라는 위치와 그에 따른 주도적·선도적 역할에 대해 어떻게 생각하느냐고 했을 때, 탈북청년 재희는 "억지로 쓰는 왕관은 사양합니다."라고 거부감을 드러내기도 했다. 이때 탈북청년 수정은 "어차피 해야 할 일"이라는 표현을 사용하며 재희의 견해에 반박하기도 하였다. 여러 대화가 오고 간 후 나머지 참여자들은 재희와 수정의 주장에 각각의 합리성이 있다고 평가하기도 하였다.

이전 고난의 행군 시기 탈북민의 집단 프로그램에서는 이들의 주도적·선도적 역할에 대해서 옹호하는 반응이 다수였고 간혹 침묵하는 경우도 있었지만, 그런 역할을 강요하지 말라는 적극적인 거부감을 표현하는 사례는 드물었다. 이는 탈북 1시대의 특징이기도 하고 집단주의의 영향에 따른 것일 수도 있으며, 연구자가 '남한출신자'이기 때문에 의식적 발언일 수도 있다.

그에 반해, 탈북청년들의 위와 같은 반응은 '개인주의적 성향'으로 해석될 여지가 있다. 그런데 이 문제는 아직까지 사회적 진출을 직접 경험하지 않는 대학생으로서의 입장이며, 사회인으로서 '탈북'이라는 정체성 문제를 직접적인 생계문제로 경험할 때는 또 다른 생각이 가능할 수 있다고 판단된다. 또한 김정은 시대 탈북청년들의 특성에 기인한 것일 수 있는데, 이들은 이전 세대들을 바라보면서 집단주의의 한계를 체감했으며 집단이 개인에게 기여하는 바에 대해서 회의적인 감정이 지배적이기 때문이기도 하다. 단, 고무적인 점은 이 프로그램을 주도하는 '남한출신' 연구자의 눈치를 보지 않고 솔직한 심정을 이야기했다는 것이다.

다음으로는 살펴볼 문제는 탈경계적 존재로 발전될 가능성에 대한 것이다. 탈북민 소수의 일탈 행위에 대한 윤리적 판단에 대한 이야기로 보자면, 앞서 논의 바처럼 비형이 길달을 처단한 문제에 대해서 이들은 두 갈래의 반응을 보였다. 우선 남한사회로의 동화 욕망이 강한 경우는 길달의 처단을 긍정했었고 자연스러운 동화와 평범한 삶을 추구하는 경우는 길달의 처단을 비판적으로 바라보았던 것처럼, 탈북민 소수의 일탈 행위에 대해서도 판단은 유사했다.

그런데 여기에서 고려할 문제는 연구자를 포함한 남한주민들의 시선이 개입되어 평가될 수 있다는 점이다. 남한주민의 입장에서는 탈북민의 일탈 행위는 비난의 대상이며, 불편한 문제이다. 그래서 앞서 탈북청년 지수와 같이 탈북민 전체를 위해서 소수의 일탈은 경계되어야 한다는 의식이 모범적인 답안으로 여겨질 수 있다. 그러면서도 지수와 같이 남한사회로의 동화 욕망이 강할 경우, 남한사회 중심집단의 윤리적 잣대에 따라 획일화된 판단할 가능성도 있다는 것을 유의해야한다. 획일화된 윤리적 잣대는 그 사이 소외되는 가치들을 희생시키는 문제를 야기할 수도 있으며, 진정한 내면화가 아닌 만들어진 '동화의식'이라면 그 허상의 빈 공간이 어느 순간 충돌과 갈등으로 표출될 수 있기 때문이다. 더불어 강력한 동화의지는 남한사회 중심집단으로 향한 '의존성'을 야기할 수도 있기에, 이 문제에 대한 주의가 요구된다.

이 집단토론에 참여했던 재희, 아람, 경우는 최종 토론과정에서, 이러한 윤리적 판단에 대해 비교적 상황적 특수성을 고려하는 면모를 보이기도 했다. 먼저 이들은 그들의 입장을 이해하는 발언을 하였다.

> 어차피 여기 있다가 견디기 힘들어서 가는 사람들 뭐 그런 사람들이 욕할 건 못 되죠. 뭐 그렇잖아요. 그냥 왔는데 뭐 내가 생각했던 것보다 더 힘든 세상이었고 그냥 나랑 잘 안 맞는 거면 갈 수도 있잖아요. 그리고 그런 것 때문에 굳이 그런 것 때문에 우리가 욕먹는다고 해서 단체로 욕먹는다고 해서 사실 뭐가 나한테 직접적으로 와닿는 건 없

잖아요. 충분히 받아들일 수 있다고 생각을 해요. (재희)

근데 그 사람이 솔직히 거기서도 경험해 보고 여기서도 많은 걸 경험해봤잖아요. 경험해봤음에도 다시 돌아갈 생각을 한 그거는 진짜 고향에 대한 그리움과 뭔가 있으니까 넘어갔을 건데. 그 사람에 대해서 그렇게 막 비난하거나 그러는 건 아닌 거 같아요. 북한에서 선전물이 필요했을 수도 있잖아요. 여기서 방송도 나왔었고. 그런 사람은 이제 가족 또 협박해가지고. "야, 넘어와라. 넘어오면 제 안 묻겠다." 이렇게 해가지고 데려갔을 수도 있잖아요. 그렇다고 해서 그 사람 비난할 건 별로. (아람)

이들은 탈북민의 입장에서 그 특수성을 고려한 윤리적 판단을 하고 있었다. 그들 역시도 힘들 것이라는 생각과 더불어 그들의 행위가 우리에게 직접적인 피해를 입히는 것은 아니라고 말했다. 이는 회피적인 태도가 아닌, 상황적 특수성을 고려한 의식이라고 할 수 있다.

그리고 앞서 탈북민이라는 신분적 한계와 대학생으로서 그 역할기대에 대해 거부감을 표현했던 재희는 조금 다른 태도로 소수의 일탈행위로 인한 피해 역시 자신들이 감당해야 할 몫이라고 이야기하기도 했다.

사실상 원래 이제 그런 거잖아요. 그러니까 집단이라는 그런 허울 속에 들어가면 이제 개개인으로서 부담은 적어지는 것처럼. 그냥 사실 탈북민이라는 그런 집단 속에 속해 있고 뭔가 이제 소속감이나 의무감은 없지만 그냥 그거로 인해서 생기는 것들이 전혀 없는 건 아니니까. 받아들일 수 있다고 생각을 해요. (재희)

탈북청년 재희는 집단과 개인의 문제를 고려하며, 집단에 소속되었을 때와 아닐 때의 장단점이 있듯이 탈북민이라는 소속이 주는 안정감이 있는 것은 사실이라며 소수의 일탈행위로 빚어진 작은 피해들은 감수할 수 있다고 했다. 이전 작품 감상 활동에서 자신을 '탈북민'이라는 소수집단으로 한정하는 사회적 시선에 대해 불편함을 호소했던 것과는 조금 달라진 발언이었다.

그리고 그는 남한주민들의 태도에 대해서도 유사한 평가를 하였다.

> 굳이 다른 사람들이 이해해 줘야 되는 의무도 없어, 할 필요도 없잖아요. 그 사람들은 그런 거 안 해도 사니까. 그리고 또 그 사람들도 일단 스트레스 풀이할 때가 필요한 거잖아요. 어디든 화내고 싶은 거잖아요. 그러니까 인터넷 상에서 댓글로 막 욕하고 막 이러는 거고 그냥 허상이잖아요. 사실상 아무것도 없는 그냥 내 눈에 보이지, 잡을 수도 없고 뭐 없잖아요. 그냥 그거는 그냥 인터넷이라는 그냥 감정쓰레기 그런데 이제 '버려져 있는 오물을 내가 봤구나' 정도, 다시 안 보면 되잖아요. 그래서 사실상 그렇게까지 막 크게 와 닿지는 않아요. (재희)

탈북청년 재희는 남한주민들의 입장을 이해하며 '필요성'의 문제를 거론하였고, 자신들에 대한 편견과 비난도 '스트레스 해소'에 가까운 것이라고 판단했다. "감정 쓰레기"라는 표현에서 그 아픔이 나타나기도 하였지만 그것이 직접적인 공격과 비난과는 다르다고 분리하여 사유한 것이다. 이러한 그의 발언에 대다수의 참여자들이 동의하였다.

그리고 이들은 탈북민으로서 사는 삶에 대해서 최종적인 자기 견해를 나타냈다.

> (동화되지 않는 탈북민들에 대하여) 그런데 저는 그것도 약간 존중

을 해줘야 된다고 생각을 하거든요. 그 사람들이 꼭 여기 왔다고 해서 여기에 맞춰가지고 막 그렇게 생활하는 것보다 그냥 내가 살아왔던 방식대로 남한테 피해주지 말고 (아람)

탈북청년 아람의 경우는 남과 북, 남한사회와 탈북민집단 이 두 경계에서 '동화'에 목적을 두지 않는 삶을 이야기하였다. 동화를 원하지 않으면 그 삶 자체도 존중해주어야 한다며, 자신이 살아온 방식대로 다른 사람들에게 피해를 주지 않으면서 살아갈 수 있다고 말했다. 이러한 견해는 중심집단이 밀어낸 경계 속에 속박되는 형태가 아니라, 그 경계에서 벗어나 자기만의 삶의 방식을 추구하는 자율성에 대한 사유라고 할 수 있다.

그리고 탈북청년 재희는 남한사회 내 탈북민들의 권익과 위치에 대해서 '점진적인 발전'을 지향한다고 말했다.

사실상 탈북민들이 지금 가지고 있는 힘이라는 것 자체가 없잖아요. 굳이 힘이라는 게 필요하지는 않지만. 근데 제가 생각하기에는. 그냥 좀. 그냥 개 개개인이 자기 정착을 잘해서 잘 살면 그것만으로도 하나의 힘이 된다고 생각하거든요. … 지금은 사실 어느 편에 서거나 아니면 자기 의견을 낼 때가 아니라 그냥 조용히 지내면서 밑 보이지 않아야 되는 때라고 생각하는데 그냥 그렇게 하고 있는 것 같아요. 왜냐하면 지금은 딱히 이용하기 너무 좋잖아. … 우리는 가진 힘이 없잖아요. 근데 나중에 우리가 잘 살고 이해관계로 얽혀 있는 사람들이 많으면 … 막 무력 행사가 아니라 힘이 있다는 모습만이라도 보여주는 것만으로도 의미가 있으니까 해서 그냥 이제 지금은 좀 조용히 있어야 되는 시기라고 생각하거든요. (재희)

현재 탈북민들이 힘이 없다는 것을 인정하면서도, 개개인이 성장하였을 때 남한사회의 시선은 자연스럽게 변화할 것이라 전망했다. 또, 그는 우리가 힘이 있다는 점을 보여주는 일만으로도 의미가 있을 것이니, 지금은 이용당하지 않는 일을 피하는 것만이 최선이라고 말했다.

재희의 사유방식은 앞서 비형의 행보에 대한 반응과 유사하면서도 이전의 회피적인 태도에서는 나아간 모습이었다. 앞서 비형의 성공에 의혹을 품었던 것처럼, 그는 점진적으로 축적하면서 이룩할 수 있는 성장의 길이 안정적일 것이라 판단했던 것이다. 비관이나 회피적 반응에서 나아가, 작은 성공이 차곡차곡 쌓여 이뤄내는 변화를 기대하는 것이다. 이렇게 그의 발언에는 탈북민들의 처한 상황에 대한 직면과 맹목적 동화를 지양하는 현실감각과 유연성이 발견된다. 그리고 '우리의 목소리를 낼 수 있을 때가 올 것'이라는 희망도 발견되었다.

마지막으로 탈북청년 경우의 발언이 중요한 의미를 담고 있었다.

> 저는 긍정적으로 이렇게 생각해요. 어차피 같은 한국 또래 나의 친구들 중에 저희가 적응 못해서 못 따라가는 건데, 일단 저는 나름대로 충분히 잘 따라가고 있다고 생각하니까. 겪어본 걸 무시할 순 없죠. 저는 저쪽에서도 이렇게 살아왔고 여기에서 새로운 삶을 살아가지고. 비교가 돼가지고 사람은 그런 거 반대로 생각해 볼 수 있어요. '과연 한국 사람들이 북한 사회에 가서 살면 어떻게 살아갈까? 나보다 더 잘 살 수 있을까?' 가끔씩은 저는 친구에게 "너희는 분단된 나라에서 살았지. 난 통일된 나라 양쪽 다 살아봤으니까." 이렇게도 이야기하고. (경우)

탈북청년 경우는 마지막 발언에서 두 사회 모두 경험한 존재로서의 자의식을 드러냈다. 현재는 또래 친구들에 비해 어려운 문제가 있지만, 북과 남에서 살아봤던 자신의 경험은 남다른 것이라고 평가했다. 또 그것을 "통일된 나라 양쪽"이라고 표현하며, 탈북민이라는 한계와 남한 사회로의 동화 여부를 떠나 탈경계성에 대한 가능성을 보여주었다. 이는 어느 한쪽으로 기울어져서 무조건적인 동화나 좌절된 일탈의식이 아닌, 양쪽 사회를 모두 경험한 특별한 존재로서의 그 특수성을 보유하면서 자기 삶에 대한 새로운 가치를 부여하고 만족을 찾아가는 사유 방식이라고 할 수 있다.

이러한 탈북청년들의 면모는 이전 고난의 행군 시기 탈북1세대와는 달라진 지점을 보여주기도 한다. 이전 세대는 탈북민 출신에 대한 것을 노출하는 데 있어 불편함을 드러내거나, 남한사회의 편견·배제 문제에 있어서 아픔을 호소하거나 의식 변화를 요구하면서도, 그 한계를 숙명으로 체념하면서 그 좌절감을 북한 체제에 대한 비난으로 표출하는 경우가 많았다. 또한 소수 탈북민의 일탈에 대해서도 자신과의 선긋기를 강조하거나 강한 처벌의식을 드러내면서 남한주민을 의식하는 발언을 많이 하는 편이다. 하지만 이들의 커뮤니티에서는 고향에 대한 그리움들이 넘쳐나고, 구조형 탈북이 지속되는가 하면, 탈북민들의 대북 송금도 일반적인 현상이기도 하다. 이와 관련하여 이전 세대가 쉽게 무망감이나 좌절감에 빠질 수밖에 없었던 까닭은, 고난의 행군 시기라는 사회적 재난을 경험하고 떠밀리듯 탈북하였으며, 분단구조 속에서 자기 정체성이나 삶의 가치를 온당하게 평가할 수 없었던 상황이었기도 하였고, 탈북1세대로서 중심집단으로의 동화 이외에 다른 길을 상상하기 어려워 중심집단에 대한 의존성 내지 위축감에서 쉽게 벗어나지 못했던 문제들이 있었다고 할 수 있다.

반면, 탈북을 '선택'하는 새로운 세대들은 자기 삶에 대한 행복과 자율성 추구가 우선시 되는 집단이라 할 수 있다. 그렇기 때문에 이들은 남한사회의 편견과 배제 문제, 이 사회가 나를 경계 밖으로 밀어내는 상황에서 나는 어떤 존재로 살아갈 것인가로 더욱 복합적인 사유를 할 수밖에 없었을 것이다. 무조건적인 동화가 행복을 보장하지 않을 것이라는 현실적 판단이나 경계 안팎으로만 자신을 한정하지 않는다는 자율적 의지, 그리고 탈북민 내에서도 다양한 삶의 방식이 존재하며 모두 존중되어야 한다는 사유가 가능했던 까닭도 탈북을 '선택'할 수 있는 이들의 특성이라고 할 수 있다.

이상의 집단토론을 통해서 확인된 문학치료의 효과를 정리해 보면 다음과 같다. 우선, 소수의 일탈 문제에 거리감을 표현하였던 재희, 아람의 태도 변화가 그러하다. 이들은 이 문제에 관여하고 싶지 않다는 회피적 반응을 보였지만, 토론을 거쳐 생각을 다듬고 다수의 입장을 고려하는 특수성에 근거한 상황적 윤리관으로 선회하기도 하였다.

그리고 경우는 탈북민으로서 "또래 친구들이 누리는 것을 누리지 못하는" 문제들에 한스러움을 자주 표현했던 참여자였다. 탈북민 방송인이나 유튜버들의 자극적인 발언과 탈북민의 정치적 선동 행위들이 탈북민과 북한주민들에게 피해를 준다고 비판했는데, 토론이 진행되면서 이들 역시 각자의 사정으로 어떤 문제에 휘말렸을 가능성이 있다고 분석하기도 했다. 이후 최종 발언에서는 자기 존재성에 대한 확신을 표현하는 담론을 이뤄냈다는 것이 특징적이다.

반면, 문학치료 활동 내내 말을 아끼던 수정은 뒷이야기 상상하기 활동에서 비형이 왕족 혈통을 인정받아 왕이 되었다고 하고, 왕의 역할에 대해 긍정하는 등 적극적 동화의지에 가까운 반응을 보였었다. 그리고 수정은 비형의 성공은 위험하고 소수의 일탈 문제에 관여하고 싶지 않다고 표현했던 재희의 발언에 반박을 했었는데, 이후 다른 참여자들의 의견이 특수성에 근거한 상황적 윤리관으로 흘러가자 침묵하는 편이었다. 이 작품에 대한 그의 최종적인 견해는 들어 볼 수는 없었지만,[28] 자신과 다른 생각을 접한 일은 좋은 기회였다고 판단된다.

이와 같은 사안들은 짧은 시간 안에 이뤄진 문학치료 활동으로 참여자들 내면에 존재하지 않던 새로운 힘들이 창조된 경우라고는 할 수 없다. 다만 작품서사의 역할을 확인할 수 있는데, 작품서사 감상과 상상 및 토론 활동을 통해서 '경계인으로서 존재성'에 대해 더 깊게 생각하고 다수와 생각을 나누면서 미래기획적인 사유까지 나아갔다는 점은 분명하다. 이는 내담자가 자기에 대해 발견하는 '자기이해'[29]의 성과와 내면에 위축되었던 것이 강화된 '자기서사의 강화'[30] 성과에 해당될 것이다.

이 결과는 새로운 집단, 김정은 시대 탈북청년에게 주어진 과제가 무엇인지를 생각하게 한다. 그 어디에도 소속되지 않아도 자기 존재성이 온전하다고 여기고, 두 문화가 자신에게 강요하는 규범을 벗어나 자신만의 기준으로 세상을 바라본다는 점에서, 탈경계 지향성이 탈북청년들이 욕망하는 '새로운 삶'에 부합되는 중요한 가치로 수용될 수 있다는 가

---

[28] 그는 사회적 관계 문학치료 섹션에서 최종마무리 발언으로 기억에 남는 작품을 〈영감본풀이〉로 꼽으며 '타인을 물리적인 이익으로 이용하는 일에 대해서 고민한다'라고 이야기했다. 이해관계와 윤리적 문제에 갈등하는 발언이었는데, 비형의 성공서사를 옹호했던 애초의 반응과 연결지으면 이에 대한 새로운 사유가 시작되었다고 추측할 수도 있다.

[29] 조은상, 「문학치료에서 자기이해의 필요성과 방법」, 『문학치료연구』 45, 한국문학치료학회, 2017, 43~69면; 조은상, 「문학치료는 어떻게 이루어지는가? -개인문학치료 사례를 중심으로-」, 『문학치료연구』57, \m8YX-ÌYŒ, 2020, 47~82t.

[30] 정운채, 「자기서사의 변화 과정과 공감 및 감동의 원리로서의 서사의 공명」, 『문학치료연구』 25, 한국문학치료학회, 2012, 361~381면.

능성을 확인했다. 이들에게서 동화와 일탈 이외의 제3의 '서사의 길 내기'[31]로 새로운 〈비형 이야기〉가 창조될 수 있을 것이라 기대한다.

---

31 정운채, 「자기서사의 변화 과정과 공감 및 감동의 원리로서의 서사의 공명」, 『문학치료연구』 25, 한국문학치료학회, 2012, 361~381면.

참고문헌

강미정,「〈도화녀와 비형랑〉에 대한 초등학교 3학년 도형이의 반응과 그 문학치료적 전망」,『문학치료연구』2, 한국문학치료학회, 2005.
강은해,「도화녀 비형랑 설화에 나타난 두두리 신앙의 지역화와 진지왕계 복권신화적 기능」,『어문학』120, 한국어문학회, 2013.
김기창,「북한이탈주민의 지역사회적응 경험에 관한 연구」,『한국사회복지질적연구』9-1, 한국사회복지질적연구학회, 2015.
김성경,「북한 청년의 세대적 "마음"과 문화적 실천 – 북한 "사이(in-between) 세대"의 혼종적 정체성」,『통일연구』19, 연세대 통일연구원, 2015.
김성룡,「비형 이야기에 나타난 귀신 이야기의 구성 원리」,『선청어문』24, 서울대 국어교육과, 1996.
김종군,「탈북청소년 구술에 나타난 엄마의 해체와 자기치유적 말하기」,『문학치료연구』44, 한국문학치료학회, 2017.
김홍철,「桃花女鼻荊郎說話考」,『교육과학연구』11-3, 청주대 교육문제연구소, 1998.
김혜미·박병준,「문학치료 상담 현장에서 내담자의 해석학적 상황 이해를 위한 열린 질문의 필요성과 작품 감상법」,『철학실천과 상담』11, 한국철학상담치료학회, 2021.
루이스 엠 로젠블렛,『독자, 텍스트, 시』, 김혜리·엄해영 옮김, 한국문화사, 2008.
박일용,「한국 고전문학에 나타난 人鬼交驩 —〈桃花女 鼻荊郎〉의 政治·神話的 함의를 중심으로— 」,『일본학연구』50, 단국대 일본연구소, 2017.
박재인,『탈북민을 위한 문학치료』, 박이정, 2018.
신동흔,「문학치료학 서사이론의 보완·확장 방안 연구 – 서사 개념의 재설정과 서사의 이원적 체계」,『문학치료연구』38, 한국문학치료학회, 2016.
신동흔,「문학치료를 위한 서사 분석 요소와 체계 연구」,『문학치료연구』49, 한국문학치료학회, 2018.
윤보영,「경계인 이론을 통한 남한 정착 북한이탈주민 이해에 관한 연구」,『사회과학연구』22-3, 2015.

윤보영, 「경계/탈경계의 단계별 유형화를 위한 시도 - 자율적 삶을 추구하는 북한이탈주민에 대한 사례연구」, 『북한언구학회보』 20-2, 북한연구학회, 2016.

이한나·정동인, 「북한이탈주민의 입국과정 변화에 따른 탈북 청소년 새로운 적응 양상과 교육적 과제」, 『학생연구 경연대회』 9, 덕성여대 사회과학연구소, 2010.

정운채, 「서사의 힘과 문학치료방법론의 밑그림」, 『고전문학과 교육』 8, 한국고전문학교육학회, 2004.

정운채, 「자기서사의 변화 과정과 공감 및 감동의 원리로서의 서사의 공명」, 『문학치료연구』 25, 한국문학치료학회, 2012.

조은상, 「문학치료에서 자기이해의 필요성과 방법」, 『문학치료연구』 45, 한국문학치료학회, 2017.

조은상, 「문학치료는 어떻게 이루어지는가? - 개인문학치료 사례를 중심으로 - 」, 『문학치료연구』 57, 한국문학치료학회, 2020.

제14장

나의 수업일지: 평화가 삶인 한반도시민의 탄생[1]

안지영 (인제대학교)

I. 평화를 만드는 행복놀이터?

나는 '평화·통일교육' 활동가이고 '통일학' 전공자다. 평화와 통일이 조화를 이루기를, 그래서 우리 모두가 행복해지기를 꿈꾸며 교육활동을 하고 있다.

최근 갈등해결전문가 양성을 위한 연수에 참여했을 때다. 자기소개 시간에 나는 '제 꿈은 사람들이 일상에서 갈등을 잘 해결하고 평화롭게 소통할 수 있도록 효과적인 교육과정을 개발해서 궁극적으로 한반도 평화에 기여하는 것'이라고 했다. 당시 내 머릿속은 어떻게 하면 2학기 강

---

[1] 이 글은 "평화가 삶이 되는 '회복적 통일교육' 교과목 개발: 비폭력대화와 북한영화 리터러시를 중심으로"(「북한연구학회보」 25권2호, 2021)와 "서클프로세스와 비폭력대화에 기초한 '소통 중심 평화·통일교육'"(「학습자중심교과교육연구」 21권22호, 2021)을 토대로 에세이 형식으로 전면 재구성한 것이다.

의를 그렇게 설계할지에 대한 구상으로 가득 차 있었다. 2인1조 대화 실습을 하면서도 비슷한 얘기를 했다. 내 얘길 들으신 분이 "그런 거창한 이야기를 하니 어떻게 얘기해야 할지 모르겠다"며 난색을 표하셨다. 아차차….

내 소개를 듣는 이들은 대개 당황하거나 머뭇거린다. "어, 내가 생각하는 그 통일이요? 남북통일?" 대부분 우리 사회에 꼭 필요한 일을 한다며 격려해주기는 하지만 도대체 어떻게 그런 일을 하게 됐냐며 궁금해하신다. 때론 "나는 통일 반대"라며 일장연설을 하는 분도 있었다. 왜 통일이 되면 안 되는지 열변을 토하고는 행여나 언쟁이 벌어질까 두려운지 내게는 한 마디 발언 기회도 주지 않은 채 화제를 돌려버렸다.

이렇게 '통일'은 불편하고 껄끄러운 소재가 됐다. '통일'하면 제도통일이나 흡수통일이 자연스레 떠오른다. 원치 않는 변화로 불행해지면 어쩌나 불안이 따라붙는다. 빈부귀천이 더 극심해질 게 뻔해 보이니까. 지금도 남북 할 것 없이 빈부격차와 불평등이 심각하고, 한국에 거주하는 북한이탈주민 자살률이 평균치보다 두 배나 높다고 한다. 그러니 현재로선 그럴 낌새도 안 보이지만 행여 통일과정이 급하게 진척될까 더 두렵다.

나는 언제부터 그런 '거창하고 불편한' 이야기를 편하게 하게 됐을까. 무기력하게 집과 학교를 오가던 대학시절, 사회변화를 위해 헌신하는 선후배 동기를 만나 삶의 의미를 찾게 됐다. 졸업 후에도 자연스레 단체활동을 하게 됐지만 사실 통일은 늘 부담스런 화두였다. 내 일상과는 괴리된 활동을 하며 내심 부끄러웠다. 아이를 낳고 기르면서 그 부끄러움은 절정에 다다랐다. 밖에서는 대의명분을 말하면서 나보다 훨씬 약하고 여린 내 아이에게 고함치고 함부로 대하는 내 모습에 스스로 충격 받기 일쑤였다. 통일교육에 관심 없어 시큰둥하거나 산만하게 돌아다니는 아이들을 통제해야 할 때도 괴로웠다.

나의 수업일지는 살고자 하는 몸부림에서 비롯되었다. 무너진 자존감과 자기신뢰를 되찾고, 사회적 존재로서의 삶의 의미도 꽉 붙들고자 늦깎이 배움길로 들어섰다. 그렇게 '거창한' 내 꿈의 1막은 2009년 대학원 통일학과에 입학하면서 시작됐다. 처음 한동안 심각한 아노미 상태를 겪었다. 알피 콘의 '경쟁을 넘어서'를 필두로 평화학의 아버지라는 요한 갈퉁의 적극적 평화, 평화로운 수단에 의한 평화 등 평화이론을 접하면서 도대체 어떻게 살아야 할지 더 막막해졌다. 머리로 아는 게 많아질수록 몸과 마음은 더 고통스러워졌다.

탈출구를 찾아 절박하게 헤매던 중 '비폭력대화'[2]와 '회복적 정의'[3]

---

2 '비폭력대화'는 간디의 비폭력과 칼 로저스의 인간중심 사상에서 영감을 받은 임상심리학자이자 국제평화운동가인 Marshall B. Rosenberg(1934–2015)가 고안한 것이다. 1960년대에 미국 연방정부의 재정 지원으로 학교 통합 프로젝트에서 갈등조정과 의사소통 방법을 가르치면서 비폭력대화 교육을 시작했다. 1984년 설립한 국제 평화단체인 CNVC(The Center for Nonviolent Communication)는 2015년 현재 500여 명의 국제 인증지도자를 배출하였고, 전 세계 70개국이 넘는 지역에서 교육자, 의료 분야 종사자, 기업 관리자, 변호사, 군인, 수감자, 교정 당국, 경찰, 성직자, 정부 관리 등 다양한 분야에서 NVC실천을 지원하였다. Rosenberg, M. B., 2003. 캐서린 한 역, 『비폭력대화: 일상에서 쓰는 평화의 언어, 삶의 언어』 (서울: 한국NVC센터, 2011) 참고. 한국NVC센터 http://www.krnvc.org/

3 '회복적 정의'의 개념, 국내외 현황 등 관련 내용은 이재영, 『회복적 정의: 세상을 치유하다』(남양주: 피스빌딩, 2020) 참고. 대표 학자인 하워드 제어는 '회복적 정의는 정의를 이루기 위한 하나의 패러다임이자 방식으로서 어떤 잘못(범죄)에 연관이 있는 가능한 모든 사람들이 잘못을 바로잡고 피해가 최대한 치유되도록 함께 피해와 필요를 확인하고 책임과 의무를 규명해 가는 일련의 모든 과정을 의미한다'고 정의하였다. Zehr, H. 2005. 손진 역,

라는 삶의 나침반이자 지도를 만났다. 이를 통일 혹은 북한연구와 접목할 깜냥은 못 되어 학위논문은 북한이해 및 통일교육 콘텐츠를 개발할 목적으로 북한영화를 분석하고, 평화교육은 관련 민간단체를 통해 배움을 이어갔다. 머리로, 마음으로, 몸으로 익혀가면서 삶의 중심을 회복하기 시작했다.

가족에게도 부끄러워 비폭력대화를 배우고 있다고 말하지 못했던 나는 2010년 들어서야 공표했다. 2012년부터는 평화교육 활동가로 나를 소개하기 시작했다. 그럴 수 있었던 건 숙련되어서가 아니라 평화는 과정임을, 자신을 향한 존중과 신뢰로부터 시작해야 한다는 걸 알게 됐기 때문이다. 평생 해야 할 공부기에 교육과 연구를 직업으로 삼았다.

2015년 박사학위를 마치고 초임교수로 강의를 하게 됐다. 삶과 따로 노는 허망한 배움이 아닌 삶과 배움이 어우러진 실천적 지식을 꾀하고 싶었다. 어떻게 하면 우리들 일상이 나비효과를 일으킬 수 있을지. 미시와 거시, 물질과 정신 차원이 서로 순환하며 평화가 구현되도록 주체로서 역할 할 수 있을지. 나는 그 답을 평화적 소통과 갈등해결 역량을 키우는 것에서 찾았다. 그간의 교육 경험을 토대로 어설프지만 북한이해 교과목을 그렇게 설계하고자 노력했다.

교수자와 학습자들이 함께 평화를 준비하고 만들어가며 체험하는 수업과정이 되기를 바라면서 당시 붙인 별칭이 "평화를 만드는 행복놀이터"다.

『회복적 정의란 무엇인가?: 범죄와 정의에 대한 새로운 접근』(춘천: KAP, 2010).

II. 한반도시민? 갈등을 기회로 평화를 회복하는 공감조정자!

대학에서의 첫 수업 장면이 어렴풋이 떠오른다(〈사진 1〉 참고). 북한정치 과목을 선택해준 귀하디 귀한 여학생 두 명과 남학생 여덟 명. 뚝, 뚝 떨어져 앉아 있는데 얼마나 긴장감이 넘치던지. 나중에 알고 보니 같은 과라 친한 이는 두세 명, 조금 안면이 있거나 낯선 이가 대다수였다. 조심스레 권하여 어슬렁, 어슬렁 모여 앉기는 앉았다.

준비해 간 사인펜, 크레파스 등을 나눠주니 한 남학생이 "허, 우리가 애도 아니고"란다. 저도 모르게 나온 혼잣말이었다. 초임교수로서 강의 첫 시간, 첫 순간이었던 나로서는 그 한 마디에 얼굴이 붉어지고 민망해서 어쩔 줄 몰랐다. 침착해지기까지 잠시 숨을 고르는 시간이 필요했었다.

비폭력대화를 배우지 못했다면 당시 나는 못 들은 척하고 말았을 거 같다. 그래놓고는 나 자신을 '학생들 반응도 미처 예상 못했냐, 얼마나 유치해 보였겠냐'며 타박하고, 그 친구를 '참 버릇없다'고 비난하며 두고두고 힘들었을 것이다. 비폭력대화의 시각에서는 사람들의 모든 행동은 필요한 생존욕구를 채우기 위한 것이고, 느낌은 내 생존욕구가 충족되었는지 아닌지를 알려주는 신호다.

그 필기구들은 대화 주제에 대해 미리 자신의 생각을 정리하여 핵심단어를 크게 적은 다음 서로 보여주면서 말하기 위한 것이었다. 처음 만나 편하게, 명료하게 자기 의견을 말하기 어려울 것을 감안했던 것이다. 오랜 시간 강의를 위해 시뮬레이션하며 꼼꼼히 준비해 온 나는 원활하게 진행되길, 그 노력을 알아주길 바랐기에 예상치 못한 반응에 당황했을 것이다. 학업과 군생활을 병행하던 그 친구 또한 자신에게 편한 방식으로 존중을 기대했기에 예상 못한 물건을 받으며 역시 당황했을 것이다. 머리로는 그렇게 이해해도 내 몸에서 긴장이 풀리기까지는 몇 분이 걸렸다. 숙달하려면 연습이 더 필요하다 통감한 순간이다.

수강신청 이유를 북한에 대한 관심 때문이라고 할 줄 알았는데 학생들은 "학점을 메우려고, 성적 때문에"라고 정말 솔직하게 표현해서 내심 놀랐다. 수업 방향을 소개하기 앞서 분위기를 더 풀어보려고 퍼즐 맞추기 놀이를 했다. 몇 초면 끝날 줄 알았는데 뜻밖에도 '평화를 만드는 행복놀이터' 문구를 완성하기까지 제법 시간이 흘렀다. 아마도 전혀 생각지 못한 말이었던 듯하다. 그래도 한 글자씩 적힌 A4 종이를 말이 되도록 배열하기 위해 어색한 미소로 이리저리 부대끼면서 분위기가 풀려갔다. 퍼즐을 맞춰 나란히 서면서 미소는 나직한 웃음으로 변해갔다. 한 학기 동안 어떻게 펼쳐질지 막막함, 막연함 속에서도 기대와 설렘이 살포시 피어났다.

매주 2인 1조로 만나 먼저 안부를 나누고, 학습내용에 대해 머리 맞

사진 1 〈북한의 사상과 리더십〉 수업장면 – 2015년 1학기

대고 발표 준비를 한 후 조별로 발표를 하고, 보충설명 및 종합정리 후 소감을 나누는 것을 기본 구조로 진행했다. 교재를 기본으로 하되 짧은 영상을 콘텐츠로 활용했다. 2인 1조 구성은 매주 짝을 달리 해서 모두가 친해지게 되었다. 교수자의 일방적인 해설을 지양하고 주도적인 학습역량을 펼칠 공간을 만들기 위해 무던히 노력했다.

아무래도 교수자로서 학생들보다 아는 게 많으니 학생 발표 도중 끼어들기 일쑤인데 이때도 비폭력대화 훈련 덕을 봤다. 야외에 모여 봄기운과 함께 스피드퀴즈를 하고 북한 이해와 통일 상상력을 펼치며 신나게 놀고 배우던 장면도 떠오른다. 학생들의 말을 열심히 들었더니 더듬더듬하던 데서 점점 편안하게 자기 생각들을 말하는 모습에 참 뿌듯하고 행복했다. 학생들이 무관심한 데에는 기존의 주입식 통일교육도 한몫했음을 새삼 확인할 수 있었다.

첫 발자국으로서는 만족스러웠지만 갈증도 커졌다. 학부 수업과 함께 그간 진행해온 통일교육 특강, 공감대화 수업 경험들을 통해 내 꿈은 조금씩 더 영글었기 때문이다. 첫 해 강의에서 학생들은 평등하고 화기애애한 소통과 토론, 학습놀이로 배움공동체를 형성하면서 자존감과 자기주도력, 구성원 사이 친밀감 등은 커진 것 같지만 정작 남남/남북 갈등을 넘어 한반도 평화를 만들어갈 실천역량을 얼마나 함양하게 되었는지는 미지수였다.

2019년 2학기, 평화를 향한 내 꿈은 2막에 들어섰다. 소통 및 갈등해결 역량에 초점을 둔 평화교육이라는 꿈은 남남/남북, 남녀노소, 이념 등 모든 경계를 뛰어넘는 '한반도시민'을 양성하는 교육으로 확장되었다. 이 '한반도시민'은 '자기 내면은 물론 가정, 이웃, 일터 등 자신의 삶 전반에서 공감적 갈등조정자'로 활약하는 사람이다. 그 구현 방도로 통일 및 북한 소재와 콘텐츠를 가지고 회복적 정의와 비폭력대화에 입각하여 갈등을 평화롭게 조정하는 교육 모델을 개발하기로 했다.

과연 내가 할 수 있을까? 아니야. 얼마만큼 노력을 들일 수 있을 것인가, 얼마나 시간이 걸릴 것인가의 문제이지 평화 원리에 따라가면 되는 거야. 새로운 도전은 촛불 하나 없이 캄캄한 동굴로 들어서는 듯한 막막함에서 시작했지만 언젠가는 되리라는 믿음과 어떤 모습으로 이루리라는 희망만큼은 가득했다.

'회복적 통일교육'[4]을 향해 뒤뚱뒤뚱 날갯짓을 시작했다.

III. 회복적 통일교육? 일상에서 평화 구현하는 한반도시민교육!

평화는 이상향에 불과하다고 여기는 이가 많다. 그러나 전쟁 준비에 들이는 노력을 평화 구현으로 집중한다면 어떨까. 그 과정이 곧 평화가 될 것이다. 회복적 정의는 곧 현재진행형 평화다. 심각한 폭력과 범죄가 발생한 후가 아니라 모든 사회 구성원들이 '일상생활 전반에서 추구해야 할 가치'이자 실천양식으로 삼는다면? 누구나 일상에서 소소한 갈등을 평화롭게 해결할 수 있다면? 그것이 바로 우리가 꿈꾸는 평화가 아니겠는가.

회복적 통일교육은 2016년부터 해온 '회복적 생활교육' 실행연구[5]

---

4 회복적 정의 관점에 입각한 활동들을 통칭하여 '회복적 실천'이라 이른다. 적용 범주나 거점에 따라 '회복적 (생활)교육', '회복적 대화모임', '회복적 사법', '회복적 경찰활동', '회복적 공동체', '회복적 도시' 등으로 일컫는다. 이러한 용례를 따른 것이다.

5 안지영, "회복적 생활교육 구현방안: 비폭력대화 '내면중재'를 중심으로," 『초등도덕교육』 72, 2021; "회복적 생활교육 구현방안Ⅱ: 비폭력대화에 기초한 공감적 갈등조정을 중심으로," 『열린교육연구』 29(3), 2021.

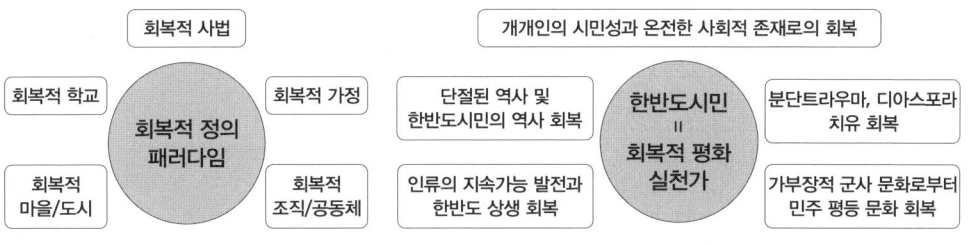

그림 1 회복적 통일교육의 목표: 회복적 실천가 양성을 통한 한반도 적극적 평화 구현
출처(좌): 이재영, 『회복적 정의: 세상을 치유하다』, p.314, 그림을 참고하여 저자가 재구성.

경험을 토대로 구체화시켜갈 수 있었다. 회복적 통일교육은 곧 회복적 생활교육에서처럼 일상에서의 실천[6]을 뜻한다. 목표는 한반도 전역의 구조적 문화적 평화를 건설해 갈 회복적 실천가를 양성하는 것이 된다 (〈그림 1〉).

내가 그리는 '한반도시민'은 남북 경계를 넘어 전 한반도 차원에서의 회복적 평화[7]를 구현하는 주체다. 자신의 일상에서부터 갈등을 평화

---

[6] 관련 연구로 다음을 참고. 오기성, "회복적 생활교육의 평화·통일교육적 함의: 일상속에 깃든 평화·통일교육의 가능성 탐색," 『평화학연구』, 22권 2호 (2021), pp.87-111. 저자는 통일교육과 회복적 생활교육의 접목 가능성을 밝혔다. 통일은 곧 낯선 사람들간의 만남과 새로운 관계맺음, 새로운 삶의 과정이기에 학습자들이 '남'의 이야기로 인식하는 문제를 극복하는 데 필요하다고 본 것이다. 회복적 생활교육과의 접목은 '일상 속 평화·통일교육의 지향가치인 정의와 배려의 조화, 일상 속 관계맺음으로서 통일, 학생주도의 일상의 평화문화 구축, 화해와 용서, 치유로서 평화와 통일'이라는 측면에서 평화·통일교육의 내실을 기하고, 외연을 확대할 수 있으리라고 기대했다.

[7] 한반도 평화 구현과정을 회복적 정의에서 시사점을 찾는 연구로 다음을 참고. 문인철, "남북한 관계 개선에 대한 새로운 패러다임 모색: 응보적 정의

롭게 조정하며 권리를 행사하고 책임을 다하는 시민이다. 회복적 정의의 관점에서 지금의 한반도 상황을 보면 그 구성원들의 삶과 그들이 가진 자산, 회복해야 할 점에 대해 달리 볼 수도 있다. 식민지, 전쟁과 분단의 역사를 살아오면서 축적된 집단 트라우마를 회복하는 데에 독재로부터 민주화를 이루고 국가부도 위기를 극복한 남측 구성원들과 아사 위기에서 무력한 국가권력 대신 자력으로 회생한 북측 구성원들의 저력이 한반도 평화를 회복할 원동력이 될 수 있다.

한반도 구성원 개개인이 자신이 속한 가정, 직장, 지역 및 조직 공동체에서 공감적 갈등 조정자로 역할 한다면? 굳이 고위급 정치인, 군인, 남북관계 종사자, 접경지역 주민이 아니더라도 남남평화, 남북평화의 일상을 추동하게 될 것이다. 분단 트라우마를 치유 회복하고, 단절된 남북의 근현대사를 복원하면서 독재에 맞선 남(북) 민주화의 역사도 온전히 회복함과 동시에 가부장적 군사문화를 넘어 민주와 복지제도를 더 창의적이고 풍요롭게 회복하고 가꾸어갈 수 있을 것이다. 나아가 지구 위기로부터의 회복이라는 인류의 평화와 함께 한반도의 상생을 동시에 꾀할 수 있을 것이란 희망도 그려본다.

회복적 통일교육의 방향이자 전제조건은 세 가지다(〈그림 2〉). 첫째, 교수자가 먼저 자신의 삶에서 실천하는 것이다. 둘째, 교육과정도 평화로워야 한다. 셋째, 개개인이 자기 삶터에서, 자기 삶의 문제로 학습해가도록 한다. 자기 자신의 안녕을 위해 자신이 필요로 하는 것에 대한 관심에서부터 시작하고, 관계를 맺는 타인들과의 소통 속에서, 하루의 대부

에서 회복적 정의로의 전환," 『국제학논총』, 28(2018), pp.35－62; 서보혁·이찬수, "Ⅱ. 화해이론의 탐색과 한반도에의 초대," 『화해협력 이론과 사례 그리고 한반도』 (통일연구원, 2019), pp.31－77; 이찬수, "대화의 평화적 구조," 『통일과 평화』, Vol.11 No.2 (2019), pp.7－37.

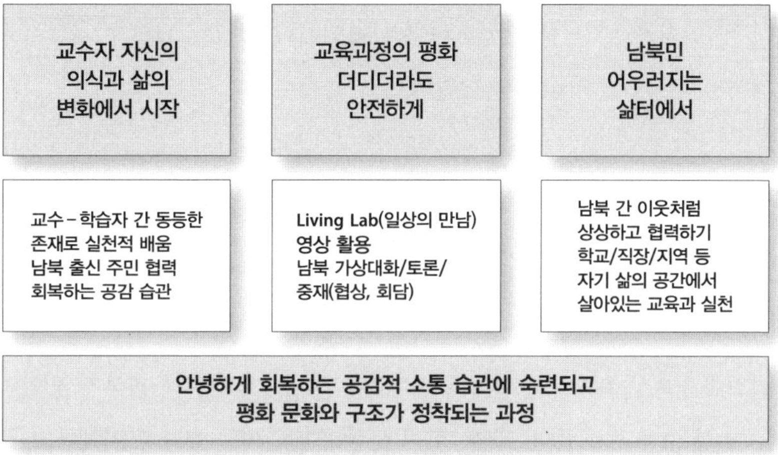

```
┌─────────────────┐  ┌─────────────────┐  ┌─────────────────┐
│  교수자 자신의   │  │  교육과정의 평화  │  │    남북민       │
│   의식과 삶의    │  │    더디더라도    │  │   어우러지는    │
│   변화에서 시작  │  │     안전하게    │  │    삶터에서     │
└─────────────────┘  └─────────────────┘  └─────────────────┘

┌─────────────────┐  ┌─────────────────┐  ┌─────────────────┐
│ 교수-학습자 간   │  │ Living Lab(일상의│  │  남북 간 이웃처럼│
│ 동등한 존재로    │  │  만남) 영상 활용 │  │ 상상하고 협력하기│
│ 실천적 배움     │  │  남북 가상대화/  │  │ 학교/직장/지역 등│
│ 남북 출신 주민   │  │   토론/         │  │ 자기 삶의 공간에서│
│ 협력 회복하는   │  │  중재(협상, 회담)│  │ 살아있는 교육과  │
│ 공감 습관       │  │                 │  │ 실천            │
└─────────────────┘  └─────────────────┘  └─────────────────┘
```

안녕하게 회복하는 공감적 소통 습관에 숙련되고
평화 문화와 구조가 정착되는 과정

그림 2 회복적 통일교육의 방향 및 전제 조건
출처: 저자

분을 보내는 학교와 일터에서 평화를 학습하면서 실천적 지식을 쌓는 것이다. 흔히 통일교육은 일정한 장소에서, 특정 대상에게 하는 것으로 여겨지곤 한다. 통일이 곧 남북 간 상생과 평화라고 할 때 그것은 그 구성원들의 삶의 문제를 풀어가는 것이다. 자신의 관심사와 필요를 회복하는 것으로부터 시작한다면 언제 어디서든 통일교육도 환영받지 않을까.

나는 2019년 2학기부터 시작한 교양과목 〈북한사회와 일상〉[8] 수업을 통해 매 학기 100여 명의 '일상이'(수강생을 이르는 애칭)들과 회복적 평화·통일 여정을 떠난다. 이어지는 글은 먼저 회복적 통일교육의 평화적 하부구조와 문화를 구축하기 위해 '마음챙김과 비폭력대화, 서클 프로세스'를 기초로 공감적 배움공동체로의 여정이다. 다음 장에서는 영상콘텐츠를 활용하여 그 속의 사람과 삶을 공감하는 영상미디어 리터러시와 직

---

8   인제대학교에서는 통일교육선도대학으로 선정된 2019년 전교생 대상의 통일·북한 강좌 세 과목을 '균형교양' 교과목으로 신설했고, 분석대상 과목은 그 중 하나다. 매학기 개설되며, 정원은 100명이다.

접 그 사람이 되어 보는 교육연극을 융합하여 한반도 평화를 생생하게 체험하고 실험해온 여정을 그렸다.

IV. 안녕하게 회복하는 공감적 배움공동체: 내면으로부터 주변 세계로 인식의 확장

평화교육은 다음 7가지 철학적 전제[9]를 공유하고 있는데 회복적 통일교육 또한 그에 기초한다. 첫째, 모든 사람의 내면에는 선하고 지혜롭고 강한 자아가 있다. 둘째, 이 세상은 깊이 연결되어 있다. 셋째, 모든 사람은 좋은 관계에 대한 깊은 갈망이 있다. 넷째, 누구나 재능이 있으며 그 재능이 발현되려면 모든 이들의 도움이 필요하다. 다섯째, 긍정적인 변화를 위해 필요한 모든 것들은 이미 우리에게 주어져 있다. 여섯째, 인간은 통합적 존재다. 일곱째, 우리는 진정한 자아로 살아가는 습관을 만들기 위해 연습이 필요하다.

이러한 철학적 전제를 담아내는 교육공간으로 서클[10]을 구조로, 회복을 위한 공감을 소통문화로 하는 배움공동체를 조성하는 것이다(〈그림 3〉). 회복적 정의의 실천은 회복에 초점을 둔 문제의식과 질문으로 시작한다. 질문이 오가는 과정 또한 평화로워야 하기에 평화적 소통이 필요하다. 허심하게 자신을 표현하고 갈등을 드러내는 소통이 이뤄지려면 우선, 당사자들이 두려움 없이 솔직한 심경을 표현할 수 있는 환경이어야

---

9 Boyes-Watson & Pranis 저, 이병주, 안은경 역, 『서클로 나아가기: 교육공동체를 회복하는 서클 레시피』(논산: 대장간, 2018), p.39-46 참고.

10 K. Pranis 저, 강영실 역. 『서클 프로세스: 평화를 만드는 새로운 전통적 접근방식』(춘천: KAP, 2012).

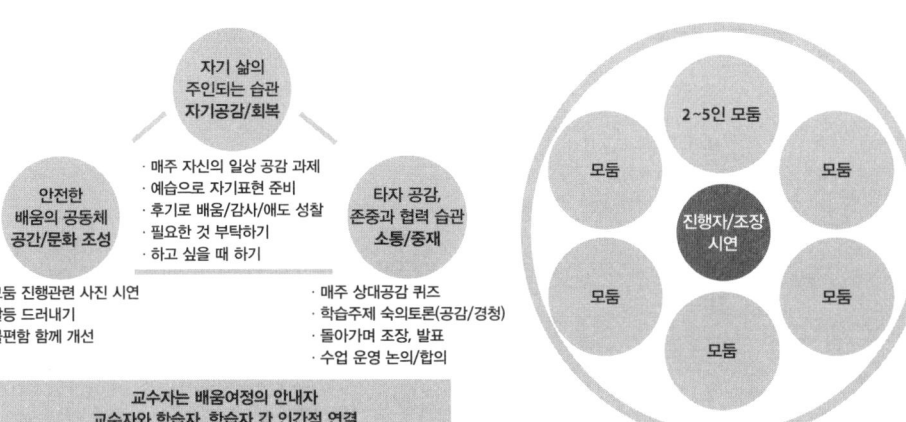

그림 3 회복적 통일교육 교수학습 모형
좌: 전체 흐름, 우: 서클 구조의 전체/조별 학습

한다. 이는 원활한 배움을 위해서도 중요한 기본조건이다. 돌아가며 말하는 서클에서는 구성원 모두가 공동체의 주체가 되며 리더십을 공유한다. 둥글게 모여 앉지 못하더라도 상하 수직관계가 아니라 원처럼 위계가 없는 평등한 관계에서 존중하고 배려하며 상호작용하는 공간이 곧 서클이다.

갈등과 분쟁 발생 시 회복에 초점을 둔다는 것, 즉 회복적 정의 구현은 생존에 필요한 욕구를 충족하여 '충분히 안녕한 상태'거나 '회복이 필요한 상태'로 의식할 수 있어야 가능하다. 그럴 때 개인과 공동체는 회복이 필요한 곳을 찾아 빠르게 집중할 수 있고, 책임 있는 행동에 대해 흔쾌히 선택하고, 협력할 수 있게 된다. 비폭력대화는 관찰, 느낌, 욕구, 부탁이라는 네 요소를 사용하여 자기 내면의 목소리를 듣고 표현하며, 다른 사람의 이야기를 공감하며 경청하면서 힘든 상황에서도 서로 인간적으로 연결되도록 돕는다. 갈등 당사자 간에 마음이 연결되면 안전한 공간이 형성되어 갈등상황에서 발생하는 역동적 에너지를 창조적이고 생산적인 에너지로 전환할 수 있다. 그럴 때 힘은 경쟁적이거나 폭력적으로 어느 한 쪽이 이기고 지는 승/패가 아니라 모두의 욕구를 충족하는 승/승을 위해 협력하는 방향으로 사용할 수 있게 된다.

학습목표는 세 가지다. 첫째, 자신의 생각, 느낌, 욕구를 공감하며 따뜻하게 돌보고, 적절히 표현할 수 있다. 둘째, 타인(조원, 주변사람, 북한주민)을 공감하며 원만하게 대화하고 협력할 수 있다. 셋째, 자신의 관심사에 따라 북한일상에 관심 갖고 알아가며 평화적 소통과 협력을 모색할 수 있다. 학습목표는 세 단계, 즉 '기초(1 – 5주) – 심화(6 – 10주) – 응용(11 – 15주)' 과정을 통해 자연스레 성취하도록 안내한다(〈그림 4〉).

1단계 적응기는 불편한 사항을 허심탄회하게 표현할 수 있도록 돕고, 평등한 서클 구조에서 공감하며 나누는 대화에 익숙해지도록 지원하는 데 집중한다. 조가 어떻게 구성되는가에 따라 조별 학습분위기가 크게 다르므로 세심한 관찰과 배려가 필요하다. 통일교육원에서 발행하는 〈북한이해〉 6장 북한사회와 7장 북한교육 내용을 중심으로 하는 주제학습 분량은 단계적으로 늘려간다. 학습자들의 관심과 이해정도에 따라 학습내용과 과제의 난이도를 조정해간다.

모든 과정은 학습자의 예습과 후기 퀴즈 내용에 기초하여 상호합의를 거친다. 중간고사 후 9주차 수업과 기말고사 전 14주차 종강수업에서는 각각 공감에 기초하여 성취에 대해 감사/축하하고, 아쉬운 부분에 대

1주 만남	2~5주 적응과정	6~10주 적응, 응용	11~14주 숙달, 탄력	15주 성숙, 수확
· 불안, 걱정, 긴장 · 기대, 설렘	· 긴장, 두려움 · 흥분, 신선함 · 기대, 흥미, 호기심 · 잠재력 발견	· 학습 습관/ 공간지수/주변관계↑ · **북한사회와 사람에 관심 증가** · 학습의지 상승 (관심사에 따라 추가학습) · 남북청년 가상대화 ▶ 중간 성취 확인	· 표현/발표 재미 · 자존감/성취감/효능감 · 공감습관으로 나눔, 기여, 협력↑ · 즐거움, 재미, 안정 · 소속감, 감사, 감동	· 배움, 성취도 확인 · 자기/상호감사 · **북을 이웃처럼, 남북소통과 교류 상상** ▶ 〈나의 교재〉 완성 (매주 예습/후기 내용 편집)

그림 4 〈북한사회와 일상〉 한 학기 전개 과정(15주, 3학점)

해 충분히 애도, 치유하고 회복하는 과정으로 평가 내용과 과정을 평화롭게 만들어간다. 15주차에는 기말고사 또는 기말고사 대체과제로서 학기 중 작성한 모든 예습과 후기를 모은 '나의 교재(수업에세이집)'를 하나의 문서파일로 묶어 제출하면서 유종의 미를 거둔다.

다음에 이어질 글은 '일상이'들이 쓴 과제에서 발췌한 내용들이다. 일상이들은 '글을 실어도 되겠냐'는 안녕/메롱(교수자인 나의 별칭)의 제안에 망설임 없이 "얼마든지 좋으며, 오히려 영광"이라고 화답해주었다. 직접 가명을 정해준 한 명 빼고는 실명과 과, 학번을 밝혀도 좋다 했다. 반복되거나 본 글의 주제와 다른 내용은 중략했지만 되도록 원문을 그대로 살렸다. 발췌할 글을 점검받기 위해 다시 보여줬을 때도 일상이들은 수업이 끝난 지 여러 달이 흘렀지만 여전히 그 내용이 자신의 진심 그대로라고 했다. 감동으로 가슴이 벅차고 뭉클했다.

1. 불안한 출발과 감사한 마무리, "내 선택에 감사해"

♥ 태욱 이야기 (2021.12.2./의생명화학과18학번/남 - 군필)

안녕이의 이 '북한사회와 일상'이라는 수업을 들은 내 선택은 후회하지 않아. 2월 수강신청 당시 교양 학점을 채우려고 남는 시간대 이 수업을 찾았고, 북한에 전혀 관심도 없었던 나는 수강신청을 했어. 첫 수업을 듣고 내가 생각한 수업방식과는 좀 다른 수업이였고, 잘 맞지않겠다 싶은 학생들은 수강취소를 하기도 했지. 2주차까지 수업을 들으며 성적산출방식도 좀 복잡해보이고, 북한의 일상이라는 수업인데 북한내용보다는 자기 주관적인 생각을 쓰는 과제에 조별토론까지.. 솔직히 그 당시에는 '아 좀 귀찮겠구나' 하는 마음에 살짝 후회를 했었어. 하지만 어차피 수강취소기간도 끝났고 내가 선택한 수업이니 한 번 들어보자 해서 쭉 들었지. …

태욱은 자신의 선택을 후회하지 않는다고 표현했는데 대다수 일상이들이 이 과목을 포기하지 않았던 자신에게 '감사'하다고 썼다. 대학생들이 가장 기피하는 수업이 바로 토론 중심 및 팀별 프로젝트 수업이었기에 2019년 2학기 첫 수업에서 조별 토론 수업임을 밝히자 100명 정원에서 수강정정 후 76명이 되었다. 그마저도 정정기간에 급하게 들어와서 수업방식에 대해 모르는 이들이 많았다. '진입장벽을 너무 높게 세운 거 아닐까. 일단은 가볍게 경험하도록 설계했어야 했어!'라고 자책하며 노심초사했었다.

그러나 학기말 수업평가 주관식 답변에는 '최고의 수업', '완벽한 수업'이라는 표현이 다수 등장할 정도로 첫 시도는 성과적이었다. 이후로는 선후배나 지인의 강력한 추천에, 인터넷 상에서도 소문이 나서 수강신청 경쟁이 치열해졌다고 한다. 회복적 통일교육 여정은 상상조차 어려웠던 경험이기에 소문을 들었든 강력 추천을 받았든 학기 초 수강신청 유지와 정정 사이에서, 기대와 두려움 사이에서 고민하는 일은 매 학기마다 반복된다.

2. 안정감과 신뢰 회복, "여기선 내 이야기를 해도 되겠구나"

♥ 지민 이야기 (2021.6.3./간호학과21학번/여)

저는 다른 사람들의 시선을 매우 중요하게 생각하다보니 다른사람들의 시선에 맞춰지내느라 돌이켜 생각해 보면 나 자신을 잃어버렸습니다. 나의 생각은 내가 아니면 아무도 말해 주는 사람이 없지만 그럼에도 불구하고 나의 생각을 말하길 꺼려하고 이 말을 함으로서 나에게 어떤 일이 일어날지 등 잔걱정이 많아 나의 이야기를 하는 것이 어려웠습니다. … 근심,걱정 가득하게 지냈는데 정말 다행이 이 수업을 만난 후 제 자신을 찾은 듯 합니다. 처음부터 솔직하게 표현하는 것이 쉽진 않았지만 … 메롱님이 계속해서 편안한 숨쉼, 마음 돌봄을 강조하시는 모습을 보고 '아, 나 여기선 편하게 이야기 해도 괜찮겠구나'란 느낌을 받았습니다. … 아무도 모르는 곳에 혼자 오다 보니 외로움을 타게 되고 대학도 비대면 수업이 많다 보니 동기들을 만날 기회가 적었는데 이 수업을 통해 새로운 인연을 맺은 것은 물론이고 … 한주의 일상을 공유하면서 그동안의 외로움을 털어버릴 수 있다보니 점점 이 수업시간이 설레고 기다려 졌습니다. … 이 수업은 제가 경험한 수업 중 가장 잊지 못할 수업이자 한편의 성장 스토리와도 같았습니다. …

수업 여정은 위 지민이 밝힌 일상이의 어려움과 불안 요소들을 회복하면서 진행된다. 첫째, 플립러닝으로 자기주도학습인 [예습] 과제에는 〈1.공감퀴즈〉라는 주제로 매주 자신의 일상에서 힘든 일과 느낌/욕구를 찾아 애도하며 치유 회복하고, 좋은 일과 느낌/욕구를 찾아 감사한다. 〈2.주제학습〉은 주교재와 영상자료에서 자신이 인상 깊고 관심 가는 대목 및 장면을 꼽고 선정 이유와 소감을 적는다.

둘째, [실시간 강의]에서는 4인 1조를 기본으로 편성된 모임에서 예습해온 내용을 토대로 서로 공감하며 대화 및 토론한다(〈사진 2〉). 교수자의 안내에 따라 ①전체 시연을 하고 ②각 조별로 공감대화(공감퀴즈)를 나누고 주제 학습을 한 후 ③다시 모여 각 조 조장들이 후기를 발표하고

사진 2 〈북한사회와 일상〉 수업장면 – 2019년 2학기 대면 강의
좌: 각자 후기 작성 중, 우: 조별 토론

교수자가 종합하며 마무리한다. 그 비중은 단계별로 달라진다.

셋째, 강의 후 제출하는 과제인 [회복후기]에는 각각 〈1.[배움] 깨달음, 성찰, 2.[자기감사]학습목표 성취를 위해 노력한 자신에 대한 감사, 3.[상호감사]조원 및 교수에 대한 감사, 4.[자기애도/부탁]아쉬운 점에 대한 자기 애도와 회복을 위한 제안사항, 5.[상황애도/부탁]조원 및 교수의 행동이나 학습 환경과 상황에서의 아쉬운 점에 대한 애도와 회복을 위한 제안사항〉을 적는다. 교수자는 후기 내용 중 특히 '애도와 부탁' 내용을 주의 깊게 살펴 빠르게 피드백 및 소통을 통해 더 구체적인 상황을 파악한다. 수업에서도 힘든 점을 함께 공감하고 대안을 의논하며 개선해가는 데에 가장 공을 들인다.

이 세 가지 과정을 통해 일상이들은 배움공동체 구성원으로서 소속감과 안정감, 편안함을 느끼며 점차 솔직하고 활발하게 소통하게 되었다. 학기 초 대부분의 일상이들은 수업 전 며칠을 밤잠을 설칠 정도로 조별 학습을 두려워한다고 했다. 그러나 매주 먼저 서로의 '힘든 일, 좋은 일에 대해 공감'하며 안부를 나누고, 주제 학습에서도 비교하고 비평하고 설득하고 논쟁하는 방식이 아니라 '순서대로 말하고 경청하는 서클구조의 대화'를 통해 서로에게 친밀감이 생기고 신뢰가 생기게 되었다. 어디에서도 경험하지 못한 '공감과 경청을 주고받는 체험'을 통해 다음 학습을 설레며 기대하게 되고, 조원들에게 해줄 얘기를 준비하며 자발적으로 추가 학습까지 하게 되었다.

낯선 이들을 만나 관계를 맺고 친밀감과 소속감을 느끼며 상호 존중, 배려, 협동하면서 신뢰를 쌓아간다는 점에서 이 모든 과정은 지금 여기서 평화를 만드는 동시에 남북 사람 간 만남과 상생을 준비하는 과정이 된다.

3. 자존감, 자기표현, 소통 욕구 회복,
   "이런 나/우리가 신기해, 나/너에게 고마워"

♥ 준하 이야기 (2020.5.14./응용수학과17학번/남 – 군필)

이 수업을 하면서 가장 만족스럽거나 신기했던 점으로는 소통을 하며 진행해야 하는 수업인데, 수강인원이 100명에 달하는 많은 인원이여서 강의가 시작되기 전에도 어떻게 진행을 하실지 굉장히 궁금했고, …조별 학습이 과연 제대로 이루어질지 의문점을 품었는데, 매주 진행되어감에 따라 점점 발전해나가고, 조원들도 소통을 하기 시작하면서 수업하는 100여명의 인원이 각 조에서 의견들을 자유롭게 쏟아내고, 서로가 의논하는 굉장히 신기한 모습들이 보여졌다. 이게 왜 말이 안 되는 것인지 설명하자면, 지금 25명이 듣는 수업도 일방적인 교수님의 강의 방식으로 인하여 학생 한 명의 대답 듣기가 힘든 수업들이 굉장히 많은데, 북한사회 수업은 조별 모임이 끝나고도 마무리 시간에 자발적으로 발표자가 나오고, 수업의 마무리에는 다 같이 박수를 치며 마무리를 하는데, 매우 신기한 수업이라고 생각했고, 이렇게 소통이 되면서 수업을 듣는 것이 굉장히 만족스러웠다.

♥ 규호 이야기 (2021.6.3./국제경상학부14학번/남 – 군필)

가장 변화된 모습은 나의 생각과 감정을 상대방에게 표현할 수 있다는 것이다. 나는 이 부분을 가장 어렵게 생각했다. 왜냐하면 내가 상대방한테 나의 생각과 감정을 말한다고 해서 그 사람이 나에게 관심이 있을까? 내 말을 궁금해할까? 듣고 싶을까? … 그리고 막상 말을 한다고 해도 내 말에 공감을 못해주면 어떡하지? 그로 인해서 내가 상처를 받으면 어떡하지? … 근데 정말 신기하게도 이런 생각들은 거의 없어졌다. … 나는 이제 나의 생각과 말을 하는 것 자체가 재밌게 되었다. 그러다보니 정말 불가능 할 것 같은 이런 현상도 종강을 얼마 앞두지 않는 시기에 발생한 것 같다. 나도 할 수 있고 간절하면 모두 이루어진다!

준하는 100명이 온라인에서 소통식 수업이 이루어지는 것에 신기했고 만족스러웠다고 한다. 학생들은 왜 대인관계에 서툴거나 맞지 않는다는 생각이 들면 아예 관계 맺기를 피하고, 토론 수업과 조별 학습을 싫어하는 걸까. 규호는 그 이유와 어려움을 자세히 묘사하였다. 그러나 회복에 초점을 둔 안전한 배움공동체에서 공감적 소통 역량을 키워가면서 스스로 신기할 정도로 자신을 표현하는 게 재미있어졌다고 한다. 이는 내면의 힘, 즉 자존감과 자신감이 키워졌다는 뜻이기도 하다.

4. 삶의 의미, 관계, 기여 욕구 회복, "나도 누군가를 도와주게 되었어!"

♥ 준철 이야기 (2021.12.2./나노융합공학과16학번/남 – 군필)

16년 학교생활을 하며 가장 후회 하지 않았던 선택은 … 북한사회와 일상을 수강취소 하지 않았다는 선택 … 이 세상에서 가장 소중한 교수님이라는 인연을 만났던 순간을 뽑고 싶다.

나는 정말 마음이 약한 사람이였고 2021년 초반만 하더라도 누군가 상처를 주면 쓰러져 일어나는 법 조차 몰랐다. 그당시 나는 정말 하루하루 죽고 싶다고 생각했었고 우울감을 느낄정도로 희망도 없었고 내가 어떤 욕구를 원하는지 알고 싶지도 않았다. 그러나 교수님께 나를 애도하는 방법 그리고 나를 따뜻하게 안아주는 방법을 배우며 내가 살아야 할 이유와 세상에 좋은 사람도 많다는 것을 알려주었다. 그당시 교수님과 전화 통화도 하고 따로 힘든 부분에 대해 이야기도 하며 삶의 이유를 찾게 되었다. … 지금은 어느덧 내가 남들에게 내 스토리를 전하고 그 사람의 상황을 위로하고 애도하며 그 사람이 천천히 일어설수 있도록 도와주고 있다는게 나도 놀랍다. 아직 많이 부족하지만 그리고 남들에게 이런 공감을 해준다는 것도 어색하지만 그 사람들이 진정 깨닫고 일어설때 이렇게 뿌듯하고 감개무량한 느낌은 어느덧 내 삶의 활력소가 되었다. 이렇게 나는 또 다른 사람과의 유대관계를 채우며 나만의 욕구도 서슴 없이 채워가고 있다. … 이제 친구들이 나에게 서슴없이 본인 속 마음을 말하고 고민을 말하며 내 앞에서 울며 고맙다는 인사를 받을 때, 내가 정말 배운걸 잘 이용 하고 있구나 실천을 정말 잘 하고 있구나 느끼게 되었다. …… 예시로 나와 가장 친했던 친구 두 명이 감정싸움을 했던 때를 말하고싶다. 그 당시 우리 세명은 평생 이어질 인연이라 생각했기에 서로 틀어져 욕을하며 주먹을 올리는 모습은 매우 충격적이였다. 이 친구들은 서로 상대에게 어떤 느낌을 받았으며 지금 어떤 욕구를 원하고 있을까?를 생각하며 내가 먼저 다가가 친구들의 각각의 이야기에 공감하고 애도하고 이해하며 같이 느끼려 노력했었고 그 결과 정말 서로 욕하며 주먹까지 올라갔던 친구들이 서로 웃으며 다시 둘도 없는 친구가 되게 만들었다. …

놀랍게도 이 수업에서 갈등조정에 대해 실습하거나 언급하지 않았음에도 준철은 친구 간 심각했던 갈등을 평화롭게 해결했다! 나와 통화할 때 준철은 그저 내가 수업 때마다 일상이들의 얘기를 경청한 후 공감해주는 모습을 보면서, 조원들과 공감퀴즈를 하고 공감토론을 하면서 자연스레 습득한 결과라고 했다. 감사하게도 많은 일상이들이 그렇게 말하고 있다.

학생들의 후기를 종합해보면 조원들을 처음 만나 느끼는 어색함과 두려움은 순서대로 말하고 듣고 공감하는 구조의 대화를 통해 편안함과 즐거움으로 변화 되었다. 이후 주차를 거듭할수록 자존감과 효능감, 타인과의 관계 개선, 책임의식의 성장을 발견하게 된다.

"나도 몰랐던 나의 느낌과 욕구를 알게 되고 나라는 존재, 주변과 일상의 소중함과 고마움을 되새기게 되었다." "리더십을 발견하고 키워갈 수 있었다." "조장과 조원 역할을 번갈아 해봄으로써 각 역할에서의 애로를 알게 되어 더 적극적으로 조 활동에 참여하게 되었다." "가족/친구/연인/동료로부터 달라졌다(부드러워졌다/잘 들어줘서 고맙다/넉분에 고민을 해결했다)는 얘기를 듣게 되었다." 등등.

이렇게 자존감이 높아지니 자신감으로 이어지고, 내가 만족스러운 만큼 주변까지 챙기고 싶어지는 기여 욕구로 나아가고 그 실천에 대한 감사를 들으며 효능감을 느끼게 된다. 이것이 바로 회복에 초점을 둔 평화 학습의 행복한 선순환이다.

V. '삶'을 공감하는 한반도평화실험실 : 영상 리터러시와 교육연극 융합

북한 영화나 드라마는 '주체 사실주의'를 문예이론으로 하여 프로파간다의 특성을 띤다. 효과적인 사상교양, 선전선동을 위해 오히려 노동 일상을 사실적으로 묘사하려고 노력한다. 더구나 김정은 정권이 들어서면서 북한 당국은 유튜브 공식채널을 통해 적극적인 대외홍보에 나서고 있다. 남북한의 적대적 관계 속에서 정부 방침은 북한 영상을 차단하는 데 주력하지만 유튜브나 SNS 등을 통해 북한 영상을 쉽게 접할 수 있는 모순적 상황이다. 북한 영상을 배제할 것이 아니라 미디어 리터러시 교육이론과 방법에 의한 비판적 성찰 능력을 고양해야 할 때이다. 북한 영상이 지닌 정치선전성과 일상성을 교육적으로 활용하고자 했다.

남북주민이 만나는 가상체험공간으로서 미디어세대를 위해 북한에서 제작한 방송 및 영화 리터러시와 교육연극 활동을 접목하여 설계했다. 영상자료는 주로 통일 방송인 KBS〈남북의 창〉과 MBC〈통일전망대〉에서 소개하는 코너별 영상을 활용했다. 남북기본합의서가 채택된 1990년대 초부터 오랜 기간 통일·북한 문제에 천착해온 방송답게 전문성이 높다. 다양한 콘텐츠, 게다가 매주 실시간 북한방송에 자막을 달고 전문가 해석과 함께 전달해주기에 통일·북한 교육에 유용하다. 전문가 해설도 좋지만 자막도 큰 몫을 한다. 언어 장벽 때문이다. 제주도 토박이의 사투리를 내륙 사람들이 알아듣기 힘들어하는 것처럼 북측 영상 및 영화를 자막 없이는 어렴풋이 이해할 수 있을 뿐이다.

영상 속 인물과 장면을 활용해 역할극을 하면 창의력과 상상력을 자극하여 더 생생한 학습이 가능하며 주도적이고 협력적인 학습을 촉진한다. 그러나 관계가 원만하지 못하고 상호작용이 원활하지 못할 경우 부작용도 크다. 학습활동 과정에서도 공감적 소통과 조정 역량이 요구된다.

따라서 안녕하게 회복하는 공감대화를 자신 – 조원 및 주변 지인과 익숙하도록 학습하는 동시에 다음 세 가지 주제 활동을 단계적으로 융합 및 심화시켰다. 첫째, 북에 대해 자기 관점에서의 이해와 공감, 둘째, 북측사람의 입장과 감정에 이입해 북북 공감대화, 셋째, 조원들이 각각 역할을 나누어 남북 간 공감대화를 하고 남북 갈등 상황을 설정하여 공감대화를 통한 이해/치유/회복으로 이어지도록 했다.

1. 회복적 관점으로 북한을 이해한다는 것, "북한을 공감한다고?"

♥ 주희 이야기 (2020.12.3./경영학부20학번/여)

솔직히 처음에는 북한사회와 일상에서 왜 공감에 대한 것을 적으라고 하는지 이해가 가지 않았다. "왜 이 교양에서는 내가 힘든 일과 행복했던 일을 적으라고 하는거지? 왜 이것에 점수를 부여하는걸까?"라는 생각이 들었다. 하지만 점차 생각이 바뀌었다. 나와 주변 사람부터 공감을 할 수 있어야 큰 사회에 대한 공감과 이해로 이어갈 수 있는 것이다. 공감은 사소한 것으로부터 시작된다. 매주마다 힘든 일과 기쁜 일을 적는 것이 처음에는 힘들었다. 20년 살면서 이런 생각을 해본 적이 많이 없었고, …어떤 부분이 힘들었는지, 기뻤는지 바로 생각이 나지 않았다. 그래서 초반에는 한참 생각하다가 겨우 적어서 … 하지만 매주 주차가 늘어날수록 … 공감의 능력이 늘어나게 되었고 자기감사를 통해 존재감과 애정의 욕구도 함께 충족…. 더불어 훗날 남한과 북한이 통일되었을 때 문화차이는 존재할 것인데 이를 공감과 이해를 통해 극복할 수 있다는 점에서 긍정적으로 다가온다.

회복적 통일교육의 철학적 전제와 지향대로 교수자는 안내자가 되고 학습자가 자기주도적으로, 협력적으로 학습하고자 할 때 가장 걸림돌은 학습자의 자기불신이다. 권위 있는 누군가로부터 인정을 받아야만 안심한다. 지배와 통제에 익숙한 탓이다. 아래 예원과 지은의 글에서처럼 대다수 일상이들이 '내가 잘 하고 있나'를 고민한다고 했다. 자율에 맡기고 자기 소감을 위주로 작성하는 과제라 언뜻 수월해 보이지만 정답이 없어서 더 어렵고, 자신을 관찰하는 생소한 내용의 예습과 후기를 작성하는 데에 시간도 오래 걸린다고 하였다.

2. 배움, 자기 신뢰, 상호성, 효능감 회복, "내 생각에 확신이 생겼어"

> ♥ **예원 이야기 (2021.9.17(3주차 후기)/상담복지학과19학번/여)**

대부분의 수업은 별도의 예습 없이 수업시간에 책을 읽고 강의를 들은 후 복습을 하는데, 이 수업은 각자 예습을 … 이렇게 하면 나를 포함한 모든 학생들이 과연 예습을 열심히 할 것이며 북한 사회에 대한 이해를 충분히 할 수 있을까 하는 의심(?)을 했었어. 그런데 이번에 본격적으로 북한사회에 대한 예습을 하고, 조원들과 대화하는 수업을 해보니 내가 괜한 의심을 했었고, 오히려 학습의 효과가 더 극대화되는 것 같다는 생각을 했어. 지금까지 경험해보지 못 한 새로운 수업방식으로 많은 것을 느끼게 … 되었어.

♥ 지은 이야기 (2021.12.1./사회복지학과18학번/여)

항상 잘하고 있는지, 이렇게 하는것이 맞는지에 대한 의문과 수업 질문이나 내용을 이해하지 못해 수업에서 뒤떨어지고 있다고 느낄때 항상 안녕님이 먼저 찾아와 해결책을 찾을 수 있도록 도와주셨고, 스스로 회복할 수 있도록 도와주셔서 감사했습니다. 안녕님이 해주신 말씀 중 "정답은 없어. 너가 정답이야" "내가 상상한대로 하면 되지" 등등 이런 말들이 저에게 있어선 새로웠습니다. 항상 정해진 답을 찾아야만 했고, 정해진 답대로 행동해 왔었기에 갑작스레 정해진 답 없이 오직 나만의 생각만으로 만들어내야 한다는 것이 어렵게만 다가왔고, 부담스러웠고, 힘들었지만, 매번 피드백을 통해 잘하고 있다는 확신을 얻을 수 있었습니다.

또, 이번 수업을 통해 정말 많은 변화를 불러일으켰다 생각합니다. 처음 이 수업을 하게 되었을때 북한관련영상을 보고 조활동을 하는데 "왜? 나 자신이 변화한다는 거지?" "어떻게 소통해야 하는거야?" 하는 의문이 있었고, 교수님의 수업이 아닌 조원과의 활동이 주된 활동이기에 "우리끼리만 활동하면 배우는게 있는가?"하는 의문이 있었습니다. 그러나 지금의 저는 이런과정을 통해 무한히 변했다 생각합니다. 교수님의 주입식 교육, 시험에 대한 부담으로 무작정 외우고, 공부하는 것이 아닌 조활동을 통해 각자의 생각을 들어보고, 주체적으로 수업을 이끌어가며, 수업에 대한 자신감도 얻고, 리더쉽을 발휘하고, 소통하는 과정 속에서 배려, 공감, 표현,학습 등 여러가지를 배울 수 있었습니다. 또, 서로 다른 관점을 배울 수 잇었고, 다른 시각으로 문제를 볼 수 있었습니다. 또 회복후기를 작성하며, 오늘 수업에서 무엇을 느꼈는지 다시 생각해보고, 나 자신과 소통하여 나의 느낌, 욕구를 다시 회상해봄으로써 부족했던 욕구는 채워주고, 충족된 욕구는 다시 한번 느껴보는 등 나 자신이 특별해진 기분이었습니다. 이 과정을 여러 주차 겪으면서 스스로 많은 것을 습득했고, 본인 스스로 소통하는 법을 알게되었습니다. 이런 변화가 놀랍습니다. …

자신을 불신하다가 점점 확신을 가져가는 모습은 로젠버그가 그의 책에서 비폭력대화를 익히는 과정을 세 단계로 구분한 것과 대조해 볼 수 있다. 첫째, '정서적 노예' 상태다. 즉 자신의 느낌과 욕구를 의식하지 못한 채 남의 눈치를 보며 순종하거나 회피, 비난, 반격하는 상태다. 비폭력대화에 숙달되는 과정을 '자유에 이르는 길'로 표현하기도 한다.

둘째, '얄미운 상태'다. 자신의 느낌이 욕구에서 비롯된다고 여기며, 책임을 지기 위해 자기 욕구에 기반하여 상대의 부탁에 대해 '아니오'라 말할 수 있다. '내 느낌은 내가, 네 느낌은 네가 책임지는 것이다'로 나와 상대의 존재를 각각 독립적으로 구별 짓기 시작하기 때문에 상대 입장에서는 얄밉게 느낄 수 있다는 표현이다.

셋째, '정서적 해방' 상태다. 나의 느낌과 욕구뿐 아니라 사회적 본성에 따라 상대의 느낌과 욕구까지 존중하고 배려하며 행동할 수 있게 된다. 이처럼 학습자들도 자기공감과 회복을 통해 자존감을 회복하여 스스로 자신의 사고력을 믿기 시작하면서 원활한 학습은 물론이고 창의성과 유연성을 발휘하게 된 것이다.

이 과정을 충분히 거치면서 불편과 갈등을 드러내도록 교수자는 부드럽고 끈기 있게 독려할 수 있어야 한다. 갈등을 평화적으로 해결하는 경험이 쌓이면서 신뢰가 형성되고 이 단계를 거쳐야 자존감과 함께 자발적으로 협력하게 하는 배려, 책임감도 우러난다. 공감적 배움공동체를 유지하려는 노력 속에서 회복적 통일리더십도 형성되어 간다.

3. 연결, 유대, 상호 존중과 협력 회복, "더 알고 싶고, 찾아보게 되었어"

♥ **리재 이야기 (2020.12.2./임상병리학과19학번/여)**

북한에 대해 무지하고 편견만 있었던 내가 다른 이들의 편견을 바로 잡아 줄 만큼 아는 게 많아졌다. '북한 사람들은 공장에서 일만 하는 거 아냐?'라는 일상에서 나온 편견 묻은 질문에도 그들이 예술을 얼마나 사랑하는지, 우리와 같이 대학 진학을 위해 얼마나 노력하는지 등을 말할 수 있었다. 이렇게 나의 세상이 조금 더 넓어질 수 있도록 만들어준 수업에게 감사하다.

이처럼 일상이들은 자기 자신과 조원들과의 공감에 익숙해지면서 주제학습에서 접하는 북한 사회와 사람에 대한 호기심도 높아졌다. 가상으로 설정한 인물이지만 배운 내용을 토대로 일상을 상상해보고, 또 더 많은 정보를 찾으며 알아가기 위해 노력하고, 공감해보고 마치 그 사람이 된 듯 조원들과 대화해보는 활동들을 통해 더 알고 싶고, 만나고 싶고, 가보고 싶어 애틋해졌다. 일상이들 대부분은 관심이 없거나 뉴스로 접하는 소식에 귀찮고 지겹게 여기는 정도로 시작한다. 그러나 점점 북한 정권이나 제도에 대해서는 비판적으로 이해하고, 사람과 그들의 일상에 대해서는 공감하게 되었고 동병상련과 친밀감을 느끼게 되었다. 나아가 상생과 평화를 고민하게 되었다.

이러한 변화는 군 복무 시 북한을 주적으로 인식했던 복학생들이나 접경지대와는 먼 남쪽 지방에 거주하며 알바와 진로 문제 고민만으로도 힘겨워 분단과 통일문제에 더 무관심할 수밖에 없었던 남녀학생들 모두가 동일하게 겪는 모습이다. 앞서 어떤 경험을 했든 상관없이 대부분 학습을 거듭해가면서 머리가 아닌 마음이 먼저 열리고 나와 다른 시각에도 귀 기울이고 수용하면서 시야를 확장시켜갔다. 나와 조원, 가까운 주변 관계를 넘어 더 큰 공동체와 한반도 북녘 사람들까지 확장시켜 연결과 유대, 상호 존중과 배려, 협력의 욕구를 회복해갔다. 이러한 변화에 대한 상세한 소개는 아래 인용글들로 대신하고자 한다.

♥ **진영 이야기 (2021.11.30./의생명화학과18학번/남 - 군필)**
북한에 대해서 적대적인 생각을 군에서도 많이 배웠고 그 영향일지도 모르겠지만 … 애초에 북한 체제에 대해서 적대적이니 그들을 공감할 필요성을 느끼지 못했고 어쩌면 관심도 없었다는 표현도 맞는 것 같습니다. 교양을 선택하며 정치적으로는 석대석인 생각을 가지고 있지만, 그들에 대해서 생각해보고 고민해본 경험은 없기 때문에 지식을 얻어가려는 목적으로 다가섰습니다. … 머리보다는 마음이 먼저 열리고, 배움을 하는 과정이나 활동을 하는 과정이 편안해지면서 저에게도 마음의 여유가 생겼습니다. 그때부터 긍정적인 부분으로 저 스스로가 북한 주민들의 모습에 관심이 생기고 알아가고 싶어졌습니다. 지식으로써가 아닌 그들의 삶을 이해하고 조원들과 공감을 나누고 싶었기 때문이었습니다.

　…저의 생각의 틀을 깨기 위해 정말 노력을 많이 했던 것 같습니다. … 분단의 벽이 허물어 진다면 그들을 공감하며 함께하는 세상도 나쁘지 않을 것 같다는 생각이 듭니다. 적어도 북한 사회와 일상을 들어온 선배님들과 우리들, 후배들은 따뜻하게 공감을 해주리라 믿습니다.

　저는 스스로를 칭찬하고 싶고 수업에 만족했던 이유가 … 저의 행동들이 (더 알고 싶던 욕구와 추가로 더 알아가던 과정) 누가 하라고 하거나 눈치를 본 것이 아닌 스스로가 필요해서 해냈다는 것에 있던 것 같습니다. 관점의 변화를 몸소 체험하고 생각의 변화를 직접 느낀 저로써는 성취감과 뿌듯함이 있었습니다. 틀에 고정된 생각이 바뀔 것이라고 생각도 못했고 기대도 하지 않았는데 변화의 욕구가 충족되면서 배움의 욕구 공감의 욕구 등등 많은 욕구들도 동시에 충족되었습니다. …

♥ **지은 이야기 (2021.12.1./사회복지학과18학번/여)**

… 북한 주민과 소통하려 진짜 노력 많이 했다. 첫 북한 가상의 인물을 만들어야 할때 너무 막막해서 가슴이 답답해서 홀로 눈물을 훔치곤 했다. … 가상의 북한 친구를 만들면서 신경 많이 쓴 것은 … 북한 친구 입장에서는 건설독격대에 가는 것이나, 대학을 포기하고, 벌이를 하는 것이 당연시 될

것이다. … 남한에 있는 나의 입장에서 부정적인 감정이나 싫음을 투사하지 않으려 했다. 실제 북한에 있을 것 같다고 생각을 했고, 북한에 있는 그 친구와 소통한다는 생각으로 가상의 인물을 만들었다. 실존하는 인물이 아니다 보니 힘들었지만, 점차적으로 계속 가상의 인물을 만들어보고, 소통해보고, 어떤 느낌일지 생각해보니 실제 인물과도 같이 느껴졌고, 옆에서 같이 생활하고, 소통하는 것처럼 느껴졌다. … 가장 만족스러운 점은 내가 설정한 북한 친구와 원활히 소통하면서 변화된 나의 생각이다. 북한친구와 소통하다보니 실제 내 옆에 있는 친구와 이야기 하는 것 같았고, 동질감을 많이 느꼈다. 실제 만나서 그들과 소통해보고 싶고, 맛있는 음식도 먹고, 재밌는 곳에 놀러가보고 싶다는 생각이 많이 들었다. 점차적으로 통일이 되면 어떨까?하는 궁금증이 유발되었고, 통일에 대해 좋은 측면으로 생각이 변화되었다.

4. 회복적 배움터에서 발산하는 통일 상상력, "나는 평양에 사는 ㅇㅇ이야"

♥ **성빈의 10년 뒤 미래일기 (2020.12.3./보건안전공학과17학번/남 – 군필)**

오늘 새로 들어온 북한 출신인 나의 직장동료와 함께 공장과 산업단지를 돌아보며 안전설비를 점검하고 직장동료의 이야기를 들었다. 직장동료는 많은 시련과 고민 끝에 가족들을 데리고 이사했다고 한다. … 10년 전 대학교에서 북한사회와 일상이라는 강의를 생각하면서 그때 배운 학습내용을 기억해 내며 직장동료에게 많은 공감을 할 수 있었다. 그리고 내가 대학교 때 제일 궁금했던 북한 안전관리사에 대한 질문을 하며 궁금증도 해결할 수 있었고 내가 이제 어떤 일을 해야 하는지도 알 수 있었다. … 북한사회와 일상에서 배웠던 것처럼 고정관념이 없고 공감해주고 믿고 의지할 수 있는 직장동료의 좋은 친구가 될 것이다!!

학습자가 100여 명인 탓에 교수자가 일일이 내용을 교정해줄 수 없다. 그저 인간적으로 공감해보는 경험을 통해 사람을 만나게 된다는 데 중점을 두었다. 북에도 우리와 같은 사람이 살고 있다는 것을 실감하게 되고, 경험해보지 않고 단정짓는 것이 얼마나 위험한지를 체감하게 된다. 그 과정에서 남북 주민 간 소통이 얼마나 어려울 것인지, 어떤 노력이 필요할지도 깨닫는다. 그 결실을 아래 두 친구의 글로 대신한다.

♥ 은영이 북측 간호사로서 남측 간호사 예서에게 (2021.12.2./간호학과20학번/여)

안녕, 나는 북한에서 간호사 일을 하고 있는 은영이야.

우리 북한 의료 현장에는 힘든 일이 많아 몇가지 예를 들자면 환자가 아파도 침상이 많이 부족해서 입원을 하지 못하거나 뇌물을 줘야지 제대로 된 치료를 받을 수 있어서 안타깝게 돌아가시는 분들이 많아.

이런 체계적인 문제도 있지만 나는 간호사에 대한 대우가 가장 먼저 계선되어야할 부분이라고 생각해. 나의 현재 월급은 500원이야. 이 돈으로는 제대로 된 옷 하나 사지 못하고 당연히 한 달을 살아가기에는 버거운 돈이야. 그래서 더벌이 일을 병행해야만 생계를 유지할 수 있어. 북한 사람들은 나와 비슷하게 생계를 유지하기 위해 대부분 2개 이상의 직업을 가지고 있어. 처음에는 직업의식과 북한에 대한 충성심때문인지 힘들다는 생각을 하지 못했는데 이런 삶이 계속 반복되다보니 이제는 조금 지쳐.

내가 남한 의료 드라마인 '슬기로운 의사생활'을 봤을 때 남한은 병원 환경도 좋아보이고 의료인들 간의 사이도 좋아보였어. 그리고 무엇보다 경제적인 여유가 있어 보여서 좋았어. 응급환자가 왔을 때 체계적인 시스템이 있어서 환자 사망률이 낮은 것도 부러웠어. 통일이 되어 나도 그런 곳에서 일을 하고 있다고 생각하면 너무 설레고 행복해. 혹시 북한의 호담당의사제도라고 알고 있어? 구역을 나누어 의료인이 자신이 맡은 구역의 가정에 방문하는 등 지역주민을 책임감있게 돌볼 수 있는 제도야. 남한에는 의료인 수가 부족하다고 들어서 호담당의사제도를 시행하기 쉽지는 않겠지만 가능하다면 이 제도가 남한에도 도입된다면 좋을 것 같아! 통일이 된다면 남북의 장점을 합쳐 더 좋은 제도를 마련할 수 있을거야. 얼른 통일이 되었으면 좋겠어. 아마 통일이 되어 내가 간호사라는 직업을 계속 유지하기 위해서는 더 많은 기술을 습득하고 공부를 해야겠지만 이런 과정을 잘 이겨내서 좋은 의료환경에서 더 멋진 간호사가 되고싶어! 그러면 안녕ㅎㅎ

♥ **예원, 사회복지사가 된 미래 어느 날 (2021.12.1./상담복지학과19학번/여/오예원)**
나는 졸업 후 복지관에서 사회복지사로 일하면서 한국생활 부적응과 우울증으로 어려움을 겪고 있는 북한이탈주민 지원과 상담하고 있어.

나(사회복지사), 지원(클라이언트)

나   지원씨, 저번주에 이어 오늘이 두 번째 상담이네요. 아직은 좀 어색하시죠?

지원   네 조금요. 제가 낯선 곳에서 적응하는 데 시간이 오래 걸리거든요. 그래도 사회복지사님께서 편안하게 대화를 이끌어주셔서 긴장되는 마음은 많이 가라앉았어요.

나   그렇게 말씀해주셔서 감사해요.^^ 긴장이 좀 풀렸다고 하시니 다행이네요. 그럼 지난번에 간단하게만 했던 이야기를 이어서 해볼까요?

지원   네.

나   요즘 우울증이 심해져서 마음이 많이 지치고 힘들다고 하셨잖아요. 어떤 부분에 있어서 가장 힘이 들던가요?

지원   지금 제가 취업을 하지 못해서 아르바이트로만 생계를 유지하고 있다 보니 경제적으로 어려운 상황이에요. 북에 있을 땐 직장생활을 하는데도 불구하고 보수가 없어 2-3개씩 더벌이 생활을 하느라 힘들었는데, 남

	한에 오니 안정적으로 일할 수 있는 직장을 구하는 것 자체가 힘들더라구요...
나	그랬군요. 서로 다른 이유이긴 하지만 남북한 청년들 모두 일자리 문제로 어려움을 겪고 있는 현실이 참 안타까워요. 그럼 지원씨는 지금 안정적인 경제활동의 욕구가 필요하지만 그 욕구를 충족하지 못해 많이 힘들고 답답하셨을 것 같은데 제가 이해한 게 맞나요?
지원	네, 바로 그거예요..! 앞으로 어떻게 살아야 할지 막막하고 답답한 마음이 커요.
나	저도 여기에 취업하기 전에는 딱 그런 마음이었어요. 그 마음이 충분히 이해되고 공감되네요. 그럼 혹시 이전에 일자리를 구하기 위해 노력했던 것이 있으신가요?
지원	네, 4년 정도 전에 북한이탈주민들을 대상으로 하는 창업 프로그램에 참여했었는데, 거기서 만난 사람들과 창업을 준비했던 적이 있어요. 하지만 그때 좀 안 좋은 일을 겪고 중간에 해산됐었죠..
나	안 좋은 일이요? 무슨 일이 있었는지 여쭤 봐도 괜찮을까요?
지원	음... 그때 저를 포함해서 북에서 넘어온 사람들 5명이 모여서 창업을 준비했었어요. 그런데 저희를 지원해주기로 했던 사장님 한 명이 저희를 상대로 사기를 치고 돈을 빼돌렸었죠. 이 일뿐만 아니라 저희의 말투가 다르다는 이유로, 또는 북한이탈주민이라는 자체만을 이유로 저희를 차별적인 시선으로 바라보거나 가끔은 욕을 하는 사람들도 있었어요. 다같이 이런저런 마음고생을 많이 했는데 이를 견디지 못한 팀원 한 명이 극단적 선택을 하게 되었고, 그렇게 창업계획은 무산돼버렸어요.
나	휴.... 우리사회에는 아직도 북한이탈주민에 대한 부정적인 인식이 만연하게 있다는 걸 지원씨의 말을 듣고 다시 한 번 깨닫게 됐네요. 편견에 상처받고, 창업계획도 무산되고, 거기에 팀원 한 명을 하늘나라로 떠나보냈다니... 얼마나 상심이 크셨겠어요... 이런 일들을 한 번에 모두 겪으

셨는데 많이 힘드셨죠?

지원 네, 그냥 암담하더라고요. 슬픔, 좌절, 참담함 이런 감정을 한꺼번에 겪게 되니 정말 견디기 힘들 정도였어요. 그래도 시간이 약이라고, 4년이 지난 지금은 이런 감정들이 좀 누그러졌어요.

나 너무나도 힘든 시기를 잘 견뎌낸 지원씨가 새삼 대단해보이네요. 제가 한 번 꼭 안아드리고 싶은데 그래도 괜찮을까요?

지원 네? 어... 네..!ㅎㅎ (꼭 안아준다)

나 이런 이야기를 저에게 하기가 쉽지는 않았을 것 같은데 이렇게 말씀해 주셔서 감사해요. 지원씨 덕분에 저도 북한이탈주민 분들의 현실과 고충에 대해 이해하고 공감할 수 있었어요. 이야기를 하다 보니 시간이 벌써 이렇게 흘러버렸네요.ㅜㅜ 혹시 더 하고 싶은 말씀이 있으신가요?

지원 음, 있긴 한데 말이 길어질 것 같아서 다음주에 상담하러 오면 그때 이야기하고 싶어요.

나 알겠어요. 오늘은 그럼 여기서 상담을 마치고 다음주에 뵙도록 해요. 수고하셨어요~!

이처럼 일상이들은 한 학기 동안 공감적 소통문화가 작동하는 배움 공동체에서 치유와 회복을 경험하면서 자존감과 공동체의식이 높아졌다. 자신의 말과 행동이 '나쁘거나 잘못'이 아니라 어떤 욕구에서 비롯된 것인지 공감하면서 스스로를 책임지고 돌보며 회복했다. 주변 지인과의 관계에서도 그냥 들어주고 공감해주면서 상담자 및 갈등을 조정하는 역할까지 하게 되었다. 학습에 있어서도 자신의 견해와 함께 조원들의 다양한 견해도 모두 공감하고 존중하면서 호기심과 흥미를 가지게 되었다. 조원들과의 상호작용과 협업을 통해 가상대화를 해보고, 시나리오를 발전시키며 자신감을 갖고 통일상상력을 발휘하는 모습을 보였다.

학습과정에서 겪는 어려움들이 곧 남북 사람 간 만남에서 부딪힐 일들이기에 그 자체가 더 나은 사회와 한반도의 평화로운 상생을 준비하는 과정이 되었다고 확신한다. 분단을 의식하고 한반도시민으로서의 책임을 자각하면서 소박하나마 남북의 상생과 평화를 위한 일상에서의 실천을 고민하게 되었다. 이게 다 자기 내면과 일상을 회복하는 평화의 실천으로부터 시작한 회복적 통일교육의 효과겠지 자족하며 다음 길을 나선다.

익숙해져서 다음 학기는 수월하겠거니 하지만 매학기 새로운 난제가 닥친다. 끙끙 앓으면서도 함께 헤쳐 나가는 일상이들이 있어 신난다. 뉴스로 접하는 각종 사건사고, 남북관계, 국제정세는 암울하고 암담하다. 회복을 향한 의욕이 솟는다. 지금 내가 있는 자리에서 작디작은 동심원으로나마 물결을 펴뜨려가리라. 평화가 일상이 되는 한반도시민의 탄생을 향해 나아가리라.

2022년 2학기 다시 시작이다.

저자 소개

선우현

현재 청주교육대학교 윤리교육과 교수로 재직 중이며, 서울대학교에서「합리성이론으로서 하버마스의 비판적 사회이론」으로 철학박사학위를 받았다. 주요 저서로는『사회비판과 정치적 실천』(1999),『우리 시대의 북한철학』(2000),『위기시대의 사회철학』(2002),『홉스의 리바이어던』(2007),『한국사회의 현실과 사회철학』(2009),『자생적 철학체계로서 인간중심철학』(2009),『평등』(2012),『도덕 판단의 보편적 잣대는 존재하는가』(2020),『한반도의 분단, 평화, 통일 그리고 민족(기획·편집)』(2019),『왜 지금 다시 마르크스인가(기획·편집)』(2021) 등이 있다.

권수현

서강대학교 현대정치연구소 책임연구원이자 젠더정치연구소 여.세.연 대표로 활동하고 있다. 주요 연구분야는 한국정치와 젠더정치이다. 북한 관련 연구와 글로는 "북한 조선민주여성동맹의 변화와 지속"(2010), "북한이탈주민에 대한 남한국민의 태도"(2011), "한국인의 대북정책 선호 결정요인 분석, 2007-2014"(2016), "대북정책 유형에 따른 개인선호의 변화와 결정요인, 2007-2014"(2017), "북한이탈여성의 #미투와 한반도 평화"(2021) 등이 있다.

노현종

현재 서울대학교 아시아연구소 공동연구원과 서울대학교 사회학과 강사로 활동하고 있다. 서울대학교 사회학과에서 "1970년대 이후 동독, 베트남, 북한의 체제변동 비교연구"라는 논문으로 박사학위(석박사통합과정)를 취득하였다. 주요 논문으로는 "북한 신정체제의 종교사회적 기원 (2016)", "민족통일론에서 시민통일론으로: 민족주의 통일론의 위기와 대안 (2018)", "독일의 통일담론에서 민족주의와 세계시민주의의 긴장? (2022)", "비교사회주의적 접근을 활용한 북한연구: 유용성, 개념활용 그리고 구조화된 비교 (2022)" 등이 있다.

이지연

연세대학교에서 사회학 박사학위를 취득하고 현재 아시아여성학센터 박사후연구원으로 재직 중이다. 주요 논문으로는 "탈북 여성의 어머니되기와 소속의 정치학", "탈북민 북한 가족 송금의 수행성과 통치성", "탈북 여성들의 초국적 이동과 유연한 시민권의 명암: 서구 국가에서 난민 경험을 하고 남한에 재입국한 사례들을 중심으로" 등이 있다.

박영자

2004년 성균관대학교에서 정치외교학 박사학위를 수여받았으며, 2022년 현재 통일연구원 연구위원으로 재직 중이다. 박사학위논문 제목은 〈북한의 근대화 과정과 여성의 역할(1945~80년대)〉이다. 박사학위 수여 전후 약 30년 간 북한과 통일문제를 연구하였다. 대표 저술은 〈북한녀자: 탄생과 굴절의 70년사〉(도서출판 앨피, 2017), 〈김정은 시대 조선노동당의 조직과 기능: 정권 안정화 전략을 중심으로〉(통일연구원, 2017),

〈김정은 시대 북한의 국가기구와 국가성〉(통일연구원, 2018), 〈북한의 주민 일탈과 법적 대응〉(통일연구원, 2018), 〈북한 변화의 변수와 경로〉(통일연구원, 2019), 〈북한의 성, 재생산 건강과 권리〉(통일연구원, 2021) 등이 있다.

김윤희

현재 서울대학교 사회학과 박사과정 수료, 성공회대학교 연구위원이며, 주요 논문으로는 "분단 가족은 어떻게 재생산되는가: 미수복지역 조할머니의 3대(三大)에 걸친 분단가족 형성사"(2022), "영생하는 수령과 그리움의 정치"(2016), "북한 사금융시장의 흐름과 구조 동학에 대한 탐색"(2015), 저술로는 "분단선을 넘은 문화의 공유"(『아시아공동체와 평화』, 2020) 등이 있다.

남경우

건국대학교 인문학연구원 통일인문학연구단에서 전임연구원으로 활동하고 있다. 같은 대학에서 "지역 사회주의 활동가 집안 구술을 통해 본 배제된 기억의 복원 양상과 통합서사적 의미"로 박사학위(2020)를 받았다. 분단에서 비롯되거나 연관을 가지는 사회적 문제들을 구술생애사 등 다양한 방법을 통해 연구하고 있다. "제주 4·3을 기억하는 방법"(2018), "통합서사에 바탕을 둔 '평화로운 싸움'의 가능성 모색"(2019), "빅데이터 분석 기법을 활용한 한국 사회의 북한 관련 '불안' 감정 연구"(2021) 등의 논문을 발표하였으며, "국가폭력 트라우마와 치유"(패러다임북, 2018), "기억과 증언 : 소설로 읽는 분단의 역사"(씽크스마트, 2020), "기억과 장소 : 마음으로 돌아보는 평화여행"(씽크스마트, 2021) 등의 책의 저술에 참여했다.

김화순

현재 성공회대학교 민주자료관 연구교수이며, 한국기술교육대학교에서 "북한이탈주민 고용에 미치는 요인연구"로 인력경영학 박사학위(2009)를 받았다. 주요 논문으로는 "1980년대 북한 정치신분제에서 세대간 지위세습과 성취기제(2022)" "생존의 정치(Ⅱ): 사회주의기업책임관리제 실험기의 '공장사회'와 노동자"(2020), "생존의 정치: 북한 '공장사회'와 노동자"(2018)가 있고, 주요 저서로는 『분단체제의 노동: 북한출신 주민이 경험한 남과 북의 직업세계』(2019), 『배제와 통합: 탈북인의 삶』(2019, 편저) 등이 있다.

이민영

고려사이버대학교 사회복지학과 전임교수로 재직 중이다. 박사학위논문은 "남북한 이문화 부부의 가족과정 경험에 관한 질적 연구: 내러티브 탐구방법을 활용하여"(2004), "North Korean migrants in South Korea: Policy, services and social work practice"(2015)이다. 주요 연구물은 "북한이탈주민의 사회통합을 위한 정착 지원에 관한 연구 동향 분석: 통합적 문헌고찰 방법을 활용하여"(2015), "북한출신 사회복지사의 실천경험에 관한 현상학적 연구"(2016), "탈북 아동청소년의 실태 및 욕구조사설계를 위한 델파이조사 연구"(2021) 등이 있고 주요 저서로는 『배제와 통합 : 탈북인의 삶』(편저, 2019) 등이 있다.

이수정

덕성여자대학교 문화인류학전공 부교수이다. (탈)분단 정치/문화/주체, 남북한 사회/문화, 이주와 젠더 등의 이슈를 중심으로 연구하고 있다. 주요 논문으로 "북한출신여성의 '다문화' 인식 및 경험과 그 함의"(2020), "'탈북자 심리'의 문화정치: 분단정치와 신자유주의적 통치의 절합"(2017) 등이 있으며 『통합 그 이후를 생각하다』(2021), 『분단된 마음잇기: 남북의 접촉시대』(2016), 『인류학 민족지 연구, 어떻게 할 것인가』(2012) 등의 책을 함께 썼다.

최선경

북한대학원대학교에서 "북·중 접경지역 조선인 에스니시티의 변화"로 박사학위를 받았다. 캘리포니아대학교 버클리캠퍼스 한국학연구소 방문학자, 북한대학원대학교 심연북한연구소 연구교수를 거쳐 현재 성균관대학교 성균중국연구소 책임연구원으로 재직 중이다. 북한의 사회/문화, 이주, 비교 사회주의 등을 주요 연구주제로 삼고 있다. 주요 연구로는 "북한 주민의 휴대폰 사용과 시장 활동에서의 '신뢰' 네트워크", "RE-MAKING A TRANSBORDER NATION IN NORTH KOREA: MEDIA REPRESENTATION IN THE KOREAN PEACE PROCESS", "북한 주민의 친족과 민족 유대: 중국 조선족과의 관계를 중심으로" 등이 있다.

박재인

건국대 통일인문학연구단 HK연구교수로 재직 중이다. 우리의 갖가지 욕망을 그려내며 힘을 잃은 사람들에게 위안과 깨달음을 주는 문학의 치료적 힘을 연구하는 사람이다. 그중에서도 탈북민 문학치료, 문학적 상상력을 통한 평화교육 등에 마음을 두고 책상과 상담 현장을 뛰어다니고 있다. 부족하지만 그동안의 노력은 『탈북민을 위한 문학치료』(2018), 「분난 역사에 대한 통합서사적 상상력과 통일교육」(2019), 「탈북여성의 기억으로 본 남북의 젠더의식 비교」(2021) 등 학술저서와 논문에 나타나 있다. 조금 더 많은 사람들이 문학치료적 '공명(共鳴)'을 체험하기를 기대하며, 그리고 더 나은 세상을 기다리며 이 책의 저자로 참여하였다.

안지영

인제대학교 통일학연구소 연구교수. 한국비폭력대화중재협회, 한국회복적정의협회 회원. 인제대에서 〈북한사회와 일상〉을 강의하며 "갈등 조정자 양성을 위한 회복적 평화·통일교육"을 주제로 연구 중이다. 공감적 소통을 통해 매순간 자유로우면서도 협력적으로 평화를 구현하는 시민을 양성하는 데에 기여하며 살고자 한다. 주요 논문은 "북한영화에 대한 젠더 접근법 모색"(2015), "배제와 포용: 북한영화 및 드라마를 통해 본 '복잡군중' 정책"(2020), "회복적 생활교육 구현방안 Ⅱ: 비폭력대화에 기초한 공감적 갈등 조정을 중심으로"(2021), "평화가 삶이 되는 '회복적 통일교육' 교과목 개발: 비폭력대화와 북한영화 리터러시를 중심으로"(2021) 등이 있으며, 『우리시대를 위한 통일과 평화: 김정은 시대 북한의 이해』(2022) 등 저술에 참여했다.